THE
PSYCHOPATHIC
GOD
ADOLF HITLER

希特勒的世界

一部心理传记

〖美〗罗伯特·G.L.韦特 著　贾宇琰 译

中央编译出版社
Central Compilation & Translation Press

The Psychopathic God: Adolph Hitler
By Robert G. L. Waite
Simplified Chinese translation copyright © 2017 by Central Compilation & Translation Press
Published by arrangement with Da Capo Press, a Member of Perseus Books Group
Through Bardon-Chinese Media Agency
博达著作权代理有限公司
ALL RIGHTS RESERVED

图书在版编目（CIP）数据

希特勒的世界：一部心理传记／（美）罗伯特·G. L. 韦特著；贾宇琰译. —北京：中央编译出版社，2017. 12（2024.11 重印）
书名原文：The Psychopathic God: Adolph Hitler
ISBN 978-7-5117-3340-5

Ⅰ. ①希…
Ⅱ. ①罗… ②贾…
Ⅲ. ①希特勒（Hitler, Adolf 1889-1945）-心理学-研究
Ⅳ. ①K835.167=5 ②B84

中国版本图书馆 CIP 数据核字（2017）第 110333 号

希特勒的世界：一部心理传记

责任编辑：王　琳
责任印制：李　颖
出版发行：中央编译出版社
网　　址：www.cctpcm.com
地　　址：北京市海淀区北四环西路 69 号（100080）
电　　话：（010）55627391（总编室）　　（010）55627392（编辑室）
传　　真：（010）55627320（发行部）　　（010）55627377（新技术部）
经　　销：全国新华书店
印　　刷：北京环球画中画印刷有限公司
开　　本：710 毫米×1000 毫米　1/16
字　　数：620 千字
印　　张：40.75
版　　次：2017 年 12 月第 1 版
印　　次：2024 年 11 月第 3 次印刷
定　　价：98.00 元

新浪微博：@中央编译出版社　　微　信：中央编译出版社（ID：cctphome）
淘宝店铺：中央编译出版社直销店（http://shop108367160.taobao.com）（010）55627331

本社常年法律顾问：北京市吴栾赵阎律师事务所律师　闫军　梁勤
凡有印装质量问题，本社负责调换。电话：(010)55627320

希特勒欣赏的艺术家弗兰茨·冯·施图克作品中最吸引他的主题

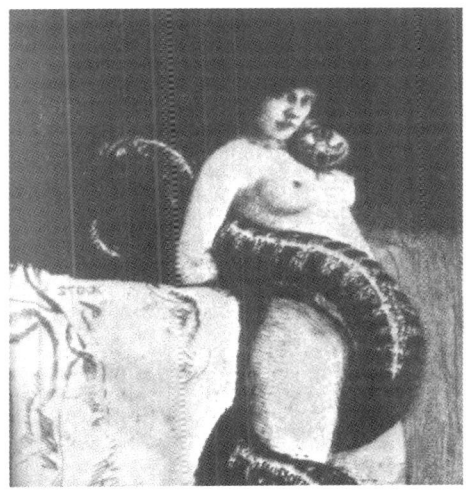

塞壬（The Siren，希腊神话中半人半鸟的女妖，坐在海岛上用诱惑的歌声引诱过往的船员，导致其投身海中丧命）

感性（Sensuality）

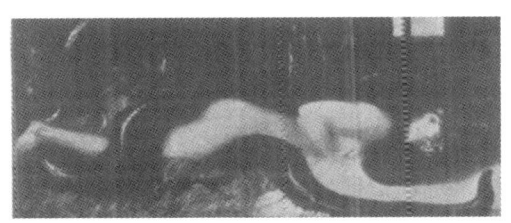

追寻（Pursuit）　　　　堕落（Depravity）

罪恶（Sin）

邪恶的良心（Evil Conscience）

早年的希特勒

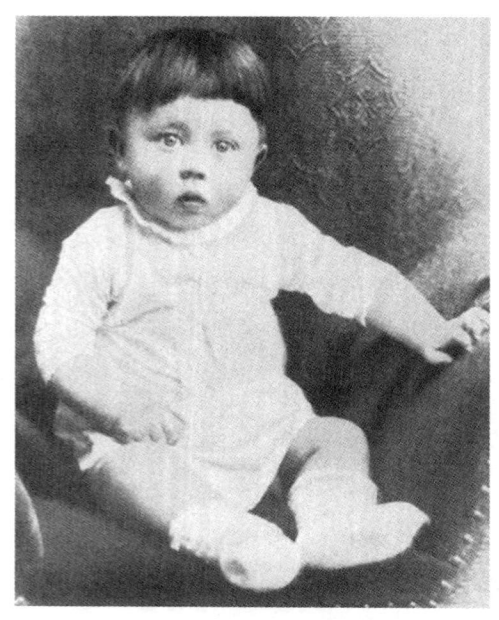

婴儿时期的希特勒

希特勒16岁时同学为他画的素描

希特勒的父亲

阿洛伊斯·希特勒,约 1890 年

希特勒的母亲

克拉拉·珀策尔·希特勒,约 1895 年

弗兰茨·冯·施图克绘制的美杜莎头像。"瞧,那些眼睛!那是我母亲的眼睛。"
(关于这幅画对希特勒的意义,参见第 6—7 页、第 157 页)

希特勒生命中的女人

斯蒂芬妮,希特勒的偶像——他从未体会的"伟大之爱"

希特勒生命中的女人

吉莉·劳巴尔,希特勒的外甥女——"我可能娶的唯一女子"

爱娃·布劳恩——希特勒最终娶的女子

元首的形象

掌权之前的元首希特勒,1932年

总理希特勒与首相冯·兴登堡,1933年

元首的形象

希特勒在上萨尔斯堡他的山间城堡附近

身为瓦格纳式英雄的希特勒，1938年官方的元首肖像

元首的形象

弗兰茨·冯·施图克的作品《狩猎》(*Die Wilde Jagd*),绘于 1889 年,希特勒正好在那年出生。希特勒崇拜施图克,熟悉这幅作品,并且可能已将自身与作品中作为毁灭之神的沃坦画像相认同

巴黎的征服者

1944 年,最后一幅官方肖像。作为宣传海报,肖像的下面写着:"希特勒就是胜利。"

总序：在明澈"冰山"之下的幽暗底层

萧延中

> 生命的河流可以因一个人的性格而改道。如果米提亚底斯在马拉松逃跑，查理·马特在普瓦提埃逃跑，西方文明可能会与今不同。而如果基督在彼拉多面前否定了自己的教理，一切也可能是另外一副模样了。
>
> ——S. 弗洛伊德

> 历史之谜——不在理智之中，而在愿望之中；不在劳动之中，而在爱情之内。
>
> ——N. 布朗

一、缘何想起要编译这样一套丛书？

如果说到这一"译丛"的缘起，那么，就难免回忆起上个世纪80年代的往事。当时我在中国社会科学院编辑的《未刊稿》中，读到用精神分析理论研究鲁迅心理结构的文章，瞬间被大大地震惊了。"伟大的鲁迅"居然还存在着鲜为人知的另一面！自此以后，在泛泛的阅读中发现，中国"新文化运动"的领袖人物，如陈独秀、李大钊、鲁迅、胡适等均有其"童年丧父"的相似经历。后来又接触到梁漱溟因其父梁巨川自杀而致使其人生发生重大转折，以及洪秀全、康有为分别"大病生幻"造就其思想、事业的案例。这引发了我的好奇心。"这是一种什么现象？'偶然性'这样的说辞能够给出具有说服力的解释吗？"于是，在"好奇心"引领下，一方面，我对弗洛伊德的学说越来越感兴趣，另一方面，也经常性地观察那些著名人物的童年时期。后来才知道，其实诸如孔子、孟子、秦始皇、汉武帝、曹操、诸葛亮、成吉思汗、范仲淹、欧阳修、岳飞、康有为、孙中山、冼星海、茅盾、傅雷、亚里士多德、但丁、哥白尼、达·芬奇、彼得大帝、牛顿、门捷列夫、巴赫、马丁·路德、华盛顿、亚当·斯密、乔治·桑、拜伦、毛姆、尼采、安徒生、托尔斯泰、马克·吐温、列宁、斯大林、高尔基、甘地、卓别林、松下幸之助、川端康成、曼德拉、希特勒等等中外著名人物，其早年经历也都呈现相同的轨迹。①

后来在"西方史学理论"的课程中，我知道了"心理史学"（psychohistory）②这一流派。在读书的过程中按图索骥，在著述的注释中发现了不少关于著名人物心理传记的著述目录，不是一两本、几十篇，而是很多很多。为了更全面和更准确地掌握有关知识，我又托朋友找到了中国社会科学院世界史所的罗凤礼研究员，他毕业于北大西语系，是中国大陆"心理史学"研究领域里的资深专家，那时已发表和翻译了大量的专业论文和系统著作。罗凤礼研究员对我这个门外汉不嫌不弃，不仅耐性讲解，还借给我他私人藏书中的英文原著，有的还是他出国访问时带回来的复印件。罗老当时感叹，虽然关于"心理史学"介绍性的著述不算少，但系统的译介工作则并未展开，这必然会诱导学人"只知其然而不知其所以然"。为了避免这样的一种可能性危险，在罗老的指点和支持下，我们就开始准备引进并翻译这套《心理传记学译丛》。

开始，译稿质量并不令人满意，其中书籍有改译的，有重译的，甚至还有更换译者的，其他麻烦也曾发生；后来又因为忙别的教研项目，疏忽了这一选题。总之，由于各种各样的原因，事拖多年。最后，在中央编译出版社的极力支持下，《译丛》终得问世。这套《译丛》具体包括：埃里克森：《甘地的真理：好战的非暴力起源》；罗伯特·塔克：《作为革命者的斯大林（1879—1929）：一项历史与人格的研究》；埃里克森：《青年路德：一项心理与历史的研究》；沃尔特·兰格：《希特勒的心态：美国战时秘密报告》；布兰察德：

---

① 参见屠雨迅：《"五四"领袖们早年丧父给我们的启示》，opinion. people. com. cn/GB/1036/9234297.html，2009-8-14。

② "心理史学"（psychohistory）不是指讲述心理学自身发展过程的"心理学史"（Psychological History），二者分属不同的研究领域。

《卢梭与反叛精神：一项心理学的研究》；费德·怀特：《心理变态的"上帝"：阿道夫·希特勒》；斯特罗齐尔、奥弗：《心理史学视野下的领袖们》；托马斯·库特：《威廉二世与德国人》；格德温：《约翰逊与美国梦》等。

面对这一系列译著，主编、译者和责任编辑之多年的"心智励炼"，似乎也可以随之逐渐冰释了。

二、"心理传记学"是什么？

对于中国读者来说，"心理传记学"（psychobiography）虽然谈不上十分陌生，但也只能说它处于人们认知视域的边缘之上。上个世纪 80 年代，随着弗洛伊德众多著作的热传，以这一学说为其基础理论的"心理传记学"，也开始逐渐被介绍到中国，但其范围似乎更多地被限定在史学理论的专门领域内，以至于对于其他学科乃至一般读者来说，"心理传记学"究竟具有怎样的性质，它与"一般人物传记"有何性质上的区别，这一研究方式的优势和困难又都是些什么，这些问题并非十分清晰。

事实上，我们的确很难把"心理传记学"归类于某个具体学科，甚至可以说，它本身从来就不是一个学科，而是同时涉及多个研究领域，至少包括心理学、历史学、政治学、文学，甚至也在一定程度上搭上了哲学的边缘。例如，在历史学中，学者们把它看成"历史学"旗下的一个偏门"心理史学"中的"人物分析"；在政治学中，学者们把它看成是"政治学"的二级学科"政治心理学"（political psychology）中涉及"政治家"的相关部分；而在文学的角度上，"心理传记学"的含义更加模糊，因为文学作品中随处可见的大量人物心理描写，不能算是"心理传记学"。总之，这一研究领域是一个典型的学科交汇点，处于由于没有中心而又层叠边缘的"几不是又都要管"的"独特"地带，因此，无论它多么地想"独立"发展，但却始终也构不成一个学科。当然，我们说"心理传记学"不是一个学科，并不意味着它自身没有严格的研究规范，反之，相对于其他较成熟的学科来说，人们对"心理传记学"研究规范的关注和要求不是更少了而是更多了，不是更加宽容而是相当苛刻。面对人们已习以为常的知识分类系统,"心理传记学"的位置的确显得很是尴尬。就像先前犹太民族是一个世界上罕见的没有自己独立领土的共同体,这种独特的"存在"必然地与独特的"精神"联系在一起一样,如果不是如此地坚守由犹太人弗洛伊德所创立以及由此引申出来的各种"精神分析"学说的指导,那么,"心理传记学"不就早就"应当"被其他学科所同化了吗?在这里,我们想要说和所能说的只是:正是"精神分析"学说透视的深刻性,造就和成全了"心理传记学"无可替代的重要位置;或许也正是在这种"不伦不类"的挤压窘境中,孕育和隐藏着"心理传记学"不容忽视的内在魅力。

按美国学界的分类惯例,"心理传记学"被归类于"心理史学"两个脉络中的一支。其中一支,是侧重于个体人物精神分析的"心理传记学";而另一支,则是侧重于族群整体精神风貌研究的"心态史学"(history of mentalities)。① 在学理构成和理论渊源方面,这两个分支有着不同的"基因"和"血缘"。前者主要发源于弗洛伊德的精神分析理论并以此作为主导性的分析工具,并由于"二战"期间大量欧洲学者到美国寻求避难而在美国形成了广泛影响;后者则主要继承法国悠久的史学传统,"研究的是历史上社会群众(或其中的一个部分或集团)所共有的观念和意识,这种观念和意识在民间世代相沿,一般不因政权更迭而发生变化,因此不同于官方意识形态,是人类社会精神文化乃至整个人类历史中最具相对稳定性的部分。"② 中国大陆学界似乎也跟随这一分类。我们虽然认为不应当把"心理传记学"仅仅限制在历史学科,它在政治学和文学等领域的研究中也占有相当重要的位置,但总体而言,学界的一般性判断惯例也大体上是可接受的。在这里,理解"心理传记学"的透视视角和

---

① "psycho"和"mental"这两个词根分属不同的词源系统。我们一般把前者理解为"心理",而把后者理解为"精神"。参见周兵:《心理与心态——论西方心理历史学两大主要流派》,载《复旦大学学报(社会科学版)》,2001 年第 6 期。

② J. 勒高夫、P. 诺拉、R. 夏蒂埃、J. 勒韦尔主编:《新史学》,姚蒙译,上海译文出版社 1989 年版,第 140 页;罗凤礼:《历史与心灵——西方心理史学的理论与实践》,中央编译出版社 1998 年版,第 112 页。

逻辑理路，应当说比定义它的学科属性显得更为关键。

"心理传记学"不同于一般文学作品中的心理描写，它不是靠人们的常识中所固有的感觉去对传主的故事进行描述，而是通过运用心理学的理论和研究，对具有历史意义的生命过程展开分析。其目的是理解人，并揭示其公共行为背后的个人动机，无论这些行为涉及的是艺术作品的旨趣，科学理论的创造，还是政治决定的采纳。如果要更加直白地区分上述两种人物传记的根本差异，那么，我们会说，一般传记描述"意识"（conscious），而心理传记则分析"潜意识"（the unconscious）。"潜意识"不仅是指当事人并未感知的心理实在，而且是指当事人"不愿承认"的心理实在，最为关键的恰恰就是这种当事人并"不愿承认"的心理实在，其实成为此人行为的真实动力或深层理由。比如，某位领袖人物叱咤风云，运筹帷幄，他嘴里吐出来的口号，即意识层面上的表达，可能是"为民族"、"为国家"、"为人民"等等，甚至他本人可能也真心在那样想，但其潜意识层面则很可能被一种"怕被别人瞧不起的恐惧"所支配，因此要处处逞强，不容批评，充分地表现自我角色的独一无二性。这样，在精神分析的透视镜下，在如此雄伟的人物之"自负"行为的表层下，实际上真正起支配作用的恰恰是与其完全相反的"自卑"，但是，我们在这位英雄人物的著述和言谈中，却绝不会找到明显的"自卑"陈述。所以，对"潜意识"的剖析不能从撰主自身的意识中产生，需要用精神分析这面透视镜去探查和扫描。正因如此，弗洛伊德主义的继承者埃里希·弗罗姆（Erich Fromm）才说："我们本身内在大部分真实的东西是没有被意识到的，而许多被意识到的却是不真实的。……一个并不懂得无意识现象的人会深信，他能说出他所知道的一切，这就意味着道出了真理。弗洛伊德则认为，我们在或大或小的程度上都错误地看待了真理。即使我们真诚地相信我们意识到的一切，我们也可能是在说谎，因为我们的意识是'虚假的'。"①这些浅显的论述，道出了精神分析学说以及"心理传记学"独特的精髓与奥秘。

在更规范的学术意义上，学者早已对这一研究领域给出过不少精雕细琢的

---

① E. 弗罗姆：《在幻想锁链的彼岸》，张燕译，赵鑫珊校，湖南人民出版社1986年版，第94页。

定义。"心理传记学"开拓者之一的埃里克·埃里克森（Erik Erikson）把整体的"心理史学"简要地定义为"用精神分析学和历史学相结合的方法来研究个体和群体的生活"。[①] 著名的斯大林精神分析专家、美国耶鲁大学的罗伯特·塔克（Robert C. Tucker）则把"心理传记学"的特点概括为"可视为一种学术研究，是传记家尝试去理解被研究对象的生命历程或重要阶段，而这些生命历程或阶段是对传主人格有意识地运用心理学的解释……它意味着所有的心理学传记家都会运用某种人格理论，无论是一种特殊的理论（例如弗洛伊德理论、后弗洛伊德理论以及非弗洛伊德理论），或者是以折中组合的方式提出解释的理论取向"。[②] 而《心理传记手册》的主编威廉·托德·舒尔茨（William Todd Schultz）则认为："心理传记不是一般的传记，虽然所有心理传记作者都使用传记资料。对于一般传记而言，其目的是尽可能全面地讲述了一个生命的故事。相反，对于大多数心理传记作者来说，他们将目光聚焦于一个生命的侧面，一个独特而神秘的问题……心理传记首要方法是通过心理学的方法和视角，去集中透视某些单一的事件和单一的生命历程。一般传记作者的目的不是运用心理学方法，至少这种方法不是主要的。相反，他们期望确定生活的记录。因此，一般传记作者的首要任务是描述；而心理传记作者需要做更多的说明和解释。一般传记作者关注的是'是什么'的问题，而心理传记作者关注的则是'为什么'的问题，是有关动机的问题。"[③]

读者眼前的这套"译丛"，就是以译介"心理传记学"这一领域的重要研究成果为其学术要旨，"心态史"的作品不包括在这一系列之内。

三、探险，退缩，还是渗透？

早在 20 世纪第一个十年，德国心理学家闵斯特伯格（Münsterberg）就提

[①] Erik Erikson, *Dimensions of a New Identity*, New York, 1974, p. 113.

[②] R. C. Tucker, The Georges Wilson Reexamined: An essay on psychobiography, *American Political Science Review*, 1977, 71, p. 606.

[③] See William Todd Schultz, *What is Psychobiography?* www.psychobiography.com.

出了运用心理学解释历史生活事件，建议历史学家运用心理学的研究成果去解释和理解历史人物和历史事件，倡导建立"心理历史学"（psychohistory）这一门全新的独立学科。① 而真正把心理分析引向历史人物研究的，正是精神分析学派的创始人弗洛伊德本人。1910年弗洛伊德出版了著名的《列昂纳多·达·芬奇及其对童年的一个记忆》一书，开"心理传记学"之先河。在该书中，弗洛伊德首次提出了撰写"心理传记"的两条原则：一是，要真正理解传主的精神生活，必须顾及他在"性生活方面的活动和特点"；二是，如果人物具有某方面突出的天性特质，那么，它可能源于其"童年早期"，并从原是性本能的动力中由性欲的升华而取得了增援能量，致使这种天性特质的活动能够取代一部分性生活。② 虽然在很大程度上，弗洛伊德此项研究是其"精神分析"之天才学说的自觉推演，本身存在着诸多问题，并由此引发了后人们的激烈批判，但作为一种重要的尝试和探索，我们不仅不能对这一研究以"败笔"论处，而且应该看到，弗洛伊德的透视视角和具体方法都给"心理传记学"留下了丰厚的遗产，产生了决定性的影响。

进入20世纪50年代后期，时任美国历史学会主席的W.兰格在就职演说中认为"现代心理学注定要在历史阐述中发挥越来越大的作用，"因此，心理分析方法应当成为所有历史学家的"下一个任务"。在兰格的号召下，50年代末以至整个60年代，美国心理史学迅速成长。作为弗洛伊德之女安娜·弗洛伊德的学生，埃里克森于1958年出版了《青年路德》。该书把个体生命划分为八个阶段，在这其中，每个人在每个阶段都可能遭遇到特殊的"社会心理危机"（psychosocial crisis），而处于青春期和青年期中的人们，则会出现"自我认同危机"（identity crisis）。埃里克森以德国宗教改革领袖马丁·路德为案例，分析了他如何在解决"自我认同危机"的同时，也找到了解决社会及其信仰问题的途径。尽管《青年路德》一书中还留有化约论的痕迹，但比起弗

---

① 参见闵斯特伯格：《基础与应用心理学》，邵志芳译，浙江教育出版社1998年版。
② See Sigmund Freud, *Leonardo Da Vinci, A Memory of His Childhood*, ARK, 1984, pp.16, 24, 转引自罗凤礼：《历史与心灵——西方心理史学的理论与实践》，中央编译出版社1998年版，第8页。

洛伊德的初始研究来看，则在摆脱"泛性论"的路径上前进了一大步。

自埃里克森以后，美国的"心理史学"如火如荼，其中"心理传记学"也有了长足的发展。其中固然不乏杰作，但在一定程度上也有些"泛滥成灾"。在"心理传记学"的早期著述中，存在大量硬搬生理病理学术语的现象，如"自大狂"（egomania）、"偏执狂"（paranoia）、"虐待狂"（sadism）、"迫害狂"（Mad persecution）、"臆想症"（hypochondriasis）、"抑郁症"（melancholia）、"焦虑症"（anxiety neurosis）、"狂躁症"（Manic psychosis）、"精神分裂症"（schizophrenia）、"神经官能症"（neurosis）、"强迫型人格障碍"（Obsessive-Compulsive PD）等等不一而足，其中几乎每一个词组在《医学辞典》中都涉及一大篇具体的解释和说明。自从"心理传记学"诞生的那一刻起，来自各方面的批判就未中断过。"臆想"、"武断"、"拼凑"、"牵强附会"、"生搬硬套"等等指责，不绝如缕。其中最重要的批评直指"心理传记学"的始作俑者弗洛伊德。如1975年发表在《纽约书评》上的文章甚至激愤到有失雅量："精神分析学是20世纪最惊人的智力欺诈，是思想史上近乎于恐龙那样的绝代怪物，一个设计上根本不健全的、断子绝孙的庞然怪物。"① 澳大利亚学者大卫·斯坦纳德（D. E. Stannard）对"心理史学"的批判最为系统。他从"证据"、"逻辑"、"理论"和"文化"四个方面展开。认为："从最初力图创作心理史学的著作开始直至当今，那些自诩为心理史学家之人的著作中都一致地表现出对事实的傲慢态度、对逻辑的肆意扭曲、对理论验证的不负责任，以及对文化与时代差异的短见。"② 并以弗洛伊德《列昂纳多·达·芬奇及其对童年的一个记忆》为例，展开批驳，其中不乏贬低讥讽的明显态度。应当说，这些尖锐的评判并不是无的放矢。例如，弗洛伊德在他自己的核

---

① P. B. 梅达沃：《精神病的受害者》，《纽约书评》（1975年1月23日），转引自大卫·斯坦纳德：《退缩的历史——论弗洛伊德及其心理史学的破产》，冯钢、关颖译，浙江人民出版社1989年版，第214页。

② 大卫·斯坦纳德：《退缩的历史——论弗洛伊德及其心理史学的破产》，冯钢、关颖译，浙江人民出版社1989年版，第209页。对中译文有改动，参见 D. E. Stannard, *Shrinking History: On Freud and the failure of psychohistory*, New York: Oxford University Press, 1980, p. 147。

心著作中就曾说:"精神分析的第一个令人不快的命题是:心理过程主要是潜意识的,至于意识的心理过程则仅仅是整个心灵的分离的部分和动作。"① 在他的脑际中,撰主就是"患者",精神分析学说预设,任何一种看上去是不可思议,甚至是不可理喻的非理性、反常规的举动,其实都具有潜意识意义上的"逻辑"基础,而且这一人们不愿正视和极力否认的"逻辑",实际上恰是行为动机的真正源泉。只是一般人没有理解那种"逻辑",拒绝进入"患者"的精神世界罢了。这样,精神分析学说的基础预设十分清楚:其一,重要人物都是"病人"而非"常人";其二,"偶然性"在行为取向和思维动因中占有一个极其重要的位置。这样的思想在一部对美国总统威尔逊的分析作品中表现得更加直接,作者直言不讳地认为:"在人类历史上的某些时候,疯子、能见到幻象的人、预言者、神经官能症患者和精神错乱者,曾经起过重大作用,而且不仅仅是在偶然的机会使他们生而为王的时候。通常,他们都造成了极大的破坏,然而并非总是如此。某些人对他们的以及后来的时代产生过无法估量的影响,他们发动过重要的文化运动,作出了巨大的发现,也就是说,他们克服了他们的反常;但另一方面,往往恰恰是因为他们性格中的病态的特点,他们发展的不平衡,某些欲望不正常地强烈,无保留、无分别地献身于一种唯一的目标,使他们具有力量,拖着其他人跟在他们后面,并战胜世界的抵抗。"②

但我们也要同时看到,虽然弗洛伊德这部开创性的研究中存在着明显的假想和推论成分,但时过境迁,其影响力不仅没有消失,其思想传播的范围反而越来越大,学术界对这位天才心理学家的赞叹和宽容似乎远远超过了对他的鄙视和批评。人们更倾向于认为,《列昂纳多·达·芬奇及其对童年的一个记忆》的意义不在于支持其结论的证据是否可靠,而在于它所透视的角度是否深刻,以及其初步运用的方法是否可行。换言之,弗洛伊德的贡献是他深信历史人物的无意识内容总会通过各种零乱散见的历史痕迹泄露出来,因而分析家

---

① 弗洛伊德:《精神分析引论》,高觉敷译,商务印书馆1988年版,第8页。
② 转引自皮埃尔·阿考斯、皮埃尔·朗契尼克:《病夫治国》,何逸之译,新华出版社1981年版,扉页。

就像考古学家那样把各种碎片收集起来，按照一种可能性规则拼凑出一个原本的面貌。这个面貌恐怕连被研究对象自己也不会承认，但这一现象正体现出了精神分析学说的精髓，因为任何人都不可能意识到自己的"潜意识"，也就是说，一旦"潜意识"获得了自身的确认，那么，此时它就已经变成了浮出水面的"意识"了。

心理历史学家面对批评也不断地进行自我规范的调整，但这一研究流派并未消失。20 世纪 70 年代，美国学者劳埃德·德莫斯（Lloyd DeMause）提出了心理历史学作为独立学科的主张，其理由是"决定历史进程、并以某种形式影响决策者精神世界的关键，不是物质进步，而是人的心理"，由是，"心理史学作为一门研究历史动机的科学，它所关心的可以是成文历史所记载的相同事件，但它的目的绝不是记流水账。……心理史学将永远是一门以问题为中心的学科，而历史学则始终以时期为中心，两者的任务迥然相异"。① 他同时创办了《心理历史学评论》（*Psychohistory Review*）和《心理历史学杂志》（*Journal of Psychohistory*）两种刊物，在美国史学界产生了很大的影响。特别应当提及的是，1982 年威廉·麦金利·鲁尼恩（William McKinley Runyan）所著《生活史及心理传记：理论与方法的探索》（*Life Histories and Psychobiography, Explorations in Theory and Method*）；1994 年艾伦·C. 埃尔姆斯（Alan C. Elms）所著《揭开生命：传记与心理学的不安联盟》（*Uncovering lives, The Uneasy Alliance of Biography and Psychology*）；2005 年由威廉·托德·舒尔茨（William Todd Schultz）主编的《心理传记手册》（*Handbook of Psychobiography*）这三部"心理传记学"理论方法著作相继由牛津大学出版社出版，由此使这一领域的研究得到进一步规范化。以下是 K. 哈里森（K. Harrison）2003 年总结出的关于衡量"心理传记学"之优劣的几项指标②：

---

① 劳埃德·德莫斯编：《人格与心理潜影》，沈莉等译，上海人民出版社 1989 年版，第 3—5 页。该书原名为 *The New Psychohistory*（New York：The Psychohistory Press, Division of Atcom, Inc. 1975）。

② See William Todd Schultz, Introducing Psychobiography, in *Handbook of Psychobiography*, Oxford University Press, 2005, pp. 7, 10.

可信心理传记的标记

说服力	基本的诠释的说服力,例如,对陪审团的说服模型。最好的心理传记给读者留下了难以言状的"获胜"感。
叙事结构	让结论从一系列资料中自然地导出。
综合性	与缺乏若干核心细节相比,诠释的问题所关照到的一个行为的多个侧面越多,就越令人信服。这对于澄清任何和类一贯"多因素决定"("overdetermined")之行为的事实,尤其如此。
资料融合	越多的资料支持一个事实或一种解释就越好,其资料来源的渠道也是越多样化越好。
意外的一致性	最好的解释是使原初混乱无序的资料呈现连贯性。澄清难以理解之现象(Mystery's elucidation)是心理传记最为有益的目的。
逻辑合理性	不受逻辑不一致或自相矛盾的限制。
连贯性	与所有的已有证据相吻合,并与有关人类功能的一般常识相吻合。
可行性	抵挡造假企图的能力。

拙劣心理传记的标识

病理翻译机	以"诊断"(diagnosis)为视角的心理传记学,以静止的心理病理范畴和症状看待撰主,降低整体人格的复杂性。
孤立案例	过分依赖一组资料所提供的解释。把最深刻的洞见堆积在一块,以此替代各种证据、由履历纪录支持的事实之间的联系。
人为建构	虚构心理事实,常常诉诸缺乏可验证资料的童年史,据此推论出没有直接证据的存在。

化约主义	完全依据早期童年经验解释成人的性格和行为，而忽略后天形成的过程和影响。但对于人格来说，童年经历无疑非常关键，但却不是永远的唯一关键。
不恰当理论	在该领域内选择使用完全缺乏实验支持或完全缺乏信誉的理论。
蹩脚的叙事	提交粗糙拙劣的结构分析，结论比仔细地引入证据占有更加优先的位置。

简而言之，由于"心理传记学"自身的性质，批评和争论必然仍会持续不断，但它的广泛影响力则是无法否认的。正如学者指出的那样，自弗洛伊德（Freud, 1910）以来，特曼（Terman, 1917）、艾利斯（Ellis, 1926）、桑代克（Thorndike, 1936, 1950）、斯金纳（Skinner, 1939, 1942）、霍夫兰（Hovland, 1940）、卡特尔（Cattell, 1953, 1963）、埃里克森（Erikson, 1958, 1969）、麦克莱兰（McClelland, 1961）、马斯洛（Maslow, 1970）、麦圭尔（McGuire, 1976）、默里（Murray, 1981）、奈瑟（Neisser, 1981）、西蒙（Simon, 1988）、塞利格曼（Seligman, 1994）等人的研究[①]，都推动了这一领域研究的发展，也吸引了越来越多心理学家对该领域的持续关注。

四、哪种价值上的"意义"?

涉及"心理传记学"的意义，似乎有很多辩护性的话要说。对一个研究领域之所以还需要进行辩护，其原因可能就隐藏在对现代学术认知构成的整体评估之中。正如学者们业已指出的那样，在以"唯科学主义"为精神支柱的现代性认知框架中，"可见性实在"（visible reality）已成为接近"真知"的最

---

① Simonton, D. K., Qualitative and quantitative analyses of historical data, *Annual Review of Psychology*, 2003, Volume 54 (1).

佳途径。除意识形态研究之外，实验、数据、田野调查等与自然科学更加贴近的研究路径，似乎比苦思冥想的传统"哲学沉思"占有更加优越和实在的位置，而非物质主义的"精神生命"（Geistesge）领域，则被安排到"人文—社会生活"整体视域的边缘。"惊奇"被"复制"所替代，作为"发现"之基础和动力的"好奇心"也被打磨得光滑圆润，甚至已被列为"知识贵族之奢侈品"而连欣赏的兴致和价值都已荡然无存。这样，丰满复杂的"人"，不是变成了一大群全身心围绕着物质消费而蠢蠢欲动的"聪明物种"，就是被视为基本上与动物相差无几的"有序的、特殊的蛋白质堆积物"，生物本能似乎就是冥冥众生唯一的"本质规定性"。在物质分配不平等的严重压抑下，人们已被押进"精神贫困"的牢笼之中。"知识"已成为就业的砝码，欣赏、品味、沉思、反省都显得那样的愚不可及，至少也是无暇顾念的不合时宜，以至于满眼都是"精神生命"萎缩的"单向度人"。当然，在此情此景之中，决不能说弗洛伊德已再无"用处"了，因为他实实在在地曾经是一位"诊断"精神错乱疾病的临床心理医生。质而言之，韦伯在《新教伦理与资本主义精神》最后部分所预料到的"专家没有灵魂，纵欲者没有心肝：这个废物幻想着它自己已达到了前所未有的文明程度"① 这一情境，在当今的世界却不幸地"实现"了。

置身于如此的时代语境下，精神分析除了"诊断"（diagnosis）的实用功能外，还能给我们每一个人带来稍许的暗示和启示吗？这是第一个问题。

如前所述，就"心理传记学"的性质而言，它毕竟是一部精英史，但在我们看来并不是所有的精英人物都适合采用这一研究形式和探讨路径。有史以来，精英人物林林总总，各色人等，但在少数值得进行精神分析的人物背后则似乎存在着一条一致性的线索，那就是：随着他们的出现，人们看待世界的认知方式被改变了！这里需要强调的是，这里所谓的认知方式，所指不仅仅是人类"知识"在深度和广度方面的进展，更主要的是指这些人物以其独特的思

---

① 马克斯·韦伯：《新教伦理与资本主义精神》，于晓、陈维纲译，三联书店 1987 年版，第 143 页。

想洞察力，触及到了人类"精神"状态的某些"奥秘"（Mystery）。这些所谓"奥秘"对人们日常性凡俗生活的影响可大可小，但其深远的内在趋向的结构性意义则无可替代。因此，那些有意或无意地去谋求改变人类精神构成的人，其个人的精神遗产对后来的世界产生了不可磨灭之影响，这种影响已深深渗入进人们的思想和认知的内部组织中，以至于达到根本觉察不到的程度的那些人，才有资格，也有必要成为"心理传记学"的研究对象。原则上，这些具有强烈开拓性的人物都是"异端"（deviationism），都是偏离了传统常识轨迹的"离经叛道者"。或许正是这种"离经叛道"，在精神承受力方面要经受过于超常的刺激，以至于来自传统的舆论压力甚至可能把人撕裂成精神碎片，因此，这种创始意义上的人往往会表现出非同一般的勇气、毅力和执著。相对于传统而言，在精神上或在政治上，他们都脱不掉"破坏者"的罪名。在一定意义上，这是一种自然和必然。这里，我们遇到了一个十分重要但又难以确解的词汇 Gnosis，它的一个释义是"intuitive knowledge of spiritual truths"，中文强译可称之为"灵知"、"感悟"、"直觉"等。实际上就相当于中国人常说的内心之深层体验的"顿悟"、"猛醒"和"自觉"，亦即某人经长期困惑和焦虑，突然间进入了某种难以言传的精神状态，其观点、态度、信念乃至行为，由浑浊到清澄，瞬间发生了颠覆性的异变。这样，似乎越是在常规分析中分歧极大的人物，就越适合于"心理传记学"的分析，因为在很大的程度上，他们均属于广义的克里斯玛（Charisma）式人物，摩西、苏格拉底、耶稣、老子、孔子、佛陀，以至于哥白尼、路德、笛卡尔、卢梭、马克思、尼采、牛顿、陀思妥耶夫斯基、斯大林、甘地、弗洛伊德、爱因斯坦、鲁迅、毛泽东、梁漱溟等等，均属此列。不能激起社会情势之普遍信仰激情的人，换句话说，那些无意于谋求改变人类精神构成的人，不适于采用"心理传记学"的分析方式，尽管他们透视"人性"的角度千差万别。所以，"心理传记学"把"难以理解之现象"视为自己"最为有益的目的"之一。这样说来，这些人物均可视为"一次性造物"，空前绝后，不可复制。

既然"心理传记学"只适用于特殊人物的研究，那么，对于一般读者又有何意义呢？这是第二个问题。

论述至此，读者将会发现，当我们把上述两个问题连接在一起时，亦即当我们把作为个体的自身融入世代的大背景之中的时候，立即就会出现一个"分裂的人"。在很大的程度上，我们已被时尚的潮流所裹胁，已身不由己。我们的确一方面声称要做一个具有独立思考的"精神自由人"，另一方面又不得不在为物质消费的欲望而拼死竞争。说实话，我们似乎什么都不缺乏，只是再没有了"慎独"的余暇，失去了反思自我生命及其内在价值的动力。我们遭遇到了前所未有的时代困境和心灵困境。如果一个人不满足成为一个"无心之人"的形体躯壳，那么，读一读这些充满灵智的"特殊之人"的心理镜像，难道真的对你的深层感知就没有一点精神生命的触动吗？人们在分析别人的心理状态时，其实也在透视自己。在一定程度上，稍微从寻求"确定性"知识的框架中抽身歇息，那么，"启示性"智慧的光辉即会温暖你的心田。正如威廉·布莱克（William Blake）所说："普遍化只不过是痴人的梦语。'（To generalize is to be an idiot.）① 一万双眼睛阅读同一本书将会留下一万种不同的感悟。但当我们站在类似"恐惧是情感上的动力，而结果则是道德上的排斥"② 这样的心理镜像之前的时候，将会多少被折射出我们自身的潜意识图景。在与特殊人物进行心理对话的过程中，刻意的模仿不仅适得其反，而且贻害无穷。而由此激活自我关顾、自我反思的意识，逐渐由此路径去探寻自己的潜意识空间，才是宏图正路。所以，"心理传记学"研究者威廉·托德·舒尔茨说："从杰出人物的生命经验中加以学习，所能获得的喜悦与视野的扩展，世界上没有几件事可以与之相比。理解这些人的生命，对我们自身有着很深的影响，可以帮助我们想象生活在不同的社会及历史情境下，生命是何种模样；也可以让我们对于生命的运转产生新的领悟；并且或许可以提供我们一个参考架构，让我们重新评估自身的经验、命运以及存

---

① See William McKinley Runyan, *Life Histories and Psychobiography: Explorations in Theory and Method*, New York: Oxford University Press, 1982, p. 166.

② John Duckitt, Culture, Personality and Prejudice. In S. Renshon & J. Duckitt, *Political Psychology: Cultural and Crosscultural Foundations*. London: Macmillan Press Ltd. 2000, pp. 103–105.

在的各种可能。"①

　　因此，在原则上，"写"心理传记和"读"心理传记是两种不同的语境。在前者，我们想起了牛津大学校长 H. R. 特雷弗-珀在 1957 年 11 月 12 日一次演讲中说过的话："在人文学科的研究上，一个新的错误往往比一个古老的真理要来得更有生命力，而拿一个有成果的错误去和一个没有成果的准确性相比也是如此。"② 而在后者，歌德《浮士德》中的名句则响在耳边："理论是灰色的，生命之树常青！"

---

① William McKinley Runyan, *Life Histories and Psychobiography: Explorations in Theory and Method*, New York: Oxford University Press, 1982, p. 3. 中译文参见：《生命史与心理传记学》，丁兴祥、张慈宜、赖诚斌等译，台北：远流出版公司 2002 年版，第 23 页。

② 此语作者曾任牛津大学校长。此语出自他 1957 年 11 月 12 日在牛津大学所作题为"历史：内行与外行"的演讲。转引自田如康、金重远选编：《现代西方史学流派文选》，上海人民出版社 1982 年版，第 304 页。

目录

前言 // 001
序言：探索希特勒 // 001
致谢 // 001

第一章 肖像与其人 // 001
身体特征 // 003　个人品性 // 007　恐惧和妄想 // 017　作为宗教领袖的希特勒 // 029　分裂的人 // 035　希特勒与女人 // 052

第二章 希特勒的精神世界 // 061
希特勒的阅读 // 066　希特勒与艺术 // 070　意识形态 // 082　斗争："万物之父" // 086　希特勒政治观点的起源 // 101

第三章 作为成人之父的孩子 // 143
犹太祖父？// 145　父亲：阿洛伊斯·希特勒（施克尔格鲁伯）// 151　母亲：克拉拉·珀茨尔 // 159　阿道夫的幼年和少年时代 // 165　不见睾丸的病例 // 172　希特勒的"初境创伤" // 185　童年晚期 // 192　"消极认同"：林茨的花花公子 // 198　克拉拉之死 // 206　同一性危机，1908—1918年 // 211　慕尼黑的使命，1919—1933年 // 234　元首的生活方式 // 251　希特勒的情感故事 // 255　希特勒的性生活 // 266

第四章 | **以史为序：希特勒与历史** // 279
第一帝国，800—1806 // 282　非帝国的德国，1806—1871 // 295
第二帝国，1871—1918 // 305　第三帝国的诞生，1918—1933 // 348

第五章 | **从个人神经症到公共政策** // 401
哪种"神经症"？// 402　希特勒思想意识的心理学根源 // 414　希特勒反犹主义的历史后果 // 424　身份混乱的益处 // 430　行动的残忍和顽固 // 437　希特勒帝国中的信任与不信任 // 442　侵略战争的心理学根源 // 446　希特勒的毁灭需要 // 451　通过自毁达到成功 // 475

附　录 // 493
注　释 // 504
索　引 // 570
译者后记 // 600

精湛学识可以揭示所有伤害
自路德至今
将文明逼至疯狂，
目睹林茨发生一切，
无比巨大之意向造就
一个精神变态的神：
我与公众皆知该童所学，
凡遭邪恶所害之人
必行邪恶之事。

——W. H. 奥登，《1939 年 9 月 1 日》

前　言

在《希特勒的世界》于1977年初版后的这些年间，研究第三帝国的历史学家们提出了一个关于元首的具有挑战性的问题。"结构主义"史学家坚持认为，希特勒实际上并没有操纵纳粹党——主要决定并不是由所谓的"元首"，而是由非个人的党、政府和军事机构的内在动力机制做出并执行的。的确，一位颇有影响的德国史学家断言，希特勒实际上是一个服从于自身难以控制的力量的"软弱独裁者"。

近来开展的制度史研究对于我们了解纳粹政府实际上是如何运作的有着很大帮助。然而，在我看来，它并不能否定希特勒作为第三帝国独裁力量的地位。

它也并未对整个历史中一些引人注意的问题做出充分的解答：这个既可怕又平庸的古怪男人何以博得德国人民的热烈支持？这个留着查理·卓别林式短髭的小男人，像个巨人般驰骋欧洲大陆，并建立起迄今为止世界上最邪恶同时又受德国国民欢迎的暴政，究竟是个什么样的人？

笔者写作这本书就是致力于回答这些问题，发现这个凶残的独裁者内心的扭曲人格，并指出希特勒的病态心理对他夺取政权、对他的公共政策和他的覆灭所起到的作用。

本书实质上没有做重大的改动，和原来的版本基本保持一致。自本书首次出版以来的15年间，我关于希特勒的结论的任何修改都包括在我即将完成的著作：《皇帝与元首：人格与政治的比较研究》（Kaiser and Führer: A Comparative Study of Personality and Politics）中。

R. G. L. W.
威廉姆斯镇和塔马加米镇（Williamstown and Temagami）
1992年7月

序言：探索希特勒

> 阿道夫一直是我心中的一个谜。
>
> ——希特勒童年的好友奥古斯特·库比切克，未公开的信
>
> 那么，我了解这个我与之度过多年时光的人吗？
>
> ——阿尔弗雷德·约德尔，写给妻子的信
>
> 您永远无法知道我在想什么。至于那些夸口说了解我的想法的人，我对他们撒了更多的谎。
>
> ——希特勒对弗兰茨·哈尔德说的话

除了耶稣基督，历史上恐怕没有人比阿道夫·希特勒更有写头了。

一位英国记者查看了1972年在伦敦出现的著作、文章、小说、电视和电影以及戏院里上演的戏剧作品后，挖苦地评论道，那是"元首"在英国最畅销的一年。但是，接下来希特勒在德国更受欢迎，关于他的主要著作有14部之多，包括一本长篇传记，此传记被评论人称为"权威性"的著作，预言它将成为"希特勒浪潮"的顶峰。① 不过，他们都错了。到1975年为止，即希特勒死后的30年间，各界已经出版了5万本关于他和他的帝国的重要著作。[1] 1976年，又一本1000页的巨著诞生，被称为"为后代所写的权威传记"。② 事实的确如此。

---

① Joachim C. Fest, *Hitler: Eine Biographie*, 1190 pages (Frankfurt, Berlin, Wemma, 1973).

② 关于这一宣专，见 *The New York Times Book Review*, 19 September 1976 of John Toland's *Adolf Hitler*, 1057 (New York, 1976).

希特勒的人格一直令试图探索整个历史中最引人注目问题的人困惑：这个如此平庸而不可思议的小男人，是如何迷惑了一个伟大的民族使它欣然接受残酷的暴政，又是如何征服整个欧洲大陆的。

人们一定赞同早期著名的传记作家布洛克（Lord Bullock）的说法，当他回顾他的主人公的童年时，坦言道："就我而言，我了解阿道夫·希特勒越多，我就发现越难以解释接下来发生的一切。无论如何，那些原因都不足以解释后面的结果。要求我们相信［年轻的希特勒］是和恺撒、波拿巴之类……独裁者一样，显然是背离我们的推理和经验的。而档案记录表明我们是错的。希特勒经历的迷惑性在于解释和事实本身之间存在着巨大的鸿沟。"[2]

解释与事实之间确实存在着鸿沟。当阿道夫·希特勒从软弱无能的青年成长为专横的独裁者时，他的个性发生了某些明显的变化吗？如果这样，究竟是什么导致了这种转变？还是说他的个性在他童年早期就定型了，基本上没有发生变化？因此，他的成功是因为外部环境的变迁？1933年德国的形势究竟是如何使他成为适宜的领袖人选？在魏玛共和国那些濒临灭亡的岁月里，他那特殊的病态心理成了他的政治资本，这是可能的吗？

除了智力上的挑战，还有一个理由使传记作家、小说家、历史学家和戏剧作家都对希特勒感兴趣：就是与他的名字相联的深重的、几乎是具有强大磁力的恐怖。在《黑暗之心》（*Heart of Darkness*）一书中，约瑟夫·康拉德（Joseph Conrad）深入探寻了人的邪恶习性，他发现了人们"对令人厌恶的行为的迷恋"。只要人们对某种神秘而深重的邪恶感兴趣，希特勒就会找到读者，因为他是吞噬人类的恐怖之神，他所建立的政治制度是"与上帝为敌的政治体系"。[3]

可以想见，传记作家对希特勒都有着各不相同的解释。这在某种程度上是因为他处心积虑地成功欺骗了自己和任何试图了解他的人。他的私人书信和回忆录往往都是设计好了要伪装自己而不是想透露什么；他有意无意地编造着关于他自己和他的家庭的谎言。他以身为"欧洲最优秀的演员"而自豪，并将自己隐藏在众多面具之后。他表面上可能温和、体贴、迷人，同时却恶毒而又极具报复心；有时他似乎是公理的化身，有时又成为一名偏执的狂徒；对一些人来说，他是一位公正严明的统治者、拯救者，对另一些人来说，他则是个疯狂的、具有破坏性的暴君。传记作家都是依据他们使用的那些资料，但与希特勒同时代的人对他有着各不相同的看法，所以他们的回忆、书信和日记提供了强烈冲突的证据。

伪劣的回忆录也误导了人们对希特勒的探究。例如，尽责的历史学家大都认可约瑟夫·格雷纳（Josef Greiner）是希特勒在维也纳那些年里的可靠证据来源。然而，事实上格雷纳根本就不认识希特勒，所以他的"回忆录"毫无价值。心理学的研究是根据一个以希特勒的"精神病医生"自居的人所写的全为欺骗性的报告。一位颇受欢迎的传记作家，根据希特勒弟媳的明显杜撰的回忆录，断言希特勒年轻时的英国之行对于他的外交决策至关重要；然而希特勒从来没有去过英国。①

不仅是资料的来源，而且作者本人的特殊倾向也会影响对历史的书写。那些对了解精神分析方法的历史学家极具启发性的心理学证据，在传统历史学家的眼中是无足轻重的，他们往往会忽略这些。在处理诸如希特勒和纳粹德国这些复杂的历史现象时，我们需要各种各样的方法。单独一种方法绝不会令人满意，没有一位历史学家可以垄断历史真相。正如卡尔·贝克尔（Carl Becker）曾说的，"噢，历史，多少真理都以这个名义而出现！"[4]

我将这本书确定为"心理史学"的著作，只是因为我相信阿道夫·希特勒的经历呈现了一些无法单纯用心理学或历史学本身解释的问题。我强调的是这个人的人格。但是我所受过的历史学训练使我意识到尽管他的人格对于第三帝国至关重要——纳粹独裁统治没有他是无法想象的——但它并不是整个故事。如果不了解广阔的历史背景，我们将无法理解他的一生。但是如果我们不了解更多关于他个人的东西，也是无法理解它的。对我而言，希特勒的行为经常表现出极端的非理性，否则就是无法解释的，因此明智的做法就是向受过专业训练并具有理解病态人格能力的专家请教。

---

① 关于对这些书的讨论，见附录，"关于虚假资料的记录"。

不可否认，在寻求这种专业帮助的过程中存在着危险和困惑。历史学家开始探寻心理学的主要目的是为了证明历史复杂的因果关系，但到后来可能错误地认为同样的俄狄浦斯问题适用于解释每个个体[5]，而所有传记存在的问题都可以简化为弗洛伊德主义或新弗洛伊德主义所描述的症候。令人遗憾的结果十分明显地反映在西格蒙德·弗洛伊德和威廉·蒲立德（William Bullitt）对伍德罗·威尔逊（Woodrow Wilson）的研究中。在类似这样的著作中，著名人物的经历成了变态心理学教科书中的案例，而复杂的人格则被简化为诊断结果。

随便使用心理学术语并不能使人信服或有什么助益。把希特勒标示为"偏执狂式的精神分裂症患者"说明不了什么问题。世界上的精神病院机构中，有许多这样悲惨可怜、毫无判断力的人。每个人都试图让人相信他就是希特勒（或拿破仑），哪怕给他一点儿机会，他就可以统治世界。一个标签本身并不能给出什么解释。但是，对那些表现出标签所标明的行为模式的个体进行仔细的检查就可能得出有用的结论。因为研究表明，希特勒的行为非常类似于那种单侧隐睾的神经症患者或临界人格患者，所以请教专业的分析家并参照临床著作或许会提供关于希特勒行为的线索，而这一点恰恰是传统的传记作者所忽视的。

心理史学家（令人遗憾的字眼！）被频繁地指控过多强调心理学因素，而忽略了其他的历史力量。这一指责有时是合理的。心智史学、军事史学或经济史学等方面的专家有时也有类似的倾向，在揭示过去的复杂现象中夸大他们所喜欢的某种特殊方法的作用，但我们不能以此来为心理史学家有时偏重心理因素的错误做辩护。我们需要保持均衡感。如果心理学在解决某些问题方面很有用，那就让我们运用它；如果其他的分析方法更适宜，那就采纳那些方法。在探索希特勒的过程中，我们不必局限于在临床心理学和政治史学之间做出选择。我们的任务是要努力把二者结合起来以找到对这个人和他的时代的令人满意的解释。因此，心理学可以看作是其他适宜的历史探索方法的补充，而不是它们的替代物。心理学能够帮助历史学家，我们对它的要求不应更多，也不必更少。

任何人的人生经历都会出现有关事实的问题。这些事实很少像我们最初所设想的那样是"固定"或"绝对"的；它们有时完全是含糊不定的，而且，其中总有性质上的差异。最容易证实的不一定是最能说明问题的。因此，尽管有许多对希特勒行为的精确描述，但要解释他为什么产生这些行为可能就需要我们走出狭隘的叙述性历史而去检视另一种更难以捉摸的事实。就此而言，对传记作家最有帮助的指导者，恐怕就是训练有素的心理学家了。因为无论何时，一旦提出"为什么"这一问题，传记作家就会发现自己不自觉地采纳了心理学的某种观点。甚至在他确信自己与心理学绝对没有关联，相反是依赖"人类的基本洞察力"或是被称为"常识"的东西时，他也无法避免地进行了心理学的假设。所以，我们必须认真看待埃里克·埃里克森（Erik Erikson）对此的见解：

> 传记作家明确反对系统的心理学阐释，却默许自己进行最为广泛的心理分析，他们自己相信这是常识，只是因为他们否认一种定义明确的心理学观点。然而，在明确反对心理学的背后，总是有一种隐含的心理学。[6]

埃里克森的评论鲜明地体现在一位卓越的英国历史学家 A. J. P. 泰勒身上，他细致入微地描写了希特勒的一生。在处理他的主题时，他蔑视变态心理学方法的运用，因为在他看来，可以把希特勒当作一个正常人来理解。希特勒是一个"夸大的普通德国人"（the ordinary German writ large），希特勒并不是一个真正富于侵略特性的人。尽管有时他可能看起来特别好战，但我们还是必须承认，他所说并非他的本意；他不是那种言行一致的人。① 事实上，泰勒向我们保证，无论如何希特勒都没有侵略的企图："他并没有征服世界或是别的什么计划。"正如温斯顿·丘吉尔和富兰克林·罗斯福一样，爱国的希特勒不过是

---

① 有许多希特勒的重要讲话，泰勒根本没有认真分析，列举如下：1933 年 5 月 30 日他对军事指挥官的讲话，目标是要征服东部空间；1938 年 5 月 30 日号称"高度机密"的指令，其中写道，"在不久的以后，通过军事行动铲平捷克斯洛伐克是我不可更改的决心"；而他在波兰战役前下达给手下将军的命令是"铁起心肠……勇猛作战"。

想把自己的国家变得更为强大。我们又一次意识到一个基本事实，泰勒写道，"他的全部行为都是合乎理性的。"[7]

由于排除了无意识和非理性的问题——也就是从弗洛伊德到埃里克森一派精神分析学家所做的心理分析——泰勒感到，能够自由随意地对希特勒的人格做出他自己的心理分析：元首可以被理解为是相当明智达理的、公正的、消极的，他最突出的特点是耐心，他没有强烈的野心，因而他的动机和观点都是"正常"的，行动则一直都是合情合理的。具有讽刺意味的是，泰勒在坚信自己脱离了希特勒个人"心理的神秘领域"的同一页上，却在说希特勒以某种未透露的方式把美国同他所藐视的奥地利联系起来，因而他憎恨美国。正是基于这种对希特勒口是心非的断言，这位英国史学家做出了关于希特勒思维方式的重要的心理学判断。

这里必须重申，问题并不是历史学家**是否**愿意使用心理学方法，我们肯定愿意；问题是我们是否愿意寻求专家的帮助，还是希望像门外汉那样试图自己独立解决。我们愿意使用心理学方法，因为我们的使命就是阐释历史的来龙去脉，说明事情为什么会发生，这便牵涉到人的动机，使我们直接涉及心理活动。芭芭拉·塔奇曼（Barbara Tuchmann）①对此做出简明扼要的表述："每一位善于思考的历史学家都是一位历史心理学家，因为心理作为人类历史记录的一个不可分割的成分，显然是我们资料的一部分。我们都明白这一点。"[8]

我的研究方法主要借助于正规的心理学，因此不同于泰勒以及其他研究希特勒的传统史学家。我完全不同意艾伦·布洛克（Alan Bullock）的观点。比如，他认为，"希特勒的个人生活对研究其历史地位是无足轻重的。"[9]我不赞同这些历史学家的看法，因为我是从一种截然不同的逻辑出发：即希特勒属于病态人格，如果不研究他的个人生活，根本无法理解他的人生。单纯用传统的史学分析和常识方法则无法解释清楚这一切。

常识往往使人相信，人们是按照理性行事的，从总体上说是依照其愿望行

---

① 芭芭拉·W. 塔奇曼（1912—1989），美国著名历史学家和作家。其于1963年出版的著作《八月炮火》和1971年出版的《史迪威在中国》两度获得普利策奖。——译者注

事的。而且他们自觉地意识到他们的意图。但是，像希特勒这样，当主体意识奇特而且举止怪异，表现出非理性和固执放纵的样子时，历史学家便陷入了尴尬境地。他往往倾向于回避这些问题。然而，难道那些不合理性、明显荒谬的行为就不是传记作家的资料的一部分吗？只是把它们称为"怪异"或是"微不足道"就真能解决问题吗？难道努力解释这样的行为，特别是在其结果对研究对象个人和其他人都很重要的情况下，不是史学家的责任吗？难道我们没有义务判断驱使人类的非理性力量吗？得出这样的结论：一个人的行为是"非理性"的，例如，希特勒下令屠杀全欧洲的犹太人或是决定进攻苏联，并不意味要终止对问题的讨论；反之，它应当促使对这样的历史性决定的非理性基础进行最严格的考察。

对我而言，希特勒必须被看作一个精神错乱的人，同时又被视为一位手腕高超的、极具智慧的政治领袖。像泰勒那样，只是把他看作一个理性的政治家，或者像布洛克那样，把他视为野心勃勃的独裁者，都会错估他人格的复杂性从而误解他的许多历史性行为。另一方面，希特勒能够出色分析一个政治或外交问题，并且能令人震惊地做出有力反应。无论是忽略这个事实而云关注他的反常行为，还是把他降格为教科书中心理变态的典型，即以性变态或未解决的俄狄浦斯情结的观点去解释他的政治生涯，都是对希特勒和历史的嘲讽。

一些希特勒的幼稚研究者毫不犹豫地得出结论：他的精神不正常。但他们却不想探究他的病，或是探讨这对他的事业的影响。例如，一位有名望的传记作家只满足于重申希特勒是精神病患者："几乎从一开始，他心里就有某种疯狂的东西……他是精神错乱的。"一位著名的英国历史学家写道，希特勒"永远是……一个暴烈的妄想自大狂……最终，他彻底丧失了与现实的接触"。一位美国外交史学家，在他详尽研究希特勒的战争动机一书的序言中，断言希特勒是一个"病态的自我中心主义者"，深受狂妄自大之苦。但在书的其他部分，却没有反映出作者对自己叙述的重视；他并没努力去展示希特勒的心理变态与他的外交政策有什么关系，而是似乎把元首的政策看作心理健康的人制定的政策。最近，甚至A. J. P. 泰勒也得出结论，希特勒是"一个疯狂的神经症患者"。但他的兴趣并不在于寻求一种必将导致广泛修正他的论点的判断，尽管他曾认为希特勒是一个明智达理而又谨慎周到的政治家。德国一位重要的传记作家称希特勒属于"神经症性格",被"一种无法抗拒的精神扭曲"所困扰,然后他得出明确的结论,希特勒多少有些"非人性"(Unperson)。然而,这些史学家中竟无人能在他的传记中列出有关精神错乱的心理学理论或是临床心理学的著作,尽管他们指称希特勒患有精神错乱。[10]

另有一些史学家在理解希特勒时拒绝以心理学为工具,反而转向了某种鬼神学论。当争论说希特勒是如此没有人性以至于无法用理性分析方法进行研究时,他们就把他称为恶魔、邪灵和魔鬼,并将其抛于视野之外,置于冥冥之中,视为外界的黑暗。毫无疑问,以任何道德的标准来衡量,他都算是邪恶的;然而要把他完全从人类经验中排除可能就有不少严重的后果。后果之一,是《法兰克福杂志》(1972年10月11日)的一位思维敏捷的作者指出的,他警告他的国人,不要"将希特勒恶魔化"并把他从人类中排除,因为这样做将会取消我们的责任感。这位德国新闻记者得出结论,有关希特勒的可怕事实并不是他的特异之处,而是他的平凡:"他是我们当中的一员,从一开始我们就应该知道。现在,我们也不该忘记。"

"恶魔化"的另一个后果,是它造成了对历史和人类个性探索领域的限制,这是无法接受的。比如一位写作了一本有关盖世太保的极具价值著作的传统史学家就放弃了理解希特勒的秘密警察头子的尝试。他认为,因为这个人物不能借助常规的传记方法加以理解,所以他根本不可能被理解:"所有试图分析希姆莱性格的尝试都以失败告终,正如我所预料,所有努力都是徒劳……因为,这些努力是要以正常人类的经验来理解一个疯狂的人。……他是与正常人的行为相脱离的恐怖生物之一。"[11]把希特勒或是希姆莱弃之不理,斥之为"正常"人无法理解的狂人或魔鬼,也就是说无法对他们进行严格精确的判断,这样的态度不仅仅是蒙昧主义的,而且是反历史的。希特勒真实地存在于历史中,他是史学家必须力求理解的人类现象。

我不得不立刻承认,如果传统的历史学家倾向于拒斥非理性并忽略这个人不仅是有血有肉的生命,还是充满强迫性冲动和神经症的生命,那我们这些对研究对象的心理失常颇有兴趣的人则可能会有更多强调病态的行为。

这就是本书的问题之一。这里强调的希特勒的生活和经历一直是为早先的史学家所忽略的。我并不打算写一部完整的关于希特勒的人生和时代的作品；本书也无意取代几部出色的传记，而是想做一些补充。我也忽略了许多优秀的专题研究中涉及的希特勒政权的诸多方面。相反，我强调的是，希特勒个人生活和社会经历中那些可以通过心理学方法更充分地加以理解的特异之处，而且，我强调了文明对这种个性的人物有何反应。

读者们将会发现，本书做了不少推测，特别是在希特勒人生至关重要的最初几年，以及在希特勒的病态心理是如何影响他的政治行为的说明中。当证据有些零散时，自然增加了猜测的成分。不过，世界上的所有证据都不可能消除对人和事的推测。

20世纪初，流行的观点是把历史设想为"科学"。通常人们都相信，如果冷静地研究档案并且"客观"地考察原始资料，就能够像实验室里的自然科学家一样自信地得出无可争议的结论。伯里（J. B. Bury）在1920年就任剑桥大学钦定历史学讲座教授时，在就职仪式的演讲中，对此做出经典表述。他怀着神圣的自信断言："历史是一门不折不扣的科学。"伯里同时代的人，具有人文倾向的历史学家特里维廉（George M. Trevelyan）却提出异议。他的结论震惊了许多同事，那就是"历史，就其核心而言，不是科学的推断，而是想象的猜测。……"[12]

毫无疑问，历史学家要检视他们发现的所有证据并机智而诚实地阐释它，这是他们的职业义务和良心要求。当他们需要猜测时，自然要做得小心谨慎。然而，任何历史学家建构过去事件和亡故人物的努力终归离不开推测。而这种带有想象的重新建构难免会出现错误、破绽或者不完善。由于历史学家无法知道过去的完整事实，因此我们中的一些人会在圣·保罗（St. Paul）的忏悔中寻求安慰，其现代译文是："我们如今仿佛对着镜子观看，模糊不清。……"[13]当然，也没有传记作家能够无视亨利·詹姆斯（Henry James）的提醒："绝不要以为你了解人类心灵的全部秘密。"[14]

致 谢

我很高兴能够向这些年间在这本书的写作过程中给予我帮助的人们和机构表达我的诚挚谢意。对于资金和给予的帮助，我要感谢约翰·西蒙·古根海姆基金会、美国学术团体协会、富布赖特委员会、社会科学研究委员会和威廉姆斯学院。几个档案馆和图书馆也尽可能地给予我慷慨的帮助：林茨的上奥地利州立档案馆，维也纳的国家图书馆；科布伦茨的联邦德国国家档案馆；巴伐利亚州立图书馆，巴伐利亚州立档案馆，慕尼黑现代历史研究所；柏林档案中心；伦敦的当代历史研究院与威纳图书馆；华盛顿国家档案馆与国会图书馆手稿部；加州斯坦福大学胡佛研究所；威廉姆斯学院图书馆。林茨档案保管员弗兰茨·耶欣格尔（Franz Jetzinger）博士在临终之际慷慨允准我翻阅了他个人收藏的极有价值的档案，慕尼黑的恩斯特·汉夫施丹格尔（Ernst Hanfstaengl）博士向我讲述了对元首过去的鲜明记忆，对他们我深表感谢。

附在本书中的主要艺术作品来自于下列出处：**施图克的油画**，引自《施图克》（*Stuck*），奥托·尤利乌斯·比尔鲍姆（Otto Julius Bierbaum）著，比勒费尔德与莱比锡，1901年。**照片**（"婴儿时期的希特勒"；"父亲"；"吉莉·劳巴尔"；"爱娃·布劳恩"；"1932年"；"与首相冯·兴登堡"；"在上萨尔斯堡"；"身为瓦格纳式英雄"；"巴黎的征服者"），引自《不为人知的希特勒》（*Hitler wie ihn keiner kennt*），海因里希·霍夫曼（Heinrich Hoffmann）著。"同学为他画的素描"，引自《希特勒的青年时代》（*Aus Hitlers Jugendzeit*），胡戈·拉比什（Hugo Rabitsch）著，慕尼黑，1938年。"母亲"，引自《关于阿道夫·希特勒的故乡》（*Aus Adolf Hitlers Heimat*），阿尔伯特·莱希（Albert Reich）著，慕尼黑，1933年。"斯蒂芬尼"，引自《我所认识的青年希特勒》

（*The Young Hitler I Knew*），奥古斯特·库比切克（August Kubizek）著，波士顿，1955年。

由于我试图将心理学和历史学的两种洞见融合到一起以期充分地理解希特勒，我一直非常感激这两个领域的杰出人士所提供的建议。我极大地获益于埃里克·埃里克森与临床精神病学教授诺伯特·布洛姆贝格（Norbert Bromberg）在阿尔伯特·爱因斯坦医学院进行的深入探讨，正是这一讨论使我初次注意到奥登的诗歌，从而确定了这个书名。威廉姆斯学院的心理学专业的理查德·O. 劳斯（Richard O. Rouse）、玛丽·A.（Mary A.）与威廉·沃特·沃伦（William Wirt Warren）教授和奥斯汀·里格斯中心的精神病学家劳伦斯·克莱默（Lawrence Climo）也对有关希特勒的心理发展的章节贡献了宝贵的知识和时间。

历史学家威廉·L. 兰格（William L. Langer）与詹姆斯·麦格雷戈·伯恩斯（James MacGregor Burns）给予我尖锐的批评和善意的鼓励。他们二人都不厌其烦地阅读了这么一部长篇草稿，并帮我进行了一些痛苦但是必要的删改。三位研究德国历史的专家对使用心理学方法分析历史问题持保留态度，但仍密切而令人赞许地关注史实细节，帮助我纠正了许多错误。耶鲁大学的汉斯·加茨克（Hans W. Gatzke）曾善意地指出我以前写作的论文中的错误。哈佛大学的雷吉纳尔德·H. 费尔普斯（Reginald H. Phelps）和皇后学院的理查德·W. 赖卡德（Richard W. Reichard）细心地审阅了整部草稿。当然，书中可能还有遗留的不确切之处，这些先生们绝不应因此受到责备。

特别要感谢威廉姆斯学院的弗雷德·斯托金（Fred Stocking）和汉弥尔顿的埃德温·巴勒特（Edwin Barrett），他们两人为了润色我那粗糙的文字花费了不少精力。这本书也大大得益于马丁·凯斯勒（Martin Kessler）精心而尽责的校阅和杰弗里·霍恩（Geoffrey Horn）出色的专业编辑。其他阅读了本书并提出宝贵意见的朋友和同人包括：达德利·巴尔曼（Dudley Bahlmann）、约翰·海德（John Hyde）、曼利·约翰逊（Manly Johnson）、彼德·洛温伯格（Peter Loewenberg）、罗杰·路易丝（Roger Louis）、托马斯·麦加恩（Thomas McGann）、尼尔·梅高（Neill Megaw）、欧文·沙因曼（Irwin Shainmann），和劳伦·史蒂文斯（Lauren Sterens）、芭芭拉·斯托达德（Barbara Stoddard）和学院文秘都超出秘书职责帮助我打印和复印文稿。对以上各位，我深表谢意。

然而，最真挚的感激还是献给我的妻子，我最亲密的伙伴与合作者，安妮·巴尼特·韦特（Anne Barnett Waite）。她多遍地倾听书中内容，贡献她的幽默感，并为本书准备了索引。在整个写作过程中，她不懈地支持我，并在混乱的时刻，帮我渡过了难关。

R. G. L. W.
威廉姆斯镇
1976 年秋

第一章　肖像与其人

　　他就像一个孩子：温顺，善良，富有同情心。像一只猫：狡诈，机警，敏捷。像一头狮子：雄健，巨大，吼声震天。一个真正的伙伴，一个真正的男人。

——约瑟夫·戈培尔，1926 年 6 月日记的开头

　　他是陀斯妥耶夫斯基书中的人物，一个着了魔的人。

——安德烈·弗朗索瓦-庞赛，
1931—1938 年法国驻德大使

　　他怎么会这么吸引我，而且还持续了十余年？

——阿尔倍特·施佩尔，1952 年 10 月 20 日日记的开头

　　作为德国人的领袖，阿道夫·希特勒恐怕拥有胜过历史上任何一位统治者的个人权力。他不仅创造了个人的政治理论，而且还缔造了一个离不开他的国家。正是他，为德国的艺术、音乐、医学和诗歌确立了标准。他的奇思怪想成为国家的法律。他下达法令，规定家庭主妇的宗教信仰，限定艺术家在绘画中可以使用的颜色，还确定了餐馆里烹调龙虾的方式，以及大学如何教授物理学。正是他，决定了德国人的结婚对象，如何给孩子取名字，以及人们死后的安葬之所。在他的命令下，成千上万的年轻士兵死在无望取胜的战斗中，许多人临死时还念着他的名字。在他的授意下，上百万的人被折磨、残害、屠杀。他是国家命运的仲裁者。几乎没有哪个独裁者能受到这么多民众的真诚拥护。

　　一位在 1934 年亲眼见到他进入纽伦堡的美国记者对他的魅力记忆犹新：

　　希特勒就像一位罗马皇帝一样在日落时分（耀武扬威地）进入这个

中世纪的村庄。名歌手汉斯·萨克斯（Hans Sachs，诗乐协会会员）①曾到过此地。路边密密麻麻挤满了忠实的群众，他们狂热地欢呼着纳粹党。成千上万的纳粹卐字旗遮盖着当地哥特式的美丽建筑、老房子的正面和山形的尖房顶。……这晚大约10点，我看到了上万名歇斯底里的群众挤在希特勒下榻宾馆前的壕沟高喊："我们要见我们的元首。"看到这些脸孔，我感到有些震惊，尤其是妇女的面孔。……它们令我想起曾在路易斯安那州的偏远乡村见到的那些打算踏上旅程的神圣信徒（Holy Rollers）脸上疯狂的表情。他们敬慕地看着他，好像他是救世主似的，而他们的脸则是扭曲的。……[1]

正如艾伦·布洛克（Alan Bullock）先生在他那本杰出的传记中所注意到的，从来没有一位政治家对非理性和情绪的因素表现出过更强的理解或是能更老练地利用它们。几乎没有人能更为透彻地洞察对手的弱点，并有更强的能力把这些转化为自己的优势。希特勒善于把握自己的超凡魅力，并且充分而巧妙地加以利用。根据形势或观众的需要，他既可以表现亲切，也可以凶残，既可以优雅，也可以邪恶。无论是家庭主妇还是艺术家，农民还是建筑师，教授还是管子工，孩子还是将军，大家都崇拜他。他是一个无情的机会主义者，有着近乎完美的时间感，直觉地知道斗争的确切时刻。

希特勒也是一个有着可撼动山脉般的坚强信念的人。就像所有真正伟大的政治领导人一样，他把政治的现实主义与他对历史命运不可动摇的信念结合起来。首先，他具有驱使人追随他的能力。戴维·劳合·乔治（David Lloyd George），一位深谙政治艺术的杰出政治实践家，对希特勒颇为敬佩，并在一

---

① 汉斯·萨克斯（1494—1576）出生于德国纽伦堡，裁缝之子。15岁时，萨克斯做了鞋匠学徒工，两年后开始行走于各个城市。每到一个新地方，萨克斯都会参加当地的合唱团。1517年，他在纽伦堡安顿下来，成为一名出色的补鞋匠。他支持宗教改革，并于1523年发表了《维滕贝格的夜莺》来歌颂马丁·路德。他创作了6000多首诗歌，题材从现实到神话，从而成为"富有艺术创造力的德意志精神的最后一位代表"。19世纪的理查德·瓦格纳（Richard Wagner）以萨克斯为原型创作了歌剧《纽伦堡的名歌手》。——译者注

次深入访问德国之后，宣称希特勒是当时真正伟大的人：

> 老人信任他；青年以他为偶像。这不是对一个受欢迎的领袖的普通崇敬，而是对一个把国家从彻底绝望和堕落中挽救出来的民族英雄的敬仰。……他像一个独裁国家的国王一样不受指责，有时特权更多。他就是德国的乔治·华盛顿——那个从所有压迫者手中为国家赢得了自由的人。对于那些并没有实际看到或感受到希特勒是如何支配德国的灵魂和心灵的人，这一描述未免夸张。但自始至终，这就是赤裸裸的事实。[2]

温斯顿·丘吉尔对此也深有感触。1937年，他已目睹了希特勒的许多业绩，并称之为"整个世界历史中最非凡的成就"。[3]

希特勒的崛起实际上是历史上伟大的政治成功的事迹之一。这个未受过教育的"一战"中的无名士兵在以往所有的经历中都是一事无成，却在1933年掌握了国家政权，在一个无望解决社会和政治问题的国家。不到五年，他给国家带来了稳定和希望。感激不尽的民众高呼他为领袖和救星。他减少了失业，稳定了货币，提供了有效的社会立法，并给成千上万的工人带来了具有吸引力的工作机会。他使这片土地上的年轻人沿着洒满阳光的大路高歌行进。他为德国人民缔造了一个新的社会。他修筑了宏伟的高速公路并许诺让每个劳动者都拥有汽车。他贬斥《凡尔赛条约》的胜方并撕毁了这一被全德国人视为耻辱的条约。在一系列出人意料的卓越行动中，他创造了一个胜利、强大而自豪的德国，重新武装了莱茵地区，并且吞并了奥地利和捷克斯洛伐克。

一位睿智的历史学家意味深长地说，如果希特勒在"二战"之前死去，恐怕他的国人会把他作为德国历史上一位杰出的人物、伟大的阿道夫来纪念。

身体特征

任何试图仅从希特勒的外貌和个人兴趣来描述他的人，往往会因他的复杂性而立即受挫。我们很想知道一个伟大的民族怎么可能把这样一个其貌不扬甚至滑稽的人当作他们的领袖和救星；我们为他着迷于自己纤长的手指、宽阔的鼻孔、头盖骨的形状以及眼睛的颜色而感到困惑。他的个人习惯也是这么的古怪。在本章，我们只是关注他的一些最显著的特征和行为方式，以及在他的书面语和口头语中反复出现的主题。接下来，我们必须对这些显而易见的难解问题做出回答：为什么他如此关注这些特殊的事物？——为什么他会为这样微不足道的事情而烦扰？他的诸多兴趣和癖好是如何影响他的个人生活和公共事业的？

就身体外形而言，希特勒似乎并不足以担当民族英雄和历史的力量这样伟大的角色。他看起来更像是维也纳二流咖啡厅的见习侍者。身高仅有5英尺9英寸，健康时的体重约有150磅。但是虚弱的他却喜欢减肥，经过那些年，他的体态已经越发不像样了。他的肩膀狭窄，胸部皮肤白皙光洁，没有汗毛，所以多少有些下陷。他的身体缺陷助长了毫无理由的谣言，说他在军服里加上特殊的衬垫。他的腿出奇的短，有点罗圈腿，显得很是浑圆，而脚却格外地大。他经常穿肥大的马裤和巨大的长筒马靴，但这似乎并不适合他。他走路颇有些装腔作势；总爱拖着左脚。他还留着查理·卓别林式的短髭。

希特勒很欣赏自己那一双纤长优美的手，对别人的手也特别感兴趣。在他的图书馆里，收藏了一本他经常翻阅的包括许多名人的手的照片和图片的书。他尤其喜欢向客人炫耀自己的手与他心目中的英雄弗里德里希大帝的手是如何地相像。他确信他能通过手相判断人们的性格和忠诚度。当初次与人见面时，他不仅会紧盯着别人的眼睛，而且会仔细看别人的手（他对人们的褒贬是根据他们的手足的形状和类型来确定的），人们会因此受到尊重或蔑视。希特勒颇为欣赏他的极具才华的建筑师路德维西·特鲁斯特（Ludiwig Troost）教授的手，强健的那种类型。

当希特勒在克尔斯滕（Kehlstein）的鹰巢的建筑期间，他发现了一片像手形状的岩块。他被这块石头吸引住了。他称之为"沃坦的手"，并把它装在一个特制的匣子里，好像这是神圣的遗物。[5]

希特勒的头发是浓重的深棕色，接近黑色。头发是右侧分，左侧太阳穴旁垂着那绺闻名于世的额发。他的鼻子大而粗糙。杂乱的胡须正好修剪得足以遮掩他外露的缺陷。他的牙齿是棕黄色的,充满了填塞的东西和缝隙,所以当他笑的时候,总用手掩住嘴。

那张粗糙而并不突出的脸上,令人印象最深刻的是他的眼睛。那双蓝色的眼睛出奇地亮,还带着一抹灰绿色,几乎每一个见到他的人都提到那双怪异的咄咄逼人的眼睛。这里面包括法国大使罗伯特·库隆德尔（Robert Coulondre）,和德国戏剧家格哈特·霍普特曼（Gerhart Hauptmann）,后者在初次见到希特勒时,出神地盯着他出名的眼睛,后来告诉朋友说,"这是我一生中最伟大的时刻！"美国大使的女儿玛撒（Martha）在这双著名的眼睛注视下感到充满希望,发现它们"令人惊异并且难以忘怀。……"[6]

希特勒自己常常发觉他的眼睛很像他的母亲。反过来,她的眼睛又令他想起希腊女神美杜莎（Medusa）的眼神,她的一瞥能把男人变成石头或使他们虚弱无力。希特勒绝对是迷上弗兰茨·冯·施图克（Franz Von Stuck）绘制的一幅拥有着恐怖双眼的美杜莎的著名肖像。当他初次在汉夫施丹格尔家见到这幅画时,他大叫道,"那双眼睛,汉夫施丹格尔！那双眼睛！那是我母亲的眼睛！"

他很清楚自己那双有些突出的闪亮眼睛的力量,没有睫毛的眼睑更增强了它们催眠的效果。他在镜子前练习用锐利的目光注视,并且一见到陌生人,他就这样看着别人。在用餐或喝茶时,他力图以目光逼视客人。他的建筑师阿尔倍特显然也喜欢这种游戏："一次当我们在茶室中就座于圆桌周围,希特勒开始目不转睛地盯着我。我并未垂下眼帘,而是将此视为一个挑战。谁知道在这种对视的斗争中最初的动机是什么？我曾有过别的对手,而且过去总是战胜对方,但这次,我似乎必须始终鼓足惊人的勇气,才没有屈服于曾经涌起的向别处看的冲动,直至希特勒突然闭上眼睛,把头转向旁边的女士。"[7]

他的眼睛总是给人以难忘的印象。一个儿时的朋友回忆阿道夫脸上的那双眼睛：

> 那双眼睛是如此的突出,以致人们看不到别的。在我的生命中,我从

未看见过任何别的人的眼睛是那样的——怎么说呢？——他的眼睛在他的外貌中占据了绝对显著的位置。那是一双像他母亲眼睛一样闪亮的眼睛，但是在儿子身上，那种有些目不转睛、洞悉一切的凝视甚至更为显著，而且更具力量和涵义。这双眼睛竟然能改变表情，特别是当希特勒演讲时，简直是不可思议的。……事实上，希特勒是用眼睛说话的，甚至当他的嘴紧闭时，人们也知道他想说些什么。当他初次来到我家，我就把他介绍给了我的母亲，那天晚上她对我说，你的朋友长着一双什么样的眼睛！而且我很清楚地记得在她的言语中，恐惧多于钦佩。如果问我，人们如何能觉察出这个人在他的青年时代的独特性格，我只能回答，"从眼中。"[8]

尤其是妇女一直对希特勒的眼睛沉迷不已并感到害怕。颇具典型意味的是尼采的妹妹迷上了他的眼睛并被它所迷惑："它们………反复地审视着我。"这种穿透力的特质一直保持到希特勒生命的最终。一位年轻的军队副官于1945年在希特勒自杀前见到了他的元首，深深地为这个病弱的、几乎是衰老的男人的外表所震惊。然而，希特勒的目光却依旧有力："只是在他的眼中才有一种无法形容的颤动着的光亮……而且他看我的那一眼异常地锐利。"[9]

希特勒图书馆的藏书显示出他对头部研究很感兴趣。那里的许多书都与颅相学和头骨学这类伪科学有关。我们完全可以理解，对他而言，自己的头具有特别的魅力。一位美国记者报道说，希特勒在1931年冬的一天召集一群医学专家到他在慕尼黑的寓所来，检查和测量他的头颅。这群专家的负责人是费尔迪南德·沙尔布鲁赫（Ferdinand Sauerbruch）教授，一位具有国际声望的外科医生，他肯定被整个事件弄得不知所措。他受命负责组织颅相学家和头骨学者观察希特勒头骨的每一个可能部位，用测径器和卷尺进行精确严密的测量。他们测量的部位包括从左耳到右耳，从前额到脊椎，从左眼窝到右眼窝，从眼睛到耳朵，从耳朵到下巴……所有的测量结果都被记录下来，与著名人物的石膏面像和肖像做比较。当听到专家们宣布他的头部测量数据明显与弗里德里希大帝和俾斯麦或拿破仑的相似时，希特勒像个孩子似的欣喜若狂。他亲切地点头说："是的，是的，把这些都记录下来。"然而，后代们却似乎无法见到当天记录下来的加了评注的图表。[10]

那么，在希特勒的过去的经历中究竟是什么使他如此关心他的头、眼、手和鼻孔？为什么他要与餐厅的客人进行对视的游戏呢？

个人品性

孩子气

这位驰骋欧洲一时的政治巨人的一个显著特征是他的幼稚。他几乎没有能力实现心理、感情、艺术或性的成熟发展。这位总理同当年里昂丁、林茨和维也纳的那个孩子与少年的品味、观念和生活方式根本是如出一辙。

希特勒力图通过在感伤的独白中叙述自己少年时的任意妄为来追寻自己的童年记忆；他确信世界上存在具有魔力的长生不老的万能药，而且他还认真考虑要去印度探险以找到这种药。他向秘书透露，他之所以成为一个素食主义者，某种程度上是因为他相信使大象延年益寿的食品也会有助于他的长寿。

他吃掉大量糖果和巧克力，像个孩子似的追求着口感的满足。理查德·瓦格纳的孙女记得，当她还是一个孩子时，同她的姐妹们去看望母亲，被希特勒吃掉那么多的糖果和巧克力吓呆了。他告诉她们他每天要吃两磅巧克力。她们常常以为他算错了自己往茶里放了几勺糖，但他从没有算错，总是七匙，那是他喜欢的数字。他的侍从回忆他在紧张时刻特别爱吃巧克力。在元首会议上，他会离开房间，去吃几颗巧克力，然后再回到会上。在激动的时刻，这位身为千年帝国的元首还有吮小指的嗜好。[11]

当年里昂丁的那个孩子喜欢去旅游和野餐。长大后，他同样喜欢这些活动。一个亲密的伙伴在日记中记录了元首的狂热。1926年3月，在驱车前往符滕堡的途中，希特勒就像个精力充沛的小伙子，又唱又笑，还吹着口哨。在去国王湖野餐的途中，他仿佛一个纯真可爱的孩子——热情而欢快。[12]

希特勒喜欢在马戏团里感受着孩子般的快乐，而当凶猛的动物威胁到女演员时，他就变得非常激动。他喜欢的娱乐是电影。德国UFA电影公司的一位导演回忆起希特勒曾下令在总理府播放每一部新影片,不管是德国的,还是其他国家的。一般的惯例是每晚至少看一部电影。不过,他为战争胜利而奉献自己的想法使他不得不放弃他喜欢的电影。战争开始后,他只看新闻影片,而在斯大林格勒战役后,他连新闻片也不看了。在上百部他看过的电影中,有两部他特别喜欢:他已看过多遍的迪斯尼的《白雪公主与七个小矮人》和《金刚》,他彻底迷上了那个与自己手指一样大的金发小女孩和大猿猴的故事。多年来,他一直谈起这部电影。他喜欢的女电影演员是秀兰·邓波儿(Shirley Temple)。[13]

有时,他刻意利用他非凡的才能以达到满意的效果。无论如何,他大发脾气就是孩子的武器,过去幼年的希特勒常以此来威胁溺爱他的母亲满足他的要求。

元首喜欢玩游戏。其中一个游戏叫"海狸游戏",他经常同随从在他的私人专列上玩这个游戏。只要谁看到长着短髭的人,叫出"海狸!",那就算他赢了一次。他的秘书确信,当元首赢了的时候——事实上他也经常赢,气氛就特别热烈。他还发明了一种在贝格霍夫玩的滚球游戏。他要带着三个球跑,如果撞到了标杆,就轮到别人;如果他输了,游戏就结束。他还喜欢测试自己穿脱衣服的速度。他的侍从不被允许待在他的卧室里,他们会站在门边看,直到希特勒穿好衣服,就喊出,"快!"而希特勒则喊,"结束!"并跑出房间看他是否打破了自己的记录。[14]

他喜欢玩那种伤害或侮辱别人的游戏。作为一个给人深刻印象的演员和出色的模仿者,他专门确立规则,以作弄独臂出版商马克斯·阿曼(Max Amam)和一个耳聋的新闻局副官。他喜欢一面叫人给自己的下属打电话告知紧急的元首命令,另一面又颁布密令威胁受愚弄者,以此来吓唬并迷惑下属。[15]

不过,希特勒战前的外交对策中没有丝毫幼稚的东西:这些对策都是凭借一种成熟而巧妙的时间感和善于利用对手弱点的卓越才能而确定的。但他对自己成功的直觉反应是对自己在一个无可怀疑的世界里创造的奇迹感到一种天真的喜悦。在他亲密圈子中的一个成员回忆起1936年3月在国防军的皮靴有节奏的碾压下,德军占领莱茵地区,撕毁《凡尔赛和约》和《洛迦诺公约》的情形。"希特勒的脸上流露出一种[我们]如此熟悉的表情,这意味着他正在自嘲。"1938年3月，当奥地利被占时，希特勒带领他的随从来到莱茵河上一座桥的中央。当奥地利儿童把希特勒当作元首欢迎并献给他鲜花时，他们惊呆了。希特勒"转过头来，冲着我们惊讶的面孔，高兴地微笑着。又一种惊奇油然而生"！1939年3月当他逼迫捷克总统哈萨签署了将国家割让给德国的协定时，他高兴地跑到秘书那里，叫喊着，"孩子们，我是如此幸福，我真想原地倒立！"1939年当得知《苏德互不侵犯条约》签署的消息后，他中委员会高喊，"'这难道没使世界再度站立起来吗？'于是便沉浸在一种彻底放纵的情绪中。……他欣喜若狂地敲打着自己的膝盖，大叫着，'我们真地控制住他们（西方势力）了！'"[16]

一部新闻影片记录下了在法国战败而成为傀儡国以后这位曾被称为历史上最伟大的军事指挥者的反应：他格格地笑着，并高兴地拍着自己的大腿。

他几乎是以里昂丁和林茨那个备受溺爱的孩子的独特方式来对付失望或反对：他喜欢闹情绪，跑掉，然后藏起来，或是大发脾气。一位英国外交官回忆到，有一次餐桌上的谈话不合元首的意思，他的整个举止就像是一个被宠坏了的闹情绪的孩子。[11]

他闻名的愤怒几乎都不是由重大的政治和军事失败引起的。在1932年竞选总统失利时，在斯大林格勒战役和阿登战役失败时，抑或是被暗杀威胁时，他总是泰然处之，表现出极强的自制力。最终，在失败已注定而他身边的许多人都决定要死在柏林时，他们都陷入了歇斯底里的状态。但希特勒却没有这样。他的速记员回忆起，在最后一次军事会议上，他像往常一样镇静，而且将自己的情绪控制得很好。[17]他发怒一般是由小事引起的。当有人不同意他的看法，侍从忘了他喜欢的矿泉水，或是谁提出他哼错了音调，他就会大叫或者用拳头砸桌子或墙，有时还会四肢平伸躺在地板上，好像受到了折磨。不过，并没有可信的证人曾看到他躺在地板上，嘴里嚼着地毯。所以"嚼食地毯者"（*Teppichfresser*）的绰号并不恰当。

有时希特勒的激怒似乎是为达到某种目的而精心策划的，这是他迫使对手屈服的一个武器。的确，通过叫嚣着要铲除布拉格而进行要挟，希特勒使老迈的捷克总统哈萨颤抖着屈服，而他则从中体会到了成功。但是，由一位见证人公开的大量详尽并有图解的照片反映希特勒并没有预谋或是下令行动。在1939年8月，一位瑞典访客正好预料到英国会对纳粹侵略波兰进行抵抗：

> 希特勒跳起来，变得异常恼怒。他焦急地踱来踱去并宣布，好像是在对自己说，德国是不可征服的。……突然他停在房间的中央，并且目不转睛地盯着前方。他的讲话越来越偏离事实，整个行为给人一种印象，那根本不是他。话语一句接一句地蹦出来。……"如果发生战争，"他说，"我将建造U舰，U舰，U舰，U舰！"他的话变得越来越不明了。渐渐地，人们不再能理解他说的话。突然，他镇定下来，抬高声调，像是对一个大型集会演讲，并且大喊道，"我要建造飞机，飞机，飞机，飞机，我要消灭我的敌人！"此刻，他的举止就像凶险小说中的恶魔。我只能惊异地看着他。[18]

"二战"中希特勒作为德国全部武装力量的军事指挥到西线负责，如同孩提时代去野餐的情形。他的一位女秘书，施罗德小姐回忆过去希特勒喜欢进行秘而不宣的突然旅行。他会让他们猜测所去的地点。1940年年初的一天，他告诉侍从要进行"短途旅行"，却没有说去哪里。一场猜谜游戏开始了。它转化成了希特勒及其他参加游戏的人彼此进行欺瞒的渠道：或许你该带上浴衣……或许你可以带回海豹皮做的战利品。为了增添游戏的趣味性，元首在官方列车经过的村庄移去路标。直至随从们到达总部并听到大炮开火，希特勒才自豪地宣布他欺骗了大家。他带着少年成功的喜悦宣布：今天清晨，对西线力量的进攻已经展开。[19]

无论是在少年时代还是成人以后，希特勒都喜欢阅读有关日耳曼民族的神和美国牛仔及印第安人的书。他特别着迷于德国人卡尔·迈伊（Karl May）写的冒险小说，卡尔·迈伊写过有关美国边疆地区的事，但他并没有亲临现场。他为书中的英雄创造出一种奇特的西部语言，带有一种条顿式德克萨斯人的缓慢语调。英雄老沙特汉德（Shatterhand）经常使用一些咒骂的语言——诸如，"住手，伙计们！"［Zum Henker Kerle！］"噢，我要被吓住了"和"讨厌，该死，先生！"他是一个厉害的神射手，曾经用射程48码的步枪射中50码远的印第安人的眼睛或是打中刽子手的绞绳。面对惊人的胜负悬殊，他总是凭借自己的意志力量、勇气和诡计击败敌人。

不仅希特勒一人崇拜迈伊笔下无畏的英雄，迈伊的书卖出了成千上万本，德国那一代的男孩子都被老沙特汉德的英雄创举所迷住。然而，几乎没有人比希特勒更忠诚和持久的了。作为总理，为表示敬意，他在自己的图书馆设立了一个书架专门存放迈伊亲笔书写的用上等皮纸精装而成的书。他读了无数遍书里的故事，在他的"餐桌谈话"（Tischgespräche）① 中，他对这些故事做出了高度评价。它们与电影《愤怒的葡萄》（Grape of Wrath）一起成为希特勒了解美国的一个主要来源。他还认为卡尔·迈伊最清楚如何打败苏军，并告诉侍从，"我已命令每位官员按照他的方式行动……卡尔·迈伊的书讲述了如何同印第安人作战。那是俄国人的战斗方式——他们像印第安人一样躲在树后，然后跳出来杀人！"[20]

后面将要谈到希特勒对于建筑和进行大规模重建的热情。但是，首先，也有人指出德国元首的一个幼稚的弱点：他爱玩搭积木。原财政部部长凉异地回忆起，当被召到希特勒私人办公室讨论一项有关国家银行资助元首建筑计划的贷款时，他所见到的情景：

> 房门打开，希特勒躺在地板上，许多建筑玩具整齐有序地摆在他面前。……得知客人已到，希特勒并未站起来，而是邀请客人坐在地板上。他的第一句话是："这难道不美吗？我们一定要把柏林建成世界上最美丽的城市。"那位官员表示同意他的看法，但坚持说在此刻这一愿望是不可

---

① 餐桌谈话（Tischgespräche），希特勒执政期间在午餐和晚餐后，与同他共同进餐的纳粹党头目、大区区长、政府部长、他的军事副官和秘书等的非正式谈话。主题极为广泛，常触及执政前的纳粹党党史、种族理论、反犹政策、时事新闻和人物评价等，并解释纳粹主义理论先驱的话录。战后，根据纳粹党徒的速记稿出版了《希特勒秘密谈话录，1941—1944》（纽约1953年版）、《希特勒的餐桌谈话，1941—1944》（伦敦1953年版）和《希特勒在元首大本营的餐桌谈话，1941—1942》（斯图加特1965年版）等。——译者注

能实现的。……

  然而希特勒并不沮丧。他平趴在地板上，默默地盯着那些模型许久。突然，他转向这位官员，像个孩子似的哽咽着说道："但是您不能把它从我身边拿走。我会很不高兴。您必须让我拥有它！"[21]

  元首喜欢建造，也喜欢摧毁。在帝国总理府的地下室里，有一挺小型大炮，炮筒约30英寸长，还有一个内置于炮膛的特殊消音器。希特勒喜欢自己装弹，瞄准，并向小目标射去。他的目标是木头的建筑和模拟的敌方士兵。有波兰、英国、法国和俄国士兵——俄国士兵则被涂成了丑陋的横目面孔。作为对他的朋友墨索里尼的特别优待，希特勒让他玩自己的玩具，而希特勒自己则装弹并向它射击。[22]

  小时候，阿道夫害怕夜晚一个人独处。成人后，他坚持让他的随从或客人陪他熬夜并彻夜聊天，或者只是听他讲话——经常持续到黎明。他相当坦率地告诉爱娃·布劳恩（Eva Braun），"一想到夜晚独自一人，我就浑身发抖"。客人离去以后，他常打电话叫他那愚蠢的副官绍布（Schaub）来做伴，让他坐在自己身边直到天亮。[23]

  希特勒为德国构建的政府也表现出他个性的不成熟。第三帝国在许多方面都是一个执拗孩子幻想的历史性实现——威廉·戈尔丁（William Golding）①笔下的《蝇王》（*Lord of the Flies*）变得愈加残酷，并成为现实。两个青年（阿道夫与杰克）所缔造的社会秩序要求蔑视弱者，无情地破坏，杀害无辜，做出无端的残酷行径，举行元首颁令的狂欢，完全信守原始的象征，并且不断地游行和歌唱。歌曲的意思大致相同，仅有词语不同。纳粹版本的是，"犹太人的血将从我们的刀下喷出"，伴随着孩子们的呼喊："杀猪，溅血，杀了他！"

  希特勒找到的解决复杂的政治和道德问题的办法通常都是幼稚而残酷的

---

  ① 威廉·戈尔丁（1911—1993），英国小说家，因其所写的关于人类状况的寓言而获诺贝尔文学奖。《蝇王》描写一群被隔绝在珊瑚岛上的孩子回到野蛮状态的故事。——译者注

简单。当他说解决印度非暴力不合作运动的最好方法就是杀掉国大党的领导时，英国外交官都为之一惊。他说，如果杀死甘地仍不足以使他们屈服，那就杀掉更多的国大党领导人；如果那样还不行，再多杀二百人，直至秩序确立。[24]

严肃与刻板

无论是在童年还是成人以后，希特勒从来不具有幽默感。他在年轻时代唯一亲密的朋友说希特勒完全缺乏自嘲精神，哪怕给予事物一丝微笑，他也无法做到。多年以后，一位外交部门的高级官员说："在希特勒的办公室，我们从未进行过一次具有嘲讽意味的正常谈话。……希特勒对别人的评语总是带着挖苦和贬低。而诸如自制、幽默和自嘲等特点则与他无缘。"一位在希特勒生命最后时刻留在他身边的女秘书注意到，希特勒喜欢与人开玩笑，而"当他了解到一些幸灾乐祸的事时，还会发出一种咯咯的咆哮声。……（但是）我必须承认我从未听到他开心大笑。"服侍他12年的侍从证实，"他从不出声大笑。至少，我从未听到过他突然开怀大笑"。虽然施佩尔（Albert Speer）不同意这种认为希特勒从不大笑的说法，但他并不否认关于希特勒没有幽默感或是快乐源泉的说法：希特勒没有幽默感，不过他能放声大笑。……实际上有时会笑得前仰后合。每当他这样发作时，他常常会把眼泪从眼角拭去。他喜欢笑，但这往往是以别人的牺牲为代价的。他从不讲灰暗的故事，也不许别人在他出现的场合讲。此外，他痛恨被人嘲笑。当要在公众面前穿一件新外套或戴一顶新帽子时，他总会私下让人拍照，然后再与他的摄影师商量他的新衣服是否得体。

据说他曾对他喜欢的一个笑话尖声大笑："问题：'为什么天鹅的脖子这么长？'答案：'以免天鹅被溺死。'"[25]

希特勒不仅不幽默，还非常顽固。他一遍又一遍地把适应视为懦弱，而把固执视为力量。他为自己的刚强而感到自豪，并视之为成功的关键。"我获得了成功，"他评论说，"因为我从不允许自己由于认知的缺陷而被阻碍。"[26]

在战时每夜的自言自语中，他充满渴望地长久回顾着他的年轻时代，只为强调同样的一点：他改变得很少。例如，他坚持说，他早年在维也纳的经历对他的事业起着绝对关键的作用，因为"在那时我形成了世界观和人生观，而这些就成为我行动的根基……我无法改变"。对于他来说，甚至连改变他的观点的想法都难以接受。他长久地追忆着过去的政治决定和成功，将之归结为坚定不移的顽强。例如，他喜欢提醒随从他在1936年冒险开进莱茵地区的成功，并断言"拯救我们的正是不可动摇的固执和无比的沉着"。[27]

有四个善于思索的人分别观察了希特勒一生的四个不同的阶段，都强调了希特勒相同的性格特征。他童年的伙伴写道，希特勒个人最显著的特点是，"对他所说和所做的每件事都充满无比坚定的信念。在他性格中，有着某种坚强不屈的、不可动摇的、固执而强硬的东西。……阿道夫绝对不可能改变他的思想或性格。……我过去是那么频繁地见到他这样！"40年后，一位非常熟悉希特勒的物理学家赞同道："任何人都不可能说服希特勒改变他的观点。……任何（试图这样做的）人只能使他更加固守自己的偏见。"一位瑞士外交官也肯定，试图劝说希特勒不采取一项行动只会适得其反。虽然卡尔·布克哈特（Carl Burckhardt）教授身为但泽的国家高级委员会成员，同时也是一位伟大的历史学家的杰出亲戚，但他深为屠杀波兰犹太人的行为激愤，便试图阻止他们的行动。然而，他发现，他的努力只能导致更进一步的屠杀，他悲哀地注意到，"每次反抗的结果只能是刺激希特勒继续进行最残酷的攻击。"最后，在"二战"中最了解希特勒的阿尔倍特·施佩尔就确认，元首的智力发展超过了世界的进步，1910年元首在维也纳时就知道这一点。对他而言，维也纳环城大街（Ringstrasse）在城市规划中属于绝佳作品。对于30年后的德国士兵来说，他在"一战"中使用的步枪现在看来都是这么好。[28]

无能或拒绝改变在希特勒的日常生活和个人嗜好中表现得也很明显。他后来写的信仍保留着同样的语法和拼写错误，如同在维也纳和"一战"中从前线寄来的明信片一样。在私人谈话时他的词汇惊人的多，这是他童年在奥地利乡下学的。在所谓的"餐桌谈话"（*Tischgespräche*）中，我们发现他提起 *Dirndln*, *Tschapperln* 和 *Bazis*, *Gigerln* 和 *Lackln*；他还使用诸如 *krampfig* 和 *Wortgegloedel* 这样的词句。在更多的正式文本和演讲中，他乐于重复他喜欢的词和短语。因而在 1924 年他口述的自传中,在他的第二本书(写于 1928 年)以及 1934—1943 年的谈话记录中,他多次提及"德国人的血统"、神圣之杯,并把犹太人说成是"腐败的酵素"。[29]

他年轻时代在维也纳就向自己许诺,总有一天他会写一部伟大的政治著作并亲自设计封面。书是用纳粹党徽来装饰的,并印有作者希特勒的名字,就像后来频繁出现的"阿道夫·希特勒"一样。实际上,书是多年以后写的,发行了许多版本,但希特勒自己从来没有做过任何修改。对《我的奋斗》的所有德国版本的精确分析表明,希特勒还是让出版商做了一些小改动以纠正其中的语法错误。[30]

希特勒的密友们都认为,希特勒遵循着哪怕是最细微的日常习惯。希特勒当上总理后,当外出遛狗,他每次总经过同一片田地,而且每次都在几乎相同的位置朝着几乎同样的方向扔一块木片。任何力图劝说他改变这一习惯的尝试都会以他本人强烈的激动和愤怒而告终。一位来自林茨的童年伙伴也回忆起类似的行为。阿道夫有个习惯,总是回到村外一个偏僻的地方,他熟悉那里的每片灌木和每棵树。

希特勒的个人卫生极有规律:他每天都洗上许多遍手;每餐后,他都要刷他那可怖的牙齿。年复一年,他穿戴着同样的外套、雨衣、鞋子和帽子;他会一直系同一条领带直至它已残破。同样的记录他会反复地听许多遍,因此他能记得大量收藏记录的顺序号。

在贝希特斯加登和总理府,根据他的书面指示,午餐和晚餐都有固定的座次。稍有一点偏离他的安排就会惹他发怒。在餐桌上谈的话题都是连续性的,同样的主题会一次又一次地出现。战前每餐后,都要放映一两部电影,有些电影放映过多次。午夜,还有围着炽热火炉的夜间聚会,在那里,希特勒会独自地——实际上,这是预定的,一次又一次地谈起他过去相同的经历。他曾经的新闻局局长对那使人昏沉的重复做出形容:"他总是长时间待在同一群人中,面对着同样的面孔,在同样的气氛中,而且我可以说,以同样的单调和乏味,永无休止地进行着同样的演讲和宣言。"

希特勒在 1945 年 4 月最后的愿望和遗嘱也不是一个新想法。最后的官方宣言里的每一字句实际上都是他在《我的奋斗》中提出的计划的翻版。于是，最终当他的帝国因他而覆灭时，一位副官建议他或许可以采取不同手段处理问题，阿道夫·希特勒却声嘶力竭地痛苦大喊："但难道你没有看到，我不可能改变！"[31]

无价值感

历史上最残暴的统治者之一竟然为负罪感和无价值感而痛苦。他的书面和口头文字都反映出他对个人问题的强烈关注，同时也充分地表达出他是全能的造物主的特殊产物。例如，他坚持说他实际上**是**有价值的，以期通过把自己视为上帝或历史的选择而缓和对个人价值的疑惑。1927年4月22日在慕尼黑的一次演讲中："上帝护佑我们因为这是我们**应得的**。……"又一次是1935年在纽伦堡："上帝仅把他的仁慈赐予那些**值得**拥有它的人。"而多年以后，在1944年的新年文告中："任何时候伟大的法官……总会把胜利给予那些最**配得上的**人。"次年的新年文告则是："我肩负着巨大的使命，诚挚地感谢相信我的**价值**的神的眷顾。"[32]

他经常被良心的不安所折磨，并力图缓和这种内心要求。他说，寻求内心安宁的唯一可能方法就是"除掉那种有**自我负罪意识**的种族"。在另外一个场合，他断言，"良心是犹太人的发明。它像割去包皮一样是个污点"。他的任务是"把人类从……**肮脏和可耻的良心**、**道德状态**中解放出来"。他坚持认为，德国人必须学会"不相信智力和**良心**。他对于良心的关注不只限于人类，他确信狗也深受"坏良心之苦"。[33]

希特勒深为他是一个刚强而又完全无情的人而感到自豪。然而，他还是担心罪过和内疚，而且发现"**负罪感**……使每个真诚而稳固的决定都归于无效"。在这方面，他对自己在1923年啤酒馆政变中夺权失败后因叛国罪而受审的记忆给人以启示。这个试图推翻魏玛共和国的政治革命者，并没像预想的那样，申斥现政府和他的敌人，或召唤国人进入一个新的社会和政治秩序。他的思想放在别的事情上："然而，历史，正如那拥有至上真理和完善法律的女神，总有一天会打破这种裁决而**还清我们所有的罪责**。"[34]

他对无价值、罪责和惩罚的担心也投射到国家中来。因此，希特勒得出结论，1918 年德国战败的真正原因不是政治的，也不是军事的："德国失败是因为她的**无价值**。"而且，"德国人民的军事失败与其说是**一次不该领受的灾难**，不如说是**一次由外部报偿产生的应得的惩罚**。我们不只是应当承受这次失败"。[35]

从他政治生涯的开始，这些困扰他的问题一直持续到最终。在 1945 年 1 月 1 日对德国士兵发表的最后一份新年文告中，他说："我接受自己的命运，并对相信我**足以承担**……在德意志民族的历史中这项决定性事业的神的眷顾致以最谦恭的谢意。"[36]

恐惧和妄想

以时间为敌

希特勒不信任时间，还试图逃避时间的要求。因为他不想知道时间的流逝，他便力求混淆白天与黑夜。有灯亮着，他会整夜不睡；而在白天，甚至在阳光灿烂的美好日子里，战时在乘坐专列旅行时，即使行驶远离战线之后，他也坚持要拉上窗帘，打开所有的灯。[37]

在他的办公室里，有一个旧式的音乐时钟，显然曾经是他家里的；然而，他从不允许给它上发条。他也从不戴手表。有时，他会把一个旧式的金表放在他的夹克口袋里。金表有一个弹簧表盖保护着表面。他似乎总是忘记上弦，以至于每当他需要知道时间时，他都是让别人告诉他。[38]

当他说出一个想法或设计一个建筑，抑或他赞成什么别的事物是整个历史中最伟大的时候，时间就是他一直力求征服的敌人。尽管并不是他发明的著名的绰号"整个历史中最伟大的战地指挥官"［Der grösste Feldherr aller Zeiten］，他还是喜爱这句短语的音调，并且当他听到别人这么称赞他时，他会像个学校的男孩似的，咧嘴一笑。正如负责他的演讲和后来宣言的细致而耐心的新闻主笔注意到的，"整个历史中"这一短语在演讲中被反复使用。

他所玩的关于时间的强迫性而又极其严肃的游戏，例如，检测他穿衣服的速度——都与战胜时间有关。然而，在游戏中希特勒从未真正赢过。时间还是不断地回来嘲弄他。因而他会反复地告诉密友，"我没有时间"。而他"没有时间就会生病"；他没有时间系领带，这样他就系围巾，或带上侍从给他系好的领带。

在他事业的终点，他把他的失败归罪于时间。"战争来得太快"，在他最后的一次独白中，他说，"我没有时间依据我的政治理论来组织人力……我们根本没有足够的时间。形势总是逼迫我们……缺乏时间。时间总是……与我们作对。"[40]

希特勒没有足够的时间。然而，整个历史中，还没有统治者把大多数的时间浪费在无意义的短途旅行和游览中，浪费在行驶的车辆中，浪费在数小时连续不断的谈话和闲聊中。或许，他感到如果用言辞充满时间，他在某种程度上就控制或是扼杀了时间。当然，对其他人来说，这简直是在浪费时间。

他还不断地试图欺骗时间。不过，时间又是以什么关键方式欺骗他的？我们应该尝试发现这一点。

死亡与斩首动机

希特勒在他的一生中都对死亡有着强烈的兴趣。甚至在胜利时刻，死亡也总在他脑中萦绕。1934年，在他宣称为"意志的胜利"的纽伦堡纳粹党集会结束时，他对自己死亡的考虑比胜利还要多，"我不知道什么时候我的眼睛会在死亡中闭上，但党会永存下去。"而在"二战"中，他不断地向随从谈起自己死亡的迫近。[41]

希特勒着迷于马卡尔特（Makart）的大幅油画《佛罗伦萨的不可救药的死人》中对腐败和死亡的描画，他很想得到这幅画，作为他计划中的故乡林茨的博物馆的收藏。他最终在1940年得到了这幅画，一位秘书记录下，当他雀跃于成堆的黄绿色尸体上时，就像个校园里的男孩一样狂喜，而且还不断拍着手掌。他让人把处置犯人的场景制成幻灯片，他喜欢看他们被处死。他还通过肯定他有决定他人生死的权力来平抚自己对死亡的恐惧，他说："我不在战时行动作战，我在战时指挥。……我坚信我有权将青年处死。"[42]

希特勒憎恨月亮，因为他认为它是死的。1924 年一个满天繁星的美妙秋夜，那时他还是兰德斯堡监狱的一名囚犯，他转向同狱的伙伴鲁道夫·赫斯（Rudolf Hess），说道："你知道，鲁迪，我就是憎恨月亮，因为它是死的、恐怖的、无情的东西，而且人类惧怕它。……就好像在月亮上，仍残留有它降临到地球的一部分恐怖。……我憎恨它！那个苍白而鬼魅的东西。"[43]

20 世纪 20 年代，希特勒对一个名叫米密·赖特尔（Mimi Reiter）的年轻女子很感兴趣。文章后面会再谈到她。在他与她相识的第三天，他带她去他母亲埋葬的墓地。他站在那里盯着坟墓良久，然后喃喃地说出赖特尔小姐永远也不明白的话："我还不喜欢那样。"［Ich bin noch nicht so weit.］ 有一次在餐厅，赖特尔小姐叫了她喜欢的维也纳炸肉排。希特勒表现出非常的反感，当她问到她做错了什么，希特勒回答："不，接着吃吧，但我不明白为什么您想吃这个。我认为您不想吞咽一具尸体……死去动物的肉。尸体！"许多年后，希特勒还嘲讽那些吃肉的人。他称他们的肉汤为"尸茶"，他还讲起他认为很有趣的关于龙虾的故事：一位衰老的老祖母被她的亲人们扔进小溪来诱捕小龙虾；龙虾吃了老祖母的肉，然后亲人们抓到了龙虾并把它吃掉。在另一个场合，当一个客人正在吃烤鳗鱼，希特勒却说鳗鱼是用死猫肉才喂得肥肥的。[44]

希特勒在他的一生中都表现出对小龙虾、龙虾和螃蟹的强烈兴趣，某种程度上是因为螃蟹（Krebs）在德语里也是癌症一词。他特别关注由癌症导致的死亡，正是这种病害死了他的母亲。他向亲密的朋友诉说了他的恐惧，并且病态地专注于这种疾病和它的治疗。他还极其害怕水。例如，一次在泰根湖上驾舟，他突然间惊慌失措，"好像确信船要翻掉"。特别是，他还坚持说，受到惊吓的并不是他而是那些女人，所以她们应该返回岸边。[45]

希特勒对死亡的关注在第三帝国期间公开地呈现出来。比起庆祝活动，纳粹党员在举行死亡纪念仪式时给人留下更深刻的印象。令人难忘的仪式有在普鲁士国王墓前，在坦能堡（Tannenburg）的兴登堡纪念碑前，在霍斯特·威塞尔（Horst Wessel）①纪念会上，和每年11月对啤酒馆政变中死难战士的纪念会上举行的纪念活动。死亡的主旋律始终回响在每一次纳粹党的集会上。[46]

重要的政治和军事决策都取决于元首对死亡逼近的恐惧和对时间流逝的关注。1932年当提到竞选总统的理由时，他表达了他的紧迫感："我没有时间等候。……哪怕一年我也不能失去。我必须马上掌权，以解决这一时期留给我的巨大问题。我**不得不**这样。我**不得不**。"在另一个场合："我需要十年制定法律。时间很短，因为我活不了那么长时间。……"[47]

希特勒决定在1939年9月开战是与他惧怕变老有关的。他想在他年龄还足以体会战争乐趣的时候开战。1939年8月22日，在对他的军队主要指挥官的重要讲话中，他提到了真正的需要和不该拖延战争的原因："一切本质上都依赖于我，我的存在，因为我出色的政治才能。……因而我的存在是一个具有重要价值的因素。然而，我随时可能被一个罪犯或疯子杀害。没有人知道我会活多久。因此，现在开始一场战争是适宜的。"而且，他还向纳粹党内一位领导人吐露："您瞧，我在逐渐变老，开始需要戴眼镜了。所以，我宁愿在目前我50岁的时候发动战争，而不是在60岁。"[48]

他力求凭借将不朽的记忆和典范事迹赋予他的伟大而击败死亡。他还希望培养德国的年轻一代，使他们摆脱这种困扰元首的恐惧："一代残忍的年轻人。……他们会学着**克服死亡的恐惧**。……"不过，希特勒坚持说，事实上害怕死亡的并不是他。他接着说，"犹太人害怕死亡胜过一切。"[49]

希特勒坚信，他自己的死亡会带来名声的不朽延续。例如，他确信，他在人们心目中会比拿破仑活得更长："我知道死后如何保持对人民的掌握。我将成为他们敬仰的元首，他们回到家中就会想起我并谈起我。我的生命绝不仅是以死亡这种方式结束。相反，之后它会重新开始。"在另一个场合，他告诉他的医生："我将成为历史上最伟大的人。即使在这一过程中整个德意志民族都

---

① 霍斯特·威塞尔（1907—1930），德国纳粹活动家。1930年被杀后，被追授为纳粹运动的英雄。他是歌曲《霍斯特·威塞尔之歌》（又称《旗帜高扬》）的词作者，这首歌曲是纳粹党的党歌。——译者注

毁灭了，我也必须要获得不朽。"[50]

自杀的想法持续出现在他的一生。童年，当他认为一个女孩没有回应他的爱时，他曾谋划同她一起自杀。1923 年，在慕尼黑政变期间，他抓了三个人质在身边，然后说："你非战胜我不可，否则就和我同归于尽。如果情况变糟，我的手枪里还有四颗子弹：三颗给你们，最后一颗留给我自己。"然后，当他再次回到啤酒馆时，他又说："清晨，不是一个德意志民族的政府建立在德国，就是我们死亡。"在 1932 年纳粹党选举失利后，希特勒沮丧地对戈培尔（Joseph Goebbels）说："如果党要分裂，我就在三分钟之内结束它。"多年以后，他回想到这段消沉的日子，记起，"是的，我想开枪自杀，因为我不再有出路。"还有一个熟人确认希特勒在 1933 年初非常沮丧。"他说他永远也不可能成功，一切事物都在与他作对，那么'我就用一颗子弹结束自己的生命吧。'"[51]

来自 1943 年 2 月 1 日希特勒同国防军领导人的会议片段反映了希特勒对自己自杀问题的持续关注，正如他对其他人的自杀的关注一样。在关于德国将军中的怯懦问题的演讲中，他叫喊道："当一个人的精神分裂，他就只能说'我无法前进'，然后开枪自杀。"他反复地提到他经常讲起的关于一个迷人女子的故事，"一个真正美丽的女人"，遭到丈夫侮辱后，被赶出家门。"于是，这个女人离开了自己的家，并写了一封诀别信，然后开枪自杀。"几分钟以后，他又讲了另一个守寡的美丽女人的故事："她说她活不下去，尽管还有孩子。然后，她开枪自杀。那是一个女人唯一能做的。她获得了士兵都不具备的力量。"希特勒对那些自杀妇女的评论可能反映了他同爱娃·布劳恩的经历。爱娃是最理解他的人。他第一次遇见她是在 1930 年，但是直到 1932 年他才第一次注意到她，而到 1935 年，她则试图自杀。希特勒对此产生了深刻印象，为此邀请她搬到贝格霍夫住。1938 年，当他突然开始对尤尼蒂·米特福德（Unity Mitford）小姐发生兴趣时，布劳恩小姐再度威胁要自杀，然后，希特勒马上就恢复了对她的喜爱。[52]

在阿道夫·希特勒玩的许多儿童游戏中，有一种替代性死亡的游戏。他不喜欢亲自系领带，于是让侍从帮他系。希特勒将这个过程变成了一种游戏——

但是他非常认真地看待它。他屏住呼吸，然后慢慢数到十。如果林格（Linge）能在他数完之前系好领带结，那元首就得到极大的安慰。[53]

斩首是一种让希特勒着迷的死亡方式。他经常谈起被砍下的头颅。他不仅在掌权时立下一个著名的誓言，"头将在沙地上滚动"，而且在许多年前，他对一个密友的叙述就反映了他有时会想到自己可能被砍头。1926年6月24日，他坦白说："在我完成自己的使命之前，我的头不会滚落到沙地上。"[54]

当希特勒靠投掷硬币来决定他是否要参加一个野餐时，通常头像那面表示否定。但出现的总不是头像那面。

当人们问及他首次到英国会做什么时，他毫不犹豫地回答，他最想看到亨利八世将他那些妻子的头砍下的地方。

20世纪20年代中期，希特勒为纳粹党设计了一种具有约束力的纲领——当他成为德国统治者时，可加以补充的纲领。这时，他俨然成为一个理想化的勇士，右手握着一把滴血的剑，左手则提着一个金发女人被砍下的头颅。在这幅沉重的哥特式画像的下面，印着"真理的勇士，砍下谎言的头颅"。值得注意的是，这个勇士收到的命令不是战斗，不是拼杀，而是砍下那个年轻女子的头。[55]

希特勒对政治的界定似乎是一种像亚里士多德、杰弗逊、格莱斯顿或林肯这样的政治家不可能得出的看法："政治就像是个妓女；如果你对她的爱是失败的，她会把你的头咬下来。"[56]

他特别羡慕的历史形象是与他的斩首想法相联系的。他在克伦威尔身上看到了议会政治、共产主义和天主教教义的危害，然而他还特别崇拜他则是因为他有勇气将一个国王的头砍下。他说："啊，克伦威尔，那是我心目中的伟人。他和亨利八世是英国历史上唯一的两个正面人物。"他还对弗里德里希·威廉一世有着极深的印象，特别是他下令实施斩首。1923年他看了一部名叫《弗里德里希大帝的一生》的电影，年轻的弗里德里希王子被强迫目睹刽子手砍下他最亲密朋友的头，这一场景希特勒反复谈起。希特勒评论说："那是德意志正义应有的处理方式：要么宣告无罪，要么砍头。"[57]

他一当上总理，就恢复了砍头的刑罚，不过他更喜欢的处决人的方式好像是绞刑。1933年3月29日颁布的一部特殊法令提出，在大多案件中以绞刑处决罪犯。通过下令处决在 1944 年 7 月 20 日阴谋中背叛他的将军们，他自己对扼杀的畏惧进一步投射到其他人身上。他命令，每个人都要"吊上一个钩子，然后慢慢被钢琴弦勒死，这是一种周期性释放出来的加剧他自己的死亡痛苦的压力"。希特勒还存有一部关于这一场景的彩色影片。他"喜欢这部电影并且一遍又一遍地放映；它成为他最喜欢的消遣"[58]。

希特勒十分迷恋美杜莎。他曾经表达他对慕尼黑大学的圆形大厅马塞克拼出的美杜莎头像的极大热情，而他最喜欢的一幅画是弗兰茨·冯·施图克画的一张两眼咄咄逼人的凶恶的美杜莎画像，他第一次看到它是在汉夫施丹格尔家里。当他设计总理府里自己的巨大办公桌时，在前面的几个嵌板上装饰了三个头。其中一个是美杜莎的头，有一条蛇在她的头发里盘旋。[59]

弗洛伊德认为，人们对砍头和美杜莎头颅的传说产生兴趣表达了一种扭曲的阉割焦虑。正如我们将要看到的，希特勒委婉地显示了他对睾丸缺失的个人关注。例如，他告诉法国大使，波兰人正在阉割德国公民。而他则试图劝说但泽的（民族）国家代表联盟相信，纳粹新闻机构正竭力平息有关波兰人暴行的传闻："没有人相信我，但是我已经下令在新闻界不准再提耸人听闻的案例，比如阉割，它们使民众激愤。"[60]

血统

就像原始部落赋予血以神秘的意义，希特勒也是这样做的。例如，他确信，人类历史中的一切都可以在血统的关系里得到解释，并且在他散乱的隐喻中，他注意到"血是文明的黏合剂"。他的理论大大地简化了对于地球上文明生活兴起和衰落的历史问题的解释。任何事都只依赖于一个因素：血（统）的纯洁与否。

在讲述自己的掌权经历时，他经常使用这个字眼。他预言他的对手会"被血洗"；他提起 1923 年的神圣的"血旗"；那天他确定了一个针对那天游行的人的特殊的"血统法则"。他还提议采用"血统结合"的观念（blutkitt）来训练他的精英卫队——党卫队（the SS）。1924 年在兰德斯堡监狱时，他读到一本关于成吉思汗的书，这时他基本上接触到了这个观点，尽管他以前可能听说这一想法也在埃及和文艺复兴时的危险社会中得到实践。(类似的手法也被茅茅党①和曼森②的祭祀者所采用。)简言之,这一做法就是:为保证绝对的忠诚和顺从,恐怖社会的组织者强迫一个即将加入的新成员,做出直接并且严重亵渎他的个人最重要禁忌的行为,作为他入会仪式的一部分。这样的残酷行为通过将新成员与他所在的社会和原先的价值体系隔离,从而使他毫不动摇地依赖新的组织,因为那是唯一支持和赞同他的伤害行径的组织。用心理学的术语来说,他被迫实施的创伤性行为加强了他新近形成的超我、他的价值体系和新的良知。[61]

在希特勒的德国,党卫队的内科医生用未经麻醉的犹太人和波兰"病人"来做医学实验或是进行观察,实施例如皮肤移植和腹部手术。其他党卫队的新成员都被强迫在犹太母亲面前杀死她们的孩子。③ 希特勒的理论是在他的党卫

---

① Mau Mau(意为茅茅党或其党员),肯尼亚的叛乱(起义)者,亦称土地自由军。20世纪50年代初,由于土地问题日益尖锐,爆发了茅茅起义。茅茅(The Mau Mau)原本是吉库尤人的一种秘密集社活动,激进的民族主义者利用这种形式,组织群众,起誓结盟,惩办殖民者以及同他们合作的非洲人酋长。起义在军事上失败了,然而却在殖民地人民与英国当局之间制造了深深的裂痕,为1963年肯尼亚的独立打下了基础。——译者注

② Manson,指查尔斯·曼森(Charles Milles Manson),出生于1934年11月12日,美国臭名昭著的犯罪组织"曼森家族"的领导人。曼森由于莎朗·塔特和拉比安卡谋杀案而被判入狱。曼森信仰他从披头士的一首同名歌曲中自己造出的所谓的"Helter Skelter"。根据他对披头士这首歌曲的描述,曼森坚信即将发生一场种族战争。同时,他也认为他犯下的谋杀案能够促成那场战争。他最终成为精神错乱、暴力血腥的象征。——译者注

③ 通过参与而认同残酷暴行的过程极其明显地反映在汉斯·克拉莫(Hans Herman Kramer)医生的经历中。他是一位有着杰出医学成就的医生,在加入党卫队之前任明斯特(Münster)大学医学部主席。在奥斯维辛集中营里,作为党卫队医生的最初任务就是观察一种被委婉地称为专项活动(Sonderaktion,一种"特殊行动")的大屠杀方式。囚犯,尤其是母亲和婴儿,通常被扔进40米宽20米深的大坑里,里面堆放着成堆浇上了汽油的木头。然后那成堆的木头就被点燃。当克拉莫医生初次观察"专项活动"时,他感觉这种体验令人毛骨悚然:"可怕……但丁的地狱……我无法忍受。"但他的日记显示在重复多次实验后,他就能从容处理尸体,确实能平静地进行研究。"1942年9月6日:今天星期日,丰盛的午餐:番茄汤,半只母鸡炖土豆和红甘蓝菜……甜品和美味的香草冰激凌。……晚8点在外进行'专项活动'。……1942年9月23日:第六次和第七次'专项活动'。……晚上8点,一次真正的宴会。我吃了鲮鱼。……喝了上好的咖啡,不错的啤酒和面包卷。"[Elie A., Cohen, *Human Behavior in the Concentration Camp* (New York, 1953), 236 and passim.]

队成员参加了这样的活动后，他们就会感到被一种共同经历的纽带连接到一起。这种手法在当时似乎相当有效。

血在希特勒的生活中起着极其重要的作用。显然他常常想吸血。例如，他想知道古代弗里斯兰人的血汤是什么味道；在评价世界历史是两群彼此敌对的人的长期战斗时，他说道："一群动物吸另一群的**血**。一群动物的死滋养了另一群动物。"他还写到犹太人是"通过它的气孔**吸人血**"的蜘蛛。

他喜欢被吸血，还乐于告诉秘书们观察血吸虫吸血的快感。当一位秘书感觉毛骨悚然发抖，说她不喜欢那种动物的样子时，他制止她说："不要那样说，它们是竭力帮助我的活泼可爱的小动物。"他还让他的医生莫勒尔（Morrell）抽他的血并存放在试管中以便他能观察。难道他害怕自己的血会出什么问题吗？

看到他身边圈子的人正在吃肉时，他就喜欢嘲弄他们。当提到莫勒尔收集元首个人的血液时，他说，"我会把我多余的血作成血肠特别来款待你们。为什么不吃呢？你们这么喜欢吃肉。"他重复着他的提议。[61a]

在许多政治演讲中，希特勒都对被感染的血表现出关心。而且这也正是通过纽伦堡种族法律的首要原因，这部法律的名称是"为保护德意志人的血统和名誉的法律"。他本人亲自起草了法律文本。他的私人和公开讲话都能令人想起关于疾病、血液污染、病患、结节、原虫和细菌等等。临近1942年2月底，恰在万塞会议（the Wannsee Conference）决定了"最终解决"犹太人问题之后，希特勒把自己标榜为隔绝危险病原的人类的伟大施恩者："犹太人病毒的发现是迄今为止发生的最伟大的革命之一。我们正在进行的战斗同巴斯德和科赫①在上个世纪进行的战斗是同样性质的。有多少疾病都源于犹太病毒啊！只有消灭犹太人，才能保证我们的健康生存[62]"。

在所有对人体可能有致命危害的传染病中，希特勒最害怕也是最感兴趣的

---

① 路易·巴斯德（Louis Pasteur, 1822—1895），法国微生物学家、化学家，微生物学的奠基人之一，倡导疾病细菌学说，发明了预防接种方法。罗伯特·科赫（Robert Koch, 1843—1910），德国医师兼微生物学家，因发现炭疽杆菌、结核杆菌和霍乱弧菌而出名。他被视为细菌学之父。——译者注

就是梅毒。青年时代，他就常常谈起这种病。[63] 多年以后，当他写自传时，他用了大量的篇幅来描述这种疾病的力量，他坚持认为，它是德国1918年战败的真正原因，并宣称对梅毒的斗争是国家的政客所面临的一项重要无比的任务。在尚未获得最差的骂名时，他还能指责魏玛共和国，他指出它使德意志民族在不得不屈服于由犹太人和黑人带来的"梅毒"威胁。[64]

洁癖与纯洁

希特勒经常谈起污物。他通常用丑恶或肮脏的字眼形容他讨厌的人。因此他对给他差的成绩的老师的评价就成为"**丑陋**的脖子和未经修剪的胡须"；现代艺术家是坐在"达达主义的**粪堆**上"；而自由主义则是"**肮脏**和虚伪的"。对于民主主义，他会说："滚开，懦弱的家伙！滚回去，你**弄脏**了楼梯。"犹太人尤其肮脏："这些身着长袖外衣的人的气味常令我感到恶心。产生这种气味的是他们**污秽**的衣服……和身体的不洁。是否至少有一种**肮脏**是犹太人并未涉及的？当仔细观察犹太人的成长，人们会发现一个被强光弄瞎了眼的犹太小孩就像一具腐尸上的蛆。……如果世上只有犹太人，那么他们就会在污秽和肮脏中窒息而死。"希特勒在谈到犹太人的时候使用了人们在谈起除虱或寻薰时使用的同样的字眼**"清除"**（*Entjudung*）。[65]

希特勒是一个严格讲求清洁的人，实际上是强迫性的。他少年时代的朋友回忆他们在维也纳的那些日子里，"他无法忍受不清洁，甚至胜于饥饿。因为他神经质地病态地对于任何有关身体的事物都颇为敏感。无论如何，他总要保持床单和衣物的整洁"。当上元首和总理以后，他每天都洗头，并且要用力地洗上很多遍手；每餐后他都刷牙和漱口。他一天刮两遍胡子，但从不使用剃须用的清洗剂或香水。他告诉一位英国记者，当他在维也纳还很穷的日子里，他下决心，等他有一天非常富有了，他会做两件奢侈的事：一件是给每个房间都装上一个开放式壁炉。另一件就是一天换两次衬衫。他那些裁剪得当的衬衫质地一般都是白丝的。[66]

饮食

希特勒在一生中似乎表现出对食物的过分关注。他关于外交政策的讲话反复要求新的食品供应来源；私人谈话也多是关于健康食品的长篇说教；他的图书馆里有一大堆关于特殊饮食的书。他告诉他的医生有一种特殊的有害细菌感染了他的结肠，并希望用一种食疗法可以消灭细菌。[67]

他成为素食主义者可能是为了治疗消除慢性的胃肠紊乱，但自己对于不吃肉，他给出了一大堆理由。他告诉一位医生，从很年轻的时候，他就是一个素食主义者。但对其他人，他则说，1931年前他还吃很多肉，特别是肥猪肉。他的秘书也指出1931年他才开始吃素食，并说在他的外甥女吉莉自杀以后，他就对肉不感兴趣了。然而他又对别人吐露，他一生都为过度地出汗而苦恼，而他发现如果不吃肉，情况就有很大的好转：他就不再流那么多的汗了，而且内衣上也就几乎没什么汗渍了。他还相信，吃素食有助于消除胃肠胀气的怪味（这是一个特别让他苦恼的问题）。

希特勒还确信，蔬菜食品会延长寿命并补充精力。他注意到，大象活得比狮子长，马跑得比狗快，而狗则容易疲惫，喘气，流口水。此外，瓦格纳也是一位素食主义者，于是希特勒便宣布："我不吃肉主要是因为瓦格纳这么说的。"[68]

他不常喝红酒或啤酒，从来不喝烈酒。在1924年受审时，他说："我基本上是一个彻底的素食主义者，只是在因为喉咙感到干涩的情况下才喝一口水或啤酒。"在他出名以后，他喝一种由巴伐利亚的"霍尔兹基辛啤酒"（Holzkirchen Brewery）厂特别为他酿造的酒精含量少于2%的黑啤酒。[69]

狼

在他关注的其他事物中，狼是他很感兴趣的。当他还是个孩子时，他就非常喜欢他名字的第一个字，并指出它来自古德语"Athalwolf"——德语中

"狼"（Wolfa）和"贵族"（Athal）的复合词。他渴望做一只高贵的狼。在他政治生涯的开端，他就用"沃尔夫先生"（Herr Wolf）作为他的笔名。① 他喜欢的阿尔萨斯狗——在德国叫"*Wolfshunde*"。他给布隆迪所生的小狗，起名为"沃尔夫"，而且不许别人碰它或给它喂食。他在法国的总部名称是狼谷（*Wolfsschlucht*）。在乌克兰，他的总部叫人狼（Werwolf），而在东普鲁士，则叫狼穴（Wolfsschanze）。正如他曾向一个仆人所解释的那样，"我就是狼——这是我的洞穴"。他把党卫队称为"我的狼群"。到后来，他会兴高采烈地回忆起运动的早期——他那风暴般的军队是如何"像狼"一样突袭敌人，接着便"浑身是血"。

1922年在为他的党报写的一篇文章中，他使用了一个不寻常的隐喻来形容人们是如何对他做出反应的：他们开始意识到，他说，"现在一只狼诞生了，注定要击败人民中的大群骗子和欺诈者。"他让自己的妹妹保拉（Paula）改名为沃尔夫夫人。他挑选的负责他在林茨图书馆和博物馆的特别代理人是一位名叫沃尔夫哈德特（Wolfhardt）（字面意思是坚强的狼）的博士。他主张将德国大众汽车公司命名为"狼堡"（Wolfsburg）。

当他给温尼弗雷德·瓦格纳（Winifred Wagner）打电话时，他会说，"我是沃尔夫指挥官！"在他身边待的时间最长（超过20年）的女秘书是约翰娜·沃尔夫（Johnna Wolf）小姐。她回忆起，希特勒对其他的秘书都正式地称"女士"或"小姐"，但却常常称她"沃尔芬"小姐。他最喜欢的曲调是迪斯尼电影里的调子。他经常有意无意地哼唱"谁害怕大灰狼？"——一种想吃人并把他们房子掀翻的动物。[70]

为什么他对狼如此着迷？他把自己创造为反面角色，孤独的狼——坚强、独立、机智、狡猾、顽固而又强硬，难道希特勒试图以此消除自身的不适感和依赖感吗？在他的一生中，还有其他原因使他对狼产生兴趣吗？我们将在后面的章节探讨这个问题。

---

① wolf，德语名词，狼的意思，中译为沃尔夫。——译者注。

作为宗教领袖的希特勒

由于希特勒把自己看作"弥赛亚",肩负着将德国从"国际犹太主义"的人为厄运中解救出来的使命,因此他把自己比作耶稣也就不足为奇了。20世纪20年代的一个场合,当他用习惯带在身上的鞭子抽打着自己时,他说,"在驱赶犹太人时,我想到了教堂的耶稣。"在另一个场合,他又说:"正像耶稣一样,我对我自己的人民负有责任。……"

在1926年的一次圣诞庆典上,他认为自己的历史价值可以同耶稣相比。耶稣改变了历史纪元;而希特勒也是如此,因为他最终对犹太人的胜利标志着世界历史上一个新时代的开始。"耶稣开创的事业,"他评价道,他,希特勒,"将来就要完成它"。在1933年2月10日的一次演讲中,他拙劣地模仿着上帝的祈祷,许诺在他的领导下,一个新的王国将诞生于世,而他将成为"力量和光荣,阿门"。他还补充,如果他未能完成使命,"请你们把我钉在十字架上"。[71]

他喜欢提醒他的信徒,他生命中的转折发生在1919年,就在此时,他接受了他的使命。他告诉一个副官,此前的一个秋天,当他受伤躺在军队医院里,他感受到一种超自然的幻影,要求他拯救德国。而以后的那些年中,他便反复强调1919年的重要性。1939年在国防部对指挥官的讲话中,他以同样的观点开始两段演说:

> 当我在1919年开始我的政治生涯时,我将根基建立在……
>
> 第一次决定是在1919年做出的,当时经过了长期的内心斗争,我最终成为一名政客,并开始进行反对敌人的斗争。

显然这个日期对希特勒很重要。那时他30岁——据说有一位"弥赛亚"开始拯救人类也是在这个年龄。

在许多场合,希特勒都堂而皇之地把自己视为上帝的特殊代表并与上帝等同。

> 我满怀一位梦游者的全部信心去走眷顾我的神指引给我的路。
>
> ——1936 年 3 月 14 日慕尼黑讲话

> 上帝创造了这个民族，民族将依照他的意愿发展，然而，按我们的意愿，它将存在，永不灭亡。
>
> ——1937 年 7 月 31 日布雷斯劳讲话

> 我相信，一个男孩从这里（奥地利）被送往德国，长大后成为这个国家的领袖，这一切都是上帝的意愿做出的安排。
>
> ——1938 年 3 月 9 日维也纳讲话[72]

希特勒不愿别人告诉他上帝行事并不总是向他显露的。曾有一个场合，一位副官解释说："上帝不会让人看他持有的纸牌。"希特勒立即火冒三丈，生怕自己会突发心脏病。他命令这个副官不许再重复这种冒犯性的话。[73]

那些年，他受到上帝支配的感觉变得越来越明显。1935 年 9 月 16 日，他说，"上帝拒绝了成千上万人，却眷顾了我们，我们的工作仍将会被子孙后代所怀念。1938 年 3 月 12 日，在他的家乡林茨的一次演讲中："当我曾经离开这座城市时，我满怀着与今天相同的坦诚忏悔。……如果眷顾我的神，曾召唤我走出这座城市……那神一定会因此赋予我使命。……"[74]

他多次在暗杀中奇迹般地幸免于难使他更加坚定了自己的信念。在 1944 年 7 月 20 日的"炸弹谋杀"失败后，希特勒告诉一位海军副官："现在全能的神又一次地拦住了暗杀者的手。难道您不认为我该相信这是命运的首肯，它有意要保全我以使我完成承担的使命。"他的侍从记得，希特勒很平静地说，"这又是新的征兆，说明我是神从众人中选出来领导一个更为强大的德国走向胜利的人。"并且，"既然其他人不得不牺牲，而我却能化险为夷，那很明显德国的命运掌握在我的手中"。[75]

希特勒对人类历史的说法基本上是宗教神学式的。他相信纯种的德意志人最初是生活在伊甸园里的。但这一纯洁的种族一直被幻化为犹太人的恶魔袭击。事实上，他明确地指出："犹太人是恶魔和所有邪恶的化身。"因此，他得出结论，在与这个恶魔的斗争中，他行使着全能的神的使命。在希特勒的神学中，一种截然不同的原罪代替了《圣经》中伊甸园里的原罪。"种族的混合是这个世界的原罪［Erbsünde］，"他宣称，"反对种族血统论的罪行就是这个世界的原罪。"他以末世论的口吻提起第二次世界大战，并把自己看作世界末日大战争中同撒旦势力作战的善良一方的指挥者。"对我而言，我们最终往往都是在接受魔鬼和撒旦的考验，因此，我们必须共同通过地狱直至最终获得彻底的胜利。"

他并未把纳粹党和帝国视为世俗组织。他在《我的奋斗》中写道："我认为：我们那些建立或毁灭一个宗教的力量远比那些建立一个国家的力量要伟大得多，更不用说建立一个党的力量。"多年以后，他告诉他的信徒："我们不是一场运动，而是一个宗教。"[76]

他为创建新的秩序而采用的组织形式是特别吸引他的罗马天主教会式的。孩童时代，他就梦想成为一名修道院长。当上元首以后，他开阔了自己的眼界，把自己看作具有罗马教宗继承权的政治教宗。1930 年，他在褐楼的一次秘密会议上宣布："在此，我为自己和党的领导继承者公布政治的绝对可靠性宣言。我希望世界的发展遵循这一要求，正如它依照神圣的上帝的要求一样。"

他还把自己想象为他打算征服的非基督教世界的宗教领袖。"我将成为宗教人物，不久我将成为鞑靼人的伟大领袖。阿拉伯人和摩洛哥人已经把我的名字与他们的祈祷相连。"[77]

希特勒注意到，他的教育与宣传部同"宣扬信教圣会"（Church's Congregation）有着许多惊人的相似之处。他指出他的任务不是传播知识，"而是传达信念和无条件的忠诚"。他把纳粹党的 25 条纲领作为"我们信仰的教义"和党建立的"基石"。[78]他的"千年帝国"的宣言有着宗教的效应。他乐于将国家、运动、民众称作"不可分离的三位一体"。希特勒还选择一种特殊的十字符号作为运动的标志和象征，同时他亲自修改了这个钩形十字的图案。

希特勒为他的新都"日耳曼尼亚"（Germania）所建的会议大厅与其说是一个城市建筑，不如说是一座世俗的大教堂。这座建筑非常之大，甚至超过了圣彼得大教堂的七倍——他喜欢的数字。正如阿尔倍特·施佩尔所注意到的，

"这基本上是一个威严的礼拜大教堂。……只是没有那样的礼拜意味,希特勒建筑的主要动机本来就是无意义和莫名其妙的。"[79]

回忆起曾经影响着他的习惯(制度)和观念,希特勒说他从《锡安长老议定书》、共济会成员那里学到了很多东西。然而,他得出结论,"首先我学到了耶稣会秩序"。当然,直接服从元首的宣誓显然使人想起耶稣会信徒对主教的宣誓。此外,希特勒把他的精锐武装党卫队视为他自己的耶稣社会。为了对党卫队官员进行严格的信仰纪律训练,他还命令他们学习伊格内修斯(Ignatius)的《神圣的修行》(*The Spiritual Exercises*)。[80]

纳粹报纸《西德观察家》(*Westdeutscher Beobachter*)中刊登的对公众接受誓言的描述,反映了在皈依上帝和效忠希特勒的神圣誓言之间有某种紧密的联系:

> 昨日,进行了隆重的血统信仰宣誓……不管是谁许下了效忠希特勒的誓言,他都要遵守这一崇高的信念,至死效忠。[81]

希特勒对于无信仰的人和异教徒采取的将其逐出教会的意外之举,并不同于格利哥里六世的手段:

> 降灾于那些不信仰的人,这些人有罪。……对众生有罪。……德国人被拯救是信念的奇迹。党在今天比以往任何时候都迫切地需要牢记国家社会主义的信条 [*Glaubens-bekenntnis*],并承载着它向前进作为我们战斗和胜利的神圣 [*heiliges*] 标志。[82]

纳粹党就像基督教一样有他们的先知、圣人和殉教者。元首把啤酒馆政变中牺牲的门徒奉为神明,他说,当他们奉献出自己宝贵的生命,他们的死将带来"他们的民族复兴的真正信念……他们洒下的鲜血将成为第三帝国的洗礼圣水"。[83]

希特勒的圣所在褐楼,那里存放着1923年10月9日的牺牲者承载的神圣血旗。只有希特勒才有资格将血旗升上"褐衫军"(冲锋队)旗杆,而这是一个神圣的仪式。

他以纳粹党的重大神圣的日子取代传统的宗教节日。纳粹党的节日包括 1 月 30 号，那是他在"我们主的神圣的 1933 年"掌权的日子，还有 4 月 20 号，他自己的生日和希特勒青年团确立信仰的日子。最神圣的日子，也就是纳粹党的假日 10 月 9 日，是为了庆祝那次流血运动的见证。

希特勒还为他的新宗教准备了圣典，《我的奋斗》取代了《圣经》，在德国家庭中占据了至高无上的地位。而纳粹党以这本书作为给新婚夫妇的结婚礼物，取代了《圣经》，反映出这一政权冷酷无情的典型特征。

德国学校里更加明显地将希特勒与弥赛亚同等看待。1934 年 3 月 16 日，孩子们书写出教育宣传部口授的命令：

> 耶稣与希特勒。正如耶稣将人从罪恶与地狱中解救出来，希特勒则把德国人从毁灭中拯救出来。耶稣和希特勒都受到迫害，但当耶稣被钉上了十字架，希特勒则荣升为元首。……耶稣为天堂而战，希特勒为德国的世界而战。

德意志妇女联盟构造出一个新的上帝祷文版本，这不仅是为元首的祈愿，而且是向作为神的希特勒的祷告：

> 阿道夫，您是我们伟大的领袖。您的名字使敌人颤抖。第三帝国诞生，只有您的意愿才是世界的法律。让我们每日都听到您的声音，在您的领导下听从您的命令，因为我们会坚守到最后时刻，不惜奉献我们的生命。我们赞美您！热烈欢呼希特勒！[84]

而小孩们则被教导在餐前感恩：

> 元首，我的元首，在我一生中保护和支撑着我。您曾把德国从绝望的深渊中拯救出来。今天感谢您给我带来的每日面包。留在我身边，永远不要离开我，元首，我的元首，我的信念，我的光明，万岁，我的元首！[85]

希特勒的信徒似乎在努力使这些话语普及为德国人民喜爱的圣诞赞美诗，但并不太成功：

> 平安夜，神圣夜！
> 万籁俱寂，明亮无比！
> 幸得元首坚定战斗
> 夜以继日关切德国
> 自始至终心系你我。

> 平安夜，神圣夜！
> 万籁俱寂，明亮无比！
> 阿道夫·希特勒是德国财富，
> 给我们带来伟大、赞许和健康。
> 啊，赋予德国人全部的力量吧！[86]

在公开的讲话和私下的独白中，他总是不自觉地提起基督教的某些专有词语和圣典。在对"褐衫军"的讲话中，他模仿着《约翰福音》里耶稣说的话，对他的信徒们说："我开始了解你们。你们是谁，你们因我而成你们，而我则因你们而成为我自己。"他提醒信徒，"我来德国不是为带来和平，而是战争。"1938年在格拉茨，他宣称全能的上帝创造了这个民族，用的就是《马太福音》里记录的耶稣说过的话："神配合的，人不可分开。"[87]

当他与他的希特勒青年团员交谈时，他特别爱引用《圣经》里的话。1934年9月5日，他告诉他们，"你们是我的血肉中的血肉。"1932年，他建议他们"要么狂热要么冷酷，而三心二意是应遭受诅咒并被你们唾弃的"[88]。这一措辞太接近《新约全书》里的话，两者看上去非常的一致。《启示录》（3∶15—16）中写道：

> 我知道你的行为，你也不冷也不热，我巴不得你或冷或热，所以我必

从我口中把你吐出去。

他乐于提倡可以撼动山脉的信仰。1935 年 1 月 31 日,他说:"如果你没有信仰,谁能领导你?信仰可撼动山脉,也能解放民族。"而在同年 5 月,谈起信仰,他又提醒信徒们,"它是最终能撼动阻隔的山脉的力量。"①

最后阶段,一次与他的信徒共进晚餐,他邀请他们品尝拿他的血做成的血肠,就权当是吃元首的身体,好像在说,"来吧,吃点:我的身体专为你们而受损……"?

分裂的人

希特勒是一个具有两重性的极端矛盾的人。他在思考和讲话时常常产生自我矛盾。任何被控有罪的人应该要么被宣告无罪,要么砍头;他说,"唯一的选择,介于生存或死亡,成功或失败,辉煌或耻辱之间。……要么做征服的英雄,要么做牺牲的羔羊。"反犹太人的战争,最终"或以雅利安人这方的获胜或以它被消灭而犹太人的胜利"告终。也许,"一个人不是做斧头,就是做砧板。人们要么追随他,要么自己做叛国贼。"[89]

彬彬有礼而善解人意的法国大使安德烈·弗朗索瓦-庞赛(André François-Poncet)对这个他经常拜访的人的双重性格很有兴趣:"同样一个人,表面上性情善良,而且喜欢自然界的美丽事物,饮茶当中也表达出对欧洲政治的合理观点,却能达到最热烈的兴奋、最激烈的疯狂和最发狂的野心。"[90]

创造与毁灭

他的内心介于创造和毁灭的力量之间的斗争在战前同国际驻但泽代表布克

---

① 显然他不记得保罗给科林斯的基督教徒的书信中引言的第二部分:"我若有先知讲道之能,也明白各样的奥秘、各样的知识,而且有全备的信,叫我能够移山,却没有爱,我就算不得什么。"(《歌林多前书》13:2)

哈特教授的一次交谈中成为特别尖锐的焦点。布克哈特教授为了争取波兰问题的和平解决，竭力请求同希特勒面谈。当时，希特勒愤怒地摇晃着脑袋，使劲把拳头砸到桌上和墙上，并且以一种满腔怒火的声音尖叫着："如果发生一丝意外，我会毫不警告地粉碎波兰，让它不留一点痕迹。我会用我机械化的全部武装力量闪电般地消灭波兰人。……"然后，他突然停下来，转过头去，忧郁地看着窗外那巍峨显赫的阿尔卑斯山，静静地注视着，"我能在这里，是多么幸运。我曾相当努力地工作过。现在，我需要休息。……噢，如果我在这里作个艺术家是多么幸福。我就是一位艺术家。您知道这点。"多年以后，"二战"进行到中间阶段，他若有所思地说："战争来了又走。留下的只有文明赋予的那些价值。因此，我热爱音乐、艺术、建筑——它们难道不是为未来人类引路的力量吗？"[91]

阿尔倍特·施佩尔在他的回忆录中描述了希特勒在创造和毁灭的欲念之间的不断冲突。他指出，回忆录集中在希特勒的建筑学，"不仅因为那是我的专业领域，而且因为我相信至少这是了解这个怪人的一条重要线索。这并不是他的业余爱好；而是他的兴趣所在。而且在失败以前很久，我就知道希特勒摧毁建筑并不是为了重建，而他建造就是为了摧毁"[92]。

死亡和毁灭的想法始终干扰着诸多创造计划。希特勒提出建造比金字塔还大的宏伟的石头建筑，并宣布他"进行建筑完全是为了永恒不朽"，同时他还感到迫切需要增加一句关于终结和死亡的注释："我们是最后的德国，如果我们倒下了，那永远也不会有德国了。"而在设计纽伦堡的巨型会议厅时，他画的草图已反映出如果会议厅变成废墟将会是什么样子。[93]

在希特勒的一生中，毁灭和创造欲念的彼此影响在他最后那些日子里表现得极为明显。1945年4月20日，他度过了他的56岁生日，也是最后一个生日，并为他多年一直忙碌的"更伟大的林茨"计划工作至凌晨3点。但与此同时，他又提出了一个毫无节制的毁灭方案，摧毁农庄和林场，杀掉牛群。将艺术作品、纪念碑、宫殿、城堡、教堂和戏院统统毁掉。在希特勒的明确授意下，这一想法公布在《民族观察家》报的社论中："不许用德国的小麦豢养敌人，不许德国人向敌人提供信息，不许德国人帮助敌人。他就是要发现……除了死亡、毁灭和憎恨外一无所有。"[94]

心理学家们已经注意到火是毁灭的生动象征,"极好地满足了侵略、毁灭等诸多倾向的发泄"。火吸引了希特勒。他说过他很想在他的房子的每个房间都放置壁炉。在贝格霍夫的晚间交谈,无论冬夏,都是在一个大壁炉前进行的,而希特勒总是朝着壁炉。他"喜欢把圆木扔进熊熊燃烧的火焰里"。

在火焰中,他的思绪陷入一种对欧洲那些伟大首都的狂热的喜悦中。1939年,他沉醉于一部记录轰炸和烧毁华沙的新闻影片,并出神地冲一个密友喊道:"我们就是这样摧毁他们的!"1940年他对描绘伦敦燃烧的那些照片很是喜欢,并期望完全摧毁它。"你看过伦敦的地图吗?"他幸灾乐祸地喊道。"它的建筑格局如此密集,以至于只需一个火源就足以摧毁整个城市,正如200年前所发生的那样。格林(Göring)想要使用不计其数的新型燃烧弹在这个城市造成多个火源。到处都是火。成千上万堆的火。然后,它们就会汇聚成一个巨大的大火燃烧带。炸弹是不起作用的,不过燃烧弹可以利用它——彻底摧毁伦敦。他们的军火部现在恰恰帮了我们!"人们记起,他曾经对没有烧毁巴黎的城市指挥官大发雷霆;他不断地发去质询电报:"巴黎在燃烧吗?"希特勒还把死亡同火联系起来,曾经谈及死亡的最佳方式就在自己家中自焚,他说,"那就构成一个壮观的葬礼。"然而,正如我们所见,他试图将自己身体焚毁的尝试显然并不太壮观。

诚实与狡诈

希特勒的诚实具有一种双重性的形象。他认为自己是一个诚实正直的人,例如,他"盲目而忠诚地遵守着协定;然而他也把自己看成一个能够"欺骗民众使他们相信一切"的聪明的伪善者。和他自己所说的"欧洲最伟大的演员"。他坦白,因为是在扮演角色,所以"协定只有在它们有用的情况下才会被尊重。……协定的存在就是为了在最适当的时候打破它"。[96]

1939年8月,一位瑞典大使暗示他,英国在长期忍受他的不守信用后,可能不会相信他关于波兰的承诺。希特勒极度厌恶这种看法。他停止踱步,惊异而痛楚地转过身来，喊道："白痴！我一生中撒过谎吗？"[97]

这个问题必须得到肯定的回答。在1934年血腥清洗中，他下令屠杀了上千他怀疑反对他的人，但是两年以后，在一次公开的演讲中，他说：

> 这里我必须郑重宣布：在我们运动的道路上，我们没有杀害一个反对者！

他反复向德国和世界做出"庄严的承诺"：他"没有威胁任何人的企图"；他"没有对欧洲的领土要求"；无论如何，他不打算"干预奥地利的国内事务或吞并奥地利"；他发誓，"我们永远不会破坏和平"；他个人还保证"决不侵犯自己国家的周边地区"。"那并不是我们的措词，"他说，"而是我们的庄严意志。"[98]

他感到必须着力强调自己的诚实的一个原因是他意识到自己有撒谎的倾向。1943年他在柏林发表的一次演讲的开头评论就启示性地表明他在很大程度上承认这一点。经过斯大林格勒战役的惨败，他第一次打破沉默，说道：

> 从长时间压在我们肩头的重担下解放出来，我现在想到又该投身于德国人民的事业，决不诉诸谎言，既不向我自己也不向公众撒谎。[99]

他往往是出于策略的原因而撒谎，然而也在许多无足轻重的小事上无故撒谎。例如，他就自己戒烟的时间和场所给出了几种不同的说法。他告诉他的秘书们，在他孩童时代，他抽"一支瓷烟斗……就像一个烟囱……甚至在床上也抽"，不过他很早就戒掉了。而对另一些人，他又透露说他直到多年以后才戒烟，年轻时代在维也纳，他花在抽烟上的钱比吃饭的钱还多。但是，又一个场合，他说，因为担心抽烟损坏他演讲的嗓音，于是他在1922年戒了烟。[100]

他的侍从知道他非常喜欢卡尔·迈伊（Karl May）和其他一些他推荐的小说家的作品，然而他说："我从来不看小说。那种读物简直令人厌恶。"[101]

令人不可置信的是，希特勒的记忆力相当精确。然而，令人惊异的是，他却无法记起——或是不能讲述——普遍为人所知的他的个人生活。1921年10月29日的一封长信里包含了诸多关于他的家庭的不实之词，例如他把父亲描述为一名"邮政官员"，而事实上，他是一名海关稽查员。多年以后，在"餐桌谈话"中，希特勒的父亲又变成了一名地方法官。

希特勒的父亲和母亲——以及他们的祖先，就我们所知——都出生在奥地利并且是奥地利或奥匈帝国的公民。而希特勒至少有两次都试图给人另一种印象。1933年2月22日在福希海姆（Forscheim）的一次公开演讲中，他告诉他的听众："从我的血统、出生和家庭看，我是一个巴伐利亚人……从帝国建立，俾斯麦的继承权第一次掌握在巴伐利亚人手中。"1938年8月23日在巴登格德斯贝格（德北莱因—威斯特法伦州），在熟识的著名的英国和德国大使面前，他还试图说服尼维尔·张伯伦相信他也是盎格鲁-萨克逊人，说因为他的祖先们"来自下萨克森［Nieder sachsen］"，所以他和英国的首相可以说是"拥有同样的血统"。[102]

为什么希特勒想要隐瞒他的家族血统？

现实主义与幻想

希特勒是一个不折不扣的实用主义者，具备有效处理政治现实的非凡能力；而同时他又是一个生活在幻想的梦中世界的人。童年时，他就梦想重建他的故乡，对他来说，他的那些计划变为了现实。正如他在那些年中的知己，也是他唯一的朋友所回忆的，"希特勒往往活在他对未来林茨的想象中，以至于他使自己日常的习惯都适应于它；例如，他会参观'名人堂'（Hall of Fame）、'纪念堂'（the Memorial Temple）或我们的'中世纪露天博物馆'（medieval open-air museum）"。少年时代，他爱上一个名叫斯蒂芬妮（Stefanie）的女孩。尽管她根本不认识他，他还是为她建造了一栋别墅——在他的幻想中，并且细心周到地布置了它。他特别关心音乐室里钢琴的摆放位置，和大厅里花瓶的形状。

多年后，他又产生了其他的建筑幻想，甚至超出施佩尔所形容的那些。另一个崇拜者回忆起，就在 1940 年入侵挪威后不久，他就计划要将那里的峡湾改成一个大型的度假胜地，修建大面积的公共浴场和运动场。他说，峡湾的游泳池，必须是"未来欧洲最好的顶点"。许多美丽绝伦的女子将会在那里游泳，洗阳光浴，跳舞或游玩。来自挪威水电部门的能源将会保证在挪威短暂的白天照亮巨大的度假胜地，温暖的玻璃围着的游泳池。尽管，他的建筑师弗里茨·托特（Fritz Todt），当时正在进行重要的战争计划，但是希特勒坚持让他停下来，去起草整个地区的详细建设计划。他也被告知要建筑高大的桥梁把这一地区同**帝国高速公路**连接起来。[103]

希特勒对自欺的异常接受力反映在他对自己政治生涯中一次重大转折的幻想中。在他的自传，和许多午夜的幻想中，他都倾向于相信他在 1920 年 2 月 24 日的慕尼黑的霍夫布劳酒馆的第一次重要的政治演讲中被成功地接受。他清晰地回忆起，在那一重要事件之前他的焦虑，肯定他亲自谨慎地计划了整个事件，最终改变并迷惑了反对的听众。这一晚证明了他是个强有力的雄辩家和煽动者。这是伟大的个人胜利，也是那个斗争的小党，德国工人党历史中最重要的会议。希特勒选择这一事件作为他自传第一章的相应结尾："我面临……一群由新的信仰、新的信念、新的意志联合起来的人……火焰已被点燃，总有一天，捍卫德意志的齐格弗里德和德意志民族的生命利剑将从火焰中锻造而出。而随着这即将到来的崛起，我感到了无情的复仇女神正走过来。……因而会议大厅逐渐空荡。运动开始发展。"[104]

然而，希特勒的幻想与历史真相根本就不符合，这已经得到详尽的证明。当晚主要的演讲人根本不是希特勒，而是丁菲尔德（Dingfelder）博士；在党发布的关于那次会议的通告中甚至都没有提到希特勒的名字。《民族观察家》报也不大热衷于报道未来元首的成就：在里面的一页仅有一句话提到他的演讲。此外，整个晚上是马克思主义者占据主导。当欢呼着歌唱的人群离开会场时，广场回荡起《国际歌》的旋律。[105]

这就是那一事件的"历史真相"——然而，值得一提的是，更重要的历史真相是希特勒自身幻想的现实状况。他相信它们，而且他的信念改变了历史的进程。

在他成为总理后，幻想和现实的世界继续在他自身与第三帝国的生命中交织。他本人有时也会为自己的幻想所困惑，并且在将它们与现实相分离时也经历了困难。在一个极富有启示性的叙述中，他向他的医生透露："我承受着痛苦的自欺折磨。"[106]

在临近灭亡时，他创造了比现实中还要强大的自我形象，并最终因之而毁灭。这一自称的奇迹创造者需要创造奇迹。而伴随着疯狂的加剧，他是运用自己的思想和意志来解决这一问题的。因此，他说服自己相信1945年4月罗斯福的去世意味着德国的获救；或者说英国的战犯将自愿与纳粹党人联合，结成一个"反布尔什维克同盟"，同俄国人作战。1945年4月俄国人正处在崩溃的边缘，而丘吉尔和罗斯福则会联合他对抗苏联，这已成为他的一条信念。[107]

正如我们后面将要看到的，当他想象的军事奇迹没能出现时，他鼓起了最后的超自然的全能幻想，结束了他在世间的生命。

勇气与怯懦

希特勒既是勇士，也是懦夫。"一战"中，作为一名并无官职的一等兵，他个人同时赢得了一级和二级铁十字勋章。然而，对这个经常谈起勇气的人来说，他心中却升起一种强烈的恐惧情绪。世界对希特勒而言充满恶魔，随时可能要毁灭他。任何耐心读过整个"餐桌谈话"的人都可以列举一大串引起元首恐惧和忧虑的人。他们包括神父、猎人、犹太人、自由主义者、新闻记者、共产主义者、共济会会员、法官、耶和华见证会、大学教师、波兰人、食肉者、法国人、诗人、英国人、吸烟者、美国人与滑雪者。最终，他的内心有一种根深蒂固的危险意识：人类根本不可信任。

因此，他在哪里都可以发现忧惧的理由：

> 不再有什么是稳固的，不再有什么根植于我们的精神生活。一切都是肤浅的，瞬间从我们身边消逝。我们人类的思想特征就是慌张和草率。整个生命都被彻底撕裂。……

正如一位德国作家所评论的,"询问任何一位有成就的现实政治家是否曾经频繁而着重地表达这种信念是合理的。"[108]

除了所有这些涉及德国的威胁,还有其他一些困扰他个人的威胁。他害怕各种类型的病菌,怕水,怕月光,还怕马——尽管他喜欢欣赏公马的照片和雕像。他担心自己身体的气味会令他人厌恶,并且总是为他的肠胃胀气而苦恼,于是他吃了很多的"克斯特(Köster)的祛味药丸",药丸的成分含有士的宁和阿托品。他确信细菌"突袭"了他本人。[109]

因为他的恐惧这么多,这么强烈,而且让人无法忍受,他感到迫切地需要把它们聚合成他可以认知的单纯一种恐惧,可以解释其他一切的恐惧,他可以将所有的愤怒和憎恨都释放在其上的恐惧。正如我们所见,他在犹太人身上找到了。

其他的个人双重性

希特勒可能是个细心周到而令人愉快的餐桌伙伴。而同时他也是一个令人厌恶,甚至无法忍受的粗俗无礼的人。他不喜欢妇女涂口红,并且经常告诉她们口红是由污物、人体脂肪或厨房垃圾以不同方式做成的。有一次,当侍者为餐桌旁的女士端上烤乳猪这道菜时,希特勒大声宣布:"在我眼里,那看起来真像是一个烤过的婴儿。"[110]

在社会集会中,他经常表现出怯懦、脆弱、不自在的样子。他紧张地反复检查着茶点的准备工作,担心他的客人是否会愉快。他会为系哪一条领带而烦恼。他忧虑不安地力图确认一切都已就绪。当计划某一活动时,他会喃喃自语道:"我会向他们显示,对这些事情我和他们知道的一样多。"[111]

希特勒十分节俭但又非常放纵。除了爱吃巧克力、蛋糕和其他糖果,他的饮食习惯是相当简单节制的。有一次,他喜欢上了一种鱼子酱,但是马上放弃了它,因为它"出奇地昂贵,那是不道德的"。战争期间,他那简朴的总部令他的将军们想到了"僧院和集中营"的结合。

然而,希特勒非常富有。他来自《我的奋斗》的收入,加上印有他肖像的德国邮票的收入，总计超过 100 万美元。在他当上总理后，他需要交纳的税金，超过 50 万德国马克，然而他却下令取消这些纳税义务，而 1934 年以后他就不再交税了。正如他的建筑师所提醒我们的，他在修建那些毫无必要而又从未使用的建筑上浪费了上亿马克。"我都记不清我下令为他修建了多少个秘密总部——九个，我想，其中有七个他很少或是从没有使用过的。"[112]

希特勒还在刻板与活动的两极之间摇摆。他想要许多事情都保持一致——政治观念、个人习惯、衣着服装、随从成员、军事策略。而且他以身为一个坚定的人而自豪。然而，他总有一种改变事物或做大变动的渴望——重新设计与重新建造，进行突然的旅行和远足。他不愿意把他的政治组织看作一个党，他称之为"我的运动"（Mein Bewegung），并坚持主张用这个称谓。

他邪恶而具报复性，变幻莫测而又冷酷无情。同时他又显得亲切和善、细心周到。有时，他喜欢把自己看作一个非常仁慈的人，但其他时候，他会把自己视为残暴的人。他说："是的，我们是野蛮人！我们想要做野蛮人！这是个光荣的头衔。"实际上，他的自我形象一直在仁慈与残暴的两极之间摆动。后来在 1941 年 9 月 28 日到 29 日晚间，他沉思道："感谢上帝，我总是避免迫害我的敌人。"但是这种"温和"与仁慈的倾向立即遭到对强硬和残忍的断言的对立反驳。例如，一天午餐时分，他考虑到，"当我一想到它，我就意识到自己格外地仁慈。"但是，几个月以后，他又会宣布："除了灭绝犹太人，我别无选择。"

有时，他在紧邻的语句中就表现出自我形象的冲突。1941 年 9 月 25 日晚到 26 日晨，他说道，"我不愿看到任何人受苦，不愿伤害任何人。但是，我意识到这个种族正处于危险中而……感情只能屈服于最冷酷的现实。"1942 年 2 月 1 日晚到 2 日凌晨，他说："我是无情的。……但一般地看，我可以说是温和节制的。我本质上当然不是一个残酷的人。"[113]

他不仅经常谈起仁慈和细心，而且事实上他的许多行动上也表现出他对他人的真诚的关心。他在秘书生日的时候给她们送花；在长途的驾车旅行中，他坚持让他的随从先吃饭；他至少送了两张手绘的表示感谢的明信片给曾为他母亲和他自己治疗的善良的犹太医生；他在遗嘱中还不忘他的家庭和仆人；他记得一个将军军事机构成立40周年的纪念日。他回想起一个在他掌权之前曾经施恩于他的老妇人，她在慕尼黑曾经租给他一间房子。他让一个副官去查找她是否还在世，然后为她准备了一笔钱。当另一个他早年的女房东因年老而有些精神失常时，希特勒一直表现得温和而细心，花很多时间静静地跟她讲话以安抚她的情绪。他也曾住在慕尼黑一个叫约瑟夫·波普（Josef Popp）的裁缝租给他的房子里。当1935年波普去世以后，他的家人每月都收到希特勒寄来的150马克的津贴，他只是要求他们不泄露这一收入的来源。他也没有忘记他童年朋友的母亲。1944年他在库比切克（Kubizek）夫人80岁寿辰的时候送了她一包食品。他的朋友评论道，"我根本不晓得他是怎么知道的。"

他对孩子特别慈祥，而且在许多场合都表现出他的细心谨慎。1928年一天，他同几个丧母的孩子站在他们母亲的墓前，握着他们的手，和他们一同祈祷。熟识他的人说，他们的孩子"非常崇拜他"，而希特勒也从来都没表现出"像和小孩子在一起那么轻松、真诚和友善"。[114]

他对动物也有一种温柔的情感。在维也纳的日子，他总是节省下一点干面包喂给美泉宫（Schönbrunn）附近的小鸟和松鼠，他总在夏夜到那里读书。希特勒非常喜欢鸟，尤其是乌鸦，一种在德国文学中经常被视为厄运和死亡征兆的鸟类。他专门下令不准捕杀乌鸦。

在他掌权后的头几个月里，他签署了三部关于保护和善待动物的独立法律，1936年1月14日，官方的《帝国法律报》（*Reichsgesetzblatt*）宣布了对虐待动物和不给动物喂食的规定和惩罚，显示了对龙虾和螃蟹遭受不幸的特别关注。希特勒的法令确定了在德国餐馆中杀这些动物的新规则：

> 螃蟹、龙虾和其他甲壳类动物都要以迅速扔进沸水中的方式处死。如单个可行，还要单独处理。

在这部法令通过之前，希特勒政府中的高级官员显然对以最仁慈的方式处死龙虾的问题发生过争议，而内政部里两个官员关于将龙虾放进慢慢沸腾的冷水里处死还是扔进迅速沸腾的水中两种方式中哪个更仁慈的问题准备了一份学术论文。正如法学家在保护动物法律的官方导论中所注意到的那样，这部法律的目的，也是希特勒所赞成的，是要"唤醒和加强作为德意志民族的最崇高的道德品质之一的同情心"[115]。

希特勒对甲壳类动物的仁慈并不总是扩展到人类身上。在他担忧龙虾安危的同时，据说他曾对一个同伴说："我打算根除整个种族吗？……当然是的。……残忍是吸引人的。残忍和野蛮的力量。……大众需要它。他们需要恐怖的刺激来使他们颤抖着屈从。我不想让集中营变成领取抚恤金的老年人之家。恐怖是最有效的政治途径。"[116]

他的身边一直围绕着人，他的超凡魅力总是吸引着成千上万的人，然而他却是一个无法保持友谊的孤独的人。他辱骂并且遗弃了他年轻时唯一的朋友，库比切克。他下令处死了恩斯特·罗姆（Ernst Röhm），早期战争年代里他称为"您"的朋友。鲁道夫·赫斯，一度被他亲密地唤作"我的鲁迪……我的赫瑟尔（Hesserl）"，对他像狗一样忠诚无比，也遭到希特勒的公开奚落，说他是"我一生中所犯的最大错误"。阿尔倍特·施佩尔，作为希特勒的崇拜者，曾经拼命想接近希特勒，并说，"如果希特勒有个朋友，那就是我"，也说希特勒对他的密友的态度带有轻蔑的味道："他似乎喜欢破坏声望和自尊，甚至是对他亲近的伙伴和忠诚的战友也不留情。"[117]

希特勒是一个懒散的人，把大量的工作时间浪费在无聊的自我放纵中。在日复一日和晚间的会议中，他强迫他的同伴倾听他对琐事的没完没了的空洞演说。然而，他又是一个精力极其充沛的人，具有发奋工作的能力。例如，在1932年的选举运动中，他不知疲倦地乘飞机到各处宣传——尽管他害怕航空旅行——而且一天要对上万人演说。在他第一次遍游德国的宣传运动中，他在7天之内拜访了21个市镇；第二次时，他在8天之内拜访了25个市镇；第三次，16天内拜访了50个市镇；第四次，24天内走访了50个市镇。[118]

希特勒对色情艺术和文学感兴趣；而同时他又故作正经地表示对正当行为的关注。他不允许诅咒他人或者讲不合宜的笑话；不管天气多热，也不准绅士脱掉外套。他为斯大林让人拍摄他抽烟的照片而感到震惊,并且对墨索里尼洗澡被当众看到而感到狂怒不已。在一次比较容易为人淡忘的政治宣言中,他评论道,伟大的政治家都不是袒胸露腹地执政的。他极其担心"一些精明的伪造者,会把他的头安在一个正在洗澡的裸露躯体上!"[119]

为了限制裁缝接触他的身体,他会一次试穿合适时,同时做许多件衬衫和套装;这些衣服估计可以穿上许多年。他不好意思在医生面前脱衣服,尽管有慢性胃病,却从来不让人给他照 X 光。他拒绝采纳希姆莱(Himmlet)的建议,即通过让人按摩来缓解他的疼痛。他一直都喜欢把自己的身体裹得严严的,甚至在酷热的天气,他也会穿上白色的长内衣裤——正如 1944 年 7 月 22 日那个炎热的日子,在炸弹爆炸撕破了他的裤子后,人们第一次看到的情景。[120]

他谨慎地说道,他至少不是因为赤裸而感到尴尬——那是其他的人:"裸体的想法只会折磨神父,因为他们所受的教育使他们变态。"[121]

希特勒既是一个充满自怜的小男人,同时又是一个令人敬畏的强有力的独裁者。在孩子气的祈求同情中,他为他生活中的孤独和未来老了以后被忽略和遗忘,抽泣不已:

> 或许我原先的一个伙伴会偶尔来看我,但是我根本不指望。除了布劳恩小姐,我不会把任何人带在我身边。布劳恩小姐和我的狗。我将会感到孤独,因为谁会愿意陪伴我这么久呢?不再会有人注意我。他们都会追随我的继承者。或许,他们每隔一年会来祝贺我的生日。[122]

1932 年在选举期间,有一天,据一位密友的说法,当希特勒喷喷地喝着蔬菜汤时,他为自己感到遗憾,于是悲哀地向别人求证,确认素食会治疗他的胃部痉挛、过量出汗和抑郁。然而,接着他又开始谈论他要掌权的决心。他跳起来,绕着屋子大步地踱着,再次确信自己的伟大。当着别人的面,这个不断抱怨的疑病症患者马上转变成伟大的煽动政治家,能够使怀疑者震惊,并进而迫使他们成为他命运的真正信仰者。[123]

元首坚决否认，他曾因对虚弱的恐惧而困扰。马克斯·普朗克（Max Planck）记得在一次对希特勒的特殊采访中，希特勒喊道，任何曾经谴责他神经脆弱的人都是"诽谤中伤"。"我告诉你，"他尖声喊道，"我具有钢铁般坚强的神经！"普朗克回忆起，当他说到这里，"他锤打着自己的膝盖，讲话速度越来越快，使自己陷入一种极度愤怒的状态，令我不知所措，只得道歉"。一个在他身边仔细观察元首的军事副官断言，"他本人根本不具备他经常夸耀的坚强神经。"[124]

希特勒认为有必要经常强调他没有丝毫劣等感觉。他曾经说："只有精神错乱的人，才可能说我有劣等情结……他们绝对疯了。我从没有劣等情结！"然而，几周以后，他又说："英国人当真知道我对英国有一种劣等情结吗？"[125]

战争时期的一天夜里，希特勒轻哼着一段古典曲调。当一位秘书提醒他哼错了音调时，元首大发雷霆。他表现出脆弱的一面——而且缺乏幽默感——生气地大声叫喊："我没有弄错。是这个作曲家在这一节犯了一个错误。"追随他十年的新闻局局长回忆起，如果一个同伴凭借事实根据，纠正他在任何知识领域的错误，"无论纠正是多么合理，希特勒也不可能认错"。他的私人口译员坚持说："一直以来，我都为希特勒做口头翻译［1935—1945年］，我未曾听到他承认……一次错误，甚至是对他最亲近的朋友。"[126]

这样的说法需要一定的条件加以限定。事实上，希特勒曾经也有几次承认错误。但是，当他这么做时，他会千方百计地掩饰他的错误。当他和随从都知道什么事是微不足道的，他就宣布此事是一个巨大的错误；或者，他似乎会先承认错误，然后又立即断言，应责备他人。因此，他称与法国维希政府联合，是"我们最大的政治错误……那也是威廉大街上我们伟大的思想家的杰作！"否则，一个错误就是某种不确定的人类德行的结果。他不是太仁慈就是太宽容：他曾为与妇女探讨政治而内疚；他对共济会成员"太温和"；他低估了"犹太人对丘吉尔领导下的英国国民的致命影响"；他没有把一位丹麦政治家投入监狱而表现出极度的仁慈；他太能容忍意大利人；他对犹太人过分怜悯。……

他一生都坚持认为，他人应为自己的失败受到谴责。他青年时代的室友回忆起，当他被维也纳艺术学院拒之门外时，他"咒骂着对艺术缺乏真正理解的旧式、僵化的学院官僚主义。他提到巧妙布置的复杂的关系网——我清楚记得他所说的话！——因为那会毁了他的人生"。[127]

多年以后，在他事业的尽头，他把自己的军事失败归咎于许多不同的人。一个好友在1945年4月23日表明："他不断提起在党内和军事领导层的背叛。现在连党卫队也向他撒谎。"不久他又会把"我的同盟国的背叛"加到要为他的失败负责的一系列因素中去。[128]

他不能容忍自己犯错的念头；他也不能容忍别人在任何一方面比他强。因此，他不是嘲笑"所谓的军事专家"或"柔弱的知识分子"，就是在玩投球游戏或海狸游戏中当其他任何人获胜后就突然宣布放弃。他对个人优越感的关注甚至延伸到国家。他坚持认为，德国人在一切事业中，从食品供给到音乐，从建筑到驯狗，从诗歌到举重等方面都是最出色的。由于他完全确信德国会赢得1936年奥林匹克运动会，所以他根本不能理解颓废者的成功并且激烈地诋毁美国人。当看到金门大桥的那些照片时，他说德国一定要在汉堡建一座更大的桥。当有人告诉他桥的墩距不可能像旧金山的那座桥那么长，他生气了一会，然后欢快地说："噢，我们可以将我们的桥建得更宽。"当他得知世界上最宽的大街在布宜诺斯艾利斯时，他说，他的新首都"日耳曼尼亚"（Germania）会有一条比世界上任何街道都宽的大街。

希特勒在自己身边大量安置了逊于自己的人以满足自己的优越感。除了阿尔倍特·施佩尔，他们不是智商低于他，就是身体或心理上有缺陷，这样他就可以嘲笑他们。他的私人副官，布吕克纳（Brückner）和布格多夫（Burgdorff）显然在精神上有毛病，而几乎整日待在希特勒身边的党卫队的参谋——费格莱因（Fegelein）、根舍（Günsche）、拉登胡伯（Rattenhuber）也是如此。在30位应征做元首的司机中，希特勒挑选了其中最矮的人，并让其在他后半生一直做他的专职司机，尽管必须在座位上垫上特殊的木块才能使他够到方向盘。多年来都是代理元首的鲁道夫·赫斯，精神不大正常；教育与宣传部的出色部长约瑟夫·戈培尔瘸了一条腿；海因里希·霍夫曼（Heinrich Hoffmann），"宫廷摄影师"，是个酒鬼；而他新任的新闻事业署署长阿曼只有一只胳膊，并且身材矮小；迪特里希·埃卡特（Dietrich Eckart）作为希特勒最亲密的知识分子合作者，吸毒成瘾，最终死于酒精中毒；一位副新闻主任则是双耳全聋；他的副官尤利乌斯·绍布严重跛脚；他的"褐衫军"首领恩斯特·罗姆是个同性恋，而后来的接替者常胜将军卢策（Lutze）又是独眼；海因里希·希姆莱，德意志党卫队的恐怖"首领"，是个神经质的抑郁症患者；纳粹省党部头目尤利乌斯·施莱彻尔（Julius Schleicher），《前锋》报①编辑，是一个反常的同性恋者；罗伯特·莱伊（Robert Ley），《德意志劳动阵线》的负责人，是个饶舌的蠢货和酒鬼，还有些口吃；马丁·鲍曼（Martin Bormann），党的极具影响力的秘书，也是酒鬼。空军统帅赫尔曼·格林是个智慧非凡的人，但沉溺于吗啡。在"二战"中大多时候，他都处于吸毒成瘾的麻醉状态，"但对希特勒来说，他是航空史上最伟大的天才"。约阿希姆·里宾特洛甫（Joachim von Ribbentrop），一个愚蠢、浅薄、卑微而满怀恶意的人，却一直是希特勒宠爱的人之一，并被希特勒尊称为"自俾斯麦以来最伟大的外交官"。[130]

他不断地恳求部下反复肯定他自身的能力。例如，德国驻巴黎使馆的一个小官员回忆起，1936年纳粹军侵略莱茵地区前夕，他被召集来参加第三帝国政治和军事机构的会议。这位年轻而不谙世事的官员对希特勒不停问他侵略莱茵地区是否会成功以及法国会不会抵抗而感到诧异，"他反复问我一些令人惊讶的问题，即我是否能向他保证'成功'"。[131]

他的侍从回想起在重要的演讲之前，希特勒总是表现得异常紧张，缺乏自信。他会在镜子前演练重要的段落，并且不时停下来忐忑不安地问仆人："听起来行吗？……您认为我已准备好在观众前露面了吗？……我看起来像个元首吗？看上去真像个元首吗？"

一位服侍他多年的仆人回忆起，"希特勒经常拿他和拿破仑做比较，这令人惊奇"，而且他还发觉希特勒想要在许多不同的事情上"胜过"拿破仑。举例来说，当他知道法国皇帝比他更爱使唤秘书，他就感到烦恼。为了弥补这一

---

① 德意志国家社会主义工人党（NSDAP，即纳粹党）早期在德国南方巴伐利亚首府慕尼黑始办的报纸，之后扩展为全国性的报纸。——译者注

点，他就开始用一种更洪亮的声音进行口授。"拿破仑能同时向好几位秘书口授，虽然我不能，但我能一目十行地看书。"[132]

对自我形象的那些焦躁的忧虑，伴随着对他必不可少的伟大不朽的历史声名的生气勃勃的断言而不断消长。这样，他对同一个贴身侍从林格说："我的生命价值胜过一两个单独的人。没有我，德国军队和德国将会瓦解。"他告诉奥地利首相："我取得了德国历史上最伟大的成就，比任何一个德国人都伟大。"自从青年时代，希特勒就确信只有他一人才理解世界历史的真正意义。于是，当一个好友问他，在自传中他做出的对自己最明确的表述是什么时，希特勒立即回答："在书开头的最短的句子（实际是第 11 页），意思是说我从年轻时代就明白了历史的意义。"他感觉他把握了整个历史，这促使他从 1919 年就着手为他打算起名为《人类不朽的历史》（*Die Monumentalgeshichte der Menschheit*）的书做出详细计划。[133]

1939 年在对国防部的指挥官讲话时，他特意强调他个人的重要性："我必须非常谦逊地说我个人是必不可少的，无论是一名军人还是一名文官都无法取代我。……我确信我的头脑和决心的力量。……德国的命运完全掌握在我的手中。"随着战争的开展，希特勒把自己看作德国的化身，以及攻击敌人的唯一焦点。1942 年 2 月 15 日的演讲中明显表露他相信整个世界作为一个整体在反对他：

> 今天我很荣幸地担当这个敌人，因为我从德国创造出了世界力量。我无限自豪地接受神的护佑，他允许我领导战争。……[134]

就在最终——随着他的世界的崩溃，此时他畏缩于地下室，计划着自杀——他仍把自己视为具有钢铁般神经的天才。在最后的政治遗言中，他评价，在自己的一生中，他做出了"世间人类曾面临的最艰难的决定"。而希特勒的一位秘书特劳德尔·荣格（Traudl Junge）在 1945 年打出了希特勒的最后遗言后，他问希特勒，国家社会主义在他死后是否会存在，希特勒断然回答："德国人民已显示出，他们配不上我的运动。或许一百年后，另一位天才会采纳我的想法，这样国家社会主义就会死而复生。"他确信在这个世界上有一个特别的地方是为他准备的，还有其他不朽的东西，他说："如果死后，我发觉自己同一群像我一样的人在类似奥林匹斯那样的地方，我将感受到自己在应去的地方，我将与整个历史中最智慧的灵魂相伴。"[135]

然而，世事交替往复，当他断言了自己的全能和一贯正确之后，他又开始担心破产和失败。他的自传中多次提及在党成立的早期，"我有多种预感，充满了沮丧的畏惧"。在他获取政权后，恐惧仍旧紧随着他。他经常地为那种他终将失败的"可怕而不安的恐惧所困扰"。他竭力坚持说他绝对没有这样的恐惧，以使……恢复信心，例如，他感到有必要说，"我不害怕被消灭……城市将变成废墟。崇高的纪念碑……将永远消失……但是我并不害怕"。

他把自己的思想提炼为一句熟悉的分离性的话，包括灾祸的交替。他在1936年说，"有两种可能性：通过我的计划取胜或者失败。如果胜利了，我将成为历史上最伟大的人之一。如果失败了，我将遭受谴责、蔑视和诅咒。"[136]

即便是在战前成功的巅峰，失败也仍旧萦绕于他的脑海。1938年10月10日，例如，他向德国新闻界宣讲什么应该是胜利的时刻。他下令第一次屠杀犹太人（即"水晶之夜"）① 正是在德国人民的默许下进行的。之前的几个月也伴随着一系列其他的胜利事迹：重新引入全体军事训练；占领莱茵地区；通过成功的公民投票赞成德国退出国联；吞并奥地利；还有最近慕尼黑协定的成功。不过，10月10日这个讲话仍旧夹杂着预感。诸如恐惧、击倒、失败以及不成功之类的词一直反复出现：

我必须告诉你们，我常常有种疑虑。……我几乎焦躁不安。……除了

---

① 这一事件是指1938年11月9日在德国发生的纳粹党徒精心策划的对犹太人施行屠杀抢劫的历史事件。在这次排犹事件中，纳粹冲锋队焚烧了多座城市的犹太住区和犹太人的商店、教堂，并且造成91人丧命。因为当时许多店铺的橱窗被砸，地上散布着大量碎玻璃，故这次事件被形象地称为"水晶之夜"（Kristallnacht）。——译者注

成功，我一无所有，但如果我遭受失败，又将怎样？是的，先生们，这种情况甚至很可能发生。……如果我们失败了，屠杀行动又如何开展？从前，先生们，我莫大的骄傲就是甚至在失败关头建立起了一个支持我的党。……[137]

甚至在1939年9月1日的宣战讲话时，他就联想到了1918年的失败而且坚持说他从不知道"投降"这个词。他还感到有必要选定接班人：

> 我又一次穿上那身最神圣和至爱的军装。我只会在胜利后脱下它或者就穿到我死。如果战争出现了意外，那我的接班人将是陆军元帅格林。如果他发生意外，那他的接班人是赫斯。……有一个词，我从来就不认识，那就是"投降"。……1918年10月不会再重演。我们又一次意识到只有一个首要的根本目标：如果我们活着，它完全无关紧要，但它对我们的人民和国家的生存却是至关重要。[138]

甚至成功突袭波兰也不能平抚他的惧怕。1939年10月23日的讲话中，胜利的想法，又一次被对失败和投降的忧虑遮盖起来。当他的宣传机器吼叫着胜利宣言时，约瑟夫·戈培尔在日记中激情澎湃地记述着："听到元首表达出他希望能活着看到胜利日子的愿望令人万分激动。"[139]

因此，我们论述涉及的是一个精神严重分裂以致经常呈现出两种彼此割裂的相反特征的人：全能与脆弱，老练与原始，创造性与毁灭性，自负与盲信，勇敢与怯懦，懒惰与勤奋，严厉与温和，可怜与专横，残酷与仁慈。

在尝试理解希特勒的过程中，我们将返回到他的人格的双重性问题。

希特勒与女人

无论老幼，所有的女人都喜欢希特勒。例如慈母类型的有出版商之妻布鲁克曼（Bruckmann）夫人和钢琴制造商之妻贝希施泰因（Bechstein），还有一位60多岁名叫卡罗拉·霍夫曼（Carola Hoffman）的退休女教师。她们愿意喂他喜欢吃的蛋糕，咯咯地笑着表示赞许，并抚摸他的头，当他坐在她们的膝盖上，她们就亲昵地称他为"我的沃尔夫"。有一次，希特勒与海伦·汉夫施丹格尔单独待在一起，他便向她扑过去钻到她的裙摆底下，咕哝着说：'如果有人照料我，该有多好！"1932年1月希特勒在杜塞尔多夫发表重要演讲时，为了能拥有希特勒进场时收到的鲜花，工业家的妻子们每人给衣帽间的侍者1马克的小费——她们都为能够真正闻到元首接触过的花朵而激动不已。

他对妇女们产生的吸引力在他青年时代也明显可见。1908年当他走在维也纳大街上，妇女们都驻足凝望。一天晚上，在歌剧院，当他和朋友找到他们的站台，一位穿着制服的侍者递给他一张纸条。他一点也不惊讶，而是平淡地说："又是一张。"多年以后，他当上总理后，一位美国女学生发现他"从容迷人，言谈和目光透着温柔，在这种奇特的温柔和哀诉似的无助中显得羞怯"。奥尔加公主在一次对德国的国事访问中，透露希特勒"有着非凡的魅力，尽管有许多对他的无情说法。……他给人一种心肠软的印象，特别是谈到孩子时……泪水会涌上他的眼眶"[140]。

希特勒也意识到自己对女人的吸引力，而且很喜欢这样。他极其渴望女人们相信他是一个有着不可抗拒的阳刚之气的人。有一次，他邀请一位年轻妇人保莉妮·科勒（Pauline Kohler）到上萨尔斯堡来看他的书。他回想起在一次沉闷的阅读中，她丧失了兴趣，他就试图以纳粹党的敬礼来吸引她的注意。他故作深沉，低声叫着："我能像这样伸着胳膊站上整整两个小时。当我的冲锋队经过我身边时，我就这样站着敬礼，从来不会感觉累。我也不会乱动。我的胳膊就像花岗岩一样刚强不屈。但格林受不了。他不得不在行礼半个小时后放下手。他意志薄弱，而我意志坚强。我能保持敬礼姿势约两个小时。我敬礼的时间比格林长四倍。这说明我比格林强壮四倍。这是令人惊异的成就。我对自己的力量感到震惊。"[141]

希特勒的双重性格在对女人的态度上表现得特别明显。他尊敬她们并且把她们理想化；但同时他又轻蔑地对待她们并试图贬低她们。如埃里克·埃里克森首次注意到，希特勒谈起控制他生活的神秘莫测力量时的态度是模棱两可的。他把这些力量臆想为矛盾的女性形象，有时宽容而仁慈，有时反复无常、残忍而奸诈。一生中，他都被诸多不可预料的超自然的女性所困扰：悲哀女神、命运女神、忧郁女神、悲惨之神。因此，在《我的奋斗》的开篇，希特勒就告诉我们，这个英雄之所以出生于布劳瑙，是因为仁慈的命运女神决定了他出生在这个城镇。但是他出生于"两次世界大战之间的和平时期"，则是"命运不合宜的恶作剧"，正是同样这只"命运之神的无情的手"决定了许多国家的命运。在这里，希特勒把德语的中性名词命运（das Schicksal）改为阴性的词女神（die Göttin），表现出他对女性力量的关注。1914年的一封信里，为了将一个名词改为阴性，他又发明了一个语法要点。在懊悔他的一生都在"对朋友的关切和渴求"中度过时，他使用阴性的形式写到他没有一个真正的朋友。（keine andere Freundin als Sorge und Not.）

1920年8月在慕尼黑霍夫布劳酒馆的演讲中，他提到"世界最伟大的神，压迫人则是最厉害的：这个神叫作悲惨女神［die Göttin der Not］"，多年以后，1927年5月1日在柏林的演讲中，神又一次出现在他的脑海：

> 尽管所有的党都有信条和教义，但是悲惨女神还是会拜访有强烈的痛苦欲求的人。如果这一愿望得不到满足，人就会慢慢衰竭而死。

我们再回到他自传中——当他贫困的时候，"贫穷用她的胳膊紧抱着我"。当他感到沮丧的时候："悲哀女神是我的养育之母。"对希特勒而言，悲惨（misery）就是一个女人。听说了这些言论后，卡尔·门宁格（Karl Menninger）问道："希特勒的母亲做了什么使他如此不相信并且憎恨女人？"[142]这是后面章节将要探讨的问题。

当然，希特勒自传中的英雄学会了在任何痛苦和烦恼——"一切残酷的命运"——的折磨下，都坚持不懈，甚至还能学会将种种苦难作为"神的智慧"加以接受，因为她使他变得冷酷坚强，能接受了上天"这个残酷的全能女王"的安排，直至她指引他到达生命中的另一个转折点，即"一战"期间，

"命运和蔼地允许"他成为一名战士。战争之所以失败，正如他在1940年1月30日的柏林演讲中所说，是因为"神的视线从德国人民身上移开了"。当他为挽救"祖国"决心成为一名政治家时，令人想起在他认为对他政治生涯至关重要的那一天晚上，他离开了霍夫布劳酒馆，就与"无情的复仇女神"相伴始终。直至1929年对他的审判中，他确信"历史永恒的裁判女神会微笑着撕掉"法官的判决。[143]

希特勒把女人都理想化为妻子和母亲，并狂热地描述着婚姻制度。年轻时代，他曾对库比切克谈起"纯洁婚姻"；只有它才可使"生命火焰"永不熄灭。事实上，少年的他设想有一天要建立一个新的"德意志帝国"的一个主要原因是为了确保他实现两个重要目标：根除卖淫的"邪恶罪行"与保持"生命火焰"。在他童年时所梦想的新帝国和多年以后的法律现实中，为了鼓励早婚，国家将贷款给年轻夫妇或是为他们解决物美价廉的住房，还包括给孩子提供特殊津贴。他当上总理以后，专门规定一个特殊日子，8月12日（他母亲的生日），作为对母亲们表达敬意的日子，在这一天给多子的母亲颁发德国母亲荣誉十字勋章。有三个等级：铜制奖章颁发给孩子超过四个的母亲，银制奖章颁发给孩子超过六个的母亲，金制奖章则颁发给孩子超过八个的母亲。希特勒的报纸上登载的规章要求，希特勒青年团的所有成员都要以对待战争英雄般的崇敬对待母亲们，并向佩带荣誉勋章的妇女致敬。[144]

非常特别的是，希特勒从没有定义"生命火焰"，但他童年的朋友库比切克了解他赋予它的意思是一种"神圣之爱的象征，即男女双方都保持自己身体和灵魂的纯洁，并且值得组成一个为国家生养健康后代的结合体"。几十年过后，希特勒一直将婚姻伤感化。有一次在晚间沉思中，他随口问道："有比一个漂亮、健康的婴儿的出生更为美好的爱的奉献与祈祷吗？……上天将一个孩子带给两个人而保持他们的爱。……就我的思想方式而言，真正的理想是两个人为生活而结合，他们的爱则因孩子的来临而加强。"他赞成婚姻制度，但也同意希姆莱建立党卫队的种群农场的想法，并通过法律使他们在优生学方面的努力成果合法化。[145]

希特勒对于妇女应从其在厨房、教堂和幼儿园中的传统位置解放出来的建议颇为反感。他断言"'妇女解放'一语是犹太知识分子发明的,具有同样的犹太人的精神内涵"。1921年1月纳粹领袖的首届全体成员的成立大会上,希特勒下令通过了下列法规:"不许妇女进入党的领导地位或是执行委员会。"在第三帝国,妇女没有资格从事评判工作,因为,元首说,"她们无法进行逻辑思考或者客观推理,因为她们只是被情感所支配"[146]。

他向早期冲锋队的领袖弗兰茨·冯·普费弗尔(Franz von Pfeffer)的妻子表达了他个人的女性理想:

> 女人必须是一个天真、可爱、单纯的小东西——温柔、甜蜜,又有些愚蠢。[147]

在另外一个场合,他向一位副官提到,当他彻底沉醉于身边美丽的女子时,智慧和创造力对她们并不必要。他说:"我在这两方面有足够的想法。"[148]

除了已经研究的,他所感受到的女人在场时的优越感的气氛,还有其他的迹象表明希特勒事实上是害怕女人的。他的姐姐回忆,阿道夫还是一个小孩时,特别害怕女孩吻他。"当母亲早晨想叫他起床,她只需对我说:'去,吻他一下。'尽管她说话声音不大,但他完全能听见;一听到'吻'这个词,而且知道马上就要被我吻,他会闪电般地从床上跳起,因为他无法忍受。"多年以后,1924年新年前夕的晚会上,一位年轻迷人的妇人耍花招骗他站在槲寄生树底下,给了他深情的一吻。一个在场的人回忆起当时的情形:"我永远不会忘记希特勒脸上那震惊而恐怖的表情!……手足无措,无助地像个孩子,他站在那里咬着嘴唇,竭力控制住他的愤怒。而自他到来以后变得较为严肃的气氛现在几乎凝固在那里。"[149]

希特勒一直惧怕与女人身体接触的想法,还把性交比作战争中受伤战士的脸。在做出这种比较时,他相当独特地表达出自己的畏惧:不是他害怕女人,而是女人们害怕男人。在他晦涩的散文中:

> 对于一个年轻女子来说，展示她与第一个男人偶遇，就如同对于一个士兵而言，展示他第一次面对战争。[150]

在他当政以后，他总是担心他慈母般的恩人贝希施泰因夫人不高兴。有一次，他发觉自己做错了事，很害怕遭到严厉责备，以至于找来了瓦格纳的孩子们来帮他分忧。大师的外孙女——弗雷德琳得·瓦格纳（Friedelind Wagner）——回忆起"整个午餐时间，他都竭尽全力劝说我们这些孩子帮他给贝希施泰因夫人打电话以平息她的怒火。但我们特别喜欢看希特勒在她面前颤抖的样子，所以我们拒绝了他的请求"。[151]

战时希特勒从没有下令进行经济动员的原因之一就是，他担心如果妇女们被剥夺了美丽的客厅和化妆品，不知她们会作何反应。戈培尔博士迫切要求进行全体动员，不是把妇女送进工厂就是缩减她们的化妆品供给，而希特勒则拒绝了他的要求，对此他感到很失望。1943 年 4 月 10 日也就是斯大林格勒战役战败后，戈培尔在他的日记开头写道，希特勒争辩说"妇女毕竟充当了一个惊人的力量。而且你只要敢动她们漂亮的客厅，她们会转而对你充满敌意"。[152]

他不敢相信女人。就像命运女神一样，她们本质上是虚伪、善变而且欺诈的。他说："女人们都有这一特征，而我们男人就没有：她们是口蜜腹剑。"他确信女人比男人低劣而且以公开侮辱的举动显示出他的蔑视，甚至是对他身边最亲近的女人。例如，爱娃·布劳恩把全部的忠诚和爱都奉献给了他，而他竟然在她出现的场合大声地说："一个非常聪明的男人应该娶一个简单而愚蠢的女人。"在另一个场合，他回忆起，他错误地与女人们讨论政治而且其中有些人竟然轻率地否定了他的看法。他对此事的评论是："然而我就以'您不会说您了解男人就像我了解女人一样'让她们闭嘴。"然后，他下结论："简言之，风流韵事［原文如此］提醒人们，不能给女人们机会把她们自己摆在不适当的位置。"

希特勒被女人们在生命危急时显现出的奇迹所吸引。他特别爱看马戏团里荡秋千和走钢丝的姑娘们的表演。例如，1933 年，他就送给受命专门为他表演危险特技的姑娘们价值好几百马克的鲜花和巧克力。他能记得她们所有人的名字。他特别反感野兽表演，除非有漂亮的小姐也参加。然后他会聚精会神地观看，脸庞发红，随着嘴唇猛烈地颤动，他发出轻微的嘘嘘声，呼吸变得越来越急促。[153]

他对女人的死也很感兴趣。正如我们已指出的，他赞成女人自杀；他还赞成杀害女人。在大事上，他不常表现出仁慈——他重新确立了斩首的死刑——但在1935年一年中，他赦免了六个被指控谋杀的犯人。其中五个杀害了自己的妻子。之后关于他赦免犯人的数字就无从得知了，因为自1935年秋德国新闻界宣布了赦免的数字以后，元首的"善举"就不再公开了。[154]

希特勒用了一个恰当的隐喻，把女人比作群众。二者都要受激情有力的、大胆而勇敢的男人控制。在明显带有虐待狂的语调和热衷于残忍的语句中，他说道：

> 正如一个女人的心理感觉受飘忽不定的对补充力量的情感渴望比受抽象推理的影响更多，她们会屈从于强有力的人而非支配弱者，因而大众也热爱统治者而不是乞求者。……他们既没有意识到精神上胁迫他们的无耻之举，也没有觉察到个人自由被蛮横剥夺，因为无论如何，这种错觉的教义渐渐为他们所理解。因此，他们只看到毫不顾及他人的力量，以及他们最终服从的它呈现出的野蛮行径和目的。[155]

还有一次，希特勒把大众比作野马；他是能够统治它们的公马。他还把女人看作马戏团的观众：幼稚、天真、易受刺激。他断言："不理解大众内在的女性特征的人，永远也不会成为一个具有煽动力的演说家。"[156]

他经常说，他从来没有像在一次成功演讲之后那么快乐或满意的。在这样的场合下，因身体和情绪紧张而被汗浸透的他，会浑身湿淋淋地走下台去。他演讲的书面稿不可能传达他所感受到的与大众之间的默契。他挺直站好，脚跟前后慢悠悠地摇晃，故意把声调压得很低，此时演讲就开始了。经过一段平和的前奏性介绍，他的情绪会一步步越发激动直至高潮。最后五分钟，被恰当地描述为"言语高潮"的爆发。他曾向一位好友谈起感受到准确的高潮时刻的那一微妙问题的极端重要性，他说，这一时刻必须是他与观众双方相互都感觉到的。"通过感觉观众的反应，人必须确切知道什么时候可以投出点燃人群中每个人情绪的最后一支燃烧的标枪。"[157]

大众对他而言就是一个通过口唇攻击而受人摆布的性的替代品，这反映在一段闪动着激情和性欲的符号化语言里：

只有燃烧着**激情**［Liedenschaft］的暴风雨才能改变人的命运，但仅有自己怀有情欲的人才能唤起别人的**激情**。

激情本身只赋予那个由她所选择的人，这个人的话语就像斧头的锤击，能够叩开大众的心灵。

上天不选择双唇禁闭、毫无激情的人做他意志的先知。[158]

一位著名的德国女历史学家回忆 1933 年纳粹党的一次集会上，她听到希特勒在现场达到高潮后对他的观众油然而生的感叹："难道你们不像我被你们所吸引那样被我吸引吗？"［Bin ich nich Euch so verfallen wie Ihr mir？］作者补充说："不仅在言辞中，而且在伴随的姿态中都明显表露出性爱的特征。"[159]

希特勒喜欢引用尼采的话："到女人那里去吗？别忘了带上鞭子！"鞭子，当然是传统的施虐受虐狂的象征和标志。在当上总理之前，他习惯随身带着沉重的马鞭，在激动的时候，他会抽打自己，打他的大腿或是手，好像他是一个正在受惩罚的孩子。他最珍爱的三条鞭子是由三个慈母般的年长妇人送给他的。[160]

他的性满足——当不能从热情澎湃、激动人心的胜利中获得的时候——可能通过大量的羞耻的手淫行为得到满足，就像他自己同他的性伙伴的关系。据传闻，他命令年轻的妇女蹲伏在他身上，他就观看她们在他头上小便或是遗便。（见后文第三章）。

这就是那个被称为德国人民的元首和拯救者的人。他是拥有令人敬畏的权力的那种人；但作为个体，他又显得幼稚而脆弱，为孩子气的恐惧和神经质的强迫性冲动而困扰，同时被矛盾的性格撕扯着。

他是个自恃一贯正确的独裁者，却喜欢吮小指；他渴望创造却又想要毁灭；他下令屠杀大批无辜，但又不忍看到乌鸦和龙虾的死；他有时抬高女人，有时又贬低她们；他说着耶稣的话，却又憎恨所有的人类。

这个古怪的家伙是历史上最引人注目的人物之一，是一个最大的谜。下面的章节就尝试理解他以及那些带给他权力和胜利、耻辱和失败的力量。

第二章 希特勒的精神世界

我的头脑就像计算器一样高度运转。

——阿道夫·希特勒

作为个人，他令人惋惜；作为一个政治能人，他是整个历史中最令人震撼的政治现象之一。

——康拉德·海登

不管是洞悉希特勒的人格，他对德国人民的吸引力，还是他身为独裁者的经历，首先都必须探究他的思想本质、佝奇特的艺术和文学品位以及他对生活和政治的态度。当人们意识到希特勒的个人幻想是多么频繁地转化为历史现实，人们就会知道这一探讨的重要性。

每一位认识希特勒的人都为他那不可思议的记忆力和丰富的现实知识感到震惊。他能记起 1925 年他使用过的自行车的商标和牌号；20 年前，他彻夜逗留的小酒馆；在以往的政治运动中他曾驱车经过的街道；装甲车的年代、排水量、速度和强度，还有英国和德国海军中每艘大舰船的相关数据资料；年轻时代他在歌剧院见过的女演员的名字和她们扮演的角色；他手下的指挥官的名字和他们的军队武器装备的确切数字。他能完整清晰地记起《纽伦堡的名歌手》的前奏，并用他那具有穿透力的惊人嗓音哼唱出来；他记得《罗恩格林》的全部歌词；他知道英、法、美、意等国每日的人均生产值。

他利用自己掌握的知识玩游戏，针对某个细节和别人打赌，而这一细节在他头脑中是清晰准确的。他几乎总是赢，而当别人告诉他他得出了正确答案时，他高兴得就像个孩子。"我经常问自己，"一位秘书说道，"一个人的脑子怎么能装下这么多东西。"[1]

希特勒将他的突出的记忆力作为自己人格防御体系的一件武器。它帮他使自己和他人完全确信他是个真正具有伟大智慧的人，丝毫不比那些受过良好教育和训练的人逊色。他背诵海军条例的惊人记忆力给一位海军参谋留下了深刻印象，接着他说："我的大脑就像计算器一样运转。"[2] 这是一个相当确切的形容。医生们也有深刻印象，一位跟随希特勒多年的德国物理学家指出，元首对医学和生物学的了解是专业而详尽的，远远超出了普通的聪明的外行。而另一位医生则肯定地说："十年中我没能发现他犯任何一个关于事实的错误。"[3]

希特勒还把他的资料储备作为抵御令人不快的争论的武器。当东线战地指挥官指出敌人的实力如何强大时，希特勒或者根本不予理会——他钢铁般的意志会克服所有难题——或者就举出敌人军备生产的数目和存在的准确缺陷使争辩者不知所措，从而最终驳倒对方。他也会要求他们提供他们根本就记不住的情报数据，来刁难他们。例如，如果他们对一项战略计划提出异议，他会询问他们下级指挥官的名字和军衔或是每个人应佩带的军事勋章，从而借机痛斥他们。当一位战地指挥官承认忽略了这些事情，希特勒会得意地公布答案，并且宣布他对他们部门的了解比他们自己还多。

他对有一定难度的智力问题几乎没什么兴趣，却喜欢重复同一个有关历史事件的复杂问题，但并不努力寻找答案。1942年1月，他感慨道："我常常想知道古代社会为什么会瓦解。"数月之后，时至9月，他以同样的措辞问了同样的问题："我常常想知道古代社会为什么会瓦解。"显然他并没有利用现有的历史文献进行研究或是请历史学家共同探讨这个问题。[5]

尽管他完全缺乏历史领域的正规训练，但他在1919年打算写一部人类起源和发展的巨著。他以惯常的谦逊将其命名为《人类不朽的历史》（*Die Monumentalgeschichte der Menschheit*）。这本书没有完成，但在科布伦茨联邦德国国家档案馆收藏了有希特勒注释的许多原始记录，以及许多在1919—1920年间的演讲实录。它们反映出作者那种坚韧的基本观点以及有一天要实现这些想法的充分自信。1919年的观点一直是他晚期政治思想的核心，即整个人类历史必须围绕着雅利安人和犹太人的冲突斗争关系。文明的基本法则就是："种族的纯洁是最高准则。"他宣告了一个"新德国"的来临，口号是"德国的觉醒"；还表达了"坚决无情地考虑事实真相"的需要，并坚持说："只有一个'天才的独裁者'才能拯救德国。"[6]

在这里希特勒表现出了被证明是巨大的政治财富的品质。他是雅可布·布克哈特（Jacob Burckhardt）所称的一种"可怕的简化物"。既没有创造性，也没有纪律感。他的头脑具有简化观点并将之转化为有效的政治口号和纲领的惊人能力，与此同时，他又给人一种错觉，好像他因此就具有了较高的才智。[7]

希特勒的头脑是直接的，而同时又具有惊人的逻辑性，这反映在他1938年掌权前少见的接见美国记者的会谈中。当卡尔滕伯恩（H. V. Kaltenborn）指出他并不是德国人民选举委任的，这位纳粹领袖则提出了他宣称有权执掌政府的理由。经过他的计算，全部投票人中投给他的37%相当于他有资格享有的政治权力的75%：

> 根据民主的原则，占51%的绝大多数掌权。我拥有整个选票数目的37%，就意味着我拥有统治所必需的75%的权力。这也就是说我享有整个权力的三分之二，而我的对手仅有三分之一。……我们给政府事务带来75%的投资……毫无疑问，我投资的每个数目，都相当于别人的两倍。支持我的1500万投资人事实上也就相当于3000万。[8]

一进入政府，他的能力就充分显现出来，即在复杂的经济和社会事务的混乱形势中，他能够简化并促成一个明晰的政策通过。约翰·肯尼斯·加尔布雷思（John Kenneth Galbraith）注意到，希特勒具有在恰当的时机感知到适宜的经济政策的洞察能力。1933年，他立即确定了一项统一的赤字消费和公共事业的政策。正如富兰克林·罗斯福一样，他"感觉到杰出的经济学家都不善于指导政策"。不过，他在行动的活力和明晰方面远远超越了罗斯福。针对那些指斥希特勒并不充分了解经济学内容因而不能理解自己作为的人，加尔布雷思说："也许如此。但在经济学中，并不理解你为什么坚持正确决策的原因也许是件伟大的事。"一位研究希特勒经济政策的细心学者表示赞同并且断言他是 20 世纪最被低估的政治家，一位在"经济复兴领域有着卓著成绩"的人。[9]

很少有人对希特勒的思想特征有着深刻印象，因为我们所涉及的是所谓的"餐桌谈话"中的大量主题——战时在战地总部他彻夜向那些着迷的听众发表的长篇大论。当被告知要记录下元首的讲话以留给子孙后代，他的随从们忠实地记录下那些谈话。然而在整个思想内容中仅有一小部分保存下来，这里也就仅能举几个例子，但它们足以反映出希特勒对他就任何一个主题发表权威性讲话的能力的自信。

他尤其感觉自己对美国历史和社会生活了如指掌："就在 1641 年这一年中，有 500 万爱尔兰人动身前往美国。①……一个德国人迁移到基辅，他仍是个德国人。但如果让他迁移到迈阿密，那你们会发现他变成了一个堕落的人——换言之，就是一个美国人。……关于美国社会行为的一切都反映出它是半犹太化、半黑人化的……无法想象还有像〔美国的〕农民那样悲惨和堕落的……"

尽管他根本就不精通自己国家的语言，也不懂别国语言，但他自认为是个语言专家和文学评论专家。"英语，"他说，"无法表达富有诗意或是哲学意味的观念。……一星期训练一次就足够了。……世界上三部最伟大的著作是《格列佛游记》《堂吉诃德》和《汤姆叔叔的小屋》。……没有一个国家像英国的莎士比亚那样糟蹋艺术。"

他对艺术有着许多激烈的观点："任何看到蓝天却把它画成绿色，而看到牧场却把它画成蓝色的人都应该洗洗脑。"[10]

---

① 事实上，1641 年并没有爱尔兰的移民到美洲。1640 年美洲殖民地的全部人口，包括白人和黑人，总共是 26600 人。十年以后，全部人口是 50400 人。见 *Historical Statistics of the United States: Colonial Times to Present*, p. 756。

他经常向随从发表关于哲学、神学和《圣经》研究的言论:"叔本华的哲学大厦是建立在康德的知识论基础上的,而叔本华则瓦解了黑格尔的实用主义。……耶稣绝对不是犹太人。但是,犹太人把他看成是妓女的儿子——一个妓女与罗马士兵所生的孩子。……当保罗在雅典人中布道以支持犹太人时,雅典人大笑着摇头……不可能回避上帝的问题。如果给我时间,我会想出办法。……"

历史和文化人类学是他更为强烈的兴趣:"俄国从未遭受过饥荒。……把巴尔干人归为斯拉夫人纯属无稽之谈;他们原来是土库曼人。捷克人也是如此。从捷克人下垂的胡须看,人们完全可以看出他们的祖先源于蒙古人种。……希腊美味的汤来自荷兰乳牛。……恺撒的士兵们极端厌恶吃肉,因此他们的牙齿保护得不错。……"

他为自己掌握的科学和医学知识感到自豪:"中世纪没有人得高血压病。人们不断的打斗能充分抵御这种病。……而如今,由于安全剃刀的出现,世界上人类的血压正在逐渐升高。……已经证实,马铃薯的皮和生马铃薯做成的食物可以在一个星期内治愈脚气。……如今,人类捕鲸是为了获取它的营养价值。……所有的混血家庭——即使他们只有一点犹太人的血统,通常一代人中也至少能产生一个纯种的犹太人。罗斯福就是这个观点的最鲜明的真实例证。"

下列条目或许可以包含在关于庞杂的知识和自动推进的专门知识的醒目标题之下:"任何一个土耳其搬运工都能单独移动一架钢琴。……至于是什么赋予奔驰轿车以美丽的外观……我敢说那是父性。"

元首强烈的个性特征中没有幽默感这一条。这反映在元首的评论中,即"国家的自豪感是力量的源泉。但是,自豪感通常在一次衰落前产生。"[1]

一位善解人意的"英勇"秘书,经常忍受着希特勒数十小时的喋喋不休,陪伴元首度过了在柏林地堡的最后日子。他注意到,在最后的这段日子里,元首身上缺少了些什么。"直至今日,我还是不能清楚地确定那是什么。只是感觉到在整个冗长的言谈过程中,元首没有了往日仁慈的口吻——文明人的宽宏大量。"[2]

希特勒的阅读

> 他的图书馆里并没有收藏经典作品或是具有人性和知识价值的书籍。
>
> ——克里斯塔·施罗德,他的一位女秘书
>
> 我读书是只为了印证我的观点。
>
> ——阿道夫·希特勒

一个人读过和记起的书或许能帮助我们探索他的知识兴趣和他的思想本质。但就希特勒而言,诸多的线索令人混淆,他的阅读领域也难以确定。

他想给人一种印象,他是博览群书、酷爱读书的人。尽管他的演讲和书面言论显示出大量丰富的信息,但这些并不反映他读过什么重要的文学、历史、哲学或科学著作。他所收集和引用的资料似乎大多出自报纸、小册子、通俗刊物和国外新闻摘要的译稿。他把书籍视为在他夺权斗争中强有力的武器,而且依据它们是否能提供一些论据支持自己的看法来判定书的优劣。因此,正如他所言,通过几分钟的阅读他就能从任何一本书上获得自己想要的东西。这里,正像在他生活的其他领域一样,他青年时代的态度一直未曾改变。正如他的朋友库比切克所说,阿道夫过去就是在书里寻求他想要的东西,而且他总能找到。他经常引用一位权威的话结束讨论,并说:"你瞧,写这句话的人和我的想法一模一样。"[13] 希特勒的生活方式也不助于有计划的系统阅读。在当上党的领袖,后来又成为元首后,他晚上通常在家看电影或是通宵达旦地谈话。早晨去睡觉,下午则去旅行或开会。

他毫不质疑并热衷于阅读的几本书在知识层次上显得极为普通。除了卡尔·迈伊的冒险故事书,他非常喜欢的一本书是讲一匹叫劳鲍茨(Raubautz)的马的冒险经历,他极其狂热地沉浸其中,仿佛从文明时代(劳鲍茨渴望生活的时代)到了骑士时代(劳鲍茨成为一名战士的时代)。他特别迷恋这些短小精悍的小说,因而他在所有的住所都放了几本,而且还经常引用里面的片段来取悦他的客人。他的床边放了一本海军年鉴(Flottenkalender),书中载明了世界各国海军舰船和武器装备的资料,而他也就是凭借这本书向他的海军专家

炫耀的。

后来，希特勒回忆他一生中对他的教育至关重要的两个时期：他在维也纳的那些日子，他称维也纳是培养他走向未来的"最严格而全面"的学校；和他在兰德斯堡的狱中岁月（1923年11月11日—1924年12月20日），他称"兰德斯堡是以国家为代价换来的我的大学教育"。[15]阿道夫在维也纳的第一年结识的伙伴对他的读书兴趣有着两种不同的说法。在他公开出版的回忆录中，库比切克列出了一长串人们所能想到的希特勒读过的书名，包括那些第一流的经典著作，想必人们会在任何一份德语书单上找到：费希特、席勒、歌德、叔本华、黑格尔、尼采等等。但在他给林茨档案管理员，也是传记作家弗兰茨·耶钦格尔的一封私人信件中，他又说希特勒仅仔细研究并反复谈起过两本书：一本是关于日耳曼民族的神和英雄的儿童读物，另一本是有关德意志部落的考古发掘的书。其中一本上印有"卐"的草图，令希特勒印象深刻："当时阿道夫说，德意志民族需要一个代表德意志王国的基本理念的象征。"[16]

希特勒本人也无意间透露出自己并未真正读过那些他经常声称读过的重要著作。值得注意的是，在他较晚的那些回忆和谈话中，他能记起他在维也纳看过的报纸名称，但并没有提到任何一本探讨他声称要解决的社会问题的书。希特勒也使我们了解到他处理重要的社会问题和知识问题的方式。他说，当他初次意识到"犹太人问题"时，当他开始决定要研究马克思主义时，他是靠购买有关这些主题的小册子来洞悉和理解这些问题的。

他自己对狱中岁月在他的教育中所起作用的评论也给人以启示。他说监狱对他而言是一种大学教育，言外之意就是诋毁和反对正规教育和系统阅读。他转弯抹角地用一句冗长含糊的话，坚持说阅读就是为了证实他的阅读方法绝对比其他方法都好，因为，"从长远的观点看，我意识到我的观点在整个世界和自然的历史中的正确性。而且我确信，大学里的教授和高级神父是矛盾而虚伪的'知识化'。不管怎样，意志的力量胜于知识"[17]。

在他掌权前的斗争岁月里，希特勒经常借阅图书。事实上，他经常向一个右翼的民族主义派别的私人图书馆借书，因此图书馆的负责人弗里德里希·克龙（Friedrich Krohn）的推断或许是对的，他猜想希特勒翻阅这些书只是为了让他的赞助人看到他是勤奋而博学的。但无论如何，他在 1919—1920 年间借的一百余册书籍和小册子中，几乎三分之二都是庸俗的反犹主义和种族主义的小册子：《歌德与犹太人》《犹太人的秘密法律》《路德与犹太人》《布尔什维主义与犹太民族》《叔本华与犹太人》，亨利·福特（Henry Ford）的《国际犹太人：一个世界问题》《瓦格纳与犹太人》《犹太法典摘录》，等等。他还借了关于中世纪和现代德国历史，教会历史和天主教会的讲解方面的著作，以及孟德斯鸠和卢梭著作的译本。[18]

当然，希特勒想通过自己收藏的数目惊人的书籍给人造成一种博览群书和博学的印象。一位自恃为知识分子的密友声称，希特勒的私人图书馆藏书约 6000 册。[19] 临近"二战"结束，美国士兵在贝希特斯加登附近的一个盐矿发现了部分私人图书馆的藏书。这些书约有 2000 册，运到了华盛顿，陈列在国会图书馆的珍贵图书区，奇异地摆在了托马斯·杰斐逊（Thomas Jefferson）、伍德罗·威尔逊和奥利弗·温德尔·霍姆斯（Oliver Wendell Holmes）等人的私人藏书的旁边。

尽管他的私人图书馆在某种程度上反映了他的阅读品味，但因为那是他的知识兴趣的关键，所以还要仔细探讨这个图书馆。这里大多数的书不是希特勒本人亲自挑选的，而是别人赠送的礼物。不过，事实上，接受并收藏它们似乎在某种程度上表明他对那些内容的认同或至少表明他愿意享有拥有大批图书的声名。无论如何，现存的书籍仅是原藏书的三分之一。人们一定会问缺了什么。此外，除了少量的著作上写有他的名字和用铅笔做的记号，事实上我们根本无法知道他是否看了图书馆里的这些书。尽管许多书中都夹着元首的带有纳粹标记的书签，但其中仅有三个有他的亲笔签名。

根据这些适时做出的说明，让我们看看希特勒的图书馆。正像在大多数个人收藏当中一样，人们会注意到这里有的书和它没有的书。显然，这里缺乏的是世界文学的伟大作品。虽然有几本薄的经典著作的选集和文摘，但并没有歌德、席勒或是莎士比亚的著作。颇具典型意味的是，图书馆里收藏了一本海因里希赠送给他的低劣小册子，书名野心勃勃：《从塔西佗到尼采：两千年来的思想和主张》。其中没有关于政治理论的著作——没有黑格尔的著作，也没有马基雅维利的著作；更没有伟大的历史学家的著作；没有兰克，也没有特赖施克的著作。除了费希特，其他哲学家的作品都没有。希特勒有时引用并完全误读的两位哲学家，叔本华和尼采，也不在其中。实际上，几乎没有任何有长久价值的著作。

在他的收藏中，占了大部分的特定主题吸引了我们的注意力，因为，正如我们在以后的章节中会看到的，它们在希特勒的个人生活和公共政策中有着潜在的巨大影响。许多关于流行医学、神奇疗法、烹饪、素食主义和各种特殊食谱的书都表明希特勒一生对健康、食品和营养的关注。有关沃坦①和德国神话中众神的故事和关于神秘符号与玄妙之事业的内容也反映出元首毕生的兴趣。在不少伪科学的小册子中，关于反种族主义的"科学"短文颇为风光。这一类的代表作是 J. 兰茨·冯·利本菲尔斯（J. Lanz von Liebenfels）较晚的一部作品：《德意志赞美诗之书：雅利安种族神秘主义者与反犹主义者的祈祷书》。

一本比较特别的书或许有助于探求希特勒的青年时代，实际也是成人以后的政治倾向：贝特霍尔德·奥托（Berthold Otto）的《未来的社会主义独裁国家》。这本书出版于 1910 年，因此希特勒年轻时在维也纳就已看到它。书上有着重重的下划线——或许是希特勒画的，虽然在空白处没有评注以确认如此激动地标注此书的人的手迹。作者渴望建立军国主义式的社会主义，坚持一个非常符合希特勒想法的观点：新的军事社会主义国家必须由一个强有力的领袖来统治（作者心里已有了普鲁士的弗里德里希·威廉一世的形象）。他提倡一个"国家的生物学概念"，鼓吹一种"科学的世界观"，并要求取消自由主义的态度和制度。我们能够想象到，这个维也纳年轻的反叛者正满腔愤怒地画着这段话："改造一切正义和法律是一件简单的事。"而那双苍白的蓝眼睛则咄咄逼人，闪闪发亮。另一处画线的地方是攻击"自由—中产阶级的愚蠢态度"的段落（第 71 页），坚持"必须改变整个体系"，号召建立一个"新的社会主

---

① 沃坦，北欧神话中的主神奥丁（Ordin），日耳曼人称之为沃坦，象征宇宙间无所不在的精神。他是智慧和胜利之神，由于众神大多出自他，又称为"众神之父"。因为奥丁是全知全能的至高神，是代表了一切的，所以他的别名最多，有二百个左右，每一个名字表示他的一种存在。传说沃坦身材高大，失去了一只眼，是个冰冷的人物。北欧人认为暴风雨是沃坦骑马在奔驰，收集亡魂，故当有承人在暴风雨中遭到不幸，便是蒙沃坦召唤。——译者注

义",根源于"国家组织的生物学概念"(第 300 页)。另外,希特勒还画线着重强调作者的结论,社会只能由一位神秘而有力的领袖来改变。

希特勒的图书馆也藏有大量关于军事历史和战略的书籍。克劳塞维茨(Clansewitz)的《战争论》(*Vom krieg*)的书已被翻阅多遍。

此外还有两本似乎特别吸引希特勒的书——也许,似乎很可能,是他用兰铅笔画线并在空白处做标记。一本名字是《向阿根廷移民的可能性》,其中一段提到了这个国家能够提供足够的空间给德国居民,这里被画线强调。另有两本旅行指南手册,一本是关于布鲁塞尔的,另一本是有关柏林的,后者是由著名的犹太评论家马克斯·奥斯本(Max Osborn)写的。这本书上面有铅笔签的"阿道夫·希特勒,Fournés,1915 年 10 月 23 日",显然被读过多遍,只是并没有下划线和空白处的评注。战时,希特勒一直待在弗内斯(Fournés),离里尔不远。人们都知道,他于 1917 年去了柏林休假。国会图书馆保存了希特勒从德国首都寄给他的中士,也是后来的新闻局局长,马克斯·阿曼的三张明信片的影印本(包括了一张印有德皇威廉纪念教堂的明信片)。不过里面没有提到这个城市的艺术财富。

希特勒与艺术

艺术需要狂热。

——阿道夫·希特勒

希特勒同样具备他所称赞的伟大的政治领袖的优秀品质。他说,真正的政治家应该像他一样在 30 岁开始政治生涯,而且他们也应该是音乐爱好者(他认为自己"大概是德国人中最懂音乐的")。1925 年他开除了一位政治领导人鲁登道夫(Ludendorff),就是因为他根本不懂音乐。1945 年在谈到未来可能的继承者时,他排除了海因里希·希姆莱,因为他不太喜欢音乐。他确信,只有懂音乐的人,才能感受到"群情民愤"[Volksseele];唯有他们才发现了

"可以打动人心的敏感语句"；唯有他们才能"独立采取正确的政治行动。"[21]

音乐对于希特勒来说是极其重要的。正如卡尔·门宁格所注意到的，好的音乐有助于对抗在严重分裂的人格中的破坏性倾向。他写道，它是"对抗自毁的壁垒"。[22] 库比切克描述了瓦格纳对青年希特勒的影响，反映出音乐在希特勒的生活中所起到的重要作用："当他倾听着瓦格纳的音乐，他就像变了一个人；暴躁消失了，他变得安静、温顺、驯服。他不再感到孤独，和被社会强行宣布的不合法与强加的不公平。他陶醉而入迷。……从他那后方的陈窝霉变的监狱转到了满是德国古迹的富饶地域，理想的世界是他全部奋斗的崇高目标。"[23]

希特勒对于平衡和克制的经典音乐不是特别感兴趣。他不喜欢巴赫、亨德尔、海顿和莫扎特，而偏爱格里格、布吕克纳，最喜欢的是瓦格纳。① 他想把林茨变成布吕克纳作品的圣地，那里对他而言，相当于拜罗伊特对瓦格纳那么重要。多年以后，他的热情丝毫不见减退，他还试图以 7500 美元购买布吕克纳的第三交响乐的手稿。[24]

希特勒对意大利歌剧并无多少好感，因为他发现歌剧是以"欺骗和诡计"为基础。除此之外，它还有一个无法原谅的缺点：它的唱词不是德语的。正如他的朋友所回想起的，"对他而言，除了德国的方式，德国的感觉，德国的思想，没有什么是有价值的。除了德国的名师，他谁都不接受"[25]。

身为"创造性艺术家"的希特勒

阿道夫·希特勒把自己看成是具有创造力的艺术家。他在好几个场合里都说道，他从政的主要原因是为了实现他的艺术梦想；他一次又一次地表现出对战争干扰了他实现计划的遗憾。在 1942 年 5 月 5 日晚，在谈论其他伟人的经历时，他评论道："如果战争没有到来，我本来可能会成为一名建筑师，而且甚至很可能，即使不是德国最出色的建筑师，也是其中之一。"而当他在多年后打算自杀时，有人听到他感慨地叹息："啊，像我这样的艺术家就要这样死去！"[26]

---

① 瓦格纳的影响力在后面探讨，见第 99—113 页。

他在青年时代自己创作的画和绘制的草图并不出色，因而维也纳艺术学院没能接受他。但它们却能以不错的价钱卖给艺术商们——或者卖给那些需要愉快的东西衬托精美画框的人——从而帮助希特勒维持他在维也纳的生活。他的那些画平均卖到1000—1500美元。"一战"期间，他还画水彩画，而他精心描绘的那些法国建筑和巴伐利亚教堂反映出他稍有的一些才华。

希特勒终生的一个嗜好是在桌子上乱画，当他不是谈话的主导时，他就这样做。在林茨的少年时代，为了取悦一个在洪堡大街他母亲家寄宿的同学，他特意画了几个人头。40年后，巴杜尔·冯·施拉赫（Baldur von Schirach）回忆起，每餐过后，元首都会坐在那里，"他总是随身带着一叠小卡片，在其中一张上画的大多是男人和女人们的头"。有几张草图一直保存在国会图书馆的手稿区。[27]

希特勒早期画的建筑物：象征胜利的拱门、纪念碑和桥——都由阿尔倍特·施佩尔精心收藏——成为多年以后他和施佩尔开展建筑的实际施工图纸。事实上，希特勒是如此严密地监督着第三帝国公共建筑的施工，以至于这些都必须被视为他个人艺术创作的一部分。

他的建筑思路由两方面主导：巨大的尺寸以及圆屋顶与圆柱的使用。他为他的新首都"日耳曼尼亚"设计的圆顶会议大厅（Kuppelhalle）位于"华丽大道"（Prachtallee），相当于"香榭丽舍大街（Champs Elysées）"的宽的两倍和长的三倍。圆顶会议大厅的圆顶直径为825英尺，体积相当于圣彼得教堂的16倍。在它的大屋顶下，约可容纳18万人集会。原先由希特勒在1925年设计的凯旋门，预计应有400米高。拿破仑时代在巴黎建的那些无价值的象征胜利的拱门中有50个都可能被元首的光荣之门所容纳。作为第三帝国的庞大建筑，希特勒的个人官邸，将要建在新首都的"阿道夫·希特勒广场"。在其他的特色建筑中，包括建一个能容纳2000宾客的饭厅和一个体积有74000多立方英尺的会客室，这样体积有57600立方英尺的白宫都相形见绌。1935年，在与施佩尔讨论这些计划时，希特勒谈道："我十年前就画了这些画。我一直保留着它们，因为我从不怀疑，有一天我会建造这些大厦，而这些就是我将实施的方案。"不过，在1939年战争开端，希特勒扩展了他的计划。施佩尔回忆起，他曾经初次向希特勒建议设计一只爪上印有纳粹标记的德国金鹰飞过圆顶会议大厅。希特勒后来决定取消这一图案。图案经过修改，最后是鹰爪抓着一个地球。[28]

希特勒还设计了慕尼黑的纳粹党纪念碑，离慕尼黑传统的标志建筑圣母堂约100码远。希特勒设计的建筑将有这个标志的两倍那么高。他绘制了位于基姆湖（Chiemsee）的党的巨型大厦的草图，大厦占地263英尺长，361英尺宽，有391英米那么高。希特勒还设计了纽伦堡的一个大型体育场，设有40万个座位，体积有1110万立方码，比基奥普斯的金字塔体积还大三倍多。[29]

他的随从都很清楚他对圆柱的偏爱，他们有时甚至会就此谨慎地开些小玩笑。一次，当希特勒重新修改他的一栋建筑的设计时，格林打趣地说，一栋大厦至少应有400根圆柱。这一言论反馈到希特勒那里，他颇为重视，说这是个好主意，不过不幸的是，地面的设计不允许有这么多圆柱。他的一个医生评价："他特别偏爱一直伸到房顶的柱子。"[30]

希特勒的那些巨大建筑都不具有实用价值，但从较深刻的政治和心理学含义看，那并不意味着它们就没有功能。正像希特勒曾经计划的那样，它们是有功能的：它们控制着并胁迫着所有看到它们的人。因此，压倒性的圆屋顶，上百米长的过道侧面的那些无情的柱子，这是一个访问者最终被两个冷酷的党卫队士兵引入元首巨穴似的办公室时不得不跨越的，给人的整体印象就是一种不受个人情感影响的、冷漠而恐怖的力量。当希特勒看着他的新总理府的那些庞大部分，他满意地评论道："好的，好的！当外交官们看到这些，他们就会知道什么叫作恐惧。" 阿尔倍特·施佩尔在他的回忆录中反映希特勒的建筑是"一种暴政的表达"[31]，而且实际上他是经过很长时间才得出这个结论的。

艺术品味

希特勒的绘画艺术品味体现在他的个人收藏和他允许在纳粹德国展出的那些作品，因为他决定着第三帝国的艺术鉴赏。选中的那些作品都展出在他于1937年在慕尼黑致力建立的新的德国艺术馆——一座高擎圆柱支撑的巨大的白色建筑，现在慕尼黑人仍旧称之为白香肠宫（Weisswurstpalast）。在入口之上，青铜的大写文字中，装饰着反映他的美学理论的格言："艺术就是一项需要狂热的崇高使命。"（Die Kunst ist eine erhabene und zum Fanatismus verpflichtende Mission.）开始，他计划由一群艺术评论家组成的评判委员会挑选将在新的艺术馆展出的作品。但当希特勒得知这里面包括抽象派的艺术作品时，他狂怒不已，吼叫道，不允许"颓废"艺术出现在他的新画廊。评判委员会被解散了，于是希特勒的私人摄影师霍夫曼，这个被一位杰出的艺术史学家视为"根本不懂"艺术的人，受命筛选成千上万幅的画作，然后由希特勒本人做出最终决定。[32]

要在希特勒获得的作为私产的个人收藏和他打算为林茨（他要在那里建一座正面有150多米长的柱廊的大型博物馆）提供的绘画作品之间做出区分特别困难。无论是在哪一边，他都严重倾向于19世纪的浪漫风景画、清淡的田园风景画和色情裸体画。

有人计算，战争中单独留出用于购买希特勒林茨艺术中心的书籍和绘画作品的钱的数目极其惊人。从1943年到1944年间，希特勒以总计1500万帝国马克（RM）的金额为林茨购置了3000幅画。随着盟军在诺曼底登陆，希特勒中止了为购买曼海姆（Mannheimer）收藏中的一幅价值600万帝国马克藏品的讨价还价。当俄军在东线反攻，同时盟军从西部进攻的时刻，"1944年全年的花费又跃升过一个548766帝国马克。1945年，直至3月1日希特勒额外花费了530944帝国马克购买了最后一件藏品。"仅在阿尔特-奥斯（Alt-Aussee）一处的那些盐矿——这是最大但不是唯一的隐藏处——就有属于林茨艺术中心的6755幅绘画和237箱书。[33]

1938年2月11日，在上萨尔斯堡，奥地利总理舒施尼格（Schuschnigg）参加了屈辱而损失惨重的会议，拜访了希特勒。他酷爱丢勒的作品《圣母玛丽亚》（圣母像）。希特勒夸耀他拥有"施皮茨韦格（Spitzwegg）在世上的最好作品"①，并且"曾为一幅德弗雷格尔的画付了80000马克"[34]。德弗雷格

---

① 施皮茨韦格（1808—1885），德国比德迈（早期维多利亚女王时代）艺术家中最有代表性的画家。——译者注

尔，是蒂罗尔的本地人，喜欢像《战利之马》（*The Prize Horse*）或是《跳舞》（*The Dance*）这样展现底层农民生活跳起击鞋舞（*schuhplattler*）[①] 的场景。德弗雷格尔绘画的整体特征是质朴、美丽、诚实而亲切。

希特勒也很钦佩爱德华·格吕茨纳（Eduard Grützner），他画的喝醉的修道士和酒醉的男管家似乎曾经使希特勒发笑。他确信格吕茨纳是被大大地低估了。"相信我，这个格吕茨纳总有一天会像伦勃朗那么出名。伦勃朗本人画得可能也并不比他好多少。"汉斯·马卡尔特（Hans Makart）又是他另外一个钟爱。当希特勒得到了《佛罗伦萨的瘟疫》（*Plague in Florence*），一个秘书回忆起来："他的热情简直无法抑制。他命令全体人员都和他一起欣赏这幅画，然后着迷地站在这幅大油画的前面，但对我而言，这幅画简直无法理解。我发现了恐怖的死亡主题，尤其是那些黄绿色的令人恶心的尸体，但由于害怕扫他的兴致，我没有表现出反感。"[35]

但令他印象最深刻的艺术家是弗兰茨·冯·施图克。实际上，他曾告诉恩斯特·汉夫施丹格尔，对他一生影响最大的两位艺术家就是理查德·瓦格纳和弗兰茨·冯·施图克。他"肯定是被他们两个给迷住了"[36]。在前往恩斯特·汉夫施丹格尔在慕尼黑皮耶西诺大街（Pienzenauerstrasse）的那个宽敞的、满是艺术品的家时，他不停地要求看一册收录有施图克作品的画册。他屏息凝视着这些画。希特勒极具热情地细赏的这卷画册里，包含有下列这些画：《邪恶的良心》（*Das böss Gewissen*），一个吸引他的名字；《淫荡》（*Die Sinnlichkeit*），描绘了一个艳丽的裸体女人在一条巨大的黑蛇滑过她的双腿绕着她的脖子时露出一个不可思议的微笑；《追寻》（*Verfolgung*），画中人首马身的人——施图克喜欢的主题——追逐一个胸脯丰满、金发碧眼的女人；还有一幅《堕落》（*Das Laster*），描绘了一个裸体的人躺在地板上笑，此时一条黑蛇慢慢地穿过她的大腿。[②]

[①] 德国巴伐利亚阿尔卑斯山区农民的舞蹈，女子穿着明朗花纹的裙子、小背心，头戴花冠，脚着及膝长袜，男子则穿着短皮裤、及膝长袜和阿尔卑斯山帽子。——译者注

[②] 研究冯·施图克的主要权威把下列主题分别归类：女人作为罪恶、邪恶、堕落的化身（在"罪"的条目下列了10条）。女人的追求和拥有：14幅。战胜女人的男人：25幅。人首马身的怪物：29幅。控制男人的女人：23幅。诱惑男人的或淫荡的女人：26幅。见 Heinrich voss，*franz von stuck，1863－1928：werkkatalog wer Gemälde*……（Munich，n. d.），251ff.

对希特勒而言，还有四幅施图克的画特别重要。一幅是美杜莎（Medusa）的头，施图克出色地捕捉到那双令人神魂颠倒的眼睛，这双眼睛会令男人先勃起转而阳痿。希特勒还特别喜欢另一幅画，《喋喋不休的妖妇》（*Siren with Harp*）——一个眼光狂野的、长着蛇形尾巴的裸体人——1940年，他为他在林茨的收藏弄到了这幅画。第三幅画的主题和名称明显吸引了希特勒。它的名称是《罪恶》（*Die Sünde*），而画面是一个两眼闪光的裸体人，身上起伏地缠绕着那条显然不可逃避的巨蟒。希特勒在30年代得到这幅画，接着把它悬挂在慕尼黑摄政王大街的寓所。现在这幅画展出在新绘画陈列馆。[37]

有一本私人回忆录最充分地揭示了希特勒与弗兰茨·冯·施图克画的第四幅画密切的关联。1967年夏，慕尼黑，一天我们的一个孩子冲进我们的寓所，激动地询问："你们知道在伦巴赫博物馆有一幅希特勒的肖像画吗？"我用父亲的谦逊口吻回答说，这不可能。他就问是否愿意去看一看。我们一起看了那幅看起来好像是元首肖像的画，而画的名字是《狩猎》（*Die Wilde Jagd*）。在这幅恐怖的画中，弗兰茨·冯·施图克捕捉到了关于疯狂的猎人沃坦的日耳曼人传说的灵魂，他是死亡和毁灭的化身，夜晚骑马外出，所经之地，遍地恐怖。[38]画中的猎人与希特勒出奇地相像。在他的左侧太阳穴留着著名的棕黑色的额发，沉思的双眼，大鼻子，难忘的小胡子。风中一件血红的披风在打旋，而手中则挥舞着一把带血的剑。希特勒喜欢的景象也描绘出来：斩首、狼和死亡。在剑的尖端似乎晃动着一个人头；像狼一样的动物在冲着马嗥叫；眼睛凹陷的小动物微弱地呼喊着；而被抢夺的妇女和尸体则躺在骑马人疾驰的路上。

然而，对这位研究者而言，在这幅描绘狂暴的毁灭的肖像画中最为奇特的是在左下角的作者签名。上写道："弗兰茨·施图克，我的第一幅油画，1889年。"这正是希特勒出生的那年。

如何阐释这些历史事实？它们的含义是什么？众所周知，这幅画是1929年获得的（详细目录见存货号#G1405），接着就一直摆放在古老的玻璃宫的公共画廊，直至1933年发生大火。后来，它被转移到伦巴赫博物馆。在慕尼黑的那段日子，希特勒曾是美术画廊的常客，而且他是施图克的狂热仰慕者，这都是人所共知的。他还把巧合的日期看得胜于偶然，试图探求其中神秘的涵义。

难道情况就不可能是希特勒在 20 世纪 20 年代的某一天看到了这幅画，然后就深深地被它打动；他照字面意思，把自己描绘为那个"狂野的猎人"，把冯·荩图克笔下的形象通通接受为个人的自我形象吗？似乎很可能是他改变了自己外貌——额发、胡子以及他在纽伦堡党的集会上穿的红色披风——为了和这个集残忍、力量与毁灭于一身的勇猛骑士的经典形象保持一致。

文学想象力

> 我想写作……战争稍纵即逝。唯一留下的只有人类天才的作品。
>
> ——阿道夫·希特勒

青年时代，希特勒萌发过成为剧作家的想法。他曾夜以继日地在维也纳施通伯大街没有电梯的一个楼房里，在一盏烟熏火燎的煤油灯下，写剧本和歌剧，直到午夜过后很久。他那些宏大的计划需要精心制作的布景，从天堂到地狱，还有森林、山脉以及其中的湖泊。当他的室友建议他可以从最简单的布景做起时，他会变得异常愤怒。他似乎从没有完成过一项计划，但我们还是有他的一部剧本的草本：

> 背景是圣山，在它前面是由高大橡树围绕的巨大献祭台；两个强大有力的勇士使劲抓着将要献祭的黑色公牛的角，压着它的头顶着献祭台里的洞。在他们后面，站着身着浅色长袍的神父。他手中握着将要屠宰公牛的剑。圣台的周围，都是些紧依盾牌、长矛在手、长有胡须的男人，他们专心地注视着仪式的进行。

当他的室友问他这一切都代表着什么，阿道夫简单地回答说这是基督教诞生的时刻在巴伐利亚圣山的一个戏剧场景。山里的人不接受新的信仰并立下神圣的誓言，要杀死基督教传教士。戏剧的主要冲突是在巴伐利亚山的人和基督教徒之间展开。[39] 基于希特勒与他父亲的特殊关系，很可能这部戏剧中还有另一个"主要冲突"。（见后文，第三章，134 页等）①

1908 年希特勒从维也纳寄来的信和 1914 年从慕尼黑寄出的信反映出他在 20 岁和 25 岁的时候，德语水平仍旧像他上学时取得的"令人不满"的成绩那么差。② 在他青少年和成年后发的信和明信片里仍犯着同样简单的语法错误。他仍旧拼错类似"戏院""耳聋""即""立即""离去""命运""腐败""不公平""俾斯麦"这样最常见的词语，包括那些对于他思想很重要的概念：进化论、布尔什维主义、社会主义，等等——甚至还有反犹主义和大屠杀（犹指沙俄时对犹太人的大屠杀）这样的词。[40]

青年希特勒的几篇德语文章也能显示出他的风格、兴趣和他的幽默观。他最亲密的朋友兼室友在回到林茨时，写信给他说，他的视力急剧恶化，以及他会带一把中提琴回来。希特勒用一种黑边的代表服丧的纸给他回了一封信，他显然认为这表现了幽默的情绪。（拼写和标点符号尽可能与原文一致。）

> 亲爱的古斯特尔……您说您那里的天气这么好，以至于我听到后感到很遗憾，不过，如果这里碰巧没有下雨，我们也会一样舒服。我也很高兴您马上要带回来一把中提琴。星期二我要给自己买两公斤绵羊毛线而且还要买 20 个十字硬币的橡皮膏，当然是治我的耳朵。得知您马上就要看不见了，我满怀悲痛；所以现在您经常会搞错音符，所以您会唱错曲调。不久您就会结束盲人生活而我不久就会变聋。悲哉！但是同时，我还是会祝您和您可敬的父母礼拜一过一个快乐的复活节，并向他们及您致以最热诚和谦恭的问候。
>
> 您的朋友阿道夫·希特勒

---

① 页码指原书页码，及本书边码，下同。——编者注

② 希特勒无法原谅也无法忘记他在德国得到的很差的成绩，并坚持认为那完全是老师的错。多年以后，他还回忆起他是"天生的白痴"和"令人厌恶的家伙"。这个"讨厌的老师竟然因为我的母语而对我产生强烈的反感！他断定我根本不可能写出一封像样的信！如果这个愚蠢的讨厌鬼（dieser Stümper, dieser kleine Knirps）……"（《秘密谈话》，第 549 页）。

1908年的一封信表达了他对林茨的官员未经请示就胆大妄为地计划重建市立戏院的极端愤怒：

> 你们读过共同体委员会关于新戏院（teatre）[原文如此]的最终决定吗？他们似乎打算再次修缮旧屋。但不可能获得官方许可，所以这一计划无法实施。——无论如何，他们所有的精美措辞都显示了这些绅士派头十足、极具权威的关键人物产生建造戏院（teatre）这样的想法（dear）[原文如此]就像河马想拉小提琴一样。如果我的建筑手册不那么寒酸，我很想稍做整理，把它送到戏院建筑公司的设计与建筑执行委员会，措辞如下："献给所有万分尊贵的委员们，为了最终的建造与落成……"。在此我就不问候你们和你们尊贵的父母了，你们的朋友阿道夫·希特勒与你们同在。

第三封信写于1934年慕尼黑，他试图解释在维也纳他没有在规定的日期报名服兵役的原因。除了他的文章风格外，这封信显示出他一生对良心、罪行、忏悔以及一个不符客观事实的贫苦的自我形象的关注的最初迹象。实际上，在他谈及的这段日子（1908—1909年）里，他靠着一份孤儿的抚恤金加上获得的遗产过得很舒服；而且在较晚的时候，他还想表现出他事实上不是"得意地接受"一位跛腿的姨母的毕生积蓄，但是正是他说服这位姨母资助他要成为画家的艺术事业。他在1908—1909年的全部收入，大约相当于一个初级律师或是邮政官的薪金，而实际上，他没有尝试干过一次体力活。但他自己并不这么看：

> 至于1909年秋涉及的我的罪责或过失，对我而言，这是一段极其痛苦的日子。我是一个没有任何经济支援的缺乏经验的年轻人，自尊心太强而不能接受别人的施与，更不要提开口向别人要了。没有金钱的资助，工作赚来的几个奥地利旧金币，经常只是德国的小铜币，刚刚够我找个地方住。两年以来，除了焦虑和渴望，我没有别的朋友［Freundin，实际是女友］，除了无法满足的持久的饥饿感，没有别的陪伴。我从不知道青春这

个美丽词语的意思是什么。时隔五年直至今日，手指上、手掌上和脚上的冻疮成了抹不去的记忆。不过，既然最糟的日子已经过去，我不可能不愉快地回顾这些时光。尽管在一种相当不确定的环境中，我有着最大的需要，但我仍旧保持着自己的好名声，在我自己的良知前面，在法律的心目中，我依然纯洁，未被玷污，除了一次没能报告我当时一无所知的军事税。那是我唯一感到要负责任的事，因为一个谦逊的杰出人物的确应该进行彻底的忏悔而且我当然会欣然接受惩罚。[41]

因为他从没有结束他那本《人类不朽的历史》（见第 56 页），所以希特勒主要的著作仍是《我的奋斗》。这册两卷本的书写于 1924 年夏，当时他正在兰德斯堡监狱享受着特别优待。他从房间的一角踱到另一角，先向艾米尔·莫里斯（Emil Maurice）口授，接着又向鲁道夫·赫斯口授，他们用一架老式便携式雷明顿打字机及时地记下希特勒的想法，同时身边一台留声机正刺耳地放着瓦格纳的乐曲。周末的夜晚，希特勒就向一起坐牢的纳粹同党进行演说以检验口授章节的效果。第一卷在他于 1924 年 12 月 20 日离开兰德斯堡时已基本完成。第二卷则是在上萨尔斯堡的普拉特霍夫（Platterhof）的瓦亨菲尔德旅馆（Haus Wachenfeld）口授而成，同时也是与党内出版物的财务主管马克斯·阿曼的合作成果。一位反犹报纸的编辑，耶稣会士伯恩哈德·施丹佛尔（Bernard Stempfle）神父对作品进行了润色，后来在 1934 年 6 月 30 日的血腥清洗中被希特勒下令处死。其他看了样本的人包括印刷工阿道夫·缪勒、地缘政治学家豪斯霍费尔教授和恩斯特·汉夫施丹格尔。原始手稿作为一份有纪念意义的礼物赠给希特勒多年来慈母般的资助人，贝希施泰因夫人。

在马克斯·阿曼的建议下，原来的题目"与谎言、愚蠢和怯懦斗争的四年零六个月：确定报道"，改为"我的奋斗"。截至 20 世纪 40 年代，它已被翻译成 16 种语言，并且成为世界最畅销的书之一。[42]①

---

① 1976 年，希特勒的《我的奋斗》仍出现在德国一位出版商的"历史上最畅销书"的书单上。由于被奇异地列为最畅销的出版物，它轻易地以超过 980 万本的发行量赢得了社会声誉。（*Die Zeit*, Nr. 26. 25 June 1976）

据一位德国文学评论家坚持不懈的查找，这本著作有 164000 处德语语法和句法错误。甚至经过朋友们极其认真的编辑和美国版本细致、出色的翻译，也没能弄清楚这一著作的主要含义。举例来说，希特勒提出了他对种族的看法，这是他的意识形态中的最重要的概念：

"民族的"观念就它的无限性而言，并不是一个运动的可能基础，也并不为这种运动的成员提供标准。这一观念在实践中越不可确定，那就越容易从多方面加以阐释，就越可能捕捉它。在政治斗争中，插入这样一个不可确定而又能从多种意义说明的观念导致了每一个积极的斗争团体的消减，因为由个人界定他的信仰和意志与此是不相容的。

由于这个原因，在那个年月看到那些帽子上写着"民族的"四处游荡的人是件丢脸的事。[43]

还有几个例子也反映了理解他的意思的困难：

为了引起人们所能想象的最大的伤害，这正好是一个许多人提出的建议，却也是经常被大多数人误解的建议。

新教本身，以它的诞生和后来传统的基础而言，表现出对德意志精神的深刻思考，但是保卫民族利益必须限制在这样的领域，一般地讲这一领域不是缺乏概念就是仅仅出于某种原因而被完全拒绝。

比喻相当混乱：

因为它掀起的浪潮可能极其严重地冲击着学校——未来一代的成长园地，这显然完全是一起语言斗争的事件。通向这里的每一条路都是权宜之计，因而它的未能实现必须被描述为一种忽略责任的罪行。

希特勒习惯于把各种攻击他或是使他性无能的力量女性化。他还周期性地做一些关于窒息的噩梦。在下面的段落中他用到了试图勒死他的"贫穷女神"这一词汇，显然遇到了使他为难的格式问题：

> 如果没有接触过这种勒杀人的毒蛇的触角，无论是谁，他永远也不会知道它有毒牙。

一位严厉的评论家指出，毒蛇根本没有触角，把人缠死的蛇根本没有毒液，被它勒得窒息而死的人不会感觉到它有触角。[44]

尽管《我的奋斗》是了不起的胜利，但希特勒还是计划写一部包含他的丰富思想的更为重要的文学著作。这一计划似乎是他赞成把他在餐桌上谈话的思想内容记录下来的原因之一。"当战争结束以后，"他自言自语道，"我将引退。然后，我想花上五到十年时间清理自己的思想并把它记录成文字。战争转瞬即逝，留下的只有人类天才的伟大著作。"[45]

有人猜想，由于他对于记录自己的观点实在不感兴趣，这一计划就被搁置了。"世界上所有伟大的革命事件，"他说，"都不是由文字而是由人们的言语引发的。"[46]实际上，他的长处就是演说，而历史上的煽动政治家几乎没人获得过他那种力量。

意识形态

> 我们的意识形态是不宽容的……而且迫切地要求……公共生活根据它的观念进行变化、转型、改革。
>
> ——阿道夫·希特勒

人们认为希特勒的观点是否值得探讨部分取决于对他的人格的解释。那些将他看作一个熟练计算器的人断言，讨论他的主要观点既不正当又无意义。据他们所说，他只不过是一个简单纯粹的机会主义者。受到权力贪欲的驱使，他就利用一种有助于他的观点，而一旦这一观点不再有用，他就抛弃它。

对这一争论的深刻回答出现在一项对希特勒世界观的有价值的研究中：

>……人们可能称之为机会主义，但它有自己的诸多目标。……人们可能说这种权力政治就是为了权力，但它在纯粹操纵权力之外，还有一个确定无疑的目的。人们可能认为它缺乏原则，但它并不缺少对原则的明智考量。……人们也可能会说波洛尼厄斯（莎士比亚悲剧《哈姆雷特》中的人物）在他那种疯狂而愚蠢的行为中有自己的条理，即使它就是疯狂。"[47]

那些轻视希特勒意识形态重要性的人还指出，整个纳粹运动都显示出对观念的蔑视而强调行动主义。因此格林对国家社会主义哲学起源地的说法就能成为："它写在前进的冲锋队员的脸上。"而且他更为出名的评论是："每次我听到'文化'这个字眼，我就扣动左轮手枪的扳机。"①

还有人注意到希特勒的观念并不是他独创的。他的那些军国主义、种族主义、反犹主义的粗劣观念以及掌权的意志都曾经在德国历史上流行一时。而且他们还强调在整个运动中根本没有一个创造性或毁灭性的新观点。因此，根据这一见解，认真探讨希特勒的政治观念是既天真又无价值的。

但是人们也能从完全不同的视角将希特勒看作一个意志坚定的人。正如艾兰·布洛克所注意到的，他基本上算是"一个知识分子，从双重的含义说，他热情地活在他自己的思想世界，而言辞和观点就是他的力量工具"。[48]

尽管当形势所需时他可能成为一个机会主义者，但他最终没有把自己看作一个权谋政治家而是自视为上帝的使者。他信仰他的观念，而且最为重要的是，他就是在这些观念的基础上确立起他的统治的。在人类历史中，确实很少有这样一种冷酷而残忍地与实践结合起来的统治理论；观念在社会中从来没有

---

① 实际上这一评论最早出自汉斯·约斯特（Hanns Johst）于1933年创作的戏剧《自由军团》中的殉教者阿尔伯特·利奥·施拉格特（Albert Leo Schlageter）之口，而它却被纳粹党借用了。

如此充分地贯彻过。他的那些种族主义观念决定了第三帝国的法律、艺术、教育以及工资标准。就是这些观念决定大学里绝对不能教授爱因斯坦的物理学和弗洛伊德的心理学。它们主宰着成千上万群众的生死。一位研究第三帝国的著名学者相当公正地断定，观念的作用在希特勒的统治进程中至关重要，而这些观念的历史反而是他们被低估的历史。[49]

20世纪30年代西方民主国家的领导人——以及后来诸如A. J. P. 泰勒（A. J. P. Taylor）等史学家——都严重低估了希特勒而且几乎完全误解了他，因为他们相当肯定他的观念荒谬可笑，不值一提。他们没能认识到希特勒信仰那些观念。他们大大高估了他的机会主义和操纵性的一面，却低估了他对意识形态的坚决意志。强调希特勒是一个**极**具创造力但又意志坚定的人，**既**是一个机会主义者又是一个狂热信徒，这一点至关重要。不理解他的双重性，就无法说明他的外交政策，也无法理解他屠杀犹太人的行为。关于种族灭绝的确定不移的事实就是它并不是由战争这种突发事件引起的，也不是要解决国内动荡和冲突的政治举措。那些被杀害的人都是希特勒个人观念的牺牲品：即主张优等种族以及需要灭绝他认为是侵袭优等种族的寄生虫。希特勒的恐怖之处就在于：他所说即他所想，他靠理想而活，并实践着他所鼓吹的信条。

的确，有时希特勒能够灵活驾驭他的观念，因此可能以权宜之名义产生例外。在日本偷袭珍珠港之后，希特勒称赞日本人是"亚洲的日耳曼族人"并把他们从他的种族法律中无能力者的行列排除出去。一位令他满意的犹太素食女厨师惊奇地发现元首通过的一个法令使她的整个家族都成了雅利安人。于是，格林获准宣布"我决定具有什么特征的人才是犹太人"。但那些是例外。从总体上看，他的观念形成了一个具有"惊人的逻辑性和一致性"的紧密体系。[50]

那些力图理解希特勒的人格的人必须研究他的政治思想。因为它经常表达出他深层的心理冲动和欲望，有时是以人们并未意识到的方式表现出来的。政治理论家的社会观点根植于他对人类的观念。这一原理同样适用于希特勒。他认为人们是阴险、卑鄙和毫无理性的，而且普遍不能判断是非。人们都是"既健忘又愚蠢"；他们全都"既软弱又残忍"或者"既懒惰又懦弱"。他谈起"人类的愚蠢如同花岗岩"和"我们愚蠢胆怯的人民的浩大羊群"。[51]

既然他这样轻蔑地看待人类，于是他认为双重性和诡诈是政治家的重要特征。想想那些他钦佩、忽略和鄙视的政治领导人。他是历史的贪婪解读者，然而在现有的他关于人类历史和过去的伟大政治领导人的众多评论和著述中，没有提到伯里克利（Pericles）或查士丁尼一世（Justinian）①，亨利二世或伊丽莎白一世；也没有提到查塔姆（Chatham）、格莱斯顿（Gladstone）或迪斯累里（Disraeli）；更没有提到华盛顿、杰斐逊或是林肯。他把温斯顿·丘吉尔和富兰克林·罗斯福都当成白痴和无赖："两个盎格鲁-萨克逊人，一个比一个差。……丘吉尔和罗斯福，多么可怕的欺诈者！……罗斯福，无论是在政治事务的处理上还是在个人的总体姿态上，都表现出犹太人的卑鄙狡猾，最近他就自夸他拥有'高贵'的犹太血统。他妻子完全黑人似的外貌清楚显示了她也是个混血儿。"他把温斯顿·丘吉尔视为一天24小时中有8小时都是头晕眼花的"无法调教的卑贱小人"。他说，斯塔福德·克里普斯（Stafford Cripps），是"一个立场不坚定的家伙，一个惯于散布谎言的煽动政治家"。[52]

他所欣赏的政治才能的典范来自东方。例如，他推崇保加利亚的斐尔迪南与鲍里斯国王的欺骗手段："在老狐狸的棍棒（惩罚）下，儿子鲍里斯变成了一只小狐狸而且能够处理复杂而混乱的巴尔干半岛事务。"至于耶路撒冷的大法学家，啊，实际上也是一只"极其狡猾的老狐狸……他那非凡的智慧使他几乎能同日本人相提并论。而日本人都是惯用奸诈伎俩的权谋者！"他把一种"原本可能有利于斯拉夫人特质的力量，一种健康的生活主张"归功于拉斯普廷（Rasputin）②。但是他极力夸赞的还是约瑟夫·斯大林—— 一个像他那么坚强的对手。他满怀钦佩地谈起应得到"绝对尊敬"的"这个狡诈的高加索人"。他反复说，斯大林是"世界历史上最非凡的人物之一"。原因很明显："对他［斯大林］而言，布尔什维主义是唯一的手段。"[53]

---

① 查士丁尼一世（483—565），拜占庭皇帝，公元527—565年在位，编《查士丁尼法典》，征战波斯，征服北非及意大利等地。——译者注

② 拉斯普廷（1872？—1916），原名格里戈里·叶菲莫维奇·诺维克，沙皇尼古拉二世和皇后亚历山德拉宫廷中一个有权势的宠臣，原为西伯利亚一农民。——译者注

斗争："万物之父"

希特勒政治思想的本质是从1928年他在开姆尼斯发表的演讲中提炼出来的。在这前后的成千上万次讲话中的文字只是对下面这几句话的详尽展开：

> 任何一种理性的世界观的首要根本点是地球上和宇宙中唯有强力才能决定一切的事实。无论一个人达到什么目标，都取决于他的创造力与残忍。今日人类在文明的领域无论拥有什么都是雅利安种族创造的文明。雅利安人把他的特征烙印在了整个世界。一切发展的基础是个人创造的强烈渴求，而不是多数人的投票。具有决定性的是天才个人而不是群众精神。一切生命都专心致力于下面这三件事：斗争是万物之父；美德取决于血统；领导是最根本的和决定性的。[54]

斗争确实是"万物之父"。他的那些自传中重复这样一个反复句："因此，想要生存的人应该战斗，而不想在这个永无止息的斗争世界中战斗的人就不配活在世上。事物原本如此，即使这样做很艰难……胜利永远只在斗争中才可赢得。"[55] 20世纪20年代的公开演讲都传达了同样的讯息而且向德国人民清晰地描绘了希特勒统治下的那种政权类型的图景。很少有热心于公职的人能够如此明确地表达他的目的并公开做出承诺。1926年10月22日在埃森一次早期重要的演说中，希特勒说："武力是第一法则。……只有通过斗争，国家和世界才能变得强大。如果有人问我这一斗争是否可怕，那唯一的答案只能是：对于弱者来说是，而对于整个人类来说则不是。……"此后的讲话都反复强调了同样的观点。还有一个例子，就是1927年10月21日他在慕尼黑的一次演说，足以说明这一点："政治只不过是这个世界中民族为了生存进行的斗争：不论好坏，这都是民族为了它在这个星球上的生存进行的永恒战斗。……人类［是］

地球上最残忍、最强硬的动物。他只知道要消灭他在这个世界上的敌人。"

"战争"这一观点不只是隐喻，在好几个场合中希特勒都有明确的表示。从一开始，希特勒就发誓要进行战争——正如早在1928年和1929年，他就在慕尼黑说："战争与和平没有区别。……人们要么做自由的主人要么成为奴隶。最终的决定权都取决于剑。……战场是对一个民族的对外政策的最终检验地。……"

把希特勒心目中的战争仅仅说成是侵略行为并不确切。正如他将要明确的对东欧政策，他所希望的是掠夺和灭绝的战争。对希特勒而言，这种战争是人类努力抗争的最高级形式，生命意志最强烈的表达，是人类的命运："一群人喝另一群人的血，一群人的死滋养了另一群。人类不该流露仁慈的感情……斗争将要继续下去。"[56]

当希特勒把战争的术语和价值观灌输到社会中时，斗争与战斗也主宰着纳粹德国国内的情景。他提起"为文明而战……一种艺术中的前线精神……为人口而战……为摇篮而战"。他的帝国象征是纳粹党颂歌中的一句话："前进的褐衫军"。党内一位宣传家在1935年趾高气扬地宣布了一个民族的观念获得发展，训练有素得就像听从元首命令、决不过问目的的军队：

> 德意志民族正行进在通向它的生活方式的道路上。……这就是一支前进纵队的风格，不管它将开往何地以及目的何在。

希特勒对于斗争有种非常个人化的感受。宣扬战争不仅是浮夸言语也不仅是一项外交策略；它是个人必需。希特勒本来就需要战争。他过去总是需要战争。"我建立国防军就是为了进攻，"他曾说，"进攻的决定总是在我心中。"

"生存空间"

希特勒一生都向往空间。他热爱以众多圆顶高柱的庞大建筑物构造的空间，并且想要控制它。他打算把建筑同高速公路和庞大的运河连接起来。他喜欢坐着他的敞篷奔驰汽车穿越各个建筑之间旅行。东欧广大的空间一直召唤着他。

在希特勒身上，由于个人的情感经常演化为公共政策，对于"**生存空间**"的需要就变成了纳粹军事计划的一个主导原则。德国的命运取决于东方，而且它的这种追求将意味着同俄国的战争，这是一个早在《我的奋斗》中就已做出的承诺而且在许多公开的和私人的讲话中都反复强调过。这一承诺如此清晰和坦率以至于直接而详细地引用希特勒本人的话是最具说服力的：

> 重建1914年前线的需要简直就是极其恶劣的政治怪谈以至于看起来就像是犯罪。……1914年的前线对于德意志民族的未来没有丝毫意义。……它们将导致我们民族躯体的额外流血。……与之相反，国家社会主义党人必须毫不妥协地坚持我们的对外政策目标，也就是说，要保证**德意志民族拥有它在地球有资格享有的土地和领土**。
>
> **让我们停止德国向欧洲南部和西部的无休止的推进而把目光转向东部的土地。让我们最终结束战前的殖民和贸易政策而继续我们未来的领土政策**。不过，如果今日我们谈起欧洲新的土地和领土，我们首先能想起的就是俄国和它广阔的周边国家。[59]

在20世纪20年代的许多公开演讲以及他1928年写作的第二本著作"神秘之书"中，他反复提到这些要求并且暗示他的目的："在民族需要的关头，他们没有寻求合法权利。那么就剩下一个问题。一个民族是否有权力获得它所需要的土地和领土？……许多世纪以来，我们的先辈呼喊出：给我们空间！"[60]

希特勒长久以来对于东部"**生存空间**"的诸多梦想似乎在他对俄国开战的头几个月里就已实现。他在"餐桌谈话"中再三激动地谈起"宏大广阔的空间"并且计划他将如何开发成千上万平方英里的土地。当有人询问他是否把国境设在乌拉尔山脉就已足够，他答道："目前还可以。……"他想象着由一条延伸到克里米亚半岛（"我们的里维埃拉"①）和高加索山脉的**高速公路**连接起来的广大空间。他把多瑙河——他童年的河流——看作"未来之河"。它

---

① 南欧沿地中海一地区。——译者注

将同一个从法国摩泽尔、莱茵河与美茵河通往德涅斯特河、第聂伯河与顿河，再流向到黑海的庞大运河系统连接起来。公路和运河沿途"将布满德国城镇，而城镇的周围都将是我们的殖民地所在"。德国人将会堂皇地生活在"富丽的建筑和宫殿"以及美丽开阔的农庄中。他没有忽略当地的居民，"上百万可笑的斯拉夫人"的境遇。他们将生活在"猪圈"里，不能接种疫苗也不能进行"卫生清洁"。他可以教他们足够多的词汇以辨识德语路标，但要排除那些"谈起爱护和教化当地居民……直接进入集中营！"的人。[61]

元首的观念

在慕尼黑的纳粹党总部，陈列着两幅肖像画。一幅是希特勒个人的英雄，弗里德里希大帝；另一幅是他自己的肖像。在他的肖像下面是一行蕴涵着"领袖原则"（*Führerprinzip*）本质的字句，阐明了第三帝国的一个忠实的政治法令："在这场运动中，除了我所期望的发生外，再没有什么发生。"一位在纳粹德国受人尊敬的历史学家赞同道："没有希特勒，过去和现在都不会有国家社会主义。二者是同一的……每种别的想法都是误解。"[62]

实际上，纳粹作者从来没有清晰阐述过领袖原则。这样做也不可能，因为这一原则依赖于信念而不是论证。这基本上是神秘的现象。由于不能理性地讨论这一问题，纳粹党人就经常诉诸神秘主义和低劣的玄学。例如，阿尔弗雷德·罗森贝格（Alfred Rosenberg）就向我们保证"元首就是充满生机的民众的根本核心"——一种可以意味深长地加以引申的概念，"元首就是根本的一切和全部杰作"。希特勒本人也倾向于模糊地提及这个概念："我从没感觉到我是我的人民的独裁者，而始终只是他们的元首"。此外，"我并不是独裁者或君主意义上的国家领袖。我现在是德国人民的元首。我本可以授予我自己……别的头衔"。他宁愿相信，这个头衔本身，是由仰慕他的妇女们赠予他的。因此，1942年1月3日到4日的凌晨，他告诉随从："没有比元首更合适的头衔了。……至于'我的元首'这一表达，我想这是出自妇女们之口。"[63]

应该强调的是希特勒关于领袖的观念并不是他从意大利法西斯主义那里学来的东西。墨索里尼的 *Duce*（领袖）是指国家的领导者；而德国的 *Führer*

（元首）远不止那个意思。的确，第三帝国的任何一位试图把元首限制到领导这一层次的政治作家都有"法西斯主义者"之嫌——这是纳粹德国的一个具有轻蔑意味的词语。希特勒与那些正确理解他的理论家提出一个理论，这一理论远远超出所谓的"非个人国家"而强调了阿道夫·希特勒的无限的个人权力。[64]

在另一个更为高深的水平上，元首是一个把民众与国家凝聚起来的神秘而有磁性的力量。他是"民族灵魂"（*Volksgeist*）。"在国家社会主义理论中，把人民同元首联系起来的根本纽带是一个神秘的观念。……他绝不是人民发号施令的代表；他是民族**精神**的化身，而且只有通过他的阐释，民族才能充分地实现自我。"正如艾伦·布洛克指出的，这一陈述是"真实的概括，不属于纳粹的宣传，而是第三帝国标准的教科书中所表达的冷静的宪法和法律观念。"德国这一时期最主要的司法官员做出更为简明的概括："我们的宪法是元首的意志。"[65]

把人民同元首联系起来的最重要的方式就是要求他们直接向他宣誓。宣誓训练从孩子很小的时候就已开始。学龄前的儿童都要学习下面这首歌：

> 我们热爱我们的元首
> 我们尊敬我们的元首
> 我们追随我们的元首
> 直到我们长大成人；
>
> 我们信仰我们的元首
> 我们为我们的元首而活
> 我们为我们的元首而死
> 直到我们成为英雄。

当小孩10岁毕业后进入少年队，就要求他们进行第一次正式的宣誓：

> 面对象征元首的血旗，我发誓奉献我毕生的精力，全部的力量给我们

国家的拯救者，阿道夫·希特勒。我决心并时刻准备着为他献出我的生命，因此，上帝救救我吧。**一个民族，一个国家，一个元首**。

孩子在14岁那年进入希特勒的青年团时确认誓言。仪式在元首生日纪念日这天举行：

> 我把生命献给阿道夫·希特勒；我甘愿为元首献身；我甘愿为元首希特勒，我的拯救者而死。

当孩子长大，他的童年经历又更多了一些誓言。如果他成为一名教育者，他就同纳粹德国其他教师一样宣誓要"效忠并服从阿道夫·希特勒"。同样，德国武装部队的每一位成员都要求进行现代国家军队史中绝无仅有的宣誓——句一个人宣誓：

> 我在上帝身旁立下这个神圣的誓言，我将无条件地服从阿道夫·希特勒，德意志帝国和人民的元首，武装部队最高统帅，并且为了誓言时刻准备着像一名勇猛士兵那样甘愿以生命做赌注。[67]

希特勒坚持认为"领袖原则"的对立面就是民主的混乱。在一次公开讲话中，希特勒毫不谦虚地提出这一问题："考虑多数人能够突然取代一个人类天才的成就是疯狂的行为，而宣布这种可能就是罪恶的。"[68]

希特勒关于领导权的观念使他的政治理论不同于其他任何一种独裁主义体系。例如，皇室的专制主义不是建立在统治者本人的基础上而是建立在君主政体的制度上。"君主死了，君主永存！"这是在纳粹党人中不可能出现的呼喊和观念。因为只有希特勒才能成为元首。斯大林，施加了巨大的个人权力，这当然是事实。但是，他真的没有料想到会这样，而且一些马克思主义理论家曾谴责他的政权是"个人崇拜"。这就是关键的区别：纳粹主义是对希特勒个人的膜拜。此外，斯大林感到不得不使他的政权合法化，因此要宣称他的独裁政权与一部清晰而理性的观念体系保持一致。希特勒不需要这样的认可。他不是意识形态的阐释者；他就是人格化的观念。他**就是纳粹主义**。唯独他一人才是政治、社会、美学、文化、道德等一切事物的根本仲裁者。他的一时兴致，会逐字逐句地完全变成国家的法律。对他行为的决定性认可体现在理性所无法理解——并且无法破译——的荒诞而神秘的纳粹主义圣歌："一个民族！一个国家！一个元首！"[69]这个三位一体的实践者就是元首。

让我们稍微换个角度来看这个问题。希特勒是个精神病患者，他在自欺中觉得自己事实上就是一个伟大的历史神话的化身，从中获得了巨大的政治优势。这是一种有实际因果关系的幻觉。对于信徒而言，用迪特里希·欧洛（Dietrich Orlow）的话来说，他已成为一个"神话人物"。他既是独立的个人又是一个永恒的神话法则，既是易变的人又是不变的绝对。为了服从这种神话法则，纳粹党的成员必然要被迫服从这个人。他们不可能在反对元首的理论中找到可维持的基础；因为，确切地说，元首就是党。因此，希特勒以两种方式将权力表现出来：他的权威是抽象、模糊和不变的（**领袖原则**），但同时它又是专断、明确而且不可预知的（**元首命令**）。无论何时他产生了个人意志和奇思怪想，他都能够加以应用。他能够评判下属，但他们绝不能评判他，除非放弃他们信念的基础，即"他是永恒神话的化身"。[70]

当元首在诗歌、绘画、祈祷歌和歌曲中被高呼为领袖、父亲和拯救者的时候，通过观察这些缔造出来的元首形象，人们能够感知到纳粹的领袖原则的某种内涵。一首诗歌就是对通常的"追随元首"类型的空泛赞词之上的几处删节，或许值得重复：

献给元首

慈祥的蓝眼睛和钢铁般的剑手

沙哑的声音，您，是孩子们最忠实的父亲

放眼眺望联合起来的各个大陆

男人和妻子伫立在熊熊的灵魂之火

神圣的结合，无穷的链条

清晨来临之前在海浪环绕中

你的臂膀滑过山脊从绝望的深渊中撑起。[71]

形象建构是一个互动的过程。希特勒创造了自己的形象。但是更为重要的是，他自己的宣传机器也塑造了他，并且要求这一形象变为现实。正如我们所见，希特勒自视为一贯正确的领袖和上帝派来的拯救者，肩负着拯救祖国的神圣使命。纳粹党的报纸《民族观察家》在创刊的特殊纪念版上将这种说法具体化并加以美化。1933 年 4 月 20 日，他被欢呼为独一无二和"极度谦逊"的伟大人物。到 1937 年为止，他已成为"各个专业领域可以想象的最杰出的专家"。1938 年他成为"热情高涨……信念坚定……力量集中……意志顽强……大胆决断"的天才。

1939 年，社会上宣布"阿道夫·希特勒是所有时代中最伟大的德国人"。但是那还不够。各种谄媚奉承不绝于耳，直至 1941 年达到顶峰："元首是他的种族的最高级的综合。……他汇聚了歌德的普遍主义、康德的深奥、黑格尔的力本论、费希特的爱国主义和弗里德里希二世的天才以及俾斯麦的现实主义，还有瓦格纳的狂热灵感和斯宾格勒的敏锐。他容纳了坦能堡（Tannenburg）的灵感……和《狂飙突进》（Sturm und Drang）里的锐气。"[72]

所有这些都呈现出问题，就像它们在心理学上的复杂性一样明显：这个如此要求全体赞同的人最不知满足的需要是什么？为什么所有这一切都是为了追求个人权力？为什么希特勒宣称自己绝无错误？

种族理论与"民族共同体"

希特勒的种族观念是其他观念赖以存在的根基。斗争和冲突对于他至关重要，而整个历史中最具决定性的斗争就是种族性质的；"领袖原则"是重要的，然而领袖的使命是建立一个种族纯洁的"新秩序"。他感到自己是那一种族观念的绝对象征。他不是德意志民族的代表；他莫名其妙地成为民族本身，正如他自己所宣称的："我就是德意志民族！"［Ich bin das deutsche Volk！］

当谈到种族问题时，希特勒是那么的荒谬而无理性，以致比较明智的评论家从来都不太相信他的说法。然而，他所说的恰恰是他的真实想法。在许多热情而诚挚的声明中，他向德国人民承诺，他将要建立一个以种族歧视为基础的社会。他实现了这个诺言。

提出他的种族理论是件简单的事；困难的是要把这种重要性赋予他个人或者他的政权，因为它具有巨大的历史力量。我们必须倾听希特勒对此的看法，并认真加以看待。"种族问题，"他说，"不仅对世界历史，而且对整个人类文明都是一个关键因素。"混血对他而言就是"原罪"，而在希特勒编造的伊甸园的故事里："雅利安人放弃了血统的纯洁，因而也失去了他为自己创造的天堂的位置。他沉沦于血统的混杂。……这样，为了实现新的组合，文化和帝国就彻底崩溃了。民族并不是因为战争失败才毁灭的，而是由于失去了抵抗的力量，这种力量只存在于纯洁的血统。这个世界一切非种族的东西都是垃圾。"[73]

与其他的政治理论家不同，他们加入黑格尔的行列称赞国家的力量是"上帝在地球上的制度化"，而希特勒则将政治形式视为次等重要："国家是终结的手段。它的终结就是保持和发扬一个生理和心理上都平等的人类的［种族］共同体。这种保持首先包括种族血统。"希特勒对那些不是谈论经济就是谈论政治革命的人很不耐烦："没有经济，没有政治，没有社会革命。只有劣等种族反抗统治的高级种族的斗争。"

艺术也是种族的：对那些谈论艺术的国际本质或民族艺术的人，希特勒回敬道："您说的每句话只能证明您根本不懂艺术。艺术当中绝对没有像现代艺术或古代艺术的分别。……荷兰艺术，意大利艺术。……世界上绝对只有一种艺术，它叫希腊—日耳曼艺术。"[74]

一个包容所有个体的种族纯洁的民族共同体［*Volksgemeinschaft*］观念是他的思想基础，同时也是纳粹党实践的基础。这个民族共同体，就像"元首"观念一样，完全是个迷。1934年9月7日，在纽伦堡集会上，希特勒当着20万党内领导人的面克服了情绪问题，试图谈论共同体的神秘意义以及元首与民众的神圣结合。他再次获得上帝的指令，提到了神秘的事物：

> 向我发布命令［领导民族］的并不是世俗的上级；是创造了我们这个民族的上帝。……
>
> 对其他人而言，这似乎是一个谜，一个神秘现象——这一力量曾经聚合起成千上万的人，赋予他们承受绝望、痛苦、贫穷的力量。他们只是把这设想为国家发布的命令的结果。他们都错了！并不是国家向我们下达命令，而是我们向国家下达命令！不是国家创造了我们；而是我们自己塑造了国家。从一方面看，我们可能看起来像是一个党；从另一方面看，是一个组织；但从其他方面看，又是别的什么。然而，事实上我们就是德意志民族。……让我们在每天，每个时刻宣誓，只关注德国、民族和帝国，我们伟大的民族，伟大的德意志民族。**胜利万岁！**[75]

而汇集的各类信徒，双眼迸发热情的光芒，高唱着愚昧的圣歌："胜利万岁！一个民族！一个帝国！一个元首！"

希特勒的种族政策都依据这一理论，即整个人类历史中只有一种真正的创造性力量——雅利安种族。这一主旨是从许多次演说和公开声明中表现出来的："今日我们所见的人类文明，即艺术与科技的成果等，几乎都只是雅利安人的创造成就。但是恰恰就是这个事实承认了这个具有充分依据的结论，即从整体上看，只有他是高级人种的创始者，因此也是我们所理解的'人类'（man）这个词的原型。"希特勒围绕这个主题发生的观念变化体现在1927年4月2日慕尼黑的一次演讲中：

> 我们所看到的雅利安种族显然是全部文化的支撑者，是整个人类的真正代表。在交通运输领域的所有发明都必须归功于这个特殊种族的成员。我们全部的工业科学也毫无例外地是雅利安人的杰作。从贝多芬到理查德·瓦格纳的所有伟大的作曲家都是雅利安人，尽管他们出生在意大利或法国。不要说艺术是国际性的。探戈、摇摆舞与爵士乐队都是国际性的，但它们不是艺术。人类拥有的一切重要的东西都归因于斗争原则和一个成功向前开拓的种族。没有了日耳曼民族的德国人，人类文明就无所留存，

只剩下猿猴在张牙舞爪。[76]

因为只有一个英雄式的富有创造性的民族,所以(希特勒以分离方式看待事物)也必须有一个彻底颓废并具有破坏性的民族:犹太民族。他的政治生涯的开始和终结都是出自对"犹太人危险"的警惕,他确信这一危险绝对威胁着所有的文明,这既是一个象征性的事实也是客观的事实。

希特勒在1919年9月16日的一封信中陈述他的目标是对犹太人的"无情干涉"并把他们"驱赶"出欧洲,这封信被一位德国历史学家称为"第一份书写希特勒政治生涯的文稿"。[77]在这份早期重要的陈述中,希特勒很小心地强调了他对反犹主义的信念并不是由于情绪或感情的因素。不如说,它是一种冷静的明智决定的结果。仇恨犹太人是他意识形态的一部分。他写道:"奠基于纯粹情绪基础的反犹主义终将在某种形式的计划(programs)[原文如此],中得到表达。不过,理性的反犹主义,一定会导致合法的系统战争。……但是,总而言之,它的最终目标依旧是消灭犹太人。"在他政治生涯的终点,他写给德国人民的政治遗言,我们应该注意最后一句的最后一个词:"最重要的是,我指示国家的众多领导人……谨慎地坚持种族法律以及无情反对所有民族的通敌。"[78]一个即将赴死的人就不再掩饰什么了。希特勒所说的针对犹太人的话是他的真实想法;他自始至终就是这样想的。

稍后我们会探讨影响希特勒个人反犹主义的心理学因素(见第三章,第186—191页)。这里我们必须检视把反犹主义提升为国家政策和政府存在理由的政治理论。这一理论可以简要地加以叙述。希特勒的观点是犹太人要为世界上所有的罪恶负责。他们玷污了雅利安人的血统,并把德意志民族从他们种族的天堂赶了出去。他们是所有袭击祖国后方的潜伏的阴险敌人:布尔什维主义和贪婪的资本主义,共济会会员和民主主义。他们都要为德国在"一战"中的失败、1923年的通货膨胀以及20世纪30年代的经济萧条负责。他们都是希特勒在现代艺术品和文学中所见的堕落和颓废背后的罪魁祸首。

犹太人始终是寄生虫,而且从未对文明或宗教做出什么贡献。希特勒在这些问题上的观点很明确:"同现在一样[原文如此],犹太人……从未拥有自己的文明,他的精神活动的基础总是由其他人提供的。一直以来,他的智力都是借助于周围的文明而得到发展的。……最重要的是,整个艺术中的两位女王,建筑和音乐方面的原创作品都没有犹太民族的影子。他在艺术领域的成就不是篡改就是知识偷窃。……不,无论如何,犹太人根本不具备创造文明的精神,因为在犹太人身上从来不存在理想主义,而没有理想主义就不可能存在人类朝着较高层次的真正发展。"

犹太人不仅没有自己的艺术或文明;他还没有信仰。

> 犹太人一直是一个有着明确种族特征的民族,根本不是宗教……但是还有什么比呈现一个宗教社会的'偷盗'外观会是更有益而且同时更无害的?至于这里的每一样东西也都是偷来的或窃取的。但是由于自身原始的本性,犹太人不可能拥有一种宗教制度,这正是因为他缺乏任何形式的理想主义而且从此以后也不承认任何信仰。[79]

希特勒确认犹太人根本的目标是要征服全世界。早在1924年同迪特里希·埃卡特合写的一本名字颇有气势的小册子《来自摩西的布尔什维主义》中,他就已经得出结论:"当人们意识到犹太人的最终目的,他才真正地理解犹太人:控制整个世界,然后摧毁它……当他们假装促进人类的发展的时候,实际上他们图谋将人类逼至绝望、疯狂和毁灭的境地。如果不加以制止,他们将会消灭我们。"希特勒坚信存在着国际犹太人企图奴役人类的大阴谋。他在1939年年底的一次秘密会议上指出:"犹太人可能欺骗全世界……但是他们骗不了我。我知道他们是挑起战争的罪人——不是别人,就是他们。"他发现犹太人在许多想象不到的地方潜伏。例如,他确信有一小撮但是又极具影响力的犹太人真正控制着瑞典,而且富兰克林·德拉诺·罗斯福与斯塔福德·克里普斯都是犹太人,尽管他们有大部分的英国贵族血统。而另一方面,耶稣根本不是犹太人。[80]

恐怖与宣传

当希特勒提起"民族共同体",即将**人民**与**元首**融合为一种"神圣的利己主义的"结合体的时候,毫无疑问在他心目中已确定了这种合并背后的根本力量。他的心理需要——正如我们将要见到的——和领袖原则的要求都迫使他支配和控制他人。因此,实际上,他的个人生活和政治系统的最基本的一个特征可以简化为一个超越一切的需要:强迫他人执行他的意志。

希特勒主要依靠恐怖行动和宣传来谋求控制他人。他对于恐怖的心理机制有一种非常敏锐的理解并且认识到当它引起不安全感、恐惧和焦虑时,它就产生了政治效应。这些政治上的合意的感觉能够通过不加选择而又毫无理性的恐怖行动来获得。不确定性是必不可少的。受害者应该无法判断他们什么地方做错了,**可能**做错了什么或者是否没能做该做的事。希特勒对于恐怖的不确定性和不合理性的强调也是一种胁迫那些并未直接涉入的人的有效手段:非受害者中没有人试图质疑**为什么**一个朋友或邻居不见了,经常此时事实上根本没有合理的解释。因此非受害者,仅仅是旁观者,也被不可理解的焦虑所俘获。甚至连希特勒自己的随从们也无法幸免。因为他们的主子对于一个现实笑话的看法都会引起他的密友担心与他的元首的想法不一致而感到不安。因此,在希特勒的德国,所有人都可能卷入了他精心策划的恐怖体系中,而其中焦虑都是制度化的。

为什么希特勒如此强烈地需要恐吓他人?当然,在许多专政国家,恐怖是正常的运转手段。但希特勒对此着迷,他特别的精心筹划以及他对甚至威吓他的朋友们的需要都强有力地暗示了在他身上有一种恐吓他人的紧迫的个人需要。随后,我们要设法寻找他孩提时代经历的事情,因为这一经历导致他寻求这种复仇方式:因为他人曾经恐吓过他,他就恐吓他人。

宣传是一种希特勒过去经常运用的间接地控制德国人民的方式。"宣传"一词在当代世界,一般都被随意而不加区分地使用。今天人们会谈及"共和党的良好宣传";一个广告人令我们确信销售香烟"正是哪个销售机构有最好的宣传实力的问题"。但那并不是希特勒的意思。对他而言,这是另一种恐怖形式。很久以前一位研究亨利八世的法国历史学家就出色地表达了他的这种意图,他指出亨利八世通过"精神暴力,也即宣传"(violence fait aux âmes, cést à dire, propagande)的方式成功压服了反对派。希特勒的宣传就是——而且目的也是——"实施对付精神的暴力"。希特勒的报纸里的一篇社论同样承认了元首的目的是要"完全了解和控制人们的精神与思想、方向与内在信念"[82]。

《我的奋斗》中对宣传手法的描写是这部夸张的著作中最清晰易懂的部分。他提出的方法是基于他对人民的根深蒂固的不信任和蔑视。在他的隐喻中,将他们设想为情愿屈从于一个具有钢铁般意志和残忍本性的男人的动物或女人。宣传必须"认识到身体恐怖的重要性";它必须是激进而暴烈的,创造的不仅仅是拥护者而且是狂热者——希特勒及其信徒酷爱使用的一个词;它"自始至终"都必须诉诸情感而不是理智;重复就是本质因为大众"只会记住那些重复了上千遍的最简单的观点";政治领导人应该理解"大谎言"(the Big Lie)的技巧。希特勒本人对最后一条重要原则做出了最为明晰的说明:

> 就谎言的内容而言,它总是包含一定的可信因素,因为大量群众……更容易成为大谎言而不是小谎言的受骗者,因为他们自己……时常在小事上撒谎。……因此这样的假话他们根本不会相信……所以,正是出于这个原因,最厚颜无耻的谎言的某个部分就会继续存在而且难以摆脱。

希特勒的下一句话具有启发性。由于刚认可了"大谎言"的法则,他立即否认要为如此邪恶的观念负责而且谴责犹太人应为这个观念负责:"那些最清楚如何运用假话和诽谤的可能性的这个原理的人一直都是犹太人。"[83]

希特勒那种博得大众支持的宣传力量在下面三个事例中清晰地表现出来:每一个故事都围绕着一个年轻纳粹党员的死亡。第一个事例中,希特勒少年队的成员,一个患上了肺炎的九岁男孩,被强迫命令继续行军,以履行对元首的义务。一位教育家,当时是"二战"前德国的一所美国人办的学校的主管,详细讲述了男孩死亡的经过。在家庭医生的陪同下,他探望了那个濒死的男孩:

> 一张帆布床上,躺着一个面容憔悴的男孩的疲惫身躯。医生触摸他的

手腕想测他的脉搏。男孩挣脱他的手,把手深得老高,用一种近乎神志昏迷而又不自然的声音嘶喊道:"嗨,希特勒。"

我看着那位母亲。"如果他们不让他行军该有多好,"她嘶哑地说,"他们知道他有病。但他们说他必须行军。他们用了很多天才到图林根的卡拉地区管辖下的洛伊滕贝格(Leuchtenburg),并打算提拔他到少年队。他的父亲是一名冲锋队员。他说这孩子必须走。他不想儿子成为一个怯懦的人。但是现在——"

床上传来声音——尖利而有穿透力。"让我为希特勒而死。我**必须**为希特勒而死!"一遍又一遍地恳求着,埋怨着,哀求着,与生命抗争,与医生抗争,抗争至死。

"他们在仪式上告诉他必须为希特勒而死,"母亲继续道,"但他年纪还这么小。……"

接着,她突然呜咽着发泄出来。我又看了一眼那个男孩。他那萎缩的脸庞呈现出一种要为耶稣而死的基督教殉教者的表情。他的右手现在还伸得笔直,僵硬不曲。他还保持着他熊熊燃烧的灵魂促使他发出的口型:

"我**必须**为希特勒而死!"

施罗德医生弯腰下去,又给他的病人注射了一针。喊声变成呻吟,渐渐平息。

"他的父亲说,如果他死了,那他就是为希特勒而死。"母亲面无表情地说。

当我们再次坐到车里,施罗德医生问道:"现在你明白了我的意思是什么吧?""他想死。这种甚至能扭转本能的奇特的思想意识究竟是什么?"[84]

战时,一位法国医生告诉一个受了重伤的德国囚犯将要给他输血时,这个俘虏回答道:"我不愿自己的德国血统被法国人的血污染。我宁愿死。"他就这样死去。

还有一个奄奄一息的年轻纳粹战士在神父靠近他身旁时,立即回绝道:

"元首就是我的信仰。我不想从你们教会得到任何东西。但是，如果你发善心的话，那就把元首的照片从我胸前的口袋取出来。"神父照办后，这个少年面带一种通常都是献给圣人和忠烈的幸福表情亲吻了照片，然后咕哝着说："我的元首，我乐意为您而死。"[85]

希特勒的政治观点大体上就是这些：抬高元首而贬低民主；军国主义与战争；征服生存空间与奴役其他民族；反犹主义与种族主义；迫使一个国家执行个人意志的宣传与恐怖。

在后面的一章，我们将要探讨在一个文明国家这样一个人如何可能吸引了上百万的追随者并且建立起一个为这些观念服务的社会。但是，首先，让我们关注吸引他并且形成他的思想的几种观念，从而进一步追寻希特勒的精神世界。

希特勒政治观点的起源

献给阿道夫·希特勒，我亲爱的阿尔曼浓①兄弟。

——1921年一本匿名的书的题字

（藏于希特勒的私人图书馆）

许多追寻纳粹主义起源的作家，都一本正经、不折不扣地遵循着《圣经》的指示：寻求就将发现。他们在德国以往的知识界寻求希特勒主义的起源，接着，看，他们在许多地方都有了发现。路德、费希特、阿恩特、克莱斯特、黑格尔、特赖施克、尼采、德·拉加德、朗贝恩、默勒·范·登·布鲁克与斯宾格勒。每个人——单独或是分别的结合——都可成为希特勒的先驱。一本讲述纳粹德国崛起的书相当流行并极具影响，书中得出结论，希特勒主义的开端深

---

① 阿尔曼侬（Armanen），里坑特创建的神秘主义种族主义宗教组织使用名词，据说原意指古代雅利安-日耳曼民族的一个教士一国三群体，这个词后来被拉丁化为Herminones，在塔西佗的《日耳曼尼亚志》中曾提到。

植于伟大的德国作家的思想而且第三帝国是德国历史的一个可以预料的延续。[86]

很明显,当人们相信希特勒的运动与长期存在的传统,包括普鲁士军国主义与政治独裁主义、德意志浪漫主义和南德人民意识形态,以及"非政治性"态度和反民主的思想保持一致时,希特勒就从中大大得益了。把这些传统放在一起,这种非同寻常的综合被一位著名的德国历史学家称为"德国状况"。路德、黑格尔和其他许多杰出的思想人士——包括弗里德里希·尼采和托马斯·曼——都为这种"状况"做出了显著贡献。(见后文第四章)

但是,希特勒的观点并不是从德国思想界的这些天才那里获取的。他的浩瀚的私人图书馆中没有收藏一本关于他们的书。在上百小时的言谈记录和上千页的演讲和自传中,他没有显示出受惠于自己国家或他国的任何一位伟大作家的丝毫迹象。他的观点最初来源于一个比较浅薄而有害的渠道:种族主义者的小册子和他青年时代在维也纳看到的那些报刊。他自己就说,他获得的那些观点形成了他的一生的观念,对他如此重要以至于他发现在任何时候改变它们都是多余的,这都来自他在维也纳的经历。

维也纳的导师:卢埃格、兰茨·冯·利本菲尔斯、里斯特与弗里奇

1907年当青年希特勒抵达维也纳时,这个城市出名的市长,卡尔·卢埃格(Karl Lueger)博士(1844—1910)正到达权力的顶峰。希特勒称他为"历史上最伟大的市长",但他感兴趣的并不是他取得的可靠的市政业绩,而是他尖锐的反犹主义。特别是卢埃格坚持认为,"必须屠杀国际犹太主义的暴徒,这样我们亲爱的德国人民才能够从它的牢狱中解放出来"。[87]

希特勒还说他从他"逐渐转向"的《国民报》(Volksblatt)那里学到了许多东西。这份报纸是种族主义、性与诽谤的腐臭混合物,显然引起了他对色情文学和堕落的兴趣。像一位犹太妇女引诱雅利安女子和家庭主妇过着放荡生活的故事或年老的好色之徒引诱年轻的雅利安男女这样的《国民报》的故事能让他沉迷其中。还有几期都对歌剧和大学的"犹太人化"提出警惕并且提出了希特勒后来将实现的要求:把犹太人从教育、商业、艺术和行政机构赶

出去。[88]

然而低劣的种族主义小册子对于希特勒的社会和政治观点的形成带来了最大的启发。在他的自传的一个重要段落中，希特勒描述了他自己同一个犹太人的第一次接触并且感觉到他的反犹主义的"哥白尼理论"的肇端。然后，他告诉我们由于决定深入研究这个问题，他就"花几便士买了一些反犹主义的小册子"。[89]这些对于希特勒的政治思想的形成具有重要意义的小册子是由一个名叫"里斯特团"的充满敌意的反犹主义社团散发的。这些小册子是由两个现在已被遗忘的人，格奥尔格·兰茨·冯·利本菲尔斯（Georg Lanz von Liebenfels，1872—1954）和古多·冯·里斯特（Guido von List Georg，1865—1919）撰写的。

在那些年里，希特勒可以看到的所有的种族主义小册子中，只有那些由兰茨与里斯特合写的小册子清晰详尽地提出了一些观点和理论，后来它们就变成希特勒自己的思想。只有他们鼓吹富有创造性的雅利安种族的神圣性和唯一性的种族主义历史理论；只有他们提倡创建一个种族纯正的国家，同来自国内外的威胁它的劣等种族斗争至死；而且也只有他们要求由一个准宗教性的军事领袖领导的种族精英进行政治统治。希特勒的政治观点在战后1919—1923年间慕尼黑种族主义的圈子里得到了发展和加强，但是它们的起源还是来自在维也纳的兰茨与里斯特的影响。①

这些小册子伪科学的神秘风格正是希特勒一生所欣赏的那种。它们价格低廉，也容易获得；内容简洁，而希特勒正好缺乏阅读深奥的长篇著作的精神集中力和训练。此外，正如将在另一个相异的环节中所见，1908年的春天，希

---

① 把兰茨说成"给予希特勒思想的人"未免过于简单化，毫无疑问，兰茨的影响是直接、重要而又持久的；见 Wilfried Daim, *Der Mann, der Hitler die Ideen gab : von den religiösen Verwirrungen eines Sektieres zum Rassenwahn des Diktators* (Munich, 1958)，与 Joachim Besser, "Vorgeschichte des Nationalsozialismus im neuen Licht," *Die Pforte* (November 1950)。维尔纳·马泽尔（Werner Maser）认为 Daim 的著作没有价值，这种对上述解释毫无说服力的拒绝显示出他并没有充分仔细地读过兰茨和希特勒的著作；见 Maser, *Die Frühgeschichte der NSDAP : Hitlers Weg bis 1924* (Frankfurt on Main, 1965), 83 - 85。在马泽尔写的希特勒传记中，他做出奇怪的评论，指出兰茨不可能影响希特勒，因为这位长者对于社会的观点非常"原始"；*Adolf Hitler : Legende, Mythos, Wirklichkeit* (Munich, 1971), 179, 249 - 150。

特勒在母亲去世后,一种特殊的心理动机促使他寻求一种反犹太人的种族主义意识形态。现藏于国会图书馆的阿道夫·希特勒的私人图书馆的一本书,反映出兰茨和里斯特的持续影响。我们惊异地发现在书的扉页上的题词,日期为1921年。它写道:"献给阿道夫·希特勒,我亲爱的阿尔曼侬兄弟。"阿尔曼侬,如我们将会见到的,是里斯特对于一个精英种族的统治阶层的特殊称呼。

格奥尔格·兰茨·冯·利本菲尔斯

那个通常自称为 J. 兰茨-利本菲尔斯①的人 1900 年离开"神圣十字会",建立他自己的秘密社团"新圣殿"(the New Temple),这预示着一个种族主义者的"新秩序"的到来。他的社团不久就因为有了自己的刊物及在上奥地利州韦尔芬斯泰因的一个实际上已荒废了的城堡而自我炫耀。1907 年的一天,兰茨在他的大本营里升起了象征种族纯洁的纳粹党"卐"旗并凭借咒语领导他的信徒信奉日耳曼精神和历史伟人。像当代的种族主义者一样,他对神圣的符号象征非常感兴趣,致力于研究他的十字符号应该采取的特殊形式。尽管在韦尔芬斯泰因升起的那面献旗可能不是第一面这种旗,但是它必定是最早的旗帜之一。在他1907 年、1909 年、1910 年出版的那些的书中——希特勒肯定几乎阅读了其中的每一册——兰茨使用了某种后来为纳粹主义所采纳的十字符号。[90]接着,他又放弃了这种形式,然后又采纳了古多·冯·里斯特的想法,把"钩形十字"(Kruckenkreuz)作为他的"新秩序"的象征,因为它结合了十字符号的两种运动方式,向左右两面转动。或者,像他绘制的那样:

卐 + 卍 = 卐

兰茨创作了大量的种族主义文学作品。每年从他的笔下都诞生出许多小册

---

① 他还有其他的笔名和头衔:Adolf Lanz, Jörg Lanz, Schurl Lanz, Georg Lancz von Liebenfels, Lancz de Liebenfels。他身份证上的名字是 Adolf Josef Lanz。他曾向一个密友坦白,他只所以起好几个名字是因为他不希望人们利用占卜来窥测他,于是就采用这些"迷惑占卜者的假名"。(Daim, *Der Mann der Hitler die Ideen gab*, 42-43)

子——包括一本名叫《神—动物学》或者《罪恶之地—猿人和电子上帝的传说》,有45幅插图。但是他主要的作品,也是对希特勒最为重要的一本书是"新秩序"的机关报《奥斯塔拉》,是根据古代日耳曼的春天女神起名的——因为兰茨期待一种日耳曼人统治的全新的光辉时代。[91]

有直接的证据表明希特勒实际与兰茨相识而且读了他的那些小册子。1951年5月11日,两位慕尼黑调查人访问了兰茨,得知阿道夫·希特勒在1909年的一天拜访了他。希特勒说他住在维也纳的费尔伯大街,而且定期在一个香烟店买《奥斯塔拉》。他还缺后几期才能全部集齐,于是他向兰茨索求。兰茨继续说道,希特勒看上去贫困潦倒,充满渴望,而且又那么热切,所以他免费赠给他剩余的几册,又送给他两枚奥地利旧金币搭电车回家。

客观证据也证实了兰茨同希特勒交谈的传说。维也纳警察局的记录反映出阿道夫·希特勒在1908年10月—1909年8月20日之间实际上住在XV区费尔伯大街22号,15门,直到此时,《奥斯塔拉》的大约33个版本已经出版。这些年中,在费尔伯大街18号的确开着一个香烟店,离阿道夫·希特勒的房子有两三个门那么近。[92]

希特勒的某些思想观念与兰茨存在分歧。兰茨欣赏维也纳和它的统治王朝;希特勒则蔑视哈布斯堡家族和他们的"罪恶的种族大都市";兰茨指望一个新的耶稣("Fraja-Christus")的来临作为他的**新秩序**的领袖;希特勒确信他自己有资格做弥赛亚。兰茨不像希特勒那样特别提出犹太人的危险,把大批的犹太人、斯拉夫人和黑人都说成是"黑人"。希特勒的思想有一种神秘的紧张,不过在这方面他从不像他的导师那么愚蠢。况且希特勒当然不会赞同"英雄人物并不是出色的演说家"。[93]

然而,他们的观点还是太相似,因此只能得出一个结论:兰茨在思想实质和细节上都对希特勒产生了影响。直到希特勒住在维也纳(1908—1918年)为止,兰茨已经设计出他关于历史的种族理论。根据他的说法,金发的雅利安人,实现了人类历史上一切创造,却被锁定在与力求摧毁人类文明的"黑色势力"的致命冲突中。他的理论在维也纳国家图书馆仍可找到,在12本小册子中有着明确的阐述。1907年的一期《奥斯塔拉》高喊"种族污染";1908

年又有一期呼吁建立一个禁止种族间通婚的"新秩序";还有一期要求"就阉割的刀具"开展种族斗争。①

希特勒的许多惯用语与兰茨早在多年前使用的措辞非常相似。在1913年的一本小册子中,兰茨提起了"必须靠新的圣堂武士的手足情谊捍卫的德意志血统的圣杯"。在1934年有关他的精英组织党卫队的一次谈话中,阿道夫·希特勒说:"问题是这样的:我们怎样能阻止种族的衰退……我们将要形成一**种秩序**,一种围绕着血统纯洁的圣杯的圣堂武士的手足情谊?"而且:"由圣杯所赋予的永久的生命只是限于血统真正纯洁和高贵的人!"[94]

正如希特勒后来将会提到的,兰茨谈及"**九头犹太人的阴谋**"。希特勒说种族混合是"原罪";兰茨在1911年的一本小册子中,称之为"罪恶中的罪恶,不可犯的罪……罪恶"。如果说兰茨创造了"种族暴行"(*Rassenschande*)一词,那么希特勒则使之在他的帝国通用。在希特勒颁布种族法律之前30年,兰茨就提到了劣等的杂交人种,他们威胁着德国人的纯洁。兰茨无疑预示了希特勒有计划的灭种:"将祭品献给Frauja,你们这些上帝的子民……凭借根除原始的劣等种族(*Untermenschen*),优等种族将从种族衰退的坟墓中崛起,并且上升到人性的顶点,不朽而富有神性。"

希特勒后来的思想与兰茨对性和婚姻的看法相近。在《奥斯塔拉》的"幸福的婚姻"一期中,兰茨敦促男人"不仅在精神和伦理的意义上",而且在身体上,都要表现残忍。他警告说,始终都必须将女人视为"成熟的孩子"加以对待,因为那是她们的真实身份。有人提醒说希特勒确定的理想女人是"聪明,喜爱抚的,天真的小东西"。

"妇女解放和参与政治"这种想法之所以会令希特勒愤怒可能是受兰茨在1909年写作的一本名为《女人权利的危险和男性道德的主宰》的小册子激发

---

① 这里特别提及的有以下几期《奥斯塔拉》小册子:
《种族和安宁幸福》;《摩奴法典和种族培养》;《女人权利的危险和男性主宰道德的必要性》;《金发人种与黑色人种的性欲和性生活》;《性医学》或《作为自然精神的爱》的序言;《幸福婚姻的艺术:一本对新婚和已婚人士的祈祷书》;《从头盖骨形状判断人的性格》。其他的名称将足以充分地表达这些内容的性质:"种族混杂与种族堕落";"种族与绘画";"种族与哲学"……

而生,其中兰茨坚持认为"世界历史中的每个错误都是由解放的妇女引起的",并且提醒说"任何鼓吹妇女权利和把她们看作与男人平等的人都犯了违反自然的罪行"。因此,他与希特勒几乎一样都以模棱两可的方式看待妇女:她们就像孩子一样易于支配,不过她们对男性世界构成了严重威胁。在性别领域,正如在政治中,"黑暗的势力"起着作用,而且他看到她们——如希特勒将看到的——为了污染主宰种族并使其衰落的邪恶目的,掌握着堕落和对白人的奴役。

希特勒对于同性恋的兴趣与兰茨不谋而合。兰茨在 1911 年的一本小册子中得出结论,同性恋是由"自然力"(Odylic)的影响和头脑的"过度使用"造成的。在得知历史上他心目中的众多英雄都是——据兰茨所说——同性恋,希特勒一定非常欣慰。他那一长串的名单中包括尤利乌斯·恺撒、弗里德里希二世(霍亨斯陶芬王朝)、奥地利的约瑟夫二世、弗里德里希大帝、英国的威廉三世、红衣主教马萨林、孔德、瑞典的查理六世、巴伐利亚的路德维希二世和克莱斯特、贝多芬,等等。兰茨也关注其他同样折磨希特勒的问题:阉割、梅毒与癌症。

正如我们所指出的,希特勒着迷于自己的眼睛,而且对它们施加于他人的力量颇感兴趣。在 1911 年希特勒很可能读过的小册子当中,兰茨注意到人眼睛的性感力量,他写道,"高等种族的最重要和决定性的性爱的力量源泉是**眼睛**",而且"英雄倾向于眼睛交流的爱"。

人的头盖骨的形状和拇指的长度也引起希特勒和他的导师的兴趣。在 1910 年写的一本关于这个主题的小册子中,兰茨探讨了"受到过多教育的谋杀种族的白痴和平庸的教授们"的头骨形状。他断言,女人的头骨反映出她们的智商比男人低,而且头骨宽阔的黑发民族在智力和道德上都比头骨偏长的金发民族差。他还提供了许多著名人物的头骨的详细图表作为证据。

兰茨对希特勒的影响还有一个表现。当希特勒战后在慕尼黑停留的时候,他喜欢去位于施瓦本的谢林大街(Schellingstrasse)的一家意大利小咖啡馆。他经常到那里,尽管他不是特别喜欢意大利的东西。他不太喜欢意大利食品或是意大利人——除了生气勃勃的墨索里尼——或是意大利音乐。然而,甚至在他搬到位于城市另一边的摄政王大街，他还是不断回到"奥斯泰里亚-巴伐利亚"（Osteria-Bavaria）。20世纪20年代到30年代的整整10年间，他一直到同一家咖啡馆。他在那里长时间地喝着加了过量糖的柠檬汁或茶，诱骗着朋友，还殷勤地向那些紧靠着他坐的小姐们，比如尤尼蒂·米特福德，鞠躬致意。〔在希特勒垮台以后，咖啡馆的名字改成意大利酒馆（Osteria Italiana），但是人们仍旧能坐在那间不大公开的单间，背靠着一面写着"希特勒的座位"的墙。〕

当然，也可能还有其他原因使得这个咖啡馆多年来这么吸引他。但是出于他的强迫性冲动和对过去的依恋，似乎可能是因为它的名称的发音令他想起——有意无意地——年轻时在维也纳对他如此重要的《奥斯塔拉》的小册子。

古多·冯·里斯特

兰茨的种族主义伙伴和一同写作小册子的古多·冯·里斯特在维也纳期间也对希特勒的思想产生了影响。兰茨和里斯特互为补充。兰茨属于里斯特的社团；同时，里斯特则加入了兰茨的"圣堂武士的秩序"。

尽管兰茨一般把日耳曼王国（Germandom）的敌人确定为"黑暗的势力"，而里斯特则更为特殊。对他而言，敌人是九头的国际犹太人的阴谋。一场世界大战对于消灭无处不在的敌人是非常必要的，他兴奋地写道："**为了进行这场即将到来的战争，必须开展全面军事准备，因为它必须来临。**"为了准备这场最终的世界善恶决战的战场（哈米吉多顿，*Armageddon*），必须建立一个种族主义国家，抬升雅利安人，强迫并奴役劣等民族。他引用他的朋友兰茨的话来表示赞同，一句带有凶兆并且警示性的话："这一天即将到来，那时破坏风俗、宗教和社会的整个混血的种群（Mischlingsbrut）都必须被驱赶出地球。"[96]

由于已提出新的国家的创建法则，里斯特描述了它的官僚体系的构成。新的帝国将分为名为"Gaue"（行政区）的各个单位，每一个"Gaue"都有一个"Gauleiter"（地方长官）①。这个帝国将有一位领袖，里斯特有时称之为恺撒，

---

① 纳粹德国时期，纳粹党的省党部头目（1933—1945）叫 Gauleiter。——译者注

有时又称为亚拉哈尔（Araharl）。但是，无论名称是什么，他应该是"神圣的雅利安法律的化身"。这个新的领袖是必不可少的，因为"雅利安—德意志人（Aryo-German）需要一个他自己选择并自愿服从的领袖"。领袖向追随者立下神圣誓言约束自身，明显类似于后来希特勒当上元首以后采取的那些神圣誓言。

新的帝国还有特殊的种族法律以保全雅利安人，镇压劣等种族："只有主宰的雅利安—德意志人才享有公民权；劣等种族的成员……被排除在有影响的权力地位之外。"为了制止"混血"和"种族混杂"，有必要制定严苛的婚姻法律。每一所房屋的户主都被命令保有一份记录他自己和妻子种族背景的血统表，在政府要求的时候，交给政府官员。

里斯特特别关心神秘的符号象征，最显著的是卐与ᛋᛋ。他认为古代北欧文字的字母ᛋᛋ显得强劲有力，于是建议将之作为一个种族纯洁的新帝国的象征。[97]

里斯特的主要作品《雅利安人种的德国人的法律》（Rita der Ario-Germanen）的第一版于1908年面世，正值希特勒开始长期留居维也纳。1920年为了纪念里斯特去世一周年，新的版本发行，这具有一种特殊意义。标题为"来自我们的大师的最后日子"的优美序言描写了因为预见到德国战败而引发的"大师的圣洁之死"。他甚至没有意识到犹太人背叛的严重性。凭借狡猾和欺诈的手段，犹太人挑起了第一次世界大战，接着又实施他们在背后中伤德国的恶毒计划。可以肯定，大师曾计划一本临终之作，以期通过揭示它的神秘语言来解开人类的秘密。然而，命运突然判决，大师在1919年5月17日去世。但在临死前，他写下一个不寻常的预言。1918年的一封信封面上写着"献给我忠诚的信徒"，再次嘱咐他们要粉碎民族国家的敌人。然后，他向他的追随者们保证，胜利必将归属于灵魂纯洁的雅利安人：1932年一个种族纯洁的社会将会建立在一个根除了民主和犹太人的国家中。信的署名是"嗨，阿尔曼侬万岁"（mit Armanengruss und Heil）。[98]

这个预言隔了一年和两个词。当希特勒于1933年掌权后，就责成德国人彼此间问候用德语"希特勒万岁！"（Gruss and Heil Hitler!）

特奥多尔·弗里奇

希特勒的种族观点也是在维也纳通过阅读其他的反犹主义小册子而加以确定的，特别是特奥多尔·弗里奇（Theodor Fritsch，1852—1934）那些有影响的作品，而特奥多尔·弗里奇则被人称作"希特勒之前最重要的反犹分子"。

他最受欢迎也是最有影响力的书是《犹太人问题手册》（*Handbuch der Judenfrage*），截至1907年，它已重印了26次。1931年的新版本发行时，希特勒非常少见地赞颂了这位先驱，并且写下赞扬的语句，再次强调他在维也纳经历的重要性："青年时代我在维也纳就已研究了《犹太人问题手册》这本书。"[100]连这本书的出版商都称赞弗里奇是一位"敏锐的反犹主义创作者"。[101]

当然，希特勒很容易得到这本书。这是一个真正的知识宝库，据称全是希特勒所喜欢记忆的能够显示自己学问的实际的知识信息。书中还包括了一个很长的名单，列举着从历史上著名人物那里引用的反犹太人的经典话语。这样的众多评论来自塞尼加、塔西佗、伊拉兹马斯、路德、弗里德里希大帝、伏尔泰、康德、赫德尔、歌德、费希特、叔本华、俾斯麦、爱德华、吉朋和瓦格纳，还有特赖施克。在这些引语的武装下，希特勒就能够给人一种印象：他认真深入地阅读了世界上伟大作家的全部著作。

《手册》的普遍论题是里斯特团所提供的一个熟悉主题：犹太人——与共济会成员、天主教徒和耶和华的见证人联合——正在整个世界夺取权力，而且他们在德国的统治正逐渐逼近。"从这些事实，我们认识到，我们必须得出必要的结论，即如果不希望这种玷污我们自己种族的纯洁和历史的整个意义的东西压倒我们，我们必须打破这个诅咒。"[102]

《手册》中有很大一部分都是证明"犹太人危险"的严重性，依其陈述，这种危害已经可怕地渗透到所有人的生活。例如，整个德国新闻界都受到犹太人的控制。据弗里奇所言，瓦格纳第一次"指出寄生的犹太人的有害影响和退化的本性"。弗里奇声称犹太人要为"堕落的无调音乐"负责;他警告交响乐队和戏剧的"犹太人化";他列举了一大堆犹太指挥家、音乐家、钢琴家、小提琴家、男高音歌唱家和戏剧代理人的名字;《手册》还列举了一长串令人印象深刻的文化生活各个领域的犹太艺术家的名字——似乎与他坚持的说法相矛盾,因为瓦格纳断言,犹太人不具有艺术创造力。例如,里斯特认为,尽管犹太人仅占全部人口的1%,但是他们却占了德国全部诗人的38%。

这本书还警告说,犹太人对医学界构成一种特殊的威胁而且专攻小儿科的犹太人尤其被视为不祥,因此"损害了德意志儿童的健康"。从事"性学专业研究,是他们喜欢的工作",而这样的犹太人甚至更为阴险。(由于犹太人的性行为完全不同于德意志人,"所以他根本无法理解德意志人的性伦理"。)据书中所说,弗洛伊德和他所有的犹太门徒编造了一个理论,其明显的目的就是"破坏德意志灵魂……为了破坏它,就给德意志人的精神食粮下毒。……目标是毁灭德意志大家庭"。

这种"针对反犹主义的有利引导"把犹太人同前一世纪在德国出现的主要罪行系统地联系起来。一页接一页的犹太人的名字被列为要为谋杀、叛国、强奸、伪造、侵占和许多别的罪行负责"。[103]希特勒本人就受惠于弗里奇提供的被视为犹太人威胁的"事实证据"。在他掌权以后,《手册》就被正式批准为德国学校的读物。

当这位极其重要的德国老人于1934年去世后,居于领导地位的纳粹党人又极力颂扬他。例如希特勒喜欢的反犹太人的色情期刊《前锋》的编辑,声名狼藉的尤利乌斯·施特莱彻(Julius Streicher)声称当他初次卖到《手册》时,天平从他眼中滑落,他的一生改变了,他成为虔诚的德国反犹分子。他赞颂特奥多尔·弗里奇是"上帝派来的那些伟大的德国人之一,而小孩子们会说'特奥多尔·弗里奇有助于挽救德意志民族,进而恢复雅利安人的人性。'"[104]

兰茨、里斯特和弗里奇的种族观点给希特勒留下极其深刻的印象,因为它们反映了他心目中最伟大的英雄理查德·瓦格纳的信念。

希特勒与瓦格纳

> 我的指挥棒还将成为未来的权杖。
>
> ——理查德·瓦格纳（约1880年）
>
> 无论谁想理解国家社会主义，他首先要了解瓦格纳。
>
> ——阿道夫·希特勒

瓦格纳在希特勒的一生及其思想中的重要性难以言说。当他说任何试图理解他和他的运动的人，都应该先理解理查德·瓦格纳时，他自己就最恰当地概括出了这种影响。[105]

阿道夫的童年是在瓦格纳的影响下度过的。"我年轻时对拜罗伊特的狂热，"他后来回忆道，"毫无止境。"正如他在那些年间唯一的朋友所注意到的，"对他而言，倾听瓦格纳并不意味着去戏院听歌剧，而是有机会体验到瓦格纳音乐在他身上产生的超凡状态，是为了逃脱到一种他需要的神秘梦境以承受他狂暴的天性产生的紧张状态。……他陶醉并沉浸于其间。……"[106]

他对瓦格纳的渴求在他长大成人后并没有减弱。"对我而言，瓦格纳是某种神圣的东西，而他的音乐就是他的信仰，"他在30年代告诉一位美国新闻记者，"我去他的音乐会就像别人去教堂一样正常。"[107]

瓦格纳有一个特别的方面是希特勒所不可抗拒的：瓦格纳经常比同时代任何一位剧作家都大胆地讨论乱伦与俄狄浦斯那种被禁止的激情。正如我们很快要见到的，希特勒十分关注他个人的乱伦欲望。瓦格纳也是如此，正像他的歌剧所证实的那样。[108]似乎只有他才能创作出《女武神》的第一幕剧。歌剧开头是逃跑中的武士西格蒙德在一个暴风雨的夜晚在一户人家避难，男主人的妻子齐格林德唤起了英雄的激情。即使两个情人都知道他们是沃坦生的孪生兄妹，她还是做出了爱的回应。兄妹打算私奔；他们热烈地亲吻着，沉浸于热恋中，不过迅速下落的幕布遮住了观众的视线。后来，齐格林德怀上自己哥哥的孩子，齐格弗里德，也就是瓦格纳与希特勒心目中崇拜的英雄之一。因此，齐格弗里德像希特勒一样也是乱伦关系的产物。① 而且他也把自己看作是一匹狼——实际上在他的事例中，是"狼子"（Wolf-Son）。

在后面的一章，我们将涉及希特勒与他母亲的那种特别的亲密关系。这里我们应该指出，狄浦斯的主题在瓦格纳的歌剧特别是在《齐格弗里德》和《帕西莫尔》中所起的作用。

《齐格弗里德》里的英雄人物在他清醒的大多时候都在想着他的母亲。例如在第三幕第三场，他在森林里偶遇熟睡的美丽的布伦希尔德（Brünnhilde），他便被"那种狂热的情感"所打动。但是，他的思想立即又转到他母亲那里。他首先的冲动就是寻求母亲的帮助；第二感觉就是要把自己的脸埋在母亲的替代者的胸口。（舞台说明是瓦格纳写的）：

（他心怀最狂热的情感盯着熟睡的身体。）
燃烧的迷恋
萌发在我的胸怀
痛苦与敬畏
浑身冒火：
我的感觉在颤抖，在沉醉！
（他变得极度失望）
我该呼唤谁来帮助我？
母亲！母亲！
提醒我！
（他身体下沉，好像昏了过去，脸还靠在布伦希尔德的胸前。接着，他发出一声叹息。）

---

① 见后文第三章，第132页。齐格弗里德父母的血缘关系比希特勒父母的关系更近。因为齐格弗里德的母亲就是他父亲的妹妹。她同时也是他的姑姑，而他的父亲又是他的舅舅。因此，正如芭芭拉·斯托达德（Barbara Stoddard）所指出的，齐格弗里德是自己的表兄弟。

然后，他又为缺少自信而备受折磨。由于缺乏唤醒这个沉睡美人的勇气，他便责惩自己如此懦弱，于是再次确定了他对母亲的"最炽热的渴望"。他向她呼喊：

> 最热烈的渴望，
> 炽烤着我的每个器官，
> 我的心狂乱地跳动，
> 我的手不住地颤抖！
> 懦夫都有什么痛苦？
> 这能令人恐惧吗？
> 母亲！母亲！
> 这个勇敢的孩子！

当布伦希尔德最终醒来，她演唱一首抒情歌，把齐格弗里德欢呼为她期待已久的情人。齐格弗里德则以演说作答，但不是对她，而是对他的母亲：

> （狂喜喷发不已。）
> 向她致敬，
> 她带给我新生！

这是对一个年轻女子的做爱邀请的不同寻常的反应。

派西法尔，像齐格弗里德一样——也像希特勒一样，至少在个人形象上——是一个英俊、活跃、聪明的年轻人，易于被美貌狡猾的年轻女子诱骗，这些女子总是令他想起他的母亲。（正如我们即将看到的，希特勒的性关系都是与那些作为他母亲的替代者的年轻妇女发生的。）疯狂而老谋深算的孔德里（Kundry）立刻注意到，刺激派西法尔的性兴趣的方式就是让他想起自己的母亲。于是，她诱惑地用双臂绕着他的脖子，在一种充满了乱伦暗示的热情气氛中，充当着他母亲的角色。她第一次以女性的亲吻形式给予他"母亲的祝福"。派西法尔以性爱的方式回应这种母性的祝福："受罪恶的渴望所支配的这一切是那么令人战栗、颤抖并且发出呻吟。"

希特勒钟爱瓦格纳的所有歌剧，不过，年轻时在维也纳和当上元首以后，他喜爱的大概就是《罗恩格林》。他在维也纳看了至少有 10 遍，而当上元首后，他更令歌剧迷大为惊异，因为他记住了全部歌词。[109]

为什么希特勒对这部歌剧格外感兴趣？音乐当然是引人注目的，不过希特勒对故事情节也有一种特殊的关注——足以使他记住整个剧本正文的全部歌词。情节是围绕着一个美丽的金发女子被错误地控告后又受到淫荡的守卫弗里德里希·特拉蒙（Frederick of Telramund）威胁。英勇豪侠、心灵纯洁、承载着圣杯的救赎力量的银盔骑士罗恩格林营救了她。

在歌词中希特勒一定发现几处引人注意的地方。他可能对德国的民族主义颇为自豪：因为德国人造就了一把德国利剑！但是更为明确的是，他能够与英勇的骑士罗恩格林认同。因为，希特勒也有一双"闪亮奇特的眼睛"，而且当罗恩格林的人拥戴他为领袖，并请求他的命令："人们期待领袖！即使牺牲也在所不惜！"（Des Führers harren deine Mannen! O bleib' und zieh' uns nicht von dannen!）时，希特勒也能对此做出肯定的回应。然而，骑士不可能同他们待在一起，也不能守候在新婚的房间（希特勒也不能），因为他有比爱女人更崇高的使命，即侍奉圣杯（这令我们想起希特勒谈起过"德意志血统的圣杯"）。因此，罗恩格林唱道："再见我的爱，我的妻，再见！从此以后，圣杯主宰着我的生命！"

让我们做一设想，希特勒喜欢《罗恩格林》胜过其他所有歌剧，主要是因为他把自己看作完美的骑士，从他淫荡并且受到种族污染的老父亲手中，解救出他至爱的年轻母亲（既有克拉拉·希特勒，也包括祖国德国）。而他的父亲实际上在娶克拉拉之前，是她法律上的监护人。1938 年，希特勒认可了一幅把自己画成阿道夫先生的肖像画，似乎不是巧合，这个两眼闪闪发亮，容貌冷峻，留着查理·卓别林式的短髭，身披光亮铠甲，并跨一头强健雄马的骑士是新的十字架的承载者，是种族纯洁的日耳曼尼亚的捍卫者。而在 1938 年许多元首的肖像中，希特勒唯独选择这幅作为官方画像，在那一年中展出。[110]（见本书插图。）

希特勒与瓦格纳同样醉心于德意志原始传说的神话世界。他喜欢的两本书，也是他青年时代在维也纳反复阅读的，一本是关于建筑的书，一本是英雄传说的通俗读物，名叫《神与英雄的传说：日耳曼神话的宝藏》。[111]少年时代令他着迷的日耳曼人的神秘事物在他长大成人后继续激发着他的兴趣。1942年1月25日到26日的夜间，当苏军前线的德国士兵正受冻、流血、牺牲的时候，希特勒却在思索着生活的韵律、希腊建筑的美景、驯狗、科学的奇迹与神话的意义。他开始相信，而且还呼喊着："科学事实上有一天会再次体验瓦格纳的传说世界散发的奇异气息——传达宇宙奥秘的颤动。"只有他和瓦格纳才能真正理解这些颤动："每当我听瓦格纳的歌剧，仿佛感到了过去世界的节奏。我自己想象到，有一天，科学在《莱茵河的黄金》（*Rheingold*）掀起的波浪中会发现与世界秩序有关的隐秘的相互关系。"[112]

多年以前，在维也纳，当希特勒在音乐学校学习的室友告诉他，人们在瓦格纳死后留下的笔记中，发现了一部以"维兰德·史密斯"（Wieland the Smith）的传说为基础的歌剧草本，他显得异常激动。希特勒特别熟悉这个传说。维兰德是一个巨人的半人半神的儿子，这个巨人被一个国王俘虏，弄成残废，然后又被迫做了王室的铁匠。为了复仇，维兰德强奸了国王的女儿，然后诱使他的两个儿子来到冶炼场，把他们杀死在那里。接着他又把这两个男孩的头盖骨做成杯子，本着复仇的精神干杯庆祝，然后，就跨上他锻造的大翅膀，消失在火红的夜空。希特勒认为这是一个壮丽的故事，他还决定写一部关于它的歌剧，作为献给瓦格纳的礼物，同时表现自己的天赋。

事实上，他对音乐创作毫无概念而且不会演奏任何一种乐器，但是这并不妨碍他。他说，他的天才将会克服任何困难。"我要作曲，"他对朋友说，"然后你就帮我把它记录下来。"阿道夫的想法是选取瓦格纳式的主题，然后采用他认为对古代日耳曼人意味深长的形式来表现。歌剧将由埃达（the Eddas）①时代用的乐器来演奏，于是希特勒便兴奋地在霍夫图书馆（Hof-Library）搜寻

---

① 埃达，1230年问世的古冰岛散文集或1200年问世的古冰岛诗集。——译者注

那些古代德国人所熟知的乐器。希特勒认为他的作品将会是一部用拨浪鼓、鼓、骨质长笛和一种大约两码长的铜管乐器（德国古代所使用的作为村民间交流的一种原始的喇叭）演奏的瓦格纳式歌剧。

阿道夫满怀热情，极其认真投入地，夜以继日地致力于音乐创作，绘制"狼湖"（在冰岛的开幕场景）的详细布景，反复再三地策划故事情节。然后，他又突然停止工作。最终，他献给瓦格纳的音乐礼物未能完成。[113]

瓦格纳的种族观念与政治观念

瓦格纳对音乐和文学的贡献是极其广泛的。W. H. 奥登称他为"人世间最伟大的天才"；德·安农齐奥（D'Anr.unzio）写了一本关于瓦格纳家族的小说。布鲁克纳深受其影响，而马勒则说他有两位老师，贝多芬和瓦格纳——"在他们之后，就没有人了"。一位音乐学者概括了瓦格纳对文化做出的贡献，肯定地说他有一种"比我们这个时代文化中别的任何一位专门的艺术家都伟大的影响力"[114]。

所有这些人都对瓦格纳这位音乐家表示崇敬。然而，如果像希特勒一样仔细研究了瓦格纳写的种族主义和政治小册子，人们对他的称赞可能会大打折扣。因为瓦格纳这位富有创造力的音乐天才助长了一种畸形政治的形成。他是德国国家社会主义的最初灵感。而这个体系的缔造者本人也说，任何试图理解它的人都"首先必须了解理查德·瓦格纳"，并夸口说他读了瓦格纳所写的全部作品。"我对瓦格纳的精神历程有着最为深入透彻的了解，"他说，"在我生命中的任何一个阶段，他都出现在其中。"[115]

与希特勒比较

希特勒何时开始阅读瓦格纳关于种族、政治、艺术和宗教的文章，并不很清晰，但是，情形很可能是，当希特勒在林茨和维也纳的年轻时代，这位作曲家的评论作品在市立图书馆里都可找到，因而此时年轻的希特勒闲暇时就去听歌剧或者阅读种族主义小册子。这个对瓦格纳的音乐如此着迷的年轻人，当了解到他心目中的英雄的政治和种族观点和他自己的观点一致时，就显得万分欣喜。而他一生对于这位伟大的作曲家的亲密感情一定都是由于发现他和瓦格纳在许多方面这么相似而变得愈加强烈的。

但是，希特勒和瓦格纳，在他们各自的特殊领域，都是富有创意的天才，俘获了成千上万的听众；二人写的散文都糟糕透顶。如果他们的声誉和影响都依赖于他们的书面文字，那他们恐怕都会被历史所埋没而成为无名的种族主义暴徒。[103] 希特勒的自传和演讲实际上都难以理解。瓦格纳的德语也是如此晦涩、笨拙，以至敬慕他的翻译也深受其苦，再三感到不得不解释为什么他的作品的英文翻译如此不恰当。他在脚注中绝望地写道：

> 我认为最后两句最好引用德语，因为它们的句子结构给译者带来了罕见的困难；而实际上这一说明适用于文章剩余的几乎所有内容。[116]

正像希特勒一样，瓦格纳认为自己是许多学科的权威。他那拐弯抹角的文章提出了关于莎士比亚和美国监狱的主要观点；西班牙的诗歌和素食；莱布尼兹、黑格尔和叔本华的哲学；狼的习性；中国艺术；运动员的体能训练；土耳其军队的战术；黎塞留的外交政策；希腊诗歌；中世纪罗马教皇的职位和当代的美国戏剧。

一位美国评论家与瓦格纳进行过一夜谈话，他对谈话做出了生动形象的描述。而这一报道同样可以适用于描绘"二战"期间倾听希特勒在贝格霍夫或他的"狼穴"里的自言自语的一夜。因此人们需要不断记住作家正在谈论的是理查德·瓦格纳而不是阿道夫·希特勒：

> 他是人世间最令人疲惫的健谈者。同他在一起的一夜都度过在倾听他自说自话中。有时，他光芒四射；有时他又乏味无聊。但是，不管他究竟是辉煌还是迟钝，他的谈话只有一个主题：他自己。他所想和所做的。
>
> 他癖好占据正确立场，任何人对于最微不足道的事表示出的最轻微的不赞同的暗示都足以激起他大发议论达数小时之久，以期证明自己在许多

方面是正确的，而在这样使人疲惫不堪的喋喋不休中，最终他的听者也哑口无言，为了和睦起见，不得不表示赞同。

> 任何他所接触的人对于他本人及其作为一直都具有最强烈和最热切的兴趣。他通晓世间几乎任何主题的理论……而且在这些理论的支撑下，他写了许多小册子、书信和书籍……成千上万句话，成百上千页的内容。[117]

瓦格纳对于自己才能的评价简直不亚于希特勒在1865年9月一篇日记的开头中暗示的想法："我是最德意志化的人［der deutscheste Mensch］；我是德意志精神。想想我的作品不可比拟的魔力吧。"[118]

两人都喜欢的个人防御方式是有力的攻击和袭击那些具有他们在自身感觉到的弱点的人。例如，瓦格纳的品位明显表现出女里女气的特征。他影响着巴黎香水、华贵的丝质粉色光滑睡袍和貂皮装饰的礼服，而在作曲的大多时候，他都懒洋洋地躺卧在松软的沙发里，周身弥漫着香水和熏香的气味。然而，他却把自己看作一个坚强的人，盛赞"日耳曼—斯巴达人"自然的生活方式，谴责法国人和犹太人那种娇气的温柔，并且猛烈攻击生活和音乐中这样的"渴望奢侈者"。

像希特勒一样，瓦格纳的许多自称的强硬只是他需要掩饰软弱的表达。而且他也像希特勒那样不断地向朋友抱怨说他如何被恶劣地对待。同样相似的是，他也再三威胁要结束自己的生命。他写的信反映了这样的中心思想：我所有的朋友都遗弃了我，于是我饱受"人们恬不知耻的忘恩负义、不忠和背叛，尽管如此，我仍以善意待之。……我处于危险境遇；我正平衡于一个狭窄的立足处，推一下，一切就都完了。……总有一天有人会后悔的……是的——我愿意欣然赴死于瓦尔哈拉殿堂①"。[119]瓦格纳和希特勒都不能忍受反对或批评的意见。他的一个情妇记得"稍有点失望就几乎足以导致他陷入绝望，最轻微的疼痛就可以刺激他狂怒不已"。[120]

---

① 瓦尔哈拉殿堂，北欧神话主神兼死亡之神奥丁接待英灵的殿堂。——译者注

希特勒缺乏幽默感和无法对自己微笑的特点也反映在这个对他一生影响最大的人身上。"无论谁谴责我不真诚，"瓦格纳写道，"他都要向上帝解释——但是，要有谁指责我傲慢，他就是一个蠢货！"[121]

希特勒不善交友——但却很能背叛最亲密的人或是将朋友置于死地。对瓦格纳而言，友谊有一个目的：提供给他的天赋所应得的并满足他的品位所需的金钱。他的信用就像他的承诺那么没有分量，而他的贪欲则像他的空虚那么毫无止境。他设法勾引朋友的妻子；他在自己妻子15岁时就强奸了她。疯狂的路德维希国王给他的一大笔钱，他都奢侈地花在自己身上，而任由独自一人生着病的绝望的妻子被迫靠着他所奚落的朋友的施舍度日。最终他没能参加妻子的葬礼只是因为有个手指感染了。[122]

希特勒和瓦格纳两人都对动物表现出关切，而拒绝给人类这样的关怀。

希特勒为德国餐厅里龙虾投进煮锅的最后时刻感到焦虑，他还下达特殊命令保护乌鸦；瓦格纳心为青蛙所系。他竭力反对活体解剖，视之为"我们文明的祸根"，而且还愤怒地诅咒那些人——绝大多数是犹太人——他说，他们竭力"将它们捆绑起来，并且折磨它们"。[123]

瓦格纳像希特勒一样，在许多方面保持着孩子的天性，反映在他对于情感的发展几乎没有接受力。在他一生中，每当遇到阻碍，他都会大发脾气。他嫉妒心很重，每当他的第二任妻子显示出对她父亲，瓦格纳的音乐竞争对手——弗兰茨·李斯特（Franz Liszt）的关怀，他就会哭闹生气。他和希特勒都喜欢玩捉迷藏的游戏。一个同时代的人描述瓦格纳在倾听《特里斯坦》首演的预演时表现出了孩子气的反应：

> 如果一段困难的地方处理得特别好，瓦格纳就会跳起来，热情地拥抱或亲吻歌手，或者纯粹出于高兴就以头倒立在沙发上，接着爬到钢琴下面，跳到钢琴上面，跑进花园，然后快乐地爬上树。……[124]

他和希特勒一样，也热衷素食，而且注重食品是否确定有治疗功效。一篇名为"宗教和艺术"的文章赞美吃素食的好处，并且宣称美国监狱里通过合理搭配的素食将最危险的罪犯都转变成了最温和与正直的人。"[125]

希特勒和瓦格纳都试图向女人们显示他们身体的力量。希特勒向女人展示他能伸着胳膊敬纳粹党礼坚持很久。瓦格纳则爬上树去向美丽的朱迪特·戈蒂耶（Judith Gautier）证明他的男子气概，而她则送给他洗浴用的香水和衣服上的白丝扣作为回应。[126]

形成希特勒生命中极其重要部分的母爱也在瓦格纳身上反映出来。正如我们所注意到的，俄狄浦斯式情爱是他歌剧的一个主题，即使考虑他有写感情散文的癖好以及他对掩饰情感的憎恶，他在写给母亲的信件中也表现出过分的亲密。在他20多岁的年轻时候，他写道：

> 我满怀最真心的爱，最深切的情感，想起您独自一人，我亲爱的母亲。……我想以一个情人给他所爱的人的最温柔的语调……给您写信，向您诉说。……啊，每当想起我们做爱的那最后八天！每当心灵深处想起您无处不在的亲爱的温存，我都感到莫大的欣慰，精神真正地为之振奋！我亲爱的，亲爱的母亲，如果我曾经变得对您冷淡，我是多么不幸的人啊![127]

瓦格纳的身世和他的家庭背景的传说与希特勒对自己家庭的叙述惊人的相似。正如我们将要见到的，希特勒从不肯定他父亲的血统，并且担心自己可能是犹太人。然而，他在传记中还是坚持说，他所有的祖先都是纯正的德意志农民血统。瓦格纳在其自传的前言中承诺它具有"朴实的准确性"——然而在第一页，他就违背诺言，弄错了他的洗礼时间并编造了他父亲的名字。他说在出生两天后他就受洗，他的父亲名叫卡尔·弗里德里希·瓦格纳，是莱比锡的警察机构的职员。[128]而实际上瓦格纳于1813年5月22日出生于莱比锡，直到那年8月16日他才受洗——如果人们注意到瓦格纳夫人是一个虔诚的天主教徒，她专门注意让她其他所有的孩子在出生后几天之内受洗，就会发现这是不可思议的延迟。

一个世纪以来，人们都以为瓦格纳的出身就是在自传中所叙述的那样。接着，1933年一个很偶然的机会，一个瑞士新闻记者在波希米亚的小镇特普利茨（Teplitz）查找一家旅馆旅客名单时，获得惊人发现。他了解到，约翰娜·罗西娜·瓦格纳（Johanna Rosina Wagner），也就是"警察职员瓦格纳的妻子"，在1813年夏，长途跋涉从边远的莱比锡经过一个战区，投奔她（那被戴了绿帽子的）丈夫。她带来她幼小的儿子理查德是为了同他的生父，也是她的情人，正在特普利茨演出的演员路德维希·盖尔生活在一起。他也登记住进三雉旅馆。[129]

卡尔·弗里德里希·瓦格纳，瓦格纳法定的父亲，死于1813年10月22日，几个月后，他的遗孀就嫁给盖尔。年幼的理查德在当地就叫理查德·盖尔，但在他14岁时，也就是盖尔死后6年，他又重新改回其合法父亲的姓。理由似乎很明显。那时普遍认为路德维希·盖尔是个犹太人。当然他儿子的同学在成见的驱使下，认为理查德具有犹太人的那些身体特征，而且他们还奚落他是犹太人。理查德通过几种形式发狂地否认。他不仅改了他的名字，还公开否认他的生父是盖尔，而这是他在私下里早就怀疑的。正如希特勒一样，瓦格纳竭力成为一名激烈的反犹主义者以使自己和他人都相信他不可能是犹太人，因为他是那么恨犹太人。

所有这一切都未免有些讽刺意味，因为深入透彻的研究"迄今都没能在盖尔的世系中找出一个确实的犹太人祖先"。但这并不是重点。重点在于我们要在希特勒身上强调的东西：两人在一生中都**相信**他们自己可能有"部分犹太血统"。希特勒怀疑他的外祖父可能是犹太人；瓦格纳认为他的生父，路德维希·盖尔就是犹太人。因此，便有了他激烈尖锐的断然否认，以及对犹太朋友的公开侮辱。但是，尽管他有着持久牢固而又激烈尖锐的反犹主义信念，但那个年代的人还是一直认为瓦格纳是犹太人。[130]

瓦格纳的反犹主义

瓦格纳对犹太人的态度清晰地反映在他的私人书信中，他反复表示，对犹太人的"怨恨对于我本性之必要，就如同胆汁对于血液那么重要"[131]。而他关于反犹主义的最充分并最具影响力的阐述收在一个长篇文章"音乐中的犹太教"（*Das Judentum in der Musik*），最先发表于 1850 年 9 月的一份音乐期刊上，署名是"K. Freigedank"①。瓦格纳在 1869 年对它做了修改，然后作为单行本出版并广为散发。值得注意的是，第一版与它 20 年后修订本相比并没有实质性的变化。

像希特勒一样，瓦格纳从身体上就对犹太人产生厌恶，认为他们是畸形人："我们必须根据犹太人的本性和特征向自己解释我们所持有的这种**本能的排斥**，以表明我们明确承认的对犹太人的本能的嫌恶。……我们本能地希望不要与外表那样的人……本性讨厌的畸形人有什么共同点。"[132]瓦格纳之前的反犹分子在政治、宗教、经济或种族方面都对犹太人进行了攻击。瓦格纳认为，他的贡献就是坚决地证明"犹太血统"在思想、艺术、文学或音乐领域不能产生任何创造性的价值。

如果考虑到当代最富创造性的思想家中有三人都是犹太人，瓦格纳和希特勒都宣称的犹太人不可能具有文明创造性的说法就显得愚蠢而有害。卡尔·马克思的拥护者现在超过了世界人口的三分之一；阿尔伯特·爱因斯坦，作为历史上最伟大的两位物理学家之一，变革了我们对物质世界的看法；西格蒙德·弗洛伊德为了扩展人类对自我的认知做出了最大的贡献。瓦格纳坚决认为犹太人根本不可能取得什么音乐成就，而这也被作曲家马勒和勋伯格，以及他们许多著名学生的成就予以否定；还有像克莱斯勒、施纳贝尔、海菲兹、梅纽因、斯特恩、米尔斯坦、塞尔金、鲁宾斯坦、李赫特、所罗门、沙因曼（Shɛinman）、霍罗维茨这样的乐器演奏家；像克勒姆佩雷尔、塞尔、莱因斯道夫和伯恩斯坦这样的指挥家。在想到富有创造性的犹太音乐家的整个数字的同时，一位音乐学者写道："如果有人想告诉我这是个巧合，那我只能回答这绝对不可置信。本世纪犹太人创造的知识和艺术成就相对于他们的人数来说是自耶稣基督诞生前 5 世纪以来的雅典历史上绝无仅有的现象。"[133]

然而，瓦格纳只是一味断然地说犹太人不具有艺术创造力："我们整个欧

---

① 德语 Freigedank，意为自由思想（free thoughts）。——译者注

洲的艺术和文化……对于犹太人一直都是陌生的；正因为没有参与一种文明的演变，所以他也没有参与另一种的演变，因而这个无家可归的不幸的流浪汉至多只是其他文明的冷漠敌对的遵循者。他只能模仿和伪装 [*nachsprechen，nachkünsteln*] 这种语言和艺术；他不能真正富有诗意地讲话或是开展艺术创作。"瓦格纳自己的德语就很糟糕，然而他还坚持认为犹太人不可能会写或说完美的德语："犹太人制造的声音刺激我的听觉，听起来实在古怪而令人讨厌，就像一种吱吱作响的咆哮鼻音……一个令人无法忍受的乱七八糟的多嘴的人。" [*zischender, schrillender, sumsender und murksender Lautausdruck……eines unertr? glichverwitrrten Geplappers.*] [134]

有一点是明确的，对瓦格纳而言——就像对希特勒而言，犹太人没有宗教信仰，而耶稣不是犹太人。瓦格纳解释说，耶稣具有一种奇特的血统，一种具有特殊力量和不可思议的能力的神秘血统，只有在另一个人，派西法尔身上才可发现。[135] 瓦格纳和希特勒也赞同天主教的洗礼根本不能洗去犹太人的污点。瓦格纳写道，甚至在洗礼之后，犹太人一定还是"整个人类中最无情的"。

正如他之后的希特勒一样，瓦格纳坚持说犹太人既是一个懦弱的堕落者，又是对德国的一个严重威胁。他还提到"为从犹太人手中解放出来而战斗"的需要，因为"犹太人已经真正超出解放的状态：成为统治者"。他反复警告，德意志精神受到狡猾的敌人："犹太人这个完全外来的种族成分"的威胁。[136]

瓦格纳头脑中的"犹太人问题"几乎和希特勒的一样。但是，瓦格纳对解决方案应该是什么并没有把握。他曾经认为犹太人能够被吸纳进来。然而在后来的一篇文章中，他强调了一个"重大的解决办法"的必要性而且盼望着不再有任何犹太人的时刻的到来。他还提倡进行一场"反对人类的敌人"的"解放战争"。[137]

他的文章"音乐中的犹太教"是以一个含义隐晦的恳求语句结尾的，而出于明显的原因，纳粹作家经常引用这句话。他称犹太人是"我们现代文明邪恶的良心"与"人类的敌人"，并断言：

你们无情地加入到这场新生和自毁的拯救工作中去吧。那么我们就成为一体，不可分割！

但是，想起有一件事能将你从诅咒的重担下解救出来：拯救亚哈随鲁（Ahasuerus）：**毁灭**！[138]

瓦格纳在这篇严厉的文章中表达的是什么意思？什么是"拯救"亚哈随鲁，而它又如何能成功地实现，通过"*Untergang*"——可译为**毁灭、崩溃、垮台或灭绝**？

文中提到的亚哈随鲁所指不大清楚。然而，似乎很可能瓦格纳指的并不是那个叫这个名字的波斯国王①；而是传说中流浪的犹太人——传说中称之为亚哈随鲁。根据民间传说，这个亚哈随鲁是一个阴险的恶人，把霍乱和梅毒传染给德意志人。多年来他都被诅咒，在最终的死亡中才找到了他漂泊的归宿。

瓦格纳大概不是真的提倡消灭犹太人。他的话可能是隐喻性的，因而只有当犹太人自己遭受毁灭他们自己的"犹太特性"（jewishness）的"再生和自毁"的锻造时，"犹太人问题"才会得以解决。只有那时他们才能参与到德意志人民的文化"拯救"中去。因此，犹太人和德意志人才会"成为一体，不可分割"。如果那就是瓦格纳的想法，"*Untergang*"的意思就比文字上的毁灭（destruction）意义更轻一些。

但是，那种翻译比较复杂。阿道夫·希特勒希望他的观点简单而残忍。首先，出于深层的个人和心理原因，他希望毁灭犹太人；于是，他有目的地阅读了一些书籍以求证自己的偏见；在这里，他会发现瓦格纳确认了他自己最珍视的信仰，即能把"所负担的诅咒"从他自己和德国人身上卸下的唯一办法就是灭绝犹太人。

---

① 在基督教《旧约全书》中，以斯帖巧妙地智取下令屠杀犹太人的波斯国王。她哄骗他颠倒命令以至大量波斯人代替犹太人被杀掉——这是犹太人庆祝的判决，并将之作为普林节。（《以斯帖记》，第8，9页）瓦格纳是在暗示德意志人（像亚哈随鲁国王一样）受了那些为了消灭德意志人逐步挤上权力地位的犹太人（正如以斯帖一样）控制吗？难道他说把犹太人赶出德国的唯一方式就是通过大规模屠杀吗？对这篇文章的这样一种解读似乎是可能的，但又是不太可能的。

派西法尔与雅利安人优越性的神话

瓦格纳利用他创办的刊物《拜罗伊特》（*Bayreuther Blätter*）来散播反犹主义并且呼吁创造一种纯正的日耳曼文化。在这份刊物中，他提出了历史的种族理论，它在每一个转折关头都加强了希特勒所吸收的兰茨-利本菲尔斯、里斯特和弗里奇的观点：历史上所有富有创造性和英雄气质的推动力量都是雅利安人；文明的衰落应归罪于犹太人和其他外来血统玷污了这个高贵的种族；拯救取决于血统和一个英勇领袖的到来，他将会建立一个带来"人民联盟（*Volksblud*）的……重生"和"德意志民族复苏"的种族纯洁的新社会。[139] 这一观念与瓦格纳关于雅利安种族优越性的观念是一致的，即应把其他种族视为动产奴隶。他指出，这种看法"从通常的意义看是相当公正的"，因为"高贵的种族"应该掌握统治权并控制劣等种族。[140]

瓦格纳对于种族危机的深切关注不仅仅体现在他的文章中。一个观察入微的评论家罗伯特·古特曼（Robert Gutman）注意到，《派西法尔》是在他那篇名为"英雄王国"（Herodom）的冗长文章中提出的教义的对应物——对"德国的种族复兴"的呼唤：

> 在《派西法尔》当中，在教堂钟声、群众的只言片语和耶稣受难中的词汇与随身用具的掩映下，在天主教传说的封面之下，他提出了一种种族主义的信仰。《派西法尔》设定了雅利安人的战斗、斗争和对拯救的渴望。……教堂的场面，在某种意义上，是曲解圣餐的象征并把它们奉献给凶恶之神的黑暗大众。[141]

《派西法尔》代表许多事物，但是有一样不是：正如已经说的，它不是"天主教教义的深刻述说"。[142] 它亵渎了天主教的教义；它诽谤伦理的价值。在这部歌剧中，瓦格纳强奸了天主教的象征主义和教义，却赞美种族力量的功效。为了达到这一目的，瓦格纳把它的日耳曼英雄塑造成了上帝唯一的儿子。

在一幅直接从《圣约翰福音》中选取的场景，一个妇人给派西法尔的脚涂抹珍稀的香水，并用她的头发把它擦拭干。最后的晚餐在歌剧中则成了德意志骑士用誓言约束自己决不宽恕地消灭敌人的开始仪式：

> 骑士们
> （前半场）
> 拿去你的面包，
> 把它重新变成身体的力量和体能；
> 忠诚至死，
> 跋涉到最终
> 听救世主使唤而劳作！
> （第二半场）
> 拿去你的酒，
> 把它重新变成你体内沸腾的热血；
> （两个半场）
> 形成一体，
> 团结如兄弟，勇敢而神圣地斗争。
> （骑士出场；从两边向对方走去，然后在音乐的伴随下，庄严地拥抱。）

歌剧的结尾，派西法尔被赋予了赦免罪人的权力。随着一大群人"满怀极度的喜悦"盯着他，圣杯的骑士们高声呼喊：

> 奇迹般的伟大拯救！
> 救世主复活了！

这些是歌剧的最后几段，而瓦格纳为结局设计的舞台说明很显然表明了他把派西法尔与耶稣视为同一：

（一束光倾泻下来；圣杯闪耀着最辉煌的光芒。一只白鸽从圆屋顶上落下，盘旋在派西法尔的头顶。——孔德里，双眼仰望派西法尔，慢慢地毫无生气地栽倒在他面前。安福塔斯与古内曼兹虔敬地跪在派西法尔面前，挥舞着圣杯，为骑士间令人崇敬的手足情谊祝福着。）

（幕布缓缓降下。）

在整部《新约圣经》中，只有一次白鸽从苍穹落下。而它也只在一个人头上盘旋，那就是耶稣。

在瓦格纳的心中，圣杯和派西法尔的枪不是耶稣为拯救所有人而流血的象征；它们都是雅利安种族主义的象征。那繁多的乱伦的性关系，种族主义的象征以及《派西法尔》中的人们的偶像实际上与拿撒勒的那个犹太木匠的一生和传布的教义毫无关系。[143] 瓦格纳自己就指出写《派西法尔》的一个主要目的是传播他的种族教义。他在1882年10月至12月间，在《拜罗伊特》上发表的一篇文章中，解释说这部歌剧中的"手足情谊的君王"是指种族的精英，是"挑选出来护佑圣杯的种族"。[144]

如果说以后的几代人对《派西法尔》的教义感到困惑的话，希特勒则没有这种感觉。"如果我们剥去《派西法尔》中每一个富有诗意的元素，"他说，"我们就会了解，只有在一场连续紧张的持久斗争状态中，选择和复兴才有可能。"[145]

对议会民主的蔑视

希特勒还借助阅读瓦格纳的作品确认他对议会政治的蔑视，因为瓦格纳痛恨宪法，对民主则以轻蔑视之。通常民主是他加引号或是轻蔑地标注为"廉价—犹太化—德意志民主"（Franco-Judaical-German democracy）的东西。

在一篇名为《什么是德意志？》的文章中，瓦格纳痛苦地谈到1848年为了在德国建立立宪政体而进行的自由主义的革命，"我毫不犹豫地称德国的这场……革命是完全非德意志化的"；而且他还把自由民主党人斥责为"1848年大肆喧哗的运动"。[146]

在俾斯麦建立了他的帝国之后，瓦格纳继续嘲讽和诋毁议会民主。在1879年5月刊载于《拜罗伊特》的一篇文章中，他评论道："我们清楚那些非德意志的野蛮人的立场：作为所谓普遍选举权的胜利者，他们在议会中什么都知道，就是不知道德意志人的权力所在。"[147]

他反对自由民主政治的一个理由是因为它追求国家间的和平。瓦格纳，也像希特勒一样，相信战争是有益的，而征服弱小种族是受到达尔文的自然进化律的鼓励。他说，历史证明人类是"一种通过持续进步而获得发展的掠夺性野兽。这种掠夺性的野兽征服国家，通过镇压其他被征服者而占领广大地域，并建立国家，同时为了在和平中享受他的战利品，把各种文明组织起来。……进攻与防御、受难与抗争，胜利与失败，统治与臣服，所有都带着血统的印记；这是人类种族的整个历史。……"[148]

瓦格纳呼吁结束有关议会和宪法的"英法的胡言乱语"，要求建立一个英雄领袖统治下的专政。因此，他赞成"领袖原则"，尽管实际上他并没有使用这个词。他更喜欢谈起一个"英雄"或"人民国王"或是一个新的"巴巴罗萨"。他的理论就是中世纪的巴巴罗萨是一种齐格弗里德或派西法尔那样的精神化身，而且他还促进了古代德意志理想的普及，即在危难的深渊，一个高尚的英雄会挺身而出，拯救德国人民。在努力散布围绕着这位"英雄奇妙般地变成神圣人物"而衍生的一切神秘、敬畏、崇敬中，瓦格纳创造了一个新词——"Wahn"①。正如瓦格纳笔记的英文翻译所注意到的，这个词"绝对无法翻译，我至多能保持它原来的样子。它一般不大像是一种'象征性的渴望'那样意味着'幻想'或'错觉'"。[149]正像希特勒的元首观念一样，"Wahn"的观念是一种难以解释也无法推理的政治原则。瓦格纳做出尝试，也没能给出一个合理的解释："这个象征是国王。公民尊敬他，但未曾意识到他不仅是'Wahn'的可见代表，而且同样是它生动的化身，并且'Wahn'在已经使他超脱对于事物本质的莆俗观念的同时，又鼓舞着他，使他变得高贵。"[150]无论

---

① 德语Wahn，可译为空想、幻想、妄想。——译者注

这篇文章对其他读者意味着什么，它对阿道夫·希特勒就意味着肯定他的"领袖原则"的信念：这一原则就是，适合德国社会的唯一政体形式是在一个具有类神权力的领袖控制下超越人或制度的视野或控制的独裁统治。

张伯伦、德莱克斯勒与埃卡特

休斯顿 · 斯图尔特 · 张伯伦

休斯顿·斯图尔特·张伯伦（Houston Stewart Chamberlain，1855—1927）对希特勒的种族思想做出了相当大的贡献，并成为瓦格纳与希特勒之间的重要纽带。这个古怪的英国人来到拜罗伊特的神殿祭拜；在那里他拥抱了——连同瓦格纳的政治思想——神殿主人的一个女儿，后来娶了她。张伯伦宣称人类最伟大的三位诗人就是休谟、莎士比亚和瓦格纳，而这里面最伟大的就是他的岳父。1899 年，他创作了他的主要作品《19 世纪的基础》，这部冗长而且实际上晦涩难懂的长篇著作在 12 年中已再版了 10 次。

这部书的主题对于兰茨、里斯特、弗里奇、瓦格纳和希特勒的读者来说特别熟悉。当然，也有一些差异，但是，张伯伦也相信历史的种族理论并且高度赞美雅利安人的创造性："他们在身体上和精神上都是所有人中最出色的；因此他们是世界正当的统治者。"德皇威廉二世对之很有兴趣。他尊敬地称张伯伦为他的"斗争伙伴"并写信给他："上帝把你的书带给德国人民，而把你的人带给了我。"[151]

1918 年德国战败于英国人及其盟国手下，对于亡命国外的人是可怕的打击。但是，当遇见希特勒，这个老人找到了新的希望，因为他把他认作是期待已久的将要建立一个种族国家的领袖。二人在 1923 年 10 月会面，当时希特勒去瓦恩弗里德①进行了他历次朝拜中的第一次朝拜。在那里，他受到拜罗伊特的女主人，瓦格纳的遗孀科西玛·瓦格纳（Cosima Wagner）的接待。希特勒

---

① 瓦恩弗里德（Wahnfried），瓦格纳在拜罗伊特的别墅，现在被改建为博物馆。Wahn 是幻觉，Frieden 是平静，可解释为"梦想幻灭后获得的宁静"。——译者注

让所有的人都高兴。他告诉瓦格纳夫人,她的丈夫对他的一生有着最重要的影响,而这"一切都发生"在他在林茨听了瓦格纳的一部歌剧之后。他奉承着瓦格纳的儿子西格蒙德;他肯定也打动了瓦格纳的孙子。随后,一个"眼光晦暗,长着娃娃脸"的瘫痪病人摇着轮椅进来了。他是瓦格纳的女婿,H. S. 张伯伦。希特勒大方地感谢他做出的所有贡献,完全扮演着这个命中注定的两眼闪亮的人和种族论传播者的角色。第二天,这个病人就口述了一封信给希特勒。像众多旁人一样,他也被希特勒的双眼迷住:"……您给予我的安宁很大程度上归功于您的双眼和您双手的姿态。就好像您的眼睛配上了手,因为它们抓住一个人,就会把他抓得牢牢的。……"信的结尾写道:"我对德国人的信念没有一刻动摇过,但是,我必须拥有的希望却陷入低潮。而您又一举改变了我的精神状态。"[152]

安东·德莱克斯勒

慕尼黑和维也纳对希特勒政治思想的发展有着同样重要的影响。不过他在1919—1923年间在那里的经历主要是加强他实质上已阐明的政治观点。希特勒本人就直接表示他在慕尼黑所受的政治教育之所以有效,恰恰是因为对他来说那不是一个全新的经历;倒不如说,它加强了战前他在维也纳就已形成的观念——他说,这些观念对他个人是如此重要,对于他的政治思想是如此根本,以至于它们形成了一个"非常坚实的基础"并且在他以后的生命中都没有发生重大的变化。[153]

在描述他于1919年涉足政治的情形中,希特勒强调了一本名为《我的政治觉醒》的小册子的重要性。他很特别地没有指出该书的作者——他不喜欢承认在发展他的种族主义的"哥白尼理论"中有什么先行者,这点少有例外。事实上,作者是一个名叫安东·德莱克斯勒(Anton Drexler)的病态狂徒。他那低劣的种族小册子对希特勒来说似乎是幸运的预兆。"命运之神"再次来到,推进他的命运。他带着逐渐高涨的激动情绪阅读着那本小册子,还有一种奇异感觉,他显然正在再次体验着先前的经历,他写道,它是这样一种经历:

"12 年前我个人就以类似的方式体验过。于是不知不觉地我就看到自己的前途呈现在我的眼前。"[154] 12 年前也就是 1907 年—1908 年间，当时他正拼命阅读大量里斯特团发行的小册子。就是在此期间，他遭受了个人创伤性经历，从而使他成为一个狂热的反犹主义者。

德莱克斯勒是图勒协会的助手，协会是战后瞬时散布在慕尼黑的众多反犹太人的种族团体中最有影响力的一个团体，它对外称自己为文学和学术圈，一年四季在豪华旅馆举行集会。除了举行讨论会，与"颠覆和叛国"行径斗争并且散布低级粗俗的反犹主义印刷品，图勒协会还建立了秘密的武器库。截至 1918 年，这个协会在巴伐利亚的人数约达 1500 人，而且还包括希特勒后来的许多拥护者。据传言，希特勒本人"就是这个协会的常客"。[155]

除了要在与犹太人的战斗中以自己的生命作赌注，即将进入的成员还要被迫经受几个考验。他们必须证明他们的雅利安血统至少在三代以内没有被玷污①，在一份特殊的表格填上他们身体不同部位的毛发数量（像兰茨一样，这个协会也相信雅利安人身体的毛发不是很多），并且要在单独一张纸上印上自己的脚印以证明那是雅利安人的脚。[156]

然而，早在 1918 年 10 月，德莱克斯勒就断定像图勒协会这样的讨论组织没有能力创建一个新德国。因此，他同一个名叫卡尔·哈雷尔（Karl Harrer）的体育新闻记者合作，创立了"政治工人派"，作为他计划的名为"德国工人党"的一个大型政治组织的核心机构。宣布在工人派集会上讨论的主题充分表达了这个组织的观点：1918 年 12 月 11 日的主题是"德国最大的敌人：犹太人"；1919 年 1 月 16 日的是"战争为什么要来临"；1 月 22 日的是"我们如何赢得战争？"1 月 30 日，"战争为何失败？"4 月 5 日，"战争失败的原因是什么？"意思很明显：犹太人要受到谴责。他们引发了战争并且因其背叛而导致战争失败。犹太人是德国最大的敌人；必须把他们驱逐出去。[157]

当时的"德国工人党"——将要演变为强大的纳粹运动——是由德莱克斯勒和哈雷尔于 1919 年 1 月 5 日在菲斯滕费尔德旅店建立的。它与所有创建

---

① 希特勒没有参加这个协会的原因之一就是他无法提供这样的证据。

人所属的图勒协会或其他的种族团体的讨论组和活动没有多大区别。1919 年上半年，党的全部成员在 10 到 40 人之间变动。它的程序是每周在不同的旅店集会，哀悼战争的牺牲者，并且解释德国过去的惨败，指出面临的"犹太人的危险"和重重困难。

就在这个毫无影响力的小党的一次几乎没什么人参加的会议上，希特勒出现了。作为巴伐利亚第四军团的情报员，他来调查这个团体。那天晚上，他听了一个名叫鲍曼的教授所做的提议将巴伐利亚从帝国分割出去的问题的演讲。他感到十分恼怒。于是，他从原地跳起，然后激烈地公开指责教授的建议，不乏恶意漫骂之词，语气如此强烈，致使教授不得不离席。安东·德莱克斯勒对这个吸引人的新来者的演讲术产生了非常深刻的印象，然后，他用明显的巴伐利亚方言向他身边的人耳语道："这个人，他有点本事。我们一定能用他！"当会议结束时，德莱克斯勒递给希特勒一本具有决定性的小册子，《我的政治觉醒》。

后来，希特勒当月就做出了他所声称的"一生中最重大的决定"，加入德国工人党。但是，他的编号并不是他自己和以后许多历史学家所记录的 7 号。他的成员编号是 555，也就是说他是第 55 个加入该党的成员——为了给人造成一种它实际上并不具备的实力的假象，党内成员是从 500 开始编号的。希特勒是工人党委员会的第 7 名委员。[158]

迪特里希·埃卡特

图勒协会中对希特勒影响最大并帮助他加强他的政治观点的人是种族主义诗人迪特里希·埃卡特（Dietrich Eckart），他在德国因翻译《培尔·金特》而闻名。① 每当希特勒提到埃卡特，他的眼睛总是湿润起来。他把《我的奋斗》的第

---

① 《培尔·金特》是挪威剧作家易卜生（1828—1906）创作的诗剧作品。此前曾有德文译本，而埃卡特试图以德国人理解的方式进行改写，1911 年秋他完成改写工作，1914 年 2 月该剧在柏林首次上演。——译者注

二册献给他——一种对所受恩惠的非同寻常的公开感谢。而且多年后，在一次午夜幻想中，他回忆起埃卡特像一个训诫的父亲，在埃卡特面前，他感觉自己就像一个小男孩："他就像一颗北极星闪耀在我们的眼中。……当他训示某人时，充满高深才智。在那时（1922年），我在智力上只不过是一个吃奶的孩子。"[159]

埃卡特在他的种族期刊《使用朴素的德语》（*Auf Gut Deutsch*）中，写了许多严厉攻击犹太人和其他非德意志人的东西，这份刊物清晰地显示出埃卡特读过兰茨－利本菲尔斯、里斯特、弗里奇、瓦格纳和张伯伦的作品，并且对古代北欧文字中的神秘事物和像"SS"和"卐"之类的神秘符号感兴趣。他的诗歌——希特勒称"像歌德的诗歌那么美"——显示了他对德国救世主使命的信念：

> 天堂的上帝，我们决心赴死
> 我们跪在您的面前，噢，回答我们吧！
> 有人比我们德意志人更忠诚地遵从您威严的命令吗？
> 有这样的人吗？那么，永恒的人，就将桂冠与胜利交予命运强大的它。
> 上帝，您的微笑最灿烂？噢，快乐没有止境！
> 起来！继续前进，前进到神圣的正义运动中。[160]

希特勒与埃卡特合写了一本于1924年出版的小册子，此书几乎无人知晓，却是那些年中希特勒政治观点的重要来源。尽管它起了个富有野心的名字《从摩西到列宁的布尔什维主义：阿道夫·希特勒与我的对话》①，但实际上其

---

① 《从摩西到列宁的布尔什维主义：阿道夫·希特勒与我的对话》（慕尼黑，1924年）。对于希特勒是否直接参与写作这本小册子仍有争议。诺尔德（Nolte）相信他是合著者；而普鲁尼亚（Plewnia）则认为埃卡特除了"结合希特勒的观点"，实际上是独立完成全书的。当然，希特勒既不否认小册子的作者，也不批判其中的观点。见 Ernst, Nolte, "Eine frühe Ouelle zu Hitler Antisemitismus," *Histurische Zeitschrift* 192（1962）; Margarete Plewnia, *Auf dem Weg zu Hitler: Der "stötische" Publizist Dietrich Eckart*（Bremen, 1970）。

中没有什么关于布尔什维主义的内容。正如他在维也纳一样，希特勒这里关心的是种族和所谓犹太人的阴谋。他和埃卡特探讨了形形色色的其他问题，包括共济会规程、基督教与和平主义——但没有谈到共产主义。希特勒对"布尔什维克的危险"的非难是到后来才产生的，而且还是出于政治权宜的原因。实际上，正如他的宣传家们后来声称的，他从来没有"本能地反对共产主义者"。当然他对他们的激进主义理论没有好感，但是他却公开地赞赏共产主义领导人运用他们的理论来控制和操纵大众。他经常生气勃勃地说，斯大林"真是个厉害的家伙"。

埃卡特并不是希特勒观点的最初来源，正像他有时所暗示的那样；不如说，他有助于确认和加深希特勒早已获得的偏见。这本小册子没有什么重要的东西，都是他在兰茨、里斯特、弗里奇、瓦格纳和《锡安长老议定书》中已经学到的东西。那单调乏味的重复句将要逐字逐句地在希特勒的演讲和独白中听到无数次，而且也包括1945年的最后遗嘱：犹太人，是人类的敌人，他们心中包藏着消灭各个民族的秘密企图；从摩西时代，"犹太人的布尔什维主义"就一直在酝酿着一场企图渗透并且中伤西方文明的阴险的"国际阴谋"；消灭"犹太人的危险"是德国的历史责任和命运。他在战时谈话中重复的那些语句中，都争辩说，基督教，就像犹太教一样，是一种布尔什维主义的形式。他说，"犹太教徒保罗"要为用爱和手足情谊的诱惑削弱基督教负责："手足情谊！和平主义！胡言乱语！于是犹太人成为胜利者！"

希特勒和埃卡特在这本小册子中对马丁·路德都持有矛盾的态度。他们赞赏他的反犹主义，并且赞成他提出的焚烧犹太会堂的建议，但是他们发现在分裂天主教会的过程中，他提高了犹太人的力量。希特勒与埃卡特也表达了对路德"解决犹太人问题"的严厉方式的失望（见第四章），他们认为这样做还是太温和。小册子呼吁"根除"犹太人。

《锡安长老议定书》

> 我们将要通过背叛和诡诈来征服地球。
>
> ——《锡安长老议定书》
>
> 我发现这些记录非常有启发性。
>
> ——阿道夫·希特勒

希特勒与埃卡特合著的小册子展示了甚至是在那些最卑劣的文学创作中，灵感也可能是有许多来源的。人们能感受到兰茨、瓦格纳与张伯伦作品的痕迹，而尤其明显的是一本著名的伪书《锡安长老议定书》的影响。这种关于历史的阴谋理论的典型实例坚持认为，在1897年的一次秘密会议中，"犹太长老"策划了一个魔鬼般的阴谋，企图破坏社会，颠覆政府，使人类陷入战争，从而在世界普遍夺取政权。一篇出自小册子《布尔什维主义》的文章阐明了它对匿名的伪书的信赖：

> 每一种，是的，每一种存在世间的严重的社会不公平今日都可追溯到犹太人的暗中影响。……只有意识到他们最终的目的，即征服世界，然后摧毁它，人们才能理解犹太人。……当他们假意培养人类，实际上他们是图谋将人类赶入绝望、疯狂和毁灭。如果不加以制止，他们会毁了我们。[162]

在《锡安长老议定书》被斥责为拙劣而恶毒的欺骗行为之后，希特勒依旧相信它们的正确性。在1923年的一次公开演讲中，他告诉他的听众，那年德国的通货膨胀是犹太人阴谋的一部分。"根据《锡安长老议定书》，"他说，"人们将会沦落到受饥饿的驱使。"而在自传中，他争论说，《锡安长老议定书》的真实性基于这样一个事实，"犹太人的"《法兰克福报》将它们列为伪书。[163]

在初次阅读之后，希特勒一直极大地受惠于这本书，他后来回忆道："我立刻发觉我们必须模仿——当然是以我们自己的方式。……我们必须用犹太人自己的武器击败他们。在我看书的那一刻,我就看到了这一点。"然后,他补充道:"更详尽地说,我发现这些记录非常有启发性。"特别是,他还注意到他如何之多地受益于他们关于"政治诡计、阴谋技巧、革命颠覆、搪塞、欺骗和组织"的诸多建议。[164]

看了《锡安长老议定书》中提到的所谓的犹太人阴谋,人们有一种感觉,好像是在阅读希特勒在他的自传、演讲以及20世纪30年代或"二战"期间的谈话中对自己的政治观点、计划和技巧的叙述。一页接一页,人们只需将《锡安长老议定书》中说"犹太人将要……"替换成"希特勒将要……"即可。几个例子就足够。

第一个"记录"是确定议题,即"在提出我们的计划的时候,我们必须承认……没有绝对的专制,文明就不可能存在",并且要求把全部的政治权力赋予一个恶魔式的领袖。其他的记录还宣布通过有计划的"无所不包的恐怖","削弱公众思想"和操纵暴徒,控制新闻界和教育以及建立起一个宣传部的必要性。举办大型的群众集会;只给那些拥护领袖的人以公民权利。而作为新的神,领袖个人将受到尊敬,并且他的"权力将会激发神秘的崇拜"。由于消除了一切国内的反对力量,领袖将掀起欧洲的纷争并开辟一条征服和控制之路。……

《锡安长老议定书》的原始版本似乎是由俄国帝国秘密警察组织奥克瑞那(Okhrana)里一些不知名的作者在1899年编写的。20世纪初他们被反犹主义的黑帮分子(Black Hundreds)① 利用来煽动沙俄对犹太人的大屠杀并使之合法化。然而,我们凭借历史学识也不能确定究竟是哪位剽窃者最先把赫尔曼·戈德施(Hermann Gödsche)写的一部蹩脚的小说同一本讽刺路易斯·拿破仑的法国政治小册子放在一起拼凑成了伪造的《锡安长老议定书》。但是首先出版并让它们流通起来的人的名字是确定无疑的。他是一个不同寻常的俄国人,名叫谢尔格·亚历山德罗维奇·尼卢斯(Serge Alexandrovich Nilus),他至死

---

① 俄国1905年革命期间和以后成立的反革命和反犹太组织的成员。——译者注

都相信《锡安长老议定书》是 1897 年在巴塞尔召开的第一届支持犹太人复国运动者大会的备忘录的真实摘录。尼卢斯坚持说，它们是被一个不知名的"人类恩人"从法国的犹太复国者运动总部偷来的。

尼卢斯对"犹太人问题"颇为困扰，并惧怕犹太人的阴谋，他确信这个阴谋不仅要征服世界，还要攻击他个人。在家中，他有一个上了锁的柜子，被称作"反耶稣博物馆"。那里面是收藏着完整或部分的"大卫之星"（the Star of David）的许多样本，他本人相信，那是犹太国际阴谋的秘密标记。由于星星是由两个三角形交叉形成的，尼卢斯开始相信任何一个三角形都可疑——它可能是恐怖符号的一部分。因此，在他的柜子里，堆满了各种各样的可疑的三角形：广告的剪辑、科技大学的三角图章、成片的教堂祭坛布，还有以六星作为图案的一部分军事和外交勋章。他甚至还收集了几双橡胶套鞋——大概因为一个三角橡胶公司把它的商标印到鞋底。正像一个英国调查员所注意到的，犹太人正计划着穷凶极恶的阴谋，因为控制世界是令人愉快的——而尼卢斯的描述令人担忧地捕捉到犹太人长老阴谋颠覆的痕迹。[165]

然而，尼卢斯出版伪书所产生的后果并不那么有趣。《议定书》被奥克瑞那利用作为对成千上万犹太人实施大屠杀的工具。尼卢斯于 1905 年准备的版本是由（普希金）皇家学苑（Tsarskoye Selo）的皇家出版公司发行的。当 1918 年伪书离开俄国后，在促进世界范围的反犹主义中起到了异常成功的作用。20 世纪 20 年代，尼卢斯的书已被翻译成 16 种文字。华沙的主教正式认可它；在大不列颠王国，穷困潦倒的落魄者开始接受它，甚至连《泰晤士报》也被吸引而相信它。1920 年 5 月 28 日，《泰晤士报》提出了一些令人困惑的问题：

> 这些《议定书》是什么？它们可信吗？如果是的话，是什么心怀恶意的集会编制了这些计划，并为之表露而沾沾自喜？它们是伪造的吗？如果是的话，这种离奇的预言记录从何而来？我们在这些悲惨的岁月里努力奋斗以摧毁和根除在德国世界占统治地位的秘密组织，只是为了发现在它之下的另一个因其愈神秘而愈发显得危险的组织吗？……在《锡安长老

议定书》中描绘的"犹太长老"作为任务的主宰绝不比威廉二世和他的党羽更为仁慈。

然而，一年以后，1921年8月《泰晤士报》满怀最终结束这一事件的希望最早发表了证明《锡安长老议定书》事实上是伪造的确实证据，即一篇题为"《锡安长老议定书》的终结"的社论。但是《泰晤士报》的期望却明显落空。整个20年代，恶毒的《锡安长老议定书》的要旨继续充斥着整个世界。[166]

美国的亨利·福特出版公司认可《锡安长老议定书》是真实记录，并把它们合编为一部广泛散布的书——《国际犹太人：世界首要问题》。大约有300万册图书被出售或是通过公益项目赠送给高中、市立图书馆和大学图书馆。福特先生后来公开为他受到伪书的愚弄而感到悔恨。但是他所主编的这部书"大概还是比其他任何一本书都更具影响地让《锡安长老议定书》闻名世界"[167]。

而实际把伪书从莫斯科带到慕尼黑和希特勒身边的递送人似乎是阿尔弗雷德·罗森贝格，在后来纳粹党理念形成中起到重要作用的人。但是，瓦尔特·拉克（Walter Laqueur）给了他过高的赞誉，称他为"国家社会主义的首席思想家"。[168]这个称号只属于希特勒一人。

1917年，罗森贝格还在莫斯科学习，他爱好的不是政治而是建筑。由于在历史上他后来担任了德国帝国东部占领区的长官，于是他在1917年毕业设计中提交的是一个邻近墓地的大型火葬场，这也就无可非议。[169]在逃离俄国到达慕尼黑不久，他就加入图勒协会，然后，《锡安长老议定书》从那里经由迪特里希·埃卡特到了希特勒手中。这样《锡安长老议定书》不仅成了希特勒在政治学上的初级读本，而且成为犹太人阴谋、背信和叛国的文件证据。对于德国的学生它们有着同样的作用。在希特勒当权两年以后，《锡安长老议定书》成为德国所有学校的必读书。

后来，阿道夫·希特勒相当愤恨和残忍地给这个故事添加了一种讽刺意味，甚至胜过作者所能想象的。为《锡安长老议定书》设置的背景是在午夜布拉格的犹太长老墓地，作者在那里召开了恶魔式的"犹太长老"会，策划征服世界的阴谋。在故事写作后约40年，即1939年，阿道夫已经占领了这个城市；在他命令下，那块从15世纪以来建造了12层坟墓、树立着上千座无名墓碑的小墓场成了布拉格的犹太长老唯一能去散步的地方，而且也是那些被公园和运动场拒之门外的孩子们唯一能够玩耍的地方。在这个老坟场中他们挤在祖先的坟墓间等候着自己的死亡到来。有时，党卫队的守卫会揪着一个犹太长老托比亚斯·雅各博维奇（Tobias Jakobovic）的衣领，命令他吹奏（古代希伯来人作战或举行宗教仪式时吹的）羊角号为纳粹党人取乐。临近墓地的是古老的平卡斯（Pinkas）犹太教堂。大屠杀之后，幸存的犹太人小心谨慎而又痛楚地用很小的字母把被杀害的77290位波希米亚和摩拉维亚的犹太男人、妇女和儿童的名字刻在教堂的墙壁上，而下令屠杀的人正是那个吸取了伪造的《锡安长老议定书》作为自己观点的人。

其他影响

其他的种族论作家还提供了一些观念，成为希特勒填补和加强自己青年时代在维也纳获得观点的依据。例如，他一定阅读了阿道夫·哈普（Adolf Harpf）的薄册子，哈普有时也以"哈根"为笔名写作，是兰茨-利本菲尔斯的合作者。在从1905年到1910年的小册子中，他就像他的同伴一样，鼓吹雅利安人的优越性，并要求德国人建立一个统治整个欧洲的新帝国。这就需要优秀的雅利安种族当中有一位强有力的领袖，领导他们进行反对种族退化势力的日耳曼人战争。他明确要求同俄国人作战，从而在东欧建立一个广阔的雅利安人帝国，把斯拉夫人作为德国人的奴隶和劳工使唤。[170]

希特勒有许多关于宣传和技巧的观念，这些强化了他实施大屠杀的意志。这些观念都来自古斯塔夫·勒庞（Gustav Le Bon）对大众心理的颇有影响的研究，一本名为 *Psychologie der Massen*① 的书的德语译本（莱比锡，1908年），

---

① 此书中文版《乌合之众——大众心理研究》由中央编译出版社出版（1998年初版，2005年再版，2014年精装版）。——译者注

希特勒在维也纳时就有机会看到。①

可以说希特勒是窃取了勒庞的某些思想观点。他在《我的奋斗》中关于宣传的著名章节，多次直接采用勒庞的早期作品中的重要观点。人们可以推测，由于记得他在维也纳曾经读过这本书，希特勒就让他的一个朋友把它带到他在兰德斯堡的监狱里，而1924年间他就在那里口述了他的杰作，既作为他的自传，又成为对他的政治控制的论述。早在希特勒之前很久，那个法国人就发觉大众是"以女性特征而著称"；他们需要一个主人，因为"他们总是心甘情愿卑屈地服从强大的权力"。强有力的领袖应该总是能够吸引他们的情感，而从不会引发他们进行推理；他应该举行大型的"戏剧性集会"，因为它们"对群众总有一种巨大的影响力"。他还应该建立一种伪宗教。根据勒庞的说法，宣传的效应依赖于暴力、编造大谎言的技巧和持续不断的重复："当我们念了一百遍、一千遍 X 牌巧克力是最好的……最终会确信这就是事实。"成功的领袖应该避免一切关于他的权力的讨论；他就是"偶然发现尽可能全无精确含义的新法则"的人。他应该避免书面的声明，而"口头的计划……怎么夸大也不为过。……"[171]

希特勒从勒庞、德意志种族论者和意大利法西斯主义那里吸收了关于宣传、符号和其他随身用具的观点。例如，"卐"就是"一战"前十年间兰茨和许多别的种族主义者使用的种族符号象征。20世纪20年代的自由军团埃尔哈特旅把它画在钢盔上并且高唱一首根据迷人的英国旋律改编的合唱曲，唱词如下：

> 钢盔上的万字符，
> 红、白、黑三色，
> 埃尔哈特旅
> 正前进攻击！

---

① 约翰·托兰（John Toland）认为希特勒不可能受到勒庞的影响，因为勒庞的著作"未曾翻译成德语"（Adolf Hitler, New York, 1976, 221.），其实是他弄错了。勒庞的书，除了1908年的译本，1912年还出了第二版德语译本，1919年又出了第三版扩充本，1932年第四版面世。（后来的版本分别出现在1932年、1935年、1938年、1939年。）

当埃尔哈特旅后来参加希特勒运动，他们的歌曲被继承下来，只是把"埃尔哈特旅"换成了的"希特勒冲锋队"。[172]

正如我们所见，古代北欧文字的象征符号，⚡⚡，作为一个种族精英团体的神秘符号，对古多·冯·里斯特来说很有吸引力。

希特勒从墨索里尼那里学到很多东西。从他身上，他学到采用统一色彩的衬衫和举手礼。除了成群结队的扈从（lictor），他的一个象征符号是死人的头颅。希特勒的冲锋队的先驱就是墨索里尼的战斗团（*Squadristi*）。在德国规定向元首起誓之前，意大利就有向领袖起誓的先例。希特勒统治下被称为 *Gauleiter*（省党部头目）的地方领导人非常类似于墨索里尼统治下的 *Federale*。墨索里尼在希特勒之前就将旗帜奉为神圣而且在半宗教的仪式中保留牺牲者的名字。他也把妇女和青年组织成独立的政治组织，并设立了秘密警察。[173]

适用于希特勒的党组织、象征和惯例的东西也同样适用于他的政治思想：没有一个观念可以称为是他自己的，没有一个重要观点不是从别人那里获得的。希特勒的力量不在于他的思想独创性，而在于他的政治敏锐感和他那无法抗拒的人格魅力。通过他的克里斯玛式魅力，他把他的极端种族观念转变为一个强大的政治计划，并使人们相信他是他们的拯救者。

他的观念有重大的历史影响这一事实本身就是研究它们的足够理由。但是，我们还有一个特别的原因要探寻他古怪的精神世界。我们力求理解他的人格，而这样做的一种方式就是看他的病态心理如何反映在他扭曲的观念世界；另一种方式就是直接研究他的个人生活。我们现在从希特勒的幼年——这一阶段强调那些心理体验，有助于形成他的人格并塑造他的政治生涯——转入他人生发展的成年阶段。

第三章 作为成人之父的孩子

> 我与公众皆知孩童所学，凡遭邪恶所害之人必行邪恶之事。
>
> ——W. H. 奥登
>
> 孩童时期的每一个基本冲突，都以某种形式继续存在于成人阶段。
>
> ——埃里克·埃里克森

家系一直是困扰希特勒一生的问题。自他死后，这一问题也令传记作家困惑不已。希特勒要求帝国里所有的公民确定和证明他们祖先种族纯洁性的一个原因很可能就是他极度怀疑自己的身世。

混乱的家庭联姻、乱伦、私生的网络，同名字的变更与不完整或是更改过的洗礼档案一样增添了追寻他的家族世系的困难。然而，从省里的档案馆、教区教堂的记录、乡间的口承传统和历史学家坚韧不拔的研究工作中，仍有几个事实彰显出来。

可以确定的是1837年一个中年农家女子从下奥地利的一个名叫斯特罗尼斯的小乡村来到附近的一个小村让教区的牧师给她孩子举行洗礼仪式。在杜勒斯海姆教区洗礼登记处的第七卷册（Tomus vii）第7页的条目中，记录了这个女人是玛丽亚·安娜·施克尔格鲁伯（Maria Anna Schickelgruber）：斯特罗尼斯的一个农民约翰·施克尔格鲁伯（Johann Schickelgruber）的未婚女儿。她的孩子，就是后来希特勒的父亲，起名阿洛伊斯·施克尔格鲁伯（Aloys Schickelgruber）。那天父亲名字的那一栏里是空着的。多年后，1876年，有人以另一种新鲜墨水的笔迹在那一栏加上了约翰·格奥尔格·希特勒（Johann Georg Hitler）的名字。[1]

那位母亲从未透露她的情人是谁,于是那些年间怀疑和争论都围绕这个男人,也就是希特勒的祖父的身份。但是,他祖母的家庭背景很清楚。施克尔格鲁伯家许多代都是奥地利秀美起伏的乡下瓦尔德维尔特尔县里的农民或是巡回的农场工人。在欧洲这么一个近亲交配和乱伦已不足为奇的小地方,施克尔格鲁伯家还是因其特别复杂的家族关系和生理缺陷以及精神失常的历史而闻名。例如,后来在盖世太保的档案中收集到的文献显示,希特勒的堂兄约瑟夫·维尔特(Joseph Veit)的孩子中的三个都有智力缺陷,其中一个在精神病院自杀。这个家族的其他支系也都受到类似的影响——大概这是有人散布的谣言。[2]

玛丽亚·安娜·施克尔格鲁伯摆脱了当时农庄妇女干的劳累辛苦的工作,去了格拉茨,或者可能是在另一个省城做家庭女佣。在那里,她怀了孕,然后在41岁时回到了家乡的村庄,生下孩子阿洛伊斯(这是他后来喜欢拼的名字),未来元首的父亲。当阿洛伊斯5岁大的时候,她嫁给了一个名叫约翰·格奥尔格·希德勒(也可拼为休德勒、希德勒、休特勒与希特勒)的平庸的流动磨房工人。由于他不愿,也无能力照料这个男孩,于是他的兄长,一个生活相对稳定、勤劳苦干的农夫约翰·奈波穆克·希德勒(Johann Nepomuk Hiedler)就收养了这个孩子并在他斯皮塔尔的农庄里把他当成自己的孩子来抚养,直到这个孩子13岁离家去维也纳谋生。

在首都,阿洛伊斯做了一个靴匠的学徒,接着就实现了一生的转机,这对他这样背景的人是非同寻常的,而在他的家族的历史中也是独一无二的。在结束了学徒生涯两年以后,即他18岁的时候,他进入奥地利行政机构:国内税收部。于是,他便成为一名皇家官僚机构的成员,被赋予所有可观的特权并享有免穿制服的特权——他在后半生只是在非常自豪的时刻才穿。

1876年,当他39岁时,他成功地说服了他的养父,约翰·奈波穆克·希德勒更改他的出生记录。因此,在1876年一个秋日,老迈的奈波穆克·希德勒和他的三个不识字的亲戚驾上一辆马车沿着狭窄崎岖的乡间小路从斯皮塔尔赶到杜勒斯海姆来填写阿道夫·希特勒的正式家系。奈波穆克向年长的教区牧师起誓,他的养子阿洛伊斯,现在的税务检察官,实际上是他已故的弟弟的亲生儿子。牧师接受了这个证词,这样,杜勒斯海姆教区的登记册上1837年原先的洗礼条目就修改过来。在"受礼者姓名"一栏所填的施克尔格鲁伯被划掉,原先空着的父亲名称一栏填上一个意外拼错的名字:"格奥尔格·希特勒,信天主教,斯皮塔尔居民"。奈波穆克和他的亲戚小心地按上手印作为证明。那个牧师,约瑟夫·查恩希姆(Josef Zahnschirm)神父并没在名册上签名;但是根据与其他有他笔迹的证据作比较,还是能肯定他从1867年至1886年作为教区牧师的确填写了那份表格。

我们必须猜测为什么奈波穆克·希德勒要不辞辛苦地去更改他养子的姓。他可能只是想满足一个长大后如此出色的孩子的愿望;他可能更愿意让他姓他自己家族的姓,而不是软弱无能的施克尔格鲁伯家的姓。奈波穆克本人没有子嗣继承他的姓,于是这位老人就非常乐意让性功能强盛的阿洛伊斯承担这项令人愉快的使命。另外,如果阿洛伊斯的亲生父亲真的是个犹太人的话,正如一些造谣者所暗示的,自豪的老农夫和有前途的政府官员也会急于使不可否认的天主教登记册簿上的姓名"合法化"。无论如何,在奥地利乡村这个平静的十字路口上,历史没有出现任何转机。如果那年秋天没有把名字改成希特勒,阿洛伊斯的儿子也就不大可能在政治上这么辉煌。毕竟,极度狂热地呼喊出"嗨,施克尔格鲁伯"有点别扭。

犹太祖父?

临近1930年末的一天,阿道夫·希特勒叫来他的私人律师汉斯·弗兰克(Hans Frank)商量一个紧急的私人问题。① 希特勒找他来是因为一个亲戚打算勒索他,他声称知道元首的祖父是犹太人的特别消息。希特勒非常担心他会揭发他的身世,于是他命令他的律师去调查。弗兰克做了调查,发现希特勒的父

---

① 弗兰克后来作为德国法律学院的校长、国会成员、国家社会主义律师协会的领导人、党卫队最高分队队长和波兰的总督,在第三帝国拥有非同一般的特权和势力。在他于纽伦堡上吊自尽之前,他在回忆录中讲述了这个故事。

亲的确是一个名叫玛丽亚·安娜·施克尔格鲁伯的女人的私生子，她曾在格拉茨"一个名叫弗兰肯贝格尔的犹太人家"做女佣。从她孩子——希特勒的父亲阿洛伊斯——出生到他长到14岁，弗兰肯贝格尔都出钱抚养这个孩子。根据弗兰克的说法，当希特勒面对这个证据时，他说，格拉茨的一个犹太人是他祖父的说法是个彻头彻尾的谎言，因为他祖母告诉他的并不是这样。她接受犹太人的钱只是因为她太穷了。[4]

尽管弗兰克高居"波兰总督"之位，但我们还是有理由相信他的讲述。他是作为一个已经皈依基督教的被宣判有罪的人写下他的回忆录。他写书的部分原因也是为了赎罪。他没有明显的理由不如实叙述希特勒的情况或是编造故事。而当希特勒说他的祖母向他保证祖父不是犹太人时，他很可能是在撒谎——希特勒的祖母玛丽亚·安娜·施克尔格鲁伯早在他出生的35年前就去世了——这并没有多么稀奇。值得注意的是希特勒并不试图否认他的祖母许多年都接受一个犹太人的资助。汉斯·弗兰克所得来的证据一定给人相当深刻的印象；这一证据足以迫使希特勒承认他的祖母与犹太人有关系。但这一证据从没有公开。弗兰克说它是根据玛丽亚·安娜·施克尔格鲁伯与弗兰肯贝格尔之间的书信判断出的，信件归一个与希特勒有姻亲关系的女士拥有。然而弗兰克并未明确说他是否亲眼见过这些信件，而它们也从未被人发现过。此外，对于弗兰克所说的玛丽亚·安娜实际上在一户姓弗兰肯贝格尔的人家里当女佣的说法无须证明——如果需要的话，格拉茨确实曾有这样一户人家。①

---

① 格拉茨大学的历史学家尼古劳斯·普雷拉多维克（Nikolaus Preradovic）的研究又进一步给故事提出疑问。1939年普雷拉多维克在《巴黎晚报》（*Paris Soir*）发表的一篇揭示性的文章中开始了他探索希特勒神秘的犹太祖父——弗兰克称之为弗兰肯贝格尔而希特勒的外甥叫他弗兰肯赖特——的任务。普雷拉多维克在格拉茨犹太人的文化区中没有发现弗兰肯贝格尔或弗兰肯赖特的记录。事实上，犹太人集会最远只追溯到1856年，而阿道夫·希特勒的父亲在此之前20年就出生了。然而，在此期间，不仅格拉茨，连整个省城都没有一个生活在那里的犹太人的记录。犹太人在1496年被赶出当地，然后直到1856年以后才被获准归来。希特勒的外甥提到的名字，莱奥波德·弗兰肯赖特（Leopold Frankenreiter）被找到了。不过他是一个信天主教的皮匠的儿子。1795年在巴伐利亚出生后，他就迁到了弗兰肯贝格尔，在那里他以屠夫为职业。他的儿子——根据一种假说，将是推测中的希特勒祖父——在1837年的时候才10岁，而此时，41岁的玛丽亚·安娜·施克尔格鲁伯已经生下一个孩子。如果他的确是父亲的话，普雷拉多维克简洁地评论道，他一定是"一个非常早熟的男孩"（*Spiegel*, no. 24, June 12, 1957）。西蒙·威森塔尔（Simon Wiesenthal），在调查欧洲人的家庭背景后了解到许多情况，他说他查了格拉茨的所有档案，也发现当地没有一个名叫弗兰肯贝格尔的犹太人（Letter to the editor, *Spiegel*, no. 23, August 7, 1967）。

德国历史学家和新闻记者也根据许多很有争议的档案记录追索希特勒祖父的身份。[5]他们付出的辛劳值得称赞,但是他们提出的问题却并不真的有价值,而且确实也几乎无法回答。我们不知道,而且可能永远也不会知道希特勒的祖父事实上究竟是不是犹太人。但更为重要的是另外一个问题:希特勒相信他有犹太血统吗?答案是肯定的,他是这样认为。无论对错与否,希特勒一生都活在可怕的猜疑中,怀疑他自己的祖父是犹太人而自己受到了犹太血统的"污染"。这种怀疑构成了他的精神事实,从而帮助塑造了他的人格,并最终决定了他的公共政策。

他以多种方式表达他的忧惧。在公开演讲和私人谈话中,他不厌其烦地强调"血统污染"的危险,并表明(从他内心不可能得出的观点):"只是失去血统的纯洁性就已经永远地毁灭了内心的幸福;它令人永久地降格,而且它的后果永远不会再从身心排除。"他感到有必要让劣等血统偿还。由于不能直接承认他自己的家族"有罪",他便宣称**所有德意志人**都被包括进来而使"罪恶"普遍化,借以进行自我防卫。因此,德意志血统被玷污成为所有人的"原罪"。他对一位密友说:"我们所有人都深受血统混杂、血统污染之苦。我们怎样才能纯洁自身从而得以赎罪呢?"在另一个场合,他又向另一个同伴暗示耶稣的犹太血统是一个特殊的诅咒。"在《福音》中,当彼拉多犹豫不决是否要把耶稣钉死在十字架上时,犹太人冲彼拉多大喊:'他的血注入到了我们和子孙的血统中。'或许我必须实现这个诅咒。"他提出不结婚生子的理由之一是他担心血统受到污染和低能儿的家族史:"天才的后代在生活方面都存在障碍。所有人都期待他们具有和伟大的父辈一样的才干。但是那不大可能。此外,他们都将是低能儿。"[6]

希特勒孩童时期让水蛭吸他自己的血或是后来习惯让莫勒尔拿注射器抽取他的血都反映出他怀疑他的血出了问题。他想排掉它。元首如此关心测量出来的关于他的头颅的精确数据是因为他担心自己有"犹太人特征"。在纳粹种族主义者中,通常认为"犹太人特征"能够通过头盖骨测出的看法纯属误解。希特勒通过精心绘制自己的头部图表可能是试图向自己证明他不是犹太人。

然后，他回顾了他祖母在做家庭女佣时可能被犹太人引诱的故事。他公布的最重要的正式文件之一，1935 年的纽伦堡种族法——他称之为"血统保护法"——表明了他的关注。他本人亲自审阅了这些法律条文的措辞并严格规定不准更改一个字句。其中第三段特别有意思。元首特殊强调了下述法律禁令："犹太人不得雇佣德意志或是相近血统的年龄小于 45 岁的女子做家庭女佣。"根据希特勒的猜测，他自己的祖母大概就是在 41 岁的时候在一个犹太人家庭工作期间怀孕的。[7]

他把折磨自己的恐惧投射到中央党代表马修斯·埃尔兹伯格（Matthias Erzberger）身上，他指控他接受《凡尔赛条约》而背叛了德国。在他 1928 年写的第二本书中有这么一段意味深长的话："命运选择了一个要为我们民族的崩溃负有主要罪责的人。马修斯·埃尔兹伯格……**一个女仆和一个犹太雇主的私生子。**……"正如这本书的编辑所指出，关于埃尔兹伯格的谣言在现实中并没有根据。然而，希特勒在他的著述中反复提到这个故事，这在心理学上非常耐人寻味。[8]

仅仅提到一个德意志女孩做女仆或女佣就让希特勒深深困扰。他的新闻局长记录了一件他无法解释的古怪事情，然而这一事件却反映了一个天主教女仆就足以引发希特勒激烈的情绪反应。在 20 世纪 30 年代的这个场合中，希特勒得知他经常造访的纽伦堡的"德国人旅馆"（the Deutscher Hof）的经理的母亲，在天主教的一份杂志上登广告召女服务员。"元首为这件完全不值一提的事勃然大怒；经理立即被解雇并被专门列在黑名单上。"[9]

在 1942 年 2 月夜间独白中，这一想法仍旧萦绕在他的脑海。他告诉随从"一个在纽伦堡的希尔施先生家干活的乡下女孩"被他的雇主强奸了。[10]

希特勒不喜欢谈论他的家庭。然而，他明显表现出对他的家系的兴趣。的确，他如此关注它，派他自己的盖世太保去调查——大概是为了证明他的祖父不可能是犹太人。① 但是调查者并没做出这样的保证。盖世太保的密探和后来的历史学家都一样无法确定希特勒祖父的身份。元首从来没有消除他的疑惑。

还有别的证据表明，希特勒怀疑他的血统是因他父亲而受到污染的。令人惊异的是，他对与他父母有密切关联的村庄怀有敌视态度。阿尔倍特·施佩尔无法解释1942年在奥地利乡村的一次汽车旅行结束后，当他向元首提起他注意到斯皮塔尔的一个小镇上一户农舍墙上挂着一块牌子，写着"元首年轻时住在这里"时，为什么元首会有如此激烈的反应。施佩尔回忆道：

> 他立即火冒三丈，然后大叫着鲍曼，鲍曼惊慌失措地跑了过来。他冲他吼道，他说了多少遍不准再提这个村子。但是哪个白痴的省党部头目站出来，在那立了一个牌子。必须立刻把它移走。[11]

施佩尔觉得希特勒的激动无法解释，因为通常他对将他童年在林茨和布劳瑙待过的地方装饰一新很感兴趣。而对此的解释大概就是尽管希特勒的确在斯皮塔尔的农庄度过了许多个夏天，但是在他脑海中，它是作为他父亲童年的家而与奈波穆克·希德勒联系在一起的。只要一想到他父亲的家和血统显然就足

---

① 现收录于纳粹党主要档案中的所谓《盖世太保报告》（Gestapo-Berichte）中关于希特勒的部分，有一些元首家庭背景的重复调查记录。资料和文件都是在1932年、1935年和1940年收集的。两个独立的调查是在1942年和1943年12月至1944年1月期间进行的。一些文件明显是由党的档案保管人，有着不寻常的日耳曼人名字的安拉·布雷特鲁（Anna Bleibtreu）收集的，他只是为官方档案收集资料。但是，盖世太保也对希特勒的家族血统有着特殊的兴趣。1942年10月4日，一个名字无法破译的党卫队地方头目发给柏林普林茨·阿尔布莱希特大街帝国党卫队首领一封信（也就是说给海因里希·希姆莱的）并标印上'机密'。信里装入了盖世太保在林茨分部收集的有关元首祖先的档案。一部分盖世太保档案藏于国会图书馆印刷品与照片区，其中有一封海因里希·希姆莱签名的信件原稿，信是发给"马丁·鲍曼，希特勒的秘书"的。在信中，希姆莱指出他在正式发送他所有的关于希特勒的资料，要求得到一个他通过送信人传送过去的档案的收条，并标上"国家机密"（Geheime Reichssache）。（国会图书馆，印刷品与照片，希特勒的材料）如果希姆莱试图借用"犹太祖父"来制衡希特勒，像有些时候所暗示的那样，他就不会把档案交给鲍曼。希姆莱和盖世太保的其他成员如果没有得到希特勒的明确许可也不可能涉入像希特勒的祖先血统这么敏感的问题。似乎有理由得出结论：希特勒本人下令进行调查是为了向自己证明他拼命需要确认的事：他是纯正的雅利安血统——或者至少和他的种族法律所要求的雅利安人是一样的。

以使他心情不快。

发生在另一个与希特勒家庭有关的村庄的故事甚至更有趣。1938年3月，几乎就在吞并奥地利之后，希特勒视察了迷人的农业小村杜勒斯海姆——他父亲出生和他祖母埋葬的教区，以及记录他父亲生日和姓名的历程。而希特勒此行的目的是为了确定这个村庄是否适宜做炮弹发射场，第17号军事区的国防部陆军元帅尼特谢德（Knittersched）接到希特勒直接命令，"一旦有可能"就将该地区准备好，撤离全部居民，并将教区的登记册转移走。一门门的重型大炮闯入村庄，破坏了建筑并将墓地的坟墓炸得无法辨认。为什么要毁掉杜勒斯海姆？在下奥地利这一地区适合做炮弹发射场的空地多达数千英亩。希特勒不大可能随便选择了这个特殊的村庄。从表面看，他内心似乎有一种强迫性冲动，要通过毁灭他父亲出生和他祖母埋葬的地方而消除对自己有犹太血统的怀疑。

1930年当记者试图了解希特勒的家庭背景时，他发表的一句评论表现出了他对祖先血统的疑惑不安。他说："这些人绝不能知道我的身世或是我的家庭背景。"[13]正如我们所注意到的，他感到有必要在他祖先的问题上撒谎，所以他说他们来自下萨克森。

还有其他意识的证据表明希特勒担心他自己的"犹太人特征"。与犹太人相关联的两个身体特征——身材矮小和大鼻子——是令他自己烦扰的两个特点。希特勒对个人清洁的强迫性关注以及对香水和剃须后用的洗液的厌恶都是这么强烈，有人猜测，这是因为他害怕身体的气味或用香水遮盖它会使人认为他是犹太人。当一个同伴问他为什么犹太人"总是给人陌生的感觉"，希特勒给了一个现成的答案："犹太人身上有一股特殊的气味。"1939年10月29日在慕尼黑的一次演讲中，希特勒公开表达了他对身体气味和香水的反感：

> 种族本能地保护着人民；那个种族气味属于未与犹太人通婚的非犹太人。现在这些香水泛滥的年月，任何一个注重修饰的人都可能带有和别人身上一样的**气味**，于是这些不同民族间较为细微的差别就消失不见了。这恰是犹太人所期望的。[14]

那些评论希特勒外在特征的人都说他最不吸引人的地方就是他那形状怪异的鼻子和大得出奇的鼻孔——因此他浓密的一小撮胡须长得恰好足够遮住它们。在头脑中存有这样的印象后，我们不妨来看看希特勒对犹太民族的直率尖锐的评论："从华沙的犹太区到摩洛哥的集市上，所有的犹太人永远共有一个特征：富有进攻性的鼻子，残酷而堕落的鼻孔……"[15]

父亲：阿洛伊斯·希特勒（施克尔格鲁伯）

阿洛伊斯·希特勒在奥地利官僚机构的生涯无疑是颇有声望的。在他服务9年以后，他就获得了助理海关官员的头衔，截至1892年他又荣升为高级税务官，这是当时一个仅受过小学教育的人能够公开担任的最高官衔。在频繁地搬家和没有明显理由而经常离家之后①，阿洛伊斯最后退休迁到了林茨正南边旦昂丁村的一所小房子。1903年1月23日清晨，他在村里的斯蒂夫勒酒馆喝了0.25公升酒后突然倒地身亡，没有来得及用药物救治也没有牧师在场祈祷，死时66岁。

我们很难公正地描述阿洛伊斯·希特勒。当时熟悉他的人对他有着截然不同的印象。例如，他的性行为就引发了混乱的评论。一些村民对他的不忠感到震惊，而另一些人则漠不关心，还有一些人却有些嫉妒。

我们知道在他30多岁时，他和一个名叫谢尔卡（Thelka）的乡村女子生了一个孩子，她的姓已无处可寻。几年以后，1873年他为了事业发展娶了安娜·格拉斯尔（Anna Glassl），一个帝国稽查官的女儿。新娘其貌不扬，还比阿洛伊斯大14岁，但是她带来的嫁妆却相当丰厚，并带来了一个女仆，名叫

---

① 他在布劳瑙——希特勒出生在那里——工作的21年间，至少搬了12次家；在帕绍的两年中，阿洛伊斯搬了两次家；在林茨时期，搬了很多次家。他曾买了附近菲许拉姆（Fischlham）村景色宜人的地产。这块大约9英亩的土地使他迷上了养蜂；养鸡和养牛也贴补了家用；那里还有果树，景观也不错。但是在买了这块土地仅仅两年后，阿洛伊斯就卖掉了地产，把他的家搬到兰巴赫村，他们先是生活在雷因加特纳（Leingartner），然后又搬到一座旧磨坊——一年当中就搬了两次家。似乎搬家不是什么经济困难造成的。阿洛伊斯的收入稳定、可靠，而且还在增长，奥地利乡村的那段时光是宁静平和、安稳无忧的。

安东尼亚·梅尔（Antonia Mayr），她引起了阿洛伊斯的注意。娶了安娜以后，阿洛伊斯还分别与另一个年轻的女仆，弗兰西斯卡·马茨尔斯伯格（Franziska Matzelberger）——人们通常叫她范妮——和她 16 岁的侄女克拉拉·珀茨尔（Klara Pölzl），也就是以后希特勒的母亲有密切来往。当时克拉拉离开自家的农庄到阿洛伊斯和他妻子住的布劳瑙旅馆工作。显然，阿洛伊斯和范妮偷偷摸摸的关系引起了他妻子的疑心；1880 年安娜·格拉斯尔与她的丈夫分居。阿洛伊斯就让范妮搬到自己身边住，但是范妮提出的条件是要求他送走她的情敌克拉拉·珀茨尔，显然就是把她打发到维也纳去。范妮生了个儿子，也取名阿洛伊斯。（这个阿洛伊斯·希特勒——阿道夫同父异母的哥哥——后来成为败家子，娶了一个爱尔兰姑娘，生下威廉·帕特里克·希特勒，也就是据说 1930 年试图勒索他著名的叔叔的那个人。）阿洛伊斯在 1883 年 5 月 22 日娶了范妮，他 46 岁，新娘 22 岁。婚礼之后的两个月，范妮生下了一个女儿安吉拉（Angela），她后来在阿道夫·希特勒一生中扮演着重要的角色。当范妮患上肺结核病后，阿洛伊斯把他的注意力转移到克拉拉·珀茨尔身上，她被叫回来照顾范妮和她的两个小孩。范妮一死，阿洛伊斯就获得了罗马教皇的批准，1885 年 1 月一个寒冷的清晨，在布劳瑙教区教堂，阿洛伊斯正式娶了克拉拉·珀茨尔。已经怀了孕的新娘当时 25 岁，新郎 48 岁。克拉拉后来回忆道："我们在清晨 6 点结婚，还没到 7 点，我的丈夫就开始再次履行丈夫的职责了。"婚后，丈夫和妻子继续称对方为"叔叔"和"侄女"。[16]

所有人都赞同阿洛伊斯是个尽责的官员，一丝不苟到了挑剔的地步。他也是一个勤俭朴素的人，尽管供养家庭，但不让他们过舒适的生活。没有证据表明——除了在他儿子的幻想中——他是村里的酒鬼。在他生活的村庄，他似乎一直受到尊敬，因此在他死后，当地报纸还登了一份善意颂扬的讣告："总而言之，希特勒的过世不仅给他的家庭造成了巨大的缺憾……而且在那些珍藏着对他的美好记忆的朋友和熟人的圈子里也留下深深的遗憾。"[17]

然而，还是有一些不大好的说法。甚至那些盖世太保造访过的从前的伙伴——还有没料想到会说元首父亲坏话的伙伴，在谈到他的性格时都有些含糊其辞。在阿洛伊斯的第二个妻子死后就到他家做厨娘的赫尔夫人，证实他是一个脾气暴躁而又非常苛刻的人。[18]

阿洛伊斯在海关局的同事和他在村庄聚会（Stammtisch）①中的好友都认为他是一个忠实尽职的官员，但也是一个毫无幽默感的人，常常毫无理由就大发雷霆。在升职之后，他坚持要别人尊称他为"高级官员希特勒先生"，当像通常那样被称作"官员先生"时，他就十分恼火。他不是一个嗜酒的人，但是他"抽起烟来像一根烟囱"，而且一个善意的证人发现他非常武断并对自己的嗜好很偏心。尽管自己沉溺于其中，但他绝不会让下属在上班时抽烟。

阿道夫·希特勒终生对抽烟的反感，甚至是发自肺腑的对这种嗜好的痛恨似乎来自他对父亲烟斗的记忆。在这个家庭里，那些烟斗成为父权的象征。希特勒童年的朋友记得甚至在阿洛伊斯·希特勒去世两年后，这个家庭中还能感受到那个老人的存在。他的肖像画威慑着整个屋子，而且"我仍记得，在厨房的书架上，还精心地摆放着他过去常用的长烟斗。它们基本上就是这个家中他的绝对权力的象征。许多次谈起他时，希特勒夫人都会指着这些烟斗强调她的话，好像它们可以证明她是多么忠诚地继承着这位父亲的传统"。

希特勒刻意漠视时间或是竭力征服它，似乎也与他的父亲有关。每一个认识这个老人的人都强调他近乎迂腐的准时性。的确，布劳瑙海关机关的一个同事回忆到，在准时的官员中，阿洛伊斯·希特勒堪称一个真正"守时的魔鬼"。甚至在没有必要准时的情况下，无论如何他也从不会让下属在下班前早走5秒钟。[19]

普遍的看法是希特勒的父亲要求希特勒在他面前保持沉默并完全禁止希特勒顶嘴，这在后来也有了反映。希特勒长大以后成了历史上最强大的煽动政治家；经常是一整晚，他会禁不住地强迫性自言自语，迫使他人倾听。他也不能忍受别人的反驳。

老农夫约瑟夫·梅尔霍弗尔（Josef Mayrhofer），担任里昂丁村长多年，是

---

① Stammtisch，德语中表示固定的餐桌。这个词最早出现在餐厅或酒吧的桌子上，意即这是每天或每周为同一群客人在同一时间段预留的桌子。在农村地区，参与到 Stammtisch 中往往象征一定的社会地位。尤其在19世纪下半叶，Stammtisch 通常由当地政要组成，如市长、医生、教师等。——译者注

阿洛伊斯的好朋友，于是在阿洛伊斯死后，就被指定为阿道夫·希特勒的监护人。1948年，他已经80岁，但反应仍旧灵敏，头脑清晰，他承认阿洛伊斯·希特勒有暴君倾向："那个男孩站在那里敬畏地看着他……他对家庭非常严厉。据说家里不准小孩戴手套。他的妻子也从不露出笑容。"[20]

事实上，在希特勒的家里没有什么快乐可言，也没有乐趣的意味。关于玩笑这点比较重要。埃里克·埃里克森揭示了自发性和自由活动对一个孩子的成长发展的重要影响。像老阿洛伊斯·希特勒这样习惯性地表现出毫无反应、冷漠和消极的父亲只能使孩子心中产生否定和破坏的深层欲望。埃里克森的评论明显描述了年轻的希特勒与父亲之间的体验——和他后来对其他人的态度：

> 当基本需要得不到满足，成长的能力失去发展的机会，发展的天赋得不到积极的回应，焦虑和愤怒通常就逐步积聚起来。因为相互作用的对立面就是毫无生气。在孩子的潜意识里，这个习惯上反应冷漠的人就成了道德敌人的典型，而热切的搜寻经历面临环境的毫无回应就产生了否定感，更为重要的是导致了否定和消灭他人的无目的的冲动。[21]

同当时本地的许多父亲一样，阿洛伊斯·希特勒相信身体惩罚。布里吉·希特勒（Bridget Hitler），小阿洛伊斯的妻子，证实她的丈夫经常向她讲述他的童年而且形容他的父亲是一个"脾气非常暴躁"的人。他"经常抽打狗直到它的血……浸湿了整个地板。他经常打孩子，而且有时……还会打他的妻子克拉拉"。其他认识阿洛伊斯·希特勒的人都说他的孩子当着父亲的面不敢说话，除非得到许可。他们被禁止使用习惯的"你"（du），并被要求将他写成**"父亲先生"**。他不习惯叫阿道夫的名字，而是像对待他的狗一样，把两个手指放在嘴上冲他吹口哨。[22]

让我们试着设想一下年轻的阿道夫的记忆和幻想，以及他人的陈述所间接揭示的他对父亲的感觉。

这个孩子一定为种种冲突的印象所困惑。他被要求服从和尊敬这个老人，而且还要钦佩他。身着帝国海关的做工精良光洁的拉绒制服，阿洛伊斯成为勇于奉献的公务员、帝国的支柱、村中最具声望的父亲这三者的化身。他有钱有势，给他的家庭带来了经济的保障、舒适的物质享受和社会地位。但是这个专断而残忍的人却符合了一个小男孩的可怕的俄狄浦斯幻想，一个突然投放恐怖、痛苦和惩罚的晴天霹雳的强有力的复仇敌人。

简言之，希特勒对他父亲的态度是一种矛盾心理，可以作为教科书中俄狄浦斯冲突的例证。在年轻的阿道夫身上，正像西格蒙德·弗洛伊德描述的许多小男孩一样，有介于两种态度之间的冲突：仿效父亲或者渴望父亲的宠爱同区别于父亲和毁灭他的欲望互相较量。

矛盾的心态一直伴随希特勒一生。他童年的朋友回忆起："希特勒满怀敬意地提起了他的父亲。我从没有听到他反对他，尽管他们之间在他的事业问题上有分歧。"而且在他的自传中，希特勒总是尊敬地谈起他的父亲，形容他是一个"忠诚的公务员"。他详述了他们生活中的相似点（二人都去了维也纳），并对他父亲离家动身去帝国首都寻求财富做了一个颇有共鸣感和情绪化的表述：

> 当时，这个还不到13岁的小男孩守口如瓶，然后动身离开故乡瓦尔德维尔特尔。……他怀揣着仅有的3个盾的旅费，在这条通往未知的道路上必须作出痛苦的决定。然而，现在这个13岁的小伙子已经17岁了，并完成了自己的学徒生涯……他度过的充满无尽艰难困苦的漫长岁月都加强了他的决心。……经受着还是少年的希望和悲伤，满怀着"成人"的坚韧，这个17岁的男孩始终坚守着他的决心……从而成长为一名公务员……如今，当年那个穷困的男孩许下的永不回到他亲爱家乡的誓言在他还未成就事业之前就实现了。[23]

他对父亲的矛盾心理在"二战"时一天夜晚独白的片段中扭曲地显现出来。在短暂的感情爆发中，他成功地颂扬了他的父亲，而且明显给了他一个不相称的头衔，这完全是在谴责他。在对官僚和法官的猛烈攻击下，他说——或者似乎说了，"曾经，我认为陪审员是脱离高层生活！我的确是那样看待所有这样的国家官吏的！我的老父亲是一位可敬的人。巡回审判和司法顾问的主席！那时我根本不知道司法顾问是一种以替骗子辩护而谋生的人。"这一段不好翻译，所以也可能是希特勒并没有真正打算用他父亲根本没有的头衔来称呼他。但是在另一个地方对他父亲这种虚伪形象的证实却是明白无误的——而且有些奇特。在1921年10月29日写的一封信里，他贬低了父亲，而且还撒了谎，写道："1889年4月20日我出生在布劳瑙客栈，是当地［邮政官］阿洛伊斯·希特勒的儿子。"[24]

他的自传和谈话都显示了他想要仿效父亲的愿望，但是人们又总能感觉到尖锐的敌对一面和想要击败对手的决心。例如，在回忆到童年他曾经在地方修道院唱诗班里唱过歌时，希特勒说："我一直有着置身于一个盛大的神圣庄严的教会节日的绝好机会。很自然，男修道院院长对我而言，似乎是可奢望的最高的地位，正像我的父亲曾经渴望做村里的牧师一样。"他喜欢把他与父亲的关系描述为一场意志冲突的斗争，最终获胜的是他的意志：

> 不管我父亲多么强硬和坚决……他的儿子也一样固执和倔强。……我父亲从不放弃说他的"决不"（never），而我则加强我的"然而"（nevertheless）。……[25]

因此这就伴随着他的一生。他的意志一定要获胜：首先要战胜他的父亲，然后是击败他的政治对手，最后就是通过战争对抗整个世界。

父亲死的时候，阿道夫14岁，他表面上拒绝对这个老人的一切认同。通常，当一个父亲死后，他在世的儿子会试图承担起父亲的角色或者至少表现一种令父亲满意的男子汉的样子。但是，年轻的希特勒立即表现出相反的认知——采取种种本会惹他父亲生气的生活方式。正如我们将要见到的，他首先扮演了腐朽的艺术家和花花公子的角色。后来，他动身去了维也纳，相继又成为艺术学校的辍学生和流浪汉，而这些都是通常他父亲厌恶的形象。

然而，在后来的人生历程中，阿道夫还是间接地接受了他父亲的挑战而"自己成就了事业"。他是以令这个老人印象深刻而又极具威胁的方式做到的：

他也成为一个政府官员——拥有毫无限制的权力。实际上，希特勒说过："我的父亲认为我是个失败者。我要以他理解的方式向他显示，即不是做一个艺术家而是做一名政府官员——我会变得如此强大有力，乃至可以任免像他那样的官吏并征服他所热爱的奥地利。"

这种对父亲产生的尊敬和轻蔑混杂的感觉后来转移到他所敬畏的人物，战地元帅——总统保罗·冯·兴登堡的身上，他身材肥胖，头发剪得很短，留着一副迷人的短髭，令希特勒想起他自己专制的父亲。尽管他轻视兴登堡，但他提起他时还是带着尊敬，把他视为——像他提起自己父亲一样——"老绅士"[der alte hfrr]。正像他感到被父亲威吓一样，他惧怕面对兴登堡。"老绅士，"他说，"完全敌视我们所代表的任何事物。……老绅士对我说，'希特勒先生，我想听听您有什么看法。'在这样的气氛中要阐明我的思想非常困难[wahnsinning schwer]。"而且当使用这个他童年学到的称呼时，他警告他的追随者："我们千万不要干任何惹恼老绅士的事。"[26]

尽管他的自传和谈话反映了他对父亲的尊敬，但自始至终也显露出了憎恨和恐惧。因为不管他这样做是否适当，阿道夫把他父亲看成一个酒鬼和残酷成性的堕落者。他向好友倾诉，身为一个怯弱的年轻人，他被迫去一家臭气熏天、烟雾缭绕的酒馆把他烂醉的父亲拉回来，只是为了恳求喝醉的父亲回家。"噢，那是我曾有过的最羞辱的经历。我是如此清楚一个魔鬼般的酒徒是什么样子。那是因为我的父亲——我年轻时最大的敌人！"[27]

希特勒还向秘书描述他的父亲是多么残忍的人以及他用鞭子打人是多么的狠毒，以期从他们那里博得同情。一个秘书回忆："他过去常说，'我从未爱过我的父亲。因此我是更加怕他了。他胆气很坏，还经常打我。'"他喜欢讲他年轻时如何喜欢卡尔·梅耶（Karl May）写的关于印第安人的故事，那些印第安人在痛苦折磨之下以拒绝大喊来显示自己的勇气。有一天，当他父亲用细长的藤条狠命地打他，而他那吓坏了的母亲站在门外不知所措时，阿道夫默默数着鞭打一声没吭，然后自豪地宣布："我父亲打了我230下！"他回忆到，自此以后，父亲再也不用鞭子打他了。[28]

人们怎样才能判断鞭打孩子的严重后果？当一个孩子受到自己父亲痛打，

并遭到不加干涉的母亲的遗弃而身心伤痛地躺在那里,心理的创伤会给他幼小的心灵留下什么样的伤疤?婴儿必须学会安慰自己;他不可能信任别人;他被恐怖、惧怕、愤怒、无助、憎恨所包围。希特勒后来说的对他一生如此重要的憎恨难道不会是他在童年的愤怒——那种哭泣着说,"如果我更大些,我会杀了你!"的无助的激愤中学到的吗?一位著名的精神病学家说,杀人犯都是因这些经历而促成他们的犯罪的。希特勒完全赞同美国罪犯卡里尔·切斯曼(Caryl Chessman)的说法,他回忆起他童年所挨的残忍鞭打,断定"没有什么像憎恨那样有力地支撑着你;什么都比害怕要好"[29]。

当然,希特勒对一个酗酒的残酷成性的父亲的回忆是做了夸大,从而隐藏他个人想要消灭他父亲的愿望造成的罪恶感。他可能试图通过坚持说阿洛伊斯是个应该受到儿子敌视的残酷而恶毒的人,从而向别人和他自己证明他痛苦的憎恨是正当的。人们可能反对这一说法,即使年轻的希特勒被他的父亲击败,奥地利乡村的别的许多孩子也一样会受到鞭打而明显没有希特勒所承受的心理伤疤。"好,"有人可能会说,"那奥地利所有的男孩背上都挨过打,差别在哪里?"正如埃里克·埃里克森在他对路德的研究中所注意到的,差别就是:像在希特勒和路德身上一样,敏感的人就记得这些惩罚,而且以后会经常痛苦地回忆起来,显示出鞭打的确对他的人生发展造成了影响。正如埃里克森所写:"断定一个寻常起因不可能对个人产生不寻常的影响,这无论在临床研究方面还是在传记写作上都是站不住脚的。我们必须尽力明确藤椅编制工和藤条的关系,然后看是否单独的一个因素就可以将一个特殊的意义赋予一个普通事件。"正像在路德身上一样,在希特勒身上,牢记和痛恨鞭打,以及因挨打而憎恨父亲这一事实反映出它们对他有着不同寻常的影响。

恨与爱,快乐与痛苦的表现方式都很复杂。恨也可以是一种扭曲的爱;快乐也可能是从痛苦中获取。希特勒当然是有意识地痛恨鞭打并憎恨伤害他的父亲;但潜意识中,他可能渴望受到惩罚以博得父亲的关注和宠爱。我们可以联想到这种可能性,即我们在成年希特勒身上观察到的施虐受虐变态(sadomasochism)在这里就有了它的起点。临床研究表明,通常在童年,有受虐狂倾向的人就挑动他们的父亲鞭打他们。"这种想要接受惩罚或羞辱的欲望,"一位研究受虐狂的病理学专家写道,是另一种"渴求爱的方式……挨打和被爱都融合到一种受虐性的表达方式中。"[30]

像所有的小孩一样,希特勒心目中父亲的形象很大程度上也是受他想象中的父亲和母亲的性关系的影响。对于希特勒来说,这个记忆是创伤性的,因为,正如我们不久要见到的,阿道夫在三岁就看到——或者是在想象中看到——他酒醉的父亲糟蹋他深爱的年轻的母亲。

母亲:克拉拉·珀茨尔

克拉拉·珀茨尔,这个将要成为阿道夫·希特勒母亲的女人的命运一直都是非常悲苦。她一生都在受人摆布,以满足他人的意愿。

她在16岁时离开家中农场去帮阿洛伊斯操持家务,然后在雇主配偶范妮·马茨尔斯伯格的要求下,被迫出去流浪了四年。当范妮得上了肺结核病后,克拉拉又被召唤回来照料属于她的对手和"雇主—亲戚—情人"所生的孩子。"让人非常惊奇的是,"一位历史学家得出结论,"克拉拉的回来似乎没有引起什么强烈的反应。她频繁地探望身在兰舍芬(Ranshofen)的范妮,并和这个生病的女孩的寡母一道照料她以期让她恢复健康"。[31]

然而,克拉拉那种高尚的仁慈和忍耐力与其说证明了她没有什么"强烈的情感",不如说这似乎更显示了她抑制或否认她的真实情感的能力。愤怒或拒绝帮助她的对手和她冷漠的雇主照理应该是对她遭受冷遇的较为直接而恰当的反应方式。① 当然,克拉拉是男权主导的农业文明的女儿,这种文明是期望她把一个成熟妇女本不会接受的行为视为天经地义的。但是,没有迹象表明克拉拉智力低于正常人或是反应迟钝。她不是一个思维单纯并且毫无感受的人;她成功地控制和克服了复杂的情感,这可能不仅包括憎恨和愤怒,而且还有一种积极的内疚感。

---

① 这里对克拉拉·希特勒个性的解释是借用 Norbert Bromberg, M. D., "Hitler's Childhood" *International Review of Psycho-Analysis* I (1974)。我还得益于同布洛姆贝格(Bromberg)博士进行的关于希特勒的童年和家庭生活的许多讨论。

克拉拉自 1884 年春就与阿洛伊斯住在一起，那年 8 月，在他们婚礼大约四个月前，她怀孕了。她是一个虔诚而尽责的天主教徒，认真学习过罪行与忏悔的教义——而且布劳瑙这个小社会的流言蜚语也不会放过她，让她有机会忘掉自己的罪恶。似乎有理由推想克拉拉这个虔诚的天主教徒为她的通奸和对阿洛伊斯第一个老妻子安娜和第二个年轻的妻子范妮犯下罪行而感到强烈的内疚。然而，克拉拉还是幸免于难。当其他的妻子因病去世，她就得以与她们的丈夫住在一起，并享用着她们的嫁妆。罪恶感和对忏悔与赎罪的需求有助于解释克拉拉对自己命运明显顺从的接受：首先，失败和放逐；然后，照料孩子，可怜卑微地顺从他们的父亲；而且自始至终都甘愿承受着在她冒险进入这个城镇的街道时所遭受的流言蜚语和诽谤中伤。

克拉拉结婚时就承担着照料范妮孩子的责任，两岁的阿洛伊斯·Jr. 和三岁的安吉拉。几个月内，添了一个她自己的儿子，古斯塔夫（Gustav）。在他出生 15 个月后，第二个孩子伊达（Ida）出生；紧接着，奥托（Otto）就出生了，在几天之内就夭折在襁褓中。然而厄运又降临到那两个幸存的孩子，他们感染上白喉。克拉拉日复一日地在痛苦无助的绝望中目睹灰绿色的黏液似的隔膜吞噬着孩子们的咽喉，慢慢将他们杀死。① 古斯塔夫在 1887 年 12 月死去；伊达在 1888 年 1 月埋葬。同年，她又怀孕了。

1889 年 4 月 20 日六点半，复活节前夕，一个多云而阴暗的日子，温度是华氏 67 度，湿度是 89%，克拉拉在布劳瑙的波马客栈的狭小房间里生下了德国人未来的元首。

阿道夫是个体弱多病的孩子，一定引起了母亲的担忧，怕他像她别的孩子那样死掉。她在接连四次的怀孕中已经背负了沉重的压力，而为了挽救她的孩子们的生命所付出的痛苦而无用的辛劳，加之希特勒出生后不久在丈夫命令下不得不操持家务，又进一步耗尽了她的精力。在这以后的所有日子里，她都承受着要照顾她那死去对手的孩子的压力和自己孩子亡故的悲痛。继阿道夫之

---

① 我们不知道克拉拉是否告诉希特勒他的小哥哥和姐姐是怎么死的。如果她告诉了，那就有助于解释希特勒一生对扼杀和窒息的恐惧。

后，她又生下两个孩子。在最终受乳腺癌折磨而病死之前，她终于看到她那婚姻幸福和孩子健康的家庭梦想又一次的破灭。所以她给当时人的印象是一个失望而沮丧的妇人，似乎总是急着回家照料孩子和她的房子，从来不在外面逗留或者和邻居聊天。她从丈夫那里几乎得不到安慰和同情。甚至阿洛伊斯最亲近的一个朋友都承认他对他的妻子"非常粗暴"而且"在家几乎从不跟她说一句话"。[32] 由于丈夫拒绝对她的关爱和理解，克拉拉就把渐增的强烈感情转移到她唯一的安慰上：她的家务和孩子——特别是她幸存的儿子，阿道夫。在这个以清洁为训诫的村子里，克拉拉的家被视为纯洁无瑕的。好像她在试图抹去种种罪恶、耻辱和失败的感觉。她的家庭医生回忆："我对这套布置简朴的房子的突出印象就是它的洁净。它干净得闪闪发光。桌椅上没有一丝灰尘，擦过的地板上没有一丁点泥土，窗格玻璃上也没有任何污迹。希特勒夫人是一个出色的家庭主妇。"[33] 她的孩子穿戴相当整洁，而且不允许弄脏他们的衣服，否则要受惩罚。克拉很可能在他们幼年就试图给他们灌输一些她自己的罪恶感，严厉地提醒他们，罪恶是要付出代价的——她似乎感到她自己这种忧郁的生活就是活生生的证明。

她与阿道夫的关系是共生性的：母亲和儿子出自精神需要彼此依靠。小阿道夫依赖克拉拉，但是她也同样需要他。因为他是证明自己作为真正善良、有情义的母亲的途径，尽管她有种种的自我疑惑和罪恶感——的确如此。正如一位德国心理分析学家所指出的，由于这么投入地爱阿道夫，克拉拉很可能与她潜意识中感到的对这个孩子的憎恨进行思想斗争。这个孩子"奴役她，吸干她的乳汁，向她提出了无法满足的无尽要求"。她在她叔叔的妻子生前和去世后在同一所房子里屈服于她"叔叔"的性要求，而借助于对希特勒的爱，因此产生的耻辱感和罪恶感可能就变得麻木起来。不断表达对她的小男孩的爱，可能也减轻了她对降临到自己身上的上帝愤怒的恐惧，她一定在前三个孩子死之前已经感觉到这种恐惧。"难怪克拉拉不仅给阿道夫喂过多的奶，而且焦虑不安地围绕在他身边，拼命地要他证明她还是一个上帝仍然爱的善良、勇于奉献、没有破坏性的母亲。"[33a]

希特勒一生都表现出对母亲深深的爱。的确，他的家庭医生指出当时许多邻居都相信他对她的爱"近乎病态"。尽管医生本人并不相信这种关系是不正常的，他说，在我多年的从医生涯中，"我从来没有见到比他们母子之间更亲密的关系"。[34]希特勒一生都把母亲的照片放在口袋里。他在慕尼黑、柏林的总理府、上萨尔斯堡的卧室里，床头都悬挂着她的肖像。[35]

希特勒总是以"刚强"和"冷酷"而自豪，他从不表露悲哀的情绪。不过，他坦言，他一生中哭过两次：一次是1907年12月他站在他母亲墓前；另一次是1918年他的祖国战败而面临崩溃时。[36]在1907年圣诞节的那个礼拜，他母亲死的那个晚上，他两眼闪光，坐在她的尸体旁凝视着她。他在停放尸体的房间待了很久，精心为他那被癌症夺去生命的至爱的母亲画了一幅肖像画。[37]

他在1923年写了一首古怪的诗，从某种程度上证明了他的爱——和他有限的文学才能。在他1933年掌权后，他将它发表在纳粹党的报纸上，主要献给他那令人赞美的母亲。

被纪念

1 当你的母亲变老
 而你也渐渐成长，
 当她曾经轻松能做的事，
 现已变成肩负的重担，
5 当她如此慈爱，值得信赖的双眼
 不再如前闪亮地眺望前方，
 当她疲倦而蹒跚的双脚不再轻盈挪步——
 那就帮她一下吧，
10 伴她以快乐的微笑——
 时间迫近，擦去眼泪
 定要陪她走完最后一程！

如果她问，就回答她，

如果又问，也不要一言不发，

15 如果再问，那就止住她的问题

不要严声厉色，而要平心静气！

如果她不能完全理解你

把解释当成你快乐的责任；

时间已到，痛苦的时刻，

20 她慈爱的嘴再也不会开启。①

在这样的情形下，这种诗当然很平常。值得注意的是一个为自己文学品位

---

① 《星期日晨报》（Sonntag-Morgenpost），14，Mai 1933（Library of Congress, Manuscript Division Captured German Documents, Box 791）。德语原文如下：

DENK'ES !

1 Wenn deine Mutter alt geworden
　　Und älter du geworden bist,
　　Wenn ihr, was früher leicht und mühelos,
　　Nvunnmehr zur Last geworden ist,
5 Wenn ihre lieben treuen Augen
　　Nicht mehr wie einst, in's Leben seh'n,
　　Wenn ihre müd' geword'nen Füsse
　　Sie nicht mehr tragen woll'n beim Geh'n—
　　Dann reiche ihr den Arm zur Stütze
10 Geleite sie mit froher Lust—
　　Die Stunde kommt, da du sie weinend
　　Zum letzten gang begleiten musst!
15 Und fragt sie dich, so gib ihr Antwort,
　　Und fragt sie wieder, sprich auch du!
　　Und fragt sie nchmals, steh' ihr Rede,
　　Nicht ungestüm, in sanfter Ruh!
　　Und kann sie dich nicht recht verstehen
　　Erklär' ihr alles frohbewegt,
　　Die Stunde kommt, die bitt're stunde,
20 Da dich ihr Mund nach nichts mehr frägt.

而自豪的成熟的人应该想到批准出版这类作品的风险。诗歌的水平低劣以致人们必须谨慎地进行深入的阅读——否则它会令人混淆,例如缺乏像弗洛伊德的弦外之音那样的写诗能力。但是,这里很值得冒险做一评论,因为从心理学上看,诗歌揭示了他对母亲一些引人注意的态度。在最后几行里,例如,有清晰的迹象表明了他由于口头攻击他的母亲或者在她提出令他生气的问题时不耐烦地让她保持沉默的记忆而产生内疚感。其中也有强烈的暗示,他是受到了母亲去世的刺激——的确,他甚至可能抑制了死亡的愿望。在第 10 行,我们惊奇地发现"Lust"(强烈的欲望)这个词(这里被译作"快乐的微笑")用在了描述濒死的母亲的诗中。然而,不管人们如何翻译这个意义含糊的词,结果只能是带有俄狄浦斯式的意味。希特勒似乎是(A)高兴而毫无保留地,(B)快乐地,(C)充满欲望地陪伴他垂死的母亲走完"最后的旅程"。

有人还注意到,希特勒对时间的周期性的着迷——在这一例子中,前七行出现了四个"当……时"(when's)。然后,他用六个命令句做出回答。另有迹象表明,他最欣赏他母亲的时刻是她死的时候。贯穿全诗的时间进展都是模糊而令人困惑的。母亲似乎在生死之间游移。儿子助她一臂之力(第 9 行);他陪伴她走完最后的旅程(第 12 行);但是接着她又回来重复她无休止的问题(第 13—15 行);他应该耐心地回答她的问题,直到她最后在死亡中合上双唇。在第 13—15 行,以静静安眠(*sanfter Ruh*)明确回答的非特指的问题传达出死亡的隐喻;在德语用法中,这个短语是专用来描述葬礼的花圈和悼词的。希特勒不仅柔声细语地回答了她母亲不知道的问题,而且还用了有关坟墓的和平安宁的语句:**安息**。

希特勒一直声称他有多么爱他的母亲。然而,对母亲这样强烈的爱从来不是纯粹而没有掺杂着猜疑和怨恨的。普遍的看法是,具有俄狄浦斯情结的人对父亲有一种矛盾的态度;但同时,他可能对母亲也怀有对抗的情感。任何时候,对母亲的爱都可能转化为痛苦的怨恨。不过这种怨恨通常是以爱慕和热爱这种特别的表达来加以伪装。正如卡尔·门宁格所观察到的,这种情感是不成熟的;它依赖于"一种除了些微的**爱**以外,有几分**依赖**、几分**敌意**的婴儿式的依恋"。怀有这样情感的男人都不能过正常的性生活:"如果他们完全有女人陪伴,那都是比他们自己要老很多或者年轻很多的人,而且不是被当作保护他们的母亲就是无关紧要的孩子气的消遣。……这种关系……比起爱来说更多是由憎恨和畏惧来决定的,然而它们都披上了爱的伪装。"[38]

希特勒对母亲的矛盾态度——扩展一下,还有他对所有女人的情感——都间接地以他看待他喜欢影射的女性之神的方式表达出来。正如我们所见,她们亲切和善但又凶狠残忍,乐于助人但又变幻多端,仁慈善良但又反复无常。埃里克·埃里克森说,没有人能像希特勒那样谈论女人,他对女人并不感到深深的失望,对自己母亲的幻想也没有破灭;而"二战"中的作家卡尔·门宁格提出,凡是受过心理学训练的人在看待希特勒的憎恨和残酷行径时,不可能"不怀疑他的母亲对他做了些什么,要让他报复在上百万其他无辜的人身上"。他再次强调母亲养育孩子的重要性:"我们必须反复提醒自己",是母亲"为[她的]孩子的人格负主要责任"。"受到母亲伤害的体验是这么一种经历,教育他永远不要相信这个女人和其他女人。"[39]

希特勒在幼年是怎样受到他至爱的母亲的伤害呢?她做了什么邪恶的事令他需要以这样的"邪恶作为偿还"?

阿道夫的幼年和少年时代

阿道夫·希特勒童年的主要情感经历很显然是痛苦的,但是他在自传和谈话中都竭力给人另外一种印象。他在大量的编造中混杂了一点事实,坚持说尽管他生活在非常粗陋的环境中,始终摆脱不了"贫穷女神"的控制,但是他的家庭生活却是平静、安宁而和睦的——除了他父亲的那些鞭打。希特勒把自己描述为一个不受痛苦影响的坚强的小孩;他总是扮演着附近孩子玩的布尔人与英国人、牛仔与印第安人、德国人与法国人之间的战争游戏的领导者。

事实上,年少的阿道夫根本不懂什么是经济贫困。与他在帕绍、布劳瑙、里昂丁那些玩伴的家庭相比,希特勒的家庭算是殷实的了。他父亲的收入,除了作为海关官员的固定工资,还包括根据他在海关的官职所发的生活津贴;在帕绍有额外的 200 基尔德（荷兰货币单位）；在林茨有 250 基尔德。实际上不可能把奥地利在 19 世纪末到 20 世纪初的货币换算为现在的单位。但是，他父亲的总收入还是比乡村律师或小学校长要多很多。甚至在 1895 年他退休后，当时阿道夫六岁，他每年的收入还能达到大约 2660 克朗伦（kronen，奥地利旧金币）。这是每月月初就支付的有保证的收入来源。

阿道夫不仅生活在相当于中产阶级的物质生活环境中，而且作为皇家行政机构官员的儿子，他还能享受到他父亲的职位带来的声望和地位。1902 年 8 月颁布的新法令进一步提高了他的生活津贴，然而阿洛伊斯·希特勒在此之前便已去世，因此他那守寡的女人的抚恤金是根据新的等级标准加以计算的。所以，克拉拉在阿洛伊斯死的时候得到了一大笔寡妇抚恤金，相当于她丈夫每年抚恤金的一半（在新的等级基础上计算而得），还有额外发给每个孩子的救济金。她的全部收入只比她丈夫在世时少 950 个克朗伦。

1905 年 6 月，克拉拉·希特勒夫人把她在里昂丁的房子卖给了和妻子住在林茨城的洪堡大街的赫尔策尔（Hölzl）先生，然后搬到了他住的公寓。她把里昂丁的房产卖了个好价钱。阿洛伊斯七年前只用 7700 克朗伦就买到了它，而克拉拉现在卖得了 10000 克朗伦。位于洪堡大街那套宽敞舒适的公寓离她的知己，已婚的继女安吉拉的住所离得很近。后来，由于她宠爱的儿子阿道夫在当地学校考试不及格而被迫退学，她不得不给他在临近的斯蒂尔镇租了一间房子并且供应他伙食。所以说克拉拉是"一个贫穷的寡妇"并不确切，而且也没必要为阿道夫对他贫穷童年的悲叹而感到同情。[40]

关于他平静而又秩序井然的家庭生活的陈词滥调也不可认真当成一回事。正如心理分析学家所提到的，表现出希特勒那样病态人格特征的人中可能没有人是在希特勒自己所形容的质朴宜人的家庭环境中长大的。[41]我们也必须否定德国历史学家的说法，他们写到"阿道夫的童年和青少年都是太平无事地度过"或者他幼年的生活条件"近乎理想化"，以及"就希特勒本人而言，无论如何在他的家庭没有发生什么不寻常的或是严重的事情"。[42]

这个孩子很可能是在一种充满着紧张气氛的家庭中长大的。他父亲在家的时候，时刻都潜藏着发脾气的威胁。而他母亲身上总有明显可以觉察到的压力，她在努力挣扎着控制和克服罪恶、愤怒与失望的情绪，并且企图对付这个除了要求她理解和正确地响应他表达不清的情感，几乎不和她说话的可怕而又冷漠无情的男人的情感。在这种气氛中长大的孩子们不可能不受到它的影响。频繁的搬家也在少年的身上产生令人不安的作用。在 6 岁到 15 岁之间，阿道夫就换了五所不同的学校。

我们对希特勒的童年早期，也就是 4 岁或 5 岁之前的影响其发展的重要年份所知甚少。由于当代的报告都显得非常苍白不足而希特勒的传记又令人怀疑，所以我们必须关注后来青春期和成人期的行为，看看它是否能揭示在更早的年龄就已萌芽的行为模式。埃里克森为这种理解童年早期的追溯的方式做出一个现代经典的简洁描述："我们用一种非传统的方式，即从成年早期向后追溯，考察童年——它肯定生命早期的发展不可能单单依据它本身的阶段而获得理解，如果没有成年前期的整个阶段的统一理论支撑，我们就无法解释童年的早期阶段。"[43]

口唇阶段

由于这是一种推测的方法，让我们从成年的希特勒的行为做一些追溯性的猜测，从而尝试判断他后来的人格发展可能得以建立的幼年基础是什么。菲莉斯·格里纳克（Phyllis Greenacrf）仔细研究了创伤在那些后来表现了明显与希特勒相类似特征的人们的婴儿期的作用。她强调了人生头几年的特殊重要性。"此时任何严重损害母婴关系的情形的存在……都会促进和扩展基本的自恋并且往往趋向于伤害早期自我。……这样的基本障碍可能通过婴儿期的病态表现出来……或者通过在婴儿出生的最初几个月里，任何一种将母亲与她的婴儿的身体和感情接触隔绝的母性紊乱而呈现出来。"[41]

我们可以假定，某种基本的心理困难在婴儿期的希特勒身上得到发展，因为有迹象表明孩子心理的不健康状况和母亲所经受的情感障碍。如果同时发生，这两种状况就会损害极其重要的母子关系。我们知道在希特勒出生及随后的一个时期里，他是一个"体弱多病的婴儿"。虽然没有更多的细节，但是他的病似乎足以引起他母亲担心他会像他的姐姐和哥哥那样幼年夭折。对阿道夫健康的担心足以助长克拉拉给予儿子过度的母性关怀;当希特勒在他的自传中自称直到他母亲去世,他一直是一个躺在"松软惬意的床上"过着舒适生活的"母亲的宝贝",实际上就承认了母亲对自己的过度保护和溺爱。正如我们已经提到的,希特勒的家庭医生就提到,几个邻居发现这个母亲对儿子的爱近乎病态。

母子关系的特殊性质,就像阿道夫父母关系的杂乱无章的历史一样,强有力地暗示了克拉拉把她对毫无反应的"叔叔—丈夫"产生的性兴趣转移到了她的小儿子身上。对阿道夫健康和生命的焦虑当然会在加强这种替代当中起到积极作用。有证据表明克拉拉对儿子生病的反应就是花很长时间来照料他——可能长达两年。一位心理分析学家暗示,她这样做可能是借此来减轻自己的罪恶感并使她恢复作为一个母亲的自尊:"在这种情形中,只要他尖声喊叫,乳头几乎就是强迫性地塞进婴儿的口中,不管这是否让他焦躁不适。"[45]

克拉拉可能一直给阿道夫强行喂食,因为作为一个农民的女儿,她相信治疗婴儿疾病的最好药方就是优良的食物。她自己作为一个严格遵守纪律的人,可能有充分理由强迫她的小儿子也(就像她经常强迫她自己那样)做"有利于他"的事——在这个事例中,就是吃东西,不管他是否想吃。

农夫约翰·施密特(Johann Schmidt),也是阿道夫的较年长的表兄对童年的回忆支持了这种假设,即克拉拉试图通过强迫喂食而改善阿道夫的健康,而且她在阿道夫的童年一直这么做。施密特在一次访谈中回忆道,他的姨妈克拉拉,在丈夫死后就把孩子们带到斯皮塔尔的农庄过夏天。他记得阿道夫从来都不用被迫在田间干活,而且在1905年的夏天,当他身体感觉不适时,他的母亲"每天早晨都会把一大杯热乎乎的牛奶端到他的房间",坚持让他喝掉。[46]

希特勒成年后的口头习惯和病态的固执都支持了这么一种结论,在婴儿期的喂食过程中,好心的克拉拉给希特勒造成了严重的障碍。这使我们记起希特勒对糖果的极度渴望,特别是在紧要关头;在激动的时刻吮手指;他狂暴的愤怒;他可怜的胃口;他的图书馆中关于饮食风尚的大量书籍;他对保健饮食的持续评论。更富有历史意味的是,他对他人的根本不信任和他进行群众煽动的口头攻击。

阿道夫甚至在青年时代就是个具有强迫性和进攻性的谈话者。正如他童年的朋友所回忆的，希特勒只对那些他在言语上能够控制的人表示友好：

> 不久，我就开始明白我们的友谊能够保持，很大程度上因为我是一个耐心的听者。……他正好需要**演说**，他需要有人倾听他。当他只对我讲话，同时伴着鲜明的手势，我经常感到震惊。……他从来不为我是唯一的听众而感到焦虑。……这些经常在某地露天发表的演讲仿佛如火山喷发般激烈。……

他成年阶段的一个亲密的伙伴证实了这种口头攻击的延续性。在一次元首出名的大发雷霆中，他实际上几乎力求用言语击垮反对派：

> 暴怒在言语的狂风（Orkan）肆虐后平息，而反驳只能把它煽动到一个更为激烈的程度。在这样的时刻，他只会以提高声调来粉碎异议。这些愤怒的场景不仅发生在大事上，还发生在许多小事上。[47]

1920年在啤酒馆的众多演说中的一次，当一个激烈的质问者试图让他尴尬，尖锐地提出在巴伐利亚内战期间，他是否曾经参加了国民卫队时，希特勒反驳道："我不是国防军的成员。……**您可以用发表言论来抗争。**［*Mit dem Maul kann man auch kämpfen！*］"[48]

卡尔·亚伯拉罕（Karl Abraham）① 对在婴儿期的口唇阶段存在喂食问题的成年病人做出经典解释。他写到言语发泄的愿望造成的"结果就是产生了在许多情况下都与一种泛滥的感情相连的强烈而固执的谈话欲望。这类人感觉，思想的资源是无穷无尽的，并把一种特殊的权力或某种非凡的价值归因于他们的言语力量。他们与其他人的主要关系是受到口头言语释放的影响"[49]。

---

① 卡尔·亚伯拉罕（1877—1925）：德国精神分析学家，对婴儿性欲在性格形成与精神疾病中所起作用的研究奠定了精神分析领域的基础。——译者注

梅勒妮·克莱因（Melanie Klein）指出，表现出成人的口唇施虐癖（oral sadism）特征的成年人——需要命令、控制和征服反对者——将回复到口头憎恨（oral hatred）的一个更早期的阶段："在我对男孩和成年人的分析中，我发现，当强烈的口唇吮吸冲动混合了强烈的口唇施虐冲动，婴儿就充满憎恨地厌恶母亲的胸部。……"她提出，这样的人对节食与饮食文化有着永久的关心；他们担心他们性生活的能力或者深刻关注同性恋。正如我们将要看到的，希特勒有着类似的忧虑。

肛门期

从弗洛伊德到埃里克森的心理分析学者也已强调"肛门期"在人类成长当中的重要性，或者用埃里克森的术语说，就是与羞耻和疑惑相对应的自主性冲动发生的时期。由于没有获得一种自主感、成就感和自制感，孩子可能会感到羞愧、耻辱和挫败。在成年期，他的行为会以犹豫不决和渴望羞辱他人为标志。罪恶和耻辱感可能也同时存在。[51]

肛门期（两岁到三岁）之所以重要，是因为这是孩子必须显示对他人、特别是母亲的某种掌握和控制的第一个机会。而且在一定程度上，她变得"依赖孩子的意志"。[52]阿道夫生命中的这个时期一定给母子关系施加了严重的压力。因为就在此时，正如我们将要看到，小阿道夫相信她的母亲由于顺从了他的"父亲—对手"的性要求而背叛了他。保留和抑制粪便可能是他显示出的迫使她注意自己能力的幼稚的方式。那么他的诱惑物——像在他以后的生命当中——就是要保留粪便。

因为克拉拉有最充分的意图，所以很可能是她造成了小阿道夫的困难。我们知道她非常苛求，并且有着强迫性的清洁癖好，因而可以假定她极其严格地进行孩子们的排便训练。希特勒在这一时期经历的困难状况进一步恶化了母子关系，这表现在他成人的行为中。我们应该首先注意到他是多么频繁地利用肛门想象，反映出潜意识中对粪便、污秽、粪肥和气味的迷恋。让我们看几个例子：

您不理解：我们把一块磁铁拿过一个**肥料**堆，然后，我们会看到在肥料堆里有多少铁而又有多少铁吸到了磁铁上。

而当他［犹太人］打翻了他手中的财富，它们就变成了**污物和（家畜）粪便**。

仁慈有时实际上可以同铺散在田地里的**粪肥**相比，不是出于对后者的爱，而是出于对自己往后利益的保护。

希特勒甚至利用肛门想象来描述他自己。1942年1月在狼穴的一次午夜幻想中，他再次把自己比作弗里德里希大帝。但这次，他提到弗里德里希在七年战争中的数量优势是12比1，而他实际上在东线也占据数量优势。他得出结论，与弗里德里希相比，他自己，"显得像笨蛋（shithead）"。这是他喜欢用的一个字眼。[53]

希特勒向秘书和随从重复讲过的大多关于童年的鲜明回忆，说明了他对肛恋（anality）的着迷。他回忆，在他生命中仅有的一次喝醉酒是青年时喝了传统的奥地利新酒，当时在排便后他竟然把本打算给他母亲看的学校成绩单当成了手纸。他坦白说，"从此我甚至仍旧感到羞耻"，而自此以后的那些年里，他总是被困窘的情感所控制。他不断讲起让人丢脸的事，表现出对肛门的迷恋。这也和后面将要探讨的一种特殊的性受虐狂倾向是一致的。[54]

正如我们已经提到的，希特勒长期关注身体气味和胃肠胀气。他还特别注意他的粪便，并且经常检查，就像战后他的医生向美国情报官员所说的那样。为了缓解长期的便秘，他经常使用灌肠剂，并坚持自己动手。[55]

根据奥托·费尼切尔（Otto Fenichel）① 和卡尔·亚伯拉罕的说法，"肛门

---

① 奥托·费尼切尔（1897—1946），奥地利医生和心理分析学家。从1915年在维也纳大学参加弗洛伊德学术讲演，后来成为弗洛伊德精神分析组的坚定成员。他在1920年被选为维也纳学会成员并作为精神分析医生、学者及教师做出贡献，根据弗洛伊德理论学说将经典理论和技术系统化，希望建立精神分析的正确应用。——译者注

"性格"反映出人的独特人格：固执和倔强到了被动进攻的程度；不断地拿他的意志同他人竞争；过分关心时间。正如亚伯拉罕所提到，"病人经常节约许多小段的时间，却又大把地把它们浪费掉"。[56] 有人想起希特勒和他在时间上的烦恼——他没有时间系自己的领带，却把时间浪费在空洞无味的自言自语中。心理分析学者也发现在肛恋与施虐狂倾向之间有着明显的联系。病人因其强硬、顽固和拒绝屈服而闻名，同时表现出强迫性的重复趋势。所有病人都极其注重清洁，并带有强迫性倾向。毫不奇怪，希特勒也是这样。

不见睾丸的病例

克拉拉·希特勒不仅仅担心儿子的进食和排便训练。尽管她哄骗或强迫他吃下更多的食物，按时运动肠胃，并控制他的排尿，她可能还是为在儿子身上发现的生理缺陷而焦虑：他的一个睾丸不见了。有人推测她定期触摸这个小男孩的阴囊，盼望看到睾丸长下来。这样热切的关心会加深阿道夫幼年的性知觉，并为母子关系的健康发展增添困难。

由于这一事件对希特勒幼年以后的心理发展具有相当重要的影响，让我们在这里认真探讨一下元首的睾丸问题。

现在可以肯定英国兵编写的《上校妖魔进行曲》(the Colonel Bogey March) 的开头的第一句话是正确的——而最后一行则明显是错误的：

> 希特勒只有一个睾丸，
> 格林有两个，但很小；
> 希姆莱非常相似，
> 而戈培尔根本没有睾丸。

直到战后，当苏联政府公布了由红军的病理学家对希特勒尸体进行的解剖报告，这种下流的猜测才有了医学依据，而身体部分已被烧毁的残骸是1945

年5月在元首柏林地堡外的一个浅沉旦发现的。① 有关的医学发现很清楚："无论是在阴囊或腹股沟管内的输精管上，还是在小骨盆里，都找不到左侧的睾丸。……"

在进一步探究问题之前，最好先确认苏联人检验的尸体。只有把苏联人检验的尸体牙齿证据同战后美国官方在希特勒的医生和他的牙医，1911年宾夕法尼亚牙科学校的毕业生，胡戈·约翰内斯·布拉施克（Hugo Johannes Blaschke）的档案记录里发现的希特勒头部和牙齿的X光片、图表、照片做比较才能确定死者的身份。维尔纳·马泽尔（Werner Maser），有段时间被当作世界上研究希特勒生活细节的重要权威，声称对牙科证据有着特殊了解，肯定了苏联进行的尸体解剖是欺骗行为。牛津大学的胡戈·特莱佛-罗珀尔（Hugh Trevor-Roper）也嘲笑苏联人的发现。[57] 在调查了这些主张和强烈反对的主张后，西德著名的报纸《时代》（Die Zeit）在1972年断言马泽尔和特莱佛-罗珀尔的说法是不正确的，苏联人是正确的：他们解剖的尸体的牙齿的确是阿道夫·希特勒的。[58]

那个结论是由美国和挪威的牙科专家独立核实查证的。他们在专业期刊上提出证据，最终显示马泽尔曲解了事实，而且肯定被怀疑的牙齿就是希特勒的。一个原为美军军官的美国牙科医生，曾经看了1945年到1946年间审讯布拉施克医生提供的证词，断言说："没有理由怀疑苏联人的说法，希特勒的遗骸的确是根据他的牙医记录而成功地得到确证的。"[59]

而一个挪威和美国牙医组成的专家小组对证据做了最具权威性的详细验证。出于专业的谨慎，他们仔细查阅了现存于美国国家档案馆的希特勒档案中所有尚存的X光片、图表和描述档案，并把"所有牙齿"的数据同苏联人公布的拍摄下来的图表和解剖数据分别做一对比。他们得出了重要的明确发现：

---

① 尽管尸体解剖是在1945年5月8日进行的，但报告直到1968年才在一本德英文混合的书中公布。见 Lev Bezymenski, *The Death of Adolf Hitler: Unknown Documents from Soviet Archives* (New York, 1968)。

通过收藏于美国国家档案馆的希特勒档案确定的这个人……和1968年公布的根据苏联档案馆1945年原先不为人知档案中记录的1945年解剖报告所确认的人是同一个人。[60]

因此，有两个结论似乎无可争议：苏联病理学家解剖的那个尸体就是希特勒本人；而身体左侧的睾丸不见了。

尽管如此，还是有历史学家相信希特勒的性器官是正常而完整的。他们提出了不可置疑的事实，希特勒在维也纳的室友、他的贴身男仆和两个医生，莫勒尔与吉辛（Giesing），都坚持说他的睾丸根本没有什么异常。[61]但是在这个问题上这些人的观点都有可疑之处。希特勒所有的密友都承认，希特勒从来不允许他们看他光着身子。而且，即使他们偶尔有机会观察，这也绝对无法充分证实他们对阴囊里东西的说法。

毫无疑问，莫勒尔和吉辛对希特勒进行了身体检查。但是，他们作为希特勒的谄媚者确信他的生殖器正常的说法并不令人信服。莫勒尔是一个擅长阿谀奉承的庸医，他认为他的元首，他的恩人各方面都完全正常。例如，他断言希特勒"没有病态的恐惧和困扰……没有幻觉、错觉或偏执狂等诸多倾向"[62]。至于党卫队医生吉辛，他讲了两个迥然不同的故事。1945年10月他向美国的审讯者肯定，在1944年6月的炸弹爆炸事件之后，他作为一位耳科专家奉命给希特勒检查耳朵时，**他没有检查元首的直肠或生殖器**。[63]后来，吉辛告诉维尔纳·马泽尔说他曾经让元首撩起他的睡衣以便进行彻底检查。这个党卫队的医生记录说他"无法确定睾丸有什么不正常的地方"。他没有能力这么做是可以理解的。即使这个不可能的故事是真的，检查也只能是从表面上看，而不通过触诊就不可能断定阴囊的异常。约翰·托兰重复了一个谣言，即1933年的一天，一个柏林无名的内科医生检查了希特勒的身体，据说"特别注意到了他的阴茎和睾丸"。[64]然而托兰先生并不能证实这个不大可能的故事。

苏联人解剖的证据依旧成立。我们知道签署报告的那五位医生的名字。他们都是红军的病理学家。他们似乎没有理由提交一份欺骗性的报告而损害自己的声誉，而且虚假地报告希特勒少了一个睾丸显然也没什么明显的医学目的或政治目的。

　　缺少一个睾丸只是猜测。尽管有可能是希特勒后来伤到自己，但有特殊的证据可以反驳这个理论。希特勒在"一战"中的连队指挥官就指出，那时希特勒就只有一个睾丸。他肯定这个事实，因为军队定期进行预防性病的生殖器检查。[65]

　　希特勒的童年和成年的行为强有力地反映出他的生殖器不大正常。他很可能不是先天的单睾丸——生下来就少一个睾丸——就是患有隐睾病（cryptorchism），即一个睾丸没有长出来。严重萎缩症可以解释在腹股沟的管道或小骨盆里根本没有另一个睾丸，是萎缩使得苏联医生检测不到。毕竟苏联医生的主要目的是想找到希特勒的死因，而不是调查他的阴囊里的内容。无论如何，不管希特勒是天生的单睾丸还是隐睾病，在他的阴囊里只有一个睾丸，而心理学的推论也是一样的。

　　少一个睾丸或者睾丸没有长出来本身并不致病；只有像在年幼的希特勒身上，当它发生在"不正常的母子关系的矩阵内"，才会产生这种情形。彼德·布洛斯（Peter Blos）推断，当那种情况发生，它很可能对孩子的心理发展产生"深刻的有害影响"。[66] 布劳斯（Blos），埃里克·埃里克森的导师，是非常知名的美国儿童心理分析学家，他写了一部详细探讨11到12岁的青春前期因缺少一个睾丸而有感情障碍的男孩的研究著作。他发现所有病人的症状都一样。所有病人都表现出明显的活动性障碍和极度活跃；甚至聪明的孩子都突然出现学习的困难，并且在做学校作业时无法集中注意力。这些男孩显示出意外的倾向和一种"强迫性地无视身体危险"的行为方式。所有病人都表现出社会不适感；他们长期深受犹豫不决之苦，并倾向于撒谎和幻想。在他观察的所有病例中，男孩们都把他们身体损伤的犯罪者归咎于母亲。每位母亲都在表面上被爱戴，而同时又被当成要为病人不适而负责的家长遭到憎恨。病人关心肠的运动和粪便。阉割幻想总是存在。当面临批评，病人会坚持说他们是特殊的人，身负要实现的非凡使命，或者他们是"有神奇魔力的人"。分析学家提到一种着迷于时间和死亡的模式；在特征上，他们都对胸部和眼球着迷，把它们作为睾丸的替代品。在观察的所有病例中，病人或者呈现一种被动的女性倾向的自我形象，或者作为一种反转机制（reaction formation），表现出对因这些倾向和规律而产生的恐惧的抵御，从而坚持刚毅、强硬、坚韧、破坏和冷酷的男子气质。[67]在他的生命中，阿道夫·希特勒曾经不时表现出这里面的**每一种症状**。事实上，在阅读涉及这些有睾丸缺陷的障碍儿童的临床分析作品时，研究阿道夫·希特勒的学者一定要不断提醒自己，美国分析学者正在讨论他们的病人，而不是克拉拉·希特勒的小儿子。

另一位儿童分析学家特别强调阴囊和睾丸异常的病人尤其深切地关心女性的胸部："胸部处于他［病人］的潜意识幻想的中心。"[68]由于希特勒与他的母亲这么相像，所以她患有癌症的左侧乳房被切除很可能就是一种特别的创伤性体验，因为对他来说，有充分的理由可以说这个象征代表着他还存在的那个睾丸被摘除。

阿道夫在排便训练上的困难和对父亲鞭打的恐惧都会因单睾丸的病症而大大加剧。安尼塔·贝尔（Anita Bell）医生显示，当一个孩子经受严重的恐惧时——例如，当他把没有粪便和缺少睾丸联系起来时——会产生一种突然的睾外提肌（cremaster musclf）的收缩运动，经常是把睾丸拉进腹股沟的管道。类似的收缩也会在一个男孩受到鞭打威胁时发生。在这样极度紧张的时刻，小男孩通常就会**抓住他们的生殖器作为一种确定的姿势**，好像对自己说，"什么也没有失去，我的阴茎总在那里。……"[69]对于小阿道夫来说，父亲的鞭打，甚至是鞭打的威胁都极其可怕！它们引起的恐惧可能与他仅有的一个睾丸的收缩有关。特别强烈的恐惧可以解释希特勒为什么如此清晰地记得挨过的鞭打。

紧握有缺陷的睾丸这一儿童的习惯可以解释希特勒一生都把他的手放下盖住他的裤裆的姿势，尤其是在紧张和激动的时刻。正像一位美国影评家在观看爱娃·布劳恩制作的关于希特勒的"家庭影片"中所注意到的，这个姿势的重复引人注目："我出神地注意到，每当他发现自己面对其他人，他就摆出这种姿势：他通常保护性地把手交叠放在他的裤裆……接着，它们突然划到他的脸上，蒙住他的眼睛片刻，再掠过他著名的额发，然后又落下来，虔诚地交叠在元首骨盆的位置。"[70]查阅一下纳粹党出版的关于元首的仅有的两本带插图的书，又进一步证实了这一印象。实际上，他摆出这种姿势的插图数目相当惊人：在两本书中，超过 24 幅插图都显示了这一姿势。而且在 1943 年斯大林格勒战役惨败后官方最后绘制的一幅宣传肖像中，元首站在一个椅子背后，隐藏了他矮小的身躯。日期和姿势都给英雄式的标题增添了讽刺意味："阿道夫·希特勒就是胜利！"①

有障碍的单睾丸男孩的另一个突出特征是身体极度活跃——强烈渴求积极的户外活动，而同时又企图避免身体接触。没有理由怀疑希特勒争辩说他是个非常活跃的男孩，他是"附近所有的游戏的小头目"。的确，所有的证据都表明他存在某种程度的不寻常的活跃，在信件和采访中，原先的玩伴都强调阿道夫对战争游戏的极度热情。他一玩起战争游戏就是几个小时，而且在当时的许多玩伴长大丧失了兴趣之后，他还持续玩了许多年。他原先的玩伴主要有三个人，鲍德温·威斯迈耶（Baldwin Wiesmayer）、弗兰茨·温特（Franz Winter）和约翰·魏因贝格尔（Johann Weinberger），都承认他自始至终都喜欢玩战争游戏："我们里昂丁的小孩都是希特勒领导下的布尔人（Boers），而下高姆伯格（Untergaumberg）的孩子都是英国人。"另一个他童年的伙伴，后来成为西多会的修士（Cisstercian Monstery），在一次访谈中清晰地回忆起，"我们总是不断地玩战争—战争游戏。我们大多数人都已厌烦了，但是希特勒总是能成功地找到能和他一起玩的孩子，经常是年龄较小的孩子。"[71]

1904 年 5 月，作为一个十几岁的孩子，阿道夫在坚信礼这一天的行为有些古怪。他的监护人之一，也是 1903 年他父亲葬礼上的护柩者，回忆到坚信礼仪式在林茨大教堂举行，他给了阿道夫一本祈祷书和一本数额不多的存折。在返回里昂丁的母亲家的途中，阿道夫几乎没有注意他的监护人，对他的礼物也不感兴趣，显得漠不关心和郁郁不乐。只是在一群大叫的男孩出现时，他才快活起来；他马上跑到他们中间去，"围着房子来回奔跑着玩印第安人游戏"。[72]希特勒本人在他成为党的领袖后给他儿时的一个伙伴写过一封信，回

---

① 由于发现希特勒的右手经常紧扣在左手之上，它只暗示一件事，希特勒的左手衰弱无力。但是他本可能以其他的方式支撑：仅仅抓住身体侧面或放在身体背后，或者把双手叠放在胸口或腰际。相反，他却习惯性地把手放在他的裤裆。有几个事例，见 *Adolf Hitler：Bilder aus dem Leben des Fjhrers*（Hamburg，1936）和 *Mit Hitler im Western*，ed. Heinrich Hoffmann（Berlin，1940）。宣传画现藏于伦敦皇家战争博物馆。

忆起他们儿时一起玩战争游戏的"无穷乐趣"。[73]

当时的信件和人们的回忆录都赞同希特勒总是战争游戏的头目——很大程度上是因为他经常比他的玩伴大许多——但是他小心地避免了所有身体的接触，宁愿用言语控制和命令，就像他在以后的岁月里那样。

与单睾丸病人相关的带有症状性质的兴奋与大发脾气也是希特勒的性格特征。他同父异母的哥哥，小阿洛伊斯这样描述他在七岁时的性格：

> 从孩提时代起，他就傲慢专横，容易发怒，不愿听别人说话。我的继母总是纵容他。他会产生最疯狂的想法，然后侥幸地实施。如果他想不出自己的办法，就会很生气。……他会为任何微不足道的小事而大发雷霆。[74]

小阿洛伊斯的叙述可能不可信，但是他对阿道夫六七岁以前的行为描述与他的青年和成年的记录是如此一致，因而它的准确性几乎没有什么疑问。还有一个阿道夫的亲密朋友提供的证词作依据，他说希特勒会对明显无足轻重的事发脾气。一天，当两个朋友漫步林茨的兰德大街，碰到了一个像阿道夫这么大的男孩，男孩认出他就是原来的同学，冲他微笑，然后说道"希特勒，您好"，并友好地拉住他的胳膊，问他近况如何。但是，他没有回报以友好，阿道夫

> 由于愤怒脸涨得通红。……"是什么魔鬼利用了你？"他激动地叫嚷着，接着突然把他推开。然后，他抓着我的胳膊继续走路。……过了很久，他才平静下来。……能让他心烦的事简直不可胜数，甚至包括些微不足道的小事。但是，他发脾气大多都是在有人建议他应该成为公务员的时候。无论何时，只要他听到"公务员"这个词，甚至与他个人事业没有任何关系，他都会发怒。我发现这些愤怒的爆发，从某种意义上看，仍是他同早已过世的父亲的争执。……[75]

布洛斯医生指出，青春期前的学习困难和学校问题也是令希特勒烦扰的。

他在小学（6—12岁）的记录都是优秀。他从6岁到8岁在菲施拉姆（Fischlam）公立小学的老师，卡尔·米特梅尔（Karl Mittermaier）记得他是学校的尖子："各科成绩都是全优。……头脑非常灵敏，性格温顺、活泼。"类似的记录也出现在伦巴赫的学校（8—9岁）。在那里，他是个优秀的学生，还是地方修道院男孩唱诗班的宝贵财富。后来年幼的希特勒1899年在里昂丁的小学上了半年学，在那里也表现得很出色。

但是，1900年9月，当他在11岁这年进入林茨的中学后，他的行为发生了惊人的变化。他似乎不能也不愿在他的学习上集中注意力。他入学后的第一年表现极差，竟然"不符合标准"，以致他被迫重新注册。第二年有点好转——因为他重修了所有的课程——但是在第三年（1902—1903年）他的数学没有及格，而且他的勤奋也是"不稳定的"。到1904年，他成绩如此之差以至于他只有离开林茨的中学才能通过考试。他的母亲被迫送他到离家15英里外的斯蒂尔中学，给他在那里租了一间房子。他的成绩单（日期是1905年9月16日）仍保留下来。标准为1分是优，2分是良，3分是满意，4分是中，5是不及格，年轻的希特勒成绩如下：

道德操行—3

勤奋—4

宗教教育—4

德语—5

地理—4

历史—4

数学—5

化学—4

物理—3

徒手绘画—2

体育—1

速记［选修］—5

由于阿道夫数学和德语两门必修课没有达到学校的及格分数，他可能要被迫重修。然而，他却退了学。对那些读了他的《我的奋斗》或任何他成年后写的信件原稿的人来说，他们都不会为他德语不及格而感到意外。他的历史和地理成绩几乎不能支持他在自传中夸耀他"迄今为止，我学的最好的科目就是地理，世界历史也不错，这也是我在所有课程中最先喜欢的两门课"[76]。

因此，在11岁之前，阿道夫已不是早些年里那个顺从的优秀学生了。事实上，他的一个老师，休谟博士把这一时期的他描绘为一贯懒惰、缺乏自制，"好争辩，固执己见，任性，傲慢而且脾气不好。显然他很难适应学校。……他要求他的同学无条件地为他所用，自以为是他们的首领。……"林茨中学的一位教师，吉辛格（Gissinger）博士，说出他的学生奇怪的行动。吉辛格强调地说，他不是在发挥自己的想象力，而是清楚地记得"希特勒同风中摇动的树对话"。希特勒在里昂丁的一个朋友也肯定了这一说法。他说他的朋友们都认为阿道夫很古怪，还记得他喜欢夜晚爬山，对不存在的听众演说。[77]希特勒许多别的夸张例子和炫耀的幻想（包括信仰他自己的神奇力量，这是单睾丸病人的典型表现）都被他在青年和成人阶段的崇拜者记录下来。

十一二岁这个年龄，是性冲动和生殖器的苏醒期，在单睾丸的男孩身上就产生了强烈的焦虑感——因他关心过度的母亲在那些年表现出来的忧虑无疑导致了希特勒增强的焦虑感。希特勒关心他的性成长反映在他于11或12岁画的一位因被发现手淫而受惊的中学老师。阿道夫很可能是把他的焦虑和恐惧投射到老师身上。（这幅漫画现在收藏于科布伦茨的联邦政府档案馆里。）一位重印了这幅画的德国传记作家认为，这个老师被描绘为"专横"，"多疑"和"傲慢自大"，手里还拿着一个冰激凌棒。但是那不可能是冰激凌棒，因为在阿道夫画这幅画像的四年之后，冰激凌棒才首次出现在1908年的圣路易斯世界展会。[78]

　　为了控制这种由生理上的缺陷造成的焦虑，有障碍的单睾丸男孩喜欢拿象征性的替代品代替失去的睾丸。除了乳房，病人们可能强烈地关注眼睛。希特勒的眼睛对他来说特别重要，而其他人在他的青春期早期也注意到那双眼睛。他的中学老师，吉辛格博士形容阿道夫的眼睛"闪闪发光"；当库比切克初次遇见他的时候，他就被希特勒那双引人注目的咄咄逼人的奇特的眼睛深深吸引，他还回忆起他母亲也对那双眼睛感到恐惧。正如我们已经提到的，成年的希特勒意识到它们的力量，便在镜子前面练习"锐利的注视"。他还利用他的眼睛玩游戏。他会在注视别人的过程中渐渐表示对抗对方，或者会盯得别人低下头来，不敢看他的眼睛。实际上，他仿佛是对别人和他自己说："瞧，我有两个强有力的睾丸，而且我能够洞察和支配别人。"人们也可能会认为希特勒实行的挺直胳膊、向前伸出的敬礼方式是对有缺陷的睾丸的替代。我们早先就看到他绷直手臂的能力是他男性力量和生殖力的强有力的证明。

　　一个美国儿童分析学家公布，他的年轻的单睾丸病人有"一种近乎疯狂的或狂热的"的渴望要重新设计和改造建筑物。他们希望通过将其他各种建筑物构造完整而消除他们对自己身体缺陷的焦虑。[79]希特勒一生迷恋重新设计和建造林茨、维也纳和柏林的建筑物和桥梁都符合这一思维模式。车比切克在他的回忆录中用了两章来说明这个主题:"阿道夫重建林茨"与"阿道夫重建维也纳"。他回忆道:"我第一次到他家拜访他的时候,他的房间丢满了草图、图画、设计图。这张是新戏院,那张是利希滕贝格的山间旅馆。这就像是个建筑师的办公室……他拉着我走到哪里都会有一栋建筑模型矗立在眼前。……但是,比起这些有形的建筑模型,他更热衷于他自己首创的大量方案。此时,他那种'追求变化的癖好'毫无限制。……他整个人地投入到他想象的建筑中去,彻底被它带走。一旦他产生什么想法,他就像**一个着了魔的人**。对他而言,没有别的什么存在——他忘却了时间、睡眠和饥饿。……"最终,年轻的希特勒决定他只得在开始"一区接一区地重建维也纳整个城市"时才能休息。[80]

在希特勒的"餐桌谈话"中有一个未公开的片段,具有启示意义,希特勒表现出虽然他对自己年轻时的绘画作品不屑一顾,但是他的确相当重视那时设计的建筑和重建方案。在第三帝国中,希特勒的谄媚者寻遍欧洲以期找到元首青年时在维也纳和慕尼黑画的作品。1944年3月的一天在上萨尔斯堡,宫廷摄影师海因里希·霍夫曼成功地展示了一幅1910年元首在维也纳画的画。希特勒对此的反应很值得详细引用:

> 霍夫曼,我希望您不要再买那种画!这样的东西在今天甚至连150或200帝国马克都不值。花这么多钱买它们简直是疯了。我根本不想成为画家。我画这些只是为了谋生和学习。那时像那样一幅画,我从来都没有卖到超过12帝国马克。……我画画只是为了满足我贫乏的生活需要。我每月所需不超过80帝国马克。午餐和晚餐的费用是1个帝国马克。我过去习惯晚上学习。**我在那些岁月里创作的建筑手稿,是我最有价值的财富,是我永远不会像卖画那样出卖的智慧结晶。**
>
> 人们不该忘记,我今天的所有思想,我的所有建筑计划都是归因于我在过去岁月的漫漫长夜中努力工作所创作的草图。所以当今天我有机会,比如说绘制一家戏院的地面建筑图,这并不是来自任何类似出神的幻想。它始终而且也只是我早先那些草图的产物。不幸的是,我原先的那些草图

都遗失了。[31]

正如希特勒的建筑师阿尔倍特·施佩尔所清晰记得的，希特勒对建筑和重建的狂热一直持续到他的帝国终结。施佩尔在一次访谈中回忆起，"我唯一看到他真正积极行动的时刻"，就是"当我们在一起注视着建筑方案的时候"。值得注意的是，在结束了谈论建筑计划之后，他们的关系就发生了变化："我们的和睦关系只保持在我是他的建筑师的时期。当我一进入他的政府做军备战时生产部部长时，一切就都变了。"[82] 然后，希特勒自己就继续强制性地建造越来越大的建筑以证明他的实力、强权和力量。但是无论他如何频繁地进行建筑和改造，他永远不能实现足够多的重建计划。他始终感到不满足。

在拼命试图纠正令他不满的各种建筑物结构的缺陷时，希特勒似乎是在努力消除自己身体的缺陷。这种执着的努力——"这种对变化的热衷"——对他来说具有如此重要的意义，以至于他整个人极其热烈地投入到这个任务当中。难怪每当他的年轻朋友提出关于支持这些宏大的建筑计划的资金问题时，他会勃然大怒。而当别人只不过暗示一个珍视的愿望可能不会实现时，他就会产生更强烈的愤怒，这根源于一个非常重要的幼稚的期望：他那不见了的睾丸会长出来。

可预言的是，具有俄狄浦斯问题并存在睾丸缺陷的男孩，都会发展出特别的多重阉割焦虑。我们已提到，希特勒就被这样的恐惧所困扰。作为元首，他选择施加的惩罚反映出他的阉割焦虑。任何被发现犯了"引起嘲笑元首"罪行的人都将被**斩首**；使用错误的颜色画天空和草地的令他不悦的画家将被**阉割**。[83]

希特勒还以其他方式表示了他对自己的性能力的担忧。他实际上是惧怕种马的，它们是男性的传统象征。但是，他非常喜欢看它们的雕像和照片，"充满羡慕地赞颂它们的力量，而事实上又害怕这些拥有他所缺乏的但是又很渴望的特性的动物本身"。从这些照片上，他似乎得到了替代的"性的力量——令人满意的替代品——而直到面临真实的事物，满意就变成了憎恨和恐惧"[84]。

希特勒为他的新总理府挑选了一些种马的塑像。在面向花园的位置和每一排巨大的埃及式柱子的尽头都摆上约瑟夫·托拉克（Josef Thorak）创作的两个庞大的昂首腾跃的种马塑像；而在似巨穴的"大理石走廊"中主导的雕像是阿诺德·布雷科尔（Arnold Breiker）创作的一尊大型的高耸暴跳的种马雕像，这位艺术家还在主入口处设计了两个英勇的未受过割礼的裸体男人，象征着纳粹党和国防军。

一位参观了这座建筑的美国新闻记者注意到，种马的雕像还摆放在大厅的显要位置，深长的大厅里悬挂着14幅华丽的哥白林象景织物，都是希特勒亲自挑选的，而除了四幅，其他的都印有马的图案。在挂毯中动物的性器官都被用树叶或其他东西遮盖住了，希特勒召来专家通过动物的鬃毛、鼻孔、骨骼构造或肌肉组织来辨别它们的性别。那时，为了取悦宾客，希特勒会指向一匹身体部分被遮掩的马，让客人判断它的性别。如果客人回答不上来，希特勒就指明它是一匹雄马的原因，并下结论："可是您对马一无所知。"[85]难道希特勒试图通过玩这个游戏而使自己恢复信心，实际上，人就和马一样能够不借助显示他的性器官而表现出男子气概吗？

公牛也是一种令人满意的男性生殖力的替代物。我们可以回想起，少年时代在维也纳，希特勒写了一本以长角公牛为主题的戏剧草本。当他装饰他的新总理府时，他交代下属，花园里要以一个英勇的未受割礼的日耳曼裸体人同一个长着许多角的公牛摔跤作主要装饰。显然，希特勒认为公牛帮助他克服了对性无能的恐惧，因为注射到他血管中的一样东西就是糖浆加公牛睾丸提取物的调和物。[86]

他力图以另外一种方式向自己保证他的性功能。他多年的侍从肯定地指出希特勒身边带有两把手枪：一把是7.65毫米口径的瓦尔特手枪，总是放在他的床头柜上；另一把是6.35毫米口径的瓦尔特手枪，"自从1919年就一直装在缝在他所有裤子内侧的一个特制的皮质口袋里"。[87]因此，在他清醒的时刻，当他招待张伯伦或温莎公爵夫人时，当他和温妮弗雷德·瓦格纳一同聆听《众神的黄昏》时，甚至在跟小孩子一起走路时，手枪都装在他的口袋里；当他向上千万欢呼的人群演说时，当他漫步于贝格霍夫的露台上，当他兴高采烈地同年轻的女电影演员闲聊时——他的身上总是带着一把枪，保险栓已被拉下安全地抵着他的大腿。

让我们再回到希特勒的童年。我们已经断言，他出生时就有一种性缺陷。

由心理学数据和对他童年和成年行为的考察为依据的解剖报告，反映出他是个单睾丸患者。此外，我们得出结论，这种生理状况，结合紊乱的母子关系，共同促成了他对母亲的态度并且构成了他那种猜疑和羞耻的心理"模式"。

没有直接的证据表明克拉拉对他儿子的这种畸形心理的反应。至于本书提出的许多问题，我们都必须推测。她很可能会首先从她的姨妈那里寻求建议，她们都是农妇。没有证据显示她曾亲自向医生咨询。大概，她的姨妈们都向她保证小阿道夫的情况完全正常；她不必担心，因为睾丸"自己长出来"只是迟早的事。因此，忧虑的母亲——我们猜想——反复向自己肯定她的小孩一切正常。如果他耐心等待，左边的睾丸肯定会及时长出来，然后，一切就都会正常了。这样，希特勒童年对时间的焦虑和他对等待的不耐烦就延伸成了他一生的担忧（关注）。他不再相信时间，而且他还形成了一种偏好，给表盖上盖，不给钟上发条。

时间总是与他作对。在最后的"餐桌谈话"中的一次，记录日期是1945年2月15日，他把时间列为一系列背叛和挫败他的力量之首："时间——而且始终是时间，你们当心——它［是］反对我们的。"[88]

母亲充满焦虑的再三保证非但不能缓解小阿道夫的忧虑反而更加剧了它。而她的那些建议者也会进一步迷惑他对母亲的矛盾情感。他的确爱他的母亲，正像他经常坚持的那样。但是，她又对他做了邪恶的事，那是他无法忘怀或原谅的。她给他造成了的天生的生理缺陷，那会毁了他的一生。而正如我们即将看到的，她没有做过什么别的让他痛苦憎恨的事了。

希特勒的"初境创伤"

阿洛伊斯·希特勒在阿道夫三岁时就离家很长一段时间。他不在家的时候，阿道夫就和他的母亲靠得很近，"为了互相陪伴"，她有时还让他和她一起睡。①

---

① 希特勒告诉汉元施丹格尔他最早和最快乐的回忆就是在他被允许和她母亲单独睡在"大床上"的时候。

我们可以推测希特勒感到与母亲越亲近，对父亲的焦虑就越强烈；他越害怕父亲，他就越依恋母亲——俄狄浦斯冲突的那种周期性焦虑得到了强化。他幻想中的乱伦关系不仅加深了他对父亲复仇的恐惧，还加深了他对他的对手父亲的憎恨。

然后，在他大约三岁的一个夜晚，阿道夫看到或在想象中看到了一幕恐怖的情景：他那酒醉的父亲攻击了他的母亲，并对她做了可怕而奇异的事。而最可怕的是，她似乎喜欢这样。

传记作家又一次面临着这样的问题：就是他的写作对象在"实际经历了"一件事，还是"仅仅想象"了它的发生。再次要强调的是，两者在心理学上**并无差别**。弗洛伊德的对传记作家的理解的一个伟大贡献就是洞察到神经症的症状与任何真实的事件根本无关。它们都源于那种经常被贬低为"纯粹幻想"的东西。但是精神现实往往比客观现实更重要，因而一定要认真看待主体**想象**发生的事情。他的幻想，他用来描述它们的词语和转折词，他强烈的想象力，他讲述它们的次数——这里面任何一个因素都不应被看作偶然或任意的。这些事情是"不知不觉地被决定的"，而且实际上对所涉及的这个人非常重要。他从生活中上千个其他的事件中选取了这几个特殊事件；他用这些特殊词汇来形容它们，而不是用他手边可供选择的许多数字图表来说明。

我们最终永远都不会知道幼年的阿道夫是否真正看到了父亲性袭击的场面。但是，他在想象中看到了，而且对于他来说，这是个"初境创伤"（primal scene trauma）。附带说明，据说在这种情况下，幻想很可能与现实是一致的。

这一事件的最佳历史来源就是希特勒本人。因为他在自传中相当无意识地为我们提供了自己痛苦经历的真实叙述。瓦尔特·兰格（Walter Langer）博士和他精神分析学的同事首先在1943年美国战略服务处①的一份报告中提出，在《我的奋斗》中有一个奇怪的段落，表面上描述的是一个"工人"的小儿子身

---

① 美国战略服务处（Office of Strategic Services，OSS），是"二战"期间美国建立的情报机构，是美国中央情报局（CIA）的前身。——译者注

边所发生的事情,而实际很可能这就是稍加伪装的希特勒的个人自传。(为了后面探讨的用途,这一段中的一些关键词都使用黑体并标上数字。)

让我们设想下列的情形:一个工人家庭住在闷热的地下室的两个房间里。……在(1)**5个孩子当中,有一个3岁的男孩**。这是孩子形成初步印象的年龄。这些早期的记忆痕迹甚至可以在(2)**许多有天赋的人**[bei begabten]的晚年寻觅到。(3)**房间的狭小和过分的拥挤**没有形成令人满意的生活环境。因为争吵和唠叨迭起。在这样的环境下,人们并不依赖彼此,却(4)**互相倾轧**。每一次争论……都导致令人厌恶的毫无休止的争吵。……但是当父母几乎每天都打架时,他们的野蛮行为没有留下任何想象的余地;然后这种(5)**形象教育**的后果就一定逐渐而不可避免地显现在小孩子的身上……特别是当彼此的分歧以(6)**父亲野蛮攻击母亲或因酒醉而进行袭击**的形式表现出来时。而(7)**6岁的可怜的小孩子**就感受到了这种(8)**甚至会让成人战栗**的事。(9)**由于道德上受到感染**……年幼的"公民"游荡到了小学。……

这个3岁的孩子如今已经长成了一个(10)**15岁的少年**,[被学校驱逐出去而三]蔑视一切权威。……现在,他四处游荡,而只有上帝才知道他什么时候回家。……[89]

人们认为阿洛伊斯·希特勒不太在乎任何人对他的性生活的了解,所以在希特勒在3岁看到的情景很有可能是真的。阿洛伊斯不可能为在拥挤的住所当着一个小孩子的面而感到难堪,特别是如果他认为孩子睡着了的时候。

希特勒的描述包含了许多短语,加强了这一段是自传的结论:

(1)**五个孩子**。阿道夫在几年里是五个孩子中年幼的男孩,其他四个人是保拉、埃德蒙与他同父异母的哥哥和姐姐,小阿洛伊斯和安吉拉。

(2)**许多有天赋的人当中**。他经常这样提起自己。

(3)**房屋的狭小和拥挤**。这是对在阿道夫童年早期,希特勒家住的小旅馆和磨房的确切描述。

（4）**互相倾轧**。是对性行为的描述吗？

（5）**形象教育**。再次提到了希特勒眼睛的重要性。

（6）**野蛮攻击……由于酒醉**。这些短语和形象在这一章反复出现。

（7）**6岁**。对希特勒特别重要，因为当他6岁时，他母亲怀上了他的对手埃德蒙。

（8）**甚至令成人战栗**。为什么成人会在性交的时候**战栗**？他所想象的是什么样的攻击？它们特别具有虐待狂的特征吗？它们可能是一种希特勒自己后来沉迷于其中的施虐受虐狂的变态吗？（见后文，第237—243页）

（9）**道德感染**。注意希特勒把性交同某种道德上有传染性的令人厌恶的东西联系在一起。

（10）**15岁的少年**。正如我们将要看到的，蔑视权威的辍学学生整日四处游荡，是对阿道夫在他父亲死后的生活方式的一种精确描述。

当然，对于一个孩子来说，看到父母在进行性交并不总是具有创伤性的。如果是这样的话，成千上万的爱斯基摩人和贝多因人大概会比他们表面上看来更神经质。只有它加强了其他令人极度困扰的童年体验，这种经历才会构成创伤性，就像在小阿道夫的病例中一样。

在描述其他涉及酒醉的丈夫攻击他们温顺的妻子的可怕事件中，希特勒却突然停下来，做出一番非常重要的陈述：**我在数百次的情景中都目睹了这种人性……既令人厌恶又令人愤怒。**[90]我们必须问一问年幼的阿道夫在什么地方亲眼看到了这样令他厌恶的亲密场面。无疑，他从来没有在自己家以外的地方看到过。而且如果观察这个孩子从3岁长到6岁，一直到15岁的思维发展，我们会发现，无论如何他从来没有表现出对这种事的任何兴趣——也就是说，除了对自己的关注，他根本没有这种意识。那么他又如何能亲眼看到"数百"次这样的事情呢？

大概他根本没有真正见到它们，它"只是一个幻想"。而更可能的情形是——他的描述中提出了特殊的细节以及转折短语——他目睹了这样的一个情景，然后，他就在想象中成百上千遍地重复体验着这个恐怖的经历。每一位精神分析学家从临床经验都知道，当病人不断重复一个印象或联想，或者反复做同一个梦时，这就是"形成的深刻印象和他希望交流的强烈想法的暗示。"[91]

关于初境创伤的专门著作非常广泛，不过这里可以概述几个反复的症状。这里面没有一个因素是单独起决定作用的，但是它们的综合就显示了许多病人严重的情感问题，正如我们所提出的，像在希特勒身上一样，所有的病人都表现出严重的阉割焦虑。的确，严重的阉割焦虑是观察对孩子有创伤性影响的环境而得出的常见结果，这是一个确定的分析原则。在希特勒身上，这种症状最显著的表现之一就是他一生通常都对斩首，尤其是美杜莎的头感兴趣（见第一章，第21页等）。斩首既是杀人，也是阉割；美杜莎的头引起的恐怖不仅是死亡的恐怖，还有阉割的恐怖。[92] 继一种初境创伤之后频繁而来的阉割恐惧在年幼的阿道夫身上将会表现得特别强烈，因为他患有单睾丸病，而单睾丸代表着关于向父亲复仇的那种令人恐惧的俄狄浦斯幻想在**现实中**的高潮。因此，希特勒的焦虑将会是双重的：实际的身体损伤加剧了阉割恐惧，而阉割恐惧又进一步受到初境体验（primal scene experiencf）的刺激。

初境显现（exposure）也唤醒了许多病人的乱伦幻想和恐惧，正像它在希特勒身上的影响一样。孩子既厌恶这种乱伦的想法又受到它的吸引，即代替他的父亲做他母亲的性伙伴。希特勒在许多方面表达了这样的恐惧和沉迷。首先，他习惯于激烈地否认他自己有把它们投射到他人身上的欲望。例如，他坚持说，是犹太人而不是他犯有乱伦罪行。[93] 或者他会说，维也纳是"乱伦的化身"[*die verkörperung der rlutschande*]。[94] 他在后来的性生活都是与母亲的替代者在一起，这一事实也是他对母亲产生的乱伦情感的有力证明。

还有其他间接的证据表明阿道夫对母亲有着乱伦的幻想，同时憎恨他的对手父亲，畏惧他，并怀有一种希望这个老人死的愿望。这隐含在他青年时创作的关于圣山（the Holy Mountain）的戏剧中，其中一个神父砍下了一个献祭的公牛的头。而这头公牛，作为传统的攻击性的淫荡之徒的象征，对年幼的阿道夫来说，在这个背景中就是父亲的象征。因为阿道夫开始把自己看作救世主，他可能在潜意识中扮演了一个神父,把他父亲呈献给他自己的野心和俄狄浦斯的恐惧。

我们看到希特勒也极其害怕勒杀。他曾写过贫穷女神就像一条蛇一样想勒死他。在他最后的"餐桌谈话"中的一次,他用了个有趣的转折词说,犹太人企图使他"窒息"。他还做了许多关于勒杀、溺死和窒息而死的噩梦。欧内斯特·琼斯(Ernest Jones)在对噩梦的经典研究中,显示出这种恐怖的梦和乱伦的欲望有直接联系:

> 以噩梦为症状的疾病始终是以某种形式的"受压抑"的性渴望为中心的激烈的精神冲突的表达。……毫无疑问,这涉及性生活中的乱伦倾向,因而我们可以扩展已确定的法则,然后说:**噩梦的袭击是一种乱伦欲望的精神冲突的表达。**[95]

青年和成年的希特勒都以身为"狼"而自豪这个传记中的古怪事实可能也与他幼年的创伤有关系。有许多例子显示他与狼认同,而更有意思的是,他经常无心吹出的调子就是"谁害怕大灰狼?"对于那些熟悉弗洛伊德的著名的"狼人"病例和后来出版的"狼人"自己的回忆录的人来说,希特勒对狼的着迷触及了一个熟悉的记录。这令人想起,弗洛伊德的病人在幼年时也曾看到他的父母性交;后来他便形成了一种对狼的恐惧症。尽管我们并不确知希特勒幼年是否产生了对狼或狗的恐惧,但是迪斯尼电影歌曲的挑衅音调反映出他可能,而且的确学会了通过把自己与他畏惧的事物联系起来,以及刻意地培养自己畏惧的事物,并让它围绕自己以克服这种焦虑感。在这个病例中,熟悉并不引起轻蔑,却使焦虑减轻。在使自己与狼认同的过程中,他实际上就是说:"瞧,我无须害怕狼,我自己就是狼。"[96]他就是这样让自己安心的。

幼年的阿道夫很可能把他的父亲同狼联系在一起,因为我们知道阿洛伊斯养了一只大狗,可能是阿尔萨斯狗(德语就是 *Wolfshund*)。正如我们已经指出的,阿洛伊斯用鞭子打狗,并且用同样的口哨声叫他的狗和他的儿子。

毫无疑问,希特勒把他的父亲看作他的攻击者,这在《我的奋斗》中的段落和他多次提到他在童年挨到鞭打时都有体现。然而，还有另外的证据表明阿道夫将自己认同于他那"进攻者—父亲"。他有时像他父亲鞭打自己的狗那样残忍地对待他自己的德国牧羊犬。在 1926 年间曾与希特勒有过亲密关系的一个女人，玛丽亚（或米密）·赖特尔（Maria Reiter），回忆起她看到他野蛮地对待他自己的狗：

> 他就像疯子［Irrsinniger］一样紧拽着拴狗颈的皮带用他的马鞭抽打他的狗。他变得异常激动。……我不敢相信这个人会这么残忍地打一只动物——一只他以前曾说过没有它他就无法活下去的动物。但是现在他却又鞭打他最忠诚的伙伴！

当米密问他怎么会如此残忍，希特勒冷冷地回答道，"那是必要的。"[97] 借助鞭打他的狗，难道希特勒是在为他转移到动物身上的自己的罪恶感而惩罚自己？他说他知道他的狗有"罪恶感"。

正如在弗洛伊德的"狼人"的病例中，马似乎代替了狼或狗而成为病态性恐惧的客体。可以记起的是，希特勒害怕马。但是，好像同时出于对这种恐惧的否定和保护自己免受影响，他习惯性地带着一条马鞭，而且在自己身边都摆满了种马的图画和雕像。[98]

希特勒幼年体验的一个长期的后果就是相信性交是野蛮、有传染性而且危险的——如此危险以至于成年的希特勒把它比作西线的战争（见第一章，第 52 页）。正像希特勒看到的，性行为也反映出女人想要被大胆蛮横的男人制服的受虐性的需要；这加强了他心目中女人是不值得信任的软弱而欺诈的形象。他避免同女人进行生殖器性交可能也是他潜意识中把所有女人同他的母亲联系起来的结果。而他母亲欺骗性地屈从于他的"父亲—对手"，生下虚弱的孩子（他们不是幼年夭折就是心理或生理上有缺陷），然后再用她那后来患病的乳房哺育了他们。[99]

他的幼年经历似乎还产生了另外一个关系久远的后果。菲莉斯·格里纳克指出，因看到父母发生性关系而受到创伤性影响的孩子，倾向于对少数民族抱有偏见。这样的孩子都强调自己与他人的差异,紧盯着陌生人,特别注意他们的身体外表,因而从根本上敌视那些外表与他们不同而且令人厌恶的人。[100]

值得注意的是,希特勒在他的自传中表达的最具启示性的偏见是强调身体外表和仔细端详。他说初次见到东欧的犹太人时,他大吃一惊:

……一天,当我走过内城时,突然碰到了一个身着长袖袍子的包裹严实的人,满头黑色的卷发。

我的第一感觉是,"这也是个犹太人?"

在林茨,他们的**长相**确实不是那样。我偷偷地仔细**端详**这个人,但是当我**盯着**这个陌生的面孔,然后长久地审视他的每个特征,第一个问题就逐渐在我的脑海中转变成了另一个问题:

"这也是个德国人?"[101]

我们之所以要详述希特勒婴儿期的经历还有一个原因就是:成熟的希特勒记得他父母的性关系,这反映了当他建立起他的独裁统治时具有历史性后果的思维方式。他描述这个事件——或者是幻想时所使用的言辞、隐喻和短语反映出将会决定他所有人际关系的一种猜疑和憎恨的清晰的发展脉络。他对事件的精神描述揭示了在他的思想中,性、权力、进攻和残酷都一起熔合到一个危险而病态的联合中:恐怖、残酷和无情的权力对他而言是性和生命的根本特征。

简言之,在这里揭示的这些态度表现了他自己的人格特征和他强加于他的国家和欧洲大部分国家的政治体系的特征。[102]

童年晚期

阿道夫·希特勒个性形成的早期就预示了重要的母子关系的不良发展。母亲的溺爱和父亲的严苛使他过分地依恋他的母亲。尽管在感情上依赖她,但在潜意识中他又感到厌恶,因为他有两件事要怪罪她——他的单睾丸病和"初境"——这些使他的俄狄浦斯情感大大复杂化了。判断其中哪一个更为重要是不大可能的;当然,我们恐怕永远也不会知道。但是,指定优先权并不比强调两种体验的累积效果更重要。交互作用和彼此加强似乎很明显,因为两种体验的后果,正像在希特勒后来的生活中所呈现的那样,比在只遭受了一种创伤的临床病例中观察到的症状要严重得多。[103]

童年中相继发生的事件都有助于加强他对自己和他人的态度。比如,他所受的父亲的鞭打就有助于证明他憎恨这个老人的正当性;它们也一定增强了他对母亲的矛盾态度,因为她要么不能要么不愿保护他免受父亲的攻击。在他后来的回忆中,希特勒没有为他母亲的无能和对鞭打的默许进行辩护。"我可怜的母亲总是为我担心"——但是不能保护他。"我知道我母亲焦虑地站在门外"——但是却没有采取行动制止拷打。[104]

这些童年受到的惩罚,无论是真实的还是想象中的,都加剧了希特勒的俄狄浦斯问题,可能还促成了他后来的精神"分裂"(splitting),即成年希特勒的人格特征,界于虐待狂与受虐狂、毁灭与创造、残酷与仁慈、憎恨与热爱之间。正如弗洛伊德在他研究被虐待性变态的一篇著名论文中所指出的,俄狄浦斯欲望的罪恶感总是作为一种将虐待转化为受虐的决定性力量而出现。[105]

《我的奋斗》中有这么一句有趣的话,我们无法确定它是否是自传性质的。如果是的话,我们可以推测出希特勒很可能为曾经鞭打自己母亲而产生深深的罪恶感。在这一段中,他继续描述那个当时已经15岁的"工人的儿子",他怎样整晚不睡,表现出对父亲权威的完全蔑视——这个描述,正如我们将要看到的,符合父亲死后阿道夫自己的行为:"他四处游荡,只有上帝知道他什么时候回家;为了改变,**他甚至可能抽打曾经是他母亲的可怜女人,诅咒上帝和整个世界。**"[106]

阿道夫童年晚期的重要事件好像是围绕着他弟弟埃德蒙的生与死。可以想象,当6岁的小阿道夫看到埃德蒙出生,他便从心底憎恨这个对手,并且希望他死掉。他的愿望真的实现了。当阿道夫11岁时,他6岁的小弟弟夭折。在其间的几年,两兄弟似乎变得越来越亲近,而埃德蒙的突然死亡很可能唤起了阿道夫内心的罪恶感。当然,关于那个小男孩葬礼的不可思议的事件加强了阿道夫的想法，即他的母亲完全不可以信任。就像变幻无常的命运之神，她忽略了儿子们的直接需要。

20世纪50年代希特勒家的邻居仍旧住在里昂丁的村庄。他们回忆起1900年3月埃德蒙·希特勒死于麻疹后的并发症，然后埋葬在教堂的墓地，并记起当时他的父母没有一人来参加葬礼，于是他们都怀疑地直摇头。那天他的父母都在林茨。甚至连阿洛伊斯·希特勒的老朋友，平常坦率直言的村长，老约瑟夫·梅尔霍弗尔也无法解释这对父母的奇怪举动。

邻居们都暗示了一个可能的解释，虽然又承认它不是很有说服力。他们回忆起反教权主义的阿洛伊斯·希特勒不喜欢村里的牧师，他认为他太"政治化"了。例如，牧师和一名教师打算筹建一个为那些贫穷的流浪者和流动农业劳动者免费提供羹汤的厨房。阿洛伊斯·希特勒，这个退休的帝国官员，作为村里最显赫的人，成为反教权主义的领导者，他认为这个教会—学校的联盟是"地方政治的社会化和政治干预"。如果是这样的，它或许可以解释为什么市长支持希特勒的父亲而后来又对他没有参加埃德蒙的葬礼感到非常尴尬，拒绝谈论这个问题。无论如何，阿洛伊斯很可能对当地神父极其愤怒以致他大肆抨击餐馆中举办的免费餐会，并在一次脾气发作时，发誓他永远不会再踏进他的"敌人"的教堂，而且说如果他接受牧师对他死去的儿子的祈祷，他会受到诅咒。所以，那个顽固的老人拒绝参加葬礼。或许如此。但是如何解释克拉拉的缺席？她是一个忠诚的天主教徒。而即使她不是这样，母亲不参加自己儿子的葬礼也是很反常的。我们能想起的唯一解释，如果可行，证明了阿洛伊斯对妻子的专制。葬礼那天，他命令她陪他一起去林茨。克拉拉不敢不从。[107]

于是，由于母亲的背弃，阿道夫独自站在强劲的暴风雪中，看着他的小弟弟被放进坟墓，而他的父母最终没有留下任何标记。

这一经历造成的结果很可能就是加深了希特勒对母亲的怨恨。当然，他有意继续把他的憎恨转移到他父亲身上，把一切都归咎于阿洛伊斯。因为，正如门宁格所指出的，严厉的父亲帮助儿子将敌对和进攻的情感正当化。"但是，如果我们透过重重的憎恨，我们最终就来到所有伤害的最深层——'我的母亲舍弃了我'。"[108]

此外，阿道夫已经有理由憎恨母亲对他做的一切。除了带给他有缺陷的睾丸并且默认她自己被希特勒的"父亲—对手"所"强奸"，她又生下了希特勒的竞争对手埃德蒙，而且忽视了希特勒，把他交给了他年长的同父异母的姐姐安吉拉。正如门宁格所指出的，"当孩子在幼年被另一个替代的母亲所接管，这通常不会扩展他的爱的能力，反而会加重他的憎恨负担。"通过表现出对母亲的强烈的爱，小孩子可能"隐藏了他对她的敌意……而避免了试图正常地表达他的男性气概的结果"。[109]

在他青春期前的那些非常艰难和烦扰的日子里，大约是12岁左右，阿道夫对他母亲的态度特别混乱而复杂。我们猜测，他背负着他弟弟死的罪恶感。克拉拉在葬礼上对两兄弟的舍弃很可能有助于减轻阿道夫的个人罪恶感，从而给他一个机会来投射。该为埃德蒙的死负责的不是他，而他的母亲该为遗弃他们两人受到谴责。

但是，他不能这分责怪他的母亲。他能够把它们转移到他父亲身上而减少他对她的敌对情感，而且他本来也能通过防御而避免他的感情变得太有抗拒性，奥托·凯恩伯格（Otto Kernberg）称这种防御为"原始实现"（primitive reality）。在这种防御中，当孩子面临一个具有威慑力的父亲时，他就把父母关系分裂成全善和全恶的两类人的关系。他幻想着一个理想化的母亲，她是集慈爱、亲切和力量于一身的真正的完美典范——一个能够完全保护他免受那个极恶人的威胁的保护者。[110]但是在希特勒身上，这种防御坍塌了。阿道夫的原始理想化的母亲没能保护他免受父亲的鞭打，而现在当她遗弃他的弟弟的时候，显然也遗弃了他。

埃德蒙的死可能还有一个影响，就是提醒了阿道夫他有多少兄弟姐妹都死掉了：古斯塔夫死于1887年，伊达死于1888年，奥托死于1888年，而现在是埃德蒙。在他幼小的心灵里，对自己存活的最自然的解释就是他之所以能够活下来是因为他受到上帝的特殊关照。这不只是生理上比自己兄弟姐妹长命的问题。阿道夫——除了他患有隐睾症——也是没受到一些明显的失常影响的幸存者之一。谣传说施克尔格鲁伯家有精神病和身体疾病的长久历史。在林茨当地档案馆的一份书面记录说克拉拉性情暴躁的姐姐约翰娜可能是精神分裂症患者。[111]而希特勒的大表兄，爱德华·施密特（Edward Schimdt），也就是克拉拉妹妹特蕾西亚（Theresia）的儿子，是个驼背，并有语言障碍。在更近的家族关系中，阿道夫好像有个比他年长的姐姐是个低能儿。无论如何，家庭医生布洛赫在"二战"中接受美国战略服务处人员质讯时，说他"绝对肯定这一点，因为他那时注意到，当他来看望母亲时，这家人总是试图把孩子藏起来……"较小的妹妹保拉，"据说也有点痴呆，可能属于智商不太低的智愚者。"[112]

　　孩提时代对他的兄弟姐妹的死的知晓也很可能使希特勒产生了那种"生存罪恶"的感觉，罗伯特·杰伊·利夫顿（Robert Jay Lifton）在他研究死亡的心理反应的论文中对此做了描述。那些在他人都死掉而唯独自己活下来的人身上所体现出的"生存优先权"引发这样一个问题，"为什么我被选中继续活下来？"面对他人的死亡，"不可避免的自责"随之而来。通常，罪恶感会因为作为对手的兄弟姐妹的突然死亡而明显加深。然后，孩子很可能产生一种感觉，由于某种原因，他的一生受命运的控制，因而完全非他所能左右。在阿道夫的病例中，不仅他的兄弟姐妹的死，而且他母亲对他这个唯一幸存的男孩的焦虑和担忧，以及对他的健康的强迫性关注，都必定会加强他对自己拥有特殊地位的想法。[113]

　　他的母亲坚持说他是"特殊的"，是她的**宠儿**，而这很可能会加强幸存者们通常采用的一种心理防御：认为他们是上帝或命运之神出于特殊目的而专门挑选出来的，所以才得以幸存。经常伴随着一种信念，认为正是因为命运的选择，幸存者才由于某种原因避免了凡人的死亡。正如我们所看到的，希特勒确信他是上帝从德国人民中特别挑选的天才；他还相信在圣奥林匹斯山那些不朽的人当中有专为他留的位置。希特勒并不是唯一暗示自己不朽的人。这让人们想起西格蒙德·弗洛伊德的评论，"实际上，没有人相信他自己会死，或者以其他方式表达同样的意思……我们每个人都在潜意识中确信自己是不朽的。"继弗洛伊德之后，奥托·兰克评论道，人们寻求宗教信仰的潜在动机就是要"确认自身的永生不朽"。[114]

　　对那些像希特勒一样的幸存者来说，这种广泛感受到的人类欲望特别强烈。此外，他无法采取人们寻找到的战胜死亡的几种通常方式。他的宗教信仰不是那种基督教的天堂所赐予的拯救；他不可能靠子孙后代而永垂不朽。于是他便寻找其他的方法解决这一问题：他打算建立不朽的建筑和纪念碑；他力求创造军事功绩，使他获得"整个历史中最伟大的战场指挥官"的不朽名声；当他被拒绝了的时候，最终他只能希望通过实施真正巨大的毁灭获得历史的不朽。

我们认为，部分来源于他的生存幻想的特殊使命感，也在童年凭借全能的防御机制得到加强。患有单睾丸病和临界人格的人经常借助这种防御机制来抗拒不安全感和自卑感。专横和坚持己见——希特勒在童年早期就显现出来——是这种人格经常怀有的强烈的潜意识信念的显著证明，即期望获得满足和他人的尊崇是这种拥有特权的特殊人物的权利。

临床医学对那些作为对手的兄弟姐妹亡故而自己活下来的障碍儿童的研究显示出希特勒的另一个症状：他抵制变老，难以成熟。儿童精神分析学家发现兄弟姐妹中的幸存者可能对死亡的想法感到极其恐惧，以致他们试图通过保持孩子般的行为方式拒绝成熟以逃避死亡。结果可能产生一种造成幼稚症的"防御性倒退"。当母亲（像克拉拉·希特勒）对"我身边唯一的小儿子"呵护倍至，死亡恐惧症和保持幼稚的欲望都得到了加强。许多幸存者（像希特勒一样）也试图坚持说他们应该生活在喜悦中，没有人可以杀害他们，并且他们自己会克服对他人来说致命的危险，从而克服他们的死亡恐惧。[115]

希特勒一生对死亡的恐惧产生了更严重的历史性后果。正像他后来的经历所充分显示的那样，他试图通过杀害他人来消除个人的死亡恐惧。他拥有越多的可以决定他人生死的权力——他越是支配着别人的死亡——他自己感到的恐惧就越少。除了有计划地屠杀上百万"劣等"人，我们应该指出在战争后期他接到前线消息的反应。当时他个人的党卫队分支，精英卫队阿道夫·希特勒警卫旗队（*Leibstandarte Adolf Hitler*）武装①在东线战场上损失惨重。当一个参

---

① 阿道夫·希特勒警卫旗队，即党卫军第一装甲师，是最早组建的武装党卫队之一，前身是约瑟夫·迪特里希领导的柏林党卫队总部卫队，直属希特勒本人，最初专门负责保护希特勒。"二战"爆发后，除了其警卫部队继续负责守卫柏林和贝希斯特加登外，党卫军第一装甲师参加了从入侵波兰开始德军几乎所有重大的军事行动，转战于东西两线。——译者注

谋官员报告说希特勒个人的师已有许多人阵亡时,元首欢欣鼓舞的回答令他大吃一惊,"伤亡怎么也不算多!"[116]

我们已经说明,1900—1901 年间,就是少年阿道夫 12 岁这一时期,对他的个人发展具有不同寻常的重要性。这个曾经是村里学校的尖子学生现在开始落后;曾经是附近地区粗野的游戏中的外表傲慢、极度活跃的领头人现在变成忧郁、乖僻、固执己见的青春前期的少年,他在僻静的山上同树谈话,对着风演说,与父母对抗,画漫画讽刺老师,而且还痛恨整个世界。我们只能猜测这些明显变化的原因。不过,可以确定的是它们与他早年的生活经历绝对有关。因为,我们知道婴儿期的创伤性经历具有持久的影响。在阿道夫年幼时,怀疑、耻辱、罪恶、憎恨和恐惧的态度都已深深埋下了有害的根源。在痛苦的那一年,它们通过更为有害的经历又得到了强化:他弟弟的突然死亡和凄凉的葬礼,伴随而来的是他对自己生存的罪恶感;他对母亲的冲突情感的进一步深化;从熟悉的地方学校转到陌生的城市中学的转变。而这一切不稳定的事件都恰好发生在有隐睾症的儿童经历他们最困难的发展时期这个年龄。这是糟糕的一年。但是,伴随父亲的去世,情况开始出现转机。

"消极认同":林茨的花花公子

希特勒记得,在他父亲于 1903 年去世后,他和母亲住在林茨一套舒适公寓的那些年是他一生中最惬意、最快乐的时光。那个专制的老人再也不会像对狗一样地冲他吹口哨,要求他沉默地表示服从,或者问他有关学业和未来做公务员的打算等等这些可恶的问题。溺爱他的母亲靠着丰厚的抚恤金和卖掉里昂丁的地产得来的收入满足了阿道夫每个奢侈的愿望。他得意得就像省城里的评论家和赞助人,穿梭于当地的博物馆和图书馆之间,而且几乎没有错过林茨任何一场歌剧的演出。他穿着整洁的白衬衫,系着光滑的领结,歪戴一顶宽边的黑礼帽,显露出他的自信,连他那些裁剪得体的粗花呢套装都受到镇上年轻人的羡慕。冬天，他就穿上黑色丝线大衣。看歌剧时，他往往装模作样地带着一双黑色羔皮手套，拄一根象牙柄的文明棍，头戴一顶高顶帽。[117]

因此，阿道夫呈现出埃里克·埃里克森所称的"消极认同"（negative identity），也就是说，他扮演了一个恰好与他父亲心目中的"适当"形象对立的角色。他借此显示出对他父亲的理想和价值的积极蔑视。这样的角色扮演，正如埃里克森所显示的，不仅是对父亲的报复性攻击，而且也是一种个人防御。因为，通过呈现消极同一性来幻想自我比起真正的自我界定和实现要容易得多。[118]

不过，在自己能够完全投入于新的角色之前，他需要把自己从教育的约束和负担中解放出来。他在学校的表现已经很差，因为——根据他自己的叙述——他故意"破坏"父亲为他设定的进入官僚机构的规划。父亲刚一去世，"我的赞助人又突然得病，在这几个礼拜中，家里持续不断的争论终于平息下来"。希特勒说他患上了"严重的肺病"。但是，这恰恰是因祸得福，因为由此"我所为之斗争的一切，我暗中期盼的一切都变成了现实"。[119]

事实上，阿道夫是否在1905年生了病，还是装病来让溺爱他的母亲着急从而哄骗她以让他退学，这并不十分清楚。他的朋友库比切克的回忆录和现存于林茨省档案馆里的一封信都使我们确信阿道夫在1905—1906年间的确得了重病。但是家庭医生爱德华·布洛赫却想不起来他得过任何这么严重的病，而且在一位美国记者的特别追问下，据说他确定"当他给希特勒检查身体时，他根本没有查到这种病的蛛丝马迹"。布洛赫医生在后来的回忆录中又肯定了这一说法："希特勒身体根本没有什么大毛病……我无法理解那么多人提到他青年时的肺病。我是那个时期给他看病的唯一的医生。……我的记录显示他没有得这种病。"[120]

另一方面，希特勒的表兄约翰·施密特，清楚地回忆起在1905年的夏天，阿道夫病得很重，是由附近魏特拉村的卡尔·凯斯（Karl Keiss）医生为他治疗的，而且他的母亲也在精心照料他，让他吃营养的食品和牛奶。[121]当时克拉拉和她的孩子们在约翰·施密特母亲的农庄里生活了几年。档案保管员耶钦格尔反复地坚持说，阿道夫只是装病来骗他的母亲以期达到自己的目的。他的证据主要来自一个年轻时曾到克拉拉·希特勒在林茨的家里吃过饭的人的访谈记录。但是，正如一位美国传记作家所指出的，这个叫哈格米勒（Hagmüller）的人是在1905年夏天*之后*才认识希特勒的。[122]

让我们推断一下，阿道夫的病可能不太严重，但是凭借他那相当出色的戏剧表演才能，就足以引起他母亲的恐慌。她再次出于溺爱之心，让他退了学。

正如他后来在《我的奋斗》里所坦白的那样，现在他真成了"他母亲的小宝贝"，整日躺在"松软柔和的床"上一直睡到中午。下午，他就看书或者仔细临摹绘画作品或明信片上的图画，通常会对着一幅画临摹许多张。但是，他主要的事情就是为林茨的建筑绘制或重新设计建筑方案图。他极端为之着迷，并且坚信有一天他会看到他的设计实现，这给那些年间的朋友留下了深刻印象。后来事实的确如此。当年的那个青年所计划的一切，在今天这个独裁者这里付诸实施——并且还是详细而精确地得到实现。

> 它的发生具有不可思议的规律性，好像这个15岁的孩子想当然有一天会拥有必要的权力和手段。……这个不为人知的男孩为故乡的重建草拟的计划……同1938年后的城市规划方案的最终细节一模一样。我几乎有些害怕在下面的篇幅里叙述这些早期的方案，唯恐我的真实性受到质疑。不过，我将要讲述的每个字都是真实的。……他对有一天他会实现他所有的庞大计划的信念是不可撼动的。……这种绝对的信念是我的理性思考方式所不能理解的。……
>
> 对于年轻的希特勒来说。现实和幻想不可思议地交织在一起，以至于他会不断地拜访只存在于他的头脑中的建筑物。[123]

在那些夜晚，经常都是直到午夜过后，阿道夫会去听歌剧或者和他的朋友长时间地散步，途中他会修正或者重新设计建筑，要么就滔滔不绝地讲述艺术作品和社会的不幸。他显示出，他的投射能力已经得到充分的发展。一天，两个朋友闲逛经过鲍姆加特纳咖啡馆（Cafe Baumgartner），看到几个年轻人坐在大理石面的桌子边喝白酒，同时闲散地聊天。这一情景令阿道夫对那些在毫无价值的聊天和闲读中虚度时光的"愚蠢的寄生虫"感到极其愤怒。[124]但是当他发泄对这些寄生虫的怒火时，他心目中可能有他自己的生活方式，他可能是对他自己这么依赖守寡的母亲的愤怒。这样的情感增加了他对她的矛盾心情：他爱她并且需要她，然而恰是这种需要又使他感到罪恶和愤怒。

不过，他继续任由母亲对他的娇纵。因此，当阿道夫觉得他好像喜欢弹钢琴时，他的母亲就给他买了一架海兹曼（Heitzmann）牌钢琴，并送他到一个价格不菲的老师约瑟夫·列夫拉斯基·温特（Josef Revratsky Wendt）那里学琴，老师记得阿道夫是个厌烦指法训练的散漫学生。大约四个月之后，阿道夫断定他的天赋在别处。在慕尼黑的时候，他母亲很可能短期地资助了他，1905年某个时候，他还上过施瓦本的布鲁登大街的一个名叫戈洛贝尔（Gröber）的教授的几节美术课。[125]

1906年春，阿道夫认为这是拜访维也纳的最佳时机，他在那里待了两星期，去听歌剧以及批评地审视环城大街旁边的新建筑群。在他发给林茨的明信片上，他写道，他对皇家歌剧院的室内布局不满意。另一张卡片讲述了一天晚上观看了《特里斯坦》，第二天去看了《漂泊的荷兰人》（The Flying Dutchman），接下来参观旁边的市立戏院。克拉拉的抚恤金是无法资助这些短途旅行的，所以她一定从她卖掉房子的收入中拿出了大部分的钱。[126]

尽管这样的娱乐消遣已足够快乐，但阿道夫日趋成熟的品位的确需要更多的经济支援，而这超出了他母亲的经济能力。于是他决定借助国家抽奖券来赚上一笔钱，便做出了一生中"最重要的决定"之一，买了一张彩票。一个16岁的男孩买张彩票并且梦想他将怎样花掉赢来的钱，这当然没有什么特别希奇的地方。引人注目的是，年轻的希特勒完全相信他会赢。因而，他详细计划了如何花掉所有的钱。他认为将大把的钱投在一栋新的别墅上并不明智。他宁愿租一间大的公寓，然后把它改造为符合他需要的房子。在看了大量房间以后，阿道夫和他的朋友"古斯特尔"·库比切克①在林茨郊区，乌尔法尔的樱桃巷2

---

① 据库比切克回忆录，希特勒不喜欢库比切克的名字"奥古斯特"，常常叫他古斯塔夫或古斯特尔。——译者注

号找到一套合适的公寓。阿道夫精心计划了如何装饰每一个房间。他要建立一个林茨的文化名人聚会的艺术沙龙。古斯特尔将给大家进行音乐表演；阿道夫朗诵诗歌，并且发表他对美学、文化和历史的详尽看法。一个优雅、迷人、机智——而又不太聪明的灰发女子主持聚会。正如希特勒后来所评论的，女人不需要头脑，因为他自己就足以为任何社会集会贡献智慧。至于夏季，阿道夫决定和他的朋友遍游德国；他发誓要每年去瓦格纳在拜罗伊特的圣地朝拜，那里是他的最伟大思想的根源。

人们不免再次为他头脑中幻想与现实的混杂情形而惊诧。主持沙龙的女人是母亲的替代者这一点也相当明显；她当然不是死去的克拉拉·希特勒，克拉拉的头发不是灰白色的。在他所有钱的用途安排中，他没有一次想到他的母亲。希特勒也没有幻想一位美丽而有教养的妻子来填补他的艺术圈子。[127]

阿道夫报着绝对的把握等候着公布奖券结果的这一天。他简直不敢相信他竟然输了。在遏止不住的愤怒中，他冲向库比切克父亲的室内装潢商店：

> 我从来没有见过他像那时那么愤怒。他第一次冲国家奖券发火，说它是官方有组织的对人类信任的利用，是对温顺市民的公开欺骗。然后他的怒气又转向国家本身，斥责它是十或十二个民族的拼凑物，或者只有上帝知道是多少个民族，咒骂它是哈布斯堡王朝的婚姻造出的怪物。除了期望两个恶魔被骗取他们最后的王冠，人们还能指望什么？

库比切克敏锐地指出这个明显无聊的事件之所以让阿道夫感到希望破灭是因为"他被他的意志力所抛弃"，因而无法按照他的意志来行事，使幻想变为现实。[128]

童年时建立新帝国的设想

阿道夫和他的朋友通常在漫漫长夜中散步，白天就跑到林茨附近的山上、城堡和修道院里去。在这期间中，他无休止地向他的朋友谈起他要建立的新**帝国**（*Reich*）的社会秩序。这个概念对他来说是个神圣的谜，所以他拒绝以定义亵渎它。但是他肯定，在他的领导下总有一天会建立起一个伟大的**帝国**。这个词本身就具有魔力，仅它的咒语就足以解决任何政治、道德或美学问题。由于不满他们在林茨看到的瓦格纳歌剧的舞台布景，阿道夫向他的朋友肯定，在他的政府中"帝国的舞台设计师"将要为他遍及整个帝国的各省戏院创作布景。① 同样所有关于健康、教育、住房和优生学的困难问题都交由帝国特定的官员处理。"无论何时，当他的谈话进入了死胡同，然后不知所措，他就会毅然绝然地说，'这个问题将由帝国来解决。'"[129]

1939 年的一天，第三帝国的元首前往瓦格纳在拜罗伊特的圣地进行游历。当时他告诉瓦格纳夫人，他的政治生涯是在林茨的一个夜晚奇迹般地开始的，当时他还是个少年，在观看了瓦格纳的歌剧《黎恩济》的演出后，"就在那一刻，一切都开始了"，他说。

1906 年 10 月这一天，狂风大作，不同于六年前早春三月的清晨，阿道夫目睹了自己的弟弟下葬，同时作为幸存者，又感受到命运对他的眷顾。当时他十七岁了，着迷地坐在那里倾听瓦格纳的音乐，观看着他的民族斗士黎恩济的起落，黎恩济在目睹罗马平民杀害了他的小弟弟后，受到激发，投身政治运动。

这部长篇歌剧直到午夜过后才结束。两个朋友一同走进漆黑而刮风的夜晚。通常希特勒都会对演出、情节、舞台布景和天才瓦格纳大发一番冗长而激动的议论，但是这一夜，他沉默了，他把黑大衣的衣领竖起来抵挡寒风，沿着清冷孤寂的街道走着。当他的朋友为了打破沉默而试图询问一个关于演出的主要问题时，阿道夫却充满敌意地瞥了他一眼，让他闭嘴。两个朋友没有径直回家，而是一路向西走到弗莱茵伯格山。当他们到达山顶时，雾散开了，星星在天空闪烁。阿道夫满腹心事地眺望遥远天际良久，突然转过身来，抓着朋友的双手，目光热情而锐利地盯着他。"他以前从来没有过这个姿势。"他的朋友

---

① 掌权以后，希特勒就任命一个官员担任这个头衔。阿尔倍特·施佩尔回忆在希特勒与"帝国舞台设计师"本诺·冯·阿伦特（Benno von Arent）讨论瓦格纳的作品的布景（道具布置）时他曾在场。Speer, *Spandau: The Secret Diaries* (New York, 1976), 102。

告诉我们。但是他当然会重复,这是元首与追随者热切交谈时的特有姿势。在紧盯他的朋友几分钟后,他才开始说话。"我们独自站在星空下,希特勒说的话就好像我们是地球唯一的人。从前和此后再也没有听到阿道夫·希特勒像那一刻那么说话。"库比切克认为那夜希特勒有些奇怪的地方。"好像另一个人在他身体里说话,并且就像鼓动着我一样鼓动着他。这并不是一个讲话者被自己的言辞搞得失去自制力的情形。相反,我倒感觉他自己仿佛是在惊诧而激动地倾听着伴随原初的力量从他自己身体迸发而出的东西。我并没有尝试解释这种现象,但是它确实是一种完全入迷和全神贯注的状态。"库比切克已经不记得希特勒那晚说了些什么,不过他倒记得一件事,阿道夫没有提到要成为一名艺术家或建筑师。他就像黎恩济一样,把自己看作民族的救世主。他谈到"有一天他会得到人民的授权来领导他们走出奴隶状态,到达自由的高峰……他还提到有一天上帝将要赋予他的特殊使命"。

在沉默中阿道夫和古斯特尔回到镇上。二人在库比切克家门前分手时,附近街道里的钟响了三下。接着,阿道夫又朝山的方向走去,当古斯特尔焦虑地问他去哪里时,他只是淡淡地回答:"我想一个人待着。"[130]

几十年后,希特勒命令在第三帝国的纳粹党大型集会上都以瓦格纳的歌剧《黎恩济》作为序曲。

斯蒂芬妮:无法接近的爱

希特勒第一次伟大的爱又是幻想与真实的混合。他的感情是一种理想化的纯洁无瑕的热烈情感,而他却不敢面对身体接触的现实。大概是1906年的一天,阿道夫见到了他的斯蒂芬妮,一幕令人联想到但丁初次见到比阿特丽斯的情景。当时她正同母亲沿着林茨繁华的兰德大街散步。

此后每天,只要他住在林茨,希特勒就在下午5点钟等在托雷克铁匠铺(Schmiedtoreck),盼望看一眼他心爱的人。想象着她看他一眼,冲他微笑,他就格外地高兴。偶尔她看起来要是皱着眉头,他就会沮丧心碎,并且威胁要毁灭自己和整个世界。对他来说,她就是所有日耳曼人和文化美德的完美典型,是种族纯洁的瓦格纳式女神,一个"最纯洁的晶莹闪烁的珍宝"。事实上,她的确是个美丽的女孩，有一张自然真挚的面孔，梳着金色的发辫，在当地的一个人像摄影师，林茨－乌尔法尔的弗兰茨·楚尼（Franz Zuny）为她拍的照片中，她做出一副面带微笑凝视前方的神态。

阿道夫在赋予斯蒂芬妮各种角色当中度过了许多快乐的时光。他担心她的声音和音乐才能是否出色，于是当他的朋友从一个认识斯蒂芬妮的兄弟的大提琴演奏家那里得知她有一副好嗓子时，他欣喜若狂。但是当他听说她喜欢跳舞而经常被人看到挽着一个英俊的陆军中尉的胳膊，他便遭受到沉重的打击。古斯特尔建议他为追求斯蒂芬妮去学跳舞，阿道夫便发起火来，他的朋友觉得他对一个合适的建议反应是如此剧烈："'不，不，决不！'他冲我尖叫道．'我根本不想跳舞！你难道不明白！斯蒂芬妮跳舞只是因为她被她不幸依赖的社会逼迫。一旦她成为我的妻子，她就不会有一点想跳舞的愿望！'"[131]而对年轻的希特勒来说，搂着一个迷人的年轻女子的想法是令人厌恶的。

阿道夫希望得到斯蒂芬妮，并且非常嫉妒她的社会生活。为了不让她和英俊的中尉跳舞，他竟然暗中计划要绑架她。然后，一天她经过铁匠铺，似乎转过头去，而没有看到正焦急渴望地等待她的阿道夫，他变得情绪激动，叫喊着："我无法忍受下去了！我要结束它！"接着，他又计划自杀，坚持说斯蒂芬妮必须和他一起死。

尽管，他将歌剧中的种种角色赋予她，写了许多冗长的诗歌赞颂她是女英雄，并为她设计了一栋华丽的别墅——"我决定按文艺复兴时期的样式设计她的房子"——他总是能想起许多理由解释他不曾与她相见的原因。他评论道，像斯蒂芬妮和他那样非凡的人，无须借助通常的方式认识。他清楚地知道，她有着和他一样的艺术品味和神秘思想。当他的朋友暗示她实际上可能没有他所具有的思想和兴趣时，阿道夫发火了："你根本不懂，因为你不可能理解非凡的爱的真正含义。"[132]

因此，阿道夫是站在远处恋斯蒂芬妮的。而斯蒂芬妮根本不知道他对她强烈的爱——她甚至从来都不记得见过阿道夫·希特勒。多年以后，这个已过中年而依旧美丽的妇人，已经是一个亡故的陆军上校的妻子，退休住在维也纳。她说她根本不知道著名的元首曾经是她的仰慕者。在追问下，她的眼睛突然一闪，她喘着气说："现在我知道了！他一定是写信的那个人！"她继续回忆起，在林茨有一天她收到一封寄自艺术学校学生的没有署名的奇怪的信，他谈到神圣的誓言，乞求她等他四年，直到他结束训练。然后，他会回来娶她。她和她的母亲都嘲笑这个非常认真而又根本未署名的仰慕者写的这封莫名其妙的信。[133]

似乎有这么几个理由可以解释阿道夫极力坚持他永远都不应该和她相见。因为他想象中的斯蒂芬妮是所有德意志美德的化身，他一定害怕现实中的她会不符合标准。但是，对他而言，她不只是一个抽象的理想。几乎可以确切地说，她是他的改变的自我，是他自己的理想化。"除他自己之外，没有别的人，"观察仔细的库比切克写道，"他把如此多的知识和兴趣都归于自己。"如果他遇到她，发现她实际上并不关注他密切注意的事，对它们根本不感兴趣，幻灭会令人无法接受。偶像的毁灭也就意味着自我的毁灭。这是太大的冒险。他朋友的看法是对的："只有坚持最坚定的分离，才能保全他的偶像。"[134]

那么，斯蒂芬妮也是作为他对性无能的一种防御。因为，在他的幻想中，他只向她一人做出保证，他有一个充分的理由说明他永远不可能靠近任何别的女人。他必须保持他的爱的"神圣火焰"，一种永不熄灭、无法靠近也不可检测的爱。从他对不可侵犯的斯蒂芬妮的永恒的爱出发，他就能把不与女人身体接触的心理必要性解说为他的好心。

克拉拉之死

希特勒年幼时最影响他的人格形成的经历与他母亲的生病和去世有密切关系。正如我们将要看到的，在此期间和不久以后，希特勒就经历了自我认同的危机，然后发现了支配他的个人生活和政治生涯的意识形态。

在克拉拉的病被诊断为乳腺癌以后，1907年1月18日她在林茨的"姐妹慈善医院"接受了乳房切除手术。施行手术的外科医生是卡尔·乌尔班（Karl Urban），家庭医生爱德华·布洛赫是他的助手。克拉拉所在的16号私人病房提供了令人满意的观察治疗,并给予了悉心的照料。[135]

希特勒想让人相信他母亲的病"几乎花光了他父亲留下的微薄财产",因此他17岁时就被迫成了一个贫穷的孤儿,"为生存而去挣我自己每天的面包"。[136]实际上,克拉拉的财产相当丰厚,足以支付医疗费用,不成问题。手术和住院治疗的费用总计是1000克朗伦——大约是阿道夫前一年到维也纳旅行两星期的花费。不过,他在22岁之前甚至还没有挣到过一块面包的钱。[137]

在手术后的一段日子,克拉拉好像逐渐恢复了。邻居都看到她在附近散步,而且她还同意阿道夫去维也纳报考美术学校。接着,在1907年10月末的某时,她突然旧病复发,病情加重,忍受着极其痛苦的折磨,以至布洛赫医生每天只能以注射吗啡来暂时缓解她的疼痛。[138]

人们对阿道夫在他母亲重病期间的行为有争议。库比切克,他始终忠诚的朋友,坚持说在她经受痛苦的折磨中,阿道夫表现为一个孝顺而重情的儿子。当她1907年1月住在医院时,阿道夫"每天都去探望她"并且向他的朋友详细诉说。[139]根据库比切克的说法,阿道夫动身去维也纳只是因为他以为手术很成功。10月他在维也纳一听到母亲又病倒,便飞速赶回家中,勇敢地承担起所有的家庭杂务和责任。他辅导他那相当迟钝的妹妹保拉。他会系上一件巨大的蓝围裙来清扫走道和跪在地上擦地板,以免衣服被弄脏;他为母亲做她喜欢吃的菜,并且大声为她读那些她爱看的伤感小说,尽管他鄙视这些;他长时间地坐在那里搂着她以减轻她的痛苦;他把长沙发椅挪到她床边以便在她身边睡觉。"我简直不敢相信自己的眼睛和耳朵,"他的朋友后来写道,"他没有一句怨言,没有一句不耐烦的话,没有强烈地坚持我行我素,在这几个星期他完全忘却了自己,只为他母亲而活……在濒死的母亲身边,有一种宁静的满足。"[140]

细心的林茨档案保管员弗兰茨·耶钦格尔,却想要纠正库比切克的说法,他给我们讲述了一个不同的故事,将希特勒放到了一个不讨人喜欢的位置。他说,阿道夫无情地离开他那患了绝症的失望的母亲是为了去维也纳追求自己的愿望,然后他回到林茨只是为了能及时赶上母亲的葬礼。耶钦格尔准确地注意到,库比切克回忆录中的年代有些错误,而且他还发现库比切克生动描述希特勒孝顺的奉献中存在的其他破绽。他指出,阿道夫根本没有必要做家务,因为，不容置疑的事实表明阿道夫的姨妈约翰娜在克拉拉生病的日子住在这所房子里，而且"不像阿道夫一样，她知道怎样做饭和擦地板"。耶钦格尔还纠正了库比切克在其他事实上的有误记忆，以二手证言为依据做出了有力的断言。邮政局局长的遗孀和希特勒夫人都住在乌尔法尔郊区布鲁登加斯9号同一所房子，她是一个好邻居，在克拉拉生病期间给予了热心的帮忙。多年以后，1938年希特勒写信热诚地感谢她在克拉拉病中给予的帮助。当这个寡妇生病的时候，希特勒专门吩咐人给她提供最好的医疗照顾，让她住进林茨市立医院的一间私人病房。在她住在那里的时候，根据耶钦格尔的说法，有几个人都问过她阿道夫在他母亲生病时的情形。耶钦格尔说，她告诉他们，阿道夫在克拉拉死后才从维也纳回来。她能清楚地记得此事是因为她为这个男孩没有及时赶回见他母亲最后一面而感到遗憾。[141]

希特勒个人对这一事情的叙述无论是在年代还是在细节上都显得特别模糊。他没有说他什么时候从维也纳回来，但是，令人非常惊奇的是，他也没有努力去表明自己是一个孝顺的儿子。事实上，有一句话可以支持耶钦格尔的结论："**在她痛苦的最后几个月，我到维也纳去参加学校**的入学考试。"接着，他赶忙叙述了他心底对被拒绝的失望。[142]

最可靠的证据来自三个人，他们比较了解阿道夫的行为：家庭医生、乐于助人的邻居妇女和希特勒的妹妹。1938年10月，一位纳粹党档案保管人请布洛赫医生写一份关于克拉拉·希特勒和她儿子的回忆录。这一陈述现在可以在党的档案中标着盖世太保报告（Gestapo Reports）的案卷中找到，它肯定了年少的希特勒的确从维也纳回来看护母亲："在我到家中看望［克拉拉·希特勒］时，我有许多观察元首的机会。他充满爱恋地紧靠他母亲一侧坐着，目不转睛地注视着她的每个动作，以期迅速地给予她哪怕是微小的帮助来缓解她的些许疼痛。当母亲不疼的时候，他那双总是忧郁的双眼就闪亮起来。"后来，他还出现在他母亲去世的床边。布洛克甚至清晰地记得阿道夫独自待在那间房里，为她母亲消瘦的身躯画了一幅画；于是布洛克医生断言，"在我近40年从医生涯中，我从没有见过年轻人像年轻的阿道夫·希特勒这么悲痛，在他至爱的母亲葬礼后那些日子，当他来感谢我的照顾时，还充满着哀伤。"

葬礼过后，当阿道夫回到维也纳，他没有忘记医生的关切，给他寄去了两张精心绘制的明信片以表达他的感激。布洛赫医生提到，在那些年里，他收到了来自病人的无数封感谢信，于是他富有意韵地自问，为什么他要保留并且珍藏这些特殊的卡片。他回答道："因为我在里面看到了未来元首的伟大迹象？不！我是把它们作为一个可谓典范的优秀孩子的纪念品，他对他亲爱的母亲怀有深切的爱和无尽的关怀，而人们只有在世间极其特殊的事例中才能发现这种情形。"[143]

可以充分肯定1938年犹太医生做出的叙述并不是受到威胁而产生的毫无价值的可怜企图，即想要讨好纳粹党，于是就虚假地美化他们的元首。因为1943年他流亡在美国寻求庇护期间，他根本没有理由要取悦纳粹党，布洛赫医生依旧忠于他所讲述的如此热切地爱恋着母亲的忧虑的希特勒的故事。[144]

这里有邮局局长的遗孀的证词，她的名字可能是普雷泽迈尔（Prezemeyer）夫人。在纳粹记者的一次采访中，她回忆起她也收到来自元首的感谢信，而且在她病中，他也给予了她帮助。传记作家可能错过了几行重要的句子，因为它们被信纸中的折痕弄得模糊不清。其中她也肯定，正是她写信给在维也纳的阿道夫，告诉他母亲又病倒，然后阿道夫马上"**中断学业，匆忙赶到母亲的病榻旁**"。[145]

同样，需要指出的是，普雷泽迈尔夫人的证词不该被贬为竭力讨好纳粹党人。对她而言，这毫无必要，因为元首本人已经在私人信件中表示了对她的感激。此外，她本可以轻易地只是笼统地称赞元首在少年时代的善良孝顺而不必提到他回家的时间。

第三个见证人是希特勒的妹妹保拉。她在战后接受美国军事情报局官员的讯问时，证实"阿道夫……待在家里直到［克拉拉］去世"。[146]

心理学的证据虽然无法解决问题，但似乎可以支持那个被看到在打扫房间和过道的忧心忡忡的男孩的故事。希特勒对母亲的矛盾态度在她即将死亡的时刻，大概使他强烈的罪恶感又复活了。他可能指望通过明显地表现热切关怀来对抗那些情感。除了发自内心的真诚的爱和懊悔，他的演员天赋也会帮他使自己和他人相信，他的确是一个非常忠诚而孝顺的儿子。

他撰写了由林茨的克隆多佛（Kölndorffer）公司印制的讣告：

阿道夫·希特勒和保拉·希特勒，代表他们自己和在世的亲朋好友，宣布他们挚爱而难忘的母亲、继母、祖母和妹妹，克拉拉·希特勒夫人，帝国皇家高级税务官的遗孀于1907年12月21日凌晨两点离开了我们。[147]

葬礼在两天以后举行。克拉拉如愿地被埋葬在丈夫的身旁，在里昂丁的一个小的教会墓地。亲戚们都邀请阿道夫到他们家度过圣诞节平安夜，但是，这个痛苦的年轻人根本没有心情去欢度圣诞节。他向库比切克透露，他更愿意"到斯蒂芬妮那里去"——也就是说，独自彻底活在他的幻想中。他整晚都一个人待着，就像他生命中以后的每个平安夜一样。[148]

母亲的死又在其他方面麻木了他的记忆。他说，自此以后他就憎恨雪，因为它令他想起母亲尸体上盖的布。① 在成为元首后，他计划把圣诞节改成敬仰母亲的节日。甚至连节日的名称都要从神圣夜（Weihenacht）变为"母亲夜"（Mutternacht）。[149]然而，令人惊奇的是，希特勒从来没有采用一种能让众人看到的明显而传统的方式来永久地表达他的爱——也就是，树立一座给人深刻印象的墓碑。更奇怪的是，这个忠诚的儿子从来没有探望过他挚爱的母亲的坟墓。这种疏忽特别令人惊异，因为他经常谈到纪念死者，并且亲自为自己和别的他所赞赏的人设计了墓碑。但是却没有为他母亲做些什么。难道他是想通过拒绝纪念他的父母而为他弟弟没有墓碑进行报复？难道他想要隐瞒他的家庭背景？

甚至在他掌握政权，已经成为一个富有而具影响力的人之后，他父母的坟墓还是被荒弃一旁，直到当地纳粹党的负责人员插手，才加以修缮并立起了墓碑。一个纳粹党的档案保管人在1938年参观了里昂丁的墓地后，痛苦而震惊地说："如果不是林茨的纳粹党在最后时刻介入，元首父母的坟墓今天就不复存在了。因为许多年来，党内成员明显一直在花钱修护它。我有相关的文件证明。"[150]

---

① 它也可能让他无意识地想起他的小弟弟埃德蒙的裹尸布。我们知道1900年3月30日下了一场大雪，当天年幼的希特勒独自站在他弟弟尚未合上的坟墓旁。

在 1938 年匆忙访问里昂丁期间，希特勒去了墓地看父母的坟墓，新的大理石碑印着阿洛伊斯的照片和碑铭：

> 上帝在这里安歇
> 阿洛伊斯·希特勒先生
> 帝国皇家退休高级海关官员和一家之长
> 逝于 1906 年 1 月 3 日，终年 65 岁
> 和他的妻子克拉拉·希特勒
> 逝于 1907 年 12 月 21 日，终年 47 岁
> R. I. P

元首漫不经心看了一眼墓碑，迅速地转过头去，一言未发，然后离开了墓地。他再也没有回来过。[151]

同一性危机，1908—1918 年

埃里克·埃里克森对人类生命周期的研究使我们对希特勒青春期后期和成年早期阶段有了较为清晰的理解。埃里克森显示了人格的发展是经由整个生命循环而延续的，因此并不像传统的心理分析试图坚持的那样是由 4 岁或 5 岁的这个年龄主要决定的，也不是生命中任何一个时期所决定的：一个人的完整一生必须在各个阶段进行发展，但是没有一个阶段能解释清楚这个人。不过，生命中有一个阶段对于人格的塑造特别重要。它发生在青春期晚期，与"同一性危机"相关联。埃里克森小心地指出他的两个独特的术语，"同一性危机"（identity Crisis）与"同一性形成"（identity formation）不该被混淆或相互替代。在青春期晚期，个人经历了同一性**危机**，但是**形成**既不是从青春期开始，也不在此时结束。形成是一种"个人多半意识不到的终生发展"，自始至终回到婴儿时期。它是一个复杂的过程，可以在个人生命历程中的任何时候加以变

更或转变的"一种演进的构造"（an evolving configuration）。[152]

在探求同一性的过程中，一次讨论提出了问题，即人的一生只有一次还是有重复的同一性危机，埃里克森的回答是："让我们试着彻底澄清这个问题。每个人都有重复的同一性危机……但是，只有基本的一次才可称为同一性危机，而它出现在青春期或成人期早期。不过，也可能有一系列次要的危机——我将把它们放在引号里。它们可以从童年的早期延伸到……以后的人生。"[153]

在青春期晚期的这一主要危机中，人们试图"发现自我"——从而对自我做出某种基本的界定，发现某种个人意义的核心，某种中心意志和方向。而在这种痛苦的过程中，经常有相当多的"同一性混乱"；也就是说，这个青年可能通过扮演不同的角色尝试了几种自我，但没有找到真正的自我。因此，我们看到年轻的希特勒当过战争游戏的领导人、母亲心爱的人、新城市的建造者，还有业余艺术爱好者和花花公子。后来他又成为辍学学生，相继成为维也纳廉价旅馆的流浪汉、"慕尼黑"的作家、战争英雄，最终成为整个德国的元首。

在同一性危机当中，人们可以采用一种"消极同一性"作为对付他憎恨的父亲的方式。的确，埃里克森相信当儿子呈现出一种根本不同于他父亲为他预定的身份——而希特勒也确实是这样做的——他就表现出一种"偏执狂的行为方式（潜藏在所有严重的同一性危机中），强烈地盼望［他的］父母死去"。[154]

埃里克森还描述了年轻人与同一性斗争所反映出来的其他的行为模式。所有这些模式对认识希特勒的人来说都很熟悉。他们"很难相信自己纯粹活在时间里。通过忽略正常的日月交替规律，或者要么忽略钟表要么不上表，这样时间就保持了静止"。[155]在这样一种危机中，年轻人经常会回避异性恋的亲昵举动，因为他不能确定他的性能力。作为选择，他可能会挑选一个他感觉能完全控制的人——希特勒与斯蒂芬妮和库比切克的关系正是对此的恰当描述。很久以来，扭曲的自我意识和无能感在他的内心起作用。他对别人势利的蔑视也很显著。这个内心混乱而焦虑的年轻人之所以会辍学并且试图隐姓埋名，很可能是因为这样做就没有人能判断他是成功还是失败。音乐对这样的人很重要，是表达他含糊不清的情感并与他的情绪进行沟通的方式。对希特勒而言，音乐起到了证实和表达他狂乱的内心世界的作用。他需要瓦格纳式的英雄幻想，而不是莫扎特或海顿式的整齐有序的平静。因此，他相信瓦格纳是少数几个始终理解他的人之一。

同一性危机的一个重要因素是"合法延缓期"（Moratorium），在人们开始"功成名就"之前所经历的一个低潮和隐没的时期：路德隐居于修道院中，萧伯纳（G. B. SHAW）埋没于商业事务所，温斯顿·丘吉尔在印度军队参军，俾斯麦在官僚机构任职，耶稣则流落于茫茫荒野。甘地和林肯都在起草法律。无论是在维也纳还是"一战"前线，我们都可以发现希特勒的隐没时期。合法延缓期的周期非常奇异。所有提到的创造历史性成就的人，尽管他们性格、成就各不相同，然而他们早期的经历却都没显示出未来成功的丝毫迹象。在他们人生中的这个阶段，他们看上去都是失败者。难道所有伟大的人都要经历一个合法延缓期吗？如果是这样的话，什么因素使他们从中崛起？许多问题尚未定论，而埃里克森认为，伟大的人有某种突出的能力，某种特殊的天赋使他们能从命运中走出来。在路德和希特勒这样的意识形态理论发明家中，埃里克森注意到言辞的非凡效力：最重要的是，这样的人需要的不只是谈话，他们需要反驳。"这不只是语言才能的问题。从深层看，他们说的话就是他们真正的意图。这里有必要加以强调。这就是真正的"所说即所想"（Meaning of Meaning It）——正如埃里克森给路德这一章起的标题。

在研究路德和甘地的诸种同一性危机中，埃里克森也发现，年轻时他们都感到自身的坚韧不屈，坚信"精神不可亵渎"并认为自己承担着"特殊使命"。当把希特勒同这些人中的任何一位相比，我们会发现，无论多么令人不快，但事实上希特勒也表现出这一特征。在母亲死后的灰暗日子，在战时的前线，在1924年他的党瓦解后，以及在1932—1933年的政治危机中，希特勒都显示出一种坚韧不拔和不屈不挠的精神——一种"精神的不可亵渎"——表现相当显著。他的运动，从许多方面看都是他的个人意志的胜利。

反犹主义的发端

在青春期晚期的那些同一性危机当中，埃里克森发现一种既要批判又要肯定的迫切的双重需要。而且，正如在甘地、路德和希特勒身上，经常有一种对意识形态或完全承诺的渴望，因为那将会回答所有含糊但是"由于同一性或冲突的缘故而显得急迫的问题"。[156]希特勒从中寻找到反犹主义和国家社会主义的信仰。对他而言，它正好符合埃里克森所说的一种完整、强硬、鲜明、彻底的具有威慑力的意识形态的要求。[157]它成为他本人生活的基础及其政治哲学的核心。它允许他批判和肯定，破坏和创造。它要求他毁灭"犹太人危险"并缔造一个种族纯洁的祖国（Motherland）。

不仅出于历史和哲学原因，而且也同样由于心理原因，希特勒对反犹主义甚为满意。他是在自己生命中相当脆弱敏感的一个时刻信奉反犹主义的。甚至在他母亲去世之前，阿道夫就已经历了他一生中最具打击性的事件之一：他被维也纳艺术学院拒绝，这显然粉碎了他要成为一名画家的梦想。除了自己的绘图纸，每一个人都必须上交两幅画好的画："逐出伊甸园"和"洪水中的一件事"。评判官对阿道夫后来"随手乱画"的作品很不满意，因为任何人看到画后都会惊讶："画面上有太多的头。"[158]

克拉拉的去世对他影响很大；她去世的原因和情形具有同样重要的意义。克拉拉死于乳腺癌，当时由一个犹太医生负责治疗。葬礼之后，希特勒返回维也纳。就在这一时期——1908年初——他成为反犹分子。别的作家也提供了关于他的种族教义起源的不同证据资料。但是，似乎没有理由辩驳希特勒自己在《我的奋斗》中相当明确给出的证词。他写道："就在这时，我经历了我一生最大的变化。从一个无力的世界公民变成了一个狂热的反犹主义者。"[159] 1908年一封收录于原纳粹党档案中所谓的《盖世太保报告》中的漫无边际而又毫无文法的信件进一步强调了这一点。其中，希特勒写道，在母亲死后"不到一年"，他就成为激烈的反犹主义者。多年以后，他又告诉尼维尔·张伯伦，他开始思考种族问题是在他"19岁那年"——也就是1908年。[160]

一位权威的德国传记作家并不赞同这种说法，他认为希特勒住在林茨时已经是一个反犹主义者了。他主要依据一份反犹主义报纸编辑的证词，他在1938年告诉党内官员元首在少年时代就读了他的报纸。[161]但是，这个证据并不可信：编辑借助夸大他对元首思想发展的贡献来迎合纳粹官员，这是可以理解的。希特勒本人唯一提到的反犹主义刊物是他在维也纳读到的那些东西。

还有历史学家坚持认为他的政治反犹主义起源更晚。鲁道夫·比尼恩（Rudolf Binion）确定的日期是在1918年；格奥尔格·莫斯（George Mosse）认为，真正的开端是从他在1919年之后受迪特里希·埃卡特和其他图勒协会成员的影响开始。[162]"一战"后在慕尼黑的经历也很重要，这已毫无疑问，但这主要是因为它强化了希特勒在维也纳就已确立的观念。在《我的奋斗》中的一个段落，希特勒本人明确支持这种观点，他声称，当1919年在慕尼黑有人递给他一份反犹主义小册子时，他立即想起10年前在维也纳发生的同样的事情："因此，我不知不觉地看到过去的一幕在我眼前重现。"[163]

奥古斯特·库比切克记得他童年的朋友早在1904年或1905年就表达了反犹太人的情绪，但是希特勒直到维也纳时期才设计出他的反犹主义政治方案。在一本未公开的回忆录中，库比切克指出希特勒正式关注反犹主义意识形态的开始日期。1908年的一天，希特勒冲进他们两人的房间宣布："嗨！今天我成为一名反犹主义协会的成员，而且我把你的名字也登记下来。"[164]就在这一年间，正如我们所见，希特勒如饥似渴地阅读了兰茨-利本菲尔斯、里斯特和弗里奇的种族主义小册子，还有瓦格纳对犹太人的诽谤攻击的言论。

我们很难夸大希特勒的反犹主义誓言对他自己的重要性。它对他几乎意味着一切。他回顾在维也纳的那一年，将之视为"**我曾经历过最大变化**"的时期——就在那时他成为"**一名狂热的反犹主义者**"。

希特勒对犹太人的强烈憎恨与他母亲的死之间明显有着密切的关系。当然如果说这种联系纯属巧合也是有可能的。但是存在着因果联系的可能性下，归因于巧合通常并不令人满意。弗洛伊德对此的阐释首次出现在格特鲁德·库尔特（Gertrud Kurth）写的一篇出色的文章《犹太人和希特勒》中，该文刊登于1947年的《心理分析季刊》。库尔特博士假定希特勒有一种不和谐的俄狄浦斯情结显然是正确的。正如已经指出的，阿道夫对父亲有一种深层的矛盾心理。他总是有意识地公开赞颂"老绅士"，而在潜意识中他又憎恨他，惧怕他，把他当成与自己竞争年轻母亲的爱的对手。

父亲死了，但是犹太家庭医生爱德华·布洛赫又来了，并且重新唤醒了他与父亲原先的冲突。通过这个替代的过程，布洛赫医生成了阿道夫自己父亲的替代者。阿道夫对布洛赫的态度也是矛盾的，正如他对自己的父亲一样：他立即陷入深切感激和极度怨恨的矛盾心理。从维也纳发来的写着"来自永远感激您的病人，阿道夫·希特勒"的手绘明信片是这种感激心情的证明。而潜意识中，阿道夫又担心布洛赫是个竞争对手。因为这个犹太医生做了许多年轻的希特勒在现实或幻想中看到的他父亲做过的事情：他也进入了希特勒母亲的卧室；给她脱衣服；检查她的胸部。其他医学上的亲密接触行为在希特勒脑海中都与蹂躏他母亲的淫荡的父亲形象联系在一起。切除乳房代表着残忍和毁损。他害怕血统污染，并为之谴责他的父亲，而现在为缓解克拉拉的病痛，布洛赫每天给她的血管注射吗啡，这就隐含着血液污染。因此，尽管阿道夫有意识地表达了他对这个慈祥的家庭医生的感激，他还是在潜意识中把这个犹太人当成是伤害和最终杀死他至爱的母亲的残忍凶手。

　　一位美国历史学家发现了有关克拉拉·希特勒的医学治疗的其他证据，这可能促成阿道夫·希特勒怀恨这个犹太医生，从而迅速发展为反犹主义思想。在手术后的敷料中，布洛克医生显然用了三碘甲烷，一种碘的衍生物。尽管，三碘甲烷不是令人那么痛苦，也没有致命的毒性，但阿道夫却相信是这样的。①

---

　　① 鲁道夫·比尼恩试图证明这种治疗极其痛苦折磨，它使克拉拉产生精神失常，而且事实上她的死与其说是因为癌症，不如说是因为三碘甲烷（碘仿）。["Hitler's Concept of Lebensraum: The Psychological Basis," *History of Childhood Quarterly*, Vol. 1, No. 2 (Fall, 1973) and *Hitler Among the Germans* (New York, 1976), 14-21: 138-143] 在罕见的病例和过敏的病人中，使用三碘甲烷（碘仿）敷料过量可能导致中毒而致死亡。[*Lancet*, Ⅱ (1933), 250, 引自 *United States Dispensatory*, 27th ed., 1973, p. 630; 另见 *Pharmacology and Therapeutics*, 7th ed. 1970] 但是有几点使这种事不可能发生在克拉拉身上。病人对使用三碘甲烷（碘仿）的反应一般差别很大：有些病人一点也不会感到不适；而另一些病人则会反应强烈，表现出明显的中毒症状——热痛，呕吐，精神错乱，脉搏微弱且过速，可能高达 180 次，等等。没有迹象表明希特勒的母亲表现出这些比尼恩坚持认为的生理和精神的症状。如果她有这些症状，乌尔法尔那些很熟悉她的几个妇女一定会提到。也可以设想，布洛赫医生当然会注意到这些剧烈的反应从而迅速停止使用这种敷料。他既不是个不合格的医生，也不是虐待狂。实际上，他还有很好的声誉，是个出色的外科医生和慈祥的人，被称为"穷人的医生"。如果克拉拉遭受到比尼恩所坚持说的三碘甲烷（碘仿）导致的极具毒性的反应，布洛赫医生不会再尝试继续使用表面的敷料。此外，布洛赫已经知道手术显示克拉拉的癌症已经转移到了胸膜（Bloch interview with US officials, 4 March 1943, OSS Source Book, 21），他不会试着用表面的敷料进行治疗。就连调查克拉拉的死因的盖世太保调查员也不得不称赞布洛赫医生。的确，纳粹党原来是很想找到什么证据显示这个犹太医生在元首母亲死的问题上犯了玩忽职守的罪行。但是，他们没有发现这样的证据。

似乎还是有疑问的：阿道夫是如何把自己同他母亲深受犹太人之害联系起来的。他一生都与母亲在许多方面认同：他注意到她的眼睛和他的一模一样；她切除的左乳房代表对他失去的左侧睾丸的一种弥补；他把她同他负有使命要去拯救的祖国视为同一；他说，她把她最伟大的一个儿子奉献给了德国。一位精神病学家赞同这一关联："假定希特勒潜意识中认为应由布洛赫负责的母亲的痛苦是他所经历的，好像它们压在了他自己身上……这是非常合理的。"[165]

另外，还有一种更具历史因果关系的替代可能。布洛赫医生作为一个犹太人，不仅仅是母亲血统的玷污者；通过与祖国（Motherland）相关联——有必要强调希特勒使用了这个措辞而不是通常使用的祖国（Fatherland）——犹太人普遍成为整个德意志民族的诱骗者和血统玷污者。因此，希特勒会写道，他认识到犹太人是"我们民族的**诱骗者**"，而且还发誓要"消灭这个诱惑者和**堕落者**"。[166]这种固定观念将要支配他的一生，这种意识形态由两部分组成，同时两者似乎都与他的父母有关联：德意志祖国（Motherland）通过替代过程成为他母亲的替代者，而犹太人则成为他父亲的替代者——由于他怀疑他的祖父可能是犹太人，所以这种替代在他脑海中相当真实。

对反犹主义和种族取向的民族主义意识形态的信奉也是希特勒摆脱他在母亲葬礼之后回到维也纳时所感受的沮丧消沉情绪的有效方式。库比切克很早就知道他的朋友是个喜怒无常、性情易变的人，但这次他真的关心起希特勒的精神健康了：

> 总之，早期在维也纳的这些日子里，我感觉阿道夫变得精神失常。他会为微不足道的小事而大发雷霆。……我不知道当时这种难解的沮丧情绪的来由。……他与世界发生争执。无论在那里，他都看到不公正、痛恨和敌意。没有什么能逃脱他的批判……由于被这一连串的憎恨所窒息，他便把他的狂怒发泄到每一样事物身上，和平常不理解他、不赏识他并迫害他的人身上。……
>
> 然而，突然之间，在他挑战整个时代、充斥着憎恨的长篇大论中，有一句话向我们揭示了他摇摇欲坠的身旁深渊有多深。

"我将要放弃斯蒂芬妮。"这是他能说出的最可怕的言语,因为斯蒂芬妮是唯一一个被他排除在无耻的人类之外的神的土地上的人。……[167]

为保持神志清醒,阿道夫利用了两种防御物:替代(displacement)和投射(projection)。他在犹太人身上发现了可以解释他所有的烦恼和他感到罪恶与绝望的原因。事情很简单:犹太人要为一切受到谴责。他们,而不是他,是社会的寄生虫;现在,他发现他没有通过入学考试的真正原因:犹太人也要为之受到谴责。多年以后,他告诉他的朋友们,在被学校拒绝后,他调查了拒绝他的美术评判委员会的成员。当他发现七个人中有四个是犹太人,他坐下来写了一封信给学院的负责人,结尾用了威胁的口吻:"犹太人要为此做出偿还!"[168]

宗教节日似乎也与希特勒转变到信奉反犹主义有关系。我们不知道1908年他做出决定的确切时间,大概是复活节前后。不可能是在假期,因为此时库比切克正在林茨探望父母;而6月底之前,两人就不住在一起了。复活节的这个时间很重要。那天是纪念耶稣基督复活,这显然让希特勒想到了他的死亡——而反犹太人的维也纳也不断提醒人们,犹太人杀害了耶稣。犹太人杀神的想法对希特勒个人比对他人有着更多的意义。这时,他很可能正开始把自己与救世主认同。他在观看《黎恩济》的那个夜晚感到被赋予救世主使命的暗示,而且随着时光流逝,他会反复清楚地提及此事,把自己直接同耶稣比较并借用耶稣所说的话。

1908年的复活节来得较晚,这年是闰年。于是星期一的复活节碰巧赶上希特勒的生日,4月20号。[169]对于热衷于在明显巧合的日期和纪念日中发现隐含意义的希特勒来说,这个事实是无法忽略的。然而,根据日历上的另一个偶然日期——希特勒可能将之视为神圣的旨意——他自己实际出生在1889年复活节前夕。而现在,1908年复活节,他将会像耶稣一样复活。他会从绝望的深渊中崛起,并且被一种"第一次开启[他的]眼睛",使他明白他所有问题根源的新教义改造出来。

他发现的另一个不寻常的巧合又加强了他对犹太人与基督教节日关联的想

法。他那"天国的母亲"是在圣诞节前夕被埋葬的；犹太人没能挽救她的生命，而这在他脑海中等同于谋杀。惩罚犹太人将是他的使命，因为在维也纳他已经确信"**我正在为上帝效劳，清除犹太人**"。[170]

因此，在他青春期晚期的同一性危机过程中，出于有意无意的原因，希特勒便信奉了这个对他的事业如此重要，决定着上百万人生命的意识形态。

维也纳的生活，1908—1913 年

埋葬母亲之后，阿道夫回到维也纳，在那里——至少按他自己的说法——他遇到一个让他相当讨厌的母亲似的人物："懦弱的人被推出他的温暖的窠臼，然后交给悲哀女神，**他的新母亲**照管。"[171] 斯蒂芬妮是他离开林茨的部分原因。尽管他从来没勇气去见她，他也无法忍受再待在这个小城。"那是唯一能做的事，"他说，"我必须走开——远离斯蒂芬妮。"[172] 还有些别的事也让他无法忍受。他的亲戚不停地问些诸如未来人生的打算等吹毛求疵的问题，并提醒他还没有挣到分文养活自己。而他一定是听到传言，他的监护人老梅尔霍弗尔打算安排他去当面包师的学徒。不可能！越早离开越好。

维也纳还有其他诱惑他的东西。在想象中，他已经重新改造了林茨的每一座桥梁和公共建筑。帝国的首都带来了新的建筑上的挑战。当然，瓦格纳就是那里出色的杰作。他去维也纳也是为了向他父亲证明些什么：

> 我的脑海总是萦绕着父亲的榜样。……我也特别渴望在命运中赢得我父亲在 50 年前就取得的成功。……我也想成为"有成就的人"。……[173]

阿洛伊斯 13 岁时就离开家门，然后在首都获得成就。阿道夫甚至会做得更好。当新成立的纳粹党的档案主管要求一份元首生活的回忆录，他就在 1921 年 10 月 29 日给他写了一封夸张而蹩脚的信，描述了他对现实的征服，并幻想了存在的障碍：

> 我是个失去双亲的 17 岁的孤儿，没有任何经济保障就离开家乡。左

去维也纳的途中，我全部的财产就是80克朗伦。因此，我不得不做普通劳工来养活我自己。我还不到18岁就去做建筑工人的帮工，在两年中干过几乎所有日常的雇佣工作。……

在无法形容的艰辛努力之后，我继续自学绘画，从21岁这年起，我已经在这方面取得一定进展，尽管起初是微不足道的。我成了一名建筑绘图员和油漆工，而且实际上到21岁时我已完全独立了。1912年我凭着这种能力去了慕尼黑。[174]

阿道夫对他的经济来源也讳莫如深。自从他18岁生日（1907年4月），他就分到了他父亲的遗产，这份存在上奥地利的抵押银行的遗产从1904年2月1日就一直在增长利息。遗产总数是700克朗伦。他当时还接受一份孤儿抚恤金。另外，他又从一个仁慈伟大的姑妈，瓦普加·希特勒（Walpurga Hitler）那里得到一份遗产。因此，他非但不是身无分文的穷困孤儿，不得不做普通劳工挣得每日的面包来养活自己，他在经济上还相当宽裕。他既没有工作的需要，也根本没有工作的意思。他每月全部收入超过85克朗伦——比普通的学校教师或者邮政官员还要高。[175]

他也可能做些零工增加收入，但是无论如何，他和库比切克一起住在维也纳的那些日子，他没有出去挣钱——甚至也不画明信片去卖。库比切克写道："我跟他在一起［1908年2月到6月］的那段日子，他没有画画。……我猜想，在被学校拒绝之后，他就失去了绘画的兴趣。……因此，在这段日子里，他没有卖画，而且我们在一起的整个时期他都没有做过任何工作。"[176]

在维也纳，阿道夫找到斯通伯大街（Stumpergasse）29号玛利亚希尔佛（Mriahilfe）第六区一座大楼的一所房子，于是邀请他的朋友，已经考入音乐学校的库比切克与他合住。浮华而又温文尔雅的希特勒身着黑色大衣，戴一副羔皮手套，执一根象牙手柄的手杖，来到火车站迎接"古斯特尔"。由于他的住处地方太小，希特勒成功地说服了女房东搬出她自己的房间，这样两个年轻人就搬了进去。当时那里还能放得下库比切克的钢琴，而对希特勒来说，最重要的是能有空间让他从屋子的一角到另一角来回地踱步，他在乌尔法尔郊区的布鲁登加斯以及反为元首后在他召开的会议上依然保持着这个习惯。[177]

阿道夫通常一直睡到中午。他下午的活动安排视天气而定。如果下雨，或是很冷，他要么去皇家图书馆看书，要么待在家里写戏剧大纲或歌剧剧本。但平常由于库比切克必须练琴，阿道夫就会跑出去。在那些愉快的日子，他会去考察他计划重建的建筑或者就在美泉宫附近看书。他喜欢去的地方是丛落凯旋门左侧树林里的一个石长椅。但是，星期天他不会去那里。他不喜欢成群的人，而且他瞧不起官员和无忧无虑的愚蠢市民。

每天晚上，两个年轻的艺术家都去戏院。库比切克在后来与档案管理员的谈话中坚持下面这一点：

> 有多频繁？
> 每天都去。
> 嗨，没人会相信！
> 我们几乎毫无例外地每天晚上都出去，经常去城堡戏院或歌剧院，有时去听音乐会，因为作为音乐学校的学生，我有免票。[178]

他们没有错过瓦格纳作品的演出。希特勒因为女人的缘故不会去歌剧院的楼座，因此他们二人一般都站在不许妇女入内的正厅后排看演出。

在几个礼拜的时间里，希特勒的精力整日消耗在计划在他的新帝国建立之后要成立的"帝国流动管弦乐队"（Mobile Reihcs Orchestra）中。这个庞大的乐队将把音乐带到希特勒的广大帝国最偏远的城市。在这些计划中，就像在所有别的计划中一样，希特勒把笼统的想法同微小的细节结合起来。他考虑到每一个细节。首席大提琴演奏家不能随便离开他的座位。他的椅子要随身带着？服装应该是正式的，还是一种制服？阿道夫决定采用黑色礼服，"高贵而不炫耀"。乐队在哪里表演呢？几乎没有什么城镇的礼堂能容得下100位音乐家和大批观众。他想到露天演出——瓦格纳就在夜晚星空下做过辉煌盛大的表演——但可能会下雨，那么音响效果就总不能处理好。他的解决办法是：帝国乐队将在地方教堂进行演出。他告诉库比切克要请求教会权威人士准许将德国和奥地利的教堂供乐队使用。阿道夫花了许多时间来筹划那些音乐会：只能演奏德国作曲家的作品，而首先就是瓦格纳的作品。数周以来，每次音乐会之后他都用一个黑色小笔记本草草记下演出的作品、作曲家和指挥的名字、每一篇章演奏所用的时间，和他对表演的评价。他能做出的最高评价就是："它将出现在我的节目单中。"

他自始至终都不后悔，不承认他的计划实际上是个青年的幻想。他绝对相信"帝国流动管弦乐队"事实上会变为现实。他把所有资金问题放在一旁。一切都会在他的新的德意志帝国得到解决。他"完全肯定，有一天，他本人会下令实施他所精通的成千上万个计划和方案"。[179]

在1908年7月初，库比切克结束了他在音乐学校的课程，离开了维也纳的希特勒，到他父亲在林茨的室内装潢店工作。两位室友决定这个夏末回到他们的美术和音乐生活中。同时，他们还保持着联系。7月间，阿道夫发了一张明信片，邮戳不太清楚，画面是纪念1679年瘟疫的"三位一体圣柱"（the Trinity Column）："自从您离开以后，我又经常辛苦工作到凌晨两点，甚至三点。"他打算这个夏天去斯皮塔尔的姨妈家的农庄过一段日子，但加上了"如果我妹妹在那里，您千万别去"。一封日期署着7月17日的信抱怨扎克雷（Zakreys）夫人坚持每天清晨很早就轰他起床。有一行奇怪的句子写着"我抓了一大群虫子，不久就要在'我的'血中挣扎而死"。正如在维也纳期间写的所有信件一样，这里没有提到希特勒后来谈到的艰辛的体力劳动。

当库比切克秋天回到斯通伯大街，阿道夫没有留下一个可以转寄的地址就不见了。库比切克在一封信中透露："我经常绞尽脑汁地想，为什么我们长久的友谊就这样毫无理由地突然彻底地中断了。但是我找不到一个满意的答案。"[180]

然而，在后来的回忆录中，库比切克自己做出了解释。在6月初离开维也纳之前，库比切克——希特勒经常认为他比自己逊色——以优异的成绩从音乐学校毕业。阿道夫冷眼旁观，注视着作曲系教授、指挥家学校的校长和音乐学校的校长亲自祝贺他。[181]

就像别的经历了困难的同一性危机的年轻人一样，阿道夫宁愿选择离去，隐姓埋名，而不是接受自己的失败和朋友的成功。1908 年 10 月，希特勒再次尝试考美术学校，结果甚至比第一次更惨：他的才能被视为微不足道，以致他甚至没有被允许参加入学考试。

希特勒在 1908 年 9 月末到 1909 年 12 月间的 15 个月中都做了什么，我们不得而知。我们可以查找他在警察局登记的住址。但是房间号几乎无法反映住在这里的那个孤独的年轻人的生活。在一年多里他至少搬了五次家，反映出他与他父亲共有的那种不安的性格。在离开扎克雷夫人家之后，他在西部火车站对面的费尔伯大街 22 号的一所宽敞舒适的房间度过了一段时光；很可能也就是在那里贪婪地阅读了小册子《奥斯塔拉》。9 月，他住进塞克肖瑟尔大街 58 号。10 月，他在西蒙-登克大街住了一段时间，同时可能还有别的地址。此时，他接受的父亲和他伟大姨妈的遗产似乎已经花光了，因为我们发现他到 10 月底就搬到了为无家可归者提供的收容所（Obdachs-losenasyl），梅德林区的一个慈善机构，这一机构是受到犹太人艾普施泰因（Epstein）资助而成立的。在这里，他可以免费吃面包和饮水，晚上还有一张床睡。同时，还能从艾德伯格大街的温暖之家（Warming House）领取免费的食物，这里受到另一个慷慨的犹太人，巨商莫里茨·柯尼西瓦尔男爵（Baron Moritz Königswarder）的资助。[182] 在那一时期，由于旅馆不得不腾出房子，很可能就在当时，1909 年 10 月和 12 月——一生中第一次也是最后一次——他可能干了几件诸如铲雪这样的零工。他当然没有干他后来所肯定讲述的像刷房子或糊墙纸这种建筑工人做的工作。在整个第三帝国没有一个工人曾经夸口说他同元首在维也纳的那些年里并肩工作过，这有力地揭示了他从来没有在任何地方干过较长时间的工作。

就在 1909 年圣诞节前夕，希特勒显然收到了他的姨妈约翰娜寄来的钱，于是搬到布里吉特瑙（Brigittenau）区梅德曼大街的舒适的曼纳海姆公寓，旁边就是多瑙河附近的莱奥波德商业中心区的犹太人社区。他一直住到他动身去慕尼黑，警方记录显示时间在 1913 年 5 月 24 日。[183]

曼纳海姆公寓提供单独的小卧室，每礼拜还另外换一次床单。地下室另有洗涤设施。食物充足，价格低廉。更值得注意的是，希特勒成功地开辟了一间大书房的一角，用来画同样的水彩画的摹本，然后卖给犹太社区的艺术经销商和画框制造商。在第三帝国期间,人们为了找到元首的绘画原稿做出许多努力。纳粹党的一个案卷保管人,在 1938 年 5 月 17 日的一封信中,提到元首的许多画作在犹太人手中这一"令人非常不快"的事实。[184]一些犹太商人和收集者曾经帮助过希特勒,并出高价买他的复制作品,比如观景亭或维也纳教堂以及其他旅游胜地的画作,这些人中有阿尔滕贝格(Altenberg)、纽曼(Neumann)、法因戈尔德(Feingold)、莫根施特恩(Morgenstern)和兰德斯贝格尔(Landesberger)这样的人。[185]

希特勒卖画所得不多的零星收入足以负担他的房租和伙食费用。但是没有多余的钱让他去听音乐会、歌剧和享受过去习惯的其他娱乐项目。他收入的其余部分是来自两个渠道——在他后来的回忆中并没有提及,这可以理解。整个这一时期,他都以假冒的美术学校注册学生的名义领取孤儿抚恤金。他以这种欺骗的方式剥夺了他未成年的妹妹保拉的全部孤儿抚恤金。希特勒每月都收到 25 克朗伦,直到 1911 年 5 月,他 22 岁生日后不久,在法院的要求下,他才被迫放弃。他之所以能那么宽裕是因为他骗取了他跛脚的姑妈从她毕生的积蓄和遗产里"借"给他一大笔钱来支持他从事艺术事业。当她在 1911 年 3 月去世时,根据林茨地方法院记录的遗嘱,她留给希特勒一笔慷慨的遗产,3800 克朗伦。[186]

因此,维也纳的生活尽管孤独而且漫无目的,但希特勒自己后来坚持的关于他的命运穷困而又悲惨的说法是毫无根据的。

逃往祖国,1913—1914 年

在他的回忆录中,希特勒花了大量笔墨来解释他为什么从维也纳逃到慕尼黑。① 六页多的夸张文字都在提出他这一历史性重要举动——离去的原因,在德奥合并(Anschluss)② 之前的奥地利人都颇具讽刺意味地称之为是为 1866 年的

---

① 他在叙述中还把他离开的日期提前了一年多,声称他是 1912 年春离开奥地利的,而实际上那是 1913 年 5 月。

② 德奥合并,是指 1938 年 3 月 12 日纳粹德国与奥地利第一共和国合并,组成大德意志的事件。事件过后,奥地利失去独立国家地位。直至 1945 年德国战败后,两国再度分家,1945 年 4 月 27 日奥地利临时政府成立,数月后得到"二战"同盟国承认,延至 1955 年,奥地利正式恢复主权。——译者注

失败而复仇。希特勒写道,"我离开奥地利首先是因为政治原因"。他瞧不起奥地利国家和它所代表的一切,因此他很希望离开这艘正在下沉的船。艺术的因素也很重要。在完成了圆形表演场之后,他不能再指望有什么伟大的建筑任务;而且,无论如何,德国都为他将要建造的"新建筑"提供了一个好得多的前景。总体而言,奥地利只能使他的政治天才和艺术天赋受到阻挠:"我确信这个国家一定会压迫和阻碍每一个真正伟大的德国人。……"还有种族原因:"我憎恶这个国家的首都呈现的种族混合。"然后,还有方言的问题:"我儿时学的德意志语言是下巴伐利亚地区讲的方言;我现在无法忘记它而且也学不会维也纳的方言。"

但是,他离开奥地利,然后逃到德国可能也是因为他要逃往一个替代的母亲那里,一个尽管与他分离,但他依旧忠贞不渝地投入她的怀抱的母亲。在希特勒的想象中,他那堕落而且种族腐化的父亲就是奥地利;而他的母亲就是德国。对祖国的激情跳跃在他的文章的字里行间:

> 从少年时代起,我就被神秘的愿望和爱所驱使,要去那里的渴望变得越来越强烈。……但是,最终,我想要分享着被允许去那个地方工作,从而实现我心中最炽热的愿望[brennendster Herzenswunsch]的喜悦。……甚至今天还有许多人不能理解这种强烈的渴望。……我呼吁所有那些与祖国隔绝的人……现在处于痛苦情感中的人[im schmerzlicher Ergriffenheit]热切期盼允许他们返回自己忠实可靠的祖国怀抱[an des Herz der treuen Mutter]的那一刻。[187]

然而,一个较为平常而又紧迫性的原因隐藏在花言巧语的烟幕后面:他离开奥地利是因为他被奥匈帝国当作逃兵而遭到追捕。①

---

① 根据1889年的兵役法(《征兵法案》),希特勒本该在1909年秋就去管理机构登记服兵役。而在1910年春,也就是他21岁时,他本该主动报到去服兵役。这是普遍的公共常识;征兵的消息会刊登在报纸和张贴的布告上,以便人们不会错过。1909年至1912年间,他正处在服兵役的年龄,住在维也纳,但他没有去登记,在接下来任何一年里也没有去报到参加军训。在林茨的军事机构的征募男子新兵的名单上,在他名字对面写着下列标注:"没有报到。地址不详。"希特勒一直等到1913年5月才离开奥地利,可能是因为他认为在24岁生日以后,就不再负有服兵役的义务,也就能安全过境。或者,他逃离可能是因为他在单身汉之家得知他仍可能被当成逃兵而被追捕,因为他在有义务服兵役的年份没有去登记报到。见 Jetzinger, *Hitlers Jugend*, 253–272; *Hitler's Youth*, 144–153。

希特勒在 1913 年 5 月 26 日抵达慕尼黑。在一份官方登记表上原先登记的他的职业是艺术家之类，他自己写成"作家"，而且官方登记的他的籍贯是林茨，希特勒过去写的是一个拼错的词"无国家"（stateless）。[188]

同时，奥地利官员开始断断续续地搜捕这个逃兵。五个月之后，他们终于查到他住在施莱斯海摩尔大街的一个房间。直到 1914 年 1 月 18 日，一个星期天的下午，当他打开房门，正好碰到警察，这才真正被传唤到法庭。次日清晨，他被带到奥匈帝国的领事馆。

这时希特勒的善于吹嘘的说服力使他处于有利地位。他一定劝服了领事本人。这位绅士显然被这个热情青年的真诚所打动，于是建议他给林茨的地方当局写封信解释事情的原委。1 月 23 日，领事本人亲自发出了这封信，另附上一张表示同意希特勒恳求的私人字条。他写道，他确信"希特勒（Hietler）［原文如此］……身患疾病使他不适合参军而同时不存在逃避服兵役的种种动机。……他似乎很应该得到宽大的处理。"

希特勒给林茨官方的那封重要的致歉和解释信用了三页半的大篇书写纸。他首先表达了他的意外和震惊，因为他竟然这么快就被逮捕并被命令报到，以致"我几乎没时间进行最基本的身体清洁，比如洗个澡"。他提到，在传唤过程中，他被正确地称为一位艺术家，然而"尽管这个头衔本来就适用于我，它也只不过在一个有限的意义上是正确的"。他接着说他靠画画几乎不能养活自己，连挣钱回林茨的旅费都成问题。"现在，当然所有这一切在某种程度上都是我的过错。我在 1909 年秋天忘记去报到了。"然后，他又接着感叹他在维也纳那些悲惨的日子，并引述他所谓的贫穷，作为这种"忽略罪行"的理由。

毫无疑问，希特勒 1909 年间的确在维也纳度过了几个月的困难日子，但是，声称他"两年来"经受的不幸的贫穷却是编造的。他表现出很谦逊的样子，成功地骗取了他年幼的妹妹享受的那份孤儿抚恤金，或说服了他跛脚的姨妈约翰娜给他钱，并把她毕生的积蓄留给他。

关于这一事件的趣事是那些希特勒极端蔑视的奥地利官吏却表现了出奇的仁慈。他在慕尼黑受到领事同情的帮助；林茨的官员批准了他的请求，让他去萨尔斯堡，而不是返回林茨；他被允许以一个正规新兵的身份，而不是作为一个被捕的逃兵去那里。最意味深长的是，他并没有遭到罚款或是任何一种惩罚。1914年2月5日，他向萨尔斯堡的预备军委员会报到。委员会发现他"不适合进行战斗和做辅助性工作，他太虚弱了，连武器都拿不动"。他便自由地回到了慕尼黑。

我们对1913年秋到1914年8月间希特勒在慕尼黑的生活仅有一个简单的了解，此时他正从军参战。我们所暗示的迹象表明这一年正是他在维也纳形成的生活方式的继续。他继续享受着相对的安逸和舒适。他自己称这一时期是他一生中"最快乐、最满足的时期"。[190]

住在施莱斯海愿尔大街，希特勒有种身处慕尼黑的艺术中心施瓦本的优越感。尽管街道几乎处于地区的边沿，但那个地址足以让他真正体会到做艺术家的感觉。希特勒住在离达豪（Dachau）不远的达豪大街。

他在物质上很充裕。他写给林茨当局的信汇报了他每月卖画的收入是100马克，而且他后来告诉一位密友，"我每月所需从不超过80马克"。[191]

他是从一个名叫约瑟夫·波普的裁缝那里租来的房子，月租金只有20马克。那里环境舒适，家具齐全，临街还有一道便门。希特勒可能很容易讨人喜欢，因为波普家的人并不反感他。然而，正如他们都惊异地回忆到的，希特勒从来不曾邀请一个男性或女性客人到他的房间。波普曾在巴黎接受教育，身为裁缝，他以制作精良的时髦服装而自豪。他还是一个慈祥和善的人。他非常在意他的房客的衣着，以免给他的生意造成不利影响。于是，他给希特勒做了许多裁剪得当的套装和一件大衣。波普的孩子们，小约瑟夫和伊丽莎白，喜欢这个住在楼上的漂亮小伙子。但是，他总是显得有些冷漠，而且从不想谈他的家庭背景。"我们从来不知道，"他们在1967年的一次采访中说，"他到底是什么人。"小波普后来特别回忆起他们的房客"花大量的时间保持身体清洁"。[192]

在加贝尔斯伯格大街（Gabelsbergerstrasse）66号街拐角处的一个和善的面包师也帮助过希特勒，以几便士的低廉价格卖给他不太新鲜的面包卷。这个面包师，海尔曼先生在1952年的一次访谈中透露，"希特勒从来不干体力活"，所以外表看上去总是干干净净，衣冠楚楚。[193]

这个面包师还说，希特勒以每幅 10 到 20 马克的价钱卖他的画，而且他自己也买了两幅。我们还有别的证据显示他卖画。一个可靠的医生席尔默回忆，"在战前某个时候"，夏夜当他坐在霍布劳豪斯（Hobräuhaus）的花园里喝啤酒时，"一个整洁利索的年轻人"礼貌地问他是否有兴趣买一幅画。这个医生买了一幅希特勒画的小油画，然后要求他用水彩临摹两幅他喜欢的巴伐利亚山脉湖泊的明信片。希特勒一周内完成了他的委托。魏斯勒（Würsler）先生记得他曾用 25 马克买了一幅希特勒画的小幅油画。[194]

正如在维也纳一样，希特勒一般都是早晨睡觉。他把下午空出来从事广泛的文化活动。他可能待在家里画画，或是去离家有 15 分钟路程的巴伐利亚国家图书馆看书。他所拥有的丰富的艺术史知识显示出，他一定花了不少时间去参观不远处的经典艺术博物馆：旧美术馆与新美术馆、希腊博物馆以及玻璃宫的现代绘画收藏。

1914 年在新美术馆他可能一遍又一遍地阅读了他所欣赏的一些作品：伯克林（Böcklin）的艳丽的《精神之波》（*Spirit of the Waves*）、马卡特（Makart）的《阿布恩丹提亚》（*Abundantia*），还有冯·施图克的感觉大胆的《罪》。这是一种孤独而又轻松的生活，不过希特勒永远是一个不合群的人。[195]

正如他所说，这些都是快乐的日子。但是有人猜测，他内心感到了些许带有罪恶感的不安的律动。因为，在 1914 年夏季，当世界闪耀着激动而振奋的变化征兆时，阿道夫却独自过着平静而没有目标的生活。他没有采取任何措施来实现《黎恩济》的夜晚被昭示的伟大使命，以及他在维也纳设计的新帝国的宏伟计划。他深切地感到需要从青年时代的轻浮和令人恼火的情绪中"解脱"和"释放"出来。他需要一些伟大的催化力量来带给他迄今为止都排斥他的认同感、方向感和目的性。

突然，就在 1914 年 8 月，像晴天一个霹雳，像来自他的命运女神的馈赠，第一次世界大战正式开始。这是他所需要的召唤。欧洲成千上万的爱国青年欢呼战争的来临，但是几乎没人有这么一种**个人**需要。因为战争对年轻的希特勒意味着两件事：一种对他个人同一性问题的命运指向的解决和一个捍卫他至爱的祖国的机会。难怪他怀着这么强烈的渴望欢迎战争。有一幅著名的画描绘了奥第昂广场的这个穿着入时的年轻人,他两眼闪闪发亮,脱帽欢呼战争来临。他个人在自传中具有启示性的字句可为明证:

> 对我而言,那些时光仿佛是从青年时代令人恼火的情绪中的**解脱**。甚至今天我也毫不惭愧地说,由于被慷慨激昂的热情所征服,我双膝跪下,从我飞跃的心灵深处感谢上帝把拥有这些时光的好运气赐予我。[196]

他曾是个来自他父亲的祖国奥地利这个"种族污秽场所"的军队中的逃兵。但是为了他的德意志祖国而战斗,"为了她的生存而进行的斗争"是非同寻常的。他为有机会亲身捍卫她,对抗那些企图攻击和蹂躏她的邪恶势利而充满万分感激。

作为战争英雄的希特勒,1914—1918 年

西线的战争是希特勒所期待的一切。正是在这里他逃避了庸俗世界当中的失败感和挫折感,这个世界拒绝承认天才并称他为"不合格"的庸人。这里他能享受因为它的愚蠢需要而产生的合法延缓期(moritorium)。他不再是一个角色分配不当的失败者。现在他有用武之地了。他是世界历史上最强大的战争机器整体的一部分。在其中,他发现了他自身缺乏的方向、目的和力量。他感到军事化的愉悦;有一天,他会实现整个社会的军事化。

他被派去军团总部做传令官,军中工作加强了他的参政欲望。因为,他像这样把团部消息传达到连队指挥部。整个战争期间他一直是个传令官。他所担任的最高头衔就是上等兵——大概等同于美国军队中无官职的最高个人级别。没有迹象表明他为某个官衔或为调任而"跃跃欲试"。他喜欢他的工作。团部的生活条件相对舒适而且干净。但是,更为重要的是,这个职位给了他一种感觉,他在协助做出重要的军事决定。"他传达的命令使军队行动,使掩护的炮火发射,或给前线传达进一步的命令,让他们不论损失坚守阵地。"[197]

在纳粹党的档案中有一份标着"战士希特勒——关于他的信件、在前线

的经历"的案卷。所有的信件和同一个师团的战友们的回忆中最引人注意的就是他们几乎都没说这个士兵是个什么样的人。事实上没有人认识他：因为在前线，他仍旧是个不合群的人而且有点古怪：他从不喝酒也不抽烟，不喜欢谈论女人，对家乡寄来的信件和包裹不感兴趣，他热爱军队，甘愿承担额外的义务——特别是在圣诞节的时候，他不想回家，也不想庆祝。[198]当慕尼黑的面包师寄给他一个食物包裹，他回了一封冷淡的短信感谢他，说他"无论如何"以后都不接受包裹。阿道夫想单独待着。[199]

通常希特勒都不回信。不过他寄了几张明信片，写给他在慕尼黑的房东约瑟夫·波普两封长信，还写给一个估税员（Assessor）恩斯特·黑普（Ernst Hepp）一封信。然而，这些信似乎尽可能不表露发信人的个人情感。奇怪的是，它们都是用木质的信纸，是由一个缺乏个性的德国士兵所写的对"前线生活"的评论。作者是尽忠职守的爱国者，他警告要当心"敌人的世界"，不信任奥地利，而以拯救德意志祖国的战争自豪。他详尽描述了对男人和马的屠杀。战士希特勒顺从权威而且举止得当，庄重大方。他曾与之数夜谈论政治的房东，被他称为"尊贵的先生"。给黑普的信的结尾是"您恭敬和感激的阿道夫·希特勒向您备受尊敬的母亲和妻子致以最诚挚的问候"。[200]

有个后来成为圣芳济会的修道士的战士指出希特勒一点也不受战友欢迎。他认为他们的爱国主义和献身职责不符合他为他们设定的标准："他总是极为严肃，从不大笑，也不开玩笑。"他总是用愤怒的爆发来回应平常战士的烦恼。"我们都咒骂他，感到他简直令人无法忍受，"另一个同伴回忆道，"当我们谴责战争该下地狱时……我们身边却有这只讨厌的白乌鸦在呱呱乱叫。"[201]希特勒对女人没有好感。当伙伴汉斯·门德（Hans Mend）与一个美丽的法国女子亲密无间地相处时，希特勒向他大肆宣扬人种混合的邪恶和保持德意志血统纯洁无污的重要性。据说他待在所谓"怀恨女人者"（der Werberfeind）的军团。他对自己的纵容就是一直爱吃糖。这成了他的不合时宜的另一个笑话："如果他发现了一罐人工蜂蜜，没有什么能让他远离它，不管是有包装还是没包装。"

还有一些别的事情使希特勒在他的军团里被记住：他过着一种喜悦的生

活。他似乎不断面临死亡，但是当子弹毫不留情地过来时，他又毫发无伤地逃脱了。在一次导致军团伤亡惨重的著名战役中，有人转向希特勒，说："同志，没有一发子弹是冲着你来的！"（Mensch für dich gibt es keine Kugel !）他连续几封给波普的信中都写道："这绝对是个奇迹，我没有受伤……经过奇迹，我仍旧安然无恙……经过奇迹，我依然健康硬朗。"[202]因此，希特勒又加强了他自己的信念，即他是因为一个特殊使命而被奇迹般赦免的——而不像他的兄弟姐妹和身边众多的战友。

尽管他大多数时间都在独自沉思，但他还是能够情绪高涨地在军营里演说有关他从阅读兰茨-利本菲尔斯、里斯特和弗里奇那里得知的险恶阴谋，例如共济会成员、天主教徒和马克思主义者的威胁。然而，从此以后，他都把犹太人视为祖国的主要敌人。当他的战友嘲笑他时，希特勒强烈地发誓总有一天他会显示给他们看！掌权以后，他控制了他们所有人，并且消灭了犹太人。

希特勒的幽默感发展到了幸灾乐祸和嘲笑的地步。出于安全考虑，军队都是成对派遣勤务兵。与希特勒共事32个月的战友，汉斯·门德，在战前和平年代是个马术教练。门德回忆起希特勒喜欢故作姿态的形式主义和谦恭令他尴尬不已："可以容许我祝愿不朽的骑师新年快乐吗？"[203]

他的战友们证实希特勒"从来不曾休过假"，这一点可能有点夸大。有证据表明希特勒至少休过一次假，以一张1917年10月6日寄自柏林的明信片为证（上面有他特有的拼错的词），是寄给图林根州的武茨巴赫的恩斯特·施密特的：

亲爱的施密特：

星期二先到达这里，阿伦特家人都很友善。我不可能期望比这更好的条件了。城市较大……现在，我终于有机会仔细地研究博物馆了。总之，我什么都没有失去。

代我向您的家人问好。

阿·希特勒[205]

希特勒过去所有的指挥官都一致认为他是一个勇敢的模范战士。1922年，一位官员证明元首表现出了非凡的勇气，因而赢得了表彰，特别提到他不知怎么总能保持全身的彻底清洁。[206]

早在1914年12月希特勒就被授予二级铁十字勋章。1932年3月，他指控一家德国报纸诽谤他，说他战争中表现出懦弱行为。在军团司令部（指挥部）的原来的指挥官，陆军中尉恩格尔哈特（Englhardt），有力地证实了他的勇敢。于是希特勒赢了那场官司。[207]

他第一次受伤是在1916年10月凌晨5点，靠近勒巴格（Le Bargué），当时他的左肩被炮弹碎片击中。在贝立兹-柏林（Beelitz-Berlin）住院期间，他又申请回到前线，以便他可以独自在那里度过圣诞节。[208]

希特勒是第一次世界大战中仅有的几个被授予一级铁十字勋章的普通战士之一。关于他如何获得这一伟大殊荣，人们还有彼此分歧和不可信的说法①，但是有三点是明确的。首先，他被授予了荣誉的标志；其次，这一荣誉对他个人和他的政治生涯都有着重要的意义。他经常佩带勋章，因为这是他宣称自己是"那场伟大战争中的无名英雄"的显著证明；第三，奖章显示，他还有理由再次感激一个犹太人。正如他的指挥官所写，如果不是因为军团里的一位犹太副官胡戈·古特曼（Hugo Gutmann），希特勒绝不会得到这一荣誉。[209]

希特勒第二次受伤是在1918年10月15日，当时他在伊普莱斯（Ypres）战役的南部战场中了毒气。来自他撤退的柏林附近的帕泽瓦耳克的战地医院记录只是说他中了毒气；但是希特勒——从此所有的官方传记作家——总是坚持说他被芥子毒气弄瞎了双眼。他明显夸大了他受伤的程度，这不仅有军队记录为证，而且还来自另外两个事实。首先，在他撤退后的一个月内，他就被接收

---

① 据说他赢得勋章是因为他只身英勇俘获7名英军战俘，或者12（或者20）名法国人；也有说法是因为他诱使英军坦克被摧毁；或者是"因为全面的勇敢行动"。一部为第三帝国的孩子们写的希特勒的传记兴奋地发现了在元首一生中这个事例隐含的道德寓意：他在学校学习非常努力以至他能说一口流利的法语，因而能生擒20个法国战俘。这本书的名字很适宜：《我们的元首：写给孩子们的书》（Unser Führer: ein Jungen-und Mädchenbuch）。纳粹报纸《民族观察家》（1934年8月14日）的同一版本提出英雄业绩的两个不同日期：1918年8月4日与1918年10月4日。令人惊奇的是，里斯特团的正式历史记载对希特勒的引用却只字未提。

到超期服役的军队中——那时对仅有的几个位置还存在很大竞争。其次，尽管需要钱，他从来没有申请伤兵抚恤金。他显然知道军队医院的记录不会支持他的申请。[210]

即使希特勒可能真的瞎了，那也很可能是由心理压力引起，因德国失败的创伤而导致的一种歇斯底里状态。当然，休战的消息是令人震惊的，而且没有理由怀疑他描述事件的真诚度和强烈情感：

> 眼前的一切都变成黑暗。我蹒跚摸索回到病房，倒在床二，然后把我滚烫的头埋在床罩与枕头之间。自从母亲葬礼那天，我还从来没有哭过。[211]

还有其他事也无意间让他想到自己的母亲。孩童时，他就闭上他的眼睛，避免看到他至爱的克拉拉被他怀疑有犹太血统的父亲蹂躏。难道他现在眼瞎是因为他无法忍受看到他的祖国被犹太人挫败和羞辱？

希特勒当然不是唯一对失败、停战与共和国的成立而造成的"背后一箠"感到惊骇的人。但是人们会感觉，对他来说这好像带有某种个人化的东西，因为他从来都是出于发泄怨恨而谈起德国的失败。在他的后半生，他一遍又一遍地大肆咒骂那些"背叛祖国"的卖国贼，犯下了"本世纪的滔天罪行"，即非法创立"犹太人共和国"的"十一月罪人"导致的"十一月耻辱"。[212]

在帕泽瓦耳克医院还发生了一件事。1918年与1919年之交，在那里，希特勒解决了他的同一性问题，做出了所谓的"我一生中最重要的决定"。那时，他终于知道他是谁，他必须要做什么。他是上帝派来的领袖。当他躺在病床上，他必须回应他说他听到的清楚呼唤他的"声音"，就像贞德一样。这些声音告诉他，要把他的祖国从侵犯她的犹太人手中拯救出来。他就这样结束了这一章：

> 对犹太人绝不能讨价还价。艰难的只有是或否的分别。
> 我决心成为一名政治家。

这一决定应该提到反犹主义的中心位置。希特勒对威胁祖国的犹太人的斗争成为他政治使命的中心推动力量。

多年以后，他仍会提醒他的追随者们，他从30岁时开始实施他对德国人民负有的使命，而另一个救世主也是在同一年龄开始他的救世生涯的。

慕尼黑的使命，1919—1933 年

1919年春，希特勒来到慕尼黑，似乎这里就是维也纳的那些小册子作者的预言实现地。维特尔斯巴赫王朝（Wittelsbachs）的优美的首都，舒适的家园和快意的冷漠都被外国的激进分子、犹太人和其他的黑色人种所控制。

这个城市战后的历史是各种政权交替的遗憾故事，这些相继的政权普遍效率低下、愚蠢无能而且充满恐怖主义色彩。然而，这一段历史却为希特勒后来的宣传机器提供了优良的谷物。他不允许德国人民忘记是他把德国从民主的恐怖中拯救出来的——这一状况的形成，举例说是从"当以色列成为巴伐利亚的国王时"开始的。[214]

在德意志帝国军队在西线崩溃以后，库特·艾斯纳（Kurt Eisner），一位犹太新闻记者立即被从狱中释放，因为他操着一口柏林口音，被认为是个"外国人"。后来他成为巴伐利亚独立社会党人的领袖。他高喊出"脱离柏林！"（*Los von Berlin！*），然后在1918年10月8日，宣布在信天主教的保守的巴伐利亚地区成立社会主义共和国。

他的支持率在他执政的短短三个月内就降低了。在1919年1月的选举中，他损失惨重，仅获得不到3票的公众选票。在提交辞呈途中，他被人枪杀。而谋杀他的凶手，阿尔科-凡雷伯爵（Count Arco auf Valley），曾被种族主义性质的图勒协会拒之门外，因为他的祖母是犹太人。协会创立者婉转地表示了对谋杀的称赞："他想显示，即使是半个犹太人也可以实现英勇之举。"

艾斯纳混乱的政治遗产被一群混杂的激进知识分子所掌握，他们在维特尔斯巴赫皇宫里皇后的卧室建立了总部之后，开始了欧洲历史上最奇异的政治实

践。恩斯特·托勒（Ernst Toller）是执行委员会的会长。当慕尼黑面临饥饿时，他却发布法令，宣布人类精神的再生将要在艺术和自由之爱当中寻求。西尔维埃·格泽尔（Silvio Gesell），一个自由钱财（free-money）派系的领导人，发现做财改部长可以有充分的机会实践他的理论。新的外交事务代表，弗兰茨·利普（Franz Lipp）博士，患有十分严重的精神病，他的外交政策大多包含在他写的那些异常的书信中，还包括一封写给罗马教皇本尼迪克特十五世（Pope Benedict XV）的信，其中提出正式抗议，说有人偷了他卫生间的钥匙。这位代表宣布的公共住房法令是：从此以后，巴伐利亚房屋的房间不得超过三个，而且起居室要设在厨房的上面。

这个快乐而不负责任的政府由那些"咖啡室的无政府主义者"组成。他们竭力支撑了六天。1919年3月一个温暖和煦的星期天，它被一群共产党人建立的苏维埃共和国取而代之。领导权授予三个俄国移民——列维涅（Leviné）、阿克塞尔罗德（Axelord）和莱文（Levien）——希特勒后来强烈斥责他们是"慕尼黑的犹太国王"。他们的到来造成了一种恐怖统治，而且只能通过混乱和无效才能得到缓解。法令都遵循暴力原则；"红军"的战士在掠夺性的行军中醉醺醺地在街上横冲直撞；学校、银行、报业机构和戏院都被迫关闭；犯人从狱中释放出来，而警察局的档案则通通被烧毁。

饱受激进政治实践的混乱和恐怖后，慕尼黑人终于大声呼吁中央集权政府的支援，1919年5月政府派遣了志愿军队来"解放"这座城市，"恢复秩序"。这些军人武装就是所谓的自由军团，他们倒愿意称自己是"海盗"。他们对希特勒的崛起做出的贡献后面将要探讨。（见第五章，第312—314页）不过这里要提到的是他们在慕尼黑确立了一个恐怖政权，使得前面几个星期的"红色恐怖"都相形逊色。伴随着1919年自由军团的控制，社会上只有相对的政治稳定。一年以后，在柏林的"卡普暴动"引发动荡局面期间，军事领导人推举古斯塔夫·冯·卡尔（Gustav von Kahr）为巴伐利亚的实际独裁者。（这实质上就是希特勒1923年10月在啤酒馆政变中想要推翻的政权。）然而，与此同时，慕尼黑成了许多好战的右派分子和种族团体的聚集地，所有人都试图将德国从民主的邪恶中拯救出来。

政治冲突

纷乱的历史舞台为希特勒这个救世主的出现创造了良机。但是未来的元首依旧徘徊在各个派别间，犹豫不决，缺乏信心。他还不知道如何扮演命运交给他的角色。他受到了焦虑、不适和自我疑惑等种种情感的冲击，这种情况在他发生个人危机的时刻经常会出现在他的生活中。因此，数月以来，像苏维埃政权确立和自由军团掌权这样的革命暴动相继发生在他身边的时候，他还是避而远之，无法确定要做些什么。然而，他凭着自己是神选中的信念支撑下来；不管怎样，有一天他将会成为德国的领袖。他对自己和自己使命的信念永远不会动摇。他必须坚守信念，等候命运之神指引，不久，她就出现了。

第一步就是指引他回到军队。他被派到一个特殊的新部门（Ableitung I S/P），该部门是在慕尼黑新近发生几起事件之后，为调查特殊或颠覆性的政治团体而成立的。希特勒后来标榜自己是军团的"教导官"。实际上，他的身份是"特务"或者是秘密间谍。他的工作就是充当间谍，然后汇报"可靠的"或"不确定"的政治活动。[215]

训练的一部分就是要求参加由慕尼黑大学的爱国教授做的一系列教导式演讲。其中一位教员，卡尔-亚历山大·冯·缪勒（Karl-Alexander von Müller）教授回忆起，在一次演讲结束后，他注意到"一个嗓音古怪的人正热情激昂地向人们演说，而人们个个好像着了迷似的。我便产生一种奇特的感觉，他们的激动来源于他，而同时他们又反过来鼓舞了他"。[216] 这种给予和接受，这种在希特勒和他的听众间的相互补充，将一直是他同民众关系的特征。

这个教授对他的印象非常深刻，并推荐派他到各级军队去宣传爱国主义。希特勒本人清楚地记得这件事，而且盛赞他在以演讲鼓动群体的过程中所感受到的力量和个人满足：

> 我是充满雄心和热情开始演讲的。因为这样，我立刻就被允许在大庭广众面前演讲。……以前我总是承担的无需知识、脱离纯洁情感的使命现在变得明晰起来；我能够"演讲"［Ich konnte "reden"］。……没有别

的任务像这个让我那么开心了。[217]

他想要在历史的重要关头显示这种力量。1919年9月的一天,不是因为他是军队情报员的工作需要就是——像他自己更愿意相信的——因为命运之神派遣他去这么做,他调查了由一个名叫安东·德莱克斯勒的铁路机械工创立的奋斗中的种族团体。这个小团体自称德国工人党,通常在山谷中的斯坦内科酒馆(Sterneckerbräu)后面一间散发着上好啤酒和劣质香烟气味的房间集会。但该党一直处在垂死挣扎的境地,直到这个两眼闪光的陌生人出现。他咄咄逼人地愤然反驳一位建议巴伐利亚应该脱离帝国的教授。希特勒的攻击如此猛烈和有效,以至于那个被驳倒的对手被迫离开了会场。德莱克斯勒对此印象深刻。

随后希特勒写了一份报告给他的上司迈尔中尉,警告"犹太种族的肺结核病"所造成的威胁,并坚持要求立即拟定"计划"(Programs)[原文如此],"除掉 [Entfernung] 所有的犹太人"。他的报告一定说服了上司,因为他附上了一个批注,赞同希特勒的比喻:"我同意希特勒先生的说法……对所有像疾病携带者这样的危险因素必须要么'隔离'[字面上,包囊 Verkapselt],要么灭绝。这就包括犹太人。"[218]

几天以后,希特勒又做出了一个他一生中"最重大的决定":加入德国工人党。在后来他作为一个尽责的财务主管列席的一次会中,他骄傲地汇报,党的全部经费是7马克15芬尼。他建议花钱买三个橡皮图章以改善办公设备。[219]

这就是希特勒后来改造为现代历史中最有效的政治运动之一的组织雏形。通过自身的人格力量和演讲魅力,他实现了这一点。他作为一个煽动政治家的魅力吸引了几乎每个听他演讲的人。慕尼黑警察在1919年10月的报告指述了他作为党的演讲人的出色表现,再次提到他博得了"震天的掌声"。甚至恩斯特·汉夫施丹格尔,老练的哈佛毕业生,都发现希特勒"完全无法抗拒……是一个演讲的高手"。康拉德·海登(Konrad Heiden),当时还是大学生,也是希特勒的政治对手,听过许多次他的演讲,他指出希特勒政治影响力的一个根源:他如此忠诚地扮演着命运赋予他的角色,以至于他实际上成为角色的一部分。在改变自己的同时，他也改变了他的听众：

> ……突然，这个尴尬地站在一旁的人开始讲话，满屋子都是他的声音，他以他那极权的作风压倒了不满和反驳，以他强悍的讲话在那些到场的人中间散布战栗，把每一个谈论的主题都提升到历史的高度……听众充满敬畏，并感觉到一个特殊的新人物出现了。这个异乎寻常的魔鬼以前从来没有出现过；他根本不是那个紧缩着肩膀的懦弱家伙。在私人采访中，或面对近50万人的时候他都能够实现这种转变。[220]

其他对手都注意到这个现象：一个走路软弱无力的矮个男人变成了拥有强大权力的力量，变成了强化他的言语的源流，"就像使橡皮水管变硬的一股水流一样"。奥托·施特拉瑟（Otto Strasser）对希特勒的言语技巧作出了最形象的描述，正是这一技巧使希特勒相继为成为演讲大师，党的领袖，然后是德国的元首：

> 阿道夫·希特勒进入大厅。他用力吸了口气。用一分钟调整好状态，感觉周围的气氛。突然，他的情绪爆发出来……
>
> 他的话就像一把射中他们目标的箭，他触动了每个人的伤痛处，使大众的无意识释放出来，表达了他们内心深处的渴望，向他们讲述了他们最想听到的东西。[221]

演说能力通常对于一个革命领导人很重要，不过仅有它还是不够的。比如，斯大林，作为一个极为平常的演说家，却驱逐了苏联革命产生的最出色的演说家托洛茨基。希特勒的成功很大一部分归功于他的组织能力和他无情地开展政治斗争的能力。

不久，他就需要所有这些技能了，因为他对党的控制遇到了挑战。领导权的危机在1921年进一步加剧，这也是在希特勒一生和他积累政治资本当中的关键一年。临近6月底，一本反对希特勒的匿名小册子在党内领导人中散布开来，并发表在 1921 年 8 月 3 日《慕尼黑人邮报》的专版上。[222] 正像它的名字所显示的那样，小册子提出一个暗示性的问题，《阿道夫·希特勒——独裁者？》(Adolf Hitler—Verräter?)。其中谈起希特勒对"对个人权力的强烈欲望"；还提到关于他的个人财力和奢侈爱好那些尖锐的问题，特别是对衣着和女人的喜爱。其中问道，他是把自己看作工人阶级政党的领袖还是"慕尼黑的国王，阿道夫一世"？这本小册子控诉希特勒把党内同志当成男仆对待，诽谤他们是"庸俗的走狗"；其中还举出事例来说明希特勒"以犹太人特有的方式"歪曲事实以达到自己的目的。该手册对希特勒宣称自己"毫无疑问"是党的"所谓的精神领袖"感到愤怒。最后，手册中呼吁党内所有正派党员不要被这个"夸大狂和煽动政治家"所误导，并强烈要求把他赶下台。

面对危机，希特勒有时表现出犹豫不决和迟滞不前的态度。然而，在这次事件中，希特勒显示出果断采取有效行动来应付直接挑战的能力。6 月 29 日他在霍夫布劳酒馆召开了党内全体成员大会，当晚，小册子的原稿就找到了。慕尼黑警察局的政治情报部收录了关于那次会议的详尽报告。

大约有 1200 位党内成员参加了会议。希特勒专门关照一位党员介绍他时要大力赞扬，而所有人原来都认为这个人是希特勒的政敌；他非常大方地赞颂德莱克斯勒，尽管那本小册子指出希特勒已不再对他着迷；然后他投入一番激动人心的演讲，令所有在场的人都欢呼起来。会议是一次巨大的个人胜利。正式的决议使他实际上成为党内无可争议的领袖。运动中的关键人物都集合起来支持他并拥戴他为他们个人和民族的救世主。[223] 正如一位深入研究这一重要事件的学者所断言的那样，"从这天起，国家社会主义德国工人党就成为领袖希特勒一人专政的党。"[224]

啤酒馆政变

希特勒在德国第一次尝试夺权，即 1923 年 10 月的啤酒馆政变，极为清晰地揭示了他的人格特征。他表现出果断与犹豫、高效与无能等多种情绪混合的状态，还有一种对灾难满不在乎的奇怪冲动，这些我们在后面将要看到。

这个著名事件的历史背景可以粗略地勾勒一下。1919 年春，慕尼黑被从共产主义者手中"解放"出来以后,自由军团的上百名战士都集结到这个城市,接受同情的官员给予他们的庇护。① 有两位政治领导人试图寻求这些好战分子、退伍军人和种族激进主义者的支持:他们是巴伐利亚的"强人",古斯塔夫·卡尔与阿道夫·希特勒。卡尔是一个呆板、固执而平庸的官僚,当时被任命为政府临时全权代表[Generalstaatskommissar]——一个权力超出他的个人能力的职位。两人都对那些不安分的支持者产生不满,那些人要求采取行动,立即推翻人人痛恨的魏玛共和国。

尤其是希特勒变幻无常,优柔寡断。他不大清楚如何应付这个对于政治动乱非常有利的局面。截至 1923 年夏末,德国人为法国入侵鲁尔矿区的举动所震惊并深受打击。失控的通货膨胀卷走了人们的生活储蓄;失业人数无法抑制地增长;成千上万的人面临饥饿。除了经济困境外,各处似乎都存在政治危机。激进的社会主义者控制了萨克森和图林根州的政府。而汉堡的红色起义仅在激烈的巷战之后就被镇压下去。在莱茵兰,分裂主义者宣告成立一个独立的莱茵河共和国。似乎每个地方的"形势都在恶化"。而最高兴的就属希特勒的总部了。

命运似乎在召唤他,但是他不很肯定。他没有得到明确的讯息。几周以来,他都在高谈阔论,经常是关于推翻"犹太叛国者"和"十一月罪人"建立的政权。但是当那些好战的退伍军人事实上开始接受他的时候,他又变得惊慌失措。他们想要采取行动,但是他却令他们希望落空。他们开始抱怨领袖"只是口头进行革命"。在后来审判希特勒的一次开庭会议上,威廉·布吕克纳,当时慕尼黑褐衫军的首领,也是后来希特勒的副官,见证道:"我也亲自告诉希特勒,我很快就再也不能掌控这些人。如果现在发生大变动,他们就会弃他而去。"[225]

一想起他新近对巴伐利亚内政大臣许下的承诺,希特勒的心绪也不能平

---

① 这个城市的气氛和政治倾向体现在恩斯特·罗姆回忆起来的一件事上:他是一名右翼军官,希特勒早期的支持者,后来被元首下令枪决。"一天,一位被恐吓的政治家走到警察局局长[恩斯特·佛纳 Ernst Pöhner]身边,对他耳语道,'局长先生,这个国家事实上已经有了政治谋杀组织!'佛纳回答道,'是,我知道——不过不是全知道!'[So, so, aber zu wenig!]" Röhm, *Die Geschichte eines Hochverters*, 7th ed. (Munich, 1934), 131。

静。当部长叫他来办公室，表示对他和他的手下试图夺权的谣言的关注时，希特勒"从椅子上跳起来，拍打着胸膛，尖叫道：'部长先生，我向您起誓，只要我还活着，我决不会制造叛乱！'并重复着，'我起誓，决不制造叛乱！'"[226] 这是希特勒第一次正式的政治承诺。

卡尔也一样地深受折磨而处于尴尬境地。他当然不想革命，但是他需要利用那些"海盗"的支持为他复兴保守派的计划服务。他忍受不了愤怒的退伍军人向希特勒靠拢。10月初，卡尔就邀请巴伐利亚和帝国重要的民族主义者参加一个将在1923年10月8日举行的会议。卡尔的目的是什么并不清楚，但是希特勒担心他的对手将要发出戏剧性的宣言——可能是宣布恢复维特巴赫（Wittelsbach）君主政体。无论如何，纳粹领导人都不会让卡尔掌握主动权。在经过许多个犹豫不决的不眠之夜后，他决定采取"果断"行动的时机已经到来。

1923年10月8日夜晚，卡尔向那些坐在贝格伯劳凯勒酒馆喝啤酒的巴伐利亚重要的保守派人士讲话。这个傲慢的官僚结结巴巴地念着一份写好的草稿。其中一段坚持反对共产主义。正当他继续着单调低沉的讲话时，突然，聚集的重要人物都被大厅中央的骚乱所惊呆。一个身穿不合体的大礼服的滑稽人物跳上了一把椅子或一张桌子——这一问题有争议——向天花板开了两枪，一双炽热闪亮的眼睛宣告了革命正在发生。

希特勒不像一位革命领袖。事实上，他的形象一点也不庄重。帝国最后一任外交事务大臣海军上将冯·辛策（von Hintze），当晚也在场，他回忆希特勒当时"身着一件做工粗劣的烦琐的大礼服，更别提希特勒又是这样一个腿短身长的人。当我看到他穿着那套可笑的衣服跳上桌子，我在想，'可怜的小侍者！'"[227]

开枪之后，希特勒冲到讲台，用手枪威逼巴伐利亚三个最有实力的人物，卡尔、洛索夫和赛塞尔①跟他去侧面的一个房间。然后他精神勃勃地给自己要

---

① 卡尔，正如提到的，是国家临时全权代表。奥托·冯·洛索夫（Otto von Lossow）将军是巴伐利亚帝国国防军的指挥官。他是一个和蔼可亲、才智过人的聪明人，但是缺乏果断。上校汉斯·里特尔·冯·赛塞尔（Hans Ritter von Seisser），是巴伐利亚州警察局局长，是个坚决果断、思想独立、毫无幽默感的人，并且被证实颇有勇气。

了一杯啤酒——价钱是 50 万通货膨胀后的马克。（那天晚上，当后来他把杯子扔掉时，那些热爱他的追随者们小心地拣起碎片，把它们保留起来作为纪念。）然后，他转向他的人质，软硬兼施地威逼他们支持他建立一个民族政府。他跟着他们返回大厅，然后宣布战争年代的英雄和军事独裁者鲁登道夫将军将会领导一支新型的民族军队；希特勒将接管政治领导权。卡尔、洛索夫和赛塞尔，连同其他的巴伐利亚右翼分子将要在新的行政机构担任领导职位。当每一个人质都开口向群众讲话并明确地表示支持他时，希特勒显得异常高兴。这让历史学家卡尔-亚历山大·冯·缪勒想到一个小孩"对自己的成功的高兴和狂喜；我永远不会忘记他那孩子气的率真的表情"。[228]

然后希特勒开始了鼓动 3000 名观众的演说。他用了这么一个戏剧性的承诺来结束："明天在德国不是出现一个民族主义者的政府，就是我们的牺牲。"实际上，次日他将寻求第三个选择。但是，在那一刻，他的演说是有煽动性的，他使群众转变过来，正如一位听众描述的那样，"就像一双手套由里翻到外"。[229]

在这次惊人的成功演说后，希特勒就陷入懒散而又令人陌生的弄巧成拙的行为状态，这在最后一章将做较为详尽的考察。他任由整个形势分裂到灾难性的顶点。最终是鲁登道夫而不是希特勒率先下令次日到市中心游行。元首耻于行动。正当他的那些不确定的追随者快要靠近在奥第昂广场前堵截他们的巴伐利亚省警察时，希特勒突然挽住了游行中走在他旁边的人的胳膊。正如海登所注意到的，"一个令人惊异的无可奈何的无助姿势"。[230]在一声平常的"不知何处来的枪响"过后，警察开火了。

就像战时许多次情形一样，希特勒又一次奇迹般地在枪炮的射击中逃脱死亡，在他周围大约有二十多个人被打死。他可能扑倒在地上或者被旁边他挽着的那个中弹者的尸体给拉倒。他躺下的地方正接近守卫将军纪念堂（Feldherrenhalle）① 的巴伐利亚石狮子——恰好就是 1914 年 8 月的一天他

---

① 将军纪念堂，是 1840 年为纪念巴伐利亚陆军凯旋而建造。而凑巧的是，希特勒 1923 年首次失败的军事政变也在此地发生。——译者注

欢呼战争到来的位置。

希特勒直接的反应就是逃走——每当形势变得不可收拾时他都倾向于这么做。童年在里昂丁的时候,当他玩牛仔和印第安人游戏所在的树林着火时,他就跑掉了。在19岁的时候,母亲死后当亲戚们建议他该做些有意义的工作时,他又逃到了维也纳。当他的朋友库比切克顺利获得毕业文凭后,阿道夫·希特勒躲了起来不见他;1913年他因逃离奥地利军队而受到逮捕的威胁,他跑到了慕尼黑。最后,1945年他又逃脱了死亡。

1923年10月9日,他并没有像纳粹党人后来宣称的,英勇地抱着"一个小男孩冲出着火海",也没有试图组织抵抗。[231]他第一时间就躲进了一栋黄色的——或者是红色的?——冲锋队医生的别墅,然后逃离那里,躲到慕尼黑以南靠近斯塔菲尔(Staffel)湖的恩斯特·汉夫施丹格尔乡间住所的阁楼里。他一定经受了相当多的身体和精神痛苦,因为兰德斯堡监狱的医生布林施泰纳(Brinsteiner)在1924年1月8日的一份报告中陈述道:

> 在10月8日的政变当中,希特勒左肩脱臼,上臂关节窝有一处挫伤。后来由于患上非常痛苦的创伤性神经衰弱症,希特勒一直接受持续的治疗,而且很可能将留下左肩疼痛和身体部分僵硬的后遗症。不过,还不能预料,他会失去运动神经的功能。[232]

当他于10月9日晚到达汉夫施丹格尔的家,根据汉夫施丹格尔夫人说,他显得意志消沉,"几乎语无伦次"。他想要单独待着,接下来的一天就是裹着两条英国毛毯待在阁楼上,汉夫施丹格尔把其中一条珍藏了多年作为纪念。他不断威胁要自杀,直到汉夫施丹格尔夫人解除他的武装,把他的手枪扔进她储存面粉的桶里。11月11日,他向巴伐利亚警察局自首,尖叫着威胁要复仇。[233]

在希特勒第一次尝试夺权的惨败之后,旁观者都认为他的运动瓦解了。但是正如慕尼黑的美国军事随员报告的,"只有一个奇迹可以拯救他,而那个奇迹真的出现了"。[234]那个奇迹就是希特勒在1924年2月底和3月成功地利用对他的严重叛国罪的审判拯救了自己。他得到法庭中每个人的支持。起诉律师,名叫施滕格莱因(Stenglein),当他称希特勒是一个令人钦佩的人、勇敢的战士和无私的爱国主义者,而他违犯法律只是因为他受到这么多支持者的热情驱使,这听起来很像辩护律师的口吻:"我们不能谴责他自私。他的行动不是由于个人野心鼓动而是出于对这一事业的热情。……我们不能否定对他的崇敬。"法官同情地点头表示赞同。希特勒自始至终都处于控制地位。审判的副本显示,他一直在打断和大声斥责政府证人,以至法官好几次都可怜地问他是否能把声音放低点。[235]

希特勒最后的辩词是一份抨击怒骂的杰作,预示了将要到来的演讲。他讲了四个小时。当后来有人询问法官,辩护律师是否拥有这样的自由时,法官回答说他发现无法阻止希特勒爱国主义式的演说声浪。希特勒并没有接受他被指控为叛国的被告身份,而是将整个共和国政府斥责为被告,指控艾伯特总统和谢德曼总理,以及他们所有的支持者都犯有严重叛国罪。

在这篇希特勒为他的政治生命而斗争的重要演说中,思想来源于瓦格纳和母亲们。他说,他没有向往任何特殊的头衔:"当我第一次站在瓦格纳的墓前,我的心中充满自豪,因为这里躺着的人不许人们写这样的墓志铭:'这里躺着私人音乐顾问指挥,男爵阁下理查德·冯·瓦格纳。'"他最终的恳求围绕着母亲。他声称,10月8日和9日的事件不能被视为失败。他自己看待它的唯一可能的方式就是是否"一个母亲来到我身边说,'希特勒先生,我的儿子听从了您的良心的差遣。'但是没有母亲来到我身边"。也就是说,他自己的母亲并没有责怪他;他问心无愧。的确,在演讲的末尾,母亲的形象——曾经作为仁慈的神——亲切地冲他微笑。他转向法官,说道:

> 您可以一千次地宣判我有罪，但是永恒的历史之神会微笑着撕掉起诉者的所有控告和法官的判决，然后将我们释放！[236]

审判结束时，成千上万的支持者挤在司法部门前。仿佛是即将到来的年代的预演，他们一直呼喊着"嗨，希特勒！"，直到他出现在阳台上接受人们的崇敬。一夜之间，这个曾在几个月前惨遭失败的慕尼黑街头无名的煽动者，现在为了德国的复兴大业，成为民族英雄和"牺牲者"。

从魏玛共和国宽容的审判体系中我们就可以料想到对希特勒的判决。他没有按叛国罪明确要求的那样被驱逐回奥地利；一个法官判定，尽管从理论上考虑，他可能算是奥地利人，但他确实"是像德国人一样思考"。于是他正式被判处在兰德斯堡监狱监禁五年；实际上他在那里只待了不到九个月，从1924年4月1日到12月20日。

希特勒在狱中

在宽容的守卫许可下，当时希特勒与鲁道夫·赫斯在兰德斯堡监狱合住的房间变成了所谓"第一栋褐色房子"——后来的纳粹党总部。党的象征符号、图画和一个巨大的纳粹党的"卐"标志覆盖了所有的墙壁。国家的律师在1923年12月3日宣布一项特许权："希特勒的牧羊犬可以在接见时带进来。"他可以读书或者谈话到午夜时分，然后睡到早晨。他的早餐由分派作他侍从的囚犯按时端到床前。他在那里口授了后来为他带来财富的自传。他写了许多社论并且为监狱报纸《兰德斯堡名誉公民》（*the Landsberger Ehrenbürger*）画了不少卡通画；很可惜，这些期的报纸都遗失了。[237]

在希特勒35岁生日时（1924年4月20日），军用飞机盘旋在堡垒的上方，降低机翼向他致敬。汉夫施丹格尔叫喊着祝贺他生日，发现"那地方看起来就像是个熟食店。堆在那里的所有东西足可以开一家鲜花店、水果店和啤酒店。德国各地的人都给他送来礼物，希特勒明显因此发胖了"。当人们建议他实际上应该参与监狱的运动比赛以减轻体重,希特勒回答:"不,我不会去锻炼。如果我参加体育锻炼,那会不利于维持秩序。一个领袖无法承受在游戏中被击败。"[238]

1924年12月20日,在希特勒出狱的那天,汉夫施丹格尔在他位于慕尼黑繁华的博根豪森区皮恩斯诺尔大街(Pienzenauerstrasse)的新家安排了一次安静的庆祝宴会。希特勒到场时,身穿斜纹哗叽布料的蓝色外套,由于在兰德斯堡增加的体重而被绷得紧紧的。在这个明显胜利的时刻,希特勒却表现得不大自在。他最初想到的是瓦格纳——还有死亡。"汉夫施丹格尔,请给我演奏《爱之死》!"他说。汉夫施丹格尔费劲苦心地用他的大手弹奏出希特勒喜欢的**咏叹调《特里斯坦和伊索尔德》**(Tristan und Isolde)。在吃完宴会最后一道菜——奥地利油酥皮后,希特勒开始了他极具幽默的模仿。在屋里对角来回踱步,他谈起了西线战争和他的自传,接着开始模仿炮火发射:"他能够重现每一种可想到的枪炮声,德国、法国或英国的,榴弹炮,75发弹鼓,机关枪,单独发射的,还有连发的。……我们仿佛亲身经历了在松姆战役中瞬间的五分钟。"他对表演的艺术鉴别力显示他已练习过许多遍了。他喜欢观众的奉承。也是在这个场合——也可能是在后来的一个场合——普茨(Putzi)生动地演奏了形容纳粹党重要人物的钢琴曲:形容希姆莱蹑手蹑脚走在地毯上的安静旋律;描绘步履笨重的格林的沉闷曲调;模仿跛脚的戈培尔的无力而间歇性的乐曲。希特勒总是喜欢揭示他人的缺陷。他发现这简直太有趣了,于是忍不住用手掩住嘴和满口的坏牙,大笑着摇头。[239]

再主张

希特勒在从兰德斯堡返回后面临的政治形势并不那么乐观。他的政治运动已经被政府下令正式解散,同时又为许多卑鄙的政敌所分裂。他失去了自己的党。然而在十年间(1924—1934年),他镇压了所有反对派并且成为国家社会主义无可争议的领袖和德意志民族的独裁者。

他具有一定的政治天赋，满足马基雅维利提出的理想君主的必要条件：既像狮子，又像狐狸，将责任与狡猾结合起来。他是"可怕的简化物"，是精通宣传之术的大师。他靠着心中的信念支撑自己，同时也极具煽动力。

1924年希特勒重新确立党内领导权不仅是凭借他的政治敏锐度、奉献精神和信念获取的，而且是通过培养有影响力的朋友实现的。例如，恩斯特·罗姆上校就有着无法估量的价值，因为他与军方、不满的退伍军人和原先自由军团的成员都有密切的联系。迪特里希·埃卡特，大概是南德地区最有影响力的知识分子，他成为希特勒的赞助人，并介绍他进入种族主义团体。埃卡特，正如我们所指出的，创办了一份种族主义—民族主义者的刊物，《关于纯正德语》（*Auf gut Deutsch*），并负责编辑工作，直到1921年他接管希特勒自己的报纸《民族观察家报》。正如希特勒一样，埃卡特深受兰茨-利本菲尔斯的影响；而且他也有着对"犹太人问题"的简单解决办法。他说，对付犹太人最好的办法就是把他们都装进铁路的货车车厢，"然后将他们倾倒入红海中"。在1920年3月的一期《关于纯正德语》中，埃卡特宣称，他坚信一个强有力的日耳曼人领袖必将到来，但是他无法确定他是谁：

> 我们呼唤一个辛辛纳图斯①扔掉他的犁出来拯救他的祖国……不管他是战士、农夫还是工人，毫无疑问他必将领导我们。他需要的一切就是灵魂——一个勇敢无私的德意志灵魂。……不要问他在哪里：相信这一切吧！

---

① 辛辛纳图斯（Cincinnatus），罗马共和国传说中的公民英雄，他是一个农夫，为了拯救共和国的安危离开田亩，等到任务达成后他又回到平静的田野生活。——译者注

一年以后，1921年1月，埃卡特发现了他和德国人民所渴望的领袖，一个全新的德意志辛辛纳图斯："希特勒就属于这样的人物，德国工人党的热情领袖。"[240]

希特勒真诚地感谢埃卡特的恩赐。在所有他感激的人中，他只对瓦格纳和埃卡特给予特别的赞誉，并在第二卷自传中写了非同寻常的献词：献给"那个在语言、思想，最终在行动上都是最出色的，并把他的一生都献给了他的民族，也是我们的民族觉醒的人：迪特里希·埃卡特"。[241]在私人谈话中，他称之为"忠诚的埃克哈特（Ekkehardt）"，他真正的朋友。希特勒的秘书断言，"迪特里希·埃卡特［是］他一生都敬仰的一个人"。[242]这里面应该也包括理查德·瓦格纳。

希特勒另一项政治财富是他能令不同的人确信他们每个人都得到元首的特别信赖。最终，所有人都被欺骗，因为希特勒不可能信赖任何人。从幼年起，他的生活就以对他人的基本不信任为特征。在这方面——就像在其他许多事情上一样——孩子就是成人的父亲。作为元首，他如此不信别人以至他坚持要向他最亲近的顾问隐瞒他的思想。而当他开始疑心有人在洞察他的内心时，他会故意掩饰来加强自己的防御。

在战后的采访中，聪明敏锐的陆军参谋总长哈尔德（Halder）将军，回忆起下面同希特勒进行的颇有意味的谈话：

希特勒：你从开始就应该注意到一件事，你永远不会发现我的真实思想和意图，除非我发布命令。

哈尔德：我们战士都习惯于把我们的思想融为一体。

希特勒：（微笑着摆手）不。政治中的事情发展都不一样。你永远也别想了解我在想什么，至于那些夸口说知道我的思想的人，我对他们甚至撒了更多的谎。[243]

这种不信任、孤僻和深奥莫测的特征，对他的心智如此重要，成为他极大的政治优势。事实上，从长远看，这是与他的发展相抵触的；但是在他攫取权力的时候，这却帮助他在远离次要的政治或个人争执的领域里成功地饰演了一位无法接近而又一贯正确的领袖。

冷漠是和另一种不可估量的价值特征联系在一起的。希特勒充分地拥有那种无法确知但又必需的政治领导品质，也就是马克斯·韦伯所称的克里斯玛（领袖人物的超凡魅力）。这位纳粹独裁者有一个显著的优势，胜过他的共产党对手们：他的理论以一种韦伯根本没有想到的方式将个人的克里斯玛制度化了。

娴熟地驾驭个人的克里斯玛魅力在1924年以后的那些年里对希特勒的成功至关重要。鲁道夫·赫斯用一句话说明了这个问题："阿道夫·希特勒是党；党就是阿道夫·希特勒。"这种对狂热崇拜和确凿的政治事实的叙述是在1934年纽伦堡的纳粹党胜利集会上作出的，也就是在希特勒巩固了他对德国的权力之后。但是自从1924年希特勒从兰德斯堡回来，这个"神话—人物"的原则就成了希特勒统治下的政治生活的现实。在那十年间，它透过政治角逐中各种错综复杂的事物而闪耀出来，就像一缕指引方向的清晰的光。我们可以在三个显著事例中清楚地看到它的效应。

当希特勒在狱中的时候，党内两大派系开始成长起来：较为保守的派系称自己是大德意志人民共同体，而拥有大多数的革命派成员形成了国家社会主义自由党。但是没有一个派系对希特勒构成威胁，因为没有一个派系能够在不尊重他为领袖的情况下单独存在。希特勒只是等待一个恰当时机解散了这两个派系，接下来，他们的信徒再次确认了对他的忠诚。问题就这样解决了。

1926年，当格奥格尔·施特拉塞和约瑟夫·戈培尔组织的所谓"北方派系"——"劳动协会"发展起来时，纳粹党内部派系之争实现的可能性再次显现出来。历史学家认为，这些集团都是直接反对希特勒。这一推断显然是错误的。"没有什么比挑战希特勒的领导更让他们无法想象的。希特勒一直是在各个派系的斗争运动中维持统一的唯一确定的关键因素。

他超越冲突，被视为'某种神秘而虚幻的东西'。"[244]的确，格奥格尔·施特拉塞在1932年离开了党，然后在两年以后的大屠杀中被杀害。但是他始终保持着对希特勒的忠诚。在希特勒下令杀害他的几天前，他还从元首的手中接过金色的党的荣誉勋章。他说希特勒是"纳粹党不可挑战的唯一领袖"，这既是他个人忠诚的表达，也是对希特勒的党的现实状况的真实评价。

接着，1934年发生了著名的血腥清洗事件（有各种叫法，如"罗姆叛乱""大屠杀"和"长刀之夜"）。罗姆和他在冲锋队的追随者可能都不赞同元首的社会政策，但是无论如何他们都没有组织叛乱并从元首那里夺权的企图。希特勒本人出于政治原因，制造了反叛的谣言。他知道德国的军事和工业领导受到冲锋队里广为散布的激进社会观念的威胁。为了在陆军元帅——总统兴登堡死后获取权力，他需要得到势力强大的保守派的支持，于是他决定以牺牲他的上千老同志的代价来换取这些保守派的妥协。罗姆和冲锋队自始至终都对希特勒忠贞不渝。甚至许多人都相信他们准备在格林和希姆莱策划的一场反对罗姆和希特勒的党卫队的阴谋中为他而献身。最终，在希特勒命令下，他们在枪声中倒下，临死前还冲刽子手挑衅式地高喊："嗨，希特勒"！

纳粹党内的派别斗争对希特勒的地位几乎不构成什么严重威胁，而对纳粹党的统一也几乎不会造成什么危险。希特勒甚至鼓励派系发展，两个原因，首先，他们代表着相异的派别和利益，这正是希特勒需要培养的。罗姆——至少到1934年！——都还吸引着退伍军人和自由军团的战士；施特拉塞对许多社会主义者有感召力；巴杜尔·冯·施拉赫对年轻人来说特别有吸引力。其次，希特勒鼓励派系斗争是因为他发现拒绝归附任一派别将会提高他在所有派别中的权威。每一个派别都在对他效忠的同时寻求击败对手。一旦一个派别没能赢得希特勒个人的认可，它就算完了，因为它没有别的呼吁场所。[245]

元首的生活方式

希特勒在做出决策时表现的个人魅力、孤僻冷漠和迟滞不前等特征使他在领导权方面获得明显的政治优势。但是希特勒青睐这种方式也是因为它符合他的生活风格。"领袖原则"在1925年之前就牢固确立起来，但是掌握政治领导权需要他自己至少做些努力。然而希特勒不允许政治干扰他的个人生活习惯。的确，在某些场合里——比如在1921年领导权危机，1932年国会选举，或是1934年的血腥大清洗，他可能都显示出了迸发的活力。然而，通常他宁愿选择懒惰的方式。在他成为党的领袖和元首以后，他的个人习惯比起他的青年时代还是没有多大变化，他喜欢和库比切克一起在林茨和维也纳度过的业余艺术爱好者的生活。他现在就和那时一样睡得很晚，白天的时间都浪费在随意的谈话、野餐、短途旅行和其他的消遣上。在离开兰德斯堡以后，他先返回他在蒂尔希大街（Thierschstrasse）41号的一个药店上面的狭小住所。正如墙上一块大理石瓷片上所写的，纳粹党统治期间，"阿道夫·希特勒从1920年5月1日到1929年10月5日间住在这所房子里"。主房间长约9米，宽为10米，地板上铺着陈旧的油毡毯和几块散乱的地毯。屋内有一把椅子、一张桌子和一个临时书架。在床头上方，挂着他母亲的照片。房子很小，但是每当他要解决一天的问题时，还是有足够的空间让他穿着拖鞋在里面来回踱步。

后来，希特勒就更为频繁地到靠近奥地利边境的巴伐利亚地区的阿尔卑斯山的贝希特斯加登一带度过时日。他先是待在莫里茨膳宿公寓，然后又住进贝希特斯加登的德国人旅馆。在这里，他完成了《我的奋斗》的第二章，并且为许多报刊撰写文章。正如他后来回忆的，"我在那里就像是个好斗的公鸡。……我完成了我的书的第二章。我非常喜欢拜访三少女之家（Dreimädlerhaus），那里总是有许多可爱的女孩子。这对我来说是真是一件乐事。她们中间有一位尤其是美丽绝伦。"[246]

1928年，他租了山上的一栋房子，可以俯瞰上萨尔斯堡。几年以后，他买下这块地产，并让人完全重建，作为他的贝格霍夫山庄。昂贵的家具都是由他慈母般的恩人,钢琴制造商的遗孀,海伦·贝希施泰因和温妮弗雷德·瓦格纳夫人慷慨捐赠的。礼物当中还有珍贵的瓷器、书籍(包括理查德·瓦格纳的全部作品)和《罗恩格林》的一页手稿。[247] 在此期间,他还更换了他在慕尼黑的住所,搬到繁华的博根豪森(Bogenhausen)区摄政王广场 16 号的一套九个房间的豪华公寓,一直到死他都保留着这套公寓。这个住所离他喜欢的两位艺术家很近。冯·斯塔克的别墅就在这条街上,还有 1900—1901 年间专为理查德·瓦格纳修建的摄政王剧院,他的大理石雕像高高耸立,俯看着整个花园。

他能买得起这些奢侈品是因为他增长的财力很大一部分是来自各种社会关系。正如恩斯特·汉夫施丹格尔极度自豪地回忆的那样,"他被介绍进入的第一个慕尼黑家庭就是我的家。"他把希特勒带到"上流"社会——那里都是有钱有势的人。他们包括巴伐利亚艺术家弗里茨-奥古斯特·冯·考尔巴赫(Fritz-August von Kaulbach)家和富有的慕尼黑出版商布鲁克曼(Bruckmanns)家,还有作家休斯顿·斯图尔特·张伯伦家。原来的公主康塔屈泽纳(Cantacuzéne),已经是一个特别老的妇人埃尔莎·布鲁克曼(Elsa Bruckmann),和格特鲁德·冯·斯威德里茨(Gertrude von Swidlitz)与老妇人卡罗拉·霍夫曼一样都把希特勒当成被保护者(protégé)。卡罗拉·霍夫曼还自称"希特勒的妈咪"。贝希施泰因把希特勒唤为"我的小狼",也对希特勒表现了慈母般的关怀。她还想让她的女儿洛特(Lotte)嫁给这个迷人的奥地利人。

他的那些富有女性崇拜者的价值形象地反映在 1923 年夏他用作贷款担保的财产清单。为了一个没有透露的目的,他从咖啡巨头科恩-弗兰克(Korn-Frank)公司的理查德·弗兰克(Richard Frank)那里借了 6 万瑞士法郎。借条是这样写的:

> 作为贷款担保,阿道夫·希特勒先生移交给理查德·弗兰克一些贵重物品,送到海因里希·埃克特在慕尼黑的银行……下列……贵重物品清单:一件镀白金镶钻石的翡翠垂饰和一条白金链子……一枚白金镶钻石的红宝石戒指……一枚白金镶钻石的蓝宝石戒指……一枚镶嵌单粒钻石的戒指……一枚 14 克拉的金戒指……一条手工制作的长约 6.5 米、宽约 11.5

厘米的17世纪威尼斯缎带……还有一件金线缝制的红丝质地的西班牙钢琴盖布（尺寸：4×4米）……[248]

1925—1935年间慕尼黑财政机构存档的希特勒收入的税收结算报告没有准确地反映出他的生活方式。[249] 不过，它们却揭示出这个纳税人的人格。例如，这位以爱国主义标榜的政治领袖很显然没有像他要求自己的同胞那样付出同样的个人牺牲，而且根本不反对欺骗政府税收。例如，1925年5月，他汇报在1924年到1925年第一季度没有收入。然而在1925年2月，他不知怎么就能买得起一辆传统外形的大马力的奔驰轿车。

希特勒倾向于把收税者、法官、牧师和妓女都归为社会的糟粕。但是对于自己的税收，他没什么可抱怨的。官员们从来不调查他的实际收入并且总是令人惊异地镇定接受他虚报的收入。后来，元首因《我的奋斗》的出售要交税的棘手问题是通过宣布免除他的税收而得到解决的。

希特勒来自《我的奋斗》的收入一直充当着魏玛共和国的负面的晴雨表。随着民主希望的增长，销售量就下降；而随着1930年出现的经济和政治危机，销售量又开始抬升。在希特勒掌权以后，对每个人来说，拥有这本书都是明智之举，不管是否会读它，因此作者的收入也就直线上升。1943年他非常清楚地宣布，他的书的总销售量仅次于《圣经》，终于取代了《格林童话》。

希特勒的侍从、秘书和其他同伴都清楚地描述了他成为元首后的日常生活方式，和他在十年前养成的习惯没有明显的差异。他通常在上午11点和正午之间起床。他的侍从威廉·克劳斯（Wilhelm Krause，1934—1939）、海因兹·林格（Heinz Linge，1939—1945）便观察等候着第一个信号：穿着睡衣的胳膊伸到卧室门边的椅子上取早晨的报纸和重要的电报、消息。当他回到床上去看报纸时，胳膊又会迅速地收回。希特勒自己洗浴和剃须，而一次剃须总是要用两个刀片。在第一个信号后的一小时，如果希特勒不想玩穿衣服的游戏，他的侍从就会敲敲房门说："早上好，我的元首，时间到了！"

早餐包括牛奶、甜面包干、薄荷茶或甘菊茶，有时是一个苹果加奶酪。（1944年以后，他在早餐食谱中增加了巧克力。）如果在家用餐，还包括蔬菜汤，午餐通常在两三点或四点吃。他经常在皇家花园（Hofgarten）的黑克咖啡屋或"奥斯泰里亚-巴伐利亚"吃午餐。当他在外用餐时，午餐通常要持续三到四个小时。下午剩余的时间就是口授演讲稿或做决定，要么去野餐。晚餐一般安排在大约十点，持续到很晚。接下来总是放个没完的电影和漫长的谈话，以至这一天直到次日凌晨三点到六点之间才结束。（在斯大林格勒战役后，他经常都在睡觉前喝上一两杯啤酒以促进睡眠。）

为希特勒服务许多年的新闻副官回忆起他每周都花很多时间乘车进行短途旅行："他不断地寻找借口为了来回走动。到1939年，他已经去过各地了，只是没回过家乡。……他走过的行程总共足有上万公里，并一直让他的副官忙着为他安排私人行程。"[250]

希特勒喜欢设计办公桌，但是他很少使用。在党的总部，一个同事回忆道，"桌子上什么也没有，整个屋子透着一种从来没人使用过的气息。我对希特勒所有的办公室都有着同样的感觉——在他的寓所、褐楼和总理府。我从来没有见到他在伏案工作。办公桌对他来说只是装饰品。'如果你想见到希特勒，必须在三点左右到黑克咖啡屋去，赫斯给我打了电话。'"[251] 奥斯瓦尔德·斯宾格勒（Oswald Spengler），最初被希特勒所吸引，把他当作他生命中不可或缺的一个人，但是不久就放弃幻想，他在临死前告诉一个德国精神病学家："如果希特勒没有被任何别的东西击败，那他就会被这一点击败：他无法真正地进行工作。"[252]

早在1923年，一个亲密战友对希特勒那种奢侈的生活方式和懒散的工作作风感到不安。他写了一封信提醒他，许多党内的老同志都感到，为了汉夫施丹格尔"先生"介绍给他的香槟酒和鱼子酱，他要抛弃工人阶级。作家戈特弗里德·费德尔（Gottfried Feder）继续说道，"我当然不是嫉妒您能摆脱费力的工作，在艺术家和一群美丽女子的陪伴下度过闲暇时光。但是，您迫切地需要在作为那些渴望成为您的追随者的领袖与争取德国自由的运动之间做出平衡。"作者继续抱怨，"我们从来没有见您单独一个人的时候"，并且反复公开表示了对"您分配时间的混乱状况"的不满。[253]

但是希特勒不能或者也不愿破坏他年轻时的习惯。就在他成为总理以后，有了一个短暂的变化，他把他的办公室设在离老陆军元帅冯·兴登堡总统的办公室很近的威廉大街。在兴登堡警惕的目光注视下，他感到——就好像跟自己的父亲在一起——他必须循规蹈矩。他的新闻参赞奥托·迪特里希回忆道，兴登堡活着的时候，希特勒就很准时，甚至在早晨举行内阁会议。但是当"老绅士"一死，他就转变到他在"父亲先生"死后采取的生活方式。"

阿尔倍特·施佩尔对这种肆无忌惮地浪费时间感到震惊。日复一日地不断设计想象中的建筑，成千上万次的野餐和驾车旅行；充满有关戏院、饮食、驯狗以及误读历史这些琐事的愚蠢的夜间独白；每晚放映一两部电影，接着是最出奇乏味的谈话。施佩尔经常每周午夜时分亲自拜访希特勒一两次，并且在最后一部电影演完后，两人就聊起艺术直到凌晨三四点钟。在这样打发了空闲时间后，施佩尔问了一个很敏感的问题："我经常会问自己，他究竟什么时候工作？"[254]

希特勒的情感故事

在所有这些年中，希特勒同女人的关系一直受到他对母亲的爱的影响，他把她的照片挂在所有卧室的床头。他所有重要的恋爱事件都涉及他母亲的替代者，对希特勒来说，她们扮演着克拉拉对于阿道夫·阿洛伊斯的角色。这些女人中的每个人对希特勒来说都那么年轻，类似克拉拉同她丈夫的年龄关系。在每种情形中，希特勒被年轻的女子吸引似乎都是因为她身上有种东西让他想起他的母亲。而在每种情形中，都显现出了被虐待性变态，在他心里，这是他父母关系的特征。

米密·赖特尔

希特勒在少年时代对斯蒂芬妮的替代性的爱恋记忆随着时光流转慢慢消逝。直到1926年希特勒37岁时，都没有可靠的证据表明他对女人有兴趣。然后，在贝希特斯加登的美丽的阿尔卑斯山村居住时，他对在旅馆同一层的一个在母亲服装店里做店员的漂亮的金发女郎产生浓厚兴趣。她叫玛丽亚·

赖特尔，16岁，不过希特勒更喜欢奥地利语的爱称，就叫她米密、米兹或者米策尔。[255]

两个人是在遛狗的时候相遇的。除了都喜欢动物，希特勒喜欢她还有几个理由。她记得他说过，她那双亮闪闪的蓝眼睛使他想起他母亲的眼睛。然后，希特勒马上转移注意力，指出当他母亲突然病故后，他因母亲的去世"深受打击"，而在16岁的时候也就成了孤儿。（实际上，是18岁。）希特勒还发现了一个巧合，米密恰好出生在他母亲葬礼的那个日子。他心里一直想的就是他的母亲。

在很长一段时间里，希特勒都不能鼓起勇气提出约会。最后，他派一个副官去询问她和她的妹妹是否愿意同希特勒及他的朋友一起散步，遭到了米密的拒绝。而另一次她接受的正式邀请也是通过中间人提出的，她参加了希特勒在"德国人旅馆"的演讲。他盼望她听到他的演讲。

米密对他的长篇大论感到极不舒服。她记得他"一直注视我们的桌子，眼睛紧紧盯着我"。当她后来告诉焦虑不安的希特勒，她喜欢他的演讲时，他高兴得忘乎所以，马上像通常叫孩子那样称呼她。然后，他拿起了他的餐叉，开玩笑似的给她喂蛋糕，好像她是个小孩子。突然，他又变得非常严肃，轻声地谈起他母亲的死，并且询问能否带她一起去墓地。

那天晚上，他们一起遛狗。希特勒的那只德国牧羊犬不太听话，于是他就表现出了强硬的男性意识，狠命地抽打那只动物。后来那夜，当她拒绝他晚安亲吻的请求时，他异常恼怒，但把怒火压了下去。他再次表现出了男子气概：挺直身体，僵硬地伸出胳膊敬纳粹礼，然后低沉地说道："嗨，希特勒！"

在他们俩人第二次约会时，他们乘坐希特勒漂亮的大马力奔驰车前行，米密回忆起希特勒同她坐在后座，"一直想用他的手指合上我的眼睛，说我该睡上一觉，做个好梦"。他保证他会细心照看她。（在他轻柔地合上她的目不转睛的双眼后，他就像以前守护他的母亲并给她画素描那样凝视着她吗？）

第三次约会是在墓地。希特勒说了一些米密永远无法忘记，也无法理解的话。当他低头注视母亲的坟墓，他喃喃道："我还不想那样！"然后，他用手紧紧抓住他的马鞭，说："我喜欢您叫我沃尔夫。"

又一次,两个人出去到树林里散步,他们就像"孩子一样顽皮嬉戏"。然后希特勒突然变得非常严肃,把她带到一棵冷杉树下:

> 他让我站到树的前面,把我左右转着。然后后退,提醒我仍要像个艺术家的模特一样保持优雅的站姿。然后他垂下胳膊,沉默地摇摇头,好像有什么是他不能领会的。……"一幅壮丽的画卷!"他惊呼。……他倒退了离我有十步之远。……看着我的腿和脸。他的目光又转向了我背后的树顶。然后他把双臂伸开,示意我过来。"你知道现在你是谁吗?现在你是我的森林仙子[Waldfee]。"

当米密笑着问他这话是什么意思,希特勒严厉地打断了她:"米密,我的孩子,你以后就会更明白的。你千万不要嘲笑我!"接着,他送上了无数的热吻,说:"孩子,此刻我就能把你挤成碎片!"

希特勒同一个年轻女子的恋爱故事几乎无助于他的政治发展,于是1928年他突然与米密断绝了关系。同年,她企图上吊自杀。复原以后,她嫁给了塞费尔德的一个旅馆经营者。

许多年过后,1931年末或者1932年初,希特勒派出一位使者鲁道夫·赫斯,请她来见他。她收拾了包裹,告别了丈夫,然后同希特勒在摄政王广场的寓所度过了一个难忘的夜晚。她后来回忆道,"我听凭他的摆布"。[Ich liess alles mit mir geschehen.]希特勒答应她,如果她做他的情妇,他就满足她所有的要求,但是拒绝了她要结婚的要求。1934年,她再次来到他身边,重温了原来那晚的经历。但是他再次拒绝娶她。自此他们再也没有见过面。玛丽亚和她的第一个丈夫离婚后,在1936年嫁给了一个叫库比希(Kubisch)的党卫军军官。1940年当她的丈夫在战争中阵亡,希特勒还赠送给她100朵玫瑰表示哀悼。

她再也没有收到他的来信,但是她收藏着他的信件和在她生日那天,12月23日,也就是希特勒母亲下葬的日子,希特勒送给她作为生日礼物的腕表。

吉莉·劳巴尔

希特勒经常告诉他的亲信,他真正所爱的,也可能会娶的只有一个女人:她的外甥女,吉莉·劳巴尔。

1929年秋,他搬进了他在慕尼黑的大公寓之后,他就让他同父异母的姐姐安吉拉来做他的女管家,多年以前幼小的她曾是他母亲的替代者。她带着两个女儿来了这里。其中一个也叫安吉拉,但每个人都叫她"吉莉",她引起了希特勒的注意。她比他小好多——就像当初他的母亲和父亲结婚时那么年轻。而就像他自己父母彼此称呼"叔叔"和"侄女"那样,希特勒让吉莉叫他"阿尔菲(Alfi)舅舅";他总是称她为"我的外甥女吉莉"。他欣喜地发现,她和她的母亲一样,有着强烈的宗教信仰,定期去教堂做弥撒。

人们对吉莉的性格特征有着普遍的共识。纳粹青年团的头目和他的妻子非常熟悉吉莉,发现她是一个真挚可爱、"拥有着无法抗拒的魅力"的女孩。希特勒的私人司机说,她是一位"公主……走在街上人们都会回头多看她一眼——尽管在慕尼黑,人们不这么做"。希特勒的亲密伙伴,宫廷摄影师回忆她是一个"迷人的姑娘":

> 她天真自然,没有一丝媚态,只要她一出现就令每个人都很愉快。……吉莉备受她叔叔的尊重,甚至是仰慕。……对他而言,她是完美的年轻女性的化身——美丽、年轻、未被宠坏,快乐又聪明,纯洁得就像上帝塑造出来的。他注视着她,贪婪地盯着她,就像某个女仆戴了一朵珍稀美丽的花朵,并且把她作为他唯一的关爱来珍视和保护。[256]

在一片赞颂之声中,汉夫施丹格尔发出一个不和谐的声音。出于某种原因,他极其鄙视她:

> 她是个毫无头脑的小荡妇,就像一个愚蠢无知、毫无个性、庸俗粗陋的女仆。她非常满足于用各种漂亮的衣服来打扮自己,而且肯定在人面前

掩饰那种印象,她在报答希特勒对她那种扭曲的温情。[257]

每个人包括汉夫施丹格尔都赞同,希特勒彻底被这个女孩迷住了。他变得爱无端嫉妒,而且持续地关注她的一切,管制她的生活,为她挑选衣服和伙伴。他去哪里都带着她。当他跟她在一起时,有位旁观者注意到,他仿佛变成另外一个人,总是显得非常快乐、轻松和温顺;还有人发现,"她令他行动起来就像一个17岁的年轻人"。吉莉对他而言成为——就像曾经的斯蒂芬妮——"他的整个女性理想的化身"。[258]

然而,似乎很清楚,吉莉并没有回报她那出名舅舅的感情。一个细心的观察者承认他对这种关系感到困惑,"这种关系存在着极不寻常的问题,使她无法忍受整个生活"。有人声称曾是她的知己,也证实她极其不快,因为她不可能强迫自己做"他想让我做的事"。[259] 同希特勒一起的生活实际上对她而言变得相当难以忍受,而最终的结果就是在1931年9月18日下午,吉莉用希特勒那把6.35毫米口径的瓦尔特手枪自杀身亡。枪口就在心脏旁边;她慢慢流血而死。

对她所有的朋友而言,她的自杀简直不能理解。吉莉并不是一个郁郁寡欢、容易懊悔或者歇斯底里的人。她是一个迷人的少女。表面看来,她渴望到维也纳旅行,而她的舅舅最终允许她去那里上音乐课。她留在房间的一封短信加深了她死亡的神秘性。它是写给维也纳的一个年轻朋友的,结尾是这样的:

等我来到维也纳——期盼着不久就去——我们将一起驾车到塞梅林,并(un)……

她还没有把und的最后一个字母"d"写完。[260]

吉莉的突然而且显然无法解释的死令当时的人和后来的史学家困惑不已。希特勒在报纸上发表声明,试图消除一些可恶的谣言。《慕尼黑邮报》在1931年9月22日的一版上报道,它收到阿道夫·希特勒的下列声明:"我和我的外甥女在9月18号即星期五吵架并不是事实;我坚决反对我的外甥女去维也纳也不是事实；我的外甥女同维也纳的某人订婚，而我加以制止，那更是胡说八道。"[261]

汉夫施丹格尔宣称，吉莉是在希特勒发现她怀上一个林茨的年轻犹太艺术教师的孩子之后同希特勒发生"激烈的争吵"后开枪自杀的。但是还有一个密友又提出另一种说法。他证实，检查吉莉遗体的内科医生说她死的时候是处女。[262]

其他人暗地里都怀疑吉莉不是自杀而是谋杀，最流行的说法就是海因里希·希姆莱干的——因为某些不可告人的原因——他把吉莉视为他在党内支配地位的威胁。还有人，包括可怕的格雷纳，认为尽管希特勒当时在纽伦堡，但他很可能秘密地潜回慕尼黑的住所，并扣动了扳机。[263]

然而，所有可靠的证据都表明吉莉死于自杀。历史学家必然会怀疑她自杀的原因，然而毫无疑问，不管怎样，希特勒本人还是为这一消息所震惊。他一听到消息，就连忙从前往纽伦堡的政治旅途中赶回，把自己隔离了两天。然后，他和一个亲密战友去了一个党内成员在泰根湖的夏季别墅，在那里，就像在他一生里众多的狂躁时刻一样，他在地板上来回踱步：

> 我站在我房间的窗前，倾听着头顶传来的沉闷而有节奏的脚步声。毫无停歇、永无休止的几个小时过去了，一切仍在继续。黑夜来临，而我依旧能听到他的声音，来回踱步。……它就这样在漫长的夜晚继续着。……
>
> 他又度过了一个夜晚，来回踱步，然后驱车来到维也纳中央公墓，独自在墓前待了三十分钟。[264]

一周以来，他几乎处于彻底崩溃的边缘。他一次又一次地说他必须放弃政治，而他也绝对不会再看别的女人，他的事业毁了，他必须自杀。吉莉对他而言变成了一种个人崇拜。他锁上了她房间的门，不让任何人进来，除了温特（Winter）夫人，她是一个和蔼的仆人，被示意除了放一束新鲜菊花以外不可以动房间里的任何东西。他命人做了一个吉莉的半身塑像，并把她的许多照片做成画像。在他每一间卧室的母亲肖像旁边，他都摆放了一幅吉莉的肖像或半身塑像。在他的侍从中，有一条不成文的规矩，不许人再提到她的名字。而当希特勒自己谈到她时,眼泪就不自觉地涌了上来。多年以后,在纽伦堡审判期间,赫尔曼·格林告诉一个辩护律师,吉莉的死对希特勒造成了极度毁灭性的打击,以致改变了他同所有人的关系。

人们也只是很想知道希特勒反应如此强烈的原因。除了他母亲的死,还没有什么别的单纯的晕这么猛烈地打击过他。希特勒的助理侍从,维利·施奈德回忆起,在吉莉死后的许多年,希特勒都是独自在她的房间度过圣诞平安夜。[265]那就是说,希特勒就像多年前在林茨一样待在慕尼黑的那个死人的房间里。因此,失去吉莉对希特勒的影响之所以如此势不可当,因为在她的死中,他又重新感受到了克拉拉的死。

爱娃·布劳恩

在1930年一天,希特勒漫步到海因里希·霍夫曼的施瓦本照相馆。霍夫曼是个热心的纳粹党徒,1929年加入党,因为在纳粹运动中享有的对整个官方摄影的垄断而迅速暴富。希特勒开始同霍夫曼店里的新雇员爱娃·布劳恩交谈起来,当时她兼做店员和摄影师的模特。希特勒一生中最公开的爱情就这样开始了。

爱娃有种"并非性格上的打扮庸俗的美"。她当然是个迷人的姑娘,不过有点丰满,所以她每天的注意力都集中在她的体形上。她的年龄对希特勒来说似乎很合适:她18岁,比他小23岁。而她美丽的眼睛恰好就是希特勒感到咄咄逼人的那种。一个朋友称之为"精美绝伦的清澈的蓝"——正是克拉拉·希特勒的那种眼睛。

并不是所有人都对爱娃感兴趣。她的雇主就认为她"轻浮、虚荣、愚笨而且毫无逻辑……对这片土地上崛起的强大权力赋予她的关注和赞美有着溢于言表的满意和兴奋"。希特勒的一个内科医生认为她"低级庸俗、傲慢自私",却总是在希特勒面前表现得温顺乖巧。[266]

直到爱娃试图自杀,希特勒才断断续续地表现出对她的兴趣。1932年8月11日,她开枪自杀,子弹射到心脏的上方,就像一年前吉莉·劳巴尔那样。希特勒首先怀疑她假装自杀以博得他的注意。但是,当外科医生普拉特

（Plate）向他证实她实际上差点死掉，希特勒这才对她产生好感；他开始关注她。

他们的关系并不像有时所想象的那么平静。1935年5月爱娃再次试图自杀，这次她吞下了20片安眠药（Vanodorm），最后关头被她的姐姐伊尔莎，一位医药技师救活。[267] 在第二次企图自杀之后，希特勒认真对待她了。他把她安置在他自己寓所的旁边，在1936年重建贝格霍夫以后，他给了她两间与他自己的房间相连的房子。

对希特勒而言，她似乎是个活的玩偶，是他经常形容的女性的体现：天真可爱、楚楚动人、愚蠢无知，令人想要搂抱她。他发现她是野餐和播放电影时一个极易满足的令人轻松愉快的伴侣。尽管完全不懂政治，她还是热心地倾听希特勒的观点，并表示完全赞同。他要她保持在他视野之外，并将她排除在一切政治仪式之外，但是在贝格霍夫她还是担当了一个较为重要的角色。阿尔倍特·施佩尔告诉一位会见者，在那里"希特勒把他的爱娃当成山庄的傀儡。她是那种气氛的一部分，像金丝雀的鸟笼，橡胶树……还有俗气的樱桃木做的时钟"。[268]

经过许多年，希特勒确实逐渐非常喜欢爱娃，并且喜欢在私人信件和贝格霍夫的亲密小圈子里用奥地利温柔的爱称来称呼她。但是，他选择了相当奇怪的词语来表达他的爱——*Tschapperl*，*Hascherl* 和 *Patscherl*。这些措辞都是无性和中性词，很难翻译。然而，对奥地利人和南德人来说，它们的意思和发音似乎不大适合成年爱人。这些词都有一种居高临下的命令式腔调，带点贬低的意味。它们表达了亲密和爱慕，但是又像是母亲对孩子说话的口吻。例如，*Patscherl* 是从儿童游戏"黄油—蛋糕，黄油—蛋糕，面包师傅……"的奥地利同义语得来的。

为什么成年的希特勒认为这些措辞可以恰当地表达对一个女人的爱？难道因为它们引发了潜意识中他至爱的母亲最初喃喃对他说话的记忆？他的一个秘书的评论又支持了这种说法。在战后的一次采访中，她清楚地记得希特勒经常叫着爱娃·布劳恩的爱称催促她吃东西——很像希特勒的母亲劝说她那生病的小男孩："他轻轻拍着她的手，称她'我的 Patscherl'。……他总是催促她吃这吃那，说，'现在，我的 Patscherl，吃一口这个对你有好处。'"[269] 爱娃本人对希特勒的感觉显示在战后发现的一本私人日记和信件中。① 日记属于那种不成熟的猥陋的年轻女人的东西，不过她对希特勒的爱毫无疑问是真诚的。

随着时光的流逝，希特勒越来越感到依恋爱娃。战时他几乎每天晚上都给她打电话，而且还有一封在1944年"炸弹阴谋"后他写给她的信。这封信是在打字机上打出来的，出了不少错，还包括希特勒在35年前给库比切克写信时就用过的笨拙做作的措辞。人们可以断定，尽管对希特勒而言，爱上任何人都是不可能的，但他多少感到了自己对爱娃·布劳恩的真实而温柔的关切：

我亲爱的 *Tschapperl*，

别担心我。我很好，虽然可能有点累。我希望马上回家，然后躺进您的怀抱。我非常渴望休息，但是我对德意志民族的使命位居首位。别忘了我所遇到的危险无法和我们那些前线的战士们相比。感谢您的关爱，也请您代我感谢您可敬的父亲和最慈祥的母亲所给予的问候与美好祝福。请告诉他们，我很自豪有这样的殊荣能拥有来自这样一个显赫家庭的女儿的爱。给您寄去我在不幸的那天穿的军服。毫无疑问，上帝保护了我，这样我们对敌人就无所畏惧了。

发自内心的，您的 A. H

在爆炸之后，他在军营里写了这封信的草稿，然后封了起来。

爱娃的回信是这样的：

---

① 这本日记有两个版本。一个是伪造的。未公开的真的那本收藏在国家档案馆里。这本日记仅记录了从1935年2月6日到5月28日的一段日子，也就是希特勒对爱娃的兴趣上升到爱的时期。爱娃的小姐姐，伊尔莎·弗克-米歇尔斯（Ilse Fucke-Michels），证明了它的真实性。见附录，"关于虚假资料的记录"。

> 我的爱人，
>
> 我几乎发疯了。我充满焦虑，因为我知道您身处危险。尽快回来吧。我感到我快要发疯了。
>
> 这里天气很好，一切都显得那么平静，我几乎感到羞愧［因为享受着这样的宁静］。……您知道我总是告诉您如果您发生了什么事，我也会死。从我们第一次见面，我就向自己发誓，无论您走到哪里，我都会跟随您直到死。您知道我只为您的爱而活。
>
> 您的爱娃

最终，正如我们所见，她飞到了濒临崩溃的柏林，和她深爱的男人死在一起。在希特勒的地下室的那些混乱日子里，尽管其他的人面对死亡表现出不同程度的胆怯、恐慌和故作姿态，但爱娃却镇定自若。在她身上有一种内在的精神力量。甚至那些打心眼里就不喜欢她的人到最后都说"她上升到了足以弥补过去的傲慢和轻佻的高度"。[270]

与其他女人的关系

尽管他不大可能像人们的谣言和猜测所说的与那么多年轻漂亮的女人有过性关系，但希特勒在同吉莉·劳巴尔和爱娃·布劳恩生活的那些年里的确有过许多短暂的亲密关系或一夜情的经历。

一位德国电影导演向美国战略服务处官员证实，在战时晚间，他给希特勒提供了许多迷人的年轻女演员。[271]他曾对著名电影导演莱尼·里芬施塔尔（Leni Riefenstahl）着迷不已，她把1936年柏林奥林匹克运动会拍成电影并执导了1934年的宣传电影《意志的胜利》。里芬施塔尔小姐否认她与元首有超过纯友谊的关系。意大利外交大臣坚信希特勒同一个叫希格里德·冯·拉普斯（Sigrid von Lappus）的女人有过亲密关系，希特勒描述她是一个20岁的长着"美丽而宁静的双眼"的年轻人。[272]美国军事情报局发现了希特勒同两个年轻的慕尼黑女子的亲密关系的证据，她们是阿莱尔（Alel）小姐和豪尔（Haue）小姐。[273]恩斯特·汉夫施丹格尔透露，一天晚上在家中招待希特勒的时候，他叫完出租车回家，却碰到一幕尴尬的场景。希特勒正跪在汉夫施丹格尔美丽的妻子海伦面前。他向她表白爱意，说在她还未出嫁的时候没有遇到她真是可惜，并声称自己是她的"奴仆"。他在柏林对一个捐助人的女儿也跪下作出了同样的宣誓。

根据另一位密友的说法，希特勒同一个已婚的年轻女子，苏济·利普陶尔（Suzi Liptauer）有关系，在一次奇特的相逢后，她试图在慕尼黑一家旅馆自杀。传说劳工阵线领袖的最后一任妻子，英格·莱（Inge Ley）夫人，在同他发生关系后就自杀了。德国电影明星蕾娜特·米勒（Renaté Mueller）据说也是在跟他发生关系后自杀的。[275] 希特勒本人宣称，鲁登道夫将军的夫人对他极其着迷，在她嫁给将军后不久她就恳求元首做她的情人。[276]

毫无疑问，希特勒对雷德斯戴尔勋爵（Redesdale）的女儿，尤尼蒂·瓦尔基里·米特福德（Unity Walkyrie Mitford）小姐产生了兴趣。他经常而且甚至在爱娃·布劳恩面前盛赞她是"完美的德意志女性"。米特福德小姐一直热衷希特勒的思想，并发展为对他个人的极度崇拜。她和后来嫁给英国法西斯主义头目奥斯瓦尔德·莫斯利（Oswald Mosley）的妹妹，经常出没于巴伐利亚旅店，首先就是为了看上一眼她们的英雄，然后在被邀请加入这个群体之后，就坐上好几个小时，兴高采烈地倾听他的"餐具谈话"。

有一次，米特福德小姐令英国大使尼维尔·亨德森（Neville Henderson）大吃一惊，因为她公开用希特勒的举手礼向他致意，并高喊："希特勒万岁！"尼维尔先生当时目瞪口呆，以至他忘记了通常对这样致意的回应：迅速集中注意力，敬一个干脆的英国军礼，然后宣告，"大不列颠统治"（Rule Britannia）！[277] 米特福德小姐的轿车装饰着纳粹党所用的卐字记号和一面英国国旗。她不辞辛苦地驾车通过收养她的祖国，不厌其烦地宣扬着这些旗帜传达的讯息和她名字的象征："在陆地主人和大海的统治者"之间的统一。她说，她甘愿为这种信念和使命而献身。她差点就这么做了。

1939年9月3日，当英国与德国进入战时状态，尤尼蒂·米特福德看到她的生命梦想破灭了。在绝望中，她去了慕尼黑的英国花园，然后冲头部开枪自杀。阿道夫·希特勒派去了最好的内科医师，给在医院的她送来鲜花，握着她的手安慰她,并送给她一幅一直放在她床头柜上的有他亲笔签名的肖像画。在他的命令下,他的私人医生护送她到瑞士,在那里她的身体得到康复。1948年她在英国去世。

希特勒的性生活

在希特勒的一生中没有什么主题比他的性生活更有争议和更值得思索的了。人们一直肯定的说法是,他绝对正常,他是同性恋,他对性根本没兴趣,而他采取的则是一种严重的性变态方式。

那些研究希特勒生活经历的学问精深的学者很希望深入探寻这个问题——不是为了满足淫欲的兴趣,而是因为它具有补充性的历史价值。因为心理分析学家对历史传记做出的贡献就是证明了性观念和性生活在人格发展中具有对整体不可或缺的重要作用。此外,它们还有助于形成一个人的社会思想。正如特奥多尔·赖克(Theodor Reik)所指出的,"无论是谁,只要有机会长期观察和分析人们,他都会产生那种清晰的印象,亲密的性生活一定会对个人的社会态度产生深刻影响。"[279]

我们可能永远都不会知道希特勒性生活的隐秘细节。但是有一件事可以确定:他的那些同伴和未经训练并对心理学不感兴趣的传记作家确信希特勒"在性的各个方面都是正常的"的看法是错误的论断。① 实在有太多的证据可以驳斥这一论断。

自从他幼年经历心灵创伤后,正常的性交对他来说似乎很可怕而且令人厌

---

① 这一观点的支持者包括维尔纳·马泽尔(Hitler, 320, 431–438 and passim)和约翰·托兰(Adolf Hitler, 137, 827, 892–893)。希特勒的秘书和侍从也相信关于性变态的谣言是"完全虚假"的。(Zoller, Privat, 107; and Linge, Revue, 26 December 1955)。爱娃·布劳恩本人明确告诉她的姐姐她同希特勒的性生活"绝对正常"。(Nerin Gun, letter to the editor, Der Spiegel, 11 December 1967)。但是她在学生时代就认识的一个好友却提出不同看法。这个朋友成为赫尔曼·埃塞尔(Hermann Esser)的妻子。据说,她曾向这个朋友充满厌烦地坦白,"就他的性能力而言,我绝对什么也得不到。"(Hanfstaengl interview, April, 1967)。

恶。然而，尽管他非斥性，但同时为之诱惑。他心不在焉的信手涂鸦和素描充满着性的象征运用。《我的奋斗》中也充斥着性幻想。每一个章节都显示出对强奸、卖淫、梅毒和"最令人恶心的"性交感到兴奋的心理。他喜欢观看性的场面。他对施塔克的感性绘画甚为着迷；他有一个色情文学的图书馆；他专为自己播放"蓝色'电影；他还画那种"只有变态的窥淫欲色情者才会画到纸上的画"。[280]

他谈论性所花费的时间进一步显示了这个主题经常萦绕在他脑海中。年轻时候，"堕落"的性生活是他喜欢谈论的主题之一；当上总理以后，他喜欢邀请年轻的女子向他讲述她们的性经历，怂恿她们进行详细描述。在谈话中他自己就长时间情绪激昂地谈论他的历史重要性。几个跟他共度夜晚时光的合唱队女孩都透露除了"那夜希特勒坐在那里自吹自擂……他的伟大和力量"以外，什么都没有发生。[281]

尽管他很喜欢看、听并且谈论性行为，他还是经常小心地避免与同龄女人的身体接触。他喜欢爱抚小女孩，并且允许慈母般的年长妇女抚摩他的头发或者轻拍他的脸颊。然而，年轻的时候，当有人建议他该去学跳舞，他就会恼羞成怒。后来，成为总理后，他拒绝同任何人跳舞，无论是在私人舞会还是在国家典礼上。一次圣诞庆祝当中，当一个女人在槲寄生树下善意地轻吻他一下后，他立即表现出极度惊惧的样子。

他向库比切克坦白说他不能与女人有亲近关系，因为他不想"被感染"，他心里所指的似乎有两种感染。当然，他一想到梅毒就害怕——然而他也深深为之所吸引，正如在他回忆录中涉及这个主题的许多页文字所证明的那样。另一方面，自从幼年的初境经历（primal scene experience）后，他就感到性交是"道德污染"——某种堕落和邪恶的东西。他特别把性交同有条件的投降联系起来。这可能有助于解释为什么他这样强烈地惧怕军事投降，他在许多场合都清楚地谈道："我从来不用的一个词就是**投降**（capitulation）……在我的词汇中根本不存在这个词：**投降**……为了避免**投降**的耻辱，我宁愿去死。"[282]

经过许多年，希特勒想出许多他不能结婚的理由：他的后代可能是低能儿；他只有一个新娘，是他的祖国；他能够娶的人只有一个，那就是吉莉，但是她死了。他还特别指出很久以前的一个救世主就从来没有结婚。有时他还强调保持单身的爱国者的实际政治价值："如果我结婚了，我会失去五百万德国妇女的支持。"妻子会影响他实现自己的使命。或许他从来就没有找到一个女人能够配得上他的天才，或者相反，补充他的成就是毫无意义的；他的一句格言是"男人越伟大，他的妻子就该越渺小。"但是无论他举出多少种理由，结婚以及与妻子性交这种想法本身就不吸引他。

同性恋？

还没有足够的证据可以证明希特勒是一个明显的同性恋这一论断。但是，似乎清楚的是，他具有潜在的同性恋倾向，而且他确实很为这点而苦恼。

例如，他极其担心自己显现女性的特征——实际上，的确是这样的。著名的英国外交官和历史学家哈罗德·尼科尔森（Harold Nicolson），自己就是一个同性恋，他特别关心希特勒身上的女性气质。他在日记中记录了和一个同事的谈话，这个同事告诉他，希特勒"是他见过的最严重女性化的男人，而且有些时候他几乎就是女里女气的"。[283] 1938年9月的一天，一位名叫威廉·L.舍勒的美国新闻记者，在希特勒拜望张伯伦后走出巴特戈德斯贝格（Bad-Godesberg）旅馆时，仔细地观察了他，并在日记中写道："他的走路姿势的确很特别……像贵妇人一样迈着优雅的小碎步。"然而，一个因为个人原因而想了解希特勒的性偏好的德国医生，得出了不同的结论：

> 作为一个同性恋者，我对希特勒的眼睛、讲话和走路姿态很感兴趣。但是我马上感觉到他不是我们当中的人。[284]

熟悉他的人提供的直接证据也不支持他是明显的同性恋的说法。他的室友记忆中的往事或许有些启发性，但也仅此而已。库比切克回忆起1908年2月的一个多雾的清晨，当在维也纳火车站接他时，阿道夫"亲吻致意，并把我带到晚上要过夜的住所"。[285] 库比切克还指出，有几次一些成年的同性恋者想引诱他，但他的朋友"小心谨慎地避免了与这些男人的一切身体接触"，并把同性恋视为他建立帝国后要解决的"社会问题"之一。[286]

希特勒同恩斯特·罗姆和鲁道夫·赫斯关系很密切,这是事实。这两个人都是同性恋者,是希特勒使用亲近的您〔du〕称呼的少有的几个人。但是人们不能就此得出结论,他和他的朋友有共同的性偏好。在兰德斯堡同赫斯在一起的那些岁月里,他同赫斯的关系一定更加亲密。离开监狱的时候,希特勒深为他还在那里受苦的朋友担忧,用奥地利的爱称温和地唤着他的名字:"哎,我的鲁迪,我的赫斯尔(Ach mein Rudi, mein Hesserl),一想到他仍然待在那里,难道不让人震惊吗。"[287] 希特勒的一个侍从,施奈德,对这种关系并没有做出清楚的叙述,但他奇怪地发现,每当希特勒得到一件他喜欢的礼物或画了一幅特别令他满意的建筑草图,他就会跑到赫斯那里——赫斯在同性恋的圈子里叫"安娜小姐"——就像一个小男孩跑到母亲那里炫耀自己的奖品。① 另一个侍从克劳斯也赞同希特勒与赫斯确实有这种亲密关系——但是他所看的也就这么多。[288] 最后,有一个并非确定的有趣事实,希特勒最珍视的财产之一就是一份情书的手稿,路德维希二世写给一个男仆的信。

另有一个证据显示希特勒担心自己有潜在的同性恋倾向并且与之斗争。在他试图否定任何同性恋的倾向与他努力证明他不可能被犹太人的血统污染这两者之间具有非同寻常的相似性。两件事中,他都运用了同样的防御:他通过迫害犹太人来否认自己是犹太人;他借助攻击同性恋者来否定自己是同性恋。他这么做的确有着特殊的意义。

在他掌权之后,他的政府立刻提议反对各种性变态和性犯罪。但是在诉讼中最严厉针对的还是同性恋:诉讼案件的数字从1931—1934年间的3261起上升到1936—1939的30000起。[289] 希特勒把同性恋者和犹太人,以及共产主义者都归为"国家的敌人",并且建立起一支特别党卫队以铲除他们,这也具有启示性。[290] 很显然,他要消灭同性恋的运动并不十分成功,因为1942年2月15日他感到有必要颁布一部法令规定在党卫队内以死刑处罚同性恋者。[291]

---

① 到1941年为止,希特勒改变了他对赫斯的高度评价,正式宣称他精神失常,公开斥责他未经希特勒同意代表他出使英国是叛国行径。

希特勒还表现出对同性恋的恐惧,他强烈抗议说,他无论如何绝对没有女性特征。他坚持说,他既不温柔也不软弱。他完全充满男子气质——坚韧、无情、冷漠、残忍、野蛮。他倾向于按照分离性的固定术语来区分男人和女人(强硬、意志坚韧、有力的男性,对应着软弱、容易动情、毫无能力的女性),这本身就具有启示性。这样的思考反映了在男性和女性气质之间存在一种强烈的冲突和混乱。对他而言,性别差异呈现出来就是夸大了的相互排斥的对立面,与其说是人性的本质特征,不如说是人要扮演的角色。在希特勒的身上——就像在希姆莱的身上一样——想象中坚强的男性力量演变成了虐待狂、谋杀和毁灭。[292]

我们也可以间接探寻希特勒潜在的同性恋问题。我们可以自信地说,希特勒一定有潜在的同性恋倾向,因为他表现出了明显的偏执狂的迹象。这并不意味着所有同性恋都是偏执狂,而是说所有偏执狂都害怕自己是同性恋。弗洛伊德首先注意到同性恋与偏执狂之间的直接联系,他得出结论,偏执狂"是为试图克服一种不适当的强烈同性恋愿望而生发出来的"。[293]一位著名的美国心理学家,罗伯特·P. 耐特(Robert P. Knight),在研究同性恋问题多年之后,断言比起"在一个男性偏执狂身上向来都存在强烈的同性恋冲突"的理论,"没有任何心理分析理论……奠定在更坚实的基础之上,更少受到弗洛伊德的批评者们的攻击"。[294]

在他研究的偏执狂病人中,耐特博士发现了特殊的一致特征,这些在希特勒身上都有表现。他们有一种"特别强烈"的要否定同性恋的需要。与另一男性接触的想法令他们"完全无法忍受"。此外,偏执狂谋求赞同的需要尤其迫切;他对自己的夸大本身就表达了他需要证明自己的重要性。在偏执狂的患者中,便秘的发生率很高。所有的偏执狂都有强壮的肛门器官,但存在秩序和清洁的问题,着迷于纯洁和邪恶、他人的不洁与传染。由肛门产生的施虐狂幻想直接针对父亲,因为他被视为争夺母亲的爱的对手;而热切的被爱冲动主要是来自那种"要抵消并将一种极度的憎恨色情化的强烈需要"的支持。当潜意识中的憎恨这么强烈,试图将它色情化又不能成功,于是个人就变成了施虐狂。

正如珀特所指出的，尽管同性恋的感觉和偏执狂的错觉可能处于痛苦的冲突中，但二者从某种意义上来说是彼此依赖的，是对方的防御物。因此，从某种程度上说，希特勒形成偏执狂的妄想的同时，就对抗了同性恋的情感。只要他迫害或攻击同性恋，他就感到成功地对抗了自己的不被允许的同性恋倾向。

性变态？

希特勒性变态的问题与对他的人格的关注有关。这也是一个相当有争议的问题。许多熟悉他的可靠的人通过观察都肯定他没有变态；后来历史学家根本也不相信这种情况的存在或它的重要性。

1971 年一篇公开发表的文章指出希特勒可能是性变态，这是第一份公开发表的说明，它参考了由瓦尔特·C. 兰格博士和其他的美国心理分析学家和临床心理学家为 1943 年的美国战略服务处提供的一份极有价值的希特勒心理学调查报告。[296] 这份战时报告，后来在 1972 年面世，得出了有关希特勒异常的性生活的下列结论：

> 这是一种通过女人在他身上小便或大便而获得性满足的个人的极端性受虐狂形式。[297]

历史学家对此反应激烈。例如，牛津大学历史学钦定讲座教授认为对希特勒性变态的探讨是可耻的、毫不相关的，而且根本就是非现实的。他充满自信地彻底断言："没有一点证据可以说明这里面的任何一件事。"[298]

很重要的一点是，强调研究心理失常问题的历史学家不得不利用两种截然不同的证据。当然，其中就有那种非常熟悉的，经常被视为"可靠"、客观理性的事实。这种历史事实很重要，因而应该认真地加以评价。但是另一类证据，心理学数据，在涉及洞察力的方面证明可能同样有价值。那些不具备这种专业背景的历史学家会感到，请教心理学专家对于他们解释这些数据很有启发。

至于希特勒的所谓的性变态，传统的直接证据并不完全令人信服。它主要来自原先希特勒的一个密友奥托·施特拉瑟，1943 年 5 月 13 日他在蒙特利尔的一次访谈中告诉 OSS 官员，他从吉莉·劳巴尔本人那里了解到希特勒性变态的事实。他说，不断"追问"关于她同她著名的舅舅的真实关系下，她说：

> 希特勒让她脱掉衣服……他会躺到地板上。然后，她不得不蹲伏在他的脸上，这样他可以在很近的距离观察她，这使得他非常激动。当兴奋达到高潮（顶峰），他就要求她在他身上撒尿，这会带给他性快感。吉莉说整个过程令她极其厌恶而且……这并没有给她带来任何满足感。[299]

人们有充分的理由对奥托·施特拉瑟的任何证词提出疑问。尤其是，人们很可能想知道，为什么吉莉会向他吐露这么隐私的事情。然而，兰格和他的同事指出，其他提供信息的人——没有提到他们的名字——也提供了关于希特勒性变态的类似证词。[300]

早在兰格和他的同事起草报告之前，一位天主教神父就提供了支持他们发现的证据。伯恩哈德·施丹佛尔神父曾帮助过希特勒，在《我的奋斗》出版前帮他校订此书。他肯定 1929 年希特勒曾非常明确地给吉莉写了一封信，信中清楚地提到他的性受虐狂和嗜好粪便的倾向。毫无疑问，吉莉会很反感这封信，不过她没有收到。它落入希特勒的女房东的儿子鲁道夫的手中。然而，希特勒被一个身材像侏儒一样的与众不同的古怪男人从尴尬的政治危难中解救出来。这个人名叫雷斯（J. F. M. Rehse）。多年来，这个不知疲倦的小男人，搜集了许多政治大事的记录，他是施丹佛尔神父的密友和知己。他的房间里堆满了纸箱，装着许多官方法令、图片、政治宣言和成千上万页的剪报，一直堆到天花板那么高。一天，希特勒派党的财务主管，弗兰茨·施瓦茨（Franz X. Schwarz）去雷斯那里，让他从鲁道夫手中买下那封牵连希特勒的信，理由是他的收藏所需。但是，在施丹佛尔的建议下，雷斯看到了借希特勒的窘境赚钱的机会。他要求纳粹党领导人给予他珍爱的收藏以财政支持。希特勒屈服于这种敲诈，拨款支付雷斯的收藏所需，这仍可在纳粹党的档案里找到，现在胡佛研究所和国家档案馆的缩微胶片上有重要记录。

无论如何，这封威胁性的信——大概从来没有经过雷斯的手——是由施丹佛尔神父转交施瓦茨，他再把它交给希特勒。可能就是因为这次帮助，施瓦茨成了希特勒身边较有影响力的人之一，尽管在纳粹党内他显然是个无名之辈。1938年5月2日希特勒让他成为他个人意愿的唯一执行者，进一步显示了对他的信赖。

还有一项证据似乎可以支持施丹佛尔神父关于希特勒性变态的说法。1934年6月，在血腥大屠杀中，希特勒对那些在政治上和他作对的人进行清算。施丹佛尔神父被发现死在慕尼黑附近的赫拉钦（Herlaching）森林里，心脏中了三枪。[301]

统计数字进一步证明了关于希特勒具有极端憎恨女人的性变态心理的观点：在我们可以十分肯定与他有过亲密关系的七个女人中，有六个都自杀或是有这样的真实企图。米密·赖特尔在1928年试图自缢；吉莉·劳巴尔在1931年开枪自杀；爱娃·布劳恩在1932年企图自杀，1935年又再次尝试自杀；英格·莱伊小姐是一位成功的自杀者；蕾娜特·米勒和苏济·利普陶尔也是这样。尤尼蒂·米特福德试图自杀似乎显然出于政治原因的逼迫。

但是，这些零散的证据本身不足以支持希特勒有着性受虐狂和嗜好粪便的性变态特征这一论断。对这个论断同样重要的是另外一个历史事实：他表现出了和这种性变态完全一致的其他行为模式，对此在文学作品中有详细的叙述。[302]

研究这些问题的专家都表示，首先，表现出施虐受虐狂的特征是这样一种性变态的必然条件。实际上，菲利斯·格林（Phyllis Green）已得出结论，这些特征就是"性变态的所有特征"。[303]希特勒的性施虐狂几乎无需进一步提供文字证明。人们普遍缺乏认识的是，从青春期开始，他就表现出深重的失望情绪和自我嫌恶，显露出受虐狂的情感。正如他焦虑的朋友奥古斯特·库比切克所注意到的，他会"折磨他自己"，并且"越来越深地陷入自我批评……和自我谴责中"，直到最终，在母亲葬礼之后，他用他能想出的最可怕的惩罚来伤害自己；他说他要"放弃斯蒂芬妮！"——也就是说，他要放弃他对她的所有幻想。[304]

正如我们在探讨他潜在的同性恋倾向时所注意到的,希特勒表现出一种要使女性和男性特征固定化的倾向,这是对施虐受虐狂者的冲动的弥补。在私人和公开的谈话中,他表现出他的思想在性受虐狂(软弱、屈从)和性虐待狂(残忍、强硬、老练)之间摇摆。他会特别地宣扬"(**优胜劣汰**)优者和强者的胜利并且要求劣者和弱者服从的必要性"。[305]

当谈及希特勒对电影《金刚》的着迷时,一位经验丰富的心理分析学者发现那一情形是希特勒施虐受虐狂心理的明确表达:"对我而言,最令人震惊的形象就是'金刚'。"我们很容易把希特勒解读为大猩猩(残暴强壮的人)(gorilla)——但是他只是部分像它。他同时也是楚楚可怜的无助的金发小女人。他对这个形象如此着迷,因为他渴望变得无助(性受虐狂),被强有力(性施虐狂)的猩猩所压服,而同时大猩猩又力求保护着他。因此,"金刚"是他的施虐受虐狂心理的一种非常有效的表达。[306]

希特勒非常喜欢玩的一个游戏是在他从1数到10的过程中让侍从为他系紧领带的游戏,这种幼稚的游戏在心理学上是一种相当复杂的现象。它涉及许多行为。其中之一就表现在心理分析学家在研究中发现,把绳子套在脖子上玩的游戏——也可能是领带——是一种性冲动和手淫的方式。正如早先提到的,游戏也是一种反常的,进而通过勒杀和窒息造成了更多对死亡的无害恐惧的方式。在这些游戏中,病人经常表现出乱伦的欲望和俄狄浦斯式的负罪感,它可以"通过性受虐狂对死亡的轻拂而得到缓和"。但是出于当前的目的,我们所强调的是希特勒喜欢替代死亡的游戏,这是性受虐狂的根本解决方式。[307]

在希特勒身上已经普遍化的施虐受虐狂冲动直接延伸到了他对妇女的行为。他多年来身上习惯性地带着皮鞭,当然,这是传统的被虐待性变态的象征。希特勒的皮鞭是同母亲的替代形象联系到一起的;他喜欢的三个女人都是慈母类型的。我们还知道他当着年轻女人的面猛烈抽打皮鞭,而这些女人与克拉拉嫁给阿洛伊斯时的年龄一样大。例如,海因里希·霍夫曼的女儿就清晰地记得当她15岁的时候,希特勒碰巧拜访她家。当这个梳着辫子、穿着法兰绒睡衣的小女孩拒绝了他表示晚安的亲吻,他就用鞭子狠命地抽打自己的手。[308] 1926年，他显然是为了给16岁的米密·赖特尔留下深刻印象，于是残忍地鞭打他的狗，让她深为他的野蛮行为而震惊。

另一个小插曲发生在1923年6月贝希特斯加登，当时他呆在莫里茨腾宿公寓那里。公寓主人的夫人比希纳（Büchner），是一位身高6英尺的迷人的金发美女"布伦希尔德"（Brünnehilde）。她高挑挺立，在希特勒眼中充满性感。他不断地在她面前走动，挥舞马鞭抽打自己的大腿，以期能吸引她的注意力。她越忽略他，他就越感到激动。他几乎是自言自语地大声说起他在柏林的一段经历，他说那显示了犹太人的颓废和道德的堕落。他用鞭子抽打着自己，同时喊道："我几乎想象自己就是耶稣基督，来到了上帝的神殿，发现它已被银行家接管。我完全可以想象到，当他抓住一条皮鞭，疯狂驱赶他们时，他的心里是如何想的。"这个故事是迪特里希·埃卡特，希特勒的亲密朋友和仰慕者所讲述的。[309]

因此，尽管希特勒用他的皮鞭折磨他人，他也——根据这个证词和他的私人飞行员的证词——在激动的时刻，鞭打自己，抽打自己的皮靴或大腿。甚至在已停止这种行为之后，他还告诉侍从，他认为皮鞭是他的个人象征。[310]

还有其他证据表明希特勒的性受虐狂的冲动。他喜欢谈论身体惩罚，而且乐于付诸实施。德国电影明星蕾娜特·米勒透露了她曾受邀到总理官邸同希特勒共度一夜。她详细描述了盖世太保折磨受害者的那些老式的办法。后来，在两人脱了衣服以后，希特勒"躺在地板上……谴责自己的卑鄙可耻，把种种罪责加到自己头上，然后采用一种极度痛苦的姿势在那里爬来爬去。这种情景对她来说简直无法忍受，于是她最终同意用脚踢他。这使他异常兴奋；他变得越来越兴奋。"[311]

我们认为，希特勒的施虐受虐狂倾向是与一种嗜粪的性变态倾向相一致的，因为正是在其中性受虐和性施虐保持了统一。通过让年轻的小姐在他头上大便或小便，希特勒令他自己和他人都降格了。在这种行动中，他可以同他的受害者合为一体，"他们就成为［他自己的］堕落的自我的化身，而迫害者攻击受害者时某种程度上是在攻击他自己"。[312]

希特勒对肛门的固恋，以及对粪便、污物和尿（见第148页等）的特殊兴趣是和这种性变态一致的。性快感可以因受到直肠黏膜的刺激和保留或排掉粪便的刺激而获得。我们知道希特勒喜欢给自己灌肠；他的性行为很可能类似于那些有着肛门嗜好的病人，奥托·费尼切尔就表示，"在别人身上排便或是让别人在自己身上小便"令人产生快感。[313] "下水道，排水沟的污水"，似乎是他对尿的委婉说法，希特勒显然喜欢得到妇女的反应。例如，当他告诉她们，她们的唇膏是由"巴黎的**废水**"制造的，连他的秘书也不免震惊。[314] 为了弥补对粪便和污物的迷恋，正如我们已经提到的，希特勒进行了最细致彻底的个人清洁。

他通常喜欢谈性，但是令他特别感兴趣的是异化的性行为。库比切克透露，在一封私人信件中，他的朋友"长时间"喋喋不休地谈着着"堕落的［性］习俗"。[315]

他运用了同样的心理防御对付性变态，即他对潜在的同性恋倾向和对犹太人特征（jewishness）的恐惧所采用的防御方式：否认、投射和惩罚。这里指出两个投射的例子。在一个特别明显的词语转折处，他指责犹太新闻界和文学界"在人类面前泼脏水"。而他在看到描述各种异化的性行为照片时，他的直接反应值得一提。他说其中的男人都不可能是德意志人：**他们肯定有犹太血统**。

1942年5月22日的一次"餐桌谈话"中，他特别强调抨击性变态者的严重性，坚持说他们是社会和"公共道德"（public decency）的威胁，应该把他们交给盖世太保，严加惩处：

> 经验表明性反常的罪犯一般都可能转变成杀人狂；无论他们多年轻，一定要保证他们不对社会造成危害。因而我总是赞成尽可能采取最严厉的惩罚来对付这些反社会的因素。[317]

希特勒人格的其他方面也与我们所知的关于性变态的精神病理学的说法相吻合。我们在他身上发现的幼稚症是性变态的一种必需因素。因为，正如弗洛伊德最先注意到的，反常的性行为，只不过是幼稚的性行为扩大并分离成它的各个部分。就像在希特勒身上，当性变态涉及回归到肛门期，"幼稚症"就清晰地表现出来。[318] 著名儿童心理分析学家菲莉斯·格里纳克提出，希特勒对于他的初景和痛苦的记忆显然是成年性变态的先决条件。"如果我要尝试一个描述性变态发展的规则，"她写道，基本的根据就在于一种反常的母子关系，"特别是围绕着生殖器的那［一种］。这种关系的意义非同寻常……当阉割焦虑特别强烈的时候。"[319]

心理分析学家显示，性变态男孩的母亲们都曾经过度苛刻地对他们进行排便训练。正如我们已经提到的，克拉拉·希特勒在里昂丁和林茨闻名远近，因为她的房间一直是"镇里最整洁的房间"，并且把孩子们收拾得"非常干净"。一个美国分析学家指述的一个性变态的例子中，病人表现出与他母亲的认同：他显露出一种"亲切地怂恿他的爱人在他面前小便的欲望"。他扮演着过去在他幼年时常常把他放在房间便盆上的母亲的角色，这一点很有意思，而且这种关联具有很大的启示性。[320]

在奥托·费尼切尔有关心理分析理论的权威著作里关于性变态的章节中，他列出了三种基本的特征：性变态的病人呈现出幼稚倾向；他们有着不一致的俄狄浦斯情结；而且都表现出阉割焦虑。费尼切尔甚至下结论："**阉割焦虑**（和作为阉割焦虑衍生物的罪恶感）一定是决定性因素。"[321] 我们可能已经多次提到阿道夫·希特勒一生对阉割的关注。

如果临床著作所断言的俄狄浦斯问题、施虐受虐狂、幼稚症和阉割焦虑都是性变态的标志这一说法是正确的，那么希特勒当然具备所有的主要症状。但是阿道夫的症状如此强烈，以及描述的那种性变态之所以在心理学上是对追溯到幼年的性功能问题的一种恰当反应，还有一个更重要的特殊原因，那就是单睾丸症和初境创伤的结合给阿道夫·希特勒的一生带来了对生殖器性交的恐惧和憎恨。他视之为一定要避免的危险、邪恶、堕落的东西。他可能通过许多异常的方式将自己的性能力转移从而避免生殖器的性交。[322]

就像对本书提到的其他问题一样，我们不能绝对肯定希特勒有这里描述的性变态问题。我们必须承认拒绝这一假设的传统史学家在这一点上是正确的，因为传统史学家能够找到证据支持他们关于他的性行为正常的说法。但是那一结论也建立在不很可靠的片断证据上，而且与心理学的数据并不相符。

简言之，我们推断，阿道夫·希特勒有时特意让年轻女子在他头上大小便。我们确信他存在这种性变态，并不是因为传统的证据完全令人信服，而是因为它得到心理学证据的支持。我们所知的希特勒在私人生活与公共行为中的表现都符合这种变态的特征。这是一种庄严道德的公众形象背后的丑陋一面的灰暗表达，它彰显了那种为惩罚和羞辱而辩护的堕落、负罪的自我。我们在最后一章将要表明，这种个人惩罚的强烈冲动将要产生严重的历史后果。

因此，童年的痼疾在他的成年又突然降临。现在让我们离开个人，深入到广阔的历史图景，即有助于他掌权的背景。因为历史上任何领导人都只能在顺应他的个性、天时、地利的力量辅助下达到政治目标。没有人或者民族能够逃脱历史。脱离了历史，什么都无法理解。

在德国朝着1933年阿道夫·希特勒关键性的出现而行进的历史当中，我们很想知道，他在过去是如何使别人服从他的目的的；这个存在严重的心理缺陷而又精神错乱的人在这个时代又是如何成为一种政治财富的。

第四章 以史为序：希特勒与历史

历史是现实的开端。

——威廉·莎士比亚

精确的学术成果能够揭露从路德到现在促使一个文明走向疯狂的全部罪行。

——W. H. 奥登

我认为历史学家既不应为历史寻找借口，也不应谴责历史。他们的任务应该是解释历史。

——A. J. P. 泰勒

没有历史学家能指望"披露全部罪行"——因为他无法非常公正地看待历史，所以当他开始发掘德国历史的工作时，必然要产生不适感。因为在某种程度上，他预先知道他要寻找的东西；而且无论他如何谨慎地进行学术发掘，他仍会意识到：史实是可以挑选的。大量丰富的领域不可避免会被忽视。

本书也不例外。关于1933年之前的德国历史的评论显然没有公正地揭示历史的复杂全貌，因为它仅集中在某些发展的方面，这些发展有助于解释一个极具天赋的文明民族是如何接受阿道夫·希特勒为他们的领袖，并且追随他走向毁灭的。德国人这样做在一定程度上是因为希特勒以某种巧妙的方式，将他自己的政治和社会自相残杀的运动同德国历史上某种有害的趋势联系在一起。这种结合创造了一个体系，而这一体系将一种文明带入了疯狂的境地。

也许有人会抗议：为了阐明现在的问题，这一章里所采用的有选择性的历史著述"利用"了历史。从某种意义上讲，的确如此。但是现实总是与历史相关联的：历史塑造现实，而现实可以测定历史或至少决定我们对历史的理解。因为我们对历史的观念很大程度上受到我们从其中获取之物的影响。如果我们希望找到事情之所以如此发生的原因，找寻现实问题的解决方案，我们就要查找过去的经验——无论我们是躺在沙发上分析，还是坐在图书馆里研究，抑或是去参加"星期一清晨研讨会"（Monday Morning Quarterbacks）。通过这种做法，我们就从历史的特定时刻选择了我们需要的东西，即"利用"了历史。

我们还以另一种方式"利用"历史。既然我们预先知道了事情是怎样发生的，我们可以宣布哪些趋势和运动是具有"历史性的重要意义"。在某种程度上，当我们强调这些发展而忽视另外一些很可能对当时的人们来说也是同样重要的发展时，我们就歪曲了他们生活时代的本来面目。伟大的英国历史学家梅特兰（Maitland）清楚地阐明了这一点："人们很难记住这一点：发生在过去的事也曾一度是非常遥远的未来。"这句话看似愚蠢，实则意义精妙而深远。

我们这些后来的人，不但是事前清楚，而且是事后孔明，其实在描写历史时受到了原有先见的影响。例如，著有关于18世纪法国社会结构和政治制度的书的现代历史学家认识到：18世纪末发生了一场伟大的社会和政治剧变。如果接下来的发展情况完全不同，他们会以一种迥然不同的方式描绘此前的几十年：如果路易十六接受忠告，如果玛丽·安托瓦内特（Marie Antoinette）有着截然不同的个人习惯，如果税收体系能够更好地运作。……但是这些事情都没有发生，而法国大革命爆发了——大革命既塑造了法国的未来也形成了我们对此前法国历史的看法。同样，那些研究19世纪俄国社会思想的聪明的史学家们也清楚1917年发生的一切。他们的历史著述显示了这一点。如果列宁没有被准许在那年4月到芬兰火车站，或者他从涅瓦河的冰窟窿中掉下去——他真的差一点掉下去——或者如果克伦斯基能够在夏秋两季巩固俄国共和国的政权，那本名为《俄国自由传统的源泉》的教科书也许就会取代《19世纪俄国革命思想》，分发给大学生。

随着事态的进展，希特勒的口述帮助构成了这一章的内容。他本来很容易丧失那个机会。如果魏玛共和国非常成功，而且如果这个维也纳的流浪汉在试图推翻魏玛共和国垮败后，在1924年被永远驱逐到奥地利（如同法律明确要求的那样），对德国历史上那些重要趋势的讨论也许将会完全变样。讨论将会集中在人道和自由的传统。这些传统为德国第一个成功的民主实验做出了非常积极的贡献。但是事情并不是那样发展的。魏玛共和国失败了；希特勒建立起了一个冷酷的但是备受欢迎的独裁政权。而历史将不可避免地被要求解释那是如何成为可能的。

历史充满了解释。事实上，如果知道"未来"发生了什么，一个人可以回顾历史并发现如此之多的解释，并且能够非常自信而令人信服地描述历史，从而极易使自己相信：希特勒的出现是命中注定的。因此人们可以借用一段非常流行的历史著作中的话来得出结论："纳粹主义和第三帝国……只是德国历史进程的合乎逻辑的延续。"[1]

大多数历史学家对这种逻辑表示怀疑。但是他们很可能在另一个方向上走得太远。一位英国历史学家充分地显示了这一点，他认为当德国历史上有一系列事件导致希特勒现象发生的同时，"也有一系列事件并非如此"。[2]也许是这样。然而，我们永远无从得知其他所有事件将会趋向何方。我们知道的是这一确定的事实，即：到1933年，德国历史已经进入希特勒独裁时代。我们回到试图解释这一切是怎样发生的问题上。希特勒既不是历史的必然，即历史发展的不可避免的逻辑结果，也不是一个完全脱离德国历史的偶然事件。

任何一个国家的历史总是在几个不同的层次上被记载。有一种纯粹的历史，在全部内容和细节记载上都是"事实上发生什么"的完整故事。然而只有上帝——或许还有克利俄（Clio）①——才知道这样"完整"的历史。它是人类所无法接近的。有一种保存于精深博学的专论和合作研究中的历史，专业的历史学家倾向于认为这种历史接近于第一种历史。然而，大多数同行认识到，他们拥有的历史知识永远是不完整的，而他们的见识也是有限的。

还有一种在世界上发挥作用最大、影响最大的历史：在相当长的时期内，大多数人认为（believe）发生了什么。这是非常重要的历史，因为信念——不

---

① 克利俄，希腊神话中九位缪斯女神之一，主管历史。——译者注

论是正确或错误——有时比事实更强大，比真理更吸引人，比博学者更有影响力。一部颇有意思的作品《1066年及其他一切》（*1066 and All That*）描述了人们印象深刻的历史。"必读前言"中有一段尤其值得牢记——可能也是正确的："历史并不是你所思考的，**它是你所记忆的**。其他的所有历史都是自欺欺人。"[3]

接下来的是，重点与其说是放在了事实上，不如说是放在了许多德国人对历史的记忆上——这段记忆帮助希特勒走上权力的巅峰。正因为他非常清楚如何利用大家所熟悉的历史来服务于自己的目的。我们的注意力也将集中于思想和行动的**结果**：路德和尼采思想的遗产，而不是他们原来实际的思想和意图；第一次世界大战和大萧条的后果，而不是原因。

第一帝国，800—1806

> 德国通向独裁的道路是漫长、曲折而且出奇的拥挤。
>
> ——弗里茨·斯特恩

对大多数德国人来说，中世纪的历史是一片模糊的微光，一团浪漫的迷雾。**德意志民族神圣罗马帝国**，这一重塑民族信念的短语被学校的学生广为传诵。当然，伏尔泰的问题是正确的："先生，它在哪些方面是神圣的？罗马人？或是帝国？或是民族？"从历史事实看，这些都不是，但是它留下了一个辉煌的记忆，一个恒久的神话和一个对未来的渴望——在将来某时会出现一个德意志民族国家和一个强大的帝国。难以翻译的"帝国"（Reich）一词几个世纪以来对德国人都有着持续的号召力。对浪漫主义者、泛德意志民族主义者，甚至纳粹主义来说，它表达了一个"永恒"的德意志文化（德意志民族特性）的主题。

"帝国"不仅是一个德国知识分子喜欢的字眼，也进入了大众文化领域。一位研究德国历史上神话力量的学者写道：帝国的信仰"通过学校教育和对这一主题反复进行的专题探讨，如此深深扎根于德国人民的思想中，以至于德国人开始凭借习惯性力量将之视为真理"。为了理解它吸引人的魅力，我们必须牢记，起源于凯尔特人语言的这一美妙词语在德国人听来充满着神圣的宗教意味。对天主教徒和新教徒也是同样，"帝国"在他们最熟悉的祈祷里面也是一个受珍视的词语：你的帝国将要到来，你的意志将要实现。(Dein Reich komme, dein Wille geschehe.)……这个词总能使人脑海里浮现出许多神话故事中的浪漫辉煌。"当人们读到这个词时，"一位德国人写道，"他的眼前就会闪现出几个世纪以来令人沉醉的画面。"[4]

希特勒，以他非凡的能力回应着那些神话和德国人民的渴望，他已经打算在1919年写作的《人类不朽的历史》一书中委婉地表达他的意志，并指出，德国人的使命就是建立一个全新的种族纯正的帝国："德意志民族的德意志帝国"，不过1919年的书没有完成。但是他的帝国成为现实，而且以"德意志民族第三帝国"的名称保持了这一古老词汇的韵律。

学校教科书的作者接受神圣罗马帝国的概念时比伏尔泰要严肃多了。例如，1913年一部广为使用的地理学著作宣称"第一帝国"是"俾斯麦和我们的皇帝的第二帝国"的先行者。它列举了第一帝国期间所有"归属德国"的土地，尖锐地指出瑞士、列支敦士登、尼德兰和卢森堡都是由讲德语的人占据，虽然"现在他们几乎全部脱离了他们曾一度归属的旧德意志帝国"。希望在1871年取得阿尔萨斯—洛林和将比利时、荷兰归并入新帝国，都是以它们曾是"旧德意志帝国"的一部分作为理由。[5]

最值得纪念的神圣罗马帝国皇帝并不像其他国家的君主，如英国的威廉一世、亨利二世、爱德华一世或法国的路易九世（IX）和菲利普·奥古斯都一样是立法者或政治家。那个时期最伟大的德意志英雄便是作为十字军战士、骑士和勇士而享有盛誉的皇帝弗里德里希·巴巴罗萨（Friedrich Barbarossa）。那位长生不老的英雄领袖巴巴罗萨的传奇故事被德国人世代传颂。直到现在，仍有这样的传说，说他依旧坐在一个神秘洞穴中的一张巨大的橡木桌边——或大理石桌边？——陷于魔幻的沉睡状态。当德国遇到麻烦，陷入分裂或遭受蔑视时，他的红胡子就不断生长。但是，有一天当他的胡子长得已经能缠绕整个桌子——并且当德国迫切需要他的时候——这位伟大的领袖就会从数世纪的沉睡中苏醒，辉煌地站立起来，建立一个繁荣强大的帝国。一些人说，那个洞穴位于哈茨山脉边缘的屈夫霍伊瑟山；还有人认为洞穴位于贝希特斯加登附近的巴伐利亚地区的阿尔卑斯山中。希特勒选择了第二种说法。

路德的遗产

> 我们历史上最杰出的事件仍是马丁·路德。
>
> ——弗里德里希·尼采

> 与弗里德里希并肩站立的还有伟大的马丁·路德以及理查德·瓦格纳。
>
> ——阿道夫·希特勒

历史巨人马丁·路德主导了以德国改革而著称的那个时代，他的影响持续了几个世纪之久。一般的德国历史倾向于忽视他的理论成就，而把他作为一位国家英雄加以缅怀。路德打破了西方教会的统一，几乎独自创造了德语，他提倡对国家的服从，主张将犹太人从德国领土上驱逐出去。

海因里希称路德是"我们历史上最伟大的德国人"。海涅认为，他具有强烈冲突的人格，他是国人的代表：

> 他是幻想型的神秘主义者，同时又是实干家。他的思想不仅有翅膀而且还有手……他既能像泼妇那样咒骂又能像少女般温顺。经过一天工作获得了严谨的学者殊荣后，他会在晚上吹起长笛，在星空下沉醉于音乐和思索中。他常常像连根拔起橡树的风暴那般狂野，而后又像轻抚紫罗兰的微风一样温柔。他能变得完全被精神性的东西所吸引；……他的座右铭是这样的："不爱美酒、女人和歌曲的人，一辈子都是蠢人。……"他的性格是以最奇特的方式综合了德国人全部的优点和缺点。[6]

几乎没有哪位思想家被如此推崇又被如此诋毁。他被称为纳粹主义的先行者，或是如一本关于战争的书的书名"马丁·路德——希特勒的精神先祖"

所显示的那样。这个书名纯属诽谤。一种精神上的世界将基督教领袖与种族主义煽动家分隔开来。如果路德在世，第三帝国会令他大为震惊；出于高尚的道德精神，路德会谴责希特勒对基督教的反对；他也许会成为第一个被盖世太保杀害的人。然而与此同时，我们也必须承认，这位伟大的宗教改革者无意间为希特勒铺平了道路。首先，最重要的是他自己宣讲的——而且他以后几代的信徒也重复的话——基督徒必须对国家绝对服从，"无论它是正确还是错误的"。路德不仅要求对国家权威的服从，而且要求 Staatsfrömmigkeit（字面上的意思是对国家的虔诚）。他对统治者的尊敬是伴随着他对平民百姓的不信任一道增长的：

> 这个世界的君王是上帝，而百姓是撒旦。上帝有时会借助百姓做出他在其他时候直接通过撒旦做的事，即反叛成为对人民罪孽的惩罚。……我宁愿承受君王做错事带来的痛苦，也不愿选择一个民族正常的反叛。[7]

这种服从国家思想的必然推论就是认为个体没有任何政治权利，仅有政治义务。路德的反犹主义也有着持久的后果。这一点在一本名为《关于犹太人及其谎言》的低劣的小册子中做了清楚的阐述。事实上，直到1971年以前，英语世界一直不知道，这本小册子几个世纪以来在德国广为流传，并被著名的反犹主义者特奥尔多·弗里奇、古多·冯·里斯特和理查德·瓦格纳等写的数十本小册子广泛引用。路德作品集的美国编辑看了这篇文章而产生的困扰是可以理解的。在他们呈现给读者忠实而准确的翻译之前，他们非常惋惜地评论道："无论是路德所使用的粗野语言还是他提出的残酷建议都令人难以置信。'

在希特勒之前的几世纪，路德就确信，犹太人是剥削、奴役诚实的德意志人的恶毒的寄生虫。"当德意志人正辛勤劳作，任汗水打湿他们的脸庞，犹太人却正在狂吃海喝，围坐在火炉旁……放屁并烤梨子（fart and roast pears）①……他们还骗取我们的钱财。"关于如何对付"这一该死的堕落

---

① 英语中表达懒惰的谚语。——译者注

种族"的问题，路德有着具体的想法。后来被希特勒详加执行的路德计划在1543年得到公布：

> 首先，放火烧毁他们的教室或学校。……
>
> 第二，建议把他们的房子铲平并摧毁。……
>
> 第三，建议从犹太人那里没收那些诱导人通奸、撒谎、咒骂和侮辱的犹太人书籍和法典。……
>
> 第四，建议今后禁止犹太拉比布道，违者将被处死或断肢重罚。……
>
> 第五，建议完全取消犹太人拥有的道路安全通行证。……
>
> 第六，建议……剥夺犹太人所有的现金和金银财宝。……
>
> 第七……建议允许任何人向他们身上投掷硫黄和沥青，越多越好……
>
> 如果这还不够，就应像赶疯狗一样将他们驱逐出这块土地。……[8]

1938年9月9日深夜，也就是路德生日那天，希特勒实施了名为"水晶之夜"的反犹行动，放火烧毁了犹太人的教堂和学校。"水晶之夜"是希特勒的第一个反犹计划，是与时代不和谐的事件之一。

就德国未来政治的健康发展而言，路德最大的遗害就是他的"人的两面性"的概念。他认为人有两面性，相应地也就需要两个政府——一个世俗政府，一个精神政府。人既是物质的又是精神的，既有"外在"又有"内在'。外在的人屈服于自然环境和世俗权力。在这个世界上，人永远不会自由。而精神世界的"内在"的人通过信仰能够获得自由、公正并被拯救。政府不应干预信仰世界和内在的人。

在德国，随着这一理论被路德教派的传教士世代相传，并被信奉路德理论的政治家们所实践，这个二元论导致了个人道德和公共道德的分离。基督徒个人在他的私人领域和个人生活中应该祈福，应该博爱、仁慈、宽容和诚实。但是还有一种外在的公共道德：国家，出于"国家的原因"应该变得狡诈、无情、严厉和残酷。只要国家不干预"内在的人"的精神生活，人们就必须服从国家。一位研究抵制希特勒运动的学者论断，这一理论具有使反纳粹暴政的路德教徒放弃反抗的作用。当然，如同天三教徒一样，在德国的新教徒中已有许多反抗法西斯的个人英雄行为。但是，当纳粹党执行那些影响生活中大部分领域的邪恶计划时，路德教派并没有抗议。他们提出的理由是这些行动只影响"外在的人"。而且据说，那是世俗王国（the Secular Kingdom）——这个词再度变为"帝国"——的合法的关注领域。希特勒第三帝国的问题是这个世俗王国宣称极权主义。因而，新教徒以路德的名义倡导对国家的服从，而且发现他们自己根据那种十分怪异的道德立场默许了纳粹党对人类的上千种残暴行径，即：他们认为纳粹的迫害、残暴和屠杀与一个虔诚的基督徒的内在精神生活无关。

作为一名基督教理论家，马丁·路德为西方世界的宗教生活和思想做出了不可磨灭的贡献，而且他的贡献远远超出了人们目前所认可的那些。但是，一位思想深刻的德国人指出，路德留给人们的东西还有另外一样。在希特勒的大屠杀过后，他著书断言，"毫无疑问，路德思想以某种方式影响着德国的政治、精神和社会发展史。而无论怎样的深思熟虑，这种方式也只能说是命中注定的"。[10]

三十年战争和对领袖的呼唤

> 我会唤醒一位德意志英雄。
>
> ——格里美豪森（1669 年）

在三十年战争的灾难中，德国人听到的第一声清晰的呼喊就是对一位新的巴巴罗萨的渴望，他是一位强有力的领袖，他将会拯救处于痛苦和分裂之中的祖国，建立起一个德意志民族的强大帝国。

在那可怕的 30 年中，德意志各诸侯国（the Germanies）一直是来自西班牙、丹麦、法国、法兰德斯和波希米亚的侵略军队厮杀的战场。当 1648 年的《威斯特伐利亚和平条约》签订时，家园被毁，农田荒芜，曾经繁荣的市镇已经完全从地图上消失。死于战争、饥饿、疾病和严寒的人不计其数。事实上，三十年战争中死亡的人数比因黑死病死亡的人数还多。

所有德国人都饱受战争折磨，但是中产阶级遭到最严重的打击。而在荷兰、英国那些较为幸福的土地上，中产阶级正在促进经济发展，推动文化进步，构筑起反对独裁政府的强大政治堡垒。在那些强悍的中产阶级统治之下，尼德兰人繁荣强大起来，弗兰茨·哈尔斯（Franz Hals）①和弗美尔（Vermeer）②的油画呈现了那些中产阶级的安闲生活。17世纪以"其神圣强大[*Hooge Moogende*]而著称的联省三级会议（The Fstates General of the United Province）③广为人知，他们有充分的理由为之骄傲。他们打败了外国侵略者，建立了稳固的代议制政府，缔造出大概是那个世纪里最文明的社会。

英国也在享受她的一段最美好的时光。中产阶级和大地主阶级开始向斯图尔特王朝傲慢的权威挑战，提出建立自由政府的纲领并且取得了和平革命，即"光荣革命"的胜利。克里斯托福·雷恩（Christopher Wren）先生的建筑、牛顿的天才智慧、弥尔顿和约翰·多恩（John Donne）的书信以及哈利法克斯和洛克的政治理论，给这个年代增添了无限光彩。哈利法克斯和洛克的政治理论在那一世纪末指出了建立契约政府的道路，也激励了新大陆的宪法制定者。

越过英吉利海峡和莱茵河，17世纪的政治遗产是完全不同的。④三十年战争使德国中产阶级在政治上几乎无法发挥作用，而各小国君主通过运用不受法

---

① 弗兰茨·哈尔斯（1581或1585—1666），荷兰肖像画家。——译者注
② 弗美尔（1632—1675），17世纪荷兰绘画大师之一。——译者注
③ 16世纪初，尼德兰成为西班牙的属地。16世纪下半叶，北方各省掀起反对西班牙封建统治的资产阶级革命。1579年，北方各省和南方部分成立"乌特勒支同盟"，1581年，由北方各省组成的"三级会议"，宣布废黜西班牙国王腓力二世，正式成立尼德兰联省共和国。联省共和国的范围包括莱茵河、马斯河、斯海尔德河下游及北海沿岸一带，相当于今天荷兰、比利时、卢森堡和法国东北部的一部分。此后尼德兰与西班牙之间进行长期战争。1609年，国王腓力三世同联省共和国缔结十二年停战协定，实际上承认了共和国的独立。——译者注
④ 在那些岁月以及后来的年代里，不少有影响的德国人写下了许多关于个人权利和自然权利的东西，这是事实。但是那些作者，如萨缪尔·普芬道夫（Samuel Pufendorf）、克里斯蒂安·托马西乌斯（Christian Thomasius）和克里斯蒂安·沃尔夫（Christian Wolff）对发展宪政以保护那些权利不感兴趣。事实上，他们认为自由只有通过对国家的服从才能获取，人们要把绝对权力赋予国家。伊曼纽尔·康德不喜欢暴政，但他又蔑视民主。他无法将他对个人自由的关注与他对君权专制主义的效忠统一起来。这样一位非常伟大的哲学家，他的政治思想终结于事实上的"政治麻痹"［详见Leonard Krieger, *The German Idea of Freedom*: *History of a Political Tradition*（Boston），1957，50 – 53，65 – 66，87 – 90，124］。

律约束的专断权力。加上长期执着于分裂性的冲突，建立起独裁政权。

战争助长了人们对一位强有力的领袖的渴望，这位领袖能给受苦受难的国家带来稳定与秩序。汉斯·克里斯托弗·冯·格里美豪森（Hans Christoffel von Grimmelshausen，1622—1676），这位备受欢迎的作家表达了这种强烈的渴望。他的故事和侠盗小说在后来的几个世纪再版了数十次，售出了上千万本。他的小说《女骗子和女流浪者库拉舍》（*Die Landstörzerin Courasche*）激发了贝托尔特·布莱希特（Bertolt Brecht）的《母亲的勇气》（*Mother's Courage*）和杰西·柯辛斯基（Jerzy Kosinski）的《上了漆的鸟》（*Painted Bird*）的创作。他的小说描写的是在中欧地区（"二战"中纳粹占领区）后期的大屠杀和恐怖中，一个小男孩在这一地区的流浪经历与痛苦磨难。

格里美豪森的最著名的作品《痴儿历险记》（1664年），以写实的手法和猥亵的幽默口吻描写了抢劫、强奸、苦难和死亡的场面。作者在童年都曾亲眼目睹这些场面。在这部书中，懵懂无知的英雄辛普利修斯（Simplicius）一直靠这样一个信念支撑，即德国的苦难总有一天会结束。只有出现一位民族领袖，苦难的日子才会结束：

> 我将唤醒一位德意志英雄，他将用他的利剑完成一切任务；他将铲除恶人，庇佑好人。

在这一版的巴巴罗萨式的传奇故事中，格里美豪森对元首神话做出了重要贡献。他的德意志英雄是有着超凡魅力的人，他能使这个世界服从他的意志。"每一个伟大的城市都将在他面前战栗……他将成为世界上最强大的领导者，管辖所有的陆地和海洋。"灾难将会降临到那些拒绝服从这位德意志领袖的人们的头上，"他将除掉（*ausrotten*）"这些人。他将建立起一种天然的社会主义，所有德意志血统的人将生活在一个和谐的共同体（*Gemeinschaft*）内。他的德意志民族的伟大帝国将远远超出德意志人居住的边界，因为他将是一个强大的征服者。中欧和东欧的全部领土将处于他的控制之下。西部的土地也会感受到他的力量："英格兰、瑞士和丹麦的国王拥有德意志血统……他们将成为德意志国家的诸侯，而他们的领土将成为德意志国家的封地。"为了巩固他的广阔领土，这位德意志英雄将会建立起辉煌壮观的首都日耳曼尼亚（Germania），"这个地处德国中心的城市面积比美国的玛挪亚（Manoah）还大，比所罗门时代的耶路撒冷还要富庶"。[11]

一位研究格里美豪森的英国权威在1931年自鸣得意地发现，当德意志共和国正在为生存而斗争时，格里美豪森的神话和他的征服美梦实在令人欣喜。不过，他说："对于其他欧洲国家臣服于德国的想法，人们只能一笑置之。"[12] 只是十年之后，他就会发现那一前景既不荒诞，也不可笑。

普鲁士国王的贡献

> 在弗里德里希·威廉一世和弗里德里希大帝统治的普鲁士王国时期，这两位灵魂人物，一位深谙文化，另一位对文化怀有敌意。
>
> ——弗里德里希·梅内克

在希特勒出现之前的两个世纪中，两位普鲁士国王——父亲和儿子——正在致力于确立社会制度。这给那个奥地利人留下了深刻的记忆，他发现这些对建立他的独裁统治有着无法估量的价值。就他们为希特勒的成功做出的贡献来说，如果这对父子在世，很可能会为之惊骇，但是他们的确为德国提供了一个"秩序良好的警察国家"的早期样本。一位学者对他们的政府的描述可以一字不差地用来形容第三帝国。如同希特勒一样，他们要求对"公共生活和经济生活实施严酷的控制与监督"，与希特勒的第三帝国完全一致的是，"当社会为统治者个人专有时，为了支持这个社会，个人的价值需要不断被贬低"。

弗里德里希·威廉一世（1688—1740）为日后系统确立的军事化社会奠定了基础。他是普鲁士军队的创始人——换句话说，正如米拉波（Mirabeau）①在一句意味深长的评论中所说的那样，"普鲁士不是一个拥有军队的国家，而

---

① 米拉波（1749—1791），法国大革命初期政治活动家。——译者注

是一个拥有国家的军队"。国王所要求的忠诚与元首要求那些在1923年的血旗前对他进行神圣宣誓的人的狂热效忠并无太大差别。1726年的军队规定中阐述的对弗里德里希·威廉的誓言成为一次预演：

> 当一个人面对旗帜宣誓时，他就是在宣布放弃自己，把他的全部以至于生命都交给了君主。……通过这种不顾一切的服从，人们得到的是对战士头衔的肯定和荣誉。

国王的官僚机构在一般历史中记载得并不多，但至少与军队有着同样重要的历史意义。事实上，这两个机构无论在宗旨与形式上都是相互联系的。公务员系统完全像军队那样运作，有同样多如牛毛的纪律，实行绝对的服从和彻底的中央集权。两大机构都是用来消除所有的个人意见和动机，使官员们只服从于国王一人。[14]

国王对属下的私人生活的控制似乎经常是在实践皇家的自我标榜。"上帝负责拯救，其他一切都归我管"。国王强化这一声明的主要工具就是他的那些"穿着国王外衣"的无处不在的国家官员组成的强有力的"军队"。这些官员将他的专制体系推行到国土上的每一个村庄。推行这一工作的还有军队的退伍老兵和小学教师（通常也是退伍军人），他们将"正确的态度"与后来的以"普鲁士美德"而著称的服从、纪律、勤奋和节俭联系在一起，灌输给人们。①

弗里德里希·威廉的影响波及以后的历代德国人。1914年一位权威的历史学家写道，德国"至今仍带有……无法抹去的他的个性印记"。1933年奥斯瓦尔德·斯宾格勒（Oswald Spengler）宣称这位国王是第一个国家社会主义者。纳粹党人把他们父子视为精神先驱，并奉他们为国家社会主义的"良心"。[15]

伟大的弗里德里希二世（1712—1786），对德国历史和希特勒的影响比他

---

① 君主实践了他所宣扬的美德。例如，他在对金钱的申请上写的批注，以及他爱写打油诗和对排泄物的爱好表明了皇帝的节俭。有一次，他指出，他不能随便满足一个请愿者的要求，因为他得养活10万人口。

的父亲还要大。当然在这个奥地利人出现之前，德国历史上没有人得到过这样的赞颂。他就是独一无二的弗里德里希大帝，不仅是"德国的神圣守护神，也是现代历史上最伟大的君王，在德国的瓦尔哈拉殿堂（英烈祠）里，在路德、歌德、康德、贝多芬和俾斯麦的身旁有一席荣耀之地"。从1890年到1914年，纽鲍尔（Neubauer）那本颇受欢迎的教科书《教科书》（Lehrbuch）再版了很多次。该书教导孩子把弗里德里希大帝作为理想中的领袖来崇拜，他是"屹立于人民之上"的完美之人，他是"战争之主、伟大的政治家、哲学家和历史学家，完全将自己奉献给国家的最强有力的典范"。[16]

这个著名的国王的统治继续和强化了他父亲遗留下来的态度和制度。在弗里德里希大帝的领导下，军队和官僚机构在社会中的重要性甚至都不断增强。但是也有显著的不同。与父亲不同的是，儿子酷爱战争。1740年老国王签署了有"普鲁士神圣誓言"的文件，即他的国家不会入侵年轻的玛丽亚·特蕾萨（Maria Theresa）统治的西里西亚省。老国王过世后，弗里德里希大帝便进攻了这一省。他无缘无故地入侵邻国领土所使用的借口很值得阿道夫·希特勒学习：

让那些无知者和嫉妒者去胡言乱语吧；他们从来不能制造出我将操纵的罗盘。……我的目标就是荣耀；我比以往任何时候都热衷于这一点。[17]

这次"入侵西里西亚"导致了七年战争。七年战争给弗里德里希带来了作为一名战场指挥者所有的不朽荣誉。他在罗斯巴赫（Rossbach）、曹恩道夫（Zorndorf）和洛伊滕（Leuthen）的辉煌胜利，被当作杰出将才的范例在世界各个著名军事学院加以研究。拿破仑将洛伊滕之战称为绝对的"经典"，"这一役足以使弗里德里希永垂不朽"。长久以来，大众给予他更多的赞美，把他当作一个无畏的民族英雄加以纪念。虽然他面对的力量比他强大12倍，并且时而被"恶女人"玛丽亚·特蕾萨、俄罗斯的伊丽莎白和蓬巴杜夫人（Madame De Pompadours）① 所

---

① 蓬巴杜夫人(1721—1764)，法王路易十五的情妇（1745年起），颇有权势，是文学和艺术的著名赞助人。——译者注

包围,但他亲身证明,哪怕大半个世界都在反对他,他仍能征服他们。

1945年灰暗的春天,希特勒在防空洞最后的日子,当他坐在弗里德里希的蜡像前,这一记忆支撑着他。他疯狂地阅读德文版的卡莱尔的多卷本传记,希望能得到鼓舞并等到拯救的迹象出现。之后,简直是奇迹,它真的出现了。4月12日,突然传来富兰克林死亡的消息。在柏林,人们喝香槟酒庆祝,希特勒的追随者同元首一道共同庆祝,因为1762年当弗里德里希处于绝境时,女皇伊丽莎白(Tsarina Elizabeth)的暴亡挽救了他。希特勒也希望通过敌人的死亡得救。

除了认同在七年战争受到包围的弗里德里希外,希特勒认为他与这位伟大的普鲁士国王有许多其他的共同点。两个人在孩童时代都有充分理由去尊重和痛恨那曾经伤害、侮辱他们的父亲。① 希特勒还确信,两人的头骨结构和手指形状惊人地相似。他认为,他们两人的眼睛也很相像;1934年他购买了安东·格拉夫(Anton Graff)绘制的弗里德里希身着蓝色军装的肖像画,画面上"那双闪亮的蓝眼睛透出一种令人震撼的明澈"。无论希特勒住在哪里,他都把这幅肖像画带在身边,当作一种特别的护身符。而在他的生命即将终结的时刻,他下令销毁一切带有他的痕迹的东西,除了这幅弗里德里希大帝的肖像画。[18]

他和普鲁士国王还有许多其他的相似之处,他们对犹太人的态度相同;他们都精通政治、音乐和战争的艺术。而且,据希特勒所说,他们的智力也惊人地相似。"一次又一次",希特勒评论道,他非常高兴地发现,他自己的思想"与老弗里茨(Der alte Fritz)的思想发展过程非常相似"。作为一个例子,希特勒指出,他实际也是一个非常宽容的人,他信赖相互容让的坦白思想,而且相信真理最终会获得胜利。在"餐桌谈话"中的一段读起来非常像弗里德里希写的文章的谈话里——甚至更像是J. S. 密尔的《论自由》那本书——这位

---

① 弗里德里希大帝永远不会忘记他童年时代的一件事,那是他父亲对待他的典型方式。弗里德里希·威廉在晚上就寝前,会把他的家庭成员召集起来,让他们亲吻他。一天刚刚被他父亲不公地野蛮鞭打过的小王子在犹豫了一下后,老国王抓住了他的头发,把他扔到地板上,命令他去亲吻国王的靴子。这样一个正处于青春期的年轻人当众被鞭打,又被迫目睹了自己最亲密的好友被他父亲下令斩首。在小王子无法忍受的情况下,他的父亲又使出了更加残酷的做法,命令他从早晨八点到下午两点在被斩首的尸体倒下后一直站在那里,小王子站在那里,凝视尸体数小时之久。

纳粹独裁者评论道：

> 我认为真理是一刻也不能镇压的，真理必将获得最后的胜利！……我预见到有一个绝对宽容的时期。像弗里德里希大帝一样，我只能说应该允许每个人按照自己的方式来挽救自己。

这个建立了历史上范围最大最残酷的秘密警察制度之一的人说道，他同弗里德里希一样不喜欢监视他人。在一次晚间谈话中，他讲述了一个"有趣的小故事"，是关于大帝如何拒绝使用秘密警察去探查臣属的想法。元首断言，他也发现监视他人的想法极其"令人厌恶"（abstossend）。不过，希特勒将自己与弗里德里希做比较，不仅仅是在夸耀他自己。在一次闲谈中，他评论"弗里德里希大帝和伏尔泰在无忧宫（Sans Souci）的谈话如此之高明，以至于让人为今天谈话的浅薄而感到羞愧"。（任何一位经历了希特勒的"餐桌谈话"的人都不得不同意他的看法。）希特勒也间接暗示了弗里德里希更是一位伟大的军事指挥家。1942年1月28日，在总部狼穴，他评论道：

> 当一个人回忆起弗里德里希大帝面临比他强大几倍的力量时的壮举，他将意识到自己是什么狗屎脑袋。现在我们自己有许多优势！很坦白地说，这难道不是一种耻辱？[19]

1945年希特勒隐藏在柏林的防空洞里，也许回忆起弗里德里希也预见过他的国家的崩溃。1757年当那位普鲁士国王发现自己在七年战争中身陷绝境时，他写道："如果一切皆崩溃，我会平静地将自己埋于废墟之下。"[20]

早期霍亨索伦王朝建立的王权专制产生了高效的政府。事实上，它对这个民族未来政治的健康发展也是有利的。各民族有理由以感激的心情回顾它们在历史中曾有过的糟糕政府。美国人万分感谢乔治三世和北方大地主；法国人对路易十六的错误判断也不胜感激。英王约翰一直庇佑英国人，给了他们大宪章①，詹姆士二世激起了光荣革命，而第一批汉诺威家族的四位乔治（Hanoverian Georges）创立的政府也为英国人做出贡献。有这样的统治者，议会政府不仅成为可能，而且也是绝对的必要。

普鲁士国王给德国历史留下了一笔与众不同的遗产：最好的政府是独裁政府和必须服从掌权者这两个信念。宗教要求对政府的服从，而经验也已经显示家长制政府是好政府——非常好，非常有效率，而且极其公正，以至于既没有革命的需要，也没有政治参与的需要。因而这一切在普鲁士成为事实：路德主义者的宗教宣言成为政治忠诚的表白，并在未来回响："一切都由上级决定。"（Alles kommt von oben herab.）

这是希特勒非常看中的政治遗产。

非帝国的德国，1806—1871

拿破仑与"解放战争"

> 这是德国背离欧洲政治思想主流的时期。
>
> ——哈乔·霍尔本

德国人对占领他们国土，肢解他们的第一帝国的拿破仑，有着各种不同的看法。他们憎恨这个"马背上的启蒙运动"的领导者，他将西方自由平等的观念、宪法、法律法规和其他外来的与德国毫不相干的东西带到了德国。然

---

① **大宪章**（拉丁语：Magna Carta），又称《自由大宪章》，是英国贵族胁迫英王约翰于1215年订立的拉丁文政治性授权文件；但在随后的版本中，大部分对英国王室绝对权力的直接挑战条目被删除；1225年首次成为法律；1297年的英文版本至今仍然是英格兰威尔士的有效法律。**大宪章**是封建贵族用来对抗英国国王（主要是针对当时的约翰）权力的封建权利保障协议。订立大宪章的主因是教皇、英王约翰及封建贵族对王室权力出现意见分歧。大宪章要求王室放弃部分权力，尊重司法过程，接受王权受法律的限制。大宪章是英国建立宪法政治历史过程的开始。——译者注

而，他们也多少有些称颂拿破仑的权力和政府。"只要你愿意，就可以弄响链条，"歌德说，"他对你来说太强大了。"黑格尔称拿破仑是"世界历史上的英雄"。而最有影响力的历史学家约翰内斯·冯·缪勒（Johanners von Müller），称赞拿破仑为"历史上无人可比的英雄"。缪勒在法国受到这位统治者的亲自接见后，欣喜若狂地写道："这是我生命中最值得纪念的一天，他凭着他的天才和平易近人征服了我。"[21]

反抗拿破仑的"解放战争"①，证明了历史神话产生的坚韧精神和力量：在一个民族发展过程中形成的东西——就像在人的成长历程中——不一定如同人们想象的那样真正发生过。德国人相信他们的解放战争是美好的，这和德国大多数受欢迎的历史学家告诉他们的一样。"德国的校长"，海因里希·冯·特赖施克②，所拥有的影响大于任何一位现代历史学家。对于后来的许多代来说，德国学校所教授的历史就是特赖施克的《德国史》。事实上，他的著作受到广泛的欢迎，经常作为德国历史资料被引用。在每所学校和大学的课堂里，都有这样的训导：普鲁士和"北部的德意志血统的民族"，通过反抗拿破仑的辉煌胜利，已经赢得了统一祖国的道义上的权利和历史授权，并按照普鲁士的体制建立起一个新的、富有战斗性的强大的德国。特赖施克在令人难忘的文章（即使文章不太确切）中，这样歌颂普鲁士的强大力量：

> 百姓在不幸和痛苦中，已经重新萌发了对祖国的爱。他们的灵魂被唤醒……他们发出无法抗拒的怒吼，然后轻而易举地打破了旧的**德国的愤怒**（*furia tedesca*），激起这些北方暴徒们疯狂的怒火。……在哈格尔山（Hagelberg），农夫冲进法国步兵密集的方阵，怀着无比的愤怒，默默无声地前进，多么壮观的景象；当步枪噼啪的射击声停止时，那里出现了一座堆得与墙头一样高的尸体堆，脑浆从击破的头颅中慢慢流出来，多么令人震撼的场面。[22]

---

① 1813—1815 年德国人民反对拿破仑统治的战争。——译者注
② 至于特赖施克对德国思想其他方面的影响，见第 272—286 页。

这是德国历史上将被重演的一幕。

德国的浪漫主义

> 国家社会主义融合并转变了……普鲁士主义和浪漫主义。它是它们的非法后裔。
>
> ——汉斯·科恩

粉碎拿破仑军队的胜利，成了浪漫主义产生的前奏。虽然浪漫主义主要是一场文学艺术领域的运动，但是随着它在德国的发展，它必将产生一系列深远的政治影响。汉斯·科恩（Hans Kohn）在他的格言中阐述了其中一种影响。

在人类繁衍的所有活动中，父亲（普鲁士主义）扮演了一个重要的角色。但是只凭他自己是不能生养孩子的。因为普鲁士主义太清醒、杰出、冷僻而不具有广泛的号召力。纳粹主义以激情、渴望和神话——这种浪漫主义母亲所提供的东西——将大众凝聚在一起。根据科恩（还有西格蒙德·弗洛伊德）的观点，她是孩子的孕育和早期发展时期的更为重要的亲人。

在其他表达了德国浪漫主义思想的人中，爱国诗人恩斯特·莫里茨·阿恩特（Ernst Moritz Arndt，1769—1860），被纳粹党接纳，同时又遭到诋毁。① 阿恩特阐述了诗歌对于产生和形成一个民族的态度所起的作用，他自诩："让我写下一个国家的诗歌，我不关心谁制定了它的法律。"直到《德意志高于一切》（*Deutschland über Alles*）② 出现为止，阿恩特一直是那个世纪德国最受欢迎的爱国诗歌作者。对于德国人来说，阿恩特的赞美诗《德意志人之歌》（*Das deutsche Vaterland*，1813）成为德国民族主义扩张的动力。它提出并回答了一个关于祖国的反问，主张在所有说德语的人们被统一到一个繁荣、崭新的德意志帝国之前，德国人决不能满足：

---

① 最有影响的浪漫主义者是理查德·瓦格纳，他对阿道夫·希特勒有着特别重要的影响。他对希特勒的生活和思想的影响在前面已经讨论过，见第二章，第103—113页。

② 这首诗歌由诗人奥古斯特·海因里希·霍夫曼·冯·弗勒塞本（August Heinrich Hoffmann von Fallersleben，1798—1844），创作于1841年。1890年，德国皇帝威廉二世将其选定为德国国歌歌词。第三帝国期间，这首诗歌也成为纳粹德国的国歌歌词。——译者注

> 德意志人的祖国是什么?
>
> 是普鲁士,还是斯瓦比亚式的?
>
> 莱茵河的葡萄在何处缀满枝头,
>
> 波罗的海的海鸥在何处振翅飞翔?
>
> 啊!不!不!不!
>
> 他的祖国必须成长壮大!

阿恩特和他以后的浪漫主义者要求一种不同寻常的新的民族主义形式。英国、法国和俄国的民族主义者都强调他们国家的政治、文化和宗教优势超过其他国家;阿恩特主张种族意义上的民族主义。他所用的非常特殊的术语"人种纯洁""私生子"和"杂种"将在德国反复出现。例如,阿恩特坚信,在希特勒出生前的一个半世纪里,"德意志人没有受到外族的**玷污**,没有变成**杂种**,他们比其他人更好地保持了他们种族根源的纯洁性"。他鼓吹这个种族所担负的救世主的使命:"德意志民族是世界的主人,上帝已经将整个地球给了它作为家……"

阿恩特在纳粹之前就颂扬一个国家的领导者应该是一个将民众与"民族无形的权力"结合起来的神秘权力的化身。同时他赞同希特勒关于战争的积极作用的观点:"战争与反抗,是生命的存在方式——是我的渴望、我的存在、我的上帝,我的君王。"

阿恩特的爱国诗歌被收录在12本诗集中,这些诗歌在帝国、共和国和第三帝国成为德国学校的教材。例如,众多学生读物中就包括接下来的这首诗,在1900—1914年的希特勒少年队中,它是孩子们必须牢记的:

> 我们将用鲜血染红钢铁
>
> 用刽子手的血
>
> 用法国人的血
>
> 噢,快乐的复仇之日![24]

海因里希·威廉·冯·克莱斯特（Heinrich Wilhelm Von Kleist，1777—1811）和其他许多浪漫主义者一样，在对"更高尚的和平"的渴望中与对战争和屠杀带来的狂喜之间痛苦地挣扎。他是那些后来被特赖施克称作"任何种族都引以为自豪的最美的政治诗歌"的作者之一。1809 年的一首诗被命名为"我亲爱的日耳曼尼亚"（*Germania an ihre Kinder*）。母亲德国鼓励她的孩子们要重视对付敌人的态度，在《希特勒的青年时代》中进一步得到明确：

> 给所有的战场、所有的利益染色
> 它们的骨头是白色的
> 那些连乌鸦和狐狸也鄙视的人
> 拿他们喂鱼；
> 用他们的尸体筑起莱茵河的堤坝……

齐声朗诵：
打猎的乐趣在于猎手沿着狼的足迹追踪它！
打死它！在最后审判时，不要求你做任何解释。[25]

克莱斯特关于报复西方的主张不仅在拿破仑战争期间提出，而且在 1918 年德国战败后也反复出现。在魏玛共和国知识发展的过程中，一个惊人的事实是克莱斯特的主张重新复活并流行起来。在这一时期，"克莱斯特奖学金成为一种强烈渴望、民族崇拜与改革运动"。[26] 克莱斯特和阿恩特说的比这里引用的要多得多。而这些他们所强调的东西就长久地被人们记住。

并不是所有的德国浪漫主义者都对征服与屠杀感到高兴。海因里希·海涅（Heinrich Heine，1797—1856）就是其中一位。1834 年在倾听了克莱斯特和阿恩特的"优美的政治诗歌"之后，他发出警告并且宣布一个预言，这个预言在以后大部分时间都几乎准确地得到应验："这些学说已经发展了革命力量，这种力量只是在等待向外扩张并且使世界充满惊恐的那一天。"几个世纪以来，基督的十字架已经使"德国人对战斗的喜爱"逐渐消减，但是海涅推断，如果令人克制的护身符——十字架断裂，那么昔日获胜者的狂野和北方诗人吟唱出的狂暴斗士的激愤不安将会喷涌而出。这种护身符是脆弱的，终有一天它将被可悲地打破。古老的石头神像，将从历史遗忘的废墟中重生，擦去它们脸上的千年灰尘；雷神托尔（Thor）将获得生机，用手中的巨锤砸碎哥特式的大教堂。[27]

那时，几乎没有德国人相信海涅的话。他具有强烈的世界博爱主义思想，尤其是在巴黎的家中。而且他是犹太人。

有一位浪漫主义者，他对后代的影响远远大于他当时的社会，他就是德国民族主义哲学家约翰·戈特利布·费希特（Johann Gottlieb Fichte，1762—1814）。作为德国的爱国主义者，他被人们铭记在心，是因为他那鼓舞人心的《对德意志民族的演讲》（1807—1808）。在里面，他宣称德意志民族是独一无二的、真正的土著民族（Urvolk），并且赞同种族意义上的民族主义：

具有德意志人的特征毫无疑问就意味着是德意志人……所有的德意志人和非德意志人之间的比较都是无意义的、无用的……我们是精选的人。上帝挑选的……拥有通过各种手段和力量去实现我们使命的道义的权利。

费希特不仅在对民族（Volk）崇拜和日耳曼人救世主即将降临的信仰方面做出贡献，而且对国家社会主义思想的贡献也很大。他在1800年出版的颇有影响的著作《完整商业场所》（Der geschlossene Handelsstaat）中，抨击当时西方的自由经济，主张德国应建立一种完全自给自足的由政府控制的经济，并且为了给民族提供"生存空间"而向外扩张。[28]

在所有的浪漫主义者中，最有影响的是神话故事的收集者，著名的雅各布·格林（Jakob Grimm，1785—1863）和威廉·格林（Wilhelm Grimm，1786—1859）两人。他们是杰出的学者和文学家。然而，他们的声望来源于典型的浪漫主义冲动所产生的成就，即想要通过收集德国人民的古老故事和传说，对遥远的过去进行重新挖掘。他们那些民间作品已经产生了巨大的影响。

到1815年，除了路德典籍外，没有任何著作比它的销量更大。在一百五十多年里，德国的孩子们是伴随着这些深深烙印在他们小脑袋里的故事的教训而进入梦乡的。现在的儿童心理学家已经知道席勒是十分正确的："更深层的意义在于我少年时代所知晓的神话故事，而不是在生活中被告知的真理。"[29]

格林童话的第一个教诲是小孩子必须尊重权威并且服从它。它体现在一个令人恐惧的故事"无手女孩"中。在这个故事里，恶魔命令父亲砍下他的小女儿的双手。父亲问女儿是否明白他的尴尬处境：他确实不想砍下她的手，但是权威者已经向他下了命令。女儿孝顺地回答："亲爱的父亲，既然我是你的孩子，那就做你要做的事吧。"于是，她伸出手，让父亲砍下了她的双手。

在那些睡前故事中，有一个最短并且最值得记忆的故事，因为它表明了服从和纪律在家庭中也同样存在，这个故事名叫"任性的孩子"：

> 从前，有一个很任性的孩子（她不听妈妈的话），而是她不做妈妈让她做的任何事情。为此上帝不喜欢她，就让她生病，没有医生能使她病情好转，不久她就死了。当她被放进坟墓，人们开始往她身上撒土时，她的胳膊突然又伸了出来，一直向上伸。当人们把她放进坟墓并重新埋土时，她的胳膊又伸了出来。后来，女儿的母亲被迫进入坟墓，用鞭子抽打孩子的胳膊。这样做以后，胳膊垂了下去，最后孩子终于长眠于地下。[30]

可以肯定，确实是有一些甜美迷人的小故事，但是也有一大部分内容充斥着对肉体和精神进行残酷折磨的古怪神话，令人毛骨悚然。让我们认真思索一下接下来的场面，这是从一打或更多的故事中节取的，并且特别注意它们在孩子心目中产生的影响：一个女王将她自己的孩子煮着吃；一个年轻人被迫与一具尸体睡觉，为了给它保暖；一个国王的女儿被一群大熊撕碎，而王后则被活活烧死；一个邪恶的继母（格林笔下的继母们都是邪恶的）在大桶里装满毒蛇；一个小女孩的舌头和眼睛被挖出来；一个年轻漂亮的女孩被砍成碎块后投入一个装满腐尸的桶里；一个小男孩被剁成块，放到一个盘子里，做成给他父亲吃的布丁；一个继母打算吃掉孩子的肺和肝；一个老女人割掉她美丽的继女的头，用从女孩头上滴的水滴来计时。在"灰姑娘"的版本里，故事并非迪斯尼所描述的那样，而是她的姐姐在没能穿上舞鞋后，被砍掉了脚趾和脚跟，她们的眼睛则被鸽子啄去。我们可以回忆起，汉塞尔和格莱特即将被烧烤和吃掉的命运。[31]

许多代的德国儿童也都从这些故事中学会了赞颂种族的纯洁性，并且不信任犹太人。对于外来者的态度——就像对继母一样——通常都是充满怀疑或憎恨。但是把犹太人作为外来者仇恨是如此的普遍和强烈，以至于格林兄弟认为它是一种"本能的情绪"。在他们的故事中，英雄经常是农夫、骑士和贵族。坏人往往是那些中产阶级商人，特别是犹太人。他是外来者，是非日耳曼文明的产物；他衣着破烂，牙齿发黄，笑容邪恶。他是个喜欢骗取善良无知者的钱财的吝啬鬼，天生的土包子；当他被惩罚时，他是个只会抱怨的懦夫。弄清楚这些睡前故事的内容和教育，就不会奇怪希特勒特别选择一本童话作为对希特勒少年队的年轻孩子们的奖励。

这时期另一位著名的浪漫主义作家，就是德国国民训练团的创立者和1813年的一个自由军团的组织者，弗里德里希·路德维希·雅恩（Friedrich Ludwig Jahn，1778—1852），他被人亲切地称为"体操之父雅恩"（Turn vater Jahn）。作为最早的"民族主义者"之一，他竭力鼓吹民族性（Volkstum）的思想，即在整个历史中形成的一种神秘的种族力量。同时1813年他提倡推出一位国家领袖，"一位伟大的领袖，是由钢铁和烈火打造而成的……整个民族将尊称他为救世主，并且宽恕他所有的过错"。[32]

当然，不要以为浪漫主义是拿破仑时代德国人生活和文学中唯一迅猛发展的潮流。伊曼纽尔·康德（Immanuel Kant，1724—1804），是全世界最富创造力的哲学家之一，他的作品在那个时代广为传诵；歌德（1749—1832）和席勒（1759—1805）通过对人类精神的绝妙表述，给世界文学增添了无限光彩；弗里德里希·施莱尔马赫（Friedrich Schleiermacher，1768—1834）和他的同伴虔信派教徒宣扬人性的崇高；威廉·冯·洪堡（Wilhelm von Humboldt，1767—1835）为公民权利和宪法而进行斗争。但是这些作者中没人能产生像政治浪漫主义者那样的影响。没有人产生那样大的历史性力量，推动德国从自己的人道主义传统中脱离出来，向着侵略好战、种族主义、民族主义、赞颂权力和战争的方向发展，而这恰好与希特勒所提出的政治和社会发展规划相吻合。

1848年：民主选择的失败

> 1848年那一代德国人依靠对浪漫主义的追求来挽救自由。他们退回到了与权力联姻的境地。
>
> ——杰弗里·布戎（Geoffrey Bruun）

德国没能从独裁政治转换到民主政体是希特勒掌权的重要原因之一。在德国历史上，没有一个事件比1848年革命对议会制政府的命运影响更大。正如两句口头禅所讲的那样，它是"决定性的一年"和"德国历史的转折点，在那里德国历史拒绝走回头路"。

打败拿破仑之后，社会处于恢复和复苏时期，贵族们与梅特涅伯爵合作，重新建立旧的政府机构并且镇压民族主义运动。梅特涅的政体需要普鲁士权力机构的支持。他得到了充分的支持，因为普鲁士贵族政府、军队、官僚、军阀和梅特涅一样渴望保存普鲁士的专制主义统治。他们是核心阶层的特殊人物，根本不在意公民自由、议会或者民族统一。特赖施克可能在编造关于普鲁士支持德国民族主义的生动谣言，但是实际上，普鲁士人嘲笑这种想法。他们拘禁或追捕普鲁士改革者，连同那些具有情感政治（Gefühlspolitik）和民族主义思想的人一起流放。

在普鲁士的帮助下，到命运攸关的1848年为止，梅特涅在德国一直极具影响力，而当时的欧洲已被革命风暴所席卷。在法国，二月革命和街巷大屠杀的余波，使得路易·菲利浦国王和他的宰相，历史上臭名昭著的历史学家弗朗索瓦·基佐（François Guizot）逃亡在外。"一旦法国打喷嚏，整个欧洲都要感冒"，于是不良影响蔓延到匈牙利、意大利和德国，甚至在普鲁士和奥地利，旧的制度也突然变得摇摇欲坠。各地的自由主义者，都迫切希望一个美好的新世界能在古代贵族统治的废墟上建立起来。许多德国的爱国志士看到了一个良机，可以将祖国统一成一个伟大的民族国家，致力于实现民主、自由和法治。

一代人的期待、诚意和纯真被年轻的卡尔·舒尔茨（Carl Schurz，1829—1906）表达出来，他自己的一生就是对革命过程的深刻诠释。作为波恩大学的学生，和许多同时代的学生一样，他确立了革命的目标。革命失败后，他被普鲁士统治当局驱逐出境。1850年，他回来营救被监禁的年迈的老师；1852年，再次被驱逐出境，于是他和妻子——连同其他几千名意志消沉的德国自由主义者一起——移居美国。在美国，在遭到自己国家拒绝的情况下，他找到机会将自己的才智贡献于民主政治理想的实践。他成为这个国家最受尊重和著作丰富的公民之一。

但是，1848年，他还是一名德意志大学生，着迷于革命，并且对他的祖国充满期望：

> 所有人都在谈民主……和我的许多朋友一样，我感觉最终德意志人民将被赋予与生俱来的自由权利，德意志祖国将实现统一和强大，现在每一个德意志人的首要任务就是行动，为这个神圣的目标作贡献。我们是庄严的、诚恳的、真挚的。……[33]

这就是1848年的精神——德国历史学家夸张地认为这一年是德国历史上最重要的一年，这是可以理解的。[34]

它确实是具有象征意义的重要一年。在德国历史上，直到现在，这是第一次，也是最后一次，来自德意志各地的代表举行会议，为了在民主基础上建立一个统一的德国而努力。那些有着自由思想的爱国者在1848年的失败，是德国历史上最惨痛的事件，因为他们把建立统一国家的任务留给了那些蔑视人权思想的人。

关于他们失败的原因，已经有12部学术专著对此进行阐释。然而，对于德国的未来而言，自身失败的赤裸裸的事实比原因更重要。类似群体自卑的感受困扰着德国的自由主义者。他们尝试过，但失败了。他们认为中产阶级不可能担当政治领导。在政治方面，通过讨论和议会什么事情都无法完成；只有军事力量可以解决德国问题。这样,在进行了美好的、人们期待已久的"挽救自由的浪漫主义探索之后,他们又回到了与强权结合的道路"。[35]

尤利乌斯·弗勒贝尔(Julius Froebel),一位失望的自由主义者,在1848年失败后,充分地把握了这种情绪,他满怀激情地写道:"德意志民族在原则和教义方面存在缺陷……它需要的是强权、强权、强权!谁给它强权,它就要尊重谁,比它想象得更高的尊重。"19世纪中期德国民主制度的墓志铭,是由一位自由主义者F. T. 费舍尔(F. T. Fischer)撰写的。他追忆起同伴在法兰克福的失败,断言:"自由和统一无法同时到来。必须先进行统一,而且统一只能由一位独裁者实现。……在普鲁士统一德国后,自由便会实现。"[37]

这是1848年的悲剧:相信专制能给德国人民带来统一与自由。

第二帝国,1871—1918

俾斯麦

> 来吧,救世主,如果你已经降生
> 前进吧,我们将跟随你!
> 您,最后一位独裁者,
> 来吧,实现最后的独裁使命!
>
> ——J. G. 费舍尔(J. G. Fischer),1848年

在建立德意志民族的第二帝国的过程中,奥托·冯·俾斯麦(1815—1898)实现了1848年的民主主义者可望而不可即的幻灭的梦想。1862年秋,俾斯麦被普鲁士国王传召到柏林去废除议会的主张,在施政纲领中,他阐明了自己的计划:他预言,德国的统一将不是通过议会而是通过强权与铁血来实现。他不是"最后的独裁者",但是他将强化传统,并且给那位有一天被称颂为救世主的神化的独裁者留下有用的遗产。

普遍的看法是俾斯麦是政治天才的楷模，**现实政治**（*Realpolilitik*）的铁血宰相。事实上，这个形容是适合俾斯麦的，没有人阐述的观点比他更好。俾斯麦的崇拜者亨利·基辛格对他的看法非常恰当：

> 出于神的旨意，而不是感情的相通之处。……感激和信任不会使一个人投奔我方，只有面对恐惧他们才会那样做，如果我们小心谨慎，巧妙地运用它。……政治是胜利者的艺术，是关系的科学。[38]

希特勒喜欢幻想他和俾斯麦十分相像。他发现他们两人都有一双精巧的艺术家的手、蓝色的眼睛，而且他们头盖骨的结构十分相似。经过一系列智力、文化和政治才能的测试，结果是这两位德国的统治者存在巨大的差别。但两人的性格显示出惊人的相似。俾斯麦远不是他的一贯形象所显示的那样情绪稳定。他也是内心深处有着激烈冲突。

这位"铁血宰相"，正如他自己承认的那样，是个爱抱怨的抑郁症患者①，神经高度紧张，经常无法抑制地哭泣。可能有片刻的心灵宽容与关切，接下来内心就充满邪恶的复仇念头。他看不起知识分子，把"教授"当作形容词来用，然而他自己曾经在大学开过关于歌德和莎士比亚的讲座，而且他可以用六种语言写作。他很放纵自己，经常喝几加仑的"黑色天鹅绒"（Black Velvet），一种基尼斯（Guinness）黑啤酒和香槟酒的混合物；他也会约束自己，一年中只是靠吃生的鲱鱼过活。他吹嘘自己的威严仪态（Herrschernatur），但只有在他的私人医生将他紧裹起来的情况下才能入睡，医生握着他的手，"像母亲握着惊慌的孩子"。安抚这位铁血宰相，使他入睡，已经成为晚间的惯例。[39]

阿道夫·希特勒可能有也可能没有觉察出他与俾斯麦的心理状态十分相似；他确实被这个铁血宰相的政治功绩深深打动，并且对他的残酷意志表示钦

---

① 在他的一大串真实的和假想的病里包括痛风、偏头痛、失眠、胆结石、神经痛、腹泻、便秘，而最严重的就是"不良神经体质"（bad nerves）。

佩。他认为俾斯麦在1870年围攻巴黎时下令屠杀法国市民和主张扩大死刑范围等方面是"绝对正确"的。不过,元首还是不禁感到自己在许多方面比他的先辈要优秀。他认为,俾斯麦不能理解天主教;他对奥地利太仁慈了;他在操纵社会主义方面是无能的;他缺乏"真正的精神基础"。总而言之,"俾斯麦没有意识到"经济唯物主义、"对财富的信仰"和犹太银行家的邪恶阴谋的"紧迫危险"。[40]

总之,希特勒表现出慷慨大度,断定两位政治家有许多共同点。在这方面元首是错误的。他们之间存在许多不同之处,其中两方面最明显。与希特勒不同,俾斯麦对发展、变化、成熟具有包容力。他还知道如何加以限制,并认识到政治实际上就是"可能的艺术"。他喜欢引用的歌德的一句话,是希特勒从来也不会理解的,更不要说去实践了:"天才就是节制的艺术。"

俾斯麦在外交政策方面体现了这种艺术。在凭借战争建立一个强大的德国的目标达到以后,他宣布"我们已厌烦"并且运用所有的外交手段维护和平,巩固他的帝国。这样,他建立了他的复杂的同盟体系,他喜欢称之为"和平同盟"。俾斯麦不像希特勒,他知道什么时候退出,就像一位玩扑克牌的高手。

俾斯麦的内政政策也体现了这个统治者的某些特征。在这方面,最突出的是他成功地控制了四个企图质疑他的权力的组织:自由主义者、天主教徒、社会民主党和保守主义者组织。通过组织之间的平衡并满足每个组织的基本需求,他巧妙地把反对者变成了对他的帝国及家长式的独裁统治体系的支持者。自由中产阶级的敌对情绪被狂热的爱国主义所取代,他们为俾斯麦取得的军事胜利和创立统一德国的声明高声欢呼。俾斯麦也对经济改革、稳定货币、工业特许权(减免税)方面作出了承诺,这些使德意志帝国成为欧洲大陆无可匹敌的头号经济强国。在与天主教会和天主教中央党进行了一次不明智的冲突之后,俾斯麦不像希特勒那样,而是像个出色的扑克牌玩家,承认他的错误而巧妙地适时退出,重获天主教对内政外交政策的支持,后来的历史显示,一直以来天主教会对独裁政权的支持都胜过民主制。在1933年,进行了一次具有决定性的投票来决定新首相阿道夫·希特勒是否将被授予独裁的权力,天主教中央党对"授权法案"投了具有决定意义的一票,这个法案为希特勒独裁统治提供了法律基础。这样，在第三帝国，和在第二帝国一样，天主教中央没有明显表现出它对民主制的捍卫。

其他对俾斯麦帝国有影响的反对者是马克思主义的社会民主党人。俾斯麦对他们采取的手段和他已经成功地对自由主义者使用的手段十分相似。他给予他们想得到的东西；他慈悲地杀死他们。在当时的世界上，他通过国会进行最为全面的社会立法。于是，这一自夸的保守党变成了国家社会主义的先锋，从而维持了独裁政府（Obrigkeitsstaat）的家长制传统，这一传统将延伸到第三帝国的国家社会主义中。马克思主义者在帝国各处继续发展其成员，但是他们不再是一个革命政党。他们的语言是马克思的语言，但是他们的行为是爱国者的行为。

在巩固他的帝国当中，俾斯麦还面临着保守的普鲁士特权阶层的反对。为了使他们放心，他保证普鲁士的利益和意志将继续控制这个国家的权力部门——军队、官僚机构、工业、农业、银行和教育系统。他遵守着他的承诺。结果，马克思主义劳动者、天主教中央党和自由中产阶级发生了引人注目的转变。普鲁士保守派第一次成为帝国观念的支持者。民族的爱国主义变得受人尊重。实际上，当时许多形形色色的有影响的组织都认为它很快必将死亡。

俾斯麦留给德国人民的遗产可以从不同的角度评估。的确，在他建立的仁慈政府的体制下，几百万人生活在相对舒适、安全和他们想要的自由环境中，德国工业发展达到了令人瞩目的水平，艺术、文学和科学在和平的环境中繁荣起来。如同这位统治者所宣称的那样，这些日子确实是辉煌的时代。绝大多数德国人都同意《政府与人民的意志》这本书中作者的观点，即他们的国家拥有目前为止现代人设计得最好的政府体制。[41]

然而，公平地说，这种家长式的统治也是付出了代价的。两位敏锐的德国评论家精辟地指出了德国人民的政治损失。历史学家西奥多·蒙森（Theodor Mommsen）认为俾斯麦"打断了这个民族的政治脊梁"。社会学家马克斯·韦伯同意他的观点。他认为，俾斯麦留下了一个缺乏政治教育根基的民族："他教导我们不要相信我们自己的政治智慧。……"[42]俾斯麦应该会老练地微笑着赞同这两位评论家的观点。而他也是那么想的。臣民应该了解到，政治统治的艺术与谋略的学问是如此复杂难懂，因而只有少数伟大的领袖能够精通它们，并且运用它们来管理国家事务。他直接继承了弗里德里希大帝的观点："统治者统治，臣民服从。"这是一句切合希特勒的**领袖原则**的箴言。

德国状况：形成中的影响

> 希特勒和国家社会主义体现了一种长期存在的传统……它们并非不幸的意外事件，不是德国历史进程中不可思议的出轨；正如康拉德·海登所说，它们是"德国状况"。
>
> ——卡尔·迪特里希·布拉赫（Karl Dietrich Bracher）

从 1890 年到 1910 年这 20 年间，是第二帝国的鼎盛时期。一代人在这一时期出生和成长，并将在希特勒通往权力宝座的过程中起到非常重要的作用。对他们的生活构成形成性影响的状况引起了我们的关注。

这一代人曾经被普遍称作"德国状况"（Terman condition）——一种敌视民主政治，并欣然接受国家社会主义的传统。具体讲，它包括对独裁政府的赞颂和对民主政治的贬低；相信犹太人对文明是真正存在的威胁；认可种族意义上的民族主义和以德国使命为名义的侵略扩张；坚持认为"共同体"的主张高于个人的权利；同时高扬军事强权。这种"状况"在德国历史上已经存在很久，但是在第二帝国鼎盛时期变得严峻起来，形成了年轻的阿道夫·希特勒和他那一代人的生活环境。

一种颂扬国家权力和嘲笑议会政治的思想态度对于德国政治传统特别重要。这种态度培养了弗里茨·斯特恩（Fritz Stern）所称的"反自由主义"，并且使它形成对所有政治和社会问题的"一种习惯性反应"。记载于历史当中的独裁统治者个人生动的历史功绩激励着对于这种政府的称颂，如独裁者弗里德里希和俾斯麦。在政府的神圣化方面，政治理论起了推波助澜的作用。[43]

德国的国家理论在两个方面与其他西方国家明显不同。西方思想的一个永恒特征，特别是在英国和美国，是强调中立，不相信政治上的极端。从中世纪的伟大思想家、17 世纪的哈利法克斯，18 世纪的洛克和杰斐逊，到 19、20 世纪政治上的开拓者——无论他们的党派是什么——英国和美国的领袖接受了议会政治，并且公开承认政治中立。与此相反，德国有影响的政治思想家都走向极端——从黑格尔思想中发现的对国家的赞颂，乃至奉若神明，发展为要毁灭一切传统政治组织形式的理论。

德国人在国家的性质和作用方面也存在着显著的不同。对于约翰·洛克、让-雅克·卢梭（Jean-Jacques Rousseau）和托马斯·杰斐逊这样的政治思想家来说，政府是人民确立的，并且是为人民服务的。如果一个特殊方案的实施没有达到契约中的预期效果，人民有权废除这个政府，重新确立新的政府。主宰者是人民，而不是政府。这种思想在以下这些优美而熟悉的谈话中清楚地表达出来：

> 为了保卫这些权利，人民建立了政府……无论何时、何种形式的政府，如果它开始否定这些权利，人民就有权变更它或废除它，并建立一个新政府……在这些原则上……而它们非常有可能对人民的安全与幸福构成影响。

整个19世纪，德国思想家拒绝对西方传统起到普遍和根本影响的民主思想。对他们来说，国家是如此神圣，如此伟大，它不可能仅仅是人的杰作；它一定是自然之中深不可测的力量或不可思议的神的力量创造出来的。因此，亚当·米勒（Adam Müller），这位浪漫主义政治哲学家主张——与洛克和杰斐逊的思想形成明显的对比——"国家不是为了个人的利益建立的"，而是为了它自己的神秘目的。[44]

格奥尔格·威廉·弗里德里希·黑格尔

19世纪德国最有影响力的政治思想家是格奥尔格·威廉·弗里德里希·黑格尔（Georg Wilhelm Friedrich Hegel，1770—1831）。他在19世纪初写作和授课，但是他的影响在第二帝国达到高潮，那时，他的国家哲学变成了所有德国政治思想家的官方信念。黑格尔主义在每个思想领域都占据着重要位置：政治理论、伦理学、哲学、美学、史学。在普鲁士的所有大学里，黑格尔的原理占据哲学、政治经济学的交椅长达几十年之久。[45]

黑格尔的著作深奥难懂，经常是只有专门研究他的学者才能理解。然而，他有一个观点确实是很清楚的：所有机构必须敬畏国家。它不仅仅是人类的杰作——它还是神的行为。事实上，它是"上帝经由历史的运动"，是"上帝的制度化"。在黑格尔的特殊表达，即黑格尔辩证法中，国家是更高级的**综合体**，它是从**命题**与**非命题**的冲突中演化而来的。国家综合了个人的意志和集体的意志、权力和公正；它将道义权利与物质力量、自由和权威相结合。事实上，据黑格尔所说，自由只能完全存在于一个民族国家，并且只有在这个国家的道义目的达到后才能实现："国家是理性与灵魂的真实化身。只有在它里面……个人才能够拥有真理，感受真实的生存和民族的身份。"

国家不是通往终极的手段，像洛克与杰斐逊认识的那样；相反，它有自己的道德目标。这个目标的真正本质是什么，想从黑格尔那里得出结论是十分困难的，因为他的神秘主义思想导致了神秘化：

> 国家是道德思想的现实——显露的道德精神将会彰显丰富而充实的自身，它思考并了解自身，同时在它所知的范围内实现它所知晓的东西。

正如拉尔夫·达伦多特（Ralf Dahrendort）所提出的，所有这一切究竟意味着什么，这里所说的意思是什么？国家是谁，是什么？它很难讲明白的，因为国家超出了理解的范围，因此也就超出了理性的评判范畴。从这一点出发，不久黑格尔派哲学家就得出结论："国家是不会做错事的。"[46]

黑格尔对"共同体"的强调，体现出他深深地受惠于政治浪漫主义者。一旦脱离国家，民众就丧失了道德意义和政治形式。直到进入"国家共同体"之前，他们还是一群乌合之众。

黑格尔的风格和他对国家的强烈崇拜，在他自己的话里有着最好的表达：

国家是上帝神圣的意志……因此国家知道它想要什么，知道它的大部分想法，因此就按照自己的意图行事……

所以人民应该把国家当作人世间的神（irdischgöttliches）来敬畏，而且如果说感觉很难了解自然界，那么把握国家就更加困难了。

黑格尔反复坚持申明国家是不可知的，人们根本不该试图了解它，他们只应该服从它的指挥：

人是国家的一部分，他们不知道它想要什么。因为进行深层次的了解和观察不是人的工作……为了国家的革新而牺牲自己是……**一种普遍的责任**。[47]

对黑格尔来说，人民（Volk）则比国家（State）更重要，因为人民是他的历史辩证法的主要代表，或者说个人的自由是与国家权威相妥协的。

黑格尔不信任议会，"它是无能和无知的"，他相信的是伟人。他关于伟人的看法在以后的许多年中经常被提起，直到它在"领袖原则"中达到最终的堕落和悲惨的顶点。"在公众的看法中，谎言与真理被包容在一起，而伟人的任务就是去发现真理。说出并且实现他那个时代的愿望和要求的人就是那个时代的伟人。他认识到了他那个时代的内在本质，然而如果他不知道如何轻视公众的意见……那么他将来绝不可能成就任何伟大的事情。"[48]

像其他每一位尽责的德国哲学家一样，黑格尔也会惊骇于希特勒残暴的独裁统治。而他的"世界历史的领导者""世界精神的化身""世界的灵魂"（他是这样称呼拿破仑的）的思想帮助德国建立了一种崇拜政治英雄的传统，这与希特勒的元首观念是一致的。

研究黑格尔思想最具影响力的大众作家是历史学家海因里希·特赖施克，他也宣扬"俾斯麦的现实政治的思想基础"。在柏林大学，已经耳聋的特赖施克一次又一次在他颇受欢迎的演讲中对着狂热的学生们吼道：

> 强权，不管是对内对外，是国家的真正实质……
>
> 既然国家就是强权，那么它显而易见地能够在它的领域之内控制所有人的活动……实际上国家能够保护所有人的生命……国家的职能不受限制。[49]

特赖施克背离了他早期信奉的自由主义，转而赞颂俾斯麦的强权政治（Machtpolitik）。"自由主义，"他认为"仅仅是社会利己主义的化身"；现在他相信"伟人的神秘力量"。在论证国家应该控制一个民族生活的方方面面之后，他补充道："除了服从命令之外，不要提出意见……服从是国家的根本要求；它主张应在默许之上行事；它的真实本质就是实现它的意志。"[50]

阿道夫·希特勒基本上无须对这个服从的思想进行任何扩展。

弗里德里希·里斯特

在德国，经济理论与政治思想和历史实践一样，承认国家对经济的控制，因此，为希特勒的国家社会主义提供了重要先例。弗里德里希·里斯特（Friedrich List，1789—1846），19世纪无人能比的最有影响力的德国经济学家，激烈地直接抨击史密斯的《国家的财富》，而史密斯的自由放任（laissez-faire）的个体主义理论在英语国家却被接受为正统学说。

里斯特在他的一本颇具影响的书《国家的政治经济体系》（Das nationcle System der politischen Oekonemie）当中，支持国家介入和控制经济。这本书于1841年第一次出版，它对德国的重要性相当于史密斯无所不在的经典著作对英美国家的影响。到1890年，它已经再版了12次，并且已经成为数以千计的著作与文章的主旨。

对于史密斯所有的观点，里斯特都表示质疑。史密斯是一位信奉自由主义的世界主义者，而里斯特坚信，对朝气蓬勃的德国的发展而言，国际主义思想是非常危险的。针对史密斯强调自由放任主义，里斯特力图探索处于个人主义与国际主义之间的某种东西，并在民族当中发现了它，他认为它比个人或人类更重要。

20世纪德国扩张主义者的语汇中,有两个短语颇为流行:"**向东推进**"(*Drang nach Osten*)和它的推论"**中欧**"(*Mitteleuropa*),这是一种深入纳粹地缘政治学者内心的观念,他们认为谁控制了中欧心脏地区,谁就能控制整个欧洲。这两个短语不是在19、20世纪发明的,也不是里斯特最早使用的——这一思想的某些成分和日耳曼武士们东征使命的历史一样悠久——但是,里斯特的体系包含了这两个观念。他补充了"向西推进"(*Drang nach Western*),声称只要德国不扩张至"越过从莱茵河口到波兰边界的整个海岸,包括荷兰和丹麦",它就没有完成使命。"这种联合的自然结果必定是,这两个国家承认……加入德国国籍……这两个国家在它们的世系和整个国家特性得到尊重的情况下,都归入德国。"所有这些国家必须合并成"一个强大的主体",在这个主体中,德国将通过在大陆上建立一个和平的德意志国家(*Pax Germanica*)来进行控制。[51]

亚当·史密斯主张所有国家间进行自由贸易;里斯特极力主张建立一个全国的关税同盟(*Zollverein*),对这个区域内的德国各邦征收低关税,在内部形成一个高关税的壁垒以保护德国不受来自四周的经济威胁。针对史密斯主张解放殖民地,里斯特要求"额外领土"(*Ergänzungsgebiete*)。当被问到为什么德国要在经济上、政治上控制那么多的国家时,他用一种认为德国的使命是促进世界文明的人惯用的方式回答道:"毫无疑问,上帝是根据德意志民族的本性与特点而选择他们来担负领导世界事务的伟大使命。……"[52]

史密斯和其他许多自由主义者一样,始终坚持认为政府不应侵犯个人权利,并尽可能少地调整社会和政治的秩序。里斯特主张政府不仅要控制经济,还要控制教育、艺术、音乐、文学和文化。他提倡通过"一种君主独裁统治"(*königliche Diktatur*)来实施他的计划。[53]

拉加德与朗贝恩

拉加德和朗贝恩的名字今天不再是家喻户晓,但在帝国鼎盛时期,他们对一代人的思想形成产生了巨大影响。他们凭借自身的才华去污蔑民主，赞颂种族的民族主义，呼吁德国人需要一个强大的元首。[54]

保罗·安东·德·拉加德（Paul Anton de Lagard, 1827—1891）是一个多产的学者①，他被托马斯·曼称作"我们民族的巨人"，与其并列的还有尼采和瓦格纳。拉加德最有影响力的一本神秘主义的超自然著作《德国人作品》（*Deutsche Schriften*）。自从1878年第一版以来，这本书已经再版了几十次，并且被广泛收录。从他的著作中摘选的"充满爱国主义的精彩段落"也出现在邮政明信片上。

拉加德非斥民主和整个自由主义的合理前景。他十分准确地看出它们是议会制政府的重要基础。诸如"民主和文明是相互排斥的"这些声明，成为德国知识分子当中备受欢迎的金玉良言。

拉加德的政治著作的主旨是号召建立一个种族纯洁的**共同体**的新帝国。人民，一旦从犹太人的有毒影响中脱离出来，就将经历一个文明和精神上的惊人复苏。他相信只有在一个宣扬强权和神秘的民族主义的新信仰的领袖出现后，这个帝国才能建立。拉加德毫无保留地表达出对领袖的渴望，"他能够感知民族的意志……预见它的需求——或者更好地——通过某些神圣的直觉，引导民族的需求。……只有……一位伟人的强烈意志才可以帮助我们……既不是议会或法则，也不是缺乏动力的个人野心"。随着他对俾斯麦的德国失望的加剧，他便更加强烈地渴望一个新的巴巴罗萨的出现，"一位完全代表民众的领袖，民众将团结在他的周围，而他的命令正是他们的意志"。1878年的第一次书写的声明是对希特勒关于元首和民众的关系理论的精确描述。[55]

根据一部普及的德国百科全书记载，尤利乌斯·朗贝恩（Julius Langbehn, 1851—1907）。因1890年初版的著作《教育家伦勃朗》（*Rembrandt as Erzieher*）而产生深远的影响。

---

① 在他创作的十年当中，其他的作品如下：25本关于哲学的著作，22本关于希伯来人的作品，3本关于拉丁文的作品，6本关于阿拉伯文化的作品，9本关于古代叙利亚语的作品，2本关于波斯人的作品，5本关于科普特人与埃及语言的作品。他的其他兴趣包括从尖锐的反犹主义到烈性苹果酒的起源，从对路易·菲利浦政府的批评到数学概念x。

他的确造成了深刻影响。他的著作惊人的流行是令人迷惑的,因为它的文字单调而且命题荒诞。设想一下,通过一种朦胧的思考,朗贝恩得出了这个古怪的观念,这位具有人道主义思想的荷兰画家是种族意义上的民族主义的根源。① 我们根本不清楚为什么朗贝恩这么有影响。或许,正如弗里茨·斯特恩所指出的,那是因为"混乱和荒诞可以表达不可思议的深度,而不断的重复就可以使读者在疲惫中相信它"。

无论什么原因,这本书卖出了无数册,并且在德国人的思想中留下了深刻的印象。根据19世纪90年代出版业的统计,它在最初的两年中再版了40次。它对第一次世界大战前的青年运动产生了特别大的影响,当时它与尼采的《查拉图斯特拉》(*Zarathustra*)一样流行。销量后来逐渐减少了,但是到20世纪20年代,又开始复苏,当时它成为"德国人生命中一股强大的力量"。

正如我们后面将看到的,朗贝恩尤以他对犹太人极端的痛恨而闻名。同时,他也作为一座桥梁以另一种方式为希特勒做出了贡献。和拉加德一样,他使种族意义上的民族主义在知识分子圈中受到尊重。和许多有影响的德国知识分子一样,他在自己的畅销著作中蔑视政治和嘲笑民主。他坚持认为只有一个独裁者能够将德国从它正挣扎于其间的公民权利的种族污染和文化平庸中拯救出来。他尖锐地指出,"一个全新的巴巴罗萨……一个伟大的人是一个具有艺术家气质的天才的领导者……一个独裁的艺术家,他火一般的精神和有力的翅膀将实现我们先辈对于胜利的渴求。"[56]

弗里德里希·尼采

就在希特勒出生前一年的一天,弗里德里希·尼采(Friedrich Nietzsche, 1844—1900),在他的日记本中草草地写下了一个预言,它将在第三帝国得到实现。"我知道我的命运,"尼采写道,"有一天,我的名字将会同荒谬(*Un-*

---

① 他称伦勃朗是"所有德国画家中最德国化的人",而哈姆雷特是"德国精神最杰出的代表"。见 *Rembrandt als Erzieher* (Luinzig, 1800), 9–44。

geheures）的记忆联系在一起。"[57]

19世纪最辉煌、最有创造性的思想之一被纳粹分子所滥用——他们极大地歪曲了他的思想——这是知识文明史的悲剧之一。人们可能赞同阿尔伯特·加缪（Albert Camus）的观点："我们决不要停止要求弥补对他的不公正做法。"[58]然而，尼采自己也要为这种不公正和帮助创造了一个他本会厌恶的怪物承担重要责任。他被误解是因为他显然很容易被误解。

正如他所说的，尼采的真实意图经常被"隐藏到面具后面"——被歪曲地陈述或借助诗歌中的形象表现出来。然而，他文章中的意图有一部分很显然已经实现。他极其厌恶基督教以及它所代表的一切。在一本名为《反基督者》（The Antichrist）的书中，他自豪地写道："我认为基督教是最大的祸根，是人类内心的堕落。……我认为它是人类永远的污点。……人们在读《新约》时最好戴上手套——人们不得不这么做以避免与如此肮脏的东西接触。……我认为基督教是现时存在的诱惑人心的最致命的谎言。"对他来说，基督教是那些宣称温顺是美德的无能懦夫所采用的一种防御手段。他认为，那是"弱者对强者的复仇方式……奴隶的德行"。谁继承了尼采的世界，谁就不是弱者；它是强权、冷静、坚毅。他不仅诋毁基督教的美德，而且还指责上帝面前人人平等的教义是在散播"毒药"。[59]

尼采对其他许多受西方世界珍视的事物也进行了持续不断的正面攻击。实际上，这个绝顶天才，从西方文明的入口开始对所有思想都进行了前所未有的猛烈攻击。他采用明显的侮辱方式，对那些相信通过宪法和法律的统治能够获得自由的人们进行抨击："已经自由的人……唾弃那种令人蔑视的幸福类型，而这却是健康的店主、基督教徒、母亲、女人、英国人和其他民主党人心目中的榜样。自由的人是战士。"[60]

对于尼采而言，整个民主思想是一场灾难。它显示出愚蠢的观点，即"人人都是平等的"，这意味着"从根本上讲我们都是一样，大家都是利己主义的自私牲畜和暴民"。他指责民主就是承认堕落，因为它使高尚的人变得低贱（Verkleinerung）、平庸（Vermittelmässigung）、价值萎缩（Wert-Ernie dri-gung）。他一遍又一遍地重复"无聊的议会"（Blödsinn）这个词。[61]

尼采要求德国青年要超越具有民主思想的人，成为超人（Übermenschen）。因为他从来没有清楚地表明这个概念表达的意思是什么，所以形形色色的有野心的人都要求成为这个精英组织的成员。他有一段后来不幸被纳粹分子盗用的言论："雄壮的碧眼兽，任性地徘徊在猎物和胜利之间。"尼采的拥护者一直急切地强调他的观念并不是种族的，而胜利也是指文明而不是军队的胜利。但是，这些话本身很容易使人产生误解。

虽然，他几乎肯定是没有这个意图，但是他提供了一种侵略和剥削的伦理学。与软绵绵的可怜话语相比，他那激烈的长篇演说，连同强硬与残忍的主张，为第二帝国和第三帝国提供了作为侵略依据的基本理论。尼采不应被诋毁和错误引用；但是，正如格奥尔格·卢卡斯（Georg Lukács）所写的，他也不能被任意修正和美化。"他是一位值得尊敬的思想家，不是伪君子或骑墙者 [Schleicher]"，他有时所说的就是他的明确意图。卢卡斯指出，在文章中，尼采直接而明确地表示赞同剥削和残忍的野蛮行径。这一点能够从尼采言论中找到：

> 捕猎的碧眼兽和制造灾祸的丛林证明了邪恶 [Bösheit] 可以很有益于身心，并使身体健康发展。……
>
> 他们将变成更厉害的碧眼兽，狡猾得更像人类的兽 [Menschen-ähnlicher]；因为人是最出色的捕猎者。[62]

希特勒的新秩序将使尼采的部分预言实现。为代替"无聊的议会"，尼采明确地呼唤一种

> 新秩序……一种要支配和统治欧洲的意志——一种令人恐怖的个人意志……将使各个小国的长期延续的彼此周旋的滑稽状态结束……和许多民主意志 [V：elwollerei] 的结局一样。无能政治的时代已经过去：下个世纪将带来争夺地球统治权的战争 [Erd-Herrschaft]；这是一个宏大的政治愿望 [den Zwang zur grossen Politik]。

尼采渴望一位权威的领袖出现,他将成为"大众的领袖",并将阐述权力和统治的"新哲学"。尼采断言:"为实现这一目标,需要一位新型的哲学家和指挥官[Befehlshaber]。"[64]

瓦尔特·考夫曼(Walter Kaufmann)和尼采的许多其他的拥护者已经明确地强调,他是坚决反对纳粹思想的。他蔑视自己时代的反犹主义和种族主义,痛斥特赖施克和瓦格纳拿犹太人作诱饵。他高度赞扬犹太人,对他们唯一的重要评价就是:他们创造了基督教。他的日记非常清楚地展现了他的感受:

> 格言:不和任何一个进行种族欺骗的人进行接触。
> 犹太人与反犹分子的不同之处是什么:如果一个犹太人说谎,他知道自己正在说谎;反犹分子则不知道他总是在说谎。[65]

他与反犹分子的疏远是如此巨大,以致和他们接触都令他身体痛苦,正如在给他姐姐(她嫁给了一个种族主义分子,并且随意篡改了他的著作)的一封信中痛苦地指出:

> ……你做了一件最愚蠢的事——对你和我来说:你和一个反犹分子的头目结合令我的整个生命一次又一次充满愤怒和忧郁……与反犹主义划清界限是有关我的名誉的问题,正如在我的著作中讲的那样,我**反对**它……被用在每份反犹主义书信报纸上的查拉图斯特拉的名字,几乎总是令我恶心。……[66]

尼采不去吹捧政府,而是对政府侵犯人类自由深感忧虑,并坚决反对。他震惊于德意志帝国的军事与工业结合体的力量,并且蔑视对日耳曼王国(Germandom)的整体崇拜:"看德国人,这个地球上存在的最低级、最愚蠢、最平庸的种族,现在则是受霍亨索伦王朝统治,开始憎恶意志和自由。"[67]

最后,在心理、性格、目的方面,尼采有着一个与希特勒不同的世界。尼采破坏旧秩序是为了建立更好的秩序;他梦想新的开端和更高的创造性目标;

他"永远是正直的",他勇于进行自我检讨并且追求事实真相。而希特勒除了用种族独裁来残酷迫害和统治他人的欲望外,没有什么远见。尼采是一位勇敢的天生异端者。当他高呼上帝死了的时候,他的意思只是所有的独裁体系死了。如果在世的话,他可能会和路德一道成为纳粹暴政的第一批受害者。[68]

所有这些都需要证据说明。但是,他的崇拜者不能举出一个有说服力的例子,证明尼采是"一个好的欧洲人",与希特勒在德国的掌权没有任何关系。事实上,尼采说过他自己是一个"好的欧洲人",某种程度上是因为他把自己同那个时代过分渲染的民族主义隔离开来。当他力图破坏欧洲的传统遗产时,他就不算是一个好的欧洲人。这些传统包括:公民的权力受宪法和法律的保护;坚信人民通过议会制政府能塑造他们自己的社会和未来的政治;根据犹太基督教所共有的教义与人道主义原则来制定伦理和道德规范。所有的这些都是尼采蔑视和嘲笑的。他的确提出在废弃的瓦砾上建立新的秩序,但是破坏的欲望比创造的愿望更加强烈。

无论是消极还是积极,尼采无意间对纳粹主义的出现做出贡献。在世纪之交,他所号召的"成功的否定"被成千上万的德国青年所接受。值得注意的是,当阿道夫·希特勒和他那代人在1914年参战时,他们把尼采的著作装进背包,带到身边——与尼采始终看不上眼的一本书,路德的《新约》译本放在一起。《查拉图斯特拉如是说》(Also Sprach Zarathustra)的战时版本专门以灰白的耐用纸张装订和印刷,然后卖给了德国成千上万的士兵。① 有多少年轻的志愿者包括希特勒在内都阅读并且记下尼采欢呼否定和宣布"最后之人……最卑劣之人 [der verächtlichste Mensch]"的段落?

啊,最卑劣之人即将出现

他无法再轻视自己

看啊!我向你们呈现这最后之人

---

① 此刻,我读到的这本书的扉页上就写着:141—150 千册(Tausend),战争版(Kriegsausgabe)。

什么是爱？什么是创造？什么是渴望？
什么是明星？
那么询问这个最后之人，然后闪光吧。

又有多少年轻的心同意尼采对传统伦理价值的富有挑战性的拒绝，他对残酷行径和破坏的赞扬，他对怜悯和耶稣教义的嘲讽？

你说，一个好的理由甚至能使战争神圣？
我对你说：一场好的战争可以使任何理由都变得神圣。

你应该热爱和平，将它作为通向新的战争的手段。
而短暂的和平比长久的和平要好！

因为一把剑想要饮血，
并且闪烁着欲望。[funkelt vor Begierde]

我歌唱并且嘲笑所有的软弱……
上帝死了……
"人是邪恶的，" 因此谈到所有最聪明的人
令我鼓舞……
"人必须变得更坏更邪恶，" 因此我教授。

最大的邪恶是最棒的超人的需要。
[Das Böseste ist nötig zu des Übermenschen Bestem]
它或许对弱小民族的传教士有好处。

他承受并容忍着人类的罪恶。
而我欢呼大罪恶是我极大的乐趣……

查拉图斯特拉如是说。[69]

尼采对不存在的东西的强调符合战后席卷德国的幻灭情绪。在希特勒掌权之前的十年内，尼采对一切政治和道德体系的猛烈抨击无疑使他成为德国青年最关注的哲学家，青年们阅读他的著作远远多于阅读其他人的著作。尼采同任何一位作家一样，竭尽全力抨击针对政治极端主义的中庸选择。因为他无法容忍不彻底的措施，他要求完全——彻底的毁灭，彻底的重建，他鄙视海因里希·海涅的"令人克制的护身符——十字架"；他拒绝歌德的克制与约束；他嘲讽政治中庸；他鼓吹"极端的魔力"。他鼓励人们以危险的方式生活——"把城市建筑在维苏威火山脚下……在战争中生活！……做劫持者和征服者！"于是1933年那个时代的人满怀激情地接受了他的鼓舞。

尼采对于人们接受希特勒也起到积极作用。他最有说服力的号召是意志的力量和"权力意志"——一种自我判断，无须参考任何现成的外部标准的意志。他的草稿搜集整理后命名为"权力意志"，结尾一句发出了危险的呼喊，这声音在整个第三帝国回荡。在探讨了他的"充斥肉体快感的……神秘世界"，一个"没有目标……不分善恶"的世界之后，尼采得出结论：

你想给这个这个世界命名吗？给它所有的谜团找出一个解决办法？给你一点启示，你是最善于隐藏的，最强大、最勇敢、最阴险的人吗？——**这个世界是权力意志——而不是其他**！你自己也是权力意志——而不是其他！[70]

他把生活归结为单一原则，就是非理性的权力意志，一个他本意并非是政治性的口号，但是极易被希特勒的残酷政治所扭曲和利用。查拉图斯特拉给他的追随者下达的最后一条命令是："啊！我的兄弟们，我命令你们：变成铁石心肠！"[71]

毫无疑问，尼采和希特勒使用同样的文字表达了不同的含义。但是文字是一样的。有时，尼采也能通过描述一名党卫队官员的品味来给残酷套上光环。

也许还会有人说他所写的并不是他真正要表达的意思。但是如果他的意思被纳粹分子曲解，那只能怪他自己：

> 目睹受苦是一种快乐，施加苦难甚至更令人兴奋……
>
> 没有残酷，就没有欢庆；最古老的人类历史这样教育我们。即使是惩罚中也有某种令人非常愉快的东西！

像纳粹党人一样，尼采也采用两套道德体系和行为准则来评论两个"类别"的人：主人与奴隶。事实上，他当时既不是在种族也不在社会理论范围内进行思考，但是他对待"劣等人"的态度似乎不会令一名奥斯维辛（Auschwitz）的喽兵感到陌生。尼采心目中的作为精英的"超人"有着对"下等人"的轻蔑。在他眼中，劣等人种只是那些达不到他的标准的人。他们应该像奴隶一样被对待。[72]希特勒认为对波兰人、苏联人、吉卜赛人和犹太人就应采取这样的方式。

在尼采死后出版的笔记里有一段引人注目的话，这段话需要注解。任何一个仰慕尼采的人都会发现这一思想令人震惊，但是，如果文字表达了某种意思，那么就是表明有时这位敏感的诗人和哲学家的思维模式与残忍的煽动家和独裁者没有什么两样。在思考一种新的社会秩序时，尼采写道：

> 伟大的政治［Die grosse Politik］力图把生理问题置于其他问题之首。她将产生一种权力，这种权力强大到足以用残酷无情的铁石心肠［schonungsloser Härte］去哺育一个更彻底、更高级的种族，反对堕落的寄生生命——反对那些腐化、施毒、诽谤和破坏他人的种族……而在消灭这种生命的过程中可以看到灵魂的更高尚形式的标志。[73]

可以预见到，纳粹哲学家阿尔弗雷德·罗森贝格举这段话来证明他的论点：纳粹党人和尼采是"精神上的兄弟"。[74]

有一点怎么强调也不为过，即尼采所寻求的"新秩序"是要由一名哲学家而不是煽动者指挥的;他的敌人不是犹太人;谈到生理学,他也不是指种族问题。然而,希特勒则会**运用同样精确的语言**来阐发他的第三帝国的意识论:他也要求他的追随者"残酷无情"地粉碎他认为是"堕落和寄生"的群体——他指控那些家伙共同合谋"腐化、毒害、诽谤和毁灭"高级人种。

尼采生活和思想中最大的讽刺是由一位最有名气的仰慕者托马斯·曼(Thomas Mann)提出的。在托马斯·曼的最后几篇文章当中,在一篇名为"从近代历史看尼采哲学"中,他总结了尼采对希特勒帝国的贡献。他首先回忆了这位哲学家是怎样批判他的德国同胞,并蔑视他们的传统,然后他又问道:

> 但是,谁又比他更德国化;他依旧作为另一个榜样为德国人效力,而这一榜样带有这样的特点,使它们成为世界的灾难和恐怖并最终自己毁灭:浪漫主义激情;不断扩展自我空间的冲动,没有任何预定目标;因为没有目标而向往无限的自由意志。……从多重意义上看,尼采已经成为历史性的人物。他创造了历史,可怕的历史。当他把自己称为"复仇者"时一点也没夸张。[75]

卡尔·雅斯贝尔斯(Karl Jaspers)① 给我们提出了这样一个问题:"他是那个想要最高,渴望不可能之事,却违背了他的意志,成为释放我们所有来自地狱的魔鬼的强大力量的人吗?"[76]

令人遗憾的是,答案是肯定的,他的确是这样一个人。

其他反民主的知识分子

甚至那些批判德意志帝国的知识分子对议会制民主有的也只是轻蔑。他们

---

① 卡尔·雅斯贝尔斯(Karl Jaspers,1883—1969),德国哲学家,精神病学家,现代存在主义哲学主要代表之一。——译者注

将"非政治化"引以为豪,在政治游戏中输给了别人。许多人明确地呼唤一位元首将德国从他们憎恶的混乱中拯救出来,因为民主对于改变这种混乱无能为力。年轻的托马斯·曼表明了他对拉加德、尼采和瓦格纳的仰慕,他说那是因为他们履行了证明"民主不适合我们"的职责。托马斯·曼写了一篇颇有价值的长篇文章《一个非政治人的思考》(Betrachtungen eines Unpolitischen),第二帝国时期德国知识分子的态度在该文中得到了经典的表述。在这本颇具影响的书中,托马斯·曼鼓励他的德国同胞成为非政治人;因为政治与民主相连,而民主在根本上对非德国人是陌生的东西。他坚持认为,脱离政治的自由构成了德国文明的基石。下面有一段典型的叙述:

> 我宣布我深信不疑的想法,德国人将永远不会热爱政治民主,因为一个简单的理由,即他们不可能爱政治,而备受谴责的**集权国家**(Obrigkeitsstaat)现在是、将来仍是这样一种政府形式,它适合德国人民,对德国人来讲是理所当然的。从根本上讲,它是德国人向往的政治形式。[77]

为了公正地看待这位伟大的小说家和人类学家,有一点必须指出,即后来的托马斯·曼后悔他写过这篇文章。当他认识到希特勒的威胁时,他鼓励国人参与政治,支持魏玛共和国,但是为时已晚。他最有影响力的宣言,在共和国诞生时就被广泛传播,表达了在前希特勒时代大多数德国知识分子的情感。

另一位重要的思想家,马克斯·韦伯,充当了另外一种阻碍德国民主进程的典型力量。这位著名的社会学家经常发表支持民主的言论;事实上,就在"一战"后,他还愿意帮助德国的民主党建立。但是他对这一术语的理解很特别。在1918年德国失败的前景已经明朗化时,他直接对鲁登道夫将军说,将军应该签署一份和平条约,并建立起一个民主政府。于是,有了下面的对话:

鲁登道夫:那么你的民主意味着什么?
韦伯:在民主社会中,人民选择一位他们信任的领袖,然后这位被选上的领袖说:"闭嘴,听从我的命令。"此后,大众和政党再也没有干预领袖的自由了。

  鲁登道夫：我可以接受这样的民主。

  当魏玛共和国建立之后，他用他的巨大影响力去削弱它的效力，因为它没有产生他向鲁登道夫提到的"选举的领袖"，这时韦伯在上面谈话中所要表达的意思变得明显了。1919年当韦伯给慕尼黑的学生做题为"政治作为职业"的演讲时，他特别称赞了那种要求大众信奉一位"有权威气质的领袖"的政体。他用这样的话来结束演讲：德国人将在一个有作为的领袖和目前乌烟瘴气的民主之间做出一个选择，这个民主创造了一个"狂欢节"，而不是一个真正的德国政权。[78]

第二帝国的反犹主义

  坦白地说，犹太人一直是我们国家中的腐坏成分……犹太人是我们的不幸。

  ——海因里希·特赖施克（1875年）

  从根本上说，只有让犹太人彻底消失才称得上是解决犹太问题的根本办法。

  ——欧根·杜林（1880年）

  下面是来自18世纪的一篇简评，从中可以了解到德国反犹主义漫长而又悲剧性的历史中的某些东西：

  1473年，一个只有14岁的驼背男孩站在柏林城的城门口，恳求让他进去。他不得不为进城而恳求，因为他是一个犹太人。犹太人不仅要通过一个专为他们设计的门进入城市，而且在德国的道路上行走还要有许可证。这个驼背的犹太男孩是在犹太居住区受管制的环境中长大的，他仅知道几个德国词。其中一个是"Dessau"，是他出发的城市，他只身来到柏林；另一个词是"Lernen"——他旅行的原因——"去学习"，跟柏林的拉比（犹太人的学者）学习犹太法典。当天守城的士兵，尽职地在日志上写道："今天通过罗森塔尔（Rosenthaler）城门的有：六头公牛、七头猪和一个犹太男孩。"[79]

后来这个男孩成为著名的哲学家和人类学家,他被人尊称为"犹太人的苏格拉底"。他的好友莱辛(Lessing)创作了戏剧《智者纳旦》(*Nathan der Weise*),以摩西·门德尔松(Moses Mendelssohn)为剧中中心人物,使他永垂于世。

几个世纪以来,同其他国家一样,德国的犹太人一直受到迫害。在反对拿破仑的"解放战争"中,普鲁士爱国者奇讨将犹太人连同其他外来影响势力统统赶出波兰。在1848年民主革命中,群众的反犹主义开始兴起;例如,当时在巴登(Baden)流行的一本小册子,呼吁处置国王并驱逐犹太人。"夷平城堡和掠夺犹太人的事件交织在一起,已经司空见惯。"[80]

然而,明显属于纳粹主义期待的种族化的反犹主义,仅是在第二帝国才开始发展。帝国建立后,席卷德国的民族主义浪潮极大地鼓舞了强调德意志文明和将犹太人视为"外来者"的倾向。在任何一个国家,也许在极端民族主义盛行的时期就产生了反犹主义——如15世纪的西班牙和德雷福斯事件①中的法国——但是这种联系在德国尤为强烈,自从浪漫主义时期开始,民族主义就开始强调生理区别。对两性关系的迷恋和对"血统污染"的重视都极为显著。颇具影响的反犹主义宣传家特奥多尔·弗里奇在他1893年的小册子《反犹主义问答手册》(*Anti-Semiten-Katechismus*)中阐述了新的十戒。从第三条戒律我们可以看到这一关注的典型表达:"你们应该保持血统纯洁。与犹太人种通婚将被视为玷污高贵的雅利安人种的罪恶。……"[81]

反犹主义也是由同时期的其他作家发起并支持的。在1873年的经济大恐慌时,一位名叫威廉·马(Wilhelm Marr)的知名记者出版了一本充满歇斯底里意味的小册子《犹太教对日耳曼主义的胜利》(*Der Sieg des Judentums über*

---

① 1894年,犹太裔法国陆军上尉德雷福斯(Alfred Dreyfus)被指控出卖法国陆军情报给德国,军事法庭裁定其叛国罪名成立,判以终身苦役并流放外岛。事后虽经证实纯属诬告,军事法庭却因德雷福斯的犹太人身份而拒绝改判,引起左拉等知识分子和群众的抗议,并演变成为一场具有深远历史意义的运动。这就是法国近代史上轰动一时的"德雷福斯事件"。——译者注

das Germanentum)。六年内该书发行了 12 版。托马斯·曼的胜利鼓舞着他于 1879 年建立了第一个组织,名称是任何一个国家都会接受的"反犹主义同盟"。他是第一个将反犹主义介绍给德国的人,也是第一个坚持认为"犹太问题"不是宗教问题的人;他认为那是种族问题。他要求"日耳曼王国"(Germandom)团结雅利安人起来反对"国际犹太人主宰世界"。防止"社会的犹太化"的唯一方式就是不受任何限制的大屠杀。[82]

双目失明的无政府主义哲学家欧根·杜林(Eugen Dühring)利用人们对知识分子的尊敬来加深对犹太人的憎恨。他的那本 1880 年首次出版的书,书名就概括了书的大部分内容:《作为种族特性问题的犹太人问题与它对民族生存和文化的威胁》(Die Judenfrage als Frage Rassecharaklers und seiner schdhchkeiten für Existenz und kultur der Völker)。在"一战"后发行的第 6 版中,杜林坦白道,他过去对那些引起战争而导致德国失败的犹太人态度太温和了。现在他认识到"只有让希伯来人彻底消失才能称之为解决犹太人问题的有效办法"。而且只有一位独裁者才能为拯救日耳曼王国(Germandom),建立起一个血统纯洁的**共同体**。[83]

保·德·拉加德也借用他自己的名声来努力使这种盲目的偏见从精神上被接受。他的特殊贡献就是提出许多口号和恶意的比喻,后来被弗里奇、瓦格纳和希特勒、戈培尔等许多的种族主义者广泛引用。他警告道,德国正在被"犹太化"(verjudet);犹太人是"腐朽的寄生虫""患病的"和"放高利贷的害人虫"。他特别紧张地指出"一个人不能与旋毛虫和细菌妥协;旋毛虫和细菌也不能接受教育;应该尽可能快速全面地根除他们"。希特勒贯彻了这一指令。1944 年,在大规模屠杀欧洲犹太人时,纳粹分子出版了拉加德的反犹主义宣言的文集,并急迫要求进行大屠杀。这本文集出版时,起了一个生动的名字《我警告并宣布》(Ich Mahne und Kunde)。

拉加德以其远见卓识预见到了希特勒的中欧政策。与他之前的许多知识分子一样,他鼓吹"向东推进"(Drang nach Osten)并创造一个庞大的"中欧"。然而,他实行殖民化的具体纲领比希特勒之前许多人的纲领都要野蛮。他要求驱赶或屠杀波兰犹太人,以便有一块供德国人主宰的"无犹太人"的中欧领土。如弗里茨·斯特恩指出的,"几乎没有人能如此准确地预见到希特勒的作为,却又如此赞同他"。[84]

尤利乌斯·朗贝恩的那本畅销书《教育家伦勃朗》(Rembrandt als Erzieher) 也可以看作对将来的预言。他提议,**血统证明**(Ahnenprobe) 在德国应成为获得公民身份的条件之一;这个想法被希特勒实践。他也要求根除犹太人:"他们是我们的毒药,必须被这样对待。"他在1891年呼吁"一位神秘君王,愿意积极插手……干预犹太人问题。"到了1892年时,他列出了他的帝国的敌人名单是"犹太人和白痴,犹太人和无赖,犹太人和娼妓,犹太人和教授,犹太人和柏林市民"。到那时,朗贝恩已达到人们认为的反犹主义的最后阶段:细菌战阶段。犹太人已经成为必须消灭的"霍乱"。[85]

那个世纪下半叶德国最受欢迎的小说家,古斯塔夫·弗赖塔格(Gustav Freytag)在他的小说《负债与借贷》(Soll und Haben)中,也强化了反犹主义观念。这部小说1855年初版之后重印了数十次。在这本小说中,弗赖塔格介绍了伊齐希(Veitel Izig),一个后来成为所有的反犹主义文学作品中的"犹太人"典型的人物。伊齐希邋遢,呆滞,头发油腻,牙齿发黄;衣着肮脏、蓬乱,行为懒散随便。他声音嘶哑,鼻音很重。弗赖塔格自认为是自由主义者,因为他不排斥"好的犹太人"。他同那些拒绝被同化或接受"德意志的基督教方式"的"坏犹太人"作战。他说,不能让"我们人民中有病的这一部分","传染"健康的德国人。[86]

海因里希·冯·特赖施克也是著名的反犹主义者,他对犹太人的态度在他受到狂热欢迎的演讲中得到表述:"坦白地说,犹太人一直是'国民的组成部分';无论何时,德国人发现他的生活被肮脏污秽的犹太人所玷污,[他]就应该摆脱它,并大胆地讲出事实真相。"特赖施克似乎是第一个提出成为第三帝国战斗口号的标语:"犹太人是我们的不幸。"[87]

散播对犹太人恐惧和憎恨的最有影响的团体之一就是闻名于世的影响深远的泛德意志联盟(Alldeutscher Verband)。在整个19世纪80年代,它强有力的宣传使希特勒那一代人密切注意到"犹太人威胁",它阐述了解决"犹太问题"的办法。它要求对"犹太新闻界"进行严格限制（包括《柏林日报》和《法兰克福杂志》）；制定法律，禁止犹太人从事重要职业，把他们当"外国人"对待，收取他们的税收数目应该是"真正德国人"的两倍；颁布种族法律，禁止犹太人与"德意志种族"通婚。[88]

反犹主义理论家的理想与泛德意志联盟的警告受到帝国社会机构的极大重视。他们对犹太人做出了正式和非正式的限制。例如，犹太人几乎不能指望在德国的大学中谋求职位。1910 年犹太教授的比例远远低于3%；在柏林大学，帝国最大的、最有声望的大学里，20 世纪前 10 年中没有一名全职教授是犹太人。学生组织，德意志学生联合会（Verein deutscher Studenten，也以 Kyffhäuserverband 著称），1896 年采纳了这样一条原则：帝国的犹太公民不能被视为德国人。[89]

不论是天主教会还是新教教会都没有兴趣反对反犹主义运动。路德教徒更是遵循创始人的倡议，直接支持政治上的反犹主义。除了臭名昭著的迫害犹太人的宫廷牧师阿道夫·施托克（Adolf Stöcker，1835—1909），反犹分子还有国会里的其他四名路德教派的牧师，以及一位普鲁士国会的成员。[90]

犹太人很难在帝国军队中谋得职位。与"一战"前夕其他有犹太人管理的欧洲国家相比①，1910 年帝国军队里没有一名犹太军官。甚至为他们祖国做出杰出贡献的犹太人也不能进入和平时期的军队。比任何人对德国战争做出的努力都多的是著名工业家瓦尔特·拉特瑙（Walther Rathenau），他在 1917 年12 月给兴登堡将军的夫人写信说："即使我的祖先和我都为这个国家服务……如同你很清楚地了解到的那样，我身为犹太人仍是二等公民。我既不能做一名政府的公务员，也不能在和平时期做一名军队的中尉。"[91]

第三帝国的反犹主义实践因而有了可供它借鉴的第二帝国的恶毒先例。

---

① 在奥匈帝国，有2000 多名犹太军官，包括一位陆军元帅；在意大利有 500 名；在法国尽管发生了德雷福斯事件，仍有 720 多名军官是犹太人。

种族化的民族主义与崇尚武力

> 在欧洲的惯例中,每件伟大的事情,每件细致的事情,每件持久的事情都是德国人的作为。
>
> ——亚当·米勒(约 1810 年)
>
> 我们种族和它的文化比地球上其他所有的民族和种族都要优越。
>
> ——《泛德意志联盟宣言》(约 1910 年)

在"一战"前的几十年中,德国人并没有垄断爱国主义。我们可以想到,沙文主义是法国人的,侵略主义(jingosim)是英国人的。但是,四个相互联系的倾向结合在一起使德国的民族主义尤为强大,对于希特勒来说特别容易接受。

首先,纳粹主义有充足的理由认为,鼓吹德意志人优越性的种族主义和信仰有着悠久历史传统。19 世纪初浪漫主义者所阐述的种族优越论,如同卡尔·迪特里希·布拉赫所指出的那样,为"民族论,即后来成为国家社会主义指导原则的世界观奠定了基础"。[92]整个 19 世纪,种族优越论一直在流传。1914 年,一位著名的生物学家海克尔(Ernst Haeckel)发表了一份极不科学的声明:"一个受过较高教育的德国士兵,表现出比几百个未受教育的来自英、法、俄、意的反对他的人们更高的智力水平和道德价值观。"[93]至此种族优越论的宣传达到了某种高潮。

第二,种族优越论的一个结论就是,德国人确信,征服并控制广大的生存空间尤其是东欧地区是德国人的天赋使命。尤其是在东欧,德国文明注定取代劣等的斯拉夫人文明。例如,拉加德曾宣称,德国应吞并奥地利并将所有中欧地区变为殖民地,并认为"匈牙利人、捷克人和其他类似民族都是历史的负担"。而且,波兰犹太人应被"连根铲除"。[94]德国最著名的社会学家马克斯·韦伯在朋友谴责政府针对波兰人民的政策是对人权的侵犯时勃然大怒。韦伯的回答很值得希特勒借鉴:"只是因为我们,波兰人还能算是人!"(*Wir haben die Polen erst zu Menschen gemacht!*)[95]

德国的民族主义与其他国家相区别,并使人们更容易接受希特勒的第三个特征是:德国的民族主义受到了德国先祖神话的很大影响,并试图通过在无宗教信仰的史前史所发现的东西激发民族主义冲动来证明它自己的合法性。德国神话里都是像沃坦和齐格弗里德那样的无宗教信仰的圣人和像巴巴罗萨那样的拥有超人力量的半传奇式圣人。在大众的想象中,这些圣人和准圣人都已成为民族英雄。这种强调神话、神秘和魔力的民族主义,与纳粹理论和它赋予元首的那些神秘力量如人民、血统和土地,只有一步之遥。

德语词"Mythos"对德国人有一种独特的吸引力,与英文的"myth"有着不同的含义。在英语中,"myth"这个仅表示比一个虚构故事或是不存在的人或事更悬一点的东西。在标准的德文字典中,定义则完全不同:"神话(Mythos):一种具有使生命再生的力量的象征性观念。"这肯定是许多代颇有影响的德国作家的观念。像他们的浪漫主义先祖一样,魏玛共和国的知识分子们夸耀他们献身于神秘而不是理性。1920年,他们中有一人写道:"神话是表述人民和上帝以及与他们有关的事实(*von wirkhehem Geschehen*)的词汇和观念。"1923年又一位作家在他的名为《第三帝国》(*Das dritte Reich*)的书中提醒他的读者,关于未来帝国的想法充满着"神话和神秘色彩……表达的是关于来世而非现世的情感"。[97] 希特勒将这种对神话和神秘的强调利用到了极致。事实上,他把这些思想转化为制度,并使他自己成为许多德国思想家曾预言过的"神话式人物"。

在19世纪和20世纪,德国民族主义产生了第四个特点,即对权力和战争的推崇。当然,人们也能在其他国家发现对民族权力的极力鼓吹。但是没有哪一个国家像德国那样,在如此漫长的历史时期内,这么多有着完全不同生活轨迹的受人尊敬的领袖宣布强权即是公理,并宣扬对战争的道德证明;他们的言论在希特勒将权力、残酷和战争视为生存法则的号召中得到回应。例如,德国19世纪一位非常有影响的哲学家坚信,"战争有着更崇高的意义;通过战争,民族的血统纯洁才得以保持下去……如同刮风使大海免于污染,而持久的平静则使海洋肮脏的道理——战争防止一个民族腐化,而持久的和平则使其堕落"。[98]

尤利乌斯·朗恩最受欢迎的观点之一就是，对文化发展来说，战争是有创造力的并且是必要的。特赖施克在几十次的激情演讲中，用某种狂热的东西给战争套上光环，很值得希特勒借鉴："战争是出色的政治科学……只有在战争中，一个民族才可称为真正的民族。……希望持久和平的想法既是不可能的，也是不道德的。……战争正是我们能从中最清楚地探寻人类理性胜利的领域。军队，而非国会，是国家最有价值的机构。"[99] 奥斯瓦尔德·斯宾格勒也同样满怀热情地看待战争的益处，他发现战争"是更高种族生存的外在形式"，并得出结论"国家是为了进行战争而存在"。[100]

年长的冯·莫尔特克（Von Moltke, 1800—1891）是著名的普鲁士参谋部的长官，尽管对政治不感兴趣，但通过他极高的威望来支持这一教义，即战争既是不可避免的又是有益的原则，他从侧面影响了政治的发展。他的话被牢牢记住和广泛地引用："永久的和平只是个梦想，而且是一个令人不快的梦想。战争是上帝创造的一部分。它展示了人类最崇高的美德［Tugenden］：勇气和自我牺牲，忠于职守和甘于奉献生命。没有战争，这个世界就会沉沦为物质至上的世界。"[101]

在战争即将爆发的前几年，德国出版的最有影响的书之一，就是冠以预言色彩的《德国与下一次战争》。此书 1911 年首次出版，随后大规模迅速印刷了七次。该书作者，曾经是特赖施克的学生，阐明了一个简单的主题："战争是第一位的生理需要。……试图消灭战争的努力既是愚蠢的，又是绝对不道德的……不值得人类去做。……"在标题为"发动战争的权利"的第一章，他引用歌德的"豪言壮语"结尾：

梦想和平的一天？
随他去做白日梦吧！
"战争"是我们共同的呐喊，
向胜利前进！[102]

皇帝本人也对力量崇拜做出了卓越的贡献。没有一个国家的元首沉醉于如此残酷的劝告。他在战争前夕发表的演说成为日后希特勒发布命令时借鉴的杰出典型。例如，在发动导致"二战"的波兰战争时，元首告诉他的指挥官们："关闭同情之心门……残酷地行动。"在此之前的几十年，当德军被派往中国镇压义和团运动时，威廉二世发布一些命令，将"野蛮人"（Hun）的称号赋予"一战"当中的德国士兵：

> 不要饶恕，不要俘虏。无论谁落到你手里，结束他的生命！
> 一千年前，阿提拉（Attila）国王领导下的"野蛮人"为他们自己起了这个名字。直到今天，这个名字在传统和传说中一直保持着魅力；这个德语名称可以成为一件能够施魔法的东西。……

正在希特勒之前，皇帝已经提到屠杀那些反对他的人，并将征服战争视作保持德意志民族身心健康的良方。例如，1905年圣诞节期间，他向他的总理表达了如下的情绪：

> 首先射杀、斩首和消灭社会主义者，如果必要的话，发动一次大屠杀，然后进行一次对外战争。但是提早发动，只能选择在最佳时刻。[103]

泛德意志联盟在整个帝国社会传播民族主义和武力的狂热中，尤为活跃。联盟热衷于战争的程度可以用下面的事实来说明，无论威廉二世如何努力，他也达不到泛德意志人联盟的好战水准。从1911年开始，他们的宣传机构一直称他为"胆小的威廉"（Guillaune le timide）。[104]

联盟的计划与希特勒的并无实质区别。在克拉拉·希特勒正在哺育未来的元首的同时，泛德意志联盟成员正在宣扬他们关于雅利安人种优越论的原则和征服东方并将"劣等种族"当作奴隶劳工的权利。他们也呼吁一位领袖的出现，确立独裁统治并排除祖国中的"犹太人的威胁"。

当然，在"一战"前夕，在其他国家也有民族主义团体。但是没有任何社团宣扬一个带有鲜明的纳粹主义成分的纲领，也没有任何社团具有泛德意志联盟所产生的影响。在俄罗斯，泛斯拉夫运动缺乏有效的组织形式，他们对政府的影响微不足道；在法国，德鲁莱德（Déroulède）被流放，他的爱国者联盟被宣布为非法。相比之下，正如弗里茨·费舍尔（Fritz Fischer）所指出的，泛德意志联盟的纲领和战争目标已成为帝国政府官方的战争目标。

泛德意志联盟是在1890年9月由颇有影响的政治家阿尔弗雷德·胡根贝格（Alfred Hugenberg）创建的。在帝国期间，它的成员总数从未超过4万人；但是成员的名声都非常显赫，就像一个包括了德国的学术、实业和政治生活各领域的"名人录"。在国会中有60位成员，包括最重要的编辑和出版商，大地主和大实业家，著名的科学家恩斯特·黑克尔（Ernst Haeckel），还有历史和社会学家如卡尔·兰普雷茨（Karl Lamprecht）、迪特里希·舍费尔（Dietrich Schäfer）、马克斯·韦伯和其他许多人。1906年名单显示地区组织成员中有36%从事教育事业，而其中几乎60%的人都是教授。因而成员完全有资格完成联盟所认定的基本职责：用种族化的民族主义来"教育德国人民"。[105]

当等待已久的战争终于到来时，德国知识界的领导人起草了"知识分子请愿书"（Intellektuelleneingabe），这份请愿书彻底地支持德国扩张主义（annexationist）计划，连联盟主席都说该计划与他的战争目标是"完全一致"的。其中要求：德国应该保留它所征服的法国北部领土，德国军队应占领比利时；应"毫不留情"地要求那些战败国支付高额赔偿；德国应控制东欧的大片领土。在很短的时间内，1347名知识分子在请愿书上签名。共有352名大学教授（这些人组成了当时最大的独立教授团体）、252名记者和作家，以及158名牧师和教师。汉斯·德尔布吕克（Hans Delbrück）的确也发动了一次较为温和的请愿，但是他只得到141人签名。德国知识界的绝大多数人和精神领袖都支持泛德意志联盟的扩张主义要求。[106]

当然，在德意志帝国不只可以看到对武力的推崇，也有相当规模的和平主义者运动，它还是该国最大的政党。马克思主义社会党在理论上阐述了它对侵略战争的反对。然而，这么多年来进行军事扩张的要求始终居于主导地位，并且它的支持者们又是如此顽固而强大。一位颇有见地的历史学家在描述从第二帝国到第三帝国的侵略倾向的发展方式时,问道:"连续性的意图和期望,连续性的风格和目标不都是很令人惊异吗?"[107]

的确如此。

社会军事化:从第二帝国到第三帝国

> 19世纪……在西方,军队是一种必要的魔鬼;然而对我们来说,这是民族最大的骄傲。
>
> ——格哈德·里特尔
>
> 理解德国人世界观的关键是要认识到军队的整个精神已经完全深入到民间生活。
>
> ——维尔纳·布鲁克

德国人生活中残酷而全面的军事化只有在第三帝国才成为现实。然而,过去的一切是希特勒时代的序幕。因为帝国军队在影响19世纪90年代出生的那一代人时,对"德国状况"起到重要而有害的推动作用。1933年,希特勒提到,没有军队和它的传统的帮助,他不可能掌握权力,他的看法或许是正确的。

普鲁士军队的辉煌业绩,以及从弗里德里希大帝到布吕歇尔(Blücher)、沙恩霍尔斯特(Scharnhorst)和莫尔特克这些英雄人物一直受到德国人的称颂。但是随着第二帝国取得的显赫的军事胜利,1871年以后军队施加于全社会之上的无所不在的权力变得更加明显。

德国最著名的历史学家,海因里希·冯·特赖施克极力支持对军队价值观的褒扬。他给那一代人做的演讲都是关于"战争的崇高",绝对服从的义务,和"德国军官团"是"从地球上精选出来的人类最卓越的部分"之类的内容。威廉二世皇帝夸张地说,他从未读过德国宪法,而是凭借自己的地位和名望来赞扬军队并污蔑国会:"士兵和军队,而不是国会的决议,使整个德意志帝国聚合在一起。我信任军队。"在谈及非军事化的人们时,威廉习惯使用一个独特的短语:他们是"懒散的公民"(*schlappe Zivilisten*)。他相信,禁卫军的任何一名军官都是"美德和知识教育的完美典型"。[108]

为强调它本身在社会上备受推崇的地位,德国军官团进行了独特而且成功的努力。在德国军官与"平民百姓"之间的关键区别就是"荣誉准则",荣誉准则主要通过决斗体制和它所提供的"令人满意"(Satisfaktionsfähigkeit)的特权保持下来。人们感到,一个拥有那种荣誉的军官必须捍卫这种荣誉,相反,一个没有荣誉的人没有什么可以去捍卫。这意味着,比如,如果一个工人不"令人满意",一个军官就可以侮辱他而不受惩罚。到世纪末,尽管出现了对愚蠢而残酷的决斗的抗议活动,但是决斗仍然在大学和军队里风行。决斗的伤疤——无论是真的还是自己弄上去的——一直是荣誉的标志,并持续到"一战"以后。

那些掌权者实施的训练和公开发表的言论导致的后果是,帝国军队的军官们被鼓励相信他们高居于国民政府之上。他们既不是向国家,也是不向宪法,而是向他们的最高统帅宣誓。据说,军队是"国中之国",但是不止于此。帝国将军汉斯·冯·席克特(Hans von Seeckt)也许更清楚地表述了军队的地位。这位将军曾经担任第二帝国和第三帝国中过渡时期的司令官。他在他的《战士的思想》(Gedanken eines Soldaten)一书中总结道:

> 我试图从一种纯政治角度来论述我的题目。从我对这个词的理解来看,"军队"一定是"政治的",即应该领会国家的理念。但是从党派政党的通常观点看,军队一定是非"政治化的"。我呼吁所有的党派"不要干涉军队!"。军队服务于国家,而且只有国家,因为军队就是国家。①

军队领导成员对国会的蔑视,国会自身也用辛辣的词语表达出来。老冯·奥登伯格-雅努强(von Oldenburg-Januschau)老先生告诉他的国会追随者们说:"普鲁士国王和德意志皇帝总是会对任何一个中尉说:'带上十个人,摧毁国会。'"他的那些保守派的追随者立即站起身来对他的演讲回敬以热烈的掌声。[109]

---

① 希特勒掌权后出版的席克特的一本书的一个版本中,"我呼吁所有的党派'不要干涉军队!'是我对所"("'härde weg vom Heer!' ich rufe allen Parteien zu")这句话被删除,并不令人感到惊讶。比较第一版(柏林,1921年)和评论版(莱比锡,1935年),116。

军队的价值观和行为准则在整个德意志帝国社会以多种方式传播。例如，军队确保，老兵在行政机构中享有优先位置。1897 年司法部一半的职位都给了老兵，外交办公室尤其倾向于录用有前途的年轻军官。英勇的价值观和经验通过几十个老兵社团加以保持。屈夫霍伊瑟同盟①到 1900 年也拥有成员 250 万，它的一个明确的目标就是与民主作战。

军队要确保德国的儿童学习军队的价值观。以类似于后来希特勒确立的青年组织的方式，帝国的少年儿童在 12 个军事化青年组织中接受教育。一位军事史学家总结道："大约有五百万德国人与军队有了直接或间接的关系。"[110]

除了通过单纯增加军队成员外，军队还通过在社会建立军队舆论来施加它的影响。在那些似乎是最不可能培养英勇的军队价值观的机构，如帝国的大学和各个会馆店堂，军队的价值标准也被体现出来。从柏林到慕尼黑的德国团体中，人们效法的偶像、学习的榜样都是军人和普鲁士军官。大学团体竞选的标准就是军事标准：决斗的能力。决斗被称为"*Mensuren*"，也就是说，衡量一个人的真正标准就是他使用武力让人满意的能力。那些不能提供这种满意的人被称为"做工贼"（*Finkenschaft*），并受到歧视。

军事的标准和价值观通过帝国社会的社会礼仪、等级、军阶和身份制度深入到市民生活。军国主义甚至进入了家庭厅堂，那里丈夫军衔最高的妇女就有坐沙发的殊荣，而那些丈夫头衔较低的妇女只能坐在小一些的椅子上。一位德国社会史学家就断言："军队这部机器的观念渗透到了整个社会生活……军国主义被恰当地称为将整个社会结构联结成一个实体的粘合剂。"在学校，在酒馆，在街道清扫中，在市长办公室里，人们会发现同样高的效率，同样严格的纪律，同样的等级意识。[111]

强化德国人军事意识的最重要的手段之一就是建立预备役军官团。传统上，军官团一直为普鲁士农业容克地主所独占，在帝国期间，他们一直为军队

---

① 屈夫霍伊瑟同盟（Kyffhauser bund），是一个退伍军人和预备役人员协会在德国的组织。它得名自德国中部图林根州的巴得-弗兰肯豪森附近屈夫霍伊瑟山 473 米顶峰上建的一座纪念碑。——译者注

提供军官。但是，现在从中产阶级中挑选的人有加入"民族的最大骄傲"，成为预备役军官的特权。社会地位具有相当重要价值，许多中产阶级父亲即使倾家荡产也要让他们的儿子加入一个享有盛誉的预备役军官团，以便成为"一个有特权的人"（Vornehmer Mann）。而自由主义者，犹太人或其他"不可信任的社会成员"是不能进入预备役军官团的。

楚克迈耶（Carl Zuckmayer）① 的戏剧《科佩尼克上尉》（Der Hauptmann Von Köpenick）中对市民对预备役军官的态度做出了经典的描述。英雄倾听一个裁缝的评论，并赞同他的看法：

> 不，您已经成为一名预备役中尉了——这是一件重要的事——是这年头非做不可的事——无论是在社会上混，还是干好你自己的事，无论干什么，博士头衔只是邀请信，预备役军官委任状才是敞开的大门——这可真是这年头最要紧的事！[112]

德国名人生活中的两件小事就可说明一份预备役军官的委任状对他们的重要性。一位教授在他75岁高龄生日那天，即将被授予学者的荣誉。当被问及什么样的礼物会令他最快乐时，人们猜想他希望得到真正的"私人顾问"（Wirklicher Geheimrat）的头衔，但是教授先生根本没有考虑这一荣誉。这位博学的老绅士最想要的是从预备役的一级中尉被提升为上尉。第二个例子是，德国总理贝特曼-霍尔维格（Bethmann-Hollweg）认为，当他首次出现在国家议会面前时，身着预备役的少校制服最为合适。这些人以及其他许多市民都体现了一名帝国参谋军官评论的正确性："市民的思想充斥了军国主义。"[113]

英国和德国的政治和社会态度的对比可以通过两个国家试图效仿的不同阶级显示出来。19世纪英国的贵族和皇室已经接受了中产阶级的标准和生活方

---

① 楚克迈耶（1896—1977），德国剧作家，小说家。剧作有描写莱茵河畔农村生活的《欢乐的葡萄园》，描写一个侠盗集团首领劫富济贫、为保护老百姓同拿破仑占领军战斗的《绿林义盗汉斯》和嘲笑德国军国主义的《科佩尼克上尉》，后者以魏玛共和国时期为背景，描写一个囚徒出狱后走投无路，偶然得到一套军装，穿着它到处畅通无阻的故事。——译者主

式。维多利亚女皇成为"大英帝国头号资本家"。她的儿子爱德华也竭力做一名资本家。然而在德国,中产阶级既没有这样荣耀的地位,也无这样的自信。他们在本阶级之外寻求他们的社会准则,他们热衷于学习军队和德国贵族。

帝国军队对德国人生活的影响跨越了社会价值观,进入外交政策领域。军队领导人完全想当然地认为"他们有权独自决定帝国的外交政策"。[114]1917年当鲁登道夫和兴登堡将军建立起事实上的军事独裁之后,军事精英成为德国实际的统治者。尤其是鲁登道夫得到了渴望已久的政治权力,日后在1923年与希特勒合作夺取政权时,他又试图削弱这一政治权力。当时在1917年,他决定了外交政策——授意同苏联签订条件苛刻的和平条约;他解雇了大臣和法官,并取而代之;他决定工资和工时;他选择皇帝的个人激励。简言之:"军队,如今的国中之国,俨然已经成为国家。"[115]但是军队为希特勒掌权做出的贡献远不只是树立一个专制政府的一般先例。最高司令部成员希望有一种特殊的独裁统治。他们的想法是如此鲜明的"原始—法西斯主义"(proto-Fascist),使得希特勒的思想意识对德国社会的重要组成部分来说似乎很熟悉。①

战争年代的军事独裁标志着俾斯麦第二帝国的实际终结,而且在很多重要方面,为第三帝国更为邪恶的军国主义铺平了道路。

希特勒那一代人的家庭生活和教育

> 德国人总在寻找父亲,事实上,[他们]对国家的理解,普遍来自于对家庭模式的理解。
>
> ——沃尔夫冈·绍尔(Wolfgang Saner)

家庭生活和人们接受的公共教育在塑造希特勒那一代的思想观念和态度时

---

① 最高司令部似乎赞同种族化的反犹主义和原始的民族主义以及最高司令部自己最终的统治权。他们要求一个以"民族共同体"为名的极权主义国家——一种被扭曲了的社会主义,吸引大众但保留实业界和军界人士及农业贵族的特权。详见 Martin Kitchen, "Militarism and the Development of Fascist Ideology; The Political Ideas of Colonel Max Bauer, 1916 – 1918," *Central European History*, 8(September, 1975), 216 – 219。

所发挥的重要作用是显而易见的。这些德匡人在第二帝国的全盛时期出生和长大，经受了"一战"德国失败的苦难，成为希特勒运动中庞大的核心力量。希特勒运动对这些裹拉德·海登所称的"无根无祖的一代"有着独特的吸引力。

那一代人与阿道夫·希特勒的家庭经历惊人地相似。一位高高在上的父亲主宰家庭；母亲则像克拉拉·希特勒那样被限制在厨房、教堂和孩子身上，当她努力去保护孩子免于令人敬畏的"父亲大人"的要求和惩罚时总是徒劳无功。

尽管概括任何一个国家的家庭生活模式显然都是很不可靠的，但是对德国家庭，我们还是可以得出两个观察性的结论。研究比较家庭生活方式的学者们认为德国的家庭比其他国家的家庭更倾向于专制主义，而且这种专制主义价值观持续的时间比其他国家都长。通过对许多童年经历了帝国、共和国和纳粹党统治时期的不同年龄段的群体的访问，一项缜密的社会学研究得出这样的结论："在这76年间（1870—1946），德国家庭生活的基本前提没有什么明显的变化。……"[116]

"*Ehrfurcht*"，用来表达传统上对家庭中的父亲的恰当态度的德语词，现在被正式译作"尊敬"。但是它的含义并不止这些，因为很严格地讲，它综合了两种含义"敬重——恐惧"。这种观点的持久力量可以从这一事实看出，即使在希特勒独裁统治瓦解之后，1946年受访的两千名德国人中的73%还是同意下面的说法："父亲的话仍然是家庭不可变更的法律。"

人们期望顺从的母亲将她的一生献给"Three K's"，即孩子、厨房和教堂。① 她应该显示出对孩子的爱护与关心，但是她不能干涉父亲决定家庭事务和控制家庭成员的特权。"二战"后，70%的德国妇女都形容"在父亲惩罚儿子时进行干预的母亲"是"坏妻子"。

德国家庭生活的另一些特征也应特别提及。德国人有种倾向，即坚持固定模式，而当被迫离开曾经所处的位置时，会感到不适。德国父亲感到很难承认

---

① Three K's（Kinder, Küche, Kirche），德国谚语，用来形容19世纪妇女的社会地位。——译者注

错误，或在讨论中放弃自己的观点。如果那样做，就会被大家视为女性般的软弱。通过坚持让孩子达到他所要求的期望，父亲在表明他的男性权威。由于孩子害怕失败，他们便不断反复而强迫性地做好自己的家务事以免犯错。

服从是家庭中最重要的美德，但是它也是一种防御手段。在幼年时期，德国人就知道，顺从是和父母建立安全关系的关键所在。因此他往往会在服从权威时感到惬意而在拥有太多自由时反而感到不自在。鲁道夫·赫斯在希特勒统治时期是奥斯维辛死亡集中营的司令官，他强调了服从在家庭训练中的重要性。他在对同辈的许多人讲话时强调清洁的美德：

> 我总是坚持洗衣服，洗澡……我对水的热爱一直保持到今天。我的父母教导我要尊重和服从所有大人……我必须立即服从我的父母、老师和神父们的愿望和要求，这种强有力的话语不断在我耳边重复。……无论他们说什么都是对的。……我是在这些基本准则熏陶下长大的，它们已成为我血肉的一部分。……从童年时代起，我就被灌输了一种强烈的责任感。在我父母的房子里，每一件家事都要求尽心尽力去准确地完成。……我的父母尤其注重要求我严格地遵从他们所有的命令和愿望。

赫斯提供了他遵从指令的资料证据：

> 在1941年六七月间到1943年年底，我是奥斯维辛集中营的指挥官，我个人安排了……200万人的毒气死亡。[117]

"Ordnung"（秩序）是一个受人喜爱的德语词。对秩序的尊重不仅要借助惩罚的威胁，也要通过礼仪教给孩子。孩子学习时要一直将手放在桌子上，而不要不礼貌地放在大腿上；要仰着睡觉并将手放在被子**外面**。与秩序密切相关的是清洁，而孩子们被教导要将纯洁与清洁紧密联系起来。他们要记住，肮脏（*schmutzig*）就是不好。因而便产生了这样的关联：秩序与清洁，邪恶与肮脏。这并不是一个很难得出的推论，即认为金发碧眼的白皮肤德国人比其他人种更纯洁——因而比那些混血的人种，那些不纯洁的、肮脏的、劣等的坏蛋要优秀。

家庭经历特别看重身份与等级。军事传统强化了对等级秩序的尊重，但这种秩序很早起源于家庭生活。一个孩子在家庭中获得的地位不是依据他的年龄、相貌或身高体重，而是看他是否赢得"可爱孩子"（Lieblingskind）的称号。当他入学时，学校会根据他的表现安排他的座次，从后往前排，最高等级在最后一排。十岁时，决定他一生社会地位的时刻到来：他或者成为精英集团的一员，将来上大学并拥有体面的职业，甚至拥有一个令人羡慕的博士头衔，或者成为"群众"，领取国民学校结业证书而结束他的学习生涯。

德国人等级意识如此盛行的原因之一似乎是因为它能极大地鼓舞人心。父亲知道他能对他的家人要求什么仅仅是因为他是父亲。妻子和儿女确切知道他们的义务是什么，仅仅是因为他们身为妻子儿女。

无论积极的，还是消极的强烈感情都在家庭中得到发展。儿子对待父亲的态度必然是消极的，但是他知道当他成年以后，他可能会采用专制的父亲曾经对他的方式来对待他的孩子。因而这一方式长期延续下来。最初在家庭中培养起来的态度，反映了德国人生活和文学中一个显著的特点，即处于两个极端之间的一种紧张状态。"四分五裂"（Zerrissenheit）是在描述德国人性格特征的文章中经常使用的一个词，意思是被各种相互冲突的价值观弄得内心矛盾、四分五裂的感觉。许多德国思想界的领袖人物都对这种对立的冲突产生兴趣。歌德曾谈及"哎呀，我的胸膛中有两个灵魂"；这种矛盾论点的冲撞也推动了黑格尔体系的发展；尼采则根据阿波罗神的和谐与酒神狄俄尼索斯的狂乱对比来思考问题，并高呼"极端的魔力"。德国的政治理论倾向于嘲弄中庸，不是号召对国家的绝对服从，就是号召起来革命推翻它。人们所熟知的典型德国人，是既具有情绪化的浪漫主义，又有冷静的高效率特点，早期的家庭经历通过强调父母对待子女的不同态度，似乎很可能促成了这些特点。父母态度如此迥异，以至于孩子很难把自己的两位家长同一化。然而，无论选择哪一个都会导致冲突情感的激化。一个不尽如人意的解决方式就是在两者之间轮流交替，以至"有时［孩子会］像他那专横好斗的父亲，有时又会模仿他那温顺慈爱……的母亲"。[118]

希特勒对德国人有号召力，某种程度上是因为他利用了在传统的专制家庭中根深蒂固的价值观。尤其是，他许诺建立一个有秩序的政府，这是在德国人普通家庭中人们习惯遵守的同样原则的典型。他许诺，如果他们授予他权力，他会给他们带来安全、工作、食物和衣服。他将让自己变成能激发敬畏（Ehrfurtcht）和服从的德国人的父亲形象；他承诺建立一个血统纯洁的清白的大家庭，一个"民族共同体"；他会联合所有德国人，把他们组成一个大家庭。因此，他那具有独特吸引力的口号是：帝国的收容所（Heim ins Reich）。同许多德国人并不喜欢的自由相比，与魏玛共和国的失败联系在一起，希特勒提供了权威性的安全保障。"对大多数德国人来说，这既不荒谬也不危险，只不过是在领袖与民众之间自然而然的安排；一种从家中的童年时代、校园时代、工作阶段、军队服役时就早已习惯的情况。"[119]

强调这种父亲式人物的吸引力，不仅仅限于社会学研究。一位政治史学家沃尔夫冈·绍尔（Wolfgang Sauer）已经注意到，他的德国同胞是怎样被一种祖国的家长式思想所深深吸引。"从俾斯麦到阿登纳，德国人总是在寻找父亲，的确，德国人的国家理念普遍是依据家庭模式而确立起来的。"[120]

德国的教育体系强化了在家庭中首先学到的基本的价值体系。训练倾向于专门化，几乎并不在意如何教育"完整的人"。例如，只有"对公民义务的最基本的准备"。[121]

公立小学倾向于强调路德关于两个王国的二元论：诚实、节制、顺从、同情与合作等个人的美德并没有转化为对自治政府来说很重要的**公共价值观**和公民义务。相反，在家庭，孩子们被教育去服从权威，而不是参与决策。

极其挑剔的人本主义的文科中学（Gymnasium）也鼓励对公共生活和政治的冷淡。人本主义课程确实强调普及文化教育和"全面人"（universal man）的理想，但不是有公共精神的人。事实上，文科中学的研究生认为他自己是文化精英中的一员。他使注意力的焦点远离肮脏的政治世界，而集中于德国精神的崇高之处。

在鼓励非政治性态度的时候，帝国的教育体系也培养了对权威的服从和当时任何西方国家的学校里所能发现的最好战的民族主义。的确，当时，年轻的法国学生也被灌输了关于法国历史的荣誉感和丧失阿尔萨斯-洛林的民族耻辱感。一位来自美国的法德教育评论家发现，在1914年前的十年间，法国教育中没有他在莱茵河以东所发现的那种富于侵略性的民族主义和军国主义。他的结论在著名的历史学家为公立学校编写的广泛使用的教材中得到证明。的确，拉维斯（Lavisse）的《法国史》（*L'Histoire de France*）鼓舞学生不要忘记阿尔萨斯-洛林的丧失，并说法国人应该准备好应付来自德国的进一步侵略，但是其基调并不是好战的。奥拉尔（Aulard）和德比杜尔（Debidour）在他们写的普及的教科书《普遍历史观》（*Notion's d'histoire générale*）中更低调。在强调自大革命以来的法国光辉历史时，作者们提醒军国主义的危险，并认为民族主义是好战主义的危险化身。他们说，未来的战争将会非常恐怖，而人们则应该培养一种1789年的伟大原则所倡导的国际兄弟般的友爱精神。因此，法国的爱国主义受到力量很大的绥靖主义的彻底制衡。[122]

相形之下，德国学校的儿童更倾向于接受民族主义和战争的刺耳宣扬。同一位美国评论家总结道："在德国教科书中，我们没有发现任何接近和平主义的东西。……相反有一种培养军国主义和夸大的种族主义意识的倾向，这一种族意识是德国教育体系的特征之一。"公共学校的历史教科书和阅读材料选取了阿恩特、克莱斯特和特赖施克等种族主义者著作中的情感激烈的部分。"日耳曼王国"（Germandom）的思想将远远传播到欧洲以外，申克-科赫（Schenk-Koch）写作的《历史教科书》（*Lehrbuch der Geschichte*）一书，被广泛应用，其中对美国内战的分析中显示了这一点。该书教导德国儿童，北方胜利的原因是因为"北方人的祖先是德意志人"。德国人也鼓励孩子们相信，在美国内战之后的几十年间，来到美国的德国移民仍旧认为他们是德国人，而且"更深切地意识到他们的德国精神（*Deutschtum*）的根源，以及他们与统一的祖国的关联"。[123]

当然，并不是所有的德国年轻人都欣然接受德意志帝国的家庭、学校、社会灌输给他们的价值观。事实上，最影响"一战"前十年出生的那一辈人的个性发展的经历是参加青年运动。这场运动从许多方面来看，都是对人们所妥受的传统价值观的反抗。但是，这种反抗对民主政治取代独裁政府并未起到促进作用。相反，它鼓吹对神秘的民族主义的信仰，期望建立一个全新的血统纯洁的"民族共同体"，并坚信即将出现的一位强有力的政治领袖。

1897年，当一位名叫卡尔·菲舍尔（Karl Fischer）的教师开始了每周带他的学生去边远偏僻乡村游说的活动后，青年运动便不声不响地开始了。菲舍尔被称作"领袖"，他的年轻追随者们都以"万岁！"（Heil！）问候他。自1901年这个小团体扩展为候鸟协会，十年之内，该运动席卷了德国。

一幅描绘德国青年运动的最引人注目的画面表现了一群被晒黑了的北欧人穿着皮制的短裤在丛林里游荡，高唱"海盗之歌"（Landskechtslied）。对这些漫无目的的探险队（Fahrten ins Blaue）来说，他们最喜欢的时节是夏至。朗贝恩是该运动的赞助者之一，认为一年中的这个季节有一种意味深长的独特的日耳曼人气息。

我们可以想象这一情景：经过一天的跋涉之后，在黄昏时分，领导人发出信号，于是他的队伍停了下来，燃起一堆篝火。他们静坐下来，聆听"来自森林深处的声音"，感受人类灵魂深处神秘的震颤。当有人开始背诵某位受人喜爱的作家的篇章，他们紧绷的年轻面孔便容光焕发。这些作家包括朗贝恩、拉加德、尼采，或许还有斯特芬·格奥尔格（Stefan George），他早在1907年就申辩道，"民众和高级委员共同期盼**此人**！——他的行动！……也许多年来睡在你们监狱里的杀人犯中间会有人脱颖而出，实现**伟业**。"群体中那个清楚地听到远方召唤的人，会一跃而出。像他的同伴那样，他坦白自己对政治的鄙视，因为他也以"非政治"为荣。然而他的演说肯定了两种基本的政治态度，带有青年运动和纳粹主义的特征：服从领袖的渴望和行动的欲望——只是为了行动而采取行动。他高呼：

> 领袖，领导，那是我们的需要；还有服从和无以言表的伟大行动。……领导应围绕在会议之火旁进行讨论。……新的宗教应是无声的。……信念一定隐藏在黑暗中。……
>
> 我想战斗，赤身裸体做人，手中仗剑泰然自若；身后，有流星向西坠

落；身前，有风吹草动，兄弟们，这就足够了，行动吧！话已出口。[124]

正如他们之后的纳粹主义者一样，青年运动者发现，很难清楚地表述"领袖原则"的概念。当时的一本小册子做出如下描写，可以获悉神秘主义的部分内涵：

> 领袖就意味着要指出目标，引领道路，唤醒意志和力量，完满地实现它所渴望的理想。[Führer sein heisst Küder des Zieles, weiser des Weges, Wecker des Willens und der Kräfte und ein Vorbild seines Wollens.][125]

战前青年也强调与个人权利相对的**民族**的神秘关系。在有关该运动的文学中反复吟唱的片段就是后来为希特勒的宣传机器所用的词句：个人什么也不是，**民族**才是一切。对**民族共同体**的强调不可避免地导致了对争取在帝国得到表达的民主秩序的抨击，进而导致了种族主义。

渴望新的"民族共同体"的年轻人，并不能精确地给这个词下定义，但是有几点很明确。这种"新秩序"不会是自由民主式的，也不会是马克思主义式的。相反，它是一种德国的国家社会主义。只有一个强大的领袖才能把所有的德意志人联合到"真正社会主义的种族社会"中；而犹太人则被排除在外。[126]

在营火旁回荡的带有神秘色彩的词汇中，最引人注目的是"帝国"（Reich）一词。年轻的崇拜者们不想用一个定义来玷污这样一个神圣的概念。但是有一点是清楚的，即他们梦想的"新帝国"（Das neue Reich），"既不是路德的上帝的国度，也不是一个政治化的德国，尽管它包含了二者的元素。相反，它只是新一代德国人的新观念的象征。……"战后，这个词又被拾了回来。20 世纪 20 年代，一个青年组织将它的期刊命名为"第三帝国"（Das dritte Reich），另一个青年团体以同样的题目发表了一篇热情洋溢的文章，作者期待从令他窒息的民主中解脱出来："我们用慧眼寻觅，以心灵效忠，凭誓言担保。……我们执着地深信：清算的那一天终将到来。……"[127]

公正地讲，我们必须指出战前的青年运动也有其他倾向。一个倾向是以高度的理想主义和宽仁的善意为特征的。和平主义者弗里德里希·威廉·福斯特（Fredrich Wilhelm Foerster）对这一倾向给予了精确的表达：

> 青年运动是盛开在德国冬天冷硬的雪地上的雪花莲。……**青年运动**（Jugendbewegung）是德意志民族的道德复归，德意志民族的灵魂又回到它最优秀的传统中。[128]

然而从史实看，未来的世界是属于追逐权力的好战分子，而不属于成为德国冬天坚硬的冰雪地上的雪花莲的那些人。在令成千上万德国人记忆深刻的年轻时代里，影响他们的并不是运动的温和方面。

一个在候鸟协会表现活跃，后来参加纳粹组织的年轻人显示了他童年经历与他后来参加纳粹党之间存在的联系。"我们都知道，高中时代我们都参加的青年运动是革命性运动的开端……这一运动在希特勒更为无情的革命运动中达到极致。"[129]

然而，那残酷的革命还在等候着希特勒。同时，希特勒那一代人将开始他们年轻时代最惊心动魄的经历：一战中的"挖战壕战争"。

第三帝国的诞生，1918—1933

> 所有从内心深处感受到德国需要的人都在等待救世主［Erlösor］，千万颗心灵带着最强烈的渴望，在想象他的模样，千万个声音在呼唤他；唯一一个德意志魂魄在寻找他。
>
> ——库特·海塞（Kurt Hesse）（1922年）
>
> 那是我们时代的奇迹，你们已经发现了我。在数百万的人群中你们已经发现了我！我也发现了你们！那是德国的好运！
>
> ——阿道夫·希特勒（1932年）

德国在"一战"中的经历与战争后果对后来希特勒在政坛上的崛起具有

重大意义。战后德国社会处于混乱和充满仇恨的状态,整个社会渴望复仇,并在寻找一位救世主,他将取代被唾骂为叛徒和无能者的共和国政府。希特勒将他在维也纳那些日子开始产生的、以憎恨和种族化的民族主义为特征的意识形态植根于这个社会的肥沃土壤中。战争中的战役和战后年月,为希特勒提供了"新人",他们成为了纳粹主义的先锋。

"一战"的遗产:民族主义、社会主义、极权主义和"新秩序"

> 在为我们的民族生存而战的斗争中,1914年的新思想诞生了,它是德国的**民族共同体**(Volksgemeinschaft)观念,是国家社会主义的思想。
>
> ——一名德国士兵(1918年)

就在希特勒死后不久,在"二战"废墟中,当时在世的德国最伟大的历史学家写下了一篇思想深邃的文章,试图回答自己提出的令人痛苦的问题:"每个人都能完全理解在第三帝国的12年间降临到我们身上的恐怖灾难吗?"[130]梅内克断言,希特勒成功的一个关键因素就是他把"一战"的两大遗产以一种巧妙的方式融合在一起:他以社会主义和民族主义自我标榜,这两种主义是当时欧洲历史中最强大的力量。

在20世纪前叶,各种形式的社会主义在欧洲崛起。长期战争总动员的要求和战争后果导致的社会和经济混乱,产生了极为庞大和复杂的问题,以至于19世纪自由放任的经济政策无法解决这些问题。各地均以"战时经济"或社会主义,或者战争状态中出现的异常为名加强了政府的支配与控制。无论是在战胜国,还是在战败国,对战争的狂热与对和平的失望所强化了的民族主义决定了当时的内外政策。

凭借他对那个历史时刻民族情绪的显著洞察力,希特勒给心神不定的德国人提供了某种无论是政治上的右派还是左派对手都无法提供的东西。共产主义者不是民族主义者,保守的民族主义者不是社会主义者。希特勒宣称他既是民族主义者,又是社会主义者。他的党是战后德国唯一承诺要为两个派别提供好处的群众政党。他以一种既极端又保守的计划把整个社会主义和民族主义综合起来。他给他的运动确定的名称充分显示了他的政治敏锐力,他称之为国家社会主义。

早期的极权主义是战争的另一个遗产,希特勒对其加以利用并把它发挥到可怕的极致。20世纪的极权主义包括很多内容,其中之一是拒绝中庸而酷爱完全(彻底)的思维习惯。当人们倾向于以确保"彻底胜利"的"总体战争"和"总动员"来思考问题时,这一传统在"一战"中被发扬光大。然而,《凡尔赛条约》带来的似乎是彻底的灾难而不是希望的胜利,于是德国经历了一次可怕的思想真空——极权主义理论努力去填充的真空。希特勒,本世纪最著名的"极端简化者"(*Simplificateur terrible*)对要求解决问题的呼吁巧妙地做出了回应。

极权主义也专门研究了通过对群众情绪的有计划操纵来控制群众的技巧。在战争期间,民族国家再度发现了来自修西底德斯(Thucydides)的古代智慧:"战争中,理性是第一损失(casualty)。"所有国家都大规模地运用非理性的力量去号召民众。各地战争宣传都强调民众精神上的忠诚:热爱国家,毫不犹豫地献身于国家,强烈地憎恨敌人。

随着死亡和毁灭的可怕代价的增加,在年复一年的痛苦经历后,每一个好战分子试图通过宣布自己理由的完全正确性和敌人的绝对邪恶来为屠杀寻找借口。人类亲眼目睹了一次前所未有的大规模的"憎恨总动员"。这是"全国范围内对民族情绪进行系统控制的第一次现代尝试"。[131]

希特勒沉迷于这一过程。在《我的奋斗》中,他显示了他认真研究操控群众中学到的东西。他专门为"战争宣传"写了一章,并总结道,"只有在战争中,才能显示出正确运用宣传会导致怎样无比重要的结果"。[132]他打算有效地利用那些经验教训。

对民众情绪的系统控制还存在另一种方式,该方式在第一次世界大战中帮了极权政府。因为与专制政权的古老形式不同,现代极权的特点之一即是从群众的支持和赞同中获得政权的合法性。[133]战争呈现了一个在第三帝国将得到完善的观念在早期的清晰发展:群众的"自愿强制"(voluntary compulsion)。在战争时期,这一短语与实现爱国主义的责任感相关,在希特勒时代,当国民被迫对一种专制形式表达自愿而狂热的赞同时,这一短语就变成了对压迫的一种预示性的委婉表达方式。被希特勒制度化的"自愿强制"混淆了人们区别自愿与强制的传统看法。通过熟练运用恐怖手段和"高超的宣传技巧",他获得了对民众的强有力控制,以至于他们不仅顺从压迫,而且以高声呼喊来表示他们的赞同。

"全民总动员"是经济上的,也是心理上的,它使政府规范了公共和私人两个领域。尽管所有处于战争状态的国家都有这种现象存在,但是没有一个国家像德国政府的干预那么全面和有效。在德国,这种体系被称为"战时经济"或战时社会主义。一位著名的历史学家写道:"从1914年相对自由的经济状态起,1918年德国出现了一个完全军事化的国家社会主义经济,在这种经济体系中,政府的控制与支配覆盖了经济生活的各个层面。"先例对未来是重要的,纳粹党的经济体系主要是从战时经验获得了重要启迪。[134]

因此,从1914年到1918年,德国人体验了纳粹极权主义政治的三个本质要素:全体效忠;强制并支配公民生命财产的国家权力;以及将合法性建于民众意志基础之上的全新形式的独裁政府,该政府用高明的技巧控制着民众意志。

此外,在每一个好战国家都曾盛行的极端主义,似乎在德国产生了特别的毒害,其表现是,在德国已有一种屈从于"永远的非此即彼(不是/就是)"的倾向。在战争的最后阶段和它导致的直接后果中,异性相吸尤其能被体会。伴随摧毁一切社会体制的冲动,拼命挣扎和绝望的感觉与过分自负的期望,即一个"新秩序"会解决德国所有问题的希望相互斗争。哪种态度也无益于正在挣扎中的年轻共和国。

1918年德国惨败之后,许多德国人开始期待由尼采所描绘的毁灭的实现。他们从失望转为愉快地期待:革命会建立一个爱国者梦想的、长久期待的帝国。在失败和革命的那段黑暗日子里,人们以不平常的热情重述一位新的巴巴罗萨即将到来的不老神话。战争的经历也以其他方式培养了这种孩子气的想法。只有一个辉煌的新社会的到来,才能证明战争带来的绝对恐惧和巨大的牺牲是值得的。这个新社会将继续保有战争时代同志般的奉献与合作。战时的经济动员推动了爱国的社会主义的思想发展。人们希望在新秩序中有这种爱国的社会主义。在新秩序中,"服务于国家和民族的经济为一个新德国的经济和道德大厦奠定了物质基础"。

回顾起来,战壕中的士兵,也为树立所谓的"前线社会主义"基础之上的新秩序,起到精神上的促进作用。因为据说在前线,士兵经历了一种"彼此之间亲密而温暖的感情。民族(Volk)的所有成员紧密团结在一起的感觉……一个所有的社会、政治、宗教和文化差别变得完全消失或者毫无意义的共同生活"。一位作家将这种"战壕里的社会主义"视为一次真正的革命——法国1789年大革命的回应:"在为我们的'民族'的生存而战的过程中,1914年新的思想诞生了,它是关于德国人的组织,民族共同体(Volksgemeinschaft)和国家社会主义的思想。"[135]

对一个即将到来的新秩序、新帝国和"民族共同体"的确立来说,信念是伴随着强烈的宗教色彩建立起来的。1918年的政治浪漫主义者——极像从前的浪漫主义者——渴望一个新宗教的诞生:"德国民众和德意志民族的精神组织:日耳曼圣体(the corpus mysticum Germanicum)"。在这个新宗教里,罪和责任的概念将被集体化。"我们不是作为个人在上帝面前接受裁判,"一位新浪漫主义者写道,"而是作为一个命运的整体,种族和血统的整体去接受裁判。"[136]

当希望与期望的呼声越高,魏玛共和国的苍白现实似乎越来越令人唾弃。诞生于失败与民族耻辱中,踯躅于经济和心理重担下的魏玛共和国太软弱而无法承担重任。

"新人"与"十一月罪犯"相比

"一战"促使希特勒的极权思想为人们所接受。它也为他的运动提供一种特别的人才:新人,他们像希特勒一样在西线作战,形成纳粹党领导集团中压倒性的大多数。[137]

1914年一个很快就牺牲在马恩河畔沙隆的年轻法律系学生,在写给家人的信中说:

啊！我终于接到了命令。明早八点，我就去报到……我们一定会赢……在志在必得的意志面前没有其他可能。我亲爱的家人，自豪吧！你们生活在这样一个时代，这样一个国家，你们有权送自己所爱的人参加这场辉煌的战斗。[138]

因而，那个不为人知的奥地利志愿者，充满着狂热的激情，跪在地上，为战争的到来感谢上帝，并不是个例外。数以千计德国青年欢呼战争的到来，并热切地抓住保卫祖国的战斗机会。人们深信他们事业的正义性。即使是和平主义诗人恩斯特·托勒（Ernst Toller）在他的回忆录中也写道："那时我感到骄傲，我终于成为一名士兵，一个有权为祖国而战的人。"[139]

当欢呼歌唱的人群出发去前线时，只有一个想法在困扰他们。每个人都知道，战争将在一个月左右的时间里结束，他们也许来得太迟而无法分享这一光辉时刻。当战争年复一年拖下去时，年轻的激情消失殆尽。恩斯特·荣格尔（Ernst Jünger）的战地日记记录了一个可怕的转变。作为一名敏感的理想主义志愿者，当看到散发着臭气的腐烂尸首时，他感到恶心不已。在一个可爱的四月天里，他用诗写下他的同情：

我相信，上帝赐给我们这一天
本打算让我们做些比杀戮更好的事

在两年的战斗生活中，那个19岁男孩被变成了一个残酷无情的刽子手，一个身有20处伤口的老兵，一个功绩勋章（Pour le Mérite）①的骄傲佩戴者和风暴大队的指挥官。后来他在回忆录中写道（战后这本回忆录出售了数万册）：

---

① 功绩勋章，英语作 Order for Merit，1740 年弗里德里希大帝所设置的普鲁士功勋勋章，分为军功章和科学及艺术成就勋章两种。——译者注

> 愤怒、酒精、嗜血召唤起我们情感的骚动。我被一种愤怒燃烧着,这愤怒抓住了我——抓住了我们所有人——以一种无法解释的方式。一种无法抗拒的要杀人的欲望使我胁生双翅。愤怒使我眼中淌出更痛苦的泪水……只剩下最原始的冲动的力量。

而且他宣称他所说的"新人"(New Man)在西线战斗中诞生。既然我们在自由军团和纳粹主义中一再看到"新人",我们最好也介绍一下:

> 这就是新人、风暴战士、中欧的精英。一个全新的种族,狡猾、强壮、极富目的性。远在他们背后等待的……国家内部已被新人的攻击弄得四分五裂——新人是为战争所证明的勇敢的人,既对自己也对他人无情的人。战争不是结局,它只是对权力的呼唤。它是一个熔炉,将世界打造成新的形状,组织成新的团体。新的形式要用鲜血来锻造,权力必须用武力来争夺。[140]

当然,这并不是说那些"新人"的态度是"一战"德国士兵态度的代表。在埃里希·玛利亚·雷马克(Erich Maria Remarque)的《西线无战事》(All Quiet Qn the Western Front)中,可以发现用来挽救荣格尔的解毒剂。但是雷马克在以后的时代才流行起来。他不是在战争刚结束那些年里德国老兵的代言人,他是从相对和平的1928年开始的人道主义精神的代言人。[141]

面对1918年的战争失败这个突如其来的消息,德国人毫无准备。爱国者四处散布这样的故事,即军队从来没有真正在战场上被打败过。相反,像瓦格纳的齐格弗里德一样,祖国被出卖,中了"十一月罪人"的暗箭,即被那些国内的犹太叛徒和其他革命者出卖。这个故事很神秘。有些事情一再被指出,早在革命之前,最高指挥部便已认输;在战争年代,它施加了对文官政府的军事、政治和经济的控制;最终,是鲁登道夫将军强迫一个不愿意这么做的文官政府去追求和平。然而传奇历史的重要性并不在于它是错的,而是因为它**被认为**是真实的。在诞生于耻辱和受伤的自尊中的理性不断发展的过程中,德国的爱国者相信，或开始彻底地相信，军队从未失败过。除了一个真正的事实：即士兵们不顾一切地希望人们相信这是事实外，另有两个因素也支持了爱国神话的制造者们：由军队设置的遍布各地的有效的宣传机构；共和政府试图通过谄媚来博得老兵支持的拙劣尝试。

新政府颁布的一本令人难以置信的小册子告诉士兵：

> 一个新德国向你致意！……也许你没有作为彻底粉碎敌人的胜利者返回……但是，你也不是被征服者，因为战争是按国家领导者［Reichsleitung］的意愿而停止的……所以请高昂你的头。[142]

我们不难预测前线战士返乡之后的态度。他深信，在这场残酷战争中战斗了四年的军队，在背后受到了懦夫和国内和平主义者的攻击。

"耻辱条约"

在军队爱国者看来，通过签署令全体德国人唾弃的《凡尔赛条约》，共和国再次继续了它的叛国行为。1919年5月当该条约的条款公布时，发生了大规模的示威。国家经历了一段时间的哀悼期，电影院、剧场和其他娱乐场所被迫关闭。在"凡尔赛条约日"那天，全德国的学校都悬挂了黑旗。

回顾这段历史，在德国民主失败和战后数年之内军事独裁崛起的根本的政治原因是德国人对这个"耻辱条约"（卖国条约）的反应。有着准确政治直觉的希特勒，在数百次激情演讲中，重复着这一不变的主题：祖国被出卖；"十一月罪人"对《凡尔赛条约》的耻辱负有直接责任。"多少次，哦，多少次，"后来他苦想到，"我讲过关于《凡尔赛条约》的事情"。

有一点也经常被指出，事实上，该条约并不像德国爱国者痛述中所说的那样苛刻，如果德国赢得"一战"，施加于协约国的条约会更极端地苛刻。在1918年2月德国抛给俄国的《布列斯特-利托夫斯克条约》（Treaty of Brest-Litovsk）中，可以发现支持这一观点的证据。根据该条约，德国控制了从北极到黑海的广大地区。德国甚至计划确立对芬兰、爱沙尼亚、拉脱维亚、立陶宛、波兰，或许还有对乌克兰和格鲁吉亚的统治。通过该条约，俄国丢失了25%的领土，40%的人口，70%还多的工业生产能力。"在历史上从未有过，"国民议会（Reichstag）的一位成员承认，"比这次更伟大的政治吞并"，很少有条约受到这样的广泛的欢呼。一家基督教权威报纸，《全国路德新教教会报》（*Allgemeine Evangelisch-Lutherische Kirchenzeitung*），反映了举国的热情，摒弃了没有吞并的和平想法，并将该条约作为上帝对德国有着特殊意志的例证：

> 没有吞并和赔款的和平！这是人的解决办法……但是，上帝要求另外一种方法……而且俄国最终不得不放弃那无数的战利品：800部机车和800辆装满商品和物资的车，上帝也知道我们需要这些。所以出于他最慷慨的恩赐——因为上帝是富有的——他给了我们2600门加农炮，5000挺机枪和200万发炮弹。他还给了我们来复枪、飞机、卡车和更多的东西。

德国的政治、军事领导人宣布的战争目的也证明，一个胜利的德国从失败的盟国中本应得到那种条约。战争目的不仅是征服东欧，还要主宰西部。比利时、低海拔国家和工业法国都会进入德国控制之下，英帝国和非洲的大片领土也会遭受同样命运。

但是德国人忘记了他们自己的失利，指望能把威尔逊的调停和"无胜利的和平"的想法严格地加以应用。他们很快就意识到自己的错误。胜利者信誓旦旦地表示保护"民族自决"的权利，而实际上却忽视了德国居民的愿望，将土地让给波兰和捷克斯洛伐克。条约答应公正解决对殖民地的所有权问题，但是德国的殖民地却被胜利者夺走。该条约建立了一个新的世界组织，而德国被排除在外。条约计划裁军，但是只有德国被迫裁军。条约最可恨的部分是231条，这一条要求德国承认很明显并非事实的东西：只有德国为挑起"一战"负责。德国受到封锁的威胁，直到她签署该条约。

所有这一切的结果是，德国人——全体德国人——认为他们被出卖了。如果有一个演讲能传达全国的态度，那个演讲就是德国外长布罗克多夫-兰曹伯爵（Count Brockdorff-Rantzau）在接到《凡尔赛条约》的条款时所做的演讲。他拒绝做一名站在被告席上的忏悔者，仍旧坐着发表如下特殊的言论：

>关于我们失败和无能的程度，我们不存在任何幻想。我们知道德国军队的力量垮了。我们知道我们面对的憎恨有多么强烈，我们已经听到了胜利者愤怒的要求，作为被征服者，我们必须付出代价，作为有罪的人，我们必须受到惩罚。
>
>胜利者要求，我们要承认独自对挑起战争负责。从我嘴里说出这样的话将是谎言。我们绝不是试图推脱要为"一战"而承担的任何罪责，因为它已发生——但是可以说，战争的发生，并不是德国一国的错误。……我不想用指责来回应指责。战争中的罪行也许不是不可原谅的，而他们是在为胜利而斗争的过程中犯下的……当我们……处于这样一种狂热之中，我们的良心变得迟钝了。那些因为封锁而在十一月事件中死去的成千上万的非战斗人员，是在我们的对手赢得确定无疑的胜利之后被冷酷而有预谋地杀害的。当您谈及罪行和赎罪时，请别忘记这些。

威尔逊聚精会神地听着演讲，克里孟梭愤怒得面红耳赤，劳合·乔治放声大笑，博纳·劳连续打着呵欠。[144]

近代历史一个较引起人们兴趣的心理现象是德国人对待"战争罪责问题"的不寻常看法。德国人似乎完全沉迷于这个问题。在西方历史学家和盟国的政治家们放弃那个认为德国是唯一的罪魁祸首的站不住脚的观点之后，很长一段时间内，德国人仍旧对这个问题痛骂不止：他们不断书写、思考、讨论它。[145]例如，1925年，一位德国图书出版商公布了一个书单，指出共有2300多本书的书名与"一战"起因有关。有一份名为"发动战争罪责问题"（*Die Kriegsschuldfrage*）的德国杂志，唯一的目的就是否认德国的"罪责"，通过控诉条约为德国辩解。这本杂志创刊于1923年，一直出版到1934年。对于那些愿意读一些轻松一点的作品的人来说，大众化的噱头使这一问题受到他们的关注。一位出版商为出售一种可以一页页撕掉的日历，做了这样的广告："这份日历每日用文字和图片显示,德国的掠夺……'战争罪责'的谎言遭到日常标语激烈的反驳。"另一位企业家投资于使战争罪责问题大众化的事业,他出售玫瑰珠链,每一颗珠子都献给一位宣称德国无罪的"祈祷者"。为什么在每一位尽责的盟国历史学家和政治家都不再谈及这一问题之后很久,德国人还一直纠缠不休?有一点应该强调,即德国人他们自己坚持用一种更刺耳的道德腔调来述说这个问题。

为什么?这个明显的难题再三带来问题并引发人们的深思。关于战争罪责的争辩具有一种惊人的大众化和长期化,其根本原因很可能出于心理因素。就像关于匕首刺背的传说一样,这一争论也不是通过理性论证来支持的。深切地执迷于这两个神话暗示了它们具有转移民族耻辱感和震惊感的重要心理功能。德国人并不为引起战争而感到耻辱,因为他们深信,他们是无辜的。相反,他们的耻辱来自于战争的失败。突如其来的、从未预料的、令人蒙羞的失败使德国人产生强烈的混乱、震惊和自责感,通过讨论关于战争罪责的指控和对它的公然否认,德国人转移了上述那种强烈的情感。我们认为,这个问题之所以被热烈地讨论如此之久是因为它把人们的注意力从焦虑的真正原因——个人和国家的失败——转移走了。与面对失败的现实和失败的耻辱相比,去证明一个道德指控的错误是最容易也最令人舒服的。因而,战争罪责神话成了"匕首刺背"传说的一部分,成为维护民族自尊心的一种手段。它使德国爱国者深信,他们是这场无缘无故的侵略战争的无辜受害者和背后中了叛徒暗箭的英勇胜利者。

所以毫不令人惊讶,返乡的老兵——战壕中的"新人"——的日记和回忆录充满了对共和国的憎恨。在众多的例子中,可以举出两个。一位在1914年还是十几岁的志愿者士兵,现在已变得内心坚强,他在1919年1月21日的日记中写道:

> 我会在日记中记下……我不会忘记那些充斥着罪行、谎言和兽行的日子。……总有一天,我会把真相告诉人们,撕下所有脸上写满可怜和同情的人的面具。……[146]

另一位加入埃尔哈特旅（Ehrhardt Brigade）的老兵，在波罗的海战斗，后来随希特勒在1923年行进到慕尼黑的统帅礼堂（Feldherrnhalle），在他激情似火的散文中表达了他的忠诚：

> 从革命中诞生的政府——无论它给自己制定什么宪法，而且无论谁做政府首脑——永远是我们的敌人。它第一年的力量就是卖国、怯懦、撒谎、腐败、软弱和自私。……从革命经验可以得出这样的想法，我们未来十年的任务是：为了帝国！为了民族！打倒政府！结束民主共和国！[147]

这就是那些在心理上还不能"复原"的老兵的看法。历史记录中几乎没有比这还要辛辣的讽刺：魏玛共和国竟然雇佣这些人去拯救它于危亡之中。

革命——共和国——独裁统治

> 这是一场没有革命者的革命……产生了一个几乎没有共和党人的共和国。
>
> ——佚名

德国第一次民主实验开始于1918年革命。如同革命一样，这是一个令人相当失望的事件，几乎缺乏民主这一思潮的所有特征。困扰其他政府的腐败低效，在革命前夕并不是霍亨索伦王朝的特点。而且德国的知识分子与其他思想家，如洛克、罗斯福、杰斐逊、赫尔岑或毛泽东不同，他们并没有背弃政府，仍然认同政府。通常情况下，革命往往是急遽转向极左。但是这次革命却是逐步向左转。这是一次没有喜悦、没有歌唱的革命——或许是历史上唯一没有歌声欢呼的革命。

一般而言，成功的革命要有革命者，然而新政府的领导人中没有这样的人。弗里德里希·艾伯特（Friedrich Ebert，1871—1925）——行为举止看起来仍像过往成功的小商人——是革命共和国的领袖。1918年11月9日共和国被宣布违背他的意愿。五天前，他恳求军队去挽救君主政体。因为他相信这是革命的唯一选择。五天后，他又开始痛恨这个想法："我一点也不想这么做。"

他在事件前夕说过："我憎恨它，如同我憎恨罪恶一样。"[148]

从真正意义上讲，1918年没有发生革命。确切地说，政治变化发生在最高层，毕竟总统取代了皇帝。但是基本的社会制度和价值模式没有受到什么影响。① 控制着帝国和极力促使"德国状况"出现的力量仍旧困扰着共和国；军国主义思想仍旧在全国盛行；革命没有动摇容克贵族和鲁尔财主的地位，这些贵族仍然控制着工业、银行和农业；在中央和地方，在外交和法律部门，帝国的官僚机构未被触动；知识分子们仍旧"唾弃政治，嘲弄国会"；专制家族和学校继续向孩子、学生灌输不利于民主而利于纳粹主义的意识形态。

总之，从革命肇始，民主前途堪忧。即使在常规军队被解散后，艾伯特总统认为必须召集充满种族仇恨的战士——自由军团——去保卫他那并不稳固的政府，以免受左翼叛乱的攻击，情况也并未好转。当时左翼叛乱分子席卷德国，并在德国一些主要大城市都建立了苏维埃共和国。

作为纳粹主义前锋的自由军团

到1919年夏为止——当时希特勒还是无名小卒——"自由军团"已经成为德国最重要的政治力量和未来纳粹人才和精神的最大源泉。大约50万名强壮的、具有自己风格的"海盗"以疯狂的暴行粉碎了从鲁尔到波罗的海，从汉堡到慕尼黑的左翼分子运动。经过战斗磨砺的老兵和因为年纪小而未能参加"一战"的种族主义青年，之所以为共和国服务，并不是因为他们敬重政府——事实上他们蔑视政府——而是因为他们需要钱、食物和同志友谊，以及战斗和破坏的机会。他们当中一人这样说：

人们告诉我们，战争结束了。这令我们大笑。我们本身就是战

---

① 当德国人拒绝将新政府称为"德意志共和国"时，他们表明了自己力图避免变化和保持一个词语的魔力的深切愿望，因此，他们选择"德意志帝国"。因而正统的宪法主义者认为第三帝国实际开始于1919年，那时确立了一部新的宪法，而认为第三帝国并非始于1933年希特勒夺取政权。

争。……战争就是我们生命的全部,使我们沉迷于进行破坏的诱人冲动。我们一进入战后世界的战场,如同我们过去在西线作战:当我们开始向前进攻时,我们歌唱,不顾一切,充满冒险的喜悦;战斗中,我们是沉默的、致命的、冷酷的。[149]

自由军团的主要特征毫无例外地与希特勒的冲锋队相一致。首先,"领袖原则"在战前青年运动中发展起来,如今体现在两个层次。每个军团的指挥者通常被称为"领袖"(Führer)并成为体现所有英勇美德的偶像。"领袖"也是巴巴罗萨传奇的20世纪版本,一个拟象的象征。因而,1919年在波罗的海战败的黑暗日子里,一位自由军团成员写信告诉他的姐姐:"将来一天会有一个人出来领导我们——一个统一德意志精神和力量的人!相信我……那时,一切都会好转!"[150]

第二,他们有一个不计后果的轻率愿望,即进攻,粉碎整个平庸的中产阶级世界。该运动公认的领导人对这一态度做了最为明确的阐述:

"我们信仰什么?"你问。除了行动之外,别无其他。……我们是全身洋溢着世界所有热情的一群斗士;充满了行动的强烈欲望,为行动而欢欣鼓舞。过去我们想要什么自己并不知道,而知道的东西,我们又不想要!战争与冒险,激动与破坏。一股不确定的澎湃的力量在我们身体的每一部分涌动,推动我们冲向前去。……[151]

第三,如同纳粹党人一样,自由军团成员都是种族主义者,他们将自己献身于他们所谓的"种族的民族灵魂"(Volk soul of the race)的事业。他们是疯狂的种族主义者。

第四,正如同代人一样,自由军团的战士们也梦想着一个新的德国,第三帝国。不过他们并没有对这样一个政府进行明确的政治规划。事实上,他们有意不这样做,他们的一个钦慕者暗示了理由:

> 没有什么比他们的第三帝国思想更具有高地居民（Oberländer）的相关精神的了……他们内心深处有着实现这样神话的强烈意愿——只要有人试图将其精确地定义，这一神话就可以转化成一个具体的政治纲领。

同一位作者还对这个神话进行了部分解析："在高地居民的歌唱中，常重复两个主题：神圣的民族根基和英勇的领袖阶层。这些主题一定是被这一共同体（Gemeinschaft）作为一种力量加以接受，这种力量能实现所有成员驯服的目标。"[152]

从一个不那么抽象的层次上，一位自由军团领袖阐发了他的政治纲领，在这里举他的例子不是为了文字的优美，而是因为这些话是一个关注政治问题的"海盗"思想的真实反映：

> 我们必须——一劳永逸地去打败这些千夫所指的革命败类，让他们的头扎进他们自己的粪堆呛死他们。[153]

那些"海盗"为希特勒的德国的到来做出了重要贡献，而消极作用是，他们极大地削弱了德国第一次民主实验的基础并摧毁了它。毫无疑问，他们把他们中数千名成员送上第三帝国权力的宝座。事实上，纳粹党领导集体中48.6%的人出身于士兵，他们积极参与了"一战"和战后的那些战役。[154]他们也提出了一个发展完善的种族主义领导准则，建立劳动集中营和青年纲领的想法，以及政治宣传队的构想。

但是他们的主要贡献是在精神领域。他们对人道主义价值观的蔑视和他们对权力暴行的热爱是他们为希特勒帝国提供的主要财富。

1919年瓦尔特·梅林（Walther Mehring）观察到自由军团的行动，写下一首著名的预言诗，后来成为德国最有影响的讽刺作家。他用《圣经》韵律，以讽刺手法描写了"海盗"的心理状态，预言了即将到来的暴行：

> 来吧，男孩们，让我们在……

> 嗨、嗨、嗨中开始集体屠杀……
> 气运丹田,把犹太人扔出去
> 用我们的徽章和毒气……
> 让我们出发到大众中去谋杀吧[155]

反民主的机构的设立

早期建立的机构,或是通过拒绝支持民主选择,或是以更积极的方式做出反应,为希特勒夺权之路扫清了障碍。

军队支持希特勒,因为它将希特勒视作将群众军事化的有力工具。一位更重要的军事领导人言来坦白地讲起他们在希特勒身上发现的价值,并暗示,纳粹军国主义思想,与军队的思想并无什么实质的不同:

> 军队……认为希特勒正是能激起民众……对《凡尔赛条约》产生激愤的那个人,事实上,他的大方鼓吹与他们对权力的呼唤并无二致。……[156]

当然,毫无疑问,无论指挥部产生什么想法,它都可以命令这个从前的一等兵执行它的命令。

同时,希特勒得到军队下层更热情的支持。如前所述,纳粹党一半领导人员都是参加过"一战"或之后战斗的老兵。一位未经任命的军官在为数二名士兵阐明他们追随希特勒的理由时,指出:

> 我们……既不是在进行了许多理性思索之后,也不是在深思熟虑之后,才加入冲锋队的。是我们的感觉指引我们追随希特勒。我们心中自然思考的问题是:希特勒,您是我们的伟大人物。您的言谈像一个上过前线的[人],像一个经历过我们曾经遭遇的人,您和我们一样是一个不知名的战士。……[157]

如果非要比较的话，那德国海军反对共和国的立场比陆军更坚定。一个偶然事件反映了它的态度。就在自由军团埃尔哈特旅——他们是用纳粹标志卐来装饰头盔的——在1920年卡普暴动（Kapp Putsch）期间开进柏林推翻共和政府之后，海军立即收编了这个旅。[158]

文官系统，过去曾忠心耿耿地支持普鲁士国王和德意志帝国皇帝，对待共和国却没有同样的忠诚。在政府各个部门，官员们继续酝酿民族主义和反民主的思想。从第二帝国到第三帝国这种人员和观念的延续性是引人注目的。例如，1929年在德国外交部的15个重要驻外使团中，只有一个（伦敦使团）控制在魏玛共和国任命的人手中——其他的都是由曾宣誓效忠于国王的人掌管，因此希特勒认为，无须变更人事安排来执行他的侵略政策。1933年，在赞同希特勒战争的九个外交使团的地区最高长官中，只有一个是后来纳粹政府任命的。[159]司法部内也未有任何变化。共和国接收了帝国的全部法律和它的法官。就像在这一时候德国著名法学权威指出的那样：" 在新的政府（共和国）和老帝国之间，司法关系不是一种继承关系，司法系统仍是同一实体。"[160]

魏玛共和国时期的文件清楚地表明，当时一些重要的官员认识到了希特勒的危险，但是他们的上级拒绝采取任何反对希特勒的行动。例如，1924年，巴伐利亚警局建议：希特勒应被当作有危险的外国人驱逐出境。他们的报告是预言性的：

> 一旦希特勒获得自由，他会……再度成为新的严重的公众骚乱的罪魁。他仍将成为国家安全的持续威胁。

该报告的结果就是，巴伐利亚国家律师提出了正式的抗议，反对希特勒获得假释。但是巴伐利亚司法大臣弗兰茨·居特纳（Franz Guertner）干预此事，并命令撤销所有抗议。通过假释，希特勒被释放，也没有被引渡。居特纳在1933年被任命为帝国的司法部长，并一直在任至1942年逝世。[161]

事实证明，帮助希特勒掌权的官僚机构对他建立独裁政权也是必不可少。"如果没有上万文官的技术支持和上百万民众的默许……共谋与沉默，而非拒绝与异议"（这正是希特勒独裁统治早期的关键年月里德国官僚机构的特征），希特勒根本不可能巩固他对德国的控制。[162]

宗教机构也帮了希特勒。新教教会普遍敌视共和国。牧师们在讲坛上高喊反对"耻辱条约"，认为只有出现一位强有力的全国领导人才能废除该条约。随着希特勒的到来，他们继续他们的传统说法，将宗教宣讲限定到狭隘界定的个人忠诚，强调"内在的人"的义务，并从路德那些著名的重要言论中寻求启示，"政治不是教堂的关注所在"。许多基督徒开始毫不怀疑地接受希特勒的宣言，他的运动是针对共产主义的唯一选择。布罗伊尔（Breuer）神父的话代表了许多基督教教友的看法，他说他加入纳粹党是因为教堂需要一个强有力的反对"无神论的共产主义和唯物主义"的支持者。他"全心全意地支持纳粹主义"直到1943年斯大林格勒战役失败。[163]路德信徒发现很难对希特勒的反犹主义提出异议，因为它与路德关于犹太人的明确观点是如此相像。

同新教徒的伙伴相似，天主教领导者也基本上是保守的，大部分是君权论者，对自由民主不信任。同新教徒一样，他们无法认识到希特勒的危险，而当面对他时，他们也无能为力。天主教教区传教士法尔坎（Falkan）神父的证表明了他的态度：

> 我必须承认，我非常高兴地看到纳粹党上台执政，因为那时作为一个天主教徒，我认为希特勒是一个敬畏上帝的人，他能够为了教会同共产主义作战。……纳粹的反犹主义和反马克思主义对教会很有吸引力……是对在1920年不断发展起来的异教徒挑战的平衡。[164]

有一点必须强调，在希特勒实行独裁统治之后，许多基督教神职人员个体——包括新教徒和天主教徒——反对纳粹党的残酷暴行，并为他们的信仰而殉难。然而，在希特勒掌握并巩固政权的过程中基督教会所扮演的角色形成了宗教史最可悲的一页。

除了几个显著的例外，新闻媒体是反对共和国而欢迎希特勒的。最突出的是，无论如何也称得上是魏玛共和国最有影响力的时事评论家就是这样做的。阿尔弗雷德·胡根贝格一直对民主政府所采取的每一个立场进行持续的、辛辣而有力的抨击。胡根贝格曾是克虏伯的总经理，兼泛德意志联盟的创建者之一。在战争中他支持德国最富有侵略性的战争计划；失败之后，他把他的财产、组织能力用于推翻民主的使命。他购买了柏林一份重要的报纸、新闻影片制片权，以及一个为省一级新闻机构发送消息和政策社论的新闻机构。他以某种方式控制了拥有数百万读者的1600多种报纸。他还拥有德国最大并且最具影响的电影公司，UFA（Universum Film Aktiengesellschaft）。这家公司控制着电影播放权以获得剧院的收入分成。1928年希特勒陷入财政困境时，胡根贝格成为他的资助者。1933年经济危机时，他帮助希特勒提高了支持率。他答应在希特勒领导下的内阁工作，以使这个"波希米亚下士"提出的政府理念更符合权力机构和不大情愿的总统兴登堡的心意。[165]

其他具有影响力的记者也为希特勒提供了帮助。《莱比锡新闻报道》的编辑和出版商在与希特勒长时间谈话后都深深地被他打动。他们相信，任何"毛刺"都会被轻易去除，而像兴登堡、冯·巴本（von Papen）和胡根贝格这样的人也会停止愚蠢的行动（用理智思考办事）。《德意志共同杂志》赞同并且支持希特勒是个反社会主义者，强烈要求他"凭借他的能力和热情进入掌权者的行列"。所有人都认为过于严肃看待他的反犹主义是不明智的，并且都发现他对魏玛共和国来说是一个非常合宜的选择，他们把魏玛共和国称为"政党老板们令人作呕的统治"。[166]

德国教育体系仍旧是专制主义和民族主义性质，并且与民主不一致。从学校教师欣然欢迎并支持希特勒的行为中，一定可以推断出来他们带到共和国教室的课堂上的态度。在所有纳粹党徒从事的职业中，教师——尤其是小学教师——成为远远超出其他群体的最大群体。大约有97%的学校教师成为纳粹党成员或被其接纳，他们中许多人占据了第三帝国颇有影响的位置，这其中就有海因里希·希姆莱和尤利乌斯·施特莱彻（Julius Streicher）以及纳粹党的3000名地方领导人。总之，纳粹党的领导集团中有30%的人曾做过魏玛共和国的学校教师。[167]

在共和国时期，学校儿童以很多明显的方式被告知了过去的辉煌与现在的耻辱：皇帝、名将还有俾斯麦的画像，仍旧以严厉的目光俯视着悬挂帝国匡旗和以帝国标志装饰教师先生们椅子的教室。即使到了1926年还需要国会的一名成员提议共和国的黑、红、金（黄）三色旗帜应被允许在德国学校的上空飘扬。没有与共和国的自由传统相关的节日。学校生活里两个最值得怀念的日子也不是用来培养民主观念的。在6月28的凡尔赛耻辱日，中小学校和大学都悬挂黑旗。1月28日仍然以壮观的激动人心的军事检阅来庆祝俾斯麦帝国的创建日。没有庆祝共和国建立的日子。事实上，在共和国建立的某个周年纪念日上，弗赖堡大学的校长却用这一时机去指责艾伯特总统，说他是"篡位者""大卖国贼"。[158]同时，在大学里，那些决斗社团仍继续支配大学生的生活。学生们同爱国教授一起嘲弄共和国，培养了一种极端的种族化的民族主义，同时常常带有反犹主义的情绪。

在一次重要的全国选举前夕，是纳粹党为最后夺取权力进行斗争的日子，来自德国所有大学的3000名教授签署一份宣言，表达了对阿道夫·希特勒的信任，并承诺他们支持他。这些签名者并没有什么伟大的学术声誉，但是事实上那些德国知识界受敬重的人也没有反对这份宣言。他们保持沉默，因为他们不希望被卷入任何像政治那样污秽的东西。如同在大学圈子里一句俗语说得那样，"谁关心政治，谁就没有文化；谁有文化，谁就不会关心政治。"[159]

魏玛共和国知识分子

魏玛共和国的文化生产呈现一种令人惊异的反常现象：就在德国正领受它在历史上最具创造性的文明成果时，危险的破坏性力量发挥了重要作用。人类努力进行创造活动的各个领域，如同几个有代表性的名字一样令人吃惊：在建筑学领域，瓦尔特·格罗皮厄斯（Walter Gropius）和鲍豪斯（Bauhaus），在社会研究中，马克斯·韦伯，卡尔·曼海姆（Karl Mannheim）、弗里德里希·梅内克（Friedrich Meinecke）和法兰克福学派；在音乐方面，理查德·施特劳斯（Richard Strauss）、保罗·兴德米特（Paul Hindemith）、库尔特·韦尔

(Kurt Weill);在神学和哲学中,保罗·蒂利希(Paul Tillich)、卡尔·巴尔特(Karl Barth),恩斯特·卡西雷尔(Ernst Cassirer)和埃德蒙·胡塞尔(Edmund Husserl),马丁·海德格尔(Martin Heidegger);在科学领域,马丁·普朗克(Martin Planck)和阿尔伯特·爱因斯坦;在戏剧界,马克斯·雷曼(Max Reimann)和莱奥波德·耶斯纳(Leopold Jessner);在电影界,弗里茨·朗格(Fritz Lang)与G. W. 帕普斯特(G. W. Papst);在文学界,有托马斯·曼和海因里希·曼(Heinrich Mann)、贝托尔特·布莱希特(Bertolt Brechts)和戈特弗里德·本(Gottfried Benn),还有奥地利的弗兰茨·魏菲尔(Franz Werfel)、胡戈·冯·霍夫曼斯塔尔(Hugo von Hofmannsthal)和赖纳·玛丽亚·里尔克(Rainer Maria Rilke)。

然而所有这些文明成就对发展政治自由和民主体制并没有任何助益。事实上,在对革命的短暂热情过后,本来希望支持共和国的知识分子转而反对共和国。恩斯特·卡西雷尔,一位颇有影响的哲学家和时事评论家,认为共和国"只是一个大骗局"。其他人,像当时德国最伟大的历史学家,弗里德里希·梅内克,至多也只是表示温和的认可,自称为"理性的共和人士"(Vernunftrepublikaner),他们对共和国既没有热情也没有信念,只是将其视作理性的需要而容忍它。梅内克和一位朋友的谈话充分地表达了他们的立场:"对议会民主来说,德国人还不够成熟,尤其是在《凡尔赛条约》的压力之下。从一开始时,我就屏息自言自语地说了这些。"对1918年革命变化的鄙视被简化成一个短语,知识分子称之为"所谓的革命"。[170]

1971年秋天,一群年轻时参与过魏玛共和国文化生活的著名的德国移民在纽约聚会,描绘他们的经历。那情景不无悲伤。汉娜·阿伦特(Hannah Arendt)回忆说,作为一名大学生,她感到"价值观的全面崩溃"和对某种新东西的普遍期待正在升起,但是这种感觉并未产生乐观主义:"魏玛共和国注定要衰落。"她和她的朋友们都"对魏玛共和国投以轻蔑的态度"。接着她又加了一句令人印象深刻的格言:"轻蔑是一种潜在的革命力量。"西德电台的伊沃·弗伦策尔(Ivo Frenzel)认为"空气中弥漫着启示录的味道",并指出他那一代人对社会痼疾的病态着迷,这在托马斯·曼的《魔山》(*The Magic*

Mountain）和《马里奥与巫师》(Mario and the Magician) 的畅销中得到反映。莱奥·勒文塔尔（Leo Loewenthal）发现魏玛共和国"从未真正明确地成为一个政府或凝聚整个社会。我们没有模式，学校孩子们脱离了过时的权威模式，却不确定要接受哪一个新模式"。时机已经成熟，德国需要一个发布命令和指引方向的新的符号体系，而"纳粹主义，尽管它可怕，但似乎是一个可以遵循的模式"。[171]

在共和国的知识界中寻找"纳粹主义根源"，已经成为历史学家中一种流行的智力消遣活动。这样的根源必定可以找到。而一直作为"德国状况"的特征并促成它的发展的那些反民主观点，至少在推翻议会政体和削弱自由社会精神中同样重要。事实的讽刺和可悲之处在于，魏玛共和国知识分子轻视希特勒，然而——经常在无意中——在推动摧毁共和国的行动时，却与他同仇敌忾，并肩战斗。

以两位自认为是希特勒仇敌的著名记者，恩斯特·尼基施（Ernst Niekisch）和库尔特·图霍尔斯基（Kurt Tucholsky）为例。尼基施是一位社会主义者，因为他的充满激愤的反纳粹主义的宣传小册子而日后饱尝盖世太保迫害，他痛恨希特勒；但同希特勒一样，他想摧毁共和国。他也谈到用一种"新的野蛮精神"（new barbarism）去剥除"魏玛共和国"的伪装的必要性。他也反对西方的自由主义，在一些像"自由"和"人类价值"这些术语上加引号。图霍尔斯基，一位杰出的辛辣讽刺家，他是重要的杂志《世界舞台》(Die Weltbühne) 的创始编辑之一，他对共和国和致力于平等与和平的自由人道的社会有着真诚的信念。但是既然他没有发现值得他支持的政党，他就一个也不加入，并且批评所有的政党。因为魏玛共和国不够理想，他就利用聪明的讽刺漫画去痛骂他们。然而事实上，通过可能并非有意的行为，图霍尔斯基对他所反对的独裁者的成功起了促进作用。当几个知识分子联合进行反对希特勒的斗争时，"图霍尔斯基却在一旁嘲笑他们。他们本应得到一些帮助，但他们从他那得到的却是轻蔑和嘲讽"。[173]

由于魏玛共和国大多数知识分子团结起来反对中间派，所以不能明确地将其区分为左派和右派。两个极端派别也存在共同点，年轻时是社会主义者的亨利·帕赫特（Henry Pachter）坦言："我们也对国家抱有太浪漫的想法；我们也赞同共和国没有灵魂（Geist），我们也缺乏与民众的真正联系。我们也把自己视为精英分子，我们也把共和国评价为一个丑陋的东西。我们一致认为：共和国没有个性。"[174]

左派和右派的相似之处颇为重要并能充分扩展。两个群体都是强烈的反西方论者，某种程度上是因为西方强国要为可恶的《凡尔赛条约》负责，但也是因为德国知识分子是一个悠久传统的继承者。这个传统是将德国文化与西方堕落的文明相比而言的。许多人把目光转向东方，左派关注沙俄，计划征服并重新"向东推进"（Drang nach Osten）。左派和右派都倾向于驳斥知识分子，颂扬**生存哲学**（Lebensphilosophie）——一种强调情感、本能和激进的爱国主义的浪漫主义欲望。这种态度的特征就是：再度表现对早期浪漫的海因里希·冯·克莱斯特的极其浓厚的兴趣。各个立场明显不同的团体都拥护他。纳粹党称他为一个种族化的民族主义者；共产主义者称他为革命者。托马斯·曼赞赏他的幽默，宗教复古主义者被他的"禁欲的基督教"所吸引。所有人一致认为，"忠于克莱斯特的才是德国人！"为什么这种早期浪漫主义被这么多人推崇如此之久，解释这种现象时很可能会发现一个可怕的原因："克莱斯特使长期郁积于德国人心头的性生活与死亡这样的东西登上大雅之堂……关于克莱斯特改革运动只有三件事情很清楚：它的强度、它的混乱和它对非理性的高扬——它的兴奋赴死的愿望。"[175]

一个浪漫的社会幻想吸引着左右两派，无论它是无国家、无阶级社会的社会主义者的神话，还是民族主义者的第三帝国的神话。这个新帝国是人们所热切期盼的，它回应了人们内心深处的三个愿望，即建立一个没有明确形式但是由一个英雄领袖支配的新秩序；通过某种独裁式的德国社会主义解决所有经济问题；凭借一种生动强烈的日耳曼人的忠诚信念来回应精神危机和传统宗教的衰落。[176]

左派和右派都拒绝政治个人主义，并且时常带着无法比拟的强烈热情赞美政治共同体的构想或共同体本身。事实上，这件事有着特别重大的历史意义，即无论是保守的民族主义者，还是极端的革命者都支持社会主义和共同体，两派都认为，个人应该牺牲自己的利益来满足群体的需要。对保守派和革命派这种建立一个无所不包的合作互助的德意志人社会的精神渴望,希特勒做出了精彩的回应。弗里茨·斯特恩非常正确地指出,希特勒崛起中的这一重要因素既被马克思主义者忽视,也为用心理分析学解释希特勒运动的人所忽略。[177]

纳粹党对社会优于个人的强调(这体现在戈培尔提出的口号"公益胜于私益"中),有助于解释为什么如此之多的德国知识分子会加入纳粹集团。一位德国历史学家写道,"如果没有在纳粹狂潮之前的反民主的知识分子运动,正是这场运动蔑视一切自由的做法使人们对个人的不可忽视的权利和保持人类尊严的感觉变得迟钝起来",[178]他们的支持"几乎是不可能的"。

这些普遍的主题可以从三位当时最有影响力的作家的想法中得知。他们是阿图尔·默勒·范·登·布鲁克(Arthur Moeller van den Bruck,1876—1925),奥斯瓦尔德·斯宾格勒(Oswald Spengler,1880—1936)和马丁·海德格尔(1889—1976)。这三位列举了德国著名理论家和散文家恩斯特·特勒尔奇(Ernst Troeltsch)在1922年总结出德国人意识中有一种奇怪的二元性时,他所指的意思。他说,德国人头脑中有着丰富的浪漫主义和崇高的理想主义;但也有一种接近犬儒主义和对理想与道德漠不关心的某种形式的现实主义:

> 但是你首先看到的是一种倾向,即两种元素令人惊异的结合——总之,使浪漫主义变得残酷无情,而使犬儒主义浪漫化。[179]

像同时代的千万年轻人一样,默勒也参加过战前青年运动,并积极自愿加入德国军队。在战争中期和西线炮战中,他写下他的第一本书,《普鲁士风格》(Der preussische Stil)。最初书的花点封面上有一幅画,画面上是弗里德里希大帝与帝国(后来的纳粹)的黑、白、红三种颜色的组合。这本书是献给"黑格尔和克劳塞维茨的灵魂"。他的中心论题就包含在第一章里:"普鲁士是没有神话的"(Preussemist ist ohne mythos)。尽管普鲁士的伟大是无与伦比的,它还是缺少某种东西:它太实际、太冷漠、太理性。德国需要一种火焰般热烈的浪漫主义驱动,一种振撼灵魂的原动力。总之,德国人需要**神话**,"一种令生命复活的力量"。这令人想起科恩(Kohn)的评论:"纳粹主义是普鲁士精神和浪漫主义联姻的产物。"

默勒将停战视为同西方国家进行圣战的暂时休战。停战后,默勒成为六月俱乐部的共同创始人之一。这个俱乐部是以签订"耻辱条约"的那个月命名的。他将自己的生命和才华都奉献给摧毁民主和建立"新秩序"的事业。1923年他出版了他最重要的著作《第三帝国》(*Das dritte Reich*),这本书在共和国的政党政治中,比其他任何一册单行本,包括希特勒上台之前就被广泛传阅的《我的奋斗》,都发挥了更大的作用。默勒受到了各个团体的尊重。尼基施,国家的布尔什维克主义者,称默勒型的社会主义"是一种紧紧抓住我们的情绪";从纳粹党组织中分裂出来的奥托·施特拉瑟集团赞颂默勒是"一位伟大的老师",他的书是"黑暗前线的基本教科书",而克贝尔斯(Koebbels)1925年在他未出版的日记中也写道,他被默勒的作品深深地打动。[180]

1923年发表的对这本书的简短书评传达出它的某些精神。第一章关于革命,暗示背离共和国,并承诺德国一定会从失败和耻辱中胜利地站起来。第二章叙述默勒本人是怎样为社会主义所吸引。但是因为马克思的唯物主义和国际主义,他不能接受马克思主义。他倡导一种与德国传统相协调的社会主义,一种权威式的国家社会主义,必须成为第三帝国的基础。在第三章和第四章里,他对自由民主主义进行了连续的抨击,并且变换着名称来称呼它:"思想瘸疾""骗子""出卖年轻人的人"。他对共和国的憎恨是非常符合那个时代的口味的:

> 我们只能面带轻蔑地谈到那些知识分子,他们把德国民众引到这样一条路上,现在面对他们的理想导致的结果,却只能傻着脸呆站在那儿!……这些知识分子傻瓜仍旧没有吸取任何教训。他们仍在宣传他们原则的永久作用:世界民主、国家联盟、国际仲裁、结束战争、全球和平。他们既不愿看,也不愿听,也不愿承认,由于他们的罪恶,我们国家正处

于异族主宰的苦难境地。……

结尾一章,"第三帝国"充满着魔咒和神话。"记住,"1923 年他祈求,"那几个词本身就是未知的神秘……充满着不属于这个世界而属于下一个世界的感觉。"

1925 年,当德国似乎正在恢复经济和政治稳定时,看起来好像总是受人鄙视的共和国将会继续存活下去,默勒自杀了。后来,《伟业》(*Die Tat*)杂志发展了他的思想。1929 年,该杂志宣称最后危机和一个新的独裁将会到来。新的独裁政治将会建立某种国家社会主义的政府,从而实现默勒的神话。[181]

奥斯瓦尔德·斯宾格勒一直是默默无闻的高中教师,直到 1918 年的两部不大名誉的巨著之一《西方的没落》(*Der Untergang des Abendlandes*)出版。这部书的英文版(*The Decline of the West*)很有名气,在全世界范围内受到了惊人的欢迎,但是在德国,人们却以某种近乎病态的迷恋去读它。在德国,它出版后一年左右即成为最被广泛研讨的书。[182]

斯宾格勒的书中阴郁的气氛开始不断凝聚,深化成某种类似于渴望赴死的东西。当时斯宾格勒宣称西方文明必然灭亡的命运,"无休止的斗争只有一种结果:死亡,个人会死,民族会亡,文明会消失。……"然而对于德国人来说也有一线希望,尽管西方文明不可避免地会消亡,冷酷的征服者中一个新的人种会崛起在祖国。根据古老神话的提示,一种新的秩序将建立起来,这种新秩序被称作**第三帝国**,"第三帝国是德国的理想,一个永远崭新的黎明"。

书中最后发出了进行斗争、夺取权力的号召,被希特勒在上百次讲话中加以回应:

> 有史以来,从来都是生命,也只有生命——种族质量,掌权力的意志胜利,而不是真理、发现或金钱的胜利——起着决定作用。**世界万史就是**

世界法庭，它的决定从来都支持强者。……它总是为了权力和种族而牺牲真理、正义。……[183]

1914年夏，斯宾格勒完成了一部后来非常流行的，尤其是受青年人喜爱的著作底稿。事实上，研究魏玛共和国青年运动的一位历史学家称这部书为《普鲁士主义和社会主义》（Preussentum und Sozialismus），是那些在1933年左右已达至成熟的年轻人奉为"神圣经典中的一部"。[184]斯宾格勒开始了对1918年革命和魏玛共和国"十一月革命"的残酷控诉，他如此描述革命："历史上最无意义的行为。……在德国民众的心中，魏玛共和国只配遭到蔑视。人们无法不嘲弄它……未来肯定会以无限的鄙视看待这个时代。"他坚持认为，在德国建立一个议会制共和国的所有思想都是一个可笑的时代错误，与德国整个历史毫不相容。"德国的议会政体不是愚蠢，就是背叛［Unsinn oder Verrat］。"

后来斯宾格勒阐发了他的主题思想：德国人需要的不是西方自由主义，而是一种独特的社会主义，即普鲁士—德意志社会主义。

与其后的希特勒一样，斯宾格勒很崇尚塑造历史的"血的力量"，并以一种奇异的富有侵略性的方式把它同世界上其他思想混合起来："思想已经变成血要求血，战争是高级人类生存的永久模式，国家为了战争而存在。"

这本造成重要影响的小册子的结尾提出了对德国年轻人的令人激动的挑战：

我求助于青年人。我呼吁所有有血有肉的人……做个真正的男子汉！我们不再需要任何空谈，不要再谈论文化和世界大同。……

我们需要坚强，需要勇敢的怀疑论，我们需要一个社会主义超人［sozialistische Herrennaturen］，再说一次：社会主义意味着权力、权力和永远的权力［Sozialismus bedeutet Macht, Macht, und immer wieder Macht］。……[185]

马丁·海德格尔，可能是 20 世纪德国影响最大的哲学家，他对民主也只是讥讽。在政治上，他寻求在两种方式无法协调的力量——在俾斯麦的权力与尼采的精神之间，找到一种黑格尔式的结合方式。像他的许多同伴一样，他相信，只有事实上的强权政府即新帝国从上施加压力，政治力量和知识分子的创造力才能完全结合起来。1932 年海德格尔的一个崇拜者写道："一个帝国将会出现，赐予这个世界最终的秩序。在这个帝国中，普鲁士的弗里德里希和德国人的歌德将会成为一体。在俾斯麦和尼采之间不可能的、长期被阻滞的汇合会得到实现，与此相反，敌国的每一轮进攻都会被粉碎。"[186]

纳粹党徒的元首实际上并不是这些知识分子头脑里所想的那样。（即使是斯宾格勒也会感到震惊和梦想的破灭。）不过，他们珍视的思想在这次运动中得到大部分体现：**领袖原则**、**民族共同体**、**德意志社会主义**、对权力的崇拜和对武力的信仰、英雄实践主义、新秩序的神话、第三帝国的承诺。确切地说，希特勒比他们所想象的要粗野，而知识分子"证明了是他们自己梦想的囚徒"。因而在现实中，许多德国最优秀的思想人物不仅默许希特勒上台，而且还鼓掌表示欢迎。

海德格尔就是那些热心人之一。1933 年 5 月，作为弗赖堡大学的校长，他利用自己的就职演讲来向希特勒致敬，认为希特勒会实现他最渴望的德国梦，一个思想和行动的综合体。他贬损理性询问，并号召学术界致力于种族和英雄领导的神秘崇高的要求。他把学术界自由加上引号，又赞扬某种他含混而又骄傲地称之为"强给德意志民族的命运留下历史烙印的精神命令的冷酷性"。当埃德蒙·胡塞尔被纳粹党诬蔑为非雅利安人和叛徒时，他没有为他伟大的老师胡塞尔说上一句话。然而，他能够毫不费力地表达自己对阿道夫·希特勒的完全赞同。他说，希特勒的权力应该超越道德和人类法律的约束。他向学术界演讲："这些论文和思想不是你们生存的法则！元首本人，也只有他才是德国现在与未来的道德和法律。"这位哲学家运用直接从希特勒宣传机器上照搬下来的语言，公然宣布："大学最基本的目的是为元首和民众提供三种服务：劳动服务、军事服务和知识服务。它们处于同等地位。"他总结道，整个学术界必须和其他民众一起加入这场共同的战争："人类全部的意志和思想的力量，身心的全部力量必须在斗争中发展、提高并继续保持。"凭着那种精神，他使自己、同事、自己的学生都参加并致力于一个"战斗共同体"（*Kampfgemeischaft*）。

当然，纳粹党认识到了这种支持的价值，他们把海德格尔的演讲印刷并散发了上千份。他们还专门将他的名字和照片印在官方的《元首词典》（*FührerLexikon*）中。海德格尔没有表示任何反对。[188]

普鲁士学术界也予以支持。学术界有人称希特勒是人们等待已久的"克里斯玛式的权威领袖"。还有人形容他是"多利安式德国人"，有着弗里德里希的个性；格哈特·豪普特曼（Gerhart Hauptmann）是德国著名的剧作家，在他的房子上还插了一面卐字旗帜；戈特弗里德·本，德国当时最杰出的诗人，在1923年2月鼓励他的学术界同人欢迎这个"民族思想胜利……伟人出世的全新版本"，他在希特勒的极权主义国家中发现了"对自由与必需的……权力和灵魂的完全认同"。[189]

而知识分子却从未给过共和国领导者同样的称颂或支持。

通货膨胀与经济萧条的后果

两次经济危机帮助人们预测到共和国的崩溃与希特勒的崛起：1923年通货膨胀与1930—1933年的经济大萧条。

德国货币自战争结束以来一直持续贬值，而1923年1月法国对鲁尔的入侵又给德币币值造成了一次严重的灾难性下跌，以致到夏季末一直稳定的马克竟然不如印刷货币的纸值钱。统计数字不能完全表达人们的绝望，但它呈现出某些使德国人深受其苦的经济萧条现象。1977年美国人开始认为通货膨胀就是物价上涨。一磅牛肉从50美分涨到1.5美元。1923年德国1磅牛肉已经涨价到10000美元。1918年花12个芬尼就能买1磅土豆，而到了1923年夏天要花200万马克。事实上，人们无法支付吃、穿、医疗的费用，或出钱为亲人办个像样的葬礼。一个学生拿着一张支票去上大学以支付新学期食宿费用，刚到学校就会发现，他全部的钱用来买一本旧书都不够。

那些依赖于固定的收入、适度投资和救济金生活的人经历的不仅是经济灾难，而且是价值观的深刻危机。因为随着"钱币的死亡"，对个人人生哲学的信心也会随之死去。思考一下这种经历，例如，一位自豪的街角杂货店老板汉斯·施密特（Hans Schmidt）的生活。他的两个儿子和一个女儿都有着童年饥饿的恐惧回忆，如1916—1917年可怕的"萝卜冬天"（turnip winter）、1918—1919年的封锁；他们也经受到了失败、革命和《凡尔赛条约》的震动。但是历经生活的混乱后，他们在父亲的权威中发现了稳定和保证。他们相信他的价值，父亲的许诺使他们感到宽慰。他告诉他们，他们的未来是安全的。由于他努力工作、节制、守纪和节俭，他能把生意扩展到克劳斯（Klaus）。他在银行里有6万马克的存款，那意味着弗里茨（Fritz）可以上大学，而且可能成为一名医生；希尔达（Hilda）也能确保拥有她自己的服装店。然而，1923年秋季的一天，施密特先生接到一张来自当地储蓄银行的条子，说他一辈子的存款6万马克不再值那么多，已没必要登记在册。一枚邮票就抵得上他储蓄的全部数目。钱，作为安全的标记、符号和保证已失去它的价值。施密特先生关于节制、节俭、沉着、努力工作和服从的说教都是胡说，孩子们知道这一点。他们要求解决——立即的解决办法。因此，20世纪20年代德国的口号是"激进主义是大好人"。像我们后来看到的那样，成千上万年轻人都加入到希特勒的军队。

同其他德国人一样，施密特的家人要求对席卷他们的经济灾难做出解释。共和国，更具体地说是"那些投机者"，做出了反应，但那些解释都是抽象的。还需要一个更明确的谴责对象，于是他们发现：犹太人应受到责难。赛珍珠（Pearl Buck）提起了一次与一位有教养的德国朋友的谈话，这个朋友回忆她的家庭第一次与希特勒富有煽动性的宣传政策之间的故事。断送她父亲生意的通货膨胀就是由"投机者"引起的。但是有人问道：

谁是投机者？犹太人。……妈妈突然在知道如何做生意的犹太人和并不精通此道的德国人之间做出明确的区分，这是反犹的国家社会主义宣传在我的家庭的第一次反映。它把一组词语烙印在上百万民众脑海里："货币——交换——通货膨胀——和犹太人"。……当通货膨胀结束后，法西斯主义的心理准备就彻底实现了，人们的思想也就为接受纳粹主义做好了准备。[191]

接着德国人经历了有史以来最大的震撼，这次震撼增加了他们无助和绝望的感觉，使曾经稳定的中产阶级进一步极端化。这就是1930—1933年的大萧条。它对希特勒的成功具有根本性的重要意义。没有这次萧条，不管智慧、武力再强，也不可能使他登上权坛。但是非常时代需要非常解决办法。对成千上万的德国人来说，希特勒的国家社会主义和独裁主义的领导方案比民主或马克思主义都富有吸引力。即使那些不能容忍纳粹主义的人，在确认无须太认真看待希特勒"宣传"的部分成功时，也支持希特勒。因为重要的是他能解决经济困窘。

德国经济大萧条对年轻人有一个特别显著的影响。某种程度上是因为他们这一代人还没有在战争中被杀害，1930年德国步入成年的人比之前任何时候都多。"从人口学观点看，"当时一位研究者观察到，"经济萧条在最糟糕的时刻袭击了德国；此时就业正在萎缩，恰好就业人口达到战后高峰。"德国学徒制体系更进一步增强了年轻人的挫折与愤怒感。能进入各个行业的人数急剧减少。例如，在制铁业，在1925年对那些年轻学徒来说有13.2万个空缺。到了1932年，只有1900个空缺了。大学毕业生的情况也好不到哪里去。事实上，大萧条产生了一批高学历的失业的社会底层人士，他们指望国家社会主义带给他们救助和地位。"[192]

大萧条的影响远远超出了经济领域。事实上，它的最重要的后果就是加速了中间阶层的极端化，这被认为是希特勒成功的根本原因。1930年9月国民议会的选举毫厘未差地证明了经济危机与政治极端化之间的联系。如同菲利浦·谢德曼（Philipp Scheidemann）所举的一个令人难忘的比喻，这些选举说明,魏玛共和国是"一根两头燃烧的蜡烛"。在选举中,依附于中产阶级的温和政党,丢掉了他们的一大半的支持者。到1932年,所有这些政党得到的选票加起来只有11%。左派的共产党受益了,但是希特勒成为民主选举历史上最富戏剧性发展的主角之一。在1928年他的党只是一个拥有2.6%选票的分离小党,在1932年它就赢得了37.4%的选票,成为全国最大的党。[193]

希特勒对中产阶级下层的魅力

纳粹主义不是一场阶级运动。它成功是因为它是"现代德国历史上第一次真正完整的运动"。它是第一个得到社会所有阶层支持的政党,而且它在争取选票和领导人两个方面尤其依赖于中产阶级下层的支持。像施密特先生和他的孩子那样的德国人占整个政党成员的将近50%。

为什么如此多的普通德国人抛弃魏玛共和国,而去支持一个公然宣称要扼杀民主的政党?这个答案的一个关键之处就取决于德国中产阶级的心理状态,它在埃里希·弗罗姆(Erich Fromm)的一本最有价值的书中得到精确的描述,他的命题包含在书的标题《逃避自由》(*Escape from Freedom*)之中。弗罗姆认为历史学家过分强调了西方人对自主、个人和自由的渴望。在当代世界中面对生活的复杂性,人民对权威的渴望胜过对自由的渴望。毫无疑问,当面对可怕的社会和经济困难时,他们渴望从自由的责任与重担中解脱出来。这些基本上是战后德国小资产阶级的真实境况。在俾斯麦的帝国,正在成长的中产阶级乐于不必承担进行政治决策的责任的安全;它的成员自豪地将自己与独裁体制的权力和荣誉联系起来。随着帝国的崩溃,他们突然获得了管理他们政权的自由;然而自由只是给他们带来了失败和耻辱;民主政府被迫签订了一个令人憎恶的条约;在通货膨胀中它毁灭了自己;在对付经济萧条中它又显出非常无能。

两位文学家揭示了中产阶级的绝望与迷惑:在汉斯·法拉达(Hans Fallada)1932年的畅销书《小矮人——现在做什么》(*Kleiner Mann—Was Nun?*)的标题中,和格哈特·豪普特曼(Gerhart Hauptmann)悲哀的呐喊——"假如生命不再要求我们给出更多的解答，那该有多好！"无权的人通过一条途径能够获得权力：他们能以替代方式得到它。希特勒的制度体系培养了激动人心的妄想。只有把希特勒当作元首，才被赋予"一种与全部权力来源的神奇的关系。"[195]

"小矮人"顺从是因为他拼命地想获得一种曾经拒绝个人的它的权力地位。弗罗姆认为，到20世纪20年代，某种类似于有组织的施虐受虐狂得到发展："小矮人"想要受统治，但是他也想控制他人，也想憎恨与破坏。他能与阿道夫·希特勒有非常强烈的认同，希特勒自己的施虐受虐冲动以一种非凡的方式，切合了这个时代的情绪。

希特勒也提供了以信仰而不是推理为基础的解救方法。曾经无法承受的个人观点的负担就这样被从"小矮人"的肩头卸下。因为他正在加入一个信仰团体，在这个团体里他能通过对信仰的愚蠢的表白进行参与："一个民族！一个帝国！一个元首！"在第三帝国时期，这个口号取代了第二帝国的口号："一个民族！一个帝国！一个神！"（*Ein Volk! Ein Reich! Ein Gott!*）

德国成千上万像施密特这样的家庭渴望摆脱以往无法忍受的自由负担。他们渴望权威的保护——不过是一种特殊性质的权威。传统的保护主义死了；共产主义几乎没有带来好处，却令中产阶级下层沦落成（劳动阶级）无产阶级并且要求民族主义情绪让路于国际团结。具有侵略性的民族主义在战后受到德国人的欢迎，是因为他们发现个人失败的思想是如此的令人痛苦。他们乐于把这种责任转嫁到民族身上。实际上，他们使自己相信他们的失败和失去的自尊不仅是他们自己的耻辱，而是也是民族灾难的一部分。因此，他们的问题只有在民族觉醒时才能得到解决。他们在心理上需要民族主义，既然希特勒的体系是民族主义的极端体现，他们便狂热地响应他。对受伤的自我来说，得知德意志民族和其他民族不只是不同，而且还是主宰的优秀种族，这也是一种慰藉。

希特勒的运动和它的"怨恨的动力"也预示了另一件事：根深蒂固的不安情绪和恐惧能在原始的仇恨和侵略中找到一个发泄的出口。正如弗里茨·斯特恩指出的，"它是纯真的……假设侵略必须从征服的渴望中迸出。恐惧大大地推动了侵略行动。"

1930—1933年的德国中产阶级被一位作家所谓的"极度焦虑"（die grosse Angst）所控制——一种普遍存在于许多事中的"非常恐惧"，包括经济的崩溃、个人的失败、社会的动荡、道德的沦丧、共产主义的威胁和犹太人的危险。到处都是恐惧和疏远。希特勒明白这一点。他从自身上感觉到了他们的恐惧，因为他也是一个被疏远、自我怀疑和焦虑所折磨的"小人物"。他非常巧妙地利用了他人的恐惧，并且使他们相信拯救的方法来自于仇恨和侵略。[196]

阿尔倍特·施佩尔回顾他在施潘道（Spandau）度过的监狱时光，他试图努力去了解这位曾经使他着迷那么久的男人的奇怪性格，最后，他得出结论，希特勒除了"病态的仇恨"之外什么也没有。作为一个自己被仇恨毁掉的人，希特勒知道它在左右其他人方面的力量。1933年他在政治上成功的一个原因就是他运用他的原则产生的惊人效应……这是早在10年前他在《我的奋斗》一书中就已经确定的原则，当时他写道，仇恨比爱更有力量，并且轻蔑地指出共和国的领导人在培养最有价值的政治优点——"愤怒的仇恨"方面什么都没做。希特勒承诺，在他的领导下，"仇恨将变成唯一燃烧的火海"。他遵守了那个诺言。他的亲信约瑟夫·戈培尔在他早期的日记中记载了元首最出色的格言之一："因为我们的斗争，上帝赐给我们他最美好的祝福。他最美的礼物是对敌人的仇恨，我们同样全身心地仇恨着我们的敌人。"许多年以后，一位瑞士的外交官指出"希特勒主要的力量是仇恨的力量"，并且显示出他是怎样运用这种力量来实现他的政治优势。这个瑞士人指出：成千上万的德国人之所以被他所迷惑，是因为他们太需要仇恨了，而这个人满足了这种需要。他认为，他"从来没有遇到哪个人能够促成如此可怕的嫉妒、咒骂、怨恨的凝聚"。[197]

希特勒对中产阶级下层的魅力被一位颇有思想的德国观察家很好地概括了出来：

> 纳粹主义包含了一种群众需要的所有那些心理因素的无可匹敌、无法超越的组合……希特勒不能立即给饥饿者以面包，给失业者以工资，但是他把疲乏的人、自暴自弃的人、陷入困境的人从他们精神上的沉重负担中解救了出来。他允许他们……获得希望并且感受到优越性。他使他们从理

性、责任和道德的负担中解脱出来。他让他们回归不负责任的天堂，并且有了坚定不移的信仰。他让他们放松于一个先于文明、先于社会的早期阶段。他允许他们作为世界的统治者去仇恨，去信仰，去斗争，去服从，去前进，去感受。

希特勒还采取周密计划的行动来捕捉中产阶级下层的兴趣。他在数以千计的打动人心的演讲中，逐条地认真强调了他恰恰支持那些困扰德国"小人物"之事的每一样对立物。民主政体失败了，因此他主张独裁政府；阶级特权和剥削受人憎恨，因此他承诺"民族共同体"；他不采取同《凡尔赛条约》有关联的国际合作与国家联盟，而是承诺军国主义。总之，他了解民众对英雄领袖的渴望，这个渴望同巴巴罗萨的传说一样古老，就像同时代的一位高中教师写的1934年学术论文一样流行：

> 我得出了这样的结论：除了唯一一个人，没有任何政党能够拯救德国。这一观点被其他人所接受，因为当一块纪念碑的基石被埋在了我的家乡时，接下来的内容被刻在了它上面："看到这些话的后代们，知道我们急切地盼望这位英雄的到来，他强有力的大手可以令秩序复兴。"[198]

希特勒还明白一种特殊类型的社会主义对成千上万家庭的吸引力。通货膨胀和大萧条已经彻底粉碎了资产阶级的渴望，而希特勒的社会主义有很强的魅力。因为它帮助中产阶级下层摆脱绝望的窘境：经济崩溃已经阻碍了资产阶级地位的上升，但是社会传统阻止他们沉入流氓无产阶级。希特勒的社会主义允许成千上万个汉斯·施密特成为一个没有无产阶级化或者国际主义化的民族国家体系中的社会主义者。他的体系是一个种族社会：在这个体系内所有种族的德国人都能够成为一个"民族共同体"的成员，这样一个种族社会中，社会差别被模糊化并且被描绘成不重要的。

通过引人注目的巧妙手段，希特勒调整着社会主义者的口号，使它们适合中产阶级下层的需要。他把马克思主义者对资产阶级的憎恨转变为对共和国和犹太人的仇恨。他同意德国人是剥削的受害者——但是受到犹太人的剥削。像社会主义者一样，他提出了一个未来乌托邦的想法——但不是没有阶级的社会，而是一个种族平等的民族共同体。这个世界将不会是被无产阶级而是被"正在前进的褐色大军"征服。这场革命将会进行得十分彻底——不是无产阶级的独裁统治，而是元首的独裁统治。希特勒还没收和更改了社会主义的象征：红旗被保留在他的纳粹党的党徽中；"战友"（comrade）变成了纳粹分子的致敬语；他的党的名称里仍保留着"社会主义"和"工人"的字眼；他组织群众示威，赞成进行曲，并提倡采取举手礼；而5月的日子也变成了纳粹党的节日。[199]

人们猜想，希特勒之所以如此受中下层阶级的欢迎，是因为他们把他看成他们当中的一分子。用一位德国评论家的话来说，希特勒的吸引力在于"他是愚笨的中产阶级的一面镜子"。他是个彻头彻尾的小资产者（Kleinbürger），举止庸俗，演讲中夹杂着受雇人的陈词滥调，然而他的那种独特风格的平庸却极具吸引力。他是一个"属于大众的人物"，与其说他征服了大众，不如说是大众认同于他。[200]

他看上去就是大众的一分子。他的无能是他力量的来源。这个忧虑而无能的"小男人"只能和希特勒认同，因为他期盼权力和伟大，有着类似的灵魂。他是其中之一。他们"可以看到伟大来源于一个比你或我更小的生命——也就是希特勒成为上百万人经历的东西"。[201]

桃乐茜·汤普森（Dorothy Tompson），是少有的几个被允许单独采访希特勒的外国新闻记者之一，她在1939年春写道："对这个令世界兴奋的大人物的惊人庸常感到惊奇而又失望。……他是'小男人'的典型。"一想到他坐在权力的宝座上，我就"不自觉地笑了起来，啊，阿道夫！阿道夫！你不会那么走运！"[202]但是，汤普森小姐错了。正如众多他人一样，她低估了这个极为普通的政客，没有认识到这个矛盾的现象，即他的部分力量就存在于他那"令人惊异的无价值中"。

但是，那仅仅是一部分。因为尽管他是大众的一分子，但由于自身具有的政治天赋而与他们区别开来。他是特定时代和地点的产物，这仅仅是部分事实。的确，他的崛起极大地得益于1930—1933年的经济、政治、心理恐慌。然而，他已经为自己的出场做好了准备，因而他知道如何利用这一时机。历史的洪流将他举起，但是他能够成功只是因为他是一个有准备的泳者。[203]

想想看他是如何发表演讲和处心积虑地组织蛊惑人心的煽动性攻击来对付其他的演讲者。他建立了特殊的纳粹党演讲学校，训练成千上万的演说者到全国各地巡回演讲。他们可能并不具备老练的风格和辩论技巧，但是他们使整个德国的人相信，他们找到了解决国内一切紧迫问题的办法，而且党关心和理解社会大众的需要，并会想办法使之实现。希特勒个人的演讲有种深思熟虑的自发性，反映出社会大众的渴望。他的竞争对手没人能显示出丝毫可以同他相比的能力，即将意识形态和宣传调和起来或者感知听众心理需要的能力。贾马尔·沙赫特（Hjalmar Schacht），希特勒机敏的财政部长，得出了正确的判断，他在小资产阶级当中扮演的角色就像一个娴熟的古钢琴师在拨弄琴弦，激发着中产阶级的情绪。在他上千次的演讲中有两次充分地显示出他是多么紧密地与社会大众认同。他曾经也是普通的劳动者、前线的士兵，他也懂得饥饿和贫穷。他为他是民众的一员而骄傲：

> 今天我在这里对你们讲话，也是对上百万其他德国劳动者讲话，我比别人更有权利这样做。我是在你们当中成长起来的。四年半的战争我都待在你们当中，现在我正对这个我曾从属的、直到今天我才感觉我要相伴的、在最后一刻的决断我决心为之坚持斗争的群体讲话。……
>
> 年轻时，我像你们一样是普通的劳动者，我是充满渴望地一步步辛勤努力，奋斗出来的。

而他的话又像利箭刺穿人们的心扉：

> 我们如此高兴，能够生活在这个民族当中，我以成为你们的领袖而自豪。我是如此的自豪，无法想象在这个世界上我还能期望什么。我宁愿上千次地成为我的同胞，而不愿做别的地方的国王。此刻当我穿越街道，我

可以看到来自各行各业、工厂和公司的成百成千的，乃至上百万的民众站在街道的两旁。我的心跳不由加快，我对自己说：这就是我们的德国！这就是我们的人民！我们光荣的德意志民族！我们热爱的德意志帝国！[204]

希特勒与"德意志民族特性"

希特勒的吸引力远远超出了中产阶级，而扩展到社会生活各个领域的民众。关于他受到的非同寻常的欢迎，必须将他本人的个性和德意志民族的特性结合起来考虑。因为曾经关于马丁·路德的说法同样适合希特勒，"如果不是成功地表达了千万民众潜在的无意识情感并且为他们的……问题提供了一个可以接受的解决方法，那就难以想象他竟然能引起如此强烈的欢迎。"[205]

社会心理学家、心理分析学家与文化人类学家都认为，到 1933 年为止，德意志民族作为一个群体（as a group）饱受心灵创伤，因此他们特别渴望某种权威型领袖的出现。埃里克·弗洛姆称他们为"克里斯玛饥渴"（Charisma Hungry），并发现他们具有施虐受虐狂的特征，而埃莉萨·弗伦克尔-不伦瑞克（Else Frenkel-Brunswick）将他们形容为一种"权威人格"（authoritarian personality）"。凯奇凯梅蒂（Kecskemeti）与列特斯（Lietes）提到过德国人的"强迫性格"（compulsive character）。当然，人们对于都带有一点风趣幽默的群体特性与民族秉性应该进行总体概括。然而，希特勒的个性显然与著名的社会心理学家和心理分析学家做出精确描述的样体的个性特征相一致。

例如：弗伦克尔-不伦瑞克医生在阐述"权威人格"的行为模式时，其实已经精确地描述出阿道夫·希特勒最富个性的特征：对强者极度崇拜，对弱者极端蔑视；倾向于要求对权威毫无质疑的完全屈从和强制性服从；对"自己派系"赞美，而对"外部集团"排斥，包括弱者、无能者、品行不端者、敌人或者腐化堕落者的集团；认为自己是拥有权力欲望和坚强决心；有着"处于无法缓和的残酷中"的牢固观念；自我理想是成为粗暴、倔强、刚强的，有一种大男子主义和女性气质的决然而夸张的分裂。这样的人们往往走向极端，在冲突中不断呈现相反的个性倾向。投射对他们非常重要。他们感到软弱，内心产生的焦虑驱使他们投射，即把他们认为是邪恶的东西具体化。通过对其他人定罪，特别是对"外部集团"定罪来"获取优越感。他们不能养成对弱者的同情，因为存在着与生俱来的恐惧，而那便成为了侵略的靶子。"[206]

在"二战"期间和以后，由训练有素的心理学家组成了多个小组与一千名来自各个地区的德国战犯进行面谈，从士兵到陆军上校，从博士到文盲。这个调查揭示了他们相似的人格特征并且特别指出，在"纳粹"或"亲纳粹"士兵之间确实存在相同的特征。研究希特勒性格的学者熟悉所有这些人格特征。德国战俘的性格显示，他们在全能与无能的感受之间，在相信他们自己意志的神奇力量和担心不能与冷酷无情的命运抗争之间游移不定。每一位被访谈者都表达出对权力和统治的某种需求，"恰恰是因为个人的自我感觉软弱无助，于是就需要内部或外部力量的支持"。这是一种深度分裂的人格，强调在顺从或支配上的一致。[207]

另有两位研究"德国人性格"的社会心理学家发现它的（两极）分化特征：被访问的人显示出极端思维的倾向——全胜或全败，严谨的组织或彻底的无政府状态。他们不希望做决定，相反，他们想要逃避责任，并且经常以一句德国谚语表达这一思想，暗示做决定可能带来多么大的痛苦：谁做出决定，谁必将承受痛苦。在那些被调查者中表现出诸如对焦虑感和罪恶感的补偿性的侵略癖性；他们都表达出一种对传染和中毒的恐惧；他们总是顽固不化并且发现一旦方针确定就很难背弃它；他们喜欢非理性和绝对主义而不是理性；他们自认为有着非凡天赋，是独一无二的，并且相信神秘力量、神话和命运。他们特别容易被言语的神秘意义所迷惑。最终，他们是用析取性言语（disjunctive）进行思考的，例如，他们说对整体服从的唯一替代就是绝对背叛。[208] 所以毫不奇怪，希特勒能成功地吸引那么多人。实际上，正如他所说，"他就是他们当中的一员"。

抛开心理上的亲和力不谈，希特勒也是成功的，因为他对于政治上的反对者有不可思议的吸引力，并且在他那样做时，他给历史提出了一种引人注意的自相矛盾的论点：他的运动是保守与革命并存，他许诺既维持现状又要做根本变革。这样，他既赢得了保守派的好感，他们认为他将加强旧有的传统；同时也获得了激进派的支持,他使他们相信,他们正在参加一场席卷一切的革命。他进一步许诺打败两派的敌人,同时,他又尽力调解在一个爱国联合的"民族共同体"中所有的对抗。作为一个政治谋略家,希特勒的确不应该被低估。

父亲和孩子:纳粹青年冲锋队

出生在19世纪90年代的希特勒的同龄人,不论是商人还是记者,士兵还是农民,神父还是教授,都给予希特勒以广泛的支持。但是那些狂热支持他的人是这代人的后代——那些出生于"一战"之中或"一战"刚刚结束时,1930—1933年的激进青年。这些年轻人对希特勒的崛起是极其重要的,他如此有效地回应了他们的要求,因此一位研究魏玛共和国青年运动的历史学家断言:"国家社会主义掌权赋予青年党派以权力。"统计数字显示:18—30岁加入政党的所有德国人口,到1932年超过42%的人加入了纳粹党,相比之下,加入社会民主党的人只有22%左右。在汉堡,66%的纳粹党成员小于30岁;在哈雷(Halle),这一比例是86%。在国会,国家社会主义者中的60%都小于40岁;在社会民主党成员中那个年龄段的只有10%。

纳粹党崛起的趋势在希特勒投票获胜之前就出现了。官方的德意志学生协会(Bund Deutscher Studenten)在1931年推选了一位狂热的纳粹分子做它的主席。希特勒对年轻人的吸引力是异乎寻常的。1932年的一个星期天,大约超过10万年轻人来柏林听他演讲,并且跟在他后面游行了七个半小时。[209]

年轻人的绝对数字令人记忆深刻。他们的侵略性也如此。正如一位作家所断言的那样:"很明显,纳粹运动是幸运的,在世代兴衰起伏中它成为一场**巨大的毁灭性**浪潮的主要受益者。"[210]为什么希特勒和他策划的仇恨与侵略的原始计划对这些年轻人有独特的吸引力?什么力量驱使他们变成了德国历史上最狂热的一代?为什么在1930—1933年有那么多学生倒向希特勒一边?受过历史和心理学两方面训练的彼德·勒温伯格(Peter Loewenberg)指出,结合我们在两个学科的知识就可以找到答案。一是精神分析,提供一种对人格功能的理解,另一个是文化人类学家和社会历史学家所形成的属于时代变迁的"集群理论"（cohort theory）。

确实，**外部**的历史力量——包括一种威权主义传统，一种玷污民主的社会风气，还有通货膨胀和经济萧条对经济和社会造成的影响——对于理解希特勒的崛起是重要的。这些也是对个人性格形成和心理发展的理解。通过研究那些宣称希特勒是他们的元首和救世主的年轻人，勒温伯格发现了在大萧条期间，焦虑与仇恨，和与"一战"及其后果相联系的幼年经历之间存在一种直接而重要的关联。在弗洛伊德的术语中，大萧条被描述成是一种"永久的混乱"，它触发了对儿童时代精神创伤的回忆。在这个例子中，精神创伤是指在第一次世界大战中，当时还是儿童的这一代所经受的恐惧、饥饿和被遗弃的感觉，以及对出现一位理想化的"战士—父亲"的渴望。1930—1933年重新出现的精神创伤在"纳粹青年团"中唤起了欢迎希特勒的政治要求，因为他满足了早期的儿童经历和重新出现的青年期危机这两者的心理需要。[211]

"集群"（cohort）比"同代人（一代人）"（generation）一词更经常使用，是因为一个团体实现认同与精神凝聚不是因为他们出生年代相同，而是因为共有一个具有重要意义的心理体验。R. J. 利夫顿（Robert Jay Lifton）在对广岛生还者的研究中指出，所有的人——不论什么年龄——都经受了相似的心理反应。同样，集中营里的经历在所有幸存者的一生中留下了深刻的烙印。尽管一个重大灾难对所有年龄段的人都有影响，但是它对年轻人将产生最大的影响，因为他们个性的可塑性最强。对以后投向希特勒的那些人来讲，第一次世界大战就是这样一个事件。众所周知，战争对两个年龄群体影响最大：我们已经探讨的在1890—1900年间出生的人，他们投身于战前的青年运动、战争经历（*Fronterlebnisse*）和自由军团运动；还有他们的孩子，纳粹青年团的成员。孩子太年轻，不能参加战斗，但是他们足以被战争所伤害。最值得注意的是，他们对饥饿记忆犹新。这一代人的大多记忆进一步被唤醒，漫长而令人痛苦的饥饿则被作为童年第一个可怕的回忆。这里只举一个例子，就是一位德国朋友栩栩如生地告诉赛珍珠的事。她清楚地记得，当她还是一个姑娘时，在1916—1917年中她们家采摘荨麻当蔬菜煮着吃，有一次，在她生病的时候，她有了美妙的——但是有罪的——喝牛奶的经历，一整杯牛奶都被她自己慢慢地喝光了。[212]

饥荒在停战后进一步加剧，同时同盟国继续对德国进行封锁，直到德国妥受了《凡尔赛条约》。婴儿的出生体重令人担忧地降低。母亲不能喂奶，而且能够得到的牛奶也是缺乏脂肪和维生素的。那些年里，学校的学生中出现尿床和"精神错乱"的都有明显上升的趋势。一位顽强的英国战争记者在1919年从科隆发回报道："虽然我已经在战争中目睹许多可怕的情景，但是我从来没有看到过像那些排着队疯狂地渴望得到食物、被穷困折磨的孩子那样可怜的人，他们的手像细木棍，表情绝望而充满痛苦。"[213]一位美国历史学家，回忆到他在1912年在德国学习时，曾经被反复询问："你，一个文明的人，怎么能在战争结束后拒绝给我们食物呢？"[214]饥饿，混合着焦虑和恐惧，使这些孩子心中产生了——正如在早年的希特勒心里产生的一样——敌意、仇恨和侵略的情绪。一般来说，社会要求孩子们压抑这些情绪，然而这种战争环境实际上鼓励了摧毁一切的冲动。

孩子们容易反映他们所生活的社会的态度。例如，美国轰炸机和机枪的销售在1971—1973年的圣诞节呈现下降趋势，因为当时父母们逐渐认为美国正在犯罪，欺凌越南和柬埔寨的人民。另一方面，同一时期，北爱尔兰的战争游戏和枪支销售却出现上升势头。在"一战"期间的德国，孩子们形成一种"单纯的思想"，世界要么都是好的（如德国），要么都是坏的（如敌国）。敌人是要被仇恨、畏惧、杀死的。因此，孩子们开始"用原始的冲动去对待他们"而不是压抑摧毁一切的冲动和摆脱恐怖与仇恨。[215]

纳粹青年团，在战时他们还是孩子时，当他们的母亲，成千上万的，离开她们传统的在缝纫和教堂事务中的角色，而进入军工厂工作时，他们一定感到遭到遗弃。德国历史上最出名的一个事例是，据普鲁士的统计数字，1917年在工厂工作的女性是1913的5倍，而在铁路上工作的女性是1913年的10倍。

战争期间，还是孩子的纳粹青年团成员倾向于对他们不在身边的父亲产生一种矛盾的心理。父亲们被当作英雄崇拜，必定会拯救德国，并且使之重获辉煌。但同时也存在对丢下孩子、使其单独与母亲长期生活的父亲所怀有的愤恨和敌意。儿童心理学家指出，当父亲长期不在时，俄狄浦斯欲望就会上升，并伴随着对不在身边的父亲的罪恶感和愤怒感。这种罪恶感混杂着分离的焦虑，经常导致暴行和侵略，可能在以后的人生中爆发：目睹自由军团的壮大，成千上万的年长的军人加入了它，许多同时代人都看到了大萧条中成长起来的年轻人的疯狂的侵略趋向。

当然，在其他交战国中也存在父母离家而忽视了孩子们的感受（孩子感到被遗弃）的事实。但两个事实在德国人的经历中产生了重大的差异并且在纳粹青年团成员的孩提时代，就对他们产生了巨大的影响。第一，他们遭受了协约国没有经历的长期饥饿；第二，德国人的父亲，即使最终回到家里，也是作为失败者而不是作为英雄回来的。而且，在德国，传统的实行独裁统治的帝王的父亲形象已经消失，他抛弃了他的人民。革命没有提供一个可以取代他的地位的人。

还有其他的经历使青年团的孩子们记忆变得冷酷无情：失败过后随之而来的饥饿和革命。《凡尔赛条约》又加剧了情况的复杂性，因为它使所有德国人——包括年轻人——都要对战争造成的一切灾难负责。1923年的通货膨胀更加深了他们的认识：父亲没能提供秩序与安全。大萧条中产生的挫败、恐惧和饥饿重新唤醒了1919年和1916—1917年间对饥饿的童年记忆——而这种饥饿唤起了攻击和摧毁一切的冲动。

这些不足以得出德国年轻人被希特勒所吸引的论断，因为他是"提供了一种激进方式的威权人物"。年轻的德国人受希特勒所吸引是因为**非常特殊的原因**。在战后所有政治领导人中，只有希特勒一人对青年们内心深处的特殊的精神需求做出了反应。他是他们在幼年动荡的年代里，脑海中想象的完美的"父亲—元首"的化身；他的样子就是他们希望自己父亲所成为的样子——"战壕中的无名英雄"佩戴着铁十字一等勋章光荣地返乡。他是士兵的领袖，允诺建立起一个军事国家，那里成人和儿童都身着制服，以受过训练的步伐，按着等级次序行进。他们发誓绝对效忠于这位被奉若神明的冷漠元首，并帮助他建立一个复兴的强大德国。希特勒看起来如此平凡而没有什么特征的形象以及人们对他私人生活所知甚少的事实，强化了人们头脑中这位父亲替代者的形象。因为他们自己的父亲就是普通的德国人，长期以来一直不在孩子身边乃至对孩子来说已成为陌生人。

战后德国青年渴望拥有一个值得信任和追随的父亲式元首的希望是如此强烈，很难表达出来。1924年1月一个全国学生杂志的刊首文章发出"呼唤元首"的号召。这位元首要忠于自己，忠于我们和他的使命。早在1920年6月，格廷根大学的学生们就宣布："对一位伟大领袖的**渴望**已令我们精疲力竭［wir verzehren uns］。……"大学生基督教联盟也表达了同样的希望："以发自内心的呼喊回应那被压抑已久的人所共有的要求……为我们民族领袖的到来而高声欢呼。"[216]

青年团的年轻女子也发觉希特勒是他们梦想中的父亲模样。一对1913年和1915年出生的姐妹回忆起他们最初的记忆是，母亲身着黑衣为他们逝去的父亲而哭泣。他们在1931年亲眼见到希特勒之后心中的激动是难以言表的。她们情绪高涨，激动得夜不能寐，整晚一直讨论这位神奇的元首，因为他身上有她们所渴望的每一样东西。她们一起祈祷希望不要有什么伤害他或把他从她们身边带走，她们一起祈求宽恕那些对元首曾经持有的怀疑。她们加入纳粹党，自愿服务，为纳粹冲锋队队员提供餐饮和照料。[217]

在反思阿道夫·希特勒的令人惊讶的成功时，一位美国精神病学家想知道，为什么德国人会追随这位本性上如此幼稚的奇特领袖，他问道，对这个在许多方面都很荒谬的尚未成熟的人，他们内心的反应是什么？[218]很可能是，希特勒吸引纳粹青年团的正是他的孩子气。他显示的特点与他们自己的特点很相似。他也用后退作为自己的保护伞；他们相信，他也经历过饥饿和贫困的苦难；他也是满腔愤怒，并且也能大发雷霆。像他们自己一样，他也是防御性的和脆弱的，但是他在实现他的要求时也能做到残酷和专制；他既是一个对《凡尔赛条约》的耻辱进行报复的破坏者，亦是新秩序的缔造者。他也实践了"原始理想"；世界分成两部分，一个是好人世界，一个是恶人世界——雅利安人是创造性的好人，犹太人是破坏性的恶人。

青年团追随希特勒的最重要原因是他的运动把憎恨制度化，把侵略神圣化。而童年时代经历的那些在成年之后即在大萧条中被强化的愤怒和挫折是青年团员需要对付的东西。希特勒运动的绝对暴力有助于使敌对的情感转变方向。因为父亲式元首，不仅仅是遥远的理想化的父亲的替代者，他还作为对立破坏性的憎恨的心理防御而存在。他们对那遗弃了他们的父亲仍怀有这种憎恨。"[219] 总之，青年团的心理问题，使希特勒获得一个绝无仅有的机会，把同样塑造他自己童年的无意识冲突投射到德国民众，如同许多其他例子一样，在这个例子中他自己的病状与德国的相同。"[220]

希特勒对犹太人的憎恨是又一个吸引德国年轻人的重要地方。因为他的种族主义理论正中他们偏见的下怀，反犹主义是魏玛青年运动的显著特点之一，也是自由军团和大学生活的显著特点之一。例如，几乎所有的决斗团体在他们的纲领中都有"雅利安人条款"，最大的大学生天主教联盟同样也有这种条款。

马丁·王格（Martin Wangh），一位美国精神病学家，调查了灭绝犹太人的心理根源。他在纳粹青年团员"一战"期间的童年经历中发现了根源，他认为，在战争中的孩童时代，他们就发现自己的恋母情结在父亲长期不在的时候不断增强。因为他们这种对母亲强烈的乱伦渴望是不被容忍的，这种渴望就被投射在其他人的身上，并被归咎于其他人。而他们运用的这种心理防御与年轻时阿道夫·希特勒运用过的一样：他们把乱伦归罪于犹太人，犹太人试图摧毁德意志民族。犹太人是应该受到惩罚的种族敌人，作为"乱伦罪犯"和"种族玷污者"应被铲除掉。因而，确实同希特勒一样，"自卑感"被置换到犹太人身上……这样就安抚了那种被拒绝而产生的无价值的情感和强烈的自虐倾向。按照王格博士的看法，这种自我毁灭的强烈幻想导致一种更邪恶的错置，此时，（自杀性的）绝望被转换成为大规模屠杀犹太人的计划。[222]

对希特勒掌权来说，反犹主义也许真不如1930—1933年的经济危机那么重要，不过那么多年的经济和社会危机有助于加强业已存在的反犹主义，尤其是青年团中的反犹主义。因为憎恨犹太人是将仇恨、攻击和毁灭这些原始冲动结合在一起的一种非常有效的方式。希特勒的反犹主义对青年团有号召力，也是因为它提供一种减轻因背弃传统基督教教义产生的罪恶感的方式。如同埃里克森提醒我们的那样，年轻人寻找某种信念和承诺。在这个充满着民族耻辱、仇恨和《凡尔赛条约》的年代，千万年轻人发现基督教与他们的需要无关。他们想要的是憎恨与复仇，而不是爱与调和。但是放弃童年的宗教信仰仍旧让他们感到不安。对这些人来说，就像莫里斯·萨穆埃尔（Maurice Samuel）在《强烈的憎恨》一书中所暗示的那样，反犹主义是对基督教错置的憎恨，一种通过攻击基督教的传统敌人——犹太人——来减轻自己罪恶感的方式。因而对奥伯阿梅尔高耶稣受难剧（Oberammergau passion plays）①的强调在那个时代发挥了很大作用：仇恨犹太人是因为他们杀了耶稣基督。希特勒的反犹主义提供了"官方复原的仇恨"。[223]

有一种仇恨的需要，而希特勒满足了这一点。但是单纯认为希特勒以消极的言辞来发挥他的吸引力也是错误的。相反，他是积极高效的，因为他既讲述了人类最基本的冲动，也讲述人类最高尚的情感：有憎恨、残酷、侵略和恐怖，同时也有忠诚、希望、爱和牺牲。希特勒是一位强有力的领导的原因之一就是他完全领悟了一个深奥的心理定律：无论是个人还是政党都不能只依靠面包而活。二者都需要理想的支撑。如果单纯从实利主义、自我利益和贪婪的心理出发号召民众，政治计划肯定不会成功。希特勒的青年团非常愿意相信，他们的领袖能用奉献、牺牲和爱国的理想去鼓舞他们。

希特勒是一个机会主义者，但也是一个信念坚定的人，他发现穿上正义的盔甲确实很容易的：他将会把德国人从自私、利己主义、派系主义、道德堕落和种族败坏中拯救出来。他的宣传的有效作用最终体现在这一点——他使他的政党的虚无主义看起来像理想主义，即它的残酷力量，它的利他主义的邪恶"意识形态"。[224]慕理想主义之名而来的皈依者是大批军团。特莱佛-罗珀尔提醒的这一点是正确的，即希特勒所有的追随者都是罪恶的反犹分子，残酷成性的野兽、暴徒和神经病患者。"许多被时代的混乱无序弄得不知所措的年轻人，"他写道，"受到了希望的讯息以及如水晶般单纯澄澈的具有感染力的保证的鼓舞"，即一个被挫败和束缚的民族能够通过信念和意志的力量的实践而重新崛起，获得独立和荣耀。[225]

---

① 1634年，耶稣受难剧在德国巴伐利亚南部小镇奥伯阿梅尔高首演，此后每隔十年就上演一次，成为具有地方特色的宗教传统。1930年，希特勒亲自前往观看，1934年已成为纳粹领袖的希特勒利用该剧发表仇恨犹太人的谈话，进行反犹宣传，备受争议。——译者注

曾经积极参加希特勒运动的成百上千的年轻人在回忆录中都滔滔不绝地谈及这样的希望和理想主义。年轻人尤其受建立一个"共同体"的允诺所吸引，在那个国度里，公众的利益优先于个人的利益，而一个受神感召的领袖的兄弟般的关怀和支持能够解决德国人的问题，结束个人孤独和个人责任的可怕感受。许多被民族失败和《凡尔赛条约》的耻辱激怒的人按常理本来会加入传统的民族主义政党，但诸如保守党和德国民族党这种政党没有什么可以提供给青年团，青年团认为这些保守党派只是单纯谈论爱国主义而同时又试图确保世袭特权。那些充满理想的年轻人想要一个统一、合作的共同体，而不是旧的社会秩序。他们在希特勒身上发现了他们寻求的东西。一个学生写道：

> 来自希特勒宽厚慈悲之心灵的大胆建议与那些传统的"政党政治"相比，是多么的与众不同！他的想法不是用国家的资源帮助实业家和地主，而是马上利用它们去解除上百万失业的德国人的困境！

一位年轻的工人被希特勒所吸引，因为他相信希特勒和他有着共同牺牲的意愿与对祖国的忠诚："忠诚一直引导我们，忠于德国，忠于我们纯洁的民族，忠于我们的领导。"一位年轻战士的自传同样突出忠诚和牺牲的主题："描述我们所做的牺牲是多余的。……［这些］都是按照'共同体'的精神做出的。"[226]

有一点永远不应被忘记，希特勒是大众心理的主宰。早在1923年，他表示出，他知道号召进行奉献和牺牲的力量，渴望"共同体"的力量，对"期盼统一整体"的力量，呼唤伟大民族的力量。他对一个好友透露了他的秘密手段："当我倡导牺牲时，第一个火花便打在人们心上。人们越是卑微，就越是渴望与一个比他们伟大的事业认同……从而成为了容纳所有阶级的一个无法抑制的运动。"[227]

在20世纪30年代早期的一些公开演讲中，他阐述了他的原则。他一次又一次地发出观众最渴望的呼喊：

我们决心缔造一个由德意志民族组成的新社会——一个由各种地位、各种职业和每一个所谓的阶级组成的社会。……所有的阶级必须整合为一个单一的德意志民族。

而几个月以后他再次说道：

你可以把我看作这样的人，不属于任何阶级，不属于任何团体，一个超越于所有这些因素之外的人。……对我来说，每个人都是完全平等的。……我只对德意志人感兴趣，**我只属于德意志民族**并为之而战斗。

在他取得权力后，他又说：

只有当整个德意志民族成为一个勇于奉献的**单一共同体**［Opfergemeinschaft］，我们才能希望并期待未来神明将会与我们同在。[228]

无数德国人都在倾听他的讲话，并相信他。

希特勒——神话的实现者

政治现实主义者曾说希特勒的号召是对幻想的号召——是不存在犹太人威胁的幻想，万能的元首的幻想。现实主义者的说法是正确的。但是他们没有体会到幻想在人类事务中的力量，尤其是当它获得了神话般的力量的时候。如同乔治斯·索雷尔（Georges Sorel）① 在许多年前就注意到的，幻想比现实更强大，神话塑造了人类和民族的生活。他写道："由神话引导的社会已经为任何英勇的进取行动做好准备。"精神分析学者罗洛·梅（Rollo May）表示同意，

---

① 索雷尔（1847—1922），法国社会主义者和革命工团主义者，提出了关于神话和暴力在历史过程中创造性作用的独特理论。——译者注

他强调神话的力量:"给予一个人应付焦虑、面对死亡、对付犯罪的能力。……我们无法理解渴望神话的力量。"[229]

充分理解这一点的有作为的政治领袖既能制造神话,又能利用它们实现自己的目的。例如,查尔斯·戴高乐(Charles de Gaulle),在1940年号召法国人时,便制造了一个神话,他说:"我在伦敦,你们在法国,我们在共同的反抗事业中团结在一起。"而事实上,那时不存在法国人反纳粹主义的行动。但是当时法国人开始相信,这种真实的错误是象征性的真实,反抗就成为事实上的历史力量。希特勒也知道他的人民是如何强烈地希望相信英雄神话。他将这些神话清晰地讲述出来,使它们成为他自己的东西。凭借他神奇的领导魔力和他的宣传力量,德国历史上最受珍视的神话,便被纳粹党加以利用,向千百万德国人发出了无法抗拒的呼唤。他是人们等待已久的巴巴罗萨,是将要实现几个世纪以来的愿望和建立一个德意志民族的新帝国的人。

希特勒不只是为古老传说提供新形式。他还提出了证明一种新道德的新价值体系。心理学家称之为"选择性超我体系"(an alternative superego system)。它可以被看作是一种世俗的宗教,拥有完整的救世主、一本神圣书、一个十字架、宗教盛典中的装饰、身着黑袍和施行涂油礼的神父、将异教徒逐出教会和处死异教徒的律令,以及建立第三帝国的千年诺言。

因此,希特勒的成功在某种程度上是因为,在许多德国人看来,他像一位神圣的救世主。在民族耻辱和绝望的历史背景下,他的宗教似乎是旧宗教的一种深远的发展。基督教号召爱与和谐的地方,希特勒便将憎恨与复仇神圣化;基督教要求人们从思想与内心都要爱戴上帝,希特勒免去了推理,要求人们只能忠于元首一人;基督教倡导个人责任和自由意志,希特勒则提供一种从自由逃逸到权威的方式。希特勒号召力的本质早在很久以前就在陀斯妥耶夫斯基所写的宗教裁判官面对复活的耶稣基督的对话中得到阐述:"我们也有权去宣讲神话;并教导他们最关键的不是他们心灵的自由判断,不是爱,而是他们必须狂热追随的神秘力量。……我们的确做了这些。我们已经纠正了你的工作,把它建立于**奇迹、神话和权威**的基础上。而且如果人们再次像绵羊一样被引领就会感到愉快。"[230]

希特勒的"掌权"

> 我们大获全胜，敌人就会失败。
>
> ——奥斯瓦尔德·斯宾格勒（1933年）

读了这一章，读者也许会认为1933年希特勒夺取政权是预料中的结局。好像德国历史上一切都联合起来支持他；1930年以来开始的经济、社会和心理危机很显然把他推向前沿；而他的人格魅力则做了其余的补充。因而希特勒被一个走火入魔的民族欢呼为救世主，并大权在握。但是事情并不是那样。希特勒奇异的一生给历史上那些难以预测的行为提供了许多解释，其中一点就是：希特勒的成功并不是无法避免的。

过去的历史、现实的危机和权威型的人格三者的结合有助于解释为什么到1932年秋天时，希特勒会有如此大的政治力量。但是这不能解释事实上他是**如何**成为德国的元首的。他既不是通过选举获胜而掌权的，也不是如后来纳粹传说所说，用一种英雄的权力巨人（*Machtergreifung*）夺取权力。政治权力是在一场肮脏的政治交易中交给了他。

他曾尝试用三种不同方式来达到目标。首先1923年他试图通过军事政变来夺取权力。在那次难忘的事件中他失败了。其次，他力求取得德国人民的委托；但是他也没有赢得他许诺给总统兴登堡的简单多数。他在1932年夏天所能取得的最好成就就是赢得37.4%的支持选票。即使是在取得总理职位，并受益于国会纵火案之后，同时利用戈培尔的宣传机器的花言巧语，加之他自己出色的煽动才能和冲锋队的威慑力量——即使有这一切之后，希特勒也只得到43%的选票，大多数德国人仍不信任他。当然，他们给他的信任比其他人都多，但是并不是大多数。

这些努力失败后，希特勒决心通过阴谋和政治交易得到权力。A. J. P. 泰勒的判断是正确的：他认为关于希特勒如何夺权的问题的答案，与其说是取决于希特勒和纳粹党，还不如说是取决于其他政党和政客。[231]共和国每一个政党都为民主的丧失和希特勒的成功起到了作用。斯宾格勒对大肆宣扬纳粹胜利的尖锐批评在相当程度上正确的："没有胜利，也没有反对。"[232] 例如，德国共产党，到 1932 年时已经发起了当时欧洲最强大的共产主义运动。但是它未经抗争便屈服于希特勒。到 1933 年夏天时，德国共产党解散，领导人被捕入狱，资金被充公。这个令人惊愕的失败，原因之一是来自斯大林克里姆林宫的令人惊异的不稳定政策。从 1924 年到 1928 年，苏联的政策是与温和的德国社会民主党合作，1928 年之后转向将他们作为"社会法西斯分子"，同他们进行战斗。在这一阶段，斯大林事实上是与希特勒合作来削弱资产阶级民主。这一策略就是：一旦法西斯主义（"垄断资本主义的最后阶段"）获得政权，进行最终的共产主义革命的时机就成熟了。但是帮助希特勒掌权后，共产党根本未采取任何行动。"14 年来只谈论革命的政党，当所谓适合革命的时机到来时，它却失败了。"[233]

　　温和的社会民主党，作为共和国的奠基者，到 1932 年仍是国内最大的党，但它没有能力，也不愿采取有效行动。在近似于宿命论的冷漠控制下，他们不能也不愿采取行动阻止希特勒。"我们受到环境力量的驱使，" 1933 年 8 月一位领导人同情地说，"我们确实只是发展过程中的被动客体。"[234] 后来这些温和的社会主义者反驳道：希特勒掌权不是他们的过错——他们理论上的马克思主义联盟者，即共产主义者与希特勒合作并攻击他们，而不是帮助他们。这指控里有真实的成分，但是它忽视了一个关键事实，社会民主党自己根本没有做过什么以实现它对社会的承诺。1932 年 7 月总理冯·巴本（von Papen）和他的"男爵内阁"非法夺取占德国领土三分之二的普鲁士的政权时，他们依然未采取措施。此时，如同后来一样，中间分子始终缺乏采取有效行动的意志。总体上，由于误解了希特勒的本性，并低估了他的威胁，他们一直认为"工人阶级的最终胜利"是不可避免的，而希特勒只不过是一个偶然现象。与传统相一致，他们把忠诚献给"一个具有潜能的大众化政党"，并不断地用空洞无形的口号来安慰自己。这一信仰产生的必然推论是，作为"反应部队"首领的希特勒会同他的支持者们自动解散，因为工人阶级的力量是"坚不可摧"的。[235]

　　右翼的保守党派把大部分精力用来贬低共和国，但是除了想出各种方式与希特勒相适应外，他们并没有自己的政治纲领。到 1932 年德国保守主义派在智力上已江郎才尽，而在政治上也已经破产。

从 1930 年到 1932 年这关键的几年中，共和国的首相是天主教中心党的海因里希·布吕宁（Heinrich Brüning）博士。有人把他描述为一个在纳粹潮流中英勇抗争的能干的政治领导人。然而，他的行为根本配不上那个名声。1930 年他解散国会并试图采用紧急总统令进行统治，使他的政府依赖于任性的老总统兴登堡，结果犯下致命的政治错误。因为，军事反动力量的派系对总统的影响逐渐增大。他的缺乏远见而固执的通货紧缩政策加剧了大萧条，使工厂关闭，将上百万工人抛上街头。这位"饥饿总理"对民主也毫无帮助。他费尽心机使自己处于左派和右派之间的位置，制造了一则绝妙的黑色政治笑话："为什么布吕宁像一把吉他？答案是：因为他被左派挟持，被右派玩弄。"

但是，布吕宁也许不仅仅是无能，最近一些研究针对他声称的对民主的承诺和对希特勒的反抗提出了许多重要问题。现在已经清楚的是，他做总理的主要希望就是赢得希特勒的秘密支持，为复活君主政体做准备；红衣主教帕切利（Pacelli），后来是教皇庇护十二世（Pope Pius XII）敦促布吕宁这位虔诚的天主教徒，要特别迁就希特勒。布吕宁本人帮助希特勒撰写了元首的一次重要的演讲稿。无论这位魏玛共和国首相以后如何反对希特勒，此时他对希特勒的态度清楚地表达在一份声明当中，该声明显示了他当时对纳粹党领袖作出了完全错误的判断。在第三帝国建立的前夕，布吕宁说："如果希特勒在正常情况下当选为总理［原文如此］，他就能够以相当平静的心态来看待形势。"[236]

这正是问题所在。在最绝望的时候，民主政治的领导人没有试图阻止希特勒独裁的威胁，也未能把他排除出政局；相反，他们费尽心思地帮助希特勒进入内阁——每一个政治派系都试图把他拉到自己这边来。每一个组织都希望希特勒提供选票，并保持他的"优势"中"受制于人的弱点"。所有党派都自信地认为他们知道如何对付希特勒。人们还设想，一旦他加入政府，政治权力的责任就会教给他谦逊和节制。

有人说希特勒掌权的历史就是他被低估的历史。有一点也必须提出："如果没有那些杰出的人和强大的力量为了他们自己的目标而高估了希特勒，也就根本不会有希特勒的历史！"[237]

空洞平淡的期望从未被这么有效地加以利用。

因此德国被交给了这个奥地利人。这是完全合法的。1933 年 1 月 30 日上午，阿道夫·希特勒许下一个伟大的誓言，守护共和国；然后他把他那柔软而毫无男子气概的手放入老迈的陆军总元帅戴着皮护套的手掌中，做出一种表达忠诚和信任的古老的德国手势。

在狂欢的城市中，人们听到一位天主教修女说："仁慈的希特勒先生掌权是上天多大的赐福啊！让我们赞美上帝！"也有一个抗议行动。一个犹太小男孩，由于看到冲锋队战士拿一段浇花用的胶皮管抽打他的祖母，而变得半疯之后，试图用他的小拳头捶打纳粹党人。不过他很快就沉默下来。阿道夫·希特勒，这个林茨和维也纳的失败者，现在能实现他儿时的诺言，他将成为祖国的主宰，一个德意志民族的新帝国的奠基人。

那天晚上，他把那些令人难过的死亡念头放在一边，激动地浑身颤抖，呆立在总理府的阳台上。他的双目熠熠生辉，脸上浮现出成就不可能之事的胜利者才有的光彩。他俯瞰着威廉大街。他的追随者手中挥舞着火炬，唱着《霍尔斯特·韦塞尔之歌》（*Horst Wessel*）①，一队队在他面前走过，整个大街成为跳动着火焰的海洋，红涛滚滚，无穷无尽。

那夜的火焰成为他的象征。年轻时，他总是虔诚地讲"生命的火焰"；在成为街头运动者时，他渴求强烈的憎恨，直至它变成一片"燃烧着激情的火海"。以后，他点燃的大火将烧毁华沙、鹿特丹、考文垂②、伦敦，和列宁格勒；接着在他的命令之下，恶臭的黑烟从奥斯维辛的烟囱中升起。这以后，他甚至想让整个德国都燃烧起来。最后，在红军猛烈攻击的炮火中，他命令下属将自己的遗体用汽油焚烧，然而在 1933 年这个礼拜一的阴暗夜晚，燃烧油布的味道对这位精神错乱的神明来说便是缭绕的熏香。

---

① 霍尔斯特·韦塞尔是德国纳粹运动的殉道者，《霍尔斯特·韦塞尔之歌》是歌颂他的作品，此歌被纳粹德国用作国歌。——译者注

② 英国中部城市。——译者注

第五章　从个人神经症到公共政策

>他不懂如何去驾驭自我的内心世界，却骄傲自大地乐于统治他的同伴。
>
>——约翰·沃尔夫冈·冯·歌德
>
>在政治领导人当中，个人动机往往被投射到或合理化为公共政策。
>
>——哈罗德·拉斯韦尔

美国政治学家哈罗德·拉斯韦尔（Harold Lasswell）在几十年前提出了研究任何国家的政治领袖个性的一个根本原因。他在1930年一份开创性的研究报告中显示，政治领袖的个人生活与公共生活是密切相关的，而且成功的政治家往往在把心理困境替代与合理化为国家政策的过程中，将它们转化为政治财富。换言之，心理不正常的领导人可能既感觉个人需要治疗，又发现将他们的内心冲突"外在化"具有强大的政治效力。当个人需要同国人的需要保持一致时，这种外化实际上可能相当有利于他本人。[1]

希特勒的个人生活和公共活动表现了这一作用过程。在这一结论性的章节，我们想要对他的心理状态做出一种诊断，并探讨它是如何促成他的成功和失败的——他的病态人格（psychopathology）在事实上是如何帮助他获得政权并实施国家政策，而最终又是如何导致了他自身的毁灭和帝国的崩溃。

哪种"神经症"？

> 我饱受令人痛苦的自欺。
>
> ——阿道夫·希特勒

我们很难对希特勒的心理疾病做出诊断，原因至少有三种。首先，甚至专业的心理学家都会感到，要对一个他从来没有与之说过话的人进行心理诊断是不太容易的。其次，诊断的标签可能意味着所有个性特点和行为模式都应该符合医学描述，而如果不符合，它们就必然无足轻重。第三，诊断可能也会引发另一个错误观念，即：这样被标示的个人就同另一个经过同样诊断的精神病人一样。当然，事实上，每个病例都是不同的。

然而，对希特勒心理状态的医学诊断，对于我们理解他特殊的病态人格以及它如何影响他的政治领导具有重要价值。在试图做出这一判断的过程中，如果知道他是否接受过心理疾病方面的专家检查，对我们会有极大帮助。

我们可以追查到几条线索。1945年5月，瑞士《新闻广播》（*Balser Nachrichten*）报道，"在20世纪20年代"，希特勒曾在海德堡一家专治歇斯底里症的诊所接受治疗。1967年《纽约时报》讲述了一个来自法兰克福的故事，说一个德国精神病医生弗里德里希·潘赛（Friedrich Panse）证实，1918年希特勒因为"歇斯底里导致失明"而正接受治疗。不过，潘赛博士在一封私人信件中向我保证，他"从来没有为希特勒治过病，而只是在远处见过他一次"。他还听说，希特勒在海德堡接受一个名叫威尔曼斯的博士的治疗。

然而，海德堡的精神病和神经病学诊所的主任，里特尔·冯·拜耶（Ritter von Baeyer）博士说，希特勒根本没到过那里看病。拜耶写到，他的前任及老师，卡尔·威尔曼斯（Karl Wilmanns）博士在一次演讲中称希特勒是一个"歇斯底里症患者"，但是实际上他从来没有为希特勒做过检查。希特勒一掌权，威尔曼斯就受到盖世太保的审查，并被解除职务。

在海德堡那个诊所的其他医生也听说，希特勒"在20年代"因精神疾病在林茨一家医院接受治疗。但是来自上奥地利健康中心主任的一封信说，希特勒从来没有到这里看过病，也没有去过其他任何一家林茨的精神病机构。[2]

我们可以假定，希特勒在1919年因中毒气导致暂时性失明而接受了医生检查；1923年啤酒馆政变失败后，他进入兰德斯堡监狱时再次接受体检；"二战"期间，1944年炸弹阴谋后，他又一次进行了体检。但是，据我所知，在这些体检中，没有留下任何尚存的精神病学报告。1918年一位名叫埃德蒙·福斯特（Edmund Forster）的精神病医生在帕泽瓦耳克战地医院可能为他看过病。然而，如果这曾是事实，这次检查的记录也显然被销毁了，可能就是希特勒下的命令。福斯特在1933年自杀身亡。①

还有一份标记为1924年1月8日的"关于囚犯阿道夫·希特勒的精神状况报告"，签字人布林施泰纳博士，兰德斯堡的狱中医生。[3]但是，这份报告并不是精神病检查的结果。这位医生显然对他的著名的囚犯印象深刻，盛赞他是一个智商极高、知识广博而且善于雄辩的人。医生说，当希特勒被捕的时候，他显得非常沮丧，遭受着"极其痛苦的神经衰弱"。不过他并未给出任何细节。这份报告强调这一状况很短暂，而希特勒不久就进入绝好的精神状态。几个月以后，1924年4月2日，布林施泰纳填写了一份标准的囚犯"阿道夫·希特勒"的体检表：

---

① 约翰·托兰和鲁道夫·比尼恩都认为，福斯特博士不仅在1918年对希特勒进行了心理检查，而且实际上还给他采取了心理治疗。例如，托兰就称福斯特是"第一位给希特勒治病的心理医生"。不过，没有记录能证实。而且人们有理由怀疑，一位劳累过度的德国大学诊所的杰出主任在1918年10月紧张忙碌的日子里会抽时间专门给一个无名的普通士兵进行心理治疗，这个士兵只不过和他众多战友一样受到了"炮弹休克"。为了支持他们的论点，比尼恩和托兰依据的是维也纳"神经科专家"卡尔·克罗纳（Karl Kronor）为美国海军情报部门提供的一份不合逻辑而又不准确的报告。克罗纳声称，当希特勒在1918年帕泽瓦耳克接受心理诊断时，他在场——比尼恩甚至直接说克罗纳是福斯特的"心理学助手"。但是，克罗纳本人并没有这样说。如果他真的负责照料希特勒，在他坚持认为希特勒1918年暂时的失明是因歇斯底里症导致的报告中肯定会这样说的。相反，克罗纳甚至声称他没见过希特勒——更别提担任治疗他的"心理医生助手"。[Dr. Karl Kroner, "Adolf Hitler's Blindness," OSS Document #31963, National Archives; Toland, *Adolf Hitler*, xviii–xix, picture facing 125, 925; Binion, *Childhood Quarterly* (fall, 1973) 203–206, 与 *Hitler Among the German* (New York, 1976), 6–14及全文各处。]

身体状况和健康水平：	健康；身体十分强壮
心理疾病和精神病的证明	[没有填写]
工作能力	[尚可]
特殊评语	[没有填写]

1945年，希特勒的医生告诉美军官员，据他们所知，元首从来没有接受过精神病方面的治疗。[4]似乎没有理由改变这种观点。由于缺乏反面的证据，而且希特勒将心理学贬低为"犹太人的毒药"，加上他强烈地坚持他的头脑绝对没有问题，所以说他曾因精神疾病而接受治疗是极不可能的。①

因此，在无法与病人商讨的情况下，任何分析诊断都必须根据事实。这两方面的尝试在"二战"期间和结束不久后得以进行。1943年美国心理分析学者W. C. 兰格为美国战略情报局提供了一份关于希特勒的心理分析报告。根据现有的资料，兰格得出了一个一般性的结论，希特勒是个癔症患者和精神病患者。[5]而纽伦堡监狱中的精神病医生，道格拉斯·凯莱（Douglas Kelley），通过对希特勒身边22位纳粹党人的广泛询问，推断出这位元首可以列为一个"强迫型和癔症型的精神病患者……他还表现出妄想狂或迫害妄想狂患者的行为模式。……简言之，希特勒就是一个心理不正常的人。……"[6]

有一种看法，认为希特勒的心理完全正常，而他的行为可以追溯到身体的原因。在尝试做进一步的详尽分析之前，我们首先必须对此论点做出回应。

---

① 战争期间出现一本很不寻常的书，据说是一位移居国外的精神病医生的回忆录。作者声称他从1919年8月到1934年7月一段很长的日子里对希特勒进行了分析。根据这一叙述，知名的精神病学家和心理学家得出希特勒患有癔症型精神病（schizoid hysteria）的普遍分析结论。因为"克鲁格博士"的回忆录是骗人的，分析结果就受到影响。（见附录，"关于虚假资料的记录"）。实际上希特勒的确可能和一位真正的精神病医生有过短暂的会面。他的一位秘书，一般来说是可靠的证人，回忆起1943年"一位著名的精神病医生……我已经忘了他的名字"，被召到希特勒的总部。他断定，希特勒需要在一个疗养院休养很长一段时间。然而，在医生征求了希特勒的意见后，他遭到了希姆莱的处置，"找不到他的任何踪迹"。见 Albert Zoller, ed., *Hitler Privat: Erlebnisbericht seiner Geheimsekretärin*（Düsseldorf, 1949）, 69。

神经学上的解释

一些医生根据证人们对希特勒身体外观的叙述,尤其是对希特勒生命的最后几个月的描述,推断他患上了一种伤害大脑和神经中枢的神经性疾病。几个仔细观察过他的人注意到,"他的左手和整个身体的左半边严重地颤抖"。一位来访的将军指出,"他的步态变得迟缓……行动起来就像电影里的慢镜头"。一位党内领导人也惊诧地发现,他的元首现在成了"一个彻底垮掉的伛偻老人……一个浑身颤抖的绝望者"。有人回忆道:"他浑身被汗水浸透,口水挂在嘴角,简直就要流下来。……我感受到了一个充满憎恨的灵魂的爆发。"还有人记起,他曾经看到"一幕可怕的画面……他目光呆滞地瞪视着……两手苍白,指尖没有一丝血色。……他说话依然清晰有力,然而注意力却已不再那么集中了"。[7]

根据诸如此类的描述,一些德国专家推断,希特勒的精神和身体状况是由于患有帕金森症(震颤性麻痹)而导致的,这是一种病因无法确定、侵袭神经系统的病症,并且导致身体不自主地颤抖、行动缓慢、失眠、语言障碍、大量出汗、唾液分泌过多和兴奋等多种特殊症状。同时这一疾病还有发展为妄想的偏执狂(delusional paranoid)的趋势。[8] 1945年春,一位著名的"神经科专家",柏林的马克斯·德·克伦西斯(Max de Crensis)博士,在听取了关于希特勒行为的报告并检查了他的照片后,诊断出希特勒患有与震颤性麻痹相关的大脑损伤。[9]战后,汉堡一家精神病诊所的负责人,汉斯·贝格尔-普林茨(Hans Berger-Prinz)教授表示赞同,并坚决认为从"精神病学的观点看",希特勒根本没有病。他的问题只是因为他患有帕金森症。[10]另一位德国专家"不仅是可能而且是肯定"地断言希特勒患有帕金森神经机能障碍。这位医生坚持认为,正是这种疾病导致了希特勒人格的显著变化,并且成为1942年以后纳粹暴行和政治与军事失败的原因。[11]

另有一位德国医生也赞同希特勒患有疾病,但是他认为是"晚期的帕金森症",最初是由幼年流行的脑炎引发的。他指出,年轻时的希特勒曾经传染上了他的弟弟埃德蒙的病,1900年埃德蒙死于麻疹,当时希特勒11岁。他认为这种病潜伏了许多年。从 1914 年到 1918 年，病症开始有所减轻，而从 1919 年到 1933 年又间歇性地发作；后来彻底发作成帕金森症。[12] 最近，一位研究流行性脑炎的美国权威医生认可了这些发现，把这一疾病后来发作的时间确定在大概 1916 年流行病期间。正如他的德国同人一样，这位医生认为希特勒的病得到了缓解，直至这一疾病突发成震颤性麻痹，而就是这一疾病引起了"悖德症"（moral insanity）①，并且"改变了他的人格，从而导致了第三帝国的灾难和恐怖"。[13]

事实上，希特勒的确表现出了一些可能是帕金森氏病的症状，然而他并没有表现出这种病的其他症状。尤为显著的是，证人们所见到的颤抖或抖动并不是逐渐加重的；它是间歇性发作的。1923 年他的左臂和左腿开始抖动，接着这一症状就消失了。1943 年斯大林格勒战役后，同样的症状再次出现，然后又消失了。1944 年 6 月它开始猛烈地发作，但是那年以后，当他计划开展"阿登攻势"时，症状又都表现得不很明显。在帕金森症中，颤抖并不是间歇性的；它是"残酷地逐步加重的"。我们并没有发现希特勒的手腕、双手、手指和拇指的活动有什么运动方面的障碍，而且也无证据表明他具有那种病特有的"滚药丸"（pill-rolling）式的动作。[14]

还有人对希特勒的身体和精神状况做出不同的解释：它是由于希特勒的那个庸医特奥多尔·莫勒尔的玩忽职守而引起的。在一本名为《希特勒：人格的毁灭》（Hitler: Die Zerstörung einer Persönlichkeit）的书中，一位内科医生坚持认为，除了具有一切伟大的天才人物共有的古怪特征外，阿道夫·希特勒完全是个正常的人，直到他落入莫勒尔的"魔掌"，然后被他慢慢地用奇异而不负责任的药物治疗所毁掉。实际上，任何有责任心的医生都一定会为莫勒尔开的药而震惊。从 1935 年到 1945 年的一段时间里，这些药包括了大剂量的维生素和性激素；3000 针剂的纯糖浆；每日大剂量的兴奋刺激药和镇静药；上千

---

① "悖德症"这一概念由英国精神病医生普里查德（Prichard）于 1837 年提出，被视为一种精神紊乱的类型，患有此症的人的智能很少或完全不受损害，失调主要表现在情感或习惯方面，他们的道德观念和正义原则是高度扭曲和败坏的，自控能力丧失或受严重阻碍。——译者注

粒"克斯特博士研制的防止胀气的药片"（为元首的慢性肠胃胀气开的药），成分是颠茄和士的宁的混合物；还有一种莫勒尔用从公牛睾丸里提取出来的物质研磨成粉做成的增强体力的药丸，显然是用来抵消所开的女性激素的作用。因此，争论出现了，即认为如果希特勒不是被莫勒尔弄得丧失能力，德国本可能赢得那场战争，从而阻止深入欧洲的共产主义的威胁。[15]

一位研究希特勒的德国著名传记作者也确信希特勒在他五十多岁的时候经历了一个突然的人格变化。直到1942年前后，他一直都是相当正常而且明智的。而突然"在很短的时间内，他完全［变了］一个人"。正是莫勒尔博士采取的有害的药物治疗造成了这种不可思议的变化（变态）。而我们所知的主要病因是"严重的头部伤风"（eine schwere Kopfgrippe）。由于这一具有特殊意义的伤风疾病，希特勒与历史都发生了转变：元首突然间变得"多疑而不信任他人"；他突然"开始不自觉地重复"；开始编制"荒谬而不切实际的计划"；接着他"对那种令他不满的形势做出了强硬的反应"。他下令屠杀犹太人，与此同时，"也发生了斯大林格勒战役的惨败"。[16]

莫勒尔的药物治疗很可能造成了他的病人身体和精神的恶化；然而不管他的疾病多么严重，绝不可能追溯到头部伤风。

战后美国军事情报局根据希特勒的病历以及他的医生们的书面证词而作出了分析诊断，现收藏于国家档案馆，对此我们必须认真看待。这些报告包括四张心电图，日期分别是1940年1月9日、1941年6月14日、1943年5月11日和1944年9月24日，清楚地显示了希特勒患有"急剧恶化的冠状动脉硬化"。[17]这一医学证据提出了关于证人们对希特勒描述的又一种解释，因为一般的动脉硬化可能产生颤抖、失眠、行动缓慢以及思维混乱。它也可能带来人格的改变。迄今为止，心理稳定的人也可能表现出庞大的幻想、妄想狂的趋势和精神失常等症状。[18]

海因里希·希姆莱和其他亲近的随从都赞成另外一种解释。他们猜测元首状况的恶化是由梅毒的侵害造成的，这种疾病是在维也纳的青年时代或者在"一战"期间感染上的。根据希姆莱的瑞典男按摩师和听告解的神父费利克斯·克尔斯滕（Felix Kersten）所说，1942年的一天，心情烦躁的希姆莱传唤他到他的办公室。在要求对方绝对保密之后,他让克尔斯滕翻译从一份秘密的盖世太保档案中拿来的一份"26 页的蓝色手稿"。据称,这里包括了从希特勒在帕泽瓦耳克住院以来的病历记录。记录使克尔斯滕"毫无疑问地"确信,希特勒当时经受着与神经梅毒相关的进行性麻痹。[19] 有一个相当令人惊异的事实可以支持关于希特勒曾经患上了梅毒的推测,那就是他挑选了一位性病专家特奥多尔·莫勒尔"教授"做他的私人医生。希特勒对梅毒的强烈兴趣在他的自传中多处都明确地提到,这也是有关的。那时德国医学界也是谣言盛行,说希特勒在 1932 年间因为患有和梅毒有关的精神紊乱在耶拿的一家诊所接受波多·斯皮特霍夫(Bodo Spiethoff)博士的治疗。当然,我们所知的在生命的最后几个月里的希特勒恰好符合深度神经梅毒的某些症状。梅毒能够产生颤抖、失眠、行走困难和人格变化等症状。病人可能会变得暴躁易怒,良知逐渐泯灭,记忆力进而衰退。他们可能阶段性地感到沮丧,同时心中充满宏大的幻想;具有妄想狂的倾向也是很正常的。[20]

可以想象,希特勒或许曾经染上过梅毒。然而这是不可能的。克尔斯滕坚持认为证明这一事实的神秘的蓝色手稿从来没有露面,而克尔斯滕本人既不是内科医生,也不是无懈可击的证人。1932 年希特勒也有可能因梅毒在耶拿的一个诊所接受治疗。然而,耶拿的官方医学机构来信强调指出,他们无法找到任何证据可以证明希特勒曾在那里接受治疗。此外,希特勒的病历记录显示,1940 年 1 月 15 日为他做的瓦瑟尔曼氏试验①呈现的阴性反应并不支持他患有梅毒这一推测。[21]

近来对人脑的研究已经呈现对希特勒生理和情绪问题的另一种解释途径。神经科学家现已得出结论,并提出有关希特勒以及所有其他人的人格的令人困扰的问题。直到最近几年,我们都想当然地认为每个人只有一个大脑、一种意识和一种人格。然而,那种旧有的令人确信的假设可能只是一种错觉。我们可

---

① 1960 年德国免疫学家、细菌学家瓦瑟曼(August Pawl Wassermann)与德国皮肤病学家 A. L. S. 奈瑟尔一同设计了检测梅毒患者体内抗体的补体结合试验,即瓦瑟曼试验,至今仍为梅毒诊断方法之一。——译者注

以具有两种人格（做两类人）。对那些大脑两半球被切开的病人所做的分离大脑研究实验不容置疑地证实了人脑的两个半球（不像其他动物的大脑）是分离运转的。而且，它还表明"两半球中每一个都具有**独立意识**。也就是说，每一个体都存在**两种分离的思维意识**"。人们可以在一种思想或是两种思想的同时作用下有效地生活。

两个独立的脑半球显示了两种截然不同的思维活动模式。左半球专门管理细节。它善于驾驭单独孤立的要素，但几乎不能理解或识别整体。比如，左脑受到严重损伤的病人可能相当明理而聪明，但是在镜子前面却无法认出他们自己。最重要的是，左脑半球的功能是存储细节和语言。相比之下，右脑半球则不具备处理不同数据的能力。它擅长综合与解释方面。它关注整体、模式和形状［Gestalt］。它凭借表象思考，强调直觉；它在视觉和音乐的形成中具有重要作用。然而，尽管每个脑半球的专门功能都已清楚地加以确定，神经科学家"还是无法确切地知道两个脑半球是如何相互作用并和谐共处的"。[22]

一个由大学心理学家组成的小组在一篇名为"希特勒：历史神经的陈述"（Hitler：A Neurohistorical Formulation）的文章中，尝试用这些关于人脑的神经学上的发现来解释希特勒的行为。他们认为，因为他的左脑有缺陷并且发育不健全，所以他的右半脑反常地活跃。他们指出了一个证明他的左脑有缺陷的证据：左侧睾丸的遗失；左臂和左腿的虚弱和颤抖。他们列举他的家族史中子女早夭、畸形和头脑迟钝的事例，表明了他们认为他的右脑更发达的看法：他无法忍受事实和逻辑推理；他相信直觉并且酷爱各类音乐作品和建筑物。另外，根据这一观点，他那极度活跃的右脑对历史有着深刻影响，因为希特勒有两个重要政策都源于它：征服**空间**和仇恨犹太人。二者都"可以被视为起因于神经失常（neurological abnormality）"。由于发达的右脑要求他支配庞大的空间并把犹太人视为狡诈残暴而又明智讲理的人，而犹太人的这些特征都是他右脑所排斥的。因此他力求征服苏联，并消灭犹太人。[23]

假设希特勒的左脑可能受到损伤，具有一定的启示作用。然而，证据是间接而不确定的——神经学无法通过接触病人和他的大脑加以证实。此外，一些数据也与他的左脑受损伤的理论不大吻合。我们尤其注意到希特勒驾驭语言的出色能力，他对细节的沉迷和他那令人惊讶的信息存储能力。而且，希特勒**左**臂和**左**腿的无力和颤抖反映了他的**右脑**存在问题，而不是该理论所指出的左脑的问题。

由于许多提到的疾病都显示了相似的症状，从而加深了做出任何明确的神经学诊断的困难。起因于帕金森症的不自主的颤抖、失眠、发脾气、注意力不集中、人格变化、幻听幻视和妄想狂倾向等诸多症状同样可能出现在患有神经梅毒和一般的动脉硬化的病人身上。许多这类症状也有可能是由于莫勒尔采取的不负责的药物治疗导致神经损伤而引起的。

最为重要的是，希特勒从幼年起的心理发展否定了那些支持运用神经学来解释他的行为的主要观点——即神经和脑损伤决定了在希特勒的生命的最后几年中他的人格产生戏剧性的突然变化。我并没有发现存在突然的转变。实际上，关于希特勒行为模式的最引人注目的问题并不是它的变化，而是要追溯到他幼年倾向的继续和强化。

某种形式的神经问题，当然可能使希特勒的精神状态恶化，但是事实上并不是它们引起这一状态的出现。

希特勒的行为模式——"临界人格"

自从1945年希特勒自杀身亡后，两方面的进展使得对他的精神疾病做出诊断成为可能。首先，纳粹党档案的发现、研究机构的工作以及出版的许多专著和专门研究提供了早先的作者得不到的关于希特勒的大量信息。其次，在临床心理学方面也取得了重要的进展。

我们可以假设，被称为"临界人格"（又译边缘人格，borderline personality）的这一状态最恰当地描述了希特勒的行为模式。但是我们不要试图使他的所有行为恰好符合这一描述。我们原本的目的是要较深入地理解希特勒，而不是把他的经历简化为一种诊断。

一般来讲，那些心理上有问题，但仍旧能够在一些领域高效地发挥作用的人被界定为临界人格。他们的病状区别于神经（官能）症，同时比精神病要轻；他们处在介于两者之间的边缘地带。有关这些病人的专著相当专业而广泛[24]，因为他们的心理问题非常复杂，以至于要详细探讨这一应用于希特勒的诊断，必须参照一位著名的精神病学家正准备进行的研究，他是一位既研究临界人格又从事希特勒研究的严谨学者。① 然而，为了当前的目的，即理解影响希特勒做出政治决策的人格，我们可以提出临界人格的主要特征。通过这一举措，我们将注意到奥托·凯恩伯格（Otto Kernberg）、罗伯特·耐特、诺伯特·布洛姆贝格与埃里克·埃里克森提出的明确症状在某种程度上符合我们在希特勒身上发现的那些特征。[25]

临界人格的病人特别表现出妄想狂倾向。他们不信任，甚至非常怀疑其他人；他们认为自己是"独有特权的人"；他们幻想着他们是"魔力般的全能者"；他们相信他们有权剥削他人以满足自己的目的。[26]所有临界人格者都存在性质各异的俄狄浦斯问题。在希特勒身上，这一问题由于他的单睾丸和"初境创伤"而得到加强。② 自毁的冲动——我们后面必须涉及的问题——与某些形式的毁损（mutilation）已经被提及。

病人具有幼稚化倾向。他们表现出对"孩子似的口头攻击（oral-aggressive）的苛求"。由于自私和自恋的缘故，他们经常显示出"徘徊在自我膨胀观念和过度要求他人赞颂之间的矛盾"。特别是当他们表达自己全能的幻想时，他们的行为也可能显示出深层的不确定、自我怀疑和不安全感。临界人格的病人也倾向于对污秽、粪便和污染产生病态的恐惧。值得注意的是，他们易于产生与污秽有关的各种形式的性变态："通过排泄的行为（排尿和排便）实现生殖目的的原始替代……表明了一种潜在的临界人格。"[27]于是，这让我们联想到据说希特勒有涉及尿和粪便的性变态。

临界病人的典型特征是有种混乱的自我认同感。因为他们无法充分地整合自我，他们便产生了埃里克森所说的"同一性扩散"（identity diffusion）。他们

---

① 诺伯特·布洛姆贝格（Norbert Bromberg），医学博士，阿尔伯特·爱因斯坦药学院临床精神病学教授，已经为精神病学住院医生多次举行了关于临界人格的研讨会。他现在正忙于写作一本名为《阿道夫·希特勒——一项心理分析研究》的著作。这里非常感激博士对本章内容的批评指正。

② 同这些经历相关的症状与临界人格的症状是一致的，并且会起到加强它们的作用（见第三章第170—190页）。

对抗由这样的不确定性产生的焦虑的一个办法就是模仿他人的行为，以"再饰演他们偏爱的角色"。（下面将要探讨希特勒喜好扮演各种角色而产生的政治影响。）

临界人格最基本的特征是具有"分裂的自我"（splitting of the ego）。引人注目的是，病人们都显示出相对立的人格特点：他们既残忍又仁慈，既多愁善感又冷酷无情，既富创造性又具破坏性；他们在极端的爱的宣言和疯狂的憎恨的爆发之间激烈地摆动。凯恩伯格博士注意到，经常的情况是，每个病人似乎都有"两个截然不同的自我……同样强大，而且彼此完全分离"。施佩尔形容希特勒一方面是个"残酷、褊狭、冷漠、反复无常、自怜而庸俗"的人，同时又几乎具备"所有恰好相反的性格特征……是一个慷慨、亲切、克己并且热衷于美好而伟大事物的领袖"。[28] 这与凯恩伯格博士的描述非常吻合。

当临床医学家评论临界人格行为存在的矛盾方面时，他的第一反应就是否定存在任何矛盾或不一致性。如果医生固执己见，病人就会变得极度忧虑。显然，临界人格的病人并不想调和他们身上存在的两个"同样强大"的自我。凯恩伯格断言："**那么，分裂似乎就不仅仅是自我的缺陷，还是一种积极而又相当有力的防御机制。**"[29] 需要保持一种双重身份的主要原因是临界人格病人的自我太软弱，难以应付关于调和爱与恨的那种激烈的极端问题；相反，它力求通过接受两种形象而使自己免于承受在两者间抉择的痛苦焦虑。不过，分裂的防御机制并不能解决问题，因为它通过加强同一性扩散而进一步造成了自我的削弱。

人格分裂以及所承受"痛苦的自欺"的感觉似乎困扰着希特勒的一生。一种对自己身份产生的困惑而矛盾的意识，伴随着对他男性气质的怀疑，使他在克己和控制方面出现令人苦恼的问题。因此，对他来说，不断申明他并不存在这样的问题，并且总是可以完全控制，这一点是非常重要的。所以，他永远都在强调他的"坚强意志"，他一直坚持说他在压力之下非常沉着。他还感到被迫要操纵和控制他人。实际上，他的整个政治体系基本上是一个控制他人的体系。

临界人格病人通过心力投入（introjection）和投射（projection）加剧了人格的分裂：病人将好的事物融合到自身；将不好的投射到他人身上。希特勒进行了这种融合，把所有他认为是好的品质都称为自己的品质：雅利安人的坚韧、坚强意志、刚毅和创造性。同时把不好的品质都投射到他人，特别是犹太人身上的堕落、软弱、女性化。正如投射总是在临界人格的患者身上引发的情形一样，它使希特勒产生一种矛盾地割裂于好坏之间的可怕的世界观，而邪恶的力量经常图谋对抗正义。他感到被迫要战斗，并且在包围他的无处不在的力量威胁他之前，把它们摧毁。尽管在自我形象（own image）中产生的分裂世界是危险的而且不断地威胁他，但它还是发挥了重要的防御作用，因而充当了一种疗法。它使他能够将冲突具体化，如果将之控制在内部，就可能导致精神分裂和崩溃。

将希特勒诊断为临界人格，有助于解释为什么尽管他可能经历了许多精神病患者的体验，但从来没有跨越这个边界而成为完全的精神病患者。（这是因为）他能够将自己的"神经症"加以投射和具体化，使之合理化，并公然宣布它们是"世界观"和政府政策。

上面所提到的理论，即希特勒的一个脑半球的神经可能受到损伤并不能否定他是一个有着深度自我分裂的临界人格患者的结论。实际上，它可以补充并支持这一分析结论。在未来的某个时候，神经学也许就能够显示分裂人格在生理学上的根据。然而，它还无法解释这种人的特殊行为。一位同时受过精神病学和神经学训练，专门进行分离大脑（split-brain）研究的医生，指出一个简明的问题："我们的研究进行得还不够深入，从而无法概括出分裂的大脑与分裂的精神之间的关联。"当然，一个人的完整人格和生活经历也是不可能用神经学来"解释"的。[30]

关于阿道夫·希特勒右脑半球极度活跃的理论，并没有解释他为什么如此疯狂而强烈地憎恨犹太人；为什么他想将他们根除；为什么他需要发动侵略战争；为什么他如此喜欢狼、乌鸦和龙虾，并对斩首如此着迷；为什么他害怕马并畏惧性交的想法。分离大脑研究无法解释为什么他分裂的自我呈现出特殊的形式或模式。简言之，神经学的研究结果深化并补充了历史心理学的解释；但是，这些研究结论并不能取而代之。

希特勒思想意识的心理学根源

> 我的信念就是我的运动
> 我的信念就是我的武器
>
> ——希特勒一次演说的笔记（约1928年）

希特勒古怪的世界观常常被认为与外部现实几乎毫无关系，但是它却充分迎合了他自己的精神需求。在这方面，他的幻想与其他遭受心理困扰的人们没有什么两样，所不同的是，希特勒没有得到心理治疗，而是得到政治权力，从而能够把个人幻想转化为客观现实。

希特勒独特的政治观念将他本人塑造成一个英勇的领袖，接受命运的召唤，把祖国从犹太人的威胁中解救出来。他的政治理论将不信任与憎恨制度化；它把侵略战争宣扬成生活的准则，赞颂残酷，要求对种族主义独裁者完全效忠。

有很多理由可以解释希特勒为什么形成这种思想。而一个基本的解释是，这样做帮助他满足了深植于幼年和童年体验的个人心理需要：与父母冲突的苦涩回忆；初境创伤；对童年遭到挨打和遗弃的怨恨；作为单侧隐睾患者而感到的极端不适；怀疑父亲可能有犹太血统，害怕因此"玷污"了下一代的纯洁；对他深爱的母亲最后生病，在一个犹太医生的看护之下去世的强烈记忆。

母亲与祖国

希特勒思想体系的基础是，认为德国是一个生命有机体。当然，社会**有机体**（*Organismus*）的概念并不新颖——它至少与浪漫主义的历史一样悠久。但是希特勒不寻常的比喻和措辞的变化显示出一些极具个人化的东西：他将对自己母亲的爱转移到了德国身上，并且把自己视为"犹太危险"威胁下的祖国的拯救者。因此他那被初境经历（the primal scene experience）大大强化的幼年欲望，即要拯救他那被淫荡的父亲蹂躏的母亲，以及自己占有她的欲望，就得以投射。对他而言，已经支离破碎的德意志王国就像他母亲一样是有血有肉的：

> 谁能相信只有德国不受制于所有其他人类有机体所遵循的相同法则？

> 恢复1914年边界的企图将导致我们的国家肌体进一步流血。

> "波兰走廊"……就像从我们身体上割下来的一块肉。

> 法国正在从我们国家肌体上被一块块地割下来。[31]

他目睹她得病和死亡。在《我的奋斗》和此后的演说中，他不断重复着这样一个幻象：身为外科医生的他，正在为和克拉拉·希特勒一样患癌症濒死的祖国做手术。祖国也和他的母亲一样，病情一度似乎要好转，但随后就"明显越来越衰弱了"。只有希特勒医生激烈的治疗措施才可以救她，因为"对付不可治愈的肿瘤"需要"残酷的意志"。没有别的人能够"挑战……恶性肿瘤"或"切开癌变的溃疡"。

希特勒所用的其他比喻证实了一种猜测，即他可能极其错误地相信，医生为了试图消除疾病，曾用三碘甲烷（碘仿）治疗他母亲的癌症。（第三章，第213页）。1933年2月15日，在斯图加特的一次演说中，他确定了自己执掌政权后的任务，他说：'我们要**清除**（burn out）整个文化中……腐朽的病症；我们要**清除**渗入我们生活中的一切流毒。"1934年7月13日在国会大厦前的一次狂热的长篇演说中，他试图以这样的说法证明"清洗罗姆（冲锋队）"是正当的：

> 我下令**彻底清除**（*burn out down*）我们国内生活中涌动的毒害人类的

新生弊病（the raw flesh）。[32]

年轻的希特勒对母亲去世的反应直接影响到他关于德意志民族的思想意识。就像他为她的濒临死亡感到狂暴激愤，他对德国命运的感觉也是如此。他坚持认为，两者都必须活下去，即使她们已经死亡，也一定会复活。他无法挽救母亲的生命，但是如柯尼斯堡（Koenigsberg）所说，当他"重新将德国视为他的母亲"，他的信念就有了归宿。他会彻底消灭那些试图伤害、毒害和谋害祖国的家伙——犹太人，使她免于死亡。他会将他们根除。德国**必将**被拯救：

因此不准任何人反对，说"然而这是不可能的"。没人能够——没人敢这样——对我说！……这必定是可能的，因为德国必须生存。

他会施行奇迹来保证德国的生存，或是使她复活。令人吃惊的是，他在1933年拯救了她之后，会如此频繁地需要重复这种复活。因此，两年以后，1935年2月，他说：

我们庆祝德国骄傲的**复活**。

1935年9月：

通过我们的努力国家在我们心中**再次崛起**。

1937年9月：

今天德国已经**再次**真正地**崛起**，而且正如我们所设计的那样**再次崛起**。

1938年10月又一次：

恍如奇迹一般，在如此短的时间我们能够经历一个全新的德国的**复活**。

1940年10月还有一次：

> 我确信是上帝指引我到这里，并保全我脱离重重危险，因而使我能够领导我们的民族完成……一次新的复兴……我们将重建一个强大、繁荣、辉煌的德国。无论如何，德国必将**重新崛起**。[33]

如我们所看到的那样，幼年的初境创伤和之后母亲遭到犹太人或有犹太血统的人攻击的幻想，似乎至少部分地造就了希特勒的种族理论。在谈及祖国遭受强暴时，他反复使用性的隐喻，或者将柔顺和默许等所谓女性品质归因于民族或民众。他问道，"什么阴谋致使德国的灵魂被强暴？"要么就痛苦地评论道："我们德国的和平主义者会在沉默中漠视国家遭受最血腥的强暴。"大众总是被视为弱者；她们就是女人，屈从于强大而蛮横的男人。民众，就像女人——特别是像他的母亲一样——"让性的物质进入体内"，因此受到毒物的玷污而变得不纯洁。[34]

联系到他母亲的身体曾经遭到犹太人的玷污——无论是性接触还是医学治疗——于是，众多的演说和著述表明，祖国的肌体显然正受到种族的毒害。在此仅举出几个例子：

> 犹太人像毒脓疮一样侵蚀着民族。……一股连续的毒流正被一种神秘的力量所驱使，注入曾经英勇的躯体的外部血脉中。

> 在最后一丝毒物没有从我们民族的躯体中清除掉之前，我们不会停止战斗。

> 犹太毒流能够畅通无阻地渗透到我们民族的血液中发挥它的毒害

作用。

> 犹太人成为了民族和种族分裂的发酵剂。[35]

在谈及自己和祖国的关系时，希特勒使用了一个特殊的措辞，在无意识中似乎表明了想要占有自己母亲的欲望。他不仅提起在德国"掌权"，而且还将阴性形式用在国家身上，说他已征服了她。因此，1942年1月16—17日，在狼穴的司令部，他讲述了一个不知名的英雄如何来到这个国家以期"征服她"（Um eine Nation zu erobern）的传说[36]。这是他第一百次讲这个故事。

几年前他告诉一个朋友，他不能结婚是因为"我的祖国就是我唯一的新娘"。[37]

希特勒反犹主义的基础

> 反犹主义者希望自己是无情的岩石、暴发的山洪、毁灭的雷电，乃至任何非人之物。
>
> ——让-保罗·萨特

当第三帝国的辩护者们说"希特勒都是对的，他只是在犹太人的问题上走得太远了"的时候，他们完全把问题曲解了。反犹主义并非是他的思想体系的外围，也非它的"过剩物"之一，而绝对是它的本质。这**恰恰**是整个思想体系的合理性所在。正如特奥尔多·豪斯总统观察到的那样，反犹主义对于希特勒极为重要，他声称发现了"铁的历史定律"。对于希特勒，历史是种族冲突。希特勒称犹太人是民众的敌人，他的目标是种族纯洁的共同体。

在希特勒的头脑中，反犹主义与民族主义、社会主义紧密结合在一起形成了他的三位一体的神秘的意识形态。他在早期的演说中提到：

社会主义只能与民族主义和反犹主义一起开展实施。这三个概念紧密结合，不可分割。[39]

希特勒是一个机会主义者，对许多事情都愤世嫉俗，但是反犹主义除外。他对犹太人憎恨之深之强，可从1922年的一次谈话中看出来。在谈到犹太人时，希特勒突然"兴致大发"，许诺当政后将消灭德国所有的犹太人。屠杀的方式表明希特勒本人对污秽、恶臭、腐烂和窒息仍旧关注：

一旦拥有权力，我将立起一排排的绞刑架，就像慕尼黑玛利亚广场上那样……然后把犹太人一个接一个吊起来，就这样一直吊到发臭为止。只要不影响卫生，就让他们吊着。他们被解下来后，下一批就步他们的后尘，如此直到慕尼黑最后一个犹太人被消灭掉。事实上，其他城市也会跟着重复同样的过程，直到最后一个犹太人在德国被清除掉！[40]

反犹主义是一种思想信念和顽固观念。但还不仅如此。如希特勒所说，这是"一件私事"。他本人很想参与迫害犹太人："我很遗憾自己是帝国总理。我希望自己是一名年轻的冲锋队员或是党卫队员，能够用双拳和大头棒对付犹太人。"[41] 正如我们所见，"犹太人"一词就足以引发激烈的情绪反应。

希特勒试图将他对犹太人的憎恨与恐惧外在化，但是他未能达到目的。他所说的许多颇有启发性的话表明他感到犹太民族是存于他体内的罪恶，是要清除的毒物，是要驱除的恶魔。因此，在1920年4月17日的演讲中，他说迫切需要清除"我们体内"的毒物。在20世纪30年代的一次谈话中，他对此感到绝望。他说犹太人是"看不见的魔鬼"，无法斩草除根，希特勒痛苦地断言，因为"犹太人总是在我们当中"。[42]

德国历史学家已经认识到希特勒个人反犹主义的重要性，但是仍不能作出解释。当然希特勒信奉"反犹主义"有"实际"而"理性"的原因：作为一个政治投机分子，他极其准确地看到，战后在德国反对犹太人是一个明智的政治策略。但是希特勒个人反犹主义的问题比这些答案所揭示的更为微妙复杂。作为**名人**，希特勒为什么会受到反犹主义的吸引？为什么他使之成为自己生活和事业的基石？

由于这个问题关系到个人动机、非理性和病理学，我们有必要注意精神病理学家的研究成果。他们治疗过反犹太人的病人，结论是这些反犹分子表现出明显的临床综合征。我们可以通过对比被描述为"反犹人格"（anti-Semitic personalities）的数百个美国病人来充分理解希特勒的人格和个人的反犹主义。

这些人表现出许多比典型的临界人格更强烈的症状，即我们在希特勒身上所见到的那些。反犹主义者也有着个性幼稚的倾向，对社会和政治生活存在不成熟的想法，也为"同一性扩散"而烦恼；他们视自己是全能而脆弱的，摇摆于自我怀疑与狂妄的自信之间。他们赞颂强权而鄙视弱者。他们善于防御，但主要依靠投射与心力投入——他们把自己身上最感恐惧的一些特性投射到犹太人身上，并且坚持认为自己拥有一个纯洁而又富有创造性的精英人物所具有的品格。正如临界人格的病人，反犹主义者认为因为犹太人搞了一个直接针对他们和其他所有好人的邪恶阴谋，世界被分裂成了全善和全恶两部分。[43]具有代表性的是，反犹主义者的人际关系不尽如人意；男性的反犹主义者常与异性有不正当的关系。

精神病医生和临床心理学家都对我们理解反犹主义做出了贡献。让-保罗·萨特（Jean-Paul Sartre）最为透彻明白地叙述了这种情况，实际上，他对希特勒做出深刻的描述：

> 我们现在站在理解反犹主义者的立场，他是一个感到恐惧的人。可以肯定，令他恐惧的不是犹太人，而是他自己。……他是一个不敢正视自己懦弱的胆小鬼；一个只是抑制并责难杀人的念头却无法制止自己这么做的凶手。……犹太人的存在只不过使反犹主义者抑制了他的焦虑。……反犹主义者希望自己是无情的岩石、暴发的山洪、毁灭的雷电，乃至任何非人的事物。[44]

那么，似乎很清楚，希特勒表现出一种情绪紊乱的症状，把对犹太人的憎恨作为他的主要防御手段。但是仅仅把希特勒看成具有"反犹人格"的人并不能解答我们的问题。世界上有成千上万这种褊狭的人。这一诊断即使在临床上可以接受，也太过宽泛，而不能解释他特殊的病状及其造成的历史后果。

对犹太人的憎恨与恐惧主宰着他的生活，甚至在死亡的那一刻也纠缠着他——直到他最后一次公开声明的最后一个字眼。在历史上从来没有出现过这样一位反犹主义者。他建立一个致力于反犹主义的政权，试图消灭欧洲的每一个犹太人。传记作家有无可能去解释这些具有历史意义的事实？或许不能。历史不是科学，有许多史实无法得到解释。这可能就是其中之一。由于依赖传统的历史分析工具不可能解释希特勒的反犹主义，让我们正确地认识困难，尝试应用心理分析技术来探讨希特勒个人憎恨犹太人的缘由。

希特勒的仇恨可能是幼年和童年的创伤性事件促成的。如我们所见，这些创伤包括初境创伤，关于犹太祖先的谣传，以及母亲在犹太医生诊治下遭受的病痛与死亡。1918年，当他认为祖国遭到背叛和犹太叛国者的玷污，他对1907年的痛苦回忆就变得更强烈了。他要成为一个政治家的历史性决定与他想要消灭犹太人并拯救祖国的愿望是直接相关的。

母亲很重要，而父亲也一样。一位美国心理分析学家的观点阐释了阿洛伊斯·希特勒在他儿子的反犹思想发展中所起的作用。众所周知的希特勒对于犹太人的投射，是源自临界人格的自我分裂特点的一种特殊类型。由于他自视为耶稣基督，至纯至善的象征，他就需要一个相对的恶的象征，魔鬼的化身。对他而言，犹太人就成为极恶的象征，绝对的否定。在把犹太人提升为威胁与迫害者——自己和祖国的共同敌人的过程中，希特勒的仇恨达到了一个疯狂迫害的境地。据经典的心理学分析，这种狂热、这种偏执狂表现有奇特之处。弗洛伊德认为，当偏执狂把任何人抬升到**唯一**的迫害者这样一个水平，"他就是把对方提升到**父亲**的地位；把他放到这样一个位置，就可以将自己遭受的一切不幸都归咎于他"。

因此，在企图消灭所有犹太人的同时，希特勒也企图摧毁他的父亲。他能实现他的目标不仅仅是细节部署的问题，也是主观的问题。如哈里·斯洛科沃（Harry Slochower）所写："无论希特勒把多少犹太人送进他的地狱火坑，犹太人——即父亲的形象——也无法根除。……"无论他走到哪里，那个犹太人的魔鬼般的影子都跟随着他。[45]因此，正如希特勒自己所说，"犹太人总是在我们当中"。

一般认为，希特勒把犹太人当作祖国所有问题的"替罪羊"。从心理学来看，替罪羊有助于减轻不适、自我憎恨和负罪感。举例来说，如果一个人对于乱伦或性变态有负罪感，他可能会把对自己的罪责转嫁到犹太人身上，这样会使他感到好受一些。但是这种投射并没有真正解决问题。实际上，它造成了一种恶性循环："遭到憎恨的替罪羊只是对未被承认的持续的自我憎恨的掩饰。……病人越是恨自己，就越是恨替罪羊。但是他越是恨替罪羊，他对自己的逻辑和无辜越是没有信心；因此他不得不把更多的负罪感投射出去。"[46]

负罪感越强烈，替罪羊的处境就越悲惨。由于希特勒极端仇视犹太人，他的负罪感和自我憎恶一定是相当强烈。他对犹太人的特别谴责尤其具有启发性。在公开演讲和私人谈话中，他针对他们的主要谴责是罪恶的性事。希特勒认为犹太人几乎对人们已知的每一项罪行均负有直接责任，但是当他严词谴责犹太人的性变态时，"他变得从未有过的情绪激烈、武断和荒谬"。比如，他说犹太人与他们的母亲有乱伦关系。[47]

希特勒与他自己母亲的性关系问题显示了历史学家与临床心理学家在研究问题时的不同之处。历史学家所接受的训练和职业本能会使他们集中在一个问题：真有此事吗？真的发生过乱伦吗？而心理学家更感兴趣的是不同的问题：病人确实有这样的幻想吗？——他**相信**发生这样的事吗？希特勒是否与他年轻的母亲有性关系是很值得怀疑的。但是心理学的证据表明他有俄狄浦斯满足（Oedipal fulfillment）的幻想，而且他为此感到内疚。他如此频繁地使用"乱伦"这个词，表明他心里在想这种事情；他在所有卧室的床头悬挂母亲的肖像；他为她写的一首诗令人联想到性与死亡的愿望；他说他唯一的新娘是祖国,又谈到"征服"她。与他有性关系的所有女人,都是母亲的替代者;她们的年龄、身体、家庭关系或昵称等特征都使他想到母亲以及她与丈夫的关系。人们还能猜测到希特勒有乱伦的幻想,并对此感到心神不宁,因为他觉得否认他有这种想法是非常重要的:乱伦的是犹太人,不是他。

由于自己对性变态的不安,希特勒需要谴责其他人,而犹太人满足了这种需要。有一个事件可以说明。1938 年,当发现国防部长勃洛姆堡(Blomberg)将军娶了一个从前的妓女,他声称这完全是违背道德。他让盖世太保搜集了可以给勃洛姆堡夫人定罪的证据。他们提供给他的照片显示她的职业主要是从事各种非正常的性活动。(一位看过这些照片的人士撰文说它们是"极其令人震惊的堕落"。)我们所关心的是希特勒在检视这些照片时立即做出的反应。他马上说照片中男的性伴侣"**一定是**犹太血统"。事件的报道者相信,希特勒随后"绝对出于一种甚为疯狂的反犹情绪的爆发而备受震动"。[48] 同样激烈的反应使人们相信,希特勒自己的性变态使他产生了强烈的内疚和自我憎恨,导致他迫切需要将此投射出去。

我们说过,有强大的证据表明希特勒相信他的祖父是犹太人(第三章,第 143—149 页)。他不断谈到遭犹太人玷污的血统;他力图清除他自己的血液;他摧毁了与他祖母和生父有关的那个村庄。简而言之,他惧怕自己可能是"半个犹太人"的想法。仅是怀疑就这么令他难以承受。从心理学角度看,他已经把他的内疚、不安和失败的情绪一同投射到犹太人身上,并以此作为他的个人认同的基础。从政治学角度看,他把整个事业植根于雅利安人优越,而"低等人种的犹太人"(sub-human Jews)低劣,以及"犹太人危险"是可怕的威胁等原则上。他确实不得不摆脱可怕的猜测。首先,我们想到,为了从正面证明他不可能有犹太血统,他命令他的私人律师,接着是秘密警察去调查他的家系。但是由于无法确定他的祖父,他们就无法提供证明。于是,我们将简单提及,这就是为何他试图以另一种方式确立自己的清白,从而导致了可怕的历史后果的一个原因。

希特勒反犹主义的历史后果

> 我的敌人就是德国永远和唯一的敌人——犹太人!
>
> ——阿道夫·希特勒

个人替罪羊的政治价值

希特勒对于替罪羊的个人需要,证明是作为一种独特的资产帮助他掌握了权力。因为希特勒的恐惧马上被分担到成千上万的德国人头上,他们想方设法为众多灾难找出一个简单的解释。的确,其他政党也推出了替罪羊;但是他们的没有希特勒的好。共产主义者提出"剥削的中产阶级""封建地主""社会法西斯分子""文人走狗"。但是他们的太多、太含糊。此外,他们试图分裂离间德国人。希特勒的替罪羊是单一的、可辨别的和毫无防备的。在反犹主义的号召下,德意志种族的各个阶层和行业因对德国文明的传统敌人"犹太人"的普遍仇恨而走到一起。"犹太人"是所有问题唯一而直接的症结所在。谁在战争中从背后给了德国一刀,从而导致了灾难性的失败?谁签署了停战协定?(对于这个问题的回答有些微妙。希特勒说是埃尔兹伯格,但他并不是犹太人。不过没有关系,因为希特勒发现他的祖父母中有犹太人。)谁接受了"屈辱的条约"?谁是引发通货膨胀和大萧条的既得利益者和剥削者?答案清楚而又不容辩驳:"始终都只是犹太人!"

他的私敌作为一项有用的政治资产,也帮他协调了纳粹意识形态中的冲突部分,增强了它对不同社会团体的吸引力。他向有产的中产阶级保证,他只对"犹太资本家"作战;他告诉工人们,他只反对"犹太人的社会主义"。1922年7月28日,在慕尼黑的一次娴熟的演说中,他指出,把犹太人当作利益冲突者的公敌在政治上对双方都有好处:

> 我们总是能够一次次地看到他们合作起来是多么好,一个是从事股票交易的犹太人,一个是工人领袖。……当商务代理摩西·科恩说服他的公

司对工人的要求强硬拒绝时，他的兄弟艾萨克·科恩，那位工人领袖，站在工厂的空地上，聚集人群，并高呼："……摆脱束缚你们的枷锁。"而楼上，他的兄弟则竭力关注使这些锁链锻造得更加结实。

在攻击犹太人是所有德国人的敌人时，希特勒满足了个人的心理需要，同时极大地扩展了他的政治吸引力。

他的反犹主义还有其他的政治优势。在不可能与外部敌人进行战争的情况下，犹太人便充当了仇恨和侵略的一个安全的发泄出口，因此给了德国人一个机会去捍卫他们的"德意志王国"（Germandom）免遭"外部"势力的侵犯，而这一切则是通过在国内攻击作为"外来者"的犹太人实现的。在国力尚不确定的情况下，坚持基本的种族优越也是利于稳定的。此外，过去犹太人被称为知识分子，而现在许多德国人发现，谴责他们则为否定久已受到怀疑的理性主义提供了一个方便的途径。反犹主义也缓解了道德与宗教问题。魏玛共和国时期不仅是一段经济、社会和政治混乱的时期，也是传统道德价值观发生危机的十年。众多德国人都为电影、戏剧、餐馆里歌舞表演和文学作品中出现的堕落情形所震惊。当得知这种堕落完全是因为"犹太人的影响"，他们感到比较宽慰。在许多鼓动人心的演讲中，希特勒俨然以一位"虔诚的宗教执事"自居，响亮地抨击着卑鄙的资产阶级的暴行，呼唤着他们的良知。

在战后，长期以来被人们接受并珍视的永恒真理的信仰受到了三位历史上最有影响的思想家的挑战，他们都是犹太人。对大多数德国人来说，马克思、弗洛伊德、爱因斯坦是决心颠覆整个社会、经济、伦理体系和科学秩序的激进分子。而许多大众作家极为有效地传播着他们的思想。于是反对"颠覆性的犹太思想家"的情绪化反应增强了希特勒的煽动言论的吸引力，因为他痛斥"犹太人观念"，并赞扬一种纯粹的"德意志信仰"。

反犹主义的制度化

在希特勒掌权以后，他个人对犹太人的憎恨实际上"投射到并合理化为公共政策"。他的反犹主义变成了国家的法律。

希特勒最初采取的对付"犹太人危险"的措施是禁止犹太人参加他们许多代为之做出贡献的公民社会与文化社会。1933 年 4 月 7 日公布的《文官任用法》中有一项"雅利安条款",将所有犹太公务员排除在外。这一条款不久就扩展到包括律师、医生,然后还有作家、艺术家、大中学校的教师和学生。后来的法规要求所有犹太人给他们的名字标上"Sara"或"Israel"。1939 年夏,战争爆发时,犹太人不被准许驾驶汽车或参加德国的文化活动。

有两部法律尤其说明希特勒本人对种族纯洁的迷恋,对"劣等血统"和血统污染的恐惧。《预防患遗传性疾病后代法》(*Gesetz zur Verhütung erkrankten Nachwuchses*) 规定要对患有诸如精神分裂症、先天失明和失聪等"遗传病"的人采取处死或绝育的措施。妇女可能因色盲而被绝育。因为,正如一个党卫队官员指出,"我们的士兵绝对不能有色盲。这种病只通过妇女传播"。确切地说,犹太人是"遗传病"的传播者。[50]

希特勒对"犹太血统"的关注还促成了 1935 年 9 月纽伦堡种族法律的出台,里面的言论都经过他本人亲自审阅。这部法律正式命名为《德意志血统及名誉保护法》(*Gesetz zum Schutze des deutschen Blutes und der deutschen Ehre*),将德意志人同犹太人发生性关系的行为确定为犯罪行为,并明令禁止德意志妇女到犹太人家中做家务。但是大量限制性的国内立法并不能解决"犹太人问题"。正如希特勒所见,这种威胁是生物学意义上的;他极其担心,这个种族敌人玷污了自己的血统,并威胁到他的民族。"最终的解决办法"就隐含在对这一问题的叙述中:只有在所有犹太人都被消灭后,他和德国才能获得安全。

大规模屠杀犹太人

希特勒实施种族灭绝的另一个原因出自精神病理学的分析。由于他根本不知道自己的祖父是否是犹太人,而且也没有人能证明他不是,毫无疑问,希特勒不得不向自己证明他不可能受到犹太血统的污染。为了确认这样一种直接威胁到他的个人身份和生活的事情根本是不可能的,他变成了历史上犹太人苦难的最大罪魁。实际上,他就是在说:"看,我不可能是犹太人。我会**证明**这一点。我是杀害犹太人的凶手。"因此,他高喊道,他会"将犹太人消灭至**第三**

代",也就是说,延伸到有血缘关系的那一层次,那也正是他如此拼命地证明他自己不具有的那种关系。

他实施种族灭绝大概还有其他原因。例如,它似乎与希特勒对死亡的奇特的关注有关联。(见第一章,第18—21页)他的自杀想法可能被种族灭绝的政治策略所替代;或许他是通过毁灭他人而缓解对自毁的个人焦虑。因而,当他提到正在散布的恐怖时,并说"重要的一点是**一种不可抵抗的死亡恐惧的突然打击**",这实际上就是说:"人们会因为恐惧死亡而退缩(就像我一样);我能够控制他们,并且能以恐吓或处死的方式来决定他们的生死。"[51]

种族灭绝也可能是我们在希特勒身上看到的深重的负罪感的副产品。R. J. 利夫顿评论道,偏执狂的独裁者一般力求以自己存活而无数敌人死亡的幸灾乐祸的方式将罪恶感外在化。因此,希特勒是通过将它们转移到上百万的其他人身上,然后将他们处死,从而显示他可以免于死亡的特殊地位和能够控制它的力量。[52]

希特勒使用"灭绝"(exterminate)这个词的次数在心理学上耐人寻味。德语中的这个词,"ausrotten",比英语更"形象化"。因为它是一个有着可分离前缀的动词,重点强调的是介词"aus"(向外):Ich rotte den Juden AUS! 或 Ich will den Juden AUS rotten! 早在1920年,希特勒就公开承诺要根除犹太人的邪恶势力,并将它灭绝:mit Stumpf und Stiel ausrotten![53]而在他掌权后,他又重复了自己的誓言——并且是用同样的话——以一种"着实令人惊骇"的"单调的坚持论调"。① 显然,他担心人们不相信他要灭绝犹太人的誓言。在1942年1月30日的演讲中,他提醒众人说'我总是小心翼翼地不作出草率的预言",同时他告诉听众,1939年9月1日②,当他预言犹太人将会被消灭,

---

① 这种耶克尔(Jäckel)式的描述,来自下列出现"灭绝"(extermination)一词的演讲和谈话:1941年3月希特勒对他的军事顾问们的讲话;1941年10月对他的随从的讲话;1942年1月1日的新年文告;1942年1月30日在柏林体育馆的演讲;1942年2月24的演讲;1942年9月30日和11月8日的演讲;1945年2月13日的谈话。

② 他竟然会弄错预言的日期,这的确令人惊讶,同时对我来说也是难以理解的。他在9月1日做出的国会演说并没有提到犹太人。他所指的一定是1939年1月30日的演讲。他似乎是无意间犯了这个错误,因为通常他对演讲的内容和日期都记得相当清楚。

人们都"**嘲笑**我的想法"。八个月以后,被嘲笑的一幕仍映在他的脑海中:"人们总是**嘲笑**作为预言者的我。而当时**嘲笑**我的那些人中,无数的人今天已经不再**嘲笑**,那些现在仍旧**嘲笑**的人,或许不久也不再**嘲笑**了。"[54] 希特勒对被人嘲笑的在意似乎支持了我们的观点,他感到有种强烈的需要,要将个人内在的恐惧外化并通过犹太人加以消除。

他选择毒气作为种族灭绝的方式大概是出于可行性和个人两方面的原因。毒气是一种可以消灭五六百万人的有效方式;同时,希特勒下令用毒气处死犹太人可能也是为了报复他自己在1918年遭受的毒气伤害,他把那归咎于犹太人。1924年《我的奋斗》中有一段显示了他的怨恨,并建议了他后来将要在种族灭绝中实施的毒气处决方式:

> 如果战争开始和进行当中,12000或15000个希伯来(犹太)杂种被置于毒气中,就像我们成千上万来自各条战线上的杰出战士在前线不得不忍受的那样,那么前线上百万的烈士就不会白白牺牲了。[55]

希特勒灭绝犹太人也是受到军事上失败的重大影响。不可否认,很难准确判定希特勒何时意识到他不可能赢得战争,因为在他不再相信能获胜以后的很长一段时间里,他还一直宣称胜利的不可避免。然而,珀西·施拉姆(Pecly Schramm)的说法可能是正确的,他指出,直到1941年年底,那个灾难性的冬天第一次挫败于苏联之后,希特勒就意识到了他所期盼的胜利是无法赢得了。[56] 如果这样的话,1942年希特勒在汪西会议上做出消灭欧洲的犹太人决定就不是偶然事件。或许他试图通过"战胜"犹太人而显示他个人的胜利力量并减轻他日益增强的怀疑感,即自己是个软弱的失败者。

他一生都充满着对自己的男子气概和体力的怀疑——每当他坚持说他绝不是弱者和可怜虫的时候,这些怀疑就清晰表现出来。而在1941年之后,当这个肌肉松弛、大腹便便、步履蹒跚、双手微颤的男人已不再是他自己所描述的那个坚强不屈、残酷无情、所向无敌而又刚毅有力的元首时,怀疑就愈加明显了。事实上,每一次军事挫败都更进一步使他失去勇气,于是他就越发需要证明他是幻想中冷酷、刚强和无情的胜利者。他无法凭借征服苏联或西方盟国而扮演这个角色；因此，他制造了众多施加于犹太人的残酷无情的"胜利"，征服了庞大帝国的毒气炉中那些无助的敌人。W. C. 兰格认识到希特勒人格中的这一软弱方面，并且预见到了它的后果。1943年在他和他的同事得知希特勒设立死亡集中营并屠杀犹太人之前，兰格博士就预测到希特勒将要通过日益无情的破坏和残酷行动来弥补自我疑惑和挫败感：

> 每一次失败都更进一步摇撼着他的信心，限制着证明自己伟大的机会。……他很可能要试图弥补他的脆弱感……通过持续地强调他的残酷无情……因为只有这样他才［能］向自己证明他不是一个软弱的人……而是拥有他认为一个胜利者应具备的素质。[57]

最后，希特勒屠杀犹太人还因为他的一个幻想。他确实相信犹太人是整个人类的撒旦，而且在消灭他们的过程中，正如他在20年前就承诺的，他是在"行使主的使命"。

于是个人的幻想就演变成了国家的公共政策。

种族灭绝的军事后果

希特勒对犹太人的恐惧在某种程度上导致了德国的军事失败。正如阿尔伯特·施佩尔所指出的，德国没能研制原子弹的根本原因是元首不信任所谓的"犹太人的物理学"。而他亲自下令屠杀欧洲所有的犹太人则导致国家战争力量的严重削弱。聚集、运送和处置如此之多的"个体"——正如艾希曼（Eichmann）对人的称谓——的整个后勤部署工作是极其浩大的。而这一计划还要求其他方面做出牺牲。截至1944年，由于运送犹太人而引起的劳工短缺的数目已达到约四百万人；第三帝国战时损失的生产总值达数十亿德国马克。[58]

单独地看，种族灭绝也达不到预期目的。从1942年到1945年军事上惨败的几年间，德国已没有能力实现对那个事实上从来不存在的问题的"最终解决"。这是毫无意义的。然而，希特勒却不那样看。他在国家危机时优先考虑的事极其可怖,却又明显:比起杀害犹太人,**对他而言没有什么更重要的**。

因此,一个人病态的恐惧和愤怒将上百万无辜的人送上死亡的道路,并决定了一个国家的命运。

身份混乱的益处

元首本可以成为德国最伟大的演员。

——约德尔将军

回顾起来,我根本无法确定他在什么时候和什么地点是他自己,也就是没有因为他的表演而扭曲的本来面目。

——阿尔倍特·施佩尔

一个在许多场合都仔细观察过希特勒面孔的人断言,没有任何一张照片能够捕捉到这个人在外表背后的本来面目。他说,那张面孔"总是令我吃惊,因为它包含多种多样的表情。好像它是由整个系列的许多单独元素组成,但又不能综合为一个独立整体。……一位摄影师,如果不综合考虑整个背景,只选择一个瞬间拍照,就只能表现一个方面,因而就给人造成一种假象,而无法认识到它背后的双重性和多样性。……"[59]

在并不懂临界人格是什么的情况下,这位观察者对临界人格的一个显著特征做出了精确的描述:一个完全无法"自圆其说"(add up)的人。这样的人缺乏完整的自我概念,并且经历了"同一性扩散"。于是,凯恩伯格博士得出结论,临界人格表现出一种"类似变色龙的特性"。他不断扮演着不同的角色;他"行动起来好像另外一个人"。[60]

希特勒的确是个"具有多重性的人"。因为被种种对自己身份和稳定性的疑惑所包围,所以他需要一再确认他是一个冷静而有力量的人,能够控制任何个人或群体,就变得异常重要。这种自我说服(self-persuasion)的最佳方式之一是角色扮演,这样他就成为——至少目前——他如此渴望成为的人。但是他并不总是确定那个人是谁。这种内心的混乱有助于解释令历史学家迷惑的关于他早期经历的两个事实：许多年来，他拒绝摆姿势拍照和他坚持使用一个假名。

通常情况下，积极的年轻政治家都不会刻意隐瞒自己的身份或避开公众。但是在希特勒1919年做出从政的"重大"决定之后的几年中，他都拒绝别人为他拍照。我们认为，他这样做是因为他太不确定自己的形象，因而无法让摄影师"拍下来"。后来到1922年，希特勒的照片非常罕见，以至于一个美国摄影师机构为了得到他的一张照片付给一个德国专业摄影师100美元。（当时一张艾伯特总统的照片的价格是5美元。）那个美国机构对这一差异感到甚为惊讶，而当得知在德国为希特勒进行一次完整的快照的要价是30000美元，他们的惊奇毫无疑问更强烈了。至于希特勒摆姿势的照片简直无法得到。[61] 另外，在这些年中，希特勒不愿使用他的真名。他让人们称他"沃尔夫先生"；他反复自称是西线"无名的战士"。只是在他掌握了党内大权后，那个默默无闻的时代才过去。他最终将自己的身份确定为德国人民的救世主和领袖。接着，他成为世界上照相最多的政治领袖，但是他从来也没有摆脱那种塑造其他形象和进行角色扮演的需要。

作为演员的希特勒

尽管有时他会带点讥讽地嘲笑自己的表演，但这其中的强烈情绪毫不涉及个人心境。他根本不希望人们发现他的真实面目。但他感到他们可能接近真相时，他会改变自己的性格特征，然后变成另外一个人。为了隐藏自己的个人想法，他还向同伴撒谎。他努力进行表演，有的时候在会见一个陌生人之前，为了给人深刻印象或是控制他人，他还会预演那个将要表现的角色：

希特勒：他期望什么？

赫斯：当然是权力。你可以最后说话。你的意志是不可动摇的。你规定了这个时代的法律。

希特勒：那么我就用强硬的声音讲话。

希特勒会试着说上几句话。赫斯则会仔细倾听，并加以评论："不，不是像那样。安静。不要激怒，也不要居高临下。此刻说话的是命运之神。……"希特勒会以一种更强硬的声调再重复一遍。在六七分钟后，他会停下来，仿佛已经有点被自己的表演所打动。他会说："好，我想现在我们已经掌握了这个角色。"[62]

希特勒的暴躁脾气是出了名的——不过，有时这也是精心的表演。因为他知道他发脾气会对某些类型的人产生惊人的影响，特别是对安静和好内省的人。[63] 当庄重的行为更有效的情形下，希特勒可能会表现出适当的谨言慎行。

他本人意识到了自己的才能，并曾经自称"欧洲最伟大的演员"。当财政部长沙赫特在场时，他显示了他的这种才能。沙赫特曾同格林就经济问题发生冲突，威胁要辞职。希特勒把他叫到办公室，劝他留下来并极力恳求他，以至于泪水从希特勒那双咄咄逼人的蓝眼睛里涌了出来。沙赫特深深为之感动，于是再次同意听从元首的命令。但是就在部长身后的门关上的那一刻，希特勒马上转向他的同伴，邪恶地吼叫道："这个家伙总是破坏一切计划！"[64]

1939 年 8 月 23 日，在另一个场合，当他发现一个可以恐吓英国大使尼维尔·亨德森的良机时，希特勒成功地表演了戏剧性的一幕。当时德国外交事务大臣回忆起，"在亨德森离开房间之后，我意识到希特勒的表现是预先想好的，并且得以实现。就在门在大使背后关上的一刹那，希特勒突然拍打他的大腿，大笑起来，并冲我说：'这次谈话后，张伯伦绝对不会死里逃生。他的内阁今晚之前将会垮台。'"[65]

战争后期，1945 年的 1 月 24 日的一份形势报告中，希特勒评论道："我今天要执行一项令人不快的任务。今天我不得不'催眠'（hypnotize）卖国贼。"[66]

在他整个的政治生涯中，他能投入而自信地饰演各种角色的能力是他独特的政治财富。对各种不同的人，他呈现出不同的面目；他几乎给所有的人都留下了深刻印象。①

在老谋深算的法国大使面前,他是一个"充满经验和智慧的通情达理的人"。一个知识分子就感觉他"很有魅力",是一个具有"英语意义上的'见识'"的人。英国历史学家阿诺德·汤因比(Arnold Toynbee)在一次与希特勒的会面中感到完全"确信他渴望和平的真诚愿望"。优雅而谨慎的(英国外交大臣)安东尼·艾登(Anthony Eden)对希特勒"潇洒,近乎高雅的外表"印象尤深,并发现他'娴熟'掌握了外交细节。[67]

玩世不恭的赫尔曼·格林从来不敢挖苦希特勒。他最初向一个同僚诉说,后来又告诉英国大使,"每次我面对他的时候,我的心都提到了嗓子眼。……"甚至在希特勒转而反对他,说他是叛徒,并且把他逐出纳粹党之后,当听说元首身亡时,他几乎要崩溃。他的妻子回忆道,他说:"他死了,埃米。我永远也不能告诉他我对他忠诚到底!"[68]

德国海军上将邓尼茨(Admiral Dönitz),当处在元首的权威人格笼罩下,就感到精神上疲惫不已:

> 我本人很少去他的总部,因为我感到那样我就会保有自己的主动权,而且还因为……我总是感到不得不使自己脱离他暗示性的权力。[69]

戈培尔早年写的日记,从来没打算公开发表,反映出希特勒如何利用娴熟的手段争取并赢得这个聪明而脆弱的年轻人的支持,而他后来则成为希特勒的宣传和教育部的"邪恶的天才"。希特勒对他所有的心理需要都做出了积极有效的回应。首先,戈培尔需要有人能控制他;希特勒就以"我的主人……我的父亲"的身份而出现。他渴望关爱;希特勒就热情拥抱他,送他鲜花。他

---

① 有一个引人注意的例外。希特勒戏剧性的表演天才在西班牙总司令弗朗哥身上不起作用。希特勒后来意识到,他没法给弗朗哥留下深刻印象,于是就说,比起和他相见,他倒宁愿拔掉一颗牙——正如我们已提到的,那对他来说是个恐怖经历。在那个西班牙人眼中,希特勒是一个"毫无真诚可言的做作的家伙……一个舞台上的演员,因而人们一眼就能看穿他的表演伎俩!"见 George Hills, *Franco: The Man and His Nation* (New York, 1967), 363。

需要憎恨；希特勒就向他显示"如何激烈地憎恨"。他需要奉承；希特勒就听从他的判断。他渴望一个救世主的出现；希特勒就令他确信"他是耶稣基督"。他希望体会做父亲的感觉；希特勒就转而充当了一个"亲切善良的乖孩子"。他赞赏诡诈；希特勒就变成"一只狡猾、机灵、精明的小猫"。他喜欢男性阳刚之气；希特勒在他面前仿佛就成了一头狮子，"咆哮的、巨大的……伟大的人！一个男人！"[70]

对受过良好教育的年轻的建筑工程师阿尔倍特·施佩尔来说，希特勒扮演了一个不同的角色，他后来成为希特勒的军备与战时生产部部长，在1944年以前他主要负责德国的战时经济。施佩尔回忆起1931年他还是柏林大学的学生时，他就被希特勒所吸引。他总能记起希特勒那种语调适中的沉着声音，平静的性情，和南德人特有的魅力。"那对我来说就是希望。新的理想和新的理解在这里呈现。……"在回忆录中，回顾这一切和其他多次与希特勒的见面，施佩尔都想知道，为什么他有如此大的魅力："我发现这些长篇的激烈演说竟然会给我留下如此深刻的印象，简直不可思议。为什么会这样？"[71]

施佩尔无法回答自己的问题。在某种程度上，他很可能相信那是因为希特勒的那种非凡的能力，即能够感知别人的心理需要，并通过自己颇为令人信服的表演做出回应。但是，施佩尔也认为这是因为他和戈培尔都刻意地想要相信。这里，欲望的力量再次胜过推理的力量。出于对希特勒的着迷，他逐渐以敬畏的心理看待他。"他们都处在他的魅力支配下，盲目地顺从他，完全丧失了自己的意志——不管这一现象的医学术语是什么。我注意到在我做建筑师的日子里，无论他在我身边待多久，我都会感到厌倦、疲惫和空虚。自由［思想］的能力被窒息了。"[72]

临近战争结束时，施佩尔想要反对希特勒别有用心下达的毁灭德国的命令，但是他甚至当时就没能坚持反对他的权力："面对面的时候，他施加于我身上的魔力太大了，一直持续到最后的日子。……无法思考，也无法完全表达自己的想法，我便脱口而出，'我的元首，我坚决支持您！'……我意识到，自己已经丧失了继续我的反对意见的所有迫切渴望。希特勒再次成功地在心理上麻痹了我。"[73]

施佩尔并不是唯一一个在精神上被希特勒"麻痹"的人。同样的情形也发生在戈培尔、希姆莱和里宾特洛甫（Ribbentrop），以及许许多多其他的人身上。很明显，一种解释就是：他手下那些头目感到他对他们有种强制性的感召力。因为正如希特勒本人一样，他们都显示出施虐受虐狂的倾向；他们既需要控制他人也需要被控制。他们所有人都渴望统治他人的权力，而希特勒则赋予他们所需的每种权力。戈培尔没能成为作家和剧作家，于是希特勒将举办大型政治盛典以及控制广播、新闻和宣传的大权交给了他，而他最终则凭借自己的口才和文笔博得了人们的尊敬，得以强迫人们执行他的意志。年轻而野心勃勃的施佩尔被赋予了分派上百万的"劳动力"和建造居高临下并有威压感的大型的无情建筑的权力。

希特勒还满足了追随者的另一个欲望：他们为受到支配而感到兴奋，为元首的到场而激动不已。难怪，甚至到最后，当施佩尔知道希特勒对德国来说是一个灾难时，他发现自己仍旧顺从于希特勒的强烈意志——他自始至终都希望顺从。而20年以后，当他心目中的上帝死去以后很久，施佩尔的回忆录揭示了希特勒仍旧施加于他身上的力量。尽管他尽了极大的努力，他还是无法成为书中的英雄。英雄最终还是阿道夫·希特勒。整个600页的篇幅中，希特勒的确是"一种邪恶"（malignancy），但是他依然是那个令施佩尔着迷的人，那个满足他既想施加权力又想"盲目服从"二者的最深层需要而赋予他生命意义的人。[74]

尽管希特勒确实是个演员，但是我们决不能就此断言他"只不过是在表演"，他只不过是个狡猾奸诈而又老谋深算的人。他的确是那样，但不仅如此，他也是一个信念坚定的人，一个真正的狂热者。

从另一个角度考虑这一问题或许有所帮助：当希特勒扮演一个角色时，他是经过深思熟虑并有着坚定信念。毫无疑问，他有意识地预料到他的表演效果，但实际上他是有着一种想要成为他所饰演的神话式人物——即抉择的人物，或命运之神——的心理需要。他需要使自己确信他所扮演的角色是真实的。对于历史来说更重要的是，他迫使他人相信那是真实的。珀西·施拉姆教授在观察希特勒许多年后，做出的叙述是人们无法解释的：

要把希特勒个人的影响力传达给那些从未感受过它的人几乎是不可能的。这有时可能就像一种从他磁场般的身上辐射出来的心理力量。它可能强烈到好像都能真实触摸到。[75]

事实上，希特勒根本就不具备他所表现出来的个人力量、诚实和毅力。然而他给人们造成了他拥有那些品质的错觉。这就足够了。他打动了众人，因为他能够——用海登的措辞说——"演戏式地表现出自己的伟大"，使他从一个犹豫不决、缺乏自信的小男人变为一个具有非凡历史影响的人物，制服了反对派并支配着上百万人都听从他的意志。

因此，这种对他而言是心理需要的"行为表演"（act out），变成了他的一项最重要的政治财富。

妄想的力量

> 我走的是上帝指引的道路。
>
> ——阿道夫·希特勒

希特勒通常被肯定地说成是个有着许多妄想的人。正如其他的临界人格一样，他沉浸于"全能的妄想……认为自己拥有权力、伟大和完美"。[76]在希特勒身上，诸多妄想是他政治效力的一个重要来源。

自从1918年，当他在帕泽瓦耳克的医院病床上想象他听到了一个奇异的声音呼唤他，他就产生了幻觉，相信命运选择了他作为德国的拯救者。这一幻觉支撑着他度过了他政治生涯中最黑暗的日子，并且帮他令众人确信他是上天派给他们的救世主。

这种幻觉在心理上很有可能与他扮演的能够有效赢得追随者的角色相关。这一事件也反映了他的自我分裂——临界人格的另一个标志。在医院的病床上，他的自我的一部分以一种并无实体的"声音"方式对另一部分说话。他没有认为自己神志昏迷；而是坚信他在自己与命运或上帝，或是祖国的灵魂之间确立了一种深刻的关系，这种关系属于生命延续和拯救的绝对保证。多年以后，他说："我走的是上帝指引的道路，拥有梦游者的所有自信。"由于确信他体验到命运召唤，希特勒也能够在别人身上激发起同样的反应，而只有此时他那令人不可思议的强硬声音才成为德国命运的"外部"声音。而当他的追随者要在理智的要求与个人观念或非理性信念的召唤之间做出选择时，他们也像面前的希特勒一样选择了幻觉。

阿尔倍特·施佩尔，一个非常理性的人，相当清晰地显示出这一过程是如何作用在他自己和他的同胞身上——实际上，在理智告诉他们一切都完了的时候，在很长一段时间里，他们还保有那种信念。施佩尔写道：

> 希特勒的强迫信念不可避免地影响到他的随从。在某种程度上我当然意识到了现在一切都接近终点。但是，尽管如此，我还是更频繁地谈起"扭转形势"。奇怪的是，**这种信念是与对不可避免的失败的认识相脱离的。**[77]

行动的残忍和顽固

> 在两种人生观念的斗争中，只有不断用无情的残忍力量当武器才能作出决定。
>
> ——阿道夫·希特勒

对于希特勒而言，避免任何女性的柔弱同时表现强硬的男性气概是非常重要的。这样做的一种方式就是角色扮演；另一种就是通过重复他认为是描述男性优点的形容词。对陆军元帅格林的赞颂揭示了希特勒个人的男性理想：

> **帝国元帅**同我一起经历过那么多的危机，证明他是**冷酷**（ice-cold）的。在紧要关头没有比**帝国元帅**更好的顾问了。他在危急关头总是表现残忍而**冷酷**。……不管是屈服还是决裂，他都无可置疑地证明了自己是一个**冷酷**的人。他们再也找不到像他这么好的人了。他同我一起度过困难岁

月，总是保持着**冷酷**的性格。无论现实情况有多糟，他最终都保持着**冷酷**的本性。[78]

一位参加过多次"餐桌谈话"的人回忆道："我从来就没听到从他口中说出那些表明他的亲切热情的话语。"[79]

强硬和残忍的培养贯穿希特勒的整个政治生涯。早在啤酒馆政变之后对他的审判当中，他就提出解决1923年法国占据鲁尔地区问题的方案，他说："只有激烈、**残忍**、**不顾一切**的狂热者才能挽救时局。"审判时在场的一个证人回忆说希特勒的长篇大论都"集中到一个词——'**残忍**'（brutality）上"。[80]

许多年后，在1940年10月8日的一次公开演讲中，他宣称："我是德国几十年以来，或许几个世纪以来**最强硬的人**（hardest man）。"希特勒的秘书们也曾说他在第三帝国没有公开发表，也没有注释的一篇演讲特别揭示了他深层的个人思想。1942年5月20日元首给年轻的陆军军校学员做了一次演讲。在几个段落中——在许多弗洛伊德式的失误中——他展现出个人对坚强的关注：

> 斗争导致对**最强硬者**（hardest）的选择。……它使强者愈强。……为了生存，我们必须进行一场痛苦而**严酷**的战争。……这是一次许多人都无法理解的更为**严酷**的考验。……一场流血的**严酷**战争……必须运用强硬才能创造**强硬**。……通过**强硬**……压力被制造出来……我们内心**坚强**，则德意志民族更**坚强**。[81]

在他对男性阳刚之气的冗长叙述中使用的所有词语中，他最喜欢的是"**残忍**"（brutal）。希特勒在许多场合都赞赏残忍的优点，例如："**残忍**（brutality）和体力受到大众的尊重。在街上，普通人只尊敬残忍和无情的力量——女人也是如此，女人和孩子。……为什么要喋喋不休地提到**残忍**，而且对痛苦感到愤慨？因为大众需要。他们需要某种带给他们恐怖的刺激的东西。"[82]希特勒头脑中不断涌现的柔弱的女性化与强硬的男性化之间的冲突在他的自传中被浓缩为一句话，他说，他的政治信仰"将一个软弱而怯懦的防御口号换成了一个勇敢而**残忍**的进攻口号"。[83]

从心理学上看，元首觉得有必要创造并不断确认残忍、绝无过错和刚强意志的形象，很可能是因为他自己——像其他的临界人格一样——是一个深度分裂并有着不确定的同一性扩散感觉的人。但是，他也明确提出了关于性行为的暗示，以及对男性阳刚之气的刺耳宣示（正如他的定义），表明了他在抵御自己对于缺乏男性气质的焦虑。他确定，没有人会怀疑他的性无能（inadequacy）、女性化或同性恋倾向。

希特勒个人对强硬和残忍的沉迷变成了第三帝国的一个规范价值。残酷并不是体制的一个"过剩物"，而是它本质的一部分。比如，它是整个社会从上到下的所有理想化的纳粹领袖们的显著特点。党的地区领导人，青年的、文化的、教育的、体育的、文学的和医学的社团领导人——都培养了属于他们主子的那种坚韧、残酷和弥补性的男性气质。

残忍与对其他人的羞辱当然是希特勒集中营的流行声调。然而，残忍也是在希特勒的精英组织党卫队的训练中要培养的一个品格，下面来自一个党卫军（Waffen SS）成员的回忆录摘录反映了这一点：

> 有一种特殊的贬损人的方法。如果有人给子弹上膛时，掉了一颗子弹，那他就不得不用他的嘴捡起来。我下定决心不那样做。他们可以对我们做任何事，我说，但我不会用嘴捡起子弹；我会用我的手捡起来。当然，我非常小心地防止子弹掉到地上。然而，有一天，它还是发生了。在这种情形下，没有人发出命令；军士只需把拇指向下一指，当事人就知道他要做什么。当然，在我出现这一失误时，他也是做出那个手势——然而，我弯下腰，用手把子弹捡起来。他像一只疯狂的野兽冲向我，拿他的脸贴近我的脸，以致他和我的鼻子距离几乎不到一英寸，然后肆无忌惮地冲我咆哮。当然，我一句也没听明白，因为他的吼声震耳欲聋，连他自己都被喧住了。最终，我推断，他是在大喊："你忘了要做什么吗？"在他结束了对我的吼叫之后，他把我移交给地区代理司令官。……

[这个新兵被强迫进行体能锻炼直到耗尽体力；然后他又被命令做50个屈膝下蹲动作，同时还要把他的步枪举到胳膊那么高。]

在做了20个屈膝动作后，我停止了计数。我简直无法继续。再多做一个屈膝动作，我就会放下步枪，站起来。我知道自己已经筋疲力尽。我听到他再次冲我咆哮，但我已失去知觉。突然我无法控制自己，忍不住要哭泣，尽管我知道那不是一个男人或战士的作为。我无法回答他的问题，因为我抽泣着说不出话来。我不再愤怒也不痛苦。我已受够了那些。当他看到这一幕，他吼叫道："看看吧！"然后又喊道："懦夫！母亲的小可爱！哭泣的孩子！有谁听过一个党卫队员号啕大哭！我们死去的战友在坟墓里也会感到不安！这就是我们竭力带到战争——还有其他事物中的东西。"接着，"集合"号吹响，训练结束了。他命令我去打扫一层的所有厕所一个星期，再向他报告以便检查。然后，他立刻命令道："把这颗子弹扔掉。"我照做了，而且甚至没有等待或指望他做出手势，我就用嘴把子弹捡了起来。……[84]

希特勒控制他人的需要也反映在他对民族的评价上。他以羞辱和消灭其他民族的能力来界定一个民族的伟大，例如他告诉丹麦外交部长："如果德意志民族不变得足够强大……它就很可能衰落下去或是被另一个更为强大的民族消灭。这样它就失去了自己的权利和它在这一时期征服的地盘。"[85]

1939年8月22日他向他的将军们做的演说，讲述了他计划进攻波兰的战争实质，清晰地表达了他的意图。一位出席会议的将军在日记中简要记述了这一精神：

我们的目标是摧毁波兰——消灭它的有生力量。采取什么方式并不重要。永远不要问胜利者他的动机是否正当。问题并不在于我们这边是否拥有正义；而只在于我们是否获胜……冷酷无情的。钢铁般的我们可以对抗一切不幸。[86]

然而一个人或一个民族的侵略并不代表着冷静、自信和实力。相反，它出自一种不适的情绪。正如汉娜·阿伦特所评论的，"暴力是无能的表示"。心理分析学家罗洛·梅对此表示赞同，并对阿克顿勋爵的那句关于权力导致腐败的著名格言做了补充："软弱趋向堕落，而无能导致堕落。"[87]

希特勒认为顽强和残酷一样，是男性气概必备的特点，并以他充分地具有这一特点而自豪。一位研究这种情况的精神病学家并不赞同他的说法，并显示，顽强并不是来自男性气质，而是根源于个人焦虑；它是对不适和无能的恐惧感的防御。[88]

毫无疑问，希特勒的"坚韧和顽强的意志"有时候可能有力地支撑着他。当他说在1936年莱茵地区危机时，他是靠着他所声称的"我的坚定不移的顽强和惊人的沉着"而得救的，这一说法可能是正确的。军事史学家普遍相信，在1941年冬进攻苏联而出现第一次惨败时，他那决不屈服的顽强意志使他迅速摆脱了危机。然而，最终，元首的顽强对于成千上万的德国人则意味着军事灾难和死亡。

希特勒的个人心理问题从另一个侧面影响到帝国的军事成果。他的男性气质的观念逼迫他不断地发动进攻，因为摆出防御姿态是女性的特征。一位军事历史学家显示了这一态度产生的关键后果：

> 希特勒只认识到进攻的基本原则。任何理由也不能使他退却，因而他在战争领导中犯了致命的错误。
>
> 这一后果就是他重复地在错误的时间和地点浪费精锐部队，以致在其他前线，其他的目标就不能实现。……[89]

甚至在获得胜利后，希特勒还不能停止进一步的进攻。"无论我们的成功终止在何处，"他写道，"它永远是下一轮新的斗争的出发点。"[90]

"投降"（*Kapitulation*）这个特殊的词汇总是令他愤怒。在战后的一次采访中，德国国务秘书奥托·迈斯纳（Otto Meissner）说，当1945年3月形势表

明德国实际上应该寻求和平时,他才第一次感到希特勒有些神经错乱。当时希特勒的反应非常激烈:

> 他在屋中来回踱步。声音完全失控。他大喊大叫,说起话来已经语无伦次。他反复地呼喊着:"我决不投降……我决不投降!"(Ich Kapituliere nie !)[91]

希特勒"决不会像女人屈从于男人那样投降"——因为那会显示出女性的特征。他再也不会屈服,因为他被迫向他父亲屈服而遭到他的羞辱:

> 作为一个国家社会主义者,在我为权力而斗争的过程中,我永远不会承认一个词:投降。我现在不认识这个词,作为德国人民的元首和你们最伟大的指挥官,以后永远也不会认识这个词:投降。**那是向另一个人屈服的意愿。决不!决不!**[92]

他一直坚持到最终覆灭。因为他个人不可能投降,所以德国必然覆灭。在心理上,对他而言,让他投降比德国被毁灭还要痛苦得多。

希特勒帝国中的信任与不信任

> 我不能相信任何人……他们全都背叛我。
>
> ——阿道夫·希特勒

埃里克·埃里克森认为,人类生命周期中人格形成的最重要时期在童年早期,那时婴儿形成一种基本的信任或不信任态度。如果一个孩子不能形成信任的态度,那么他在自主、同一性和正直这些人格问题上就面临着极大困难,而埃里克森发现这些问题正是以后发展阶段的特征。

我们发现，希特勒在童年时代深受猜疑、怨恨和不信任的感觉所折磨。这些态度，是临界人格的典型表现，贯穿了他的一生。这些态度促使他形成了政治决策，并且助长了弥漫于他的帝国的那种不信任的气氛。

希特勒永远不能对他人敞开心扉。他没有朋友。他最亲密的副官，那个跟随他多年的人，从未曾真正地了解他。希特勒说，他对他们撒谎；并且，如果那些副手们越想接近他，他就越对他们说谎。

对别人的不信任成为他生活中的常规。"他的桌子上总是放着三支铅笔，"他的贴身侍卫回忆起，"红、绿、蓝三种颜色。"这些铅笔是用来做记录或者批复文件或信函的。但并不是按照这些文件本身的重要性来使用不同的颜色的，而是用来提醒他自己是信任还是不信任的人。希特勒对这种做法这样解释："当书写有关敌人或给敌人的内容时，我用红色铅笔；当记录关于朋友的事情时，我用绿色铅笔；蓝色的那支铅笔是在我感觉必须〔对某人〕保持警惕时使用的。"[93]

不信任成为他的政府的标志，并且决定了那个社会的基调。"第三帝国是这样一个体系，"一个不知名的官员说，"其中任何人都不信任他人。"后果之一便是政府的混乱。西方的评论家们，对着如1936年的奥林匹克运动会，纽伦堡的政党大集会，以及武装部队、陆军与空军演习等这样一些纳粹盛典和宣传活动印象深刻，断言希特勒的帝国就像机器般高效运转。然而，这些评论家们搞错了。希特勒的政府被腐败和无效所摧毁。这个政府的机构权限是竞争性并且相互交叉的，而这些机构又由不信任同事的领导们戒备地把守着——这就使得该政府处于一种混乱无序的状态。

"二战"开始四年之后，1942年在阿尔倍特·施佩尔当上帝国军备与战时生产部部长之时，存在着四个各自独立的"最高帝国当局"，各自对德国的军火生产拥有独立的权力："四年计划"组织办公室、武装部队经济部、劳动部和施佩尔自己的军备与战时生产部。"级别上稍低于此但基本上独立的机构则至少还有八个：陆军、海军和空军军备部门以及"四年计划"组织办公室下的五个全权委员会（钢铁、建筑、化工、机械和水力）。"此外，希姆莱通过党卫队重要的经济和行政管理办公室建立起他自己的经济帝国。这个经济帝国不受外部控制，独立经营自己的业务。

希特勒拒绝裁定在格林与施佩尔，或者省党部头目与戈培尔，或者希姆莱与鲍曼之间因战时生产和资源分配而形成的严重分歧。因为他不能信任拥有过大权力的人。的确，施佩尔对经济的影响是广泛的，但这种影响总是保持在有限的程度。并且施佩尔的这种权力来自"一种摩擦过程，而不是希特勒明确授予的权力"。[94]

同样的问题可以在情报收集部门看到——希特勒在这一领域同样允许冲突的机构各自发展。军队中有军事谍报局（由海军上将卡纳里斯领导）；党卫队中设有情报处；里宾特洛甫在外交部拥有独立的谍报系统；希姆莱发展了他自己的秘密组织来刺探敌人情报，并且监视里宾特洛甫和其他人。宣传部的戈培尔设立了一个特殊机构去监视格林和希姆莱；东方占领区事务部里的罗森贝格建立了一个谍报组织去侦察苏联以及纳粹集团里的同事。元首的不信任感已经向下渗透到了他的爪牙。

在希特勒的帝国所占领的地区也保持着不一致的政策。比如，在捷克斯洛伐克，希特勒既不信任第一个"摄政者"康斯坦丁·冯·牛赖特（Konstantin von Neurath），也不信任他的副手卡尔·弗兰克（Karl Frank），而这两个人之间同样互不信任。牛赖特相对人道一点，而弗兰克则比较残忍；希特勒对他们采取的政策也是各有不同。最后，希特勒试图同时支持两个立场无法调和的人，正如他想保持自己深刻分裂的两个自我那样。[95]

确实，在很多时候，当冲突和混乱导致重要的争执而急需裁定之时，希特勒却拒绝做出决断。其结果便是像弗兰茨·纽曼略带夸张地所写的那样，希特勒的政府，是一种"非国家的，毫无秩序的混乱的无政府主义状态"[96]。接下来的明显问题是：为什么会这样？从某种程度上讲，混乱和拒绝在下属中做决定是一种手腕——罗马皇帝的那种古老方法，目的是"分裂并征服之"。但是希特勒已经征服了他们。在他已巩固了所有的政治权力并且建立了一个原则——只有他自己才是帝国所有权力的根源——很久之后，他还是一直害怕和不信任下属。

一项对希特勒统治方法的专题研究注意到：希特勒拒绝决定其下属的职权范围，并拒绝在下属之间做出选择。作者很想知道希特勒究竟害怕什么，并断言："这个关于希特勒的观点——**他是一个不做决定的人**——将有助于解释为他卖命的人的永久困惑"。[97]

一个政治领袖，如果设立了冲突性的机构，制定了不可调和的政策并认为在他使别人对立时就征服了他们，那他就是一个正在将心理本性（psychological makeup）中深刻的分裂与冲突外在化的人。

这些个人冲突，植根于他一辈子对人的不信任，在战争期间对后方产生了深远的影响。因为希特勒不信任别人，他坚信大众是自私和贪婪的，不能为共同的利益做出牺牲和反抗。他总是说，大众就像女人一样，变幻无常而且不值得信任。这就是为什么希特勒感到他不能指望德国人民为了战争的努力而做出重大牺牲的一个原因。"二战"的一个异常之处就是两个西方的民主国家，英国和美国，对经济的控制比希特勒的独裁统治还要更严密。希特勒明显地感到他不能号召德国人民做出某种个人牺牲，而这种个人牺牲在丘吉尔的英国来说是很自然的事情。实际上，纳粹的独裁者对消费品和奢侈品不再丰富这一点表示甚为担心。在战争开始后的第三年即1942年，消费品的生产仅仅比和平时期少3%。在1942年的某时，施佩尔曾试图加大这一百分比，但他所能达到的也只是削减12%的生产。那时在为期仅三个月的相对紧缩之后，希特勒甚至改变了主意并下令恢复生产，"以供应民众的日常所需"。[98]即使是在斯大林格勒和诺曼底开辟了第二前线之后，希特勒也不敢削减奢侈品的生产。成百上千吨的墙纸、化妆品、洗发液、干发器和香水继续被制造出来。[99]

希特勒对他人的不信任也反映在了他的外交政策里。正因为这种不信任造成了严重的误判，而这种误判又使得对波兰的进攻变成了一场全面的战争。他于1939年9月1日无所顾忌地入侵波兰，因为他凭自己的猜疑和双重的标准去估计英国人的意图。他简直不能相信英国人将兑现其与波兰人的条约。一位将军的私人日记中记录，1939年8月14日，对于入侵波兰将可能会导致欧洲战争这样一种观点，希特勒嘲笑地予以驳斥："为什么英国会参战？一个人不会为伙伴而牺牲自己。"[100]

希特勒于1941年7月进攻苏联的众多原因中的一个，便是他确信他的盟友斯大林将对他发动攻击，尽管他的这种判断与许多证据不符。"我自己个人的噩梦是，"他说，"斯大林迟早会背叛我们，跑到敌人那边……总有一天（他）将攻击我们——这一点是确定无疑的。"[101]他对美国的宣战在某种程度上也是凭借这样一种信念，即罗斯福将对他宣战。

侵略战争的心理学根源

> 我完全确信这场战争与**我在自己内心曾经进行过**的战争并没有毫厘之差。
>
> ——阿道夫·希特勒

令人遗憾的是，为什么整个历史上会有"战争和关于战争的谣言"，这是有心理学上的原因的。战争使得个人能够以社会认可的方式去表现一些他在和平时期需要去抑制的东西：疯狂的侵略冲动和激烈的毁灭冲动。当国民们被说服去对国家表现一种全然的热爱并对敌人投以绝对的憎恨时，人类强烈的爱与恨的能力也在战争中找寻到了一个出口。虐待狂和受虐狂的冲动也通常是受战争的刺激而产生的。[102]

这类情感在所有人中都可能被唤醒，但有两点使得它们对希特勒而言尤为重要。第一，他个人对侵略和战争的心理需求特别强烈；第二，他在一个现代机械化的国家中掌握极权。当他想要发动战争的时候，一个世界卷入了他的需求。此外，作为一个深度分裂的临界人格患者，他通过突出一种对世界的观点使自己的内心冲突外化，即世界是危险并具有威胁性的：犹太人专门策划一个国际性的阴谋来反对他；英国和美国，受到控制这两个社会的犹太人的驱使，将发动战争；斯大林则密谋入侵。像凯恩伯格博士的那些临界人格的患者一样，希特勒感到"严重的侵略性冲动，因为他绝对必须在潜在的敌人毁灭他之前去'毁灭他们'"[103]。而且并非只是他自己正在受到攻击；犹太人及其在俄国和西方的伙伴正试图毁灭他的祖国。他必须保卫她。

他暗自对个人的不足、软弱和无能的恐惧也使侵略成为必然。对敌人发动战争可以证明自己的力量。他将彻底粉碎任何反对他或怀疑他的能力的人。他内心涌出的这种需求使得他在发动了"二战"之后如此评论道:"**攻击的决心一直伴随着我。**"[104] 从希特勒在 1940 年的一次演讲可看出他是多么强烈地把自己与战争联系,并认为战争是对其个人的男性气概与坚强意志的挑战:

> 我知道这场(战争)是德国人民所面对的最大挑战。我不仅认为自己是德国许多年来,或许是许多世纪以来最强硬的男子汉,而且我自认为拥有最大的权威。
>
> 但是,首先,我坚信我的成功。实际上我不折不扣地相信!
>
> 我完全确信这场战争与我在自己内心曾经进行过的战争并没有毫厘之差!

为了满足个人的需求,他使国家军事化并将这个国家引入了战争。正如 A. J. P. 泰勒更倾向于认为的那样,这场战争并不是莫名其妙地强加在不情愿的希特勒身上。战争的念头刻骨铭心;战争是他的帝国存在的理由。希特勒的德国就意味着战争;它从一开始就代表着战争,因为它的元首宣称战争是政治的终极目标,是生活的法则,对于人类绝对重要(第二章)。

从真正的意义上来说,"二战"不是开始于 1939 年希特勒入侵波兰,而是始于 1933 年希特勒获得权力之时。从心理上而言,战争远早于那时就开始了:或许始于孩童早期的压抑的冲突和狂热的侵略性,但可以确定的是发源于他在 20 世纪 20 年代的计划里。战争对希特勒来说非常重要,这一点是施佩尔于 1940 年一边看着凯旋门(the Arc de Triomphe)一边与他的元首交谈时所深切感受到的。希特勒对凯旋门的反应非常平淡,因为他自己设计了一个将要矗立于他的新首都"日耳曼尼亚"的凯旋之门—— 一个将令巴黎的凯旋之门相形见绌的凯旋门。让施佩尔目瞪口呆的是,希特勒绘制的草图标注的日期是 1925 年。他评论道:"现在你就明白我把他的设计图同他的侵略联系起来意味着什么。因为历史学家们一定会问自己：'1925年，无名的希特勒在哪里？'"[106]

答案是，刚从兰德斯堡监狱释放出来的希特勒，在巴伐利亚州的某处，但是既没有政党也鲜有支持。他在那年起草了修建宏大的凯旋之门的计划，既表明了他的人生信念，也显示在内心深处进攻的决心"一直伴随着他"。

还是在20世纪20年代，在他的第二本书的一篇值得注意的文章里，希特勒显示了驱使他不知满足地向前的内心侵略性："我们必须进攻，我们是行进到距离起点线十公里处还是一百公里处并不重要。因为不管我们得到什么，它始终都只是新的战役的起点。"[107]与其他国家和平共处对他来说根本不可能，因为，正如他告诉他的外交部长那样，"里宾特洛甫，您知道，尽管我今天还是苏联的一个盟友，但我可能明天就攻击她。**我实在无法控制自己**。（*Ich kann halt nicht anders.*）"实际上，希特勒是如此经常地提到"战役""进攻"和"敌人"这样的字眼，以至于他的密友都指出他"对战争的病态需求"。[108]

另有一个心理学上的原因，可以解释希特勒为何需要战争：他将它看作是一种净化祖国的躯体以避免不纯洁的和受到玷污的血统的途径。全面的战争，以最大化的国家安全和成千上万人的运动为条件，将为他开展一项屠杀"不适宜和没价值的人"的庞大计划提供最适宜的环境。并且，对国外土地的征服将使他能够建立灭绝犹太人的集中营，在那里污染的血液将不会玷污他神圣的帝国土壤。希特勒下达的大屠杀命令的措辞和日期都是很重要的。他称之为"消灭不值得存活的生命的命令"（*Vernichtunng lebensunwerten Lebens*），并将发布命令的日期定在1939年9月1日。也就是说，他将在他开始"内部清洗"（*innere Reinigung*）过程的同一天发动为"新秩序"的战争。正如一位注意到希特勒的"清洗"与种族灭绝观念之间联系的历史学家所评论的那样，"如果一部希特勒的传记采用心理分析方法的话，那么他对卫生和清洁的强迫性冲动便是这本传记的最佳出发点"。[109]

这样，私人的感情投射到公共政策中：因为元首感觉不干净和没有价值，于是上百万的人不得不为之送死。

纳粹的外交政策也说明了个人的幻想和无意识的欲望影响国家决策的途径。

危机一个接一个，以令人目眩的速度发生——从莱茵地区到奥地利，从苏台德区到布拉格再到波兰——这些都和希特勒针对时间和他关于死亡临近的幻想所进行的个人斗争有关联。不管所有的医学证据如何，希特勒坚信，他也像他的母亲一样正处于癌症的晚期。他必须在死亡征服他之前，**现在**就进行他的征服。[110]

他决定在 1938 年吞并奥地利，为个人感情与外交关系之间的联系提供了一个特别生动的例子。当然，这次吞并还存在其他一些原因，由于那些原因在许多书中都有叙述，所以在此无需赘述。

我们已经看到，希特勒的想象中，他的母亲就等同于德国。他以那种与临界人格有关的强烈的"原始的理想化"（primitive idealization）爱他的母亲。因为他爱她就像爱他那种族纯正的祖国，所以他痛恨种族混杂的官僚制国家奥地利——他将奥地利与自己的种族上可疑的官僚父亲联系在一起。就像他以标准的措辞做作地夸赞自己的父亲一样，他也假惺惺地称奥地利是他"美丽可爱的家乡"。但从根本上讲，他对两者都心怀鄙夷。在他的头脑里，那"堕落"的奥地利王朝——恰恰像他的父亲——已经一次又一次地玷污和"背叛"了德国。[111]

甚至还是个小男孩的时候，他就说，他知道奥地利——像他冷漠而疏远的父亲——"没有而且也不可能爱我们德国人"。奥地利曾以让他想起父亲对待他的方式试图"去压迫和阻碍每一个真正伟大的德国人"。希特勒对父亲的恨是强烈的；而他对奥地利的恨，他说，"被激发成灼热的愤怒与蔑视"。[112]

他的父亲与奥地利都唤起了他对被犹太血统污染的恐惧。奥地利的首都（他父亲在他之前去过的地方）是种族污染的藏污纳垢之地："捷克人、波兰人、匈牙利人、罗塞尼亚人、塞尔维亚人、克罗地亚人等——而所有这些人中充斥着无穷的人类的裂变真菌（Spaltpilz）：犹太人并且是更多的犹太人。对我而言，那个城市是乱伦（Blutschande）的化身。"[113]

这个年轻的情绪化的德国爱国主义者一定会鄙视他父亲对德国的抛弃。老人的外孙，希特勒的外甥威廉证实："他（阿洛伊斯·希特勒）把被当作［德国人］看成是对他的严重侮辱，并且毫不妥协地表明自己是奥地利人，这是他与希特勒的根本不同之处。"[114]

希特勒后来回忆说，他喜欢的儿童读物是一本关于普法战争的有插图的历史书，那是一本赞美俾斯麦和德国军队胜利的书。作为一个小男孩，他记得问自己：为什么奥地利没有为德国统一的事业而战？尤其是，为何他父亲没有参战？一位精神病学家曾说过，这个问题也可以另一种方式表达："为什么我的父亲没有像英雄般地牺牲？"也有事实表明，多年以后，当希特勒以宣告奥地利的灭亡而谈到吞并时，他也是在庆祝他父亲的死："奥地利不复存在了。自称奥地利的国家只是一具尸体。"[115]

他不想与奥地利结成**联盟**，在著名的上萨尔斯堡对峙中，他冲奥地利总理吼叫：联盟是根本不可能的。当他年轻时从维也纳逃到德国，"被秘密的愿望和爱所驱使"，当他心中"最热切的愿望"是"回到忠实的母亲怀中"时，他想让奥地利完全地与祖国合并，渴望这样一种结合。但是这种合并不可能实现，除非旧的奥地利首先被毁灭。作为元首，难道这不是他将要实现的童年的俄狄浦斯式的死亡愿望吗？

> 从我年少时起我就有一个后来从未放弃的信念……保卫德意志王国（Germandom）［母亲］预示着要毁灭奥地利［父亲］。[117]

然而，奥地利不会被彻底摧毁。他必将控制并惩戒它——就像他孩童时所渴望的那样，扭转他与独裁的父亲的局面：父亲总是惩罚他。在吞并奥地利的前夜，他告诉他的密友："他认为把奥地利训练成德国那样是他的特殊使命。他将像一个严厉的工头那样以德国的方式训练他们。他将让他们流汗。他将赶走他们的懒散。……他已经足够温和。……"他在孩童时期对他那容不得丝毫抵触的父亲的满腔怒火在他指向陶尔斐斯和其他一些奥地利领导人的暴怒中表现了出来。他尖叫道："他竟敢反驳我！不过等着瞧吧，先生！不久以后您将看到他们跪着爬向我。但是，我将冷若冰霜，将他们当作叛国者处死"[118]。奥地利只有在经希特勒之手进行种族纯化、严厉惩戒和彻底"训练"之后，才配得上与祖国结合。

因此我们认为，阿道夫·希特勒在潜意识中将外交政策作为击败他的奥地利父亲并实现与他的年轻母亲结合的一种方式。这种结合是他在孩童时期就幻想并且在他的自传首页就做出承诺的：德国—奥地利必须回到伟大的德意志祖国。[119]

希特勒的毁灭需要

> 唯一的选择是在胜利与毁灭之间。
>
> ——阿道夫·希特勒

在希特勒看待问题的分裂方式中，他既把自己视为创造性的天才，又把自己作为无情的毁灭者。他的破坏要求在两个层次上表现出来：他有意识地惩罚和毁灭他人，但在潜意识里他又在惩罚自己。我们将试图详尽地表明，这种受虐性的自我惩罚的强烈欲望——临界人格的一个特征——是他的生活模式的一部分；并且它直接地影响着他的政治和军事决策，最终这种破坏性的冲动决定了他的个人命运。

选择失败；渴望挫折

> 希特勒的许多行为都是令人费解的，除非我们假定他并不总是想成功。
>
> ——詹姆斯·麦克兰德尔

当你阅读希特勒的演讲和独白时，你一定会对这一点感到惊奇：这个以残忍而自豪的人如此之多地谈到无价值、罪恶和良心。① 他通过频繁地提及这一点并竭力申明自己绝对是有价值的来表达他的关注：别人都是无价值的。看来很清楚，元首对某些事物持有罪恶感和无价值感。但当我们提出这样一个问

---

① 见第一章，第 16 页等。此类表现在临界人格当中并不常见。临界人格的患者倾向于"严厉的自我惩罚"，但通常不显出后悔的情感。见 Kernberg, "Borderline Personality Organization", 674–675。

题——为什么他会有那些情感，我们不得不再次去猜测。

有种可能性可以迅速排除。他并不为他的政府的残忍而感到有罪；他自觉得意。无论对于上百万"劣等种族"的人民的有计划谋杀，或是战争的大屠杀，还是浪费年轻的德国士兵的生命，或者是他对自称热爱的国家的有计划的毁灭，他丝毫都不感到悔恨。残暴并没有困扰希特勒。

他可能感到不配做种族纯正的德国的元首，因为他怀疑自己"因有犹太血统而负罪"。他可能对于乱伦的欲望也感到罪恶。这样，他可能由于一种特别令人厌恶的性变态而形成无价值、罪恶和自我憎恨的极端情感。

不管是什么原因导致他的罪恶感，他通过一个精心设计的心理防御系统来寻求安全。这些防卫包括"反向作用"（reaction formation）①，将窥阴癖和堕落的性癖好掩藏在故作正经的行为之后。他的严谨细心的个人清洁与强迫性的洗手习惯表明了其潜意识里的罪恶感以及希望将"肮脏"洗掉的愿望。他力求通过一类"心力投入"来减轻可耻感，在这种"心力投入"中，他扮演了道德和宗教领袖的角色。他不可能是罪大恶极的，因为他是全能的上帝挑选的一分子，是讲耶稣言语的救世主，他宣称自己像教皇一样没有错误，并且以扭曲的天主教教会的模式为基础建立了他的帝国。

他多次把别人称作"无价值的"，表明了他对自己价值的持续关注。他找到的一种来让自己消除疑虑的办法，就是将无价值的耻辱加到他人头上并将这些人消灭掉。1929年，在早期的一次纽伦堡集会结束时，他宣称，如果一年有100万孩子出生，那么其中的80万最弱者以及大多数"没价值的人"都要被处死，而最终的结果将是人种的加强。1939年9月，在下达的那道要求"消灭不值得存活的生命"的命令中，他指出，作为"人民之父"，他有责任确保他的家庭中的无价值成员被消灭掉。[120]战争后期，随着他的困难以及疑心的加剧，他的那份"不值得"存活下去的人的名单也在增加人数。到1945

---

① 反向作用，心理防御机制的一种，个人采取一种与原意相反的行动来控制内心的焦虑。例如，"我恨他"被"我爱他"所代替。按弗洛依德的说法，反向作用是潜意识的自我保护，是本我的对抗性。——译者注

年春时他断言，对他来说，整个德国的人民都证明是配不上他的。他们全都必须毁灭。[121]

除了惩罚别人之外，他也曾试图通过惩罚自己而减轻罪恶感。年轻的时候他在自己憎恨的城市维也纳待了好多年，其实那时他轻易就可以搬到他所热爱的德国去；他毫无必要地遭受饥饿和贫穷；他那传说的变态呈现出怪异的受虐狂特征；他重复地提到自杀——自虐行为的顶点。存在强有力的证据去支持一位德国精神病学家的结论：就人格而言，希特勒具有"严重的自毁性"。从希特勒古怪的生活模式上可看出一种自我惩罚的方式。他似乎不断为自己制造困难并去企求灾难。"希特勒的许多行为，"一个评论家写道，"都是令人费解的，除非我们假定他并不总是（有意或无意地）想成功……希特勒是……一个一心想要伤害自己的男人。"[122]

这种观点需要进行调查研究。因为如果希特勒有自我伤害的冲动以及希望失败的潜意识的欲望，它将有助于解释他的生命中一些惊人的事实。

当然，我们可以把希特勒的一生当作一个相当成功的故事来读。这个不可能的英雄是由一个来自林茨和维也纳的辍学的神经病人所扮演，此人虽然在他以前所有的经历中都遭受失败并在其政治生涯之初就被投入了监狱，但他后来却在近一个世纪里主宰了德国和整个欧洲。传记作者们详细讲述希特勒的非凡成就当然是有道理的：他在啤酒馆政变后将政党聚起来的手腕；他在1932年的政治危机中表现的洞察力和顽强毅力；他在战争初期高明的外交策略和显赫的军事胜利。

但是，另一种截然不同的行为模式也是这种复杂的、深刻分裂的人格的特征：希特勒整个一生都轻率地看待失败，即使是在胜利之时也会谈到失败，而且无必要地反复让自己卷入一种对他和他的行动充满危险的情形之中。他喜欢把自己想象成一个冷酷无情的赌徒，但他的赌运很差。他曾经承认，他感到莫名其妙地不得不去企求灾难："你看，我像一个必须从刀口上跨过一道深渊的彷徨者一样。但我**必须**那样做，我只是**必须**跨过去。"[123]

年轻时拒绝的机会

尽管年轻的阿道夫已打算从中学退学，但他在 1908 年到达维也纳时还是有一个进入他倾心的艺术世界的极好机会。他母亲的一个朋友与阿尔弗雷德·罗勒（Alfred Roller）有联系——后者是一位著名的艺术家，兼皇家歌剧团的舞台布景指导。阿道夫本可以获得为维也纳歌剧团画背景的工作机会，这样就将绘画和瓦格纳这两个他的至爱结合到一起了。一个朋友以希特勒的名义写信给罗勒教授，教授答应帮助这个年轻人。但是希特勒拒绝利用这样的机会[124]。相反地，他基本上靠自己，他曾试图进入维也纳艺术学院。第一次考试，他失败了。当获得第二次机会时，他自己却拒绝申请。他跟随维也纳的一个叫潘霍尔策（Panholzer）的人上了一些艺术课——这一点可能是真的。但一个传记作者得出如下结论是没有根据的：这位作者说，希特勒在第一次考试失败之后，他"当时做了他在学校里没能做的事：勤奋、高效、坚强地工作"。[125]

然而，希特勒在那几个月里的室友却说希特勒根本没有正经地绘画。他几乎每晚都去歌剧院；他花几小时绕城散步；他设计宏伟的建筑；他开始筹划旅行乐队；他为戏剧和歌剧写剧本；他长时间喋喋不休地谈论有关生活、性和政治之类的话题。事实上，除了没有有效地坚持绘画之外，他几乎做了其他任何事情。结果便是当他在 1908 年 10 月再次申请艺术学校时，他甚至没有被允许参加入学考试。[126]

1923 年的惨败

作出最不可能成功的选择的模式在希特勒初次尝试夺权中也表现出来。1923 年，他宣布他所策划的不只是在巴伐利亚的**政变**，而是一次要在柏林举行的意在推翻"魏玛共和国的叛国者"的游行。他公开直率地承诺，不是一个新的德意志国民政府的产生就是他的死亡。为了鼓舞人心，他还向欢呼的人群宣布："只要黑、白、红三色的万字旗在柏林城墙上空飘扬"，他的宏图就会实现。

但是他并没有试图努力取得两位军事领导人的支持,而这两位的支持对他事业的成功绝对是至关重要的:一个是国民军司令,冯·席克特将军,一个是在爱国事业中颇具威望的领导人鲁登道夫将军。就在希特勒尝试政变之后的一周里,他的报纸《民族观察家》就无故辱骂席克特,称他为"共济会阴谋"的工具,还诽谤他的犹太妻子。鲁登道夫坚持说,在当晚政变突然来临之前,他对希特勒的计划仍一无所知。

希特勒也没有赢得原本对他的革命成功必不可少的当地官方的信任与支持。这包括巴伐利亚军队的司令官奥托·冯·洛索夫将军、巴伐利亚邦政府警察局局长汉斯·雷特·赛塞尔上校以及有巴伐利亚"强人"之称的古斯塔夫·冯·卡尔(Gustav von Kahr)的支持。事实上,洛索夫和赛塞尔在11月7日都给过希特勒非常明确的警告,宣称他们将不遗余力地粉碎政变的企图。第二天,希特勒不费吹灰之力就占据上风,使那个强有力的三人执政小组受到公开的羞辱,成为希特勒枪尖上的人质。[128]

如果希特勒当时决定只依靠他自己的褐衫军而不是正规军或警察部队,他就没有做好一切准备。直到事件当天,许多冲锋队的领导人仍不知晓政变计划。迅速集结起来的军队简直一团糟,拼凑了一些炮兵部队,但几乎没有弹药,80%的机枪完全不能用。[129]

而在慕尼黑,国民革命的准备也是很不充分;城市之外根本没有做好准备。例如,在北方,冲锋队司令彼德·海德布雷克(Peter Heydebreck),原来是一位自由军团的领导人,渴望在柏林游行。当他在慕尼黑试图得到希特勒的接见时,被断然拒绝。他写道,"我并不是北方唯一受到这种冷遇的人",继而抱怨柏林的冲锋队不提供即将到来的国民革命的讯息。

政变当晚,在逮捕了洛索夫、赛塞尔和卡尔之后,希特勒还发表了一个激动人心的演说,之后他就陷入了沮丧失意当中。看起来他似乎无法采取任何有效行动。他坐在那里闷头思考,毫无头绪地来回踱步,兴奋地谈论一些琐事,还不时因为一些无足轻重的突然军务离开啤酒馆。有人听到他郁闷地嘟囔着:"如果进行得顺利,那就再好不过了,如果失败,那我们就得自杀!"[131]

有作者写了一部长篇专著记述此事,他得出结论:"一切都是由他(希特勒）自己操纵。"但是他自己搜集的大量证据并不能支持这一结论。正相反，那晚没有人控制局面。任何政变的头 10 个或者 12 个小时都是对其成功至关重要的。在这段时间里，极需希特勒迅速而准确地作出决断，然而"**根本就没有来自政变最高领导机关的任何命令。……**"[132]

做表面的事情不费吹灰之力，如控制电话总机交换台、交通系统、电报中心以及警察局，等等。而首先希特勒甚至没有想过要夺占卡尔的总部，即慕尼黑政治权力的中心，甚至连政府都已经舍弃它之后，希特勒竟然莫名其妙地没有下令将它接管。在刚开始的至关重要的 12 个小时里，元首只是设法占领了一个啤酒馆。①

令人不解的是，希特勒拒绝关注那些他精通的领域。作为宣传鼓动的高手、老练的煽动家，他曾承诺要领导革命，然而他甚至没有迈进由两个助手建立的宣传司令部。他决定不参加原定于次日举行的一场重要演讲，并不可思议地把演讲任务转交给一个名叫尤利乌斯·施特莱彻（Julius Streicher）的人，此人是纽伦堡一个歧视犹太人的狂热的种族主义者——他几乎没有资格做国民革命的代言人。"但希特勒的确在一页纸上写着：施特莱彻对整个组织负责。"[133]

随着希特勒的影响日渐衰落而反对革命的势力蒸蒸日上，出现了很有意思的情形。正如权威的官方记录所记述的那样，希特勒"甚至根本没有认真尝试召集更多的军队"，以加强他那严重虚弱的兵力。在巴伐利亚南部，许多冲锋队分支都听从希特勒的召唤，但他并没有请求他们的支援。

当晚，希特勒离开了啤酒馆，默许他的人质逃走，因而使他们得以召集军队，并凭借这些力量在次日瓦解希特勒。一位历史学家写道："我们不得不怀疑，希特勒用这么大的赌注去冒险时为什么会犯这样一个基本的判断错误。"其他的人则说希特勒的行动"深不可测"，"不可理解"。[135]

次日清晨，那场著名的军队游行也并非希特勒的意愿，他显然并不知情。

---

① 事实上，罗姆已占据了这个城市的地区军队总部，但是不知何故却没能控制它的电话交换台。次日清晨，在鲁登道夫将军的命令下，他放弃了那栋大楼。

命令似乎来自鲁登道夫将军。他对希特勒模棱两可的行为已经极度不耐烦。"没有人知道部队将开赴哪里，从开始就没有人知道。"[136]

我们认同的一种对他这种非理性的弄巧成拙的行为的解释，就是由于他具有严重分裂的自我（divided ego）的临界人格，他被内心的矛盾和冲突的欲望撕扯着。一方面他心里希望赢，另一方面又想要输。由于不能对付这一矛盾，他陷入了深深的沮丧，最后只得逃掉，藏了起来。如我们所见，当完全面临灾难时，他充分地发挥了自己的雄辩才能，将对他的审判转化成一次胜利；从监狱获释之后，他便高效地致力于他的党的重建工作。

希特勒的战争准备

希特勒的战前外交或许可以看作是机会主义和诡诈狡猾的巨大胜利，也可以看作是一系列接踵而来的灾难前兆。

我们可以考虑三种不同的解释：首先，A. J. P. 泰勒的观点是正确的，他坚持认为，在那个不太可能的事件中，希特勒真正想要谋求的是时代和平并通过谈判修改《凡尔赛条约》，然而他用来达到这些目的的方法却"异乎寻常地不适当"。[137] 第二，如果我们假设希特勒只想对波兰进行一场有限的局部战争以获得但泽（波兰北部港口）及走廊，那么，他针对西方强国的好战言论，对少数民族的暴行以及违背他对英法政客所做的承诺都表明了他的前进方式不可能是孤立波兰，而极可能是试图刺激他的受害者的强大同盟实现与波兰的共同抵御。第三，如果他真的图谋策划一场征服欧洲的浩大战争，就如在他的《我的奋斗》、1928 年的第二本书中以及在众多公开和私人演说中宣称的那样，那么他为这场战争所做的准备显然是不充分的。1939 年陆军总参谋长，颇有学者风度的弗兰茨·冯·哈尔德将军在一次采访中说："听起来令人难以置信，他［希特勒］甚至没有为战争作总体规划。"[138]

希特勒同样没有发布命令补给军队。哈尔德在日记中写道：每月钢铁短缺 60 万吨，军火弹药普遍缺乏以致无法进行大规模的战斗。"供给只够维持全部作战师团中的三分之一存活十四天。目前的生产也同样只够三分之一的师维持战斗力。"[139]

有人或许认为，希特勒之所以不太关注加强武器、原材料和粮食的大量储备，或者将经济转变为全面的战时经济，是因为希特勒并没有设想到这种战争。希特勒寄希望于粉碎性的闪电战的胜利和掠夺被占国的物资。这一争论是有价值的，除了这样一个事实，即甚至当他显然已不再进行这种战争之后，他仍然拒绝在经济前线采取有效措施。直到1944年秋，经济动员才真正开始——那是来自东线的西方和苏联刚刚攻入他的"欧洲堡垒"之后。虽然这已经太迟了，但是希特勒还在犹豫不决地进行全面的经济动员。当时他甚至都没有亲自下令转变到全面的战时经济。

当英美的军工业以三班倒而日夜不停地运转时，德国工业依然照旧，除了极少数例外。厂房和设备从没有充分利用。施佩尔最终成为德国军备及战时生产部的部长，但他从没有获得充分的权力。施佩尔承认，即使当德国的军备生产在1944年达到高峰时，其生产仍落后于"一战"时所取得的成果。奢侈品一直在生产，而希特勒则继续动用数百万的人力和急需的车厢来运送要处死的犹太人及藏匿艺术品。[140]

我们认为，希特勒分裂的灵魂强迫他发出相互矛盾的命令：既破坏又保存；需要胜利但同时又渴望失败。

希特勒的军事"错误"

几乎所有冷静了解这场战争怎样结束的历史学家，都可以回顾这场失败的战争并指出那些导致失败的战略错误。同样确定无疑的是，即使最卓越的军事指挥官也可能出错。但是希特勒所犯的愚蠢错误是如此之多，损失如此之大，而且如此的毫无理由，以至于我们认为这些"错误"是一种出于自毁的强烈的无意识冲动的结果。如果这样——正如理查德·尼克松事业的垮台所证明的那样——阿道夫·希特勒绝不会是最后一个具有设计自己毁灭的强迫性冲动的国家领袖。

作为"二战"中整个德国军队的最高统帅，希特勒的表现应该得到一个综合性的评价。毫无疑问，希特勒有时表现出一种能够准确判断敌人的不可思议的能力，例如：他推断出当他入侵波兰的时候，法国不会进攻他的防守空虚的西部防线;他准确地猜出1942年秋季红军将在斯大林格勒发动反攻,而不是在他的将军们坚持认定的斯摩棱斯克。确实,正如一位英国的军事史学家认为的那样,"历史上没有哪一位战略家能够更巧妙地掌握其对手的心理——这是高超的战略艺术"。[141] 他还在革新装甲车和空军力量的使用上表现出惊人的才能。

所有这一切都是事实。久经证实的是,希特勒能够非常有效地采取行动,他在波兰、挪威、低地国家和法国的军事胜利是不容忽视的。然而,在战争期间的胜利当中,却时常可以看到他无意识中想要惩罚自己的迹象。

敦刻尔克

1940年5月,当在法国取得重大突破以后,希特勒开始与失败眉来眼去。正当一条畅通无阻的道路展现在他的装甲师面前的时候,他突然毫无理由地强令他们停留两天,并调离了领导德军胜利前进的卓越的坦克指挥官古德里安(Guderian)将军。如果法国能够充分利用希特勒给予他们的喘息之机,这次停留很可能会对希特勒的胜利前景造成致命的打击。

几个星期之后在敦刻尔克,更为奇怪的事发生了,希特勒莫名其妙地放弃了消灭欧洲全部的英国远征军的机会。5月15日,他突然下令停止所有在敦刻尔克的坦克的重要进攻行动。一位英国军事史学家准确地概括了这一命令的深刻意义:

> 在没有任何别的方法可以挽救英国军队的时刻,希特勒的举动实现了这个目的,使他们得以逃脱,并重新集结在英国,继续战斗,为海岸配备了足以抵抗侵略威胁的人员。因此,是希特勒本人造成了自己最终的垮台和德国在五年后的最终覆灭。英国人虽然敏锐地认识到逃脱的微小可能,却忽视了它的根本原因,因此称之为"敦刻尔克奇迹"。……永远不会有人清楚地知道为什么希特勒作出这样的决定以及他的动机是什么。[142]

当然还有一些解释。例如，罗伯特·佩恩（Robert Payne）认为，希特勒同情英国人是因为年轻时曾去过利物浦，他开始欣赏英国人，所以想要"免除丘吉尔痛苦的耻辱感"[143]。这个解释的疑问在于希特勒年轻时从未到过英国，而且他一生都藐视丘吉尔。（见附录，"关于虚假资料的记录"。）还有人认为希特勒在敦刻尔克阻止他的装甲部队进攻是因为地面过于泥泞；或者他相信空军单独就能够消灭英国军队，无需调动南部所需的坦克部队来冒险。而希特勒对自己古怪行为的解释则是那仅仅是一个突然的怪念头，即他决定让英国人以英国方式，"充满堂正大度的精神"回去。

但是，无论哪一种解释都不能令当时德国的将军们信服；也不能令军事史学家感到满意。在指挥部里，瓦利蒙特（Warlimont）将军和哈尔德（Halder）将军都被这一"无法理解"的命令弄得"目瞪口呆"；战地指挥官同样感到十分震惊。古得里安将军觉得难以置信："我们就在能看见敦刻尔克的时候停了下来！"同样感到困惑的陆军元帅伦斯德（Rundstebt）的参谋们得出的结论是：敦刻尔克之谜的唯一可能答案就是希特勒想要帮助英国，因为某种无法解释的原因。当然，希特勒达到了目的。[144]

实际上，可能没有任何合理的说法可以解释希特勒在敦刻尔克的决定。因此，我们认为他做出的决定是非理性的：他在潜意识中没有真的想要胜利。

"希特勒的良机"

在一项对第二次世界大战的重要研究中，两位美国史学家令人信服地提出：在自己导致的敦刻尔克大溃败的一年后，希特勒的"幸运时机"出现了。到 1941 年春，他的潜艇已经严重摧毁了英国船队；陆军在前一年中已经占领了挪威、法国及北部的低地国家，并刚刚在巴尔干和利比亚取得了决定性的胜利；还有一个现实的机会，希特勒可以通过占领埃及、苏伊士运河、整个北非和直布罗陀，然后迫使西班牙同轴心国结盟，取得对整个地中海地区的控制权。这样在地中海或者中东没有任何力量可以阻止纳粹胜利的狂潮。那些历史学家因此便认为："历史很可能会记载，在以第二次世界大战命名的这场波澜壮阔的战争中，1941年5月和6月，希特勒比其他任何时候都更接近胜利。"这并不仅仅是事后的认识，德国海军高级指挥官充分认识到这是一个神奇的机会，请求希特勒在地中海上发动进攻。然而，他拒绝这样做。肯定有人再次要问为什么，而这个问题也再次引发我们的思索。

格林提出一种可能的解释：他注意到，元首对海军事务从来都不大感兴趣，只是根据"陆地因素"来考虑问题。的确，从乘船旅行到参加大型海军作战演习中，希特勒一直都怕水，这个事实或许有助于解释为什么他没有认真地为跨海进攻英国做好准备，从而最终取消了计划，并忽视了来自地中海的敌人。他曾经告诉一个副官："在陆地上，我是一个英雄；但在海上，却是一个胆小鬼。"[146]

或者1941年春希特勒没有发动进攻是他的幼稚症的后果？他或许没有能力在如此之多的富有吸引力的战略选择之间做出决定，因为，"像个孩子一样，他无法忽视任何有吸引力的目标；一旦获得，他就再也不能放弃。……"而且他像个孩子似的，想迅速而且毫不费力地得到每一样东西：他想不采取两栖进攻就击败英国；他想只用空军和少量军团就赢得地中海；他还想要立刻征服整个苏联。[147]

当然，1941年春希特勒还有一个完全不同的选择。他不需要进攻任何人、任何地方，他已经是欧洲的主宰了。他已经粉碎波兰，征服了法国，并控制了从挪威到西班牙的西部海岸线。没有西方的威胁，与苏联和平相处，还有谁能够挑战他伟大的德意志帝国呢？此时，遭到围攻的大不列颠本身就难以抵抗进攻，也没有同美苏结盟，不太可能找到物资来源或是转机的希望，只能接受既成事实。正是希特勒自己为他的敌人开启了多种选择的机会，他认为"足够就是不够"，战争必须进行下去。[148]

正是他自己一人做出了导致他的毁灭的决定。

巴巴罗萨行动：入侵苏联

1940年夏占领法国以后，希特勒连续好几个星期都不能肯定下一步应该怎么做。正如他生活中经常出现的情形，每当被不确定和自我怀疑所困扰的时候，希特勒总要到瓦格纳那里寻求灵感和指引。1940年7月23日，他长途跋涉到拜罗伊特圣地出席《众神的黄昏》（*Die Götterdämmerung*）演出现场。瓦格纳再次对希特勒施展了他的魔力。他对英雄的灾难以及神与人的毁灭的描述在一定程度上更加坚定了希特勒对英雄命运的信念。在黑暗的包厢里，希特勒热烈地亲吻温尼弗雷德·瓦格纳的手。当他平静地离开拜罗伊特时，他已下定决心。就在这个星期，他发布了将导致他自己的末日（Götterdammerung）仪式的命令。

这样，1941年春，当整个欧洲大陆都在他的掌握之中的时候，他没有巩固他那广大的"新秩序"，没有集中军力对付他唯一残存的敌人——严重受挫的孤立的英国，而是开始自求惩罚：他命令他的军队向苏联推进。此时，苏联是他最重要的盟友，正在给他运送成千上万吨重要的战争必需品，包括苏联从美国购买的数量庞大的石油，通过符拉迪沃斯托克和西伯利亚运往德国。在战斗记录中，一幅值得纪念的照片表现的是当希特勒的士兵向东开往苏联的时候，他们正注视装载着为希特勒的武装部队提供物资的苏联货车向西疾驶。[150]

这样看来，在希特勒的重大决定中，理性的和非理性的因素都在发挥作用。他想要乌克兰的小麦以及高加索山脉的石油①；他计划了很久要在欧洲东部为他的帝国寻找**生存空间**；他正在慢慢变老，他想与死亡竞赛；他根本不相信苏联人——他反对所有的对立证据，确信他们随时准备向他进攻；而且他的种族理论认为斯拉夫人应该受到奴役。此外，由于没有其他人能够征服苏联，这是一个绝好的机会，可以证明他是"历史上最伟大的军事统帅"——比查理十二世或拿破仑还要伟大。还有的就是空间对希特勒的吸引力。一天晚上，他在"狼穴"指挥部里喃喃自语："我年轻的时候就经常梦想着广阔的空间，现在命运使我有能力把梦想变为现实。……空间给我的想象插上了翅

---

① 但是，认为希特勒因为需要战争物资而入侵苏联的观点是错误的，原因有二：首先，斯大林已经给他运去了数十万吨的磷酸盐、铁矿石、废铁及铬矿石，还有石油、白金、橡胶以及木材；其次，在他的军队于1940年9月以"保护"罗马尼亚小麦和石油产地为由进入罗马尼亚以后，希特勒已经拥有大量的石油和小麦储备。见 Rich, *Hitler's War Aims*, I: 207, 190。

膀。……"[151]

所有这些因素可能都在起作用。另外，出于一种想要惩罚自己和失败的冲动，他可能在潜意识中与苏联作战。希特勒自己却解释说，入侵苏联是为了打败英国——人们会认为，这并不是最直接的方法。而结果却背离了预定的目的，当希特勒放弃在英国登陆的"海狮计划"并实行两线作战的时候，英国的压力大为减轻，力量也得到加强。

在希特勒发动对苏联的入侵过程中，有一件事值得注意，那就是他没有寻求三国条约中的盟友——日本的任何方式的帮助。实际上，他明确下令"决不向日本透露任何有关**巴巴罗萨行动**的线索"。[152]一位研究日本外交政策的严谨的学者认为：希特勒极有可能成功地说服日本，在他进攻苏联的同时也发动攻击，因为1941年春日本尚未确定它的选择。但是，他拒绝向他的盟友寻求帮助，甚至进行商讨，而导致对日本不必要的得罪。自此以后，日本就把这件事作为希特勒"背信弃义"的一个证据。[153]若尔曼·里奇（Norman Rich）认为，如果武装部队从西方进攻苏联，日本同时在远东发动攻势，希特勒本来很有可能征服苏联。他还认为，没有合适的理由可以解释希特勒"异乎寻常的态度"，即为什么他没有在发动侵略之前采取行动，"以确保日本任何方式的合作"。[154]

希特勒接下来的态度仍旧很奇特。从1941年末到1942年初的冬季，形势已经很明朗，如果他还想打败苏联的话，他需要从日本获得所能得到的一切帮助。当所有的理由都需要他寻求日本的帮助时，希特勒拒绝了这样做。他甚至没有要求他的盟友日本阻断美国经由海参崴运到苏联的物资供给，以作为他对美国宣战的适当回报。他的行为毫无理由可言，这就暗示着这种可能性：在潜意识中，他又一次寻求惩罚。

任何人都知道，对苏联的战争是一项需要大量的物资供应的庞大事业，这就需要动员一个大型工业化国家的全部经济力量。但是，希特勒从没有下令进行动员，实际上，就在入侵苏联前夕，他竟然下令**减少军备生产的规模**！[155]

这绝不仅仅是虚张声势的逞强行为。希特勒并没有像他声称的那样，自信能够轻易地战胜苏联。值得注意的是，他经常重复一个显示不幸预感的隐喻。

就在进攻开始后的那天凌晨3点,他还告诉新闻秘书:"我感觉好像打开了一扇门,它通往一个黑暗的房间——我不知道什么隐藏在门背后。"他担心地断言:"永远不会有人知道有什么东西隐藏在那里。"他也给他的私人秘书讲了这个故事,并把同样的话告诉了鲍曼和里宾特洛甫。1941年10月在对他的将军们的演说中,他再次提及此事,并且力图解释进攻苏联的必要性,他说:"每走一步都有一扇门打开,后面隐藏着一个神秘的东西[*Gerheimnis*],埋伏着,等待着。……"[156]

当希特勒还是一个小男孩的时候,他真的打开过一扇通往黑暗房间的门,并面对过某个可怕的秘密吗?

还有其他一些灾难的预兆。希特勒提前一个月,把进攻的日期确定在6月22日,根据历史记载,这天恰好是令拿破仑走厄运的那场战役的纪念日;另外,为什么他在成千上万种选择之中偏偏选择了"巴巴罗萨"作为与苏联作战的代号呢?本来他的军事参谋们已经以一位胜利的普鲁士国王的名字"弗里茨"命名这次行动计划,但是,根据希特勒直接下达的命令,行动代号改为"巴巴罗萨"。[157]

为什么选择这个不寻常的名字?或许希特勒真的把自己当作一名十字军战士,肩负着消灭东方异教徒的使命,就像弗里德里希·巴巴罗萨(Friedrich Barbarossa)一样。但是,巴巴罗萨失败了。实际上,他是中世纪德国历史上最著名的失败者:他在对意大利城邦国家的战役中五战五败;他没能统一德意志民族的神圣罗马帝国;而且他还在第三次十字军东征中失败,1190年在萨列夫河洗澡时不幸溺亡。希特勒知道巴巴罗萨的这些故事。在他从私人图书馆借来的书中就有一本这位霍亨斯陶芬王朝的统治者的传记,记载着这些史实。实际上,对于任何一个对中世纪德国历史感兴趣的爱国学生来说,这些都是普通的常识。[158]

希特勒对水有种病态的恐惧,还经常做一些有关窒息、扼杀和溺死的噩梦。他宣布入侵苏联时所使用的词汇因此值得注意。他说:"这个世界**将屏住它的呼吸**。"当仆人帮他系领带,希特勒屏住呼吸并焦急地数到十的时候,在一定程度上,他就是在象征性地实施自杀和自毁。[159]

最初，入侵行动进行得十分顺利，因此希特勒的宣传部得意扬扬地宣布："在短短的七天内，元首的攻势已经把红军粉碎……东方大陆，就像柔弱的少女，躺在强大的德国战神的臂膀里。"在希特勒的军队打到莫斯科的近郊，并像拿破仑那时一样，用望远镜可以看到黑暗夜空中克里姆林宫闪亮的高塔的时候，事实上，苏联好像不得不屈服了。

莫斯科没有沦陷，应归功于苏联保卫者的英勇气概，但也源自希特勒弄巧成拙的失误。他没有集中力量加强对莫斯科的进攻，反而突然坚持分散部队以削弱攻势，造成悲惨结局。他不顾他的将军们的劝告，坚持要将一半的军事力量转向乌克兰以动摇南方。那时候，因为拥有长期独立的历史并反对斯大林的高压统治，乌克兰人热情欢呼希特勒的军队，并与他结盟。但是，希特勒却下令枪毙他们的领导人并奴役那里的人民。一位研究"二战"的历史学家写道："这是希特勒政治生涯中最严重的错误。"莫斯科能够保全还应该归功于苏联历史上最著名的战地指挥官——温特将军。当12月第一周的气温降到零度以下的时候，由于希特勒下达不发放冬季棉衣的命令，成千上万的德国士兵因此而被冻伤。士兵的皮靴刚刚合脚，只能穿一双薄薄的袜子。[160]

在巴巴罗萨行动远程中，希特勒继续做出一些奇怪的决定。例如，他出人意料地让一支完整的德国军队驻留在克里米亚，并且说不太可能把它撤回来，因为这样可能会对土耳其的整个政治局势产生负面的影响。战争后期，他又命令一个军团留在波罗的海地区，希特勒解释说这是为了向瑞典显示实力以证明在波罗的海他仍然是强大的。[161]看到这些及其他在对苏战役中的错误决定，一位研究希特勒军事领导的德国权威人士发问道："这个人的头脑里到底在想些什么……"[162]

这个问题必须延伸到希特勒单纯的战略战术失误之外来考虑，因为全部的计划都是以非理性为基础的。想想希特勒进行的愚蠢而毫无必要的赌博吧，竟然去进攻一个如此合作而又强大的盟友。如果在这场战斗中失败，他就会失去整个战争；即使他"胜利"并在苏联西部打败一部分红军，战争远不会结束。因为他深深觊觎着进一步向东扩张，而在美国帮助下的英国却一直从空中对他进行打击。他自己造成的两线作战将持续下去。为什么要冒这样的风险？难道不能更理智地与其盟友和同谋者和平相处吗？这时，他已经拥有了从英吉利海峡到波兰中部的广大欧洲大陆，为什么他不仅仅是巩固这些通过苏德秘密条约和自己的征服占领的广大土地呢？

看起来，希特勒的东方政策是无法用道理来解释的。

对美国的战争

就在苏联前线出现灾难性失败的时候，1941年12月11日，希特勒突然主动地向世界上最大的工业化国家——美国宣战。

战争刚刚结束，美国国务院就派遣了一个专家团到德国，向纳粹领导者调查询问有关希特勒及其战争行为的问题。无论这些代表团的专家还是德国军队及外交部的高级官员都不能对希特勒的决定做出恰当的解释。专家团团长在报告中写道："我们发现，在纳粹党的整个历史中，最令人困惑的事就是德国为什么迅速向美国宣战。"[163] 一年以后，一位美国历史学家在书写纳粹与美国关系的时候也提到这个问题，并承认他无法给出满意的答案：

> 这一宣战［对美国宣战］从来没有得到完美的解释。实际上，它与希特勒所实践并一贯宣扬的德国对美国外交政策——特别是从慕尼黑的早年岁月到柏林的最后几个小时——完全对立。……他对美国宣战的原因并不是十分清楚。[164]

另一位外交史学家赞同道："元首对美国外交政策背后的逻辑是无法分析的……它是非理性的行为。……对美国宣战以后，德国最终而且不可挽回地失去了战胜苏联的一切希望。"[165]

理智褪去了神秘，理性的解释脱颖而出。首先，希特勒之所以对美国宣战，据说因为他轻视美国，并且确信这样做不会给他带来军事压力。有一些证据支持这个观点，希特勒曾经对墨索里尼说过：美国的军备统计数字是"纯粹的谎言"；他也对哈尔德将军说，美国的军事实力根本是虚张声势，并彻底断言，美国政府"没有能力进行战争"；希特勒的种族理论同样使他相信美国是"半犹太化、半黑人化的……美国人只具备母鸡般的智力"。[166]

但是，希特勒又直截了当地否认他自己对美国的贬低。他看待事物的分裂方式使他坚持认为：美国人是出类拔萃的，难以置信的聪明——因为他们拥有（日耳曼）北欧人的血统。他还认为，与老的欧洲人相比，美国人是作为一个经过种族筛选的年轻民族出现的。他曾经对汉夫施丹格尔说过，美国的介入是德国在"一战"中失败的关键原因，"再也不能让这样的事发生"。[167]

无论希特勒还说过什么关于美国的堕落和没有能力进行战争的话，他对德国海军和空军司令的命令仍然表现出对美国力量的敬畏和恐惧。命令很明确：不能对抗美国，海军和空军必须避免在大西洋上发生任何的意外事件以防止美国的介入。当海军领导人认为《租借法案》提供的物资损害德国利益而提出抗议时，希特勒仍然很顽固。直到1941年11月，他还说"在任何情况下，都不能冒险使美国介入战争"。即使在《中立法案》废除以后，他的命令仍旧没有改变。他特别注意以防德国同时卷入对苏联和美国的战争。他反复强调，在苏联投降之前不要和美国作战。直到日本攻击珍珠港的那一天，这些一直都是有效的命令。[168]他还不断地告诫德国媒体不要冒犯美国人。那些新闻机构停止了对他们最喜欢的目标——美国总统及其夫人——的攻击。其中一条命令这样写道："即使是罗斯福夫人的声明也不应该提及。"[169]

其次，还有人认为，出于对他的日本盟友的忠诚和履行条约的义务，希特勒才对美国宣战。但是，希特勒并不重视信誉。此外，德国与日本和意大利签订的三方条约是纯粹防御性的；除非**美国攻击日本**，否则德国没有任何宣战的义务。而珍珠港发生的事件也并不是这样。正如一个历史学家描述的那样，三方条约只是一个被猜疑及相互不信任所破坏的"空洞的同盟"。在希特勒拒绝通知日本有关巴巴罗萨行动而使盟友丢脸之后，日本同样没有通知他就开始袭击美国，也没有请求他的帮助。希特勒对"珍珠港事件"感到惊讶，也没有任何准备。由于受到条约的约束，他没有对美国宣战。[170]

事实上，在12月的第一周（就在此时，他对苏联的进攻遇到了极大的困难），希特勒确实做出了参加日本对美国战争的口头承诺，并草拟了一份类似协约草稿的东西。据说，他这样做是因为他极其希望日本能够从背后攻击苏联。但是，12月5日的草约**没有提到任何**日本帮助进攻苏联的内容。[171]日本也没有做出任何口头承诺。正如里奇注意到的那样："一旦日本开始对美国的战争……希特勒本来肯定能够找到借口以拖延履行加入日本对美战争的承诺。至少作为德国支持日本对美国的战争的回报，他可以要求日本支持对苏联的战争，只需要阻断美国经由海参崴到苏联的物资运输"。但是，希特勒并没有这样做。在没有任何来自盟国帮助的保证、也没有任何协约要求他这样做的情况下，希特勒个人决定对美国宣战。[173]

还有第三个解释。有人说，希特勒在1941年12月对美国宣战是因为他相信美国迟早会发动进攻，所以他想在最适宜的时刻开战。的确，他对犹太人的阴谋充满怀疑，并且相信"在犹太人怂恿下，罗斯福已经下定决心进行一场战争来消灭国家社会主义"。[174]但是，实际上，希特勒对美国宣战的时间非常特别。对苏联的战争不仅没有结束，而且形势越来越明显地恶化。在12月的第一周之内，德国行动参谋部的一个成员注意到，"红军几乎在一夜之间就夺取了整个前线的主动权，从而给德国最高统帅部造成了一系列前所未有的震惊"。1941年12月6日，朱可夫元帅统帅的红军，调动100个希特勒始终坚持不存在的新生师团在莫斯科西部开始了反攻。德军被击退，并遭受了巨大的人员和物资损失。多马鲁斯（Domarus）报道说，"在希特勒的指挥部里弥漫着一种世界末日即将来临的气氛"。一个副官的记录则写着，"一切都预示着战争的目标无法达成"；（武装部队）最高统帅部的参谋长凯特尔（Keitel）元帅想要自杀，希特勒则沮丧地凝视着远方。[175]

北非的消息也不乐观，在那里隆美尔被英国人打败，并撤退到出发点。在12月的前两周里，一股席卷东部前线的寒流使指挥部格外的沮丧："零下35度到零下30度的气温使部队完全瘫痪了，武器也无法使用，军队惨败的消息不断传来。"[176]

就在他的军事失败的恶兆愈加明显之时，希特勒对美宣战。数月以来，他都坚持说不会招惹美国，却又突然在应该避免这么一个强国的时候宣战。**他为什么要这么做**？这纯粹是个人决定，他既没有通知外交部，也没有告知国防军。瓦利蒙特写道:"结果,我们不得不在可想象到的最严峻的形势下两面作战了。"

从德国陆军、海军的证词与国防军作战部部长[约德尔(Jodl)上将]的证言中我们非常清楚地认识到,德国根本没有对美国作战的计划。

瓦利蒙特少将引用了一段与其上级的谈话记录,这在战争前夕的普鲁士—德国陆军的记录中是很值得注意的:

> 约德尔:参谋部现在必须探察美国最有可能在哪里派出大批军队,是远东还是欧洲?在搞清楚这个问题以前,我们无法做进一步的打算。
>
> 瓦利蒙特:我同意。这种探察显然是必要的,但是,迄今为止,我们从没有考虑过对美作战,所以根本没有探察所需的基础资料;因此,我们很难完成这样的工作。
>
> 约德尔:尽你所能吧。明天回来后我们再详细讨论。

瓦利蒙特简洁地注释道:"这才是我们德国的战略总部反对美国的开端。……"[177]战后,空军司令格林元帅在一次会谈中承认他对希特勒的决定一无所知,并很肯定地断言,他的元首是在"非常冲动"的情况下做出决定的。[178]

当然,纳粹党是乐于看到日本进攻美国的,也希望看到"民主兵工厂"背后受到攻击。但是,这些在珍珠港事件中达到的目标对希特勒的事业毫无益处。正如约德尔将军战后所说的那样,"我们本应选择一个新的强有力的盟友而不是一个新的强有力的敌人"。[179]

希特勒的宣言对罗斯福总统有非常显著的政治辅助作用。在日本袭击珍珠港以后,罗斯福担心美国民众要求在太平洋集中兵力,这将改变他把欧洲战争作为优先考虑的计划。詹姆斯·麦格雷戈·伯恩斯(James MacGregor Burns)着重提到了罗斯福的难题:在华盛顿为首先在欧洲作战而做好一切准备,却在太平洋地区只采取守势之后,美国可能只为一场战争而留在远东作战吗?……"[180]

德国正式对美国宣战解决了罗斯福的难题，使政治形势明朗化。希特勒从未正式地向其他任何一个国家宣战，这次他却非常照顾罗斯福。通过宣战，他击败了罗斯福的政治对手们。因为在宣战之后，即使是叫得最响亮的"不干涉主义者"也无法反对美国在军事上全力以赴地援助欧洲的同志。在希特勒宣战的当天，我们就可以看到他对罗斯福的帮助是多么巨大：12月11日，当罗斯福要求国会宣布美国和德国处于战争状态的时候，没有任何议员反对该决议，如果它在几天前提出则几乎肯定要被否决。当然，美国很可能早晚要同德国打上一仗，但我们永远无法肯定。我们只知道"元首的创举给他的对手和受害者带来了极大的帮助和安慰"。[181]

这些都是对于希特勒对美宣战这一弄巧成拙的决定做出的"理性"解释：他对美国持有一种混乱的观念；他想要帮助他的盟友日本；他希望在被美国攻击之前能抢先一步。但是，不管怎样，这些理由不能相加。无论从当时还是从现在看，无论从军事还是从政治方面来看，这都是一个毫无必要的、非理性的行为，它对敌人比对自己更加有利。一位权威人士这样认为："希特勒不仅仅是犯了不该犯的错误，他还想要毁灭自己的事业。"希特勒自己也悲哀地承认他所做的事情是毫无逻辑的。他说："与美国作战是一场不合逻辑的悲剧。"[182]

我们必须同意他的观点。那么，希特勒为什么要这样做呢？

在这一讨论的最后，如果我们利用心理史学能够非常容易地解决这个困扰传统史学家的问题，这将会令人满意。然而，我们根本不清楚它能解决什么问题。我们再次遇到了人类行为动机的问题，但没有历史学家自信可以解决这些问题。心理学在这里能够帮助我们，仅此而已。因为心理史学不能代替传统史学；它只能够起到补充作用，使我们对历史人物的理解更加深刻。但是，即使有它的帮助，我们仍然怀疑是否能够"圆满地"、全面地最终解释**为什么希特勒做了这一切**。

这个问题最终仍是没有答案，但是也未令我们失望。我们可以像所有历史学家——以及精神分析学家一样做出反应，当他们被要求解释人的动机时，他们必须做出反应：我们可以冒险做些谨慎的猜测。

让我们首先假设希特勒和历史学家们都是正确的：他对美国的宣战（如他的很多行动一样）无法通过逻辑和常识去理解。那的确是"非理性的行为"。但是，如此断言是无法对此事得出结论的。这样做不但没有结束争论，而且还留给我们一个问题，试图找出他的非理性行为的原因。我猜测希特勒的重大决定为三样东西所左右：他一生中个人同一性的困难；他潜意识中的求败渴望；他认定最终的胜利取决于彻底毁灭的非理性信念。

人们经常声称，个人的自尊与威望是希特勒对美宣战的原因。在所有战后接受访问的纳粹领导人中，"一致的回答就是认为希特勒的行为出于个人威望的动机"。他想在罗斯福向他宣战之前先行宣战。[183]

这里当然有"威望"的因素，但是远非只是与罗斯福抢镜的愿望，其中更深藏玄机。这个决定切中了希特勒的生命核心，因为他的个人同一性在东线遭受到"劣等人种的斯拉夫人"和领导着红军的"布尔什维克化的犹太人"的威胁。那些糟粕实际上将要把他击败！他作为不可征服的、充满阳刚之气的、所向披靡的元首的自我形象正在他自己面前消融。绝不能让这种事发生。他将昭示**他们**——也就是说，向他自己昭示。他将向自己证明，他作为自己创造出的那个不可征服的神话式人物，依旧存在。既然他已经承认自己作为"史上最伟大的战地指挥官"也犯过军事错误，他就必须打造出一个更具权威性的新形象；他必须征服甚至比俄国更难以征服的敌人。他将摧毁美国。

对希特勒动机的解释，部分基于埃里克森关于同一性危机的叙述，这一解释的重点在于希特勒一生都被同一性扩散问题所困扰。他一直为能否"找到"自己而烦恼（第三章，第173页，第五章，第357页）。这样的人，埃里克森表示，对自己的存在怀有周期性的强烈的焦虑情感。当他们以似乎完全非理性的、甚至危及自己的方式行事时，他们试图解决的是他们到底是谁这个问题；他们是在肯定他们确实是作为自己想成为的人而存在的。因此，当面临自己的心理状态受到威胁的危机处境时，为了使自己恢复信心，他们会挑起冲突而引发更剧烈的危机。实际上，这些自我强加的危机与其说是自我肯定，不如说是自我毁灭，但是他们暗中的目的是想验证并再度肯定似乎正在悄悄溜走的难以把握的个人同一性的感觉。

因此，1941年12月的前几周内，当希特勒的个人存在在东线受到威胁时，他迅速采取行动或冒更大的危险在心理学上是势在必行的。一位埃里克森派别的精神病学家指出："在那种情况下，像希特勒这样的人将会受到极大的刺激，为了再次表明他的存在，他会引发一场危机。他将采取与一个像美国这样强大的对手**直接**碰触的方式。事实上，为了增强碰触感，从而抵消他的'自我'正在消亡的可怕情绪，对手越强大越好。"[184]

另外一种对希特勒非理性行为的解释似乎也是可能的：他对美国的宣战与其说是在检验和确定他的自我同一性，不如说是对潜意识中强烈的自毁欲望的回应。正如其他临界人格一样，希特勒思考问题的方式非常极端。他常说，他简直无法想象在彻底的胜利和完全的灾难之外做出任何选择。他将来不是征服的狮子就是牺牲的羔羊；如果不能成为创造者，他将成为毁灭者。

他下定决心，既然不再是德国的征服者，那就必须成为它的毁灭者，他做出决定的那一刻是历史的决定性时刻。那也是很难确定的一个时刻。在理智告诉他"不可避免的胜利"已是不可能之后，很长一段时间里，他还是不断谈起它。而似乎最可能的情形是，当1941年12月初在俄国初次遭遇重大失败之后，他就意识到无法获得他想要的胜利。随后他把这个结论清楚地告诉了其他人。约德尔将军的战争日记记录着，在1941年到1942年之交，希特勒明确向他表示，"不会再有胜利了"。一位研究希特勒军事战略的权威人士认为，时间可能更早，他说，到11月中旬希特勒就意识到胜利"不会来了"。当然，他早在1941年12月6日到7日间红军发动大规模的冬季攻势的时候就认识到这一点。[185]这是一个不祥的结论。正在此时，他决定击败另一类敌人，便下令屠杀犹太人；也是在此时，当首次在俄国失利时，他就对美宣战。

我们推测，他这样做是因为他在深度分裂的头脑中把彻底失败视为自己的唯一机会。问题现在变成了**怎样达到一场能配得上他的历史性伟大（historic greatness）的灾难性失败**。他向一位老朋友倾诉："我必须获得不朽，即使整个德意志民族在这个过程中被毁灭。"[186]这似乎表明了他头脑中一直思索的问题。

希特勒的思绪总是回到"一战"时期，那时的经历深深印在他的脑海当中。作为一名前线士兵和战后的种族主义煽动政治家,他相信德国的失败是由两样东西引起的:犹太叛国者和美国的干涉。他一再告诉汉夫施丹格尔:"引起1918年我们失败的唯一因素就是美国参战,还有犹太人。"[187]

但是现在——已经到了1941年年底——无法用犹太人来解释这一失败。正如令人恐怖的委婉说法一样,他们将"在烟囱里化为乌有"。只有美国能够彻底摧毁德国。事实的确如此。

随着美国实力的凸显以及第二战线的推进,加上美苏两个强敌的同时逼近,希特勒的毁灭欲更强烈了。他想摧毁一切:不只是军事上取得的有利形势,还有教堂和艺术画廊,医院、护士学校以及农场牲畜和宠物,包括统计数据和结婚证书——每一样他能想起来的东西。例如,1945年4月21日,他对着震惊不已的空军司令大喊大叫,说"要立即取消空军的全部领导权"。为了确保将德国夷平的报复性的全面空袭的实施,他想到宣布枪毙所有空军战犯。他还考虑下令处死那些在战争中负伤的德国士兵,因为他们对他不再"有用",他的确那么做了。[188]

当人们再次问到关于这一计划的大毁灭行动的明显问题,即**为什么**的问题,答案既可说是非常难,也可说是很简单。

据说,"因为他是邪恶的,邪恶到骨子里",但是他一直都是邪恶的——尽管他过去从没有到这个程度。而他自己是这样解释他的行为的,"他被恶魔缠身"。人们一定会问:**哪种**恶魔?古希腊人相信,"如果神要毁灭什么人,他们首先会使之发疯"。那些赞同这一说法的人便认为,"唔,他只是精神错乱"。但是他到底是**哪种**疯狂的行为呢?

希特勒一生中最后的日子——正如我们将要看到的——并没有显示出他患上了精神病。到1945年4月他的身体已经彻底垮了,但是当他给那些敬慕者分发氢化物胶囊和他亲笔签名的照片时,他仍能够相当连贯地谈话。他没有突然变得"疯狂"或是被恶魔缠身。他在生命最后几个月中的行为并不失常;这深深植根于他早年的生活。它显示了埃里克森的诊断结论,即童年的每一种基本冲突都以某种形式继续保留到成人阶段。阿道夫的童年就是他成人阶段的根源。

希特勒的惩罚和毁灭欲望是他持续的生活模式的一部分。我们不该试图过于清晰而规整地构造这个模式。然而，童年已经形成的邪恶信念切合了这个模式的某一方面；他成人后则会以作恶来报复。那种曾被打击伤害而无法报复的冷酷记忆从属于这一模式；现在他将重获记忆。很小的时候，他就学会了不信任；而现在他将要摧毁那些遗弃他的人。他们曾让他感到不适和罪恶感；他会向他们显示他拥有强权——如果不再征服或创造，那么就毁灭。这样，他仍旧是无所不能的；他能够决定一个民族的存亡。

我们一直认为，他还拥有另一种生活模式：想要惩罚自己和遭遇失败的潜意识的欲望。他经常试图借助惩罚他人而摆脱这种冲动。1941年12月他在两天之内做出的两个并列决定反映了自我惩罚与惩罚他人的某种关联。12月11日，他通过在遭到俄国攻击的同时对美宣战而确保自己的失败。次日，12月12日，他宣布一项法令，意在将他所能想到最恐怖的惩罚施加于他人身上。他将这一法令命名为"夜雾法令"（*Nacht und Nebel* decree），字面的意思是"夜晚和烟雾"。而实际的意思是如果一个人被视为没有完全对他效忠，可能不经指控就被逮捕，而且并不通知他的亲友，最终没人知道他的下落——也就是说这个人消失在浓雾弥漫的夜幕中。然而，那还不够。同时，他也不得不以另一种方式进行投射：他将毁灭**所有德国人**。因为整个德国都是罪恶而无价值的。因此，他大声呼喊："德国不值得我的奉献 [*meiner nicht würdig*]；就让她毁灭吧。"[189]

但是，这些话究竟代表着什么？从某种意义上来说，在毁灭德国的过程中，他是在毁灭自己，因为正如他经常说的，"我是个德国人！"（*Ich bin das deutsche Volk!*）而他一生都将德国视为他的母亲。是否有这种可能，他当时毁灭祖国是因为她将要遗弃他，就像他的母亲克拉拉在他很小的时候容忍父亲惩罚他的时候背弃他一样？"就让她毁灭吧。"这是对母亲的惩罚吗？或者是别的什么？

他竭力将自己的失败和罪恶归咎于德国人民。他再三重复着"他们"不值得他的奉献；他杀害了数以百万的人。然而时常浮现的恐惧仍旧无法驱除。或许，归根到底，他配不上他们——**那就让他毁灭吧**。或许如此。无论如何，那都是他打算做的事情,这样可以实现他在屡次绝望的时刻许下的诺言:他要自杀。

通过自毁达到成功

> *我们的元首阿道夫·希特勒,同布尔什维主义斗争到生命的最后一刻,于今日下午为德国捐躯。……*
>
> ——德国广播公告
> 1945 年 5 月 1 日

在他最后的日子里,希特勒的许多随从都惊异地发现他们曾经坚强不屈的元首变成了一个浑身颤抖的颓丧老人,他那一度整洁无瑕的军服染上了斑斑的口水渍,还有汗水、菜汤和巧克力包裹的草莓残留的印痕。希特勒明白自己的身体状况,甚至非常注意,以再度显示他是多么坚强和冷酷,与他心目中的英雄——弗里德里希大帝多么的相像。1945 年 2 月 24 日,他坐在桌边对他的省党部领导发表了最后一次演讲;他的左手颤抖得非常厉害,已经无法控制。经过一个半小时的夸张演说后,他肯定地断言:

> 如你们所见,我的身体状况并不是很好,我的左手一直在抖。……我希望它不要蔓延到我的头部,以免头也要不停地摇摆。但是,不管怎么样,我的内心依然冷静。……我第一次完全理解了弗里德里希大帝为什么在战役结束之后回家时就像一个虚弱的病人了。……正如弗里德里希大帝在生命的最后几年里被驼背、瘫痪和所有可能的苦痛所折磨一样,这场战争也在我身上留下了深深的烙印。[190]

虽然许多作家坚持认为,希特勒在他的身体衰弱的同时伴随着显著的心理变化,但是并没有证据表明其行为方式与以前有什么根本的不同,却反映了贯穿他一生的性格和个人习惯的加强。甚至在最后的几个月里,当他的身体状况迅速恶化的时候,我们观察到的更多是行为方式的强化而不是改变。他在孩提时代学会了猜疑和不信任,现在他说他不会相信任何人——除了他的狗,或许还有爱娃·布劳恩。他小时候及长大后喜欢夜里熬到很晚才睡觉,在1945年春季,他好像也是经常到早上六七点的时候才去睡觉。他年轻的时候曾经想要推倒现存的建筑,进行重建,如今破坏和重建已经成为他的狂热癖好。他过去总是喜欢讨论同一件事情,现在他"在早餐、午饭、晚餐时都讲述同一个故事"。一天之中他会不止一次地逐字说道:"布隆迪那个小家伙今天早上又把我弄醒了。……当我问她'你想要做什么',她就夹着尾巴回到自己的角落去了。她当然是只聪明的动物。"要么,他就每天重复着:"看,我的手好多了,抖得不是很厉害了——我完全可以镇定地拿东西了。"在私人的会谈中,他总是令人厌倦,而如今他的独白变得更长、更乏味了。他的形势报告(*Lagebesprechungen*)则变得更加流畅。1942年由速记员记录的形势报告的打字原稿的平均篇幅是89页。随着失败的增多,希特勒的口头攻击也增加了,到1945年春,军情记录的平均篇幅已达到150页。[191]

希特勒对糖果和儿童珍爱的蜜饯及蛋糕的喜爱是总是没有节制,而那时每当早晨6点结束形势报告后,他"就会疲惫不堪地躺在那里,心里只想着一天中他最喜欢的食物就要来了:巧克力和蛋糕。……早些年间,他最多吃三块,但是现在增加了三倍。……他说过,为了多吃一点蛋糕,宁肯少吃一点晚餐。在他满足自己贪欲的同时,还为自己辩解:他简直无法理解任何不喜欢吃糖果的人"。

希特勒一生都很喜欢动物;他后来最喜欢布隆迪生的一只小狗,并称它为"沃尔夫"。在两个小时的早茶后,他总是一个人到地堡的狗窝里去,把那只任何人都不许碰的小狗牵出来。"他不停地抚摸着那个小东西,嘴里温柔地念叨着它的名字,沃尔夫。"[192]

希特勒一直是既冷酷又和善的,有时候很体贴,有时候却根本不考虑别人;现在他慷慨大方地赞扬他的秘书们,有时却因为一时的兴致就命令人们冒着生命危险飞到柏林,只为了和他们一起胡扯一些琐碎的事情。他过去经常在愉快的期望和深刻的绝望之间摇摆。现在仍然这样做。1945年4月26日,当

他听说美苏军队在易北河实现历史性的会师时,他

> 像触电一般,双眼再度闪亮。他向后一靠,喊道:"先生们,这是我们的敌人不团结的又一个明显证据!如果我今天签署和平协议,德国人民和历史都会将我视为罪人……而明天……我们的敌人就会分裂。……难道布尔什维克人与盎格鲁-撒克逊人之间的斗争不是每天——不,随时进行的吗?"[193]

在心理学的意义上,这是一个具有启示性的声明。他是说一切都会被挽救,一切都会回到适当的位置,只要**外部**的某样东西分裂开来。[194]

但是,挽救性的战争从未发生。相反,到4月27日,朱可夫元帅和科涅夫元帅率领的红军指挥250万装备精良、英勇善战的战士,42000门大炮,6250辆坦克和7560架战斗机包围了柏林。而希特勒用来对抗红军的只有44600名战士、42500名民团的老兵和3500名从12岁到16岁的希特勒青年团里的少年。平均每两个人才有一支步枪。就在那天,希特勒斜靠在军事地图前,自信地微笑着,考虑着新的光荣征服。他说:"当我把这件事解决以后,我们必须重新得到那些油田。"[195]

希特勒强烈的杀人欲望在1945年他死之前达到了顶点。他总是喜欢仔细规划别人的死亡。在1923年政变期间,他宣称,作为新德国的领导人他将在最高绞架上绞死魏玛共和国中"所有十一月罪人及主要叛国者"。1929年在纽伦堡,他在党的集会演讲中宣称:为了加强种族血统,每年处死德国出生婴儿中的70%—80%是理想的状况。1932年他承诺在他掌权后"人头将在沙滩上滚动"。1934年他下令进行"血腥清洗",杀害了数百名他认为不忠诚的人。就在战前,他曾告诉一位英国外交官,对付政敌的最好办法就是成批地枪毙他们;如果这样没有效果,那就每批枪毙200个人。1935年他设计了一个全面的"安乐死"计划,用以消灭精神和肉体有缺陷的人。1939年他的计划开始执行,并指示行动"应该包括所有'无价值'的人"。刚开始只是精神病院的病人,后来扩展到衰老的病人、结核病病人以及那些有先天性缺陷的人。五年

之内，就有 10 万人被杀害了。[197]

1945 年希特勒从史上最长的歌剧《众神的黄昏》中寻找到了德国毁灭的讯息。但是，难道他没有预示这一结果吗？1932 年在地区选举中成为候选人之前，他在一次演讲中说的一句有些蹊跷却并未引人注意的话不就是这个意思吗？就在那时他说出的奇怪的话使所有的事情都有了不祥的预兆。他说："我们是最后一批创造德国历史的人。"［*Die letzten，die in Deutschland Geschichte machen，sind wir.*］这句话是什么意思？这难道还不能使我们想到希特勒从刚一开始——或许是无意识地——就是在为德国的彻底毁灭作准备吗？[198]

到最后，他的思维和过去一样没有理性——或者是理性了。从 1944 年 12 月到 1945 年 4 月 27 日的参谋会议记录显示出一种熟悉的模式：用来作为对付反对者的支柱和武器的、对细节的惊人记忆力；关于"一战"中的战士经历和战后"战斗岁月"中的职业生涯的长篇大论；想要主导每一次谈话的强迫性需求。举一个例子来说，1944 年 12 月 28 日，希特勒在与他的将军们的一次会议中独自发表的长篇大论就相当于八页不空行打印纸的内容。这番讲话与他前面的任何一次演讲都是连贯一致的。[199]

在毁灭自己以前，希特勒了做出了一个在他一生中真正善意的举动。他娶了爱娃·布劳恩，一个多年执着地爱着他、在最后时刻愿意冒生命危险和他在一起的女人。希特勒使她最渴望的梦想变成现实：和她的新郎一起自杀。在婚礼上发生了一件令人尴尬的小事，当时是 4 月 29 日凌晨 1 点至 3 点的时刻。那个被匆忙召来主持婚礼的政府官员因此殊荣而感到异常激动，以至于在结婚证书上错写了自己的名字。这个名字就是瓦格纳。[200]

婚礼以后，希特勒和秘书荣格夫人走了出来，开始口述他的个人遗嘱和政治遗嘱，其中把战争和人类的所有罪恶都归结到"世界人民的毒害者——犹太人"身上。这两个文件是希特勒思想的核心。它的风格、措词、内容和思维方法都可以追溯到过去十年间他的任何一次演讲和谈话。[201]

签署了这些文件之后，希特勒回到他的新房，同爱娃一起商量他们的葬礼。

希特勒的死亡方式已经成为他一生中最有争议的问题之一。许多年来，人们认为，这个问题已经被牛津的历史学家胡戈·特莱佛-罗珀尔解决了。他是英国情报机构的官员，1945 年受命详细调查有关希特勒的死因。他寻访了许多当时留在希特勒的地堡里的幸存者，并于 1946 年写出了报告。次年报告公开发表成书时，他的书一定还被视为一部历史名著，兼具神秘小说的惊险刺激和杰出史学家——他还是英国散文大师——的深厚学识。

然而，在解开这个谜的过程中，作者遇到了两个难以克服的障碍：死者的尸体没有发现，死亡现场的关键证人也失踪了。戈培尔和他的家人死了，那个声称希特勒已死并帮助焚毁尸体的党卫军医生路德维希·施通普菲格（Ludwig Stumpfegger）也死了。马丁·鲍曼是希特勒的私人秘书和党部头目，他博学多才，对希特勒颇有影响力，被当作已经死亡，实际是失踪了。其他没能够采访到的人包括：希特勒的副官奥托·根舍，和他的侍从海因兹·林格，两人都在 1945 年 5 月被苏联红军抓获。

然而，通过仔细分析道听途说的证词和间接证据，胡戈·特莱佛-罗珀尔重构了一个希特勒死亡的版本。他颇有说服力，后来大多数历史学家都接受了他的说法——包括本书作者。特莱佛-罗珀尔认为希特勒和他的新娘大约是在 1945 年 4 月 30 日下午 3 点 30 分走进了地堡中的起居室；在那里**希特勒冲嘴开了一枪，了结了自己的性命**；而他的新娘则是自己服用氰化物中毒身亡；然后，林格和其他人用毛毯裹住他们的尸体，把他们拖到总理府的院子里，在那里把 180 升汽油浇到尸体上开始焚烧，烧了大约两个半小时；所以"**没有发现他们的遗骨**"。

如果特莱佛-罗珀尔那些非常可读的并具有说服力的著名描述是我们能够继续的基础的话，那么，希特勒的死亡之谜就已经解决了。就像洛德·泰德（Lord Tedder）在此书序言中说的那样，在这件事里不存在"歪曲事实的可能性"。然而，自从此书发表以后，新的证据又开始出现并使这个问题再次模糊起来，从而使我们重新认识到历史的明确——如果不是精确的话——往往是由于缺少证据而不是证据充分所造成的。

比如说，1950 年，希特勒的司机埃里希·肯普卡（Erich Kempka），受命用汽油焚毁希特勒尸首的人，在《我焚烧了希特勒》(Ich habe Adolf Hitler Verbrannt)一书中生动地记述了当时的情景。书中写道：他从下午2点直到晚上7点30分用了几百升汽油把希特勒的尸体彻底焚烧。在早先一次与美国记者的谈话报道中，他指出"爱娃明显是用她那只6.35毫米口径的手枪自杀的"。是他同"根舍将浸血的毯子卷起，连同手枪和其他所有东西在那天晚些时候一起烧掉了"。[203]

其他帮助焚毁尸体的人都同意司机的说法，一个副官证明说，我亲眼目睹尸体被烧为灰烬……还有报道说另一个副官告诉过他的朋友尸体被焚烧了，并提到"希特勒被烧焦了的头颅留下的可怕遗迹"。[204]

但是同样在现场的希特勒的私人飞行员汉斯·鲍尔（Hans Baur）就不相信希特勒的意愿被忠实地执行了。在1971年的一次采访中，他坦白说："如果知道肯普卡只能弄到180升汽油来焚烧希特勒和他的妻子的话，我会关照他在我们的一个大焦炭炉中焚化他的遗体。"鲍尔还说戈培尔那时明白地告诉过他，希特勒被射中的部位在太阳穴而不是嘴。[205]

在战后的一次访谈中，荣格（Traudl Junge）女士回忆起希特勒当时对海因里希·希姆莱在地堡中给他的氰化物药丸的效力表示怀疑，并且不安地问道："如果我自杀不成，谁会为我补上那致命的一枪（the coup de grâce）？"

荣格女士也提到希特勒并不是经口腔被射中的："血从他右边太阳穴上的一个小洞流到他的制服上。"她声称，他开了一枪后，那支7.65毫米口径的瓦尔特手枪就躺在他的脚下；爱娃是被氰化物毒死的，她的那支较小的手枪（瓦尔特6.35毫米口径）上满了子弹放在桌上，旁边有一条粉红色的披肩。两具尸体放在了一台混凝土搅拌机旁的浅沟里燃烧了近三个小时。[206]

另外还出现了其他表现类似冲突的证据。然而自从特莱佛-罗珀尔写完报告后，出现了三个非常重要的进展。首先，一位重要的目击者，希特勒的忠实侍从海因兹·林格，在苏联战俘营渡过了十年铁窗生涯后于1955年出狱。其次，一位女士，可算是特莱佛-罗珀尔的苏联同行，又发表了一份报告，她曾在负责查清希特勒死亡真相的苏联调查团中工作。另外，一份丢失已久的验尸报告——或者至少可以说是苏联人在1968年同意发表的验尸报告，突然出现，那是红军的病理学家在 1945 年 5 月 8 日在柏林附近的布赫（Buch）的一家医院里对希特勒进行尸体解剖后写出的报告。

海因兹·林格是希特勒生前最后见到的人之一，也是第一个见到希特勒死亡的人。1955 年当他回德国的途中，讲述了以下的故事。他从早到晚地服侍了希特勒十多年，1945 年 4 月 30 日，希特勒命令他烧掉一切带有他个人痕迹的物品，除了一幅弗里德里希大帝肖像画从地堡中秘密运出，藏在巴伐利亚。希特勒说他将结束自己的生命；林格和其他党卫队的成员要确保将他的尸体烧得不留一丝痕迹。道别后，希特勒和他的新娘走进他在地堡中的小卧室。林格没有听到枪响，他承认，因为当时他的情绪极其低落以至于出现了短暂的恐惧，他跑上了台阶。但是他马上恢复了正常，又回到原地。他不想单独走入那间带有死气的房间，于是请马丁·鲍曼和他一起进去。二人进去后看到希特勒坐在沙发的右角（林格进去方向的左侧）希特勒的手可能是放在了他的膝盖上或是大腿上。他的头垂落出沙发的右侧扶手，在他的右边太阳穴上有一个"德国银币大小"的孔，一小股血依然向着地毯滴落着。他的左边太阳穴上也有一小孔，但没有血流出来。

林格对一些细节不能肯定。在看到希特勒死亡的悲剧发生时，他没能注意两支手枪中哪一支是开过枪的。并且就两支枪在死亡现场的位置问题，他先后提出了两种不同的说法。在一份报纸上，他说希特勒的 7.65 毫米口径的瓦尔特手枪放在了地上，6.35 毫米口径的手枪在离它 1 米左右远的地方。四年后在一次采访中他又说那支大口径的手枪放在沙发前面的桌子上，而小手枪则在桌子下面。他明确地回忆起屋内有火药的味道。他承认他那时正处于一种"精神恍惚"的状态，所以不能肯定到底发生过什么。然而，他猜想是希特勒用自己的手枪向左边太阳穴开枪的。他清楚地记得爱娃被发现时坐在希特勒的左侧。她明显是服用氰化物而死，身上没有枪伤。[207]

林格在希特勒的尸体上铺开一张灰色的军用毛毯，盖住了他流血的头，然后他和另外三名党卫队员将希特勒和爱娃的尸体抬到了庭院中准备焚烧。他们将尸体放进地上的一个弹坑中，在上面倒满汽油，试图在红军炮弹的轰鸣声中焚毁它们。由于尸体没能彻底地焚烧干净，鲍曼命令将它们掩埋。尸体被扔进一个浅坑中，盖上沙子、碎石，以及一些碎木片，"上面的垃圾要比土多"。[208] 第二天林格试图逃离地堡，却成了红军的阶下囚。

同时，在1945年5月初的几天里，一个由陆军中尉伊万·克利缅科（Ivan Klimenko）率领的苏联调查组受命来追查法西斯的魁首是死还是活，当时年轻的叶连娜·勒热夫斯卡娅（Elena Rzhevskaia）夫人作为德语翻译为调查组服务。1967年她在一本名为《旗帜》的俄语出版物上公开了她的经历。

她回忆说，1945年5月4日一个名叫伊万·丘拉科夫（Ivan Dmitrievieh Charekov）的红军战士在希特勒地堡的入口处左侧发现一个弹坑，他的注意力被一块看上去像灰色毛毯边缘的东西吸引住了，于是他开始挖掘，很快就发现了大半被烧焦的一男一女的尸体。他请来一名长官并且和另外两个同伴一起将散发着臭味的尸体抬到了地面上，起初，克利缅科对尸体没有太在意，因为那时他以为，他已经找到希特勒——那是5月3号拍的一张照片中一个已经死去的留着胡髭的男人。照片显示他躺在帝国元首官邸的大理石废墟中，胸前放着一张照片。直到希特勒的厨师威廉·兰格（Wilhelm Lange）和汽车队长卡尔·施奈德（Karl Schneider）告诉他照片上的那个人绝对不是希特勒时，克利缅科才对5月4号发现的两具尸体进行仔细的检查。①

勒热夫斯卡娅夫人听说进行了尸检，但她没有参加；她理解验尸官做出的关于希特勒死于氰化物中毒的报告。她直接参与了证实红军战士发现的尸体确实是希特勒本人的过程。5月9日，她同一名红军上校去传唤希特勒的牙医，胡戈·布拉施克博士。但他已经逃往贝希特斯加登。他们转而询问博士的助手霍伊泽尔曼（Käthe Heusermann）小姐，她向苏联人展示了元首牙齿的X光片以及几颗准备植入元首口腔中的金质齿冠。苏联人让她根据记忆描述一下希特勒的牙齿构造，并画一张草图。在研究过她提供的X光片和草图之后，红军

---

① 1965年6月德国《明镜》（*Der Spiegel*）杂志发表了那张照片，并标名为"假希特勒的尸首"，然而1973年罗伯特·佩恩（Robert Pagne）在他出版的传记中认为照片里的人是真的，并把它作为一幅插图以配合他对希特勒的死因所做的一番独具匠心的解释，"当时人们有足够的时间用闪光灯对准怀抱母亲肖像而死的希特勒拍下一张照片"。见Pagne, *The Life and Death of Adolf Hitler* (New York, 1973), 568。

的医学专家们再次向她求证,他们将希特勒的牙齿放入一个廉价的小珠宝盒中拿给她看,她立刻就认了出来。他们对希特勒的牙科技师弗里茨·埃希特曼(Fritz Echtmann)进行了同样的询问,实际上就是他做的那些放置于希特勒口中的齿冠和牙桥。结果是相同的。他认出了希特勒的牙齿。勒热夫斯卡娅夫人最后断言:"调查结束了,希特勒的牙齿作为他死亡的无可辩驳的证据连同所有的文件一起运回了莫斯科。"[209]

1968年苏联政府准许公开发表对阿道夫·希特勒与爱娃·布劳恩以及其他在帝国官邸的庭院中发现的被匆忙掩埋的尸体进行的尸检报告,先后出了德语版和英语版。我们注意到1945年5月8日的尸检是由红军最权威的病理学家执行的。

尸检报告声称希特勒的尸体被火严重烧毁。脸部和身体大部分的皮肤完全被烧掉;头骨的顶部已经缺失,因而可以直视颅骨;低位颧骨以及上下颌骨保留下来;在他口中发现了一支薄壁针剂侧面和底部的玻璃碎片;阴囊被烧焦但依然保持完整,而左侧睾丸却不见了。(见第三章,第150—151页)他们确定,"没有发现任何严重的致命伤或疾病的迹象"。尸体散发出一股刺鼻的苦杏仁味;法医对内脏器官进行了化学检查,证实了氰化物的存在。于是苏联的医学专家组将死亡原因定为氰化物中毒致死。

公布这份官方尸检报告的苏联记者特意询问了医学委员会的主席尸体是否有枪伤,什卡拉夫斯基(Shkaravski)博士回答说:

> 中毒的事实是无可置疑的,无论今天人们提出什么观点,我们委员会在1945年5月8日那天并没有发现任何枪伤的痕迹,希特勒确实是服毒自尽。

那位苏联记者对此感到非常欣慰,因为这个声明支持了他一贯坚信的看法,即那个法西斯独裁者采用了服毒这种懦夫的死亡方式,而不是"像个男人一样"用子弹结束自己的生命。[210]

既然希特勒的死亡真相是那么让人困惑不解，我们如何才能确定 1945 年 4 月 30 日下午在柏林的地堡中究竟发生了什么？

就像在交通事故、离婚案件或足球场上的犯规判罚中一样，目击者给出的证词往往是彼此冲突的，这是历史的真实面貌。在特殊的环境下重新建构这一历史事件更是难上加难。那天蜷缩在防空洞中的每个人因为对红军的恐惧都濒临歇斯底里的地步，一个创伤性的想法在人群中蔓延：苏联人即将到来！苏军的大炮已经对准了元首官邸，不断震动着地堡；红军的几个先遣排开进到离希特勒藏身处仅几个街区的距离。希特勒的随从们正面临着一个痛苦的抉择：是留下来被活捉，他们深信，接下来会被折磨或被强奸，最后再被处死；还是拼命"逃"到一座已经变为战场的燃烧着的地狱之城，在那里他们很可能会遭受同样的命运。

此外，死去的那个人非同寻常，孩子们为他祈祷，妇女们听到他的声音会欣喜若狂，战士们临死时还念叨着他的名字。对于地堡中的人来说，他就是"弥赛亚"。现在这个偶像亲手结束了自己的生命，难怪那些历史见证人的头脑中充满着迷惑和矛盾。

还有一种原因可解释为什么证词会出现冲突。证人们都愿意接受那些支持他们个人信念的事实。因此，对于受命执行希特勒最后命令的纳粹党人来说，他们很愿意相信希特勒的尸体确实被完全烧成灰烬。于是，司机（在作证的时候）——有意无意地——将开始焚尸的时间提前到了下午 2 点，而其他所有证人都认定是在 4 点开始的。那些认为希特勒因中毒而死的苏联人一直都在否定他死于枪杀的可能性，或者，正如勒热夫斯卡娅夫人猜测的那样，子弹射向的是爱娃的身体而不是她的丈夫。

历史学家们也没能从这种倾向中摆脱出来。这种倾向促使他们接受那些可以支持他们各自观点的证词。可以理解，胡戈·特莱佛-罗珀尔希望希特勒的死因就是他那本出色的小册子中提到的原因，因此他嘲笑那份苏联的验尸报告以及非常相信它的人。[211]维尔纳·马泽尔说服自己相信红军找到的那具尸体不是希特勒的，因为他更倾向于接受希特勒是一个性功能正常的人。因此苏联人找到的那个缺失一个睾丸的尸体不可能是希特勒。[212]至于韦特（Waite），他也没能排除个人的偏见，他宁愿认为苏联尸检报告中宣称的希特勒是一个单侧隐睾患者，他还相信，在那个死人的房间中希特勒尸体的双手是交叉放在了两腿当中，但是那只不过是一种猜测。证人们不很确定希特勒的手放在哪里；可能是放在膝盖上。然而，由于希特勒对阴囊的持续关注以及他一到紧张时刻就有双手交叉护住它的习惯，那么，在临死的极度紧张状态下，他很有可能把手放在了裆部。我们假定他当时是那样做的。在有新的证据能够充分证明我们是错误的之前，让我们接受尸检报告提供的证据并且提出一种对希特勒死因的解释：他先服用了毒药，然后开了枪，但子弹没有经过口腔射入。

我们可以假定，在计划自杀的时候，希特勒和他的新娘同意一起服用氰化物。胶囊已经为他们准备好了。据说氰化物是瞬间起效，而且非常可靠。尸检报告证实他们二人都服用了氰化物。

那么如何证明并解释枪击的发生？在证人中，少有的一个一致观点就是死人的房间中开过一枪。除了林格，每个人都听见了一声枪响，并且每个进入屋中的人都闻到了一股火药味。但是究竟为什么希特勒和他的新娘在服用足够致死剂量的氰化物后还要开枪？答案肯定就隐藏在希特勒的心中，他从来都**不可能相信别人**。

尤其是，他已不再信任那个为他提供氰化物的人，海因里希·希姆莱。因为这个他曾经在天气好的时候亲切地唤为"忠诚的海因里希"的人，现在变成了一个叛徒，背着他与敌人来往。如果希姆莱背信弃义，在胶囊里掺假，只导致希特勒陷入无意识中，而后将其交给那些盎格鲁-撒克逊人怎么办？希特勒心中充满了疑虑。他用一小瓶毒药在他的狗身上做了试验，立即生效——但这毒药在他身上或许不起作用。

关键的问题是他一定要死，他的尸体必须彻底毁掉——绝对不能给敌人留下丝毫痕迹。他和爱娃绝不能落得收音机里播报的墨索里尼和他的情妇的下场：他们两人被开枪打死后倒吊在一个公共广场上，任由那些心中充满愤恨的人向他们投掷脏东西并咒骂他们。希特勒也无法忍受让自己的躯体吊在一个肉钩子上，就像他在1945年6月把德国将军们的尸体示众那样。他曾经叫嚣着说他绝不会被放到苏联人的马戏团里像怪物一样展出。实际上，他必须确保自己身亡，尸体被彻底焚毁，不留一丝痕迹。他不相信毒药，然而他究竟是让谁来执行那艰巨的使命，到底是谁呢？

林格，伴随他多年的侍从，还是根舍，他的私人副官，抑或是鲍曼，都是明显的备选人。但他们都有一个缺陷：他们都是党卫队成员，而希姆莱的党卫队——希特勒一度称之为他的耶稣团体，他们宣誓对他个人绝对忠诚——现在由于背叛已变成蜂巢一般千疮百孔。他们皮带扣上的座右铭已经成为了一个笑柄："我的光荣就是我的忠诚。"希特勒确信世界上已经没有信誉可言，他经受了种种背叛。

在他那个充满了偏执狂的怀疑的混乱世界中，他所能信赖并完成这一重大使命的人只有一个，那就是爱娃·布劳恩－希特勒。她是一位勇敢的女子，冲进那座充满厄运的城市去陪伴他，满足他的任何愿望，以及顺从他那极不正常的性要求。她爱好运动，懂得如何摆弄手枪。实际上，她在1945年4月19日给一个密友的信中写道，连续的开枪练习使她"颇擅长开枪，以至于没有男人敢跟她比试"。[213] 而她被发现时躺在希特勒的左侧。

但是林格认为，希特勒是自己对左边太阳穴开枪，而子弹从右边飞出。[214] 他一定是搞错了，因为希特勒不是左撇子，并且我们知道他的左手抖得那么厉害，是无法控制手枪的。右边太阳穴上那么大的弹孔表明子弹如果是从左侧射入，开枪的位置就必须距希特勒的头有1到2英寸远。这种情况只有爱娃开枪才可能出现。枪口紧贴着头颅的射击会产生一种气体的反冲力，在出口处留下一个大洞并且有可能带出部分脑浆。[215]

氰化物生效很快但并不是瞬时的，希特勒也很可能有时间咬开针剂，吞下其中的毒药，将手枪贴在右侧太阳穴并扣动扳机。然而，据说发现他时，他的手安静地放在膝盖上——或者更可能是很有特点地交叉盖在裆部。如果是那样，就不可能是他自己开的枪。

子弹可能经口腔射入。但同样存在选择时间的问题，而且苏联人在保存下来的头骨的口腔残块中没有发现枪伤的痕迹。另外，如果口腔中发生爆炸，那就排除了找到针剂瓶碎片的可能。头盖骨的顶部缺失了，那一部分大概有枪伤的痕迹。而缺失的头盖骨很可能就是被在火药热力作用下从头颅喷出的一股气流掀掉的。[216]

因此我们做如下推测：1945年4月30日下午约3点30分，阿道夫·希特勒吞下了致死剂量的氰化物，然后将两手交叉盖在裤裆上面，等待他忠实的新娘按照他的命令用她约6.35毫米口径或他的7.65毫米口径的瓦尔特手枪冲他的左侧太阳穴开枪。随后，爱娃一边听着留声机中的唱片，一边以她喜欢的方式将腿盘起来，服下毒药，坐在她所爱的男人身边死去。

希特勒的尸体烧毁得很严重，但并不是完全烧毁。除了苏联尸检报告提供的证据，另外有一个原因让我们相信尸体并没有完全被破坏。林格强调整个事件中缺乏有效的计划和一种笼罩在所有人心头的困惑感。他和他的助手认为已经找到了足够的汽油来完成任务；但他们并没有计划好在哪里焚烧尸体，因此当苏联的炮弹在他们周围爆炸时，他们匆忙地将尸体放入庭院沙地的一个凹坑中。这显然犯了一个错误，因为沙地会吸掉大量汽油。林格和司机肯普卡都回忆起那天的风很大。当火苗越来越趋于熄灭时，他们又费劲地将尸体重新点燃，就这样断断续续了两到三个小时，燃烧得并不充分。他们承诺要将希特勒的尸体完全焚毁，可是在没有完成这一使命的情况下，他们试图将尸体掩埋。这项工作干得同样粗制滥造，因为找不到铁铲；同时苏联人每分钟都在逼进。他们不愿意拿生命去为一个已经彻底死了的元首冒险。他们尽可能快地用碎石和松土将他掩埋。几天后烧焦的尸体就被苏联人发现了，通过对尸体腐烂的牙齿详细检查后，他们确定了他的身份，随后进行了尸检。

结局并不是希特勒所希望的那种瓦格纳式终曲，但纵观他的一生，这个结局也没有什么不合适的地方。[217]

在试着回答"实际上发生了什么"这个惯常的历史问题后，让我求助于心理学来帮我们探究一个更为困难的问题，即希特勒**为什么**会自杀。

人们可能很快得出结论，在那种外界形势下，自杀显然是结束他生命的一条途径，但是研究自毁行为的学者告诉我们，周密计划的自杀行为从来就不是一种完全合乎理性的行为。实际上自杀违背了自我生存的基本愿望——一种并不容易被阻碍的本能冲动，就像在集中营，在癌症晚期患者的病床上，以及海难中的救生筏上,自杀的人也是很少的。我们又一次面对人生中理性和非理性之间的相互纠缠。

在理性的层面上,希特勒到1949年4月30日时也许已经认定军事局势无法挽回了,同时他的个人痛苦也到了无法承受的地步,他一再明确地告诉他的随从,他准备冲自己的头开一枪,那是唯一的明智之举。但是也可能存在着虽然不太明显但同样具有说服力的原因促使他选择了自我毁灭。

心理分析学家对自杀行为产生兴趣已经有若干年了,他们的一些发现可以帮助我们更好地理解希特勒的人生与死亡。①

弗洛伊德认为,通过从抑郁症中寻找自毁的机理,他已把握了自杀问题的本质。但是近来对这一问题的研究表明,大量有自杀倾向的患者并未表现出临床的抑郁症状,并且大量患有深度抑郁症的病人并没有自杀倾向。[218]

大多数的自杀行为普遍被看作是逃避现实的方法。实际上,也许是外部环境如此让人绝望以致"正常"的人显然都打算自杀。然而,那并不意味着在这些特殊环境下,心理机制就发生作用。这种心理机制在通常情况下只对那些"不正常"的人起作用。[219]

认为自杀是理性决定的观点还有其他不当之处。这一观点认为,自杀是在经受各种遭遇后的一种合乎逻辑的结果,这类遭遇包括羞辱、不健康、沮丧、失败或者是失去工作或心爱的人等等。这种观点假定推动自杀的动力都完全来自外界环境,然而在人脑的运动过程中,内部产生的动力往往要比外部的因素

---

① 有关自杀的临床文献数量丰富。以下特别列出了一些相关研究的参考文献:Sigmund Freud, "Mourning and Melancholia," (1917) in *Collected Papers* (London, 1949), vol. 4; Kate Friedlander, "On the 'Longing to Die'," *International Journal of Psychoanalysis* 21 (1940); Herbert Hendin, "Suicide," *Psychiatric Quarterly* 30 (1956); Ives Hendrick, "Suicide as Wish-Fulfillment," *Psychiatric Quarterly* 14 (1940); Donald D. Jackson, "Theories of Suicide," in *Clues to Suicide*, ed. Edwin S. Schneidman (New York, 1957); Lewis Siegal and Jacob Friedman, "The Threat of suicide," in *Diseases of the Nervous System* 16 (February 1955); Charles W. Wahl, "Suicide as a Magical Act," *Bulletin of the Menninger Clinic* (May 1557); Karl Menninger, "Psychoanalytic Aspects of Suicide," *International Journal of Psycho-Analysis* 14 (1933), and *Man Against Himself* (New York, 1961); Gregory Zilboorg, "Considerations on Suicide," *American Journal of Orthopsychiatry* 3 (1937)。我十分感谢詹姆斯·麦克兰德尔(James McRandle),是他最先提议采取这种方法来探询希特勒的死亡。见他的 *Track of the Wolf*, 226-227。

更强有力。

自杀可以被看作是一种受虐狂的行为，是对潜意识中自虐渴望的最终解决办法。我们发现，希特勒的一生贯穿着一种冲动：他经常威胁要自杀。应该强调的是，对于受虐狂来说自杀并不意味着失败，而是一种扭曲的胜利。实际上，在积累了多年治疗受虐狂的临床经验后，特奥多尔·赖克得出结论，受虐狂对于生命的基本态度可以用几个词来概括："**胜利来自于失败。**"（Victory through Defeat.）其他人或许把这种人的自杀视为承认失败，但是他本人会认为自己的行为是正当而胜利的。[221]

自杀还可以满足敌对和侵略的情感。受虐狂的一种具体表现形式就是将惩罚施加于他人身上。自杀者惩罚他周围的幸存者——父母、配偶以及其他所有抛弃自杀者的人。[222] 希特勒确实觉得所有人都背弃了他。当他的国家陷入一片瓦砾堆中，他的思绪转向了自己的内心世界。"所有人都在伤害我，"1945年4月26日，他悲叹道，"没有一贯的忠诚，没有能够实现的信誉……没有我没经历过的背叛。……什么都没留下，每种不义的行为都落在我身上。"[223]

卡尔·门宁格显示了问题的一个不同侧面，它反映了希特勒人格的一个重要方面。门宁格从自杀中发现惧怕体检和全能的感觉之间存在着某种联系。那些认为自己是独一无二的人，拒绝体检或者质疑他们的信仰，却发现自杀可以证明他们的无所不能。门宁格写道："自杀，而不是被处死或任命运宰割，可以让他保持那种全能的幻觉，因为他是生与死的主宰，即使采取自杀的行为。"于是，生命的本能在矛盾中通过死亡得到了实现。

另一位心理分析学家持有相同的观点："通过这种原始的自杀行为，人们可以获得一种虚幻的不朽感……这是另外一条重申自己永生的途径。"大多数观察家分析，这种幻想是向婴儿期的一种倒退。[225]

应该牢记的是，同其他临界人格一样，希特勒的一生充满着幼稚的幻想。童年时代，他曾一个人在里昂丁附近孤零零的山丘上对着树木热情洋溢地发表演说；十几岁的时候，他幻想自己赢得彩票的奖金，重建城市，并建立了一个新帝国；成人后，他确信自己就是德国的拯救者，孩子们应该为他祈祷。有时他将自己视为耶稣基督；有时他则声称自己是不朽的人，将会同那些古希腊众神一起相伴永生。

但是最终，他将自己视为一个与众不同的神。实际上，他既不像耶稣基督，也不像那些在奥林匹斯蔚蓝的高山上安详而又精神焕发的守护神中的一员，他更像一位在瓦尔哈拉殿堂——那个阴暗的死亡殿堂里——受人崇敬的暗自沉思的日耳曼神明。特别是当他躲在柏林地堡中的时候，他可能又回到了他童年时代的幻想中，他变成沃坦，宇宙中可怕的统治者。两者有许多共同之处。沃坦在德国神话中是具有极度分裂特性的神，他是既创造又毁灭的神。他就像希特勒一样，是富有传奇色彩的人物，对不同的人呈现不同的面貌，他是无所不知的神，灵感的源泉，古代日耳曼文字的发明者，同时他也是破坏和死亡之神，人类的供奉永远无法满足他的欲望。

沃坦还是一个野蛮的猎手。他骑马带领一群狂暴不羁、掠夺成性的人前行。前面提到过，希特勒喜爱一幅名为《狩猎》（*Die Wilde Jagd*）的画作，他将画中的人物看作自己。实际上，希特勒也许已经完全认同于沃坦这个角色，并且发现二者之间的相似之处是如此的明显，似乎不需要太多的想象力就可在这幅 1889 年的油画中奇迹般地看到他自己的肖像："希特勒简直就是沃坦，那个野蛮的猎人。"他同样确信"沃坦之手"曾奇迹般地出现在他在上萨尔斯堡的鹰巢，他把它作为个人的护身符保存下来。

希特勒与沃坦都对动物感兴趣。读者可以联想到一件奇怪的事，希特勒对乌鸦和狼有着特殊的兴趣，而这些动物是沃坦的象征。他的肩膀上栖息着两只乌鸦，一只叫福金（Hugin），一只叫穆林（Munin）。一只象征着混乱和破坏的大灰狼芬宁（Fenrin），被束缚着蹲伏在他的脚边，只从他的手中获取食物。（在希特勒最后的日子里，除了他自己，他不允许任何人去触摸或喂养布隆迪的小"沃尔夫"。）当沃坦宣告，**世界毁灭**（*Ragnarok*）的时刻，即世界末日来临时，将会出现灾难性的战争以及"充满了谋杀和乱伦的骇人行为……小狼芬宁在前面跑着，他那多穴的巨爪占据了大地和天空间的空隙"……无情地、可怕地吞噬着诸神和人类。[226]

在我们看来，为了给他的世界安排世界末日（*Götterdämmerung*），希特勒把自己想象为日耳曼人的神，将古代的神话变为现实。我们知道他少年时代最珍视的财产，一份"他永远不会丢弃的珍宝"，就是一本关于德国神话的书。[227]我们也知道他一生都痴迷于理查德·瓦格纳改编的古代神话传说。这些神话预言了世界不可避免地会在一场巨大的灾难中毁灭，诸神及人类都将被火吞噬。瓦格纳将沃坦提升到了渴望自我毁灭的悲剧层面上，而希特勒对他的这一构想十分熟悉。① 他似乎在生命的尽头又一次被瓦格纳的思想所吸引，那里永远有他面临困境时的避难所和力量。这位伙伴似的艺术家和富于创造力的天才激励了他的德意志帝国。希特勒曾说过，一切都始于瓦格纳，因此一切也终结于瓦格纳。

作为"欧洲最伟大的演员"，希特勒头脑中的幻想和现实经常纠缠在一起，为了自己的那幕死亡场景，他创造了一个沃坦-齐格弗里德（Wotan-Siegfried）的角色，那是一种瓦格纳式的威严的英雄，通过挑战死亡而战胜死亡。在他的这一边，是他深爱的布龙希尔德·埃娃（Brunnhilde Eva），引吭高歌她最后的咏叹调："笑对死亡，笑对我们笃定的命运！"英雄们不分男女互相拥抱，面对死亡大义凛然，就在同时，他们的身体化为烟尘。

如此一幕幕幻想都与希特勒的人格保持一致，并且符合近年来开展的有关自毁的心理学研究，这项研究对自杀的定义是："一种具有魔力的行为，人们借助这一行为的实施来达到非理性的虚幻结局。"对于一个具有极度幻想欲念的人，以自杀的方式达到死亡并不表示失败，也不仅仅是一种逃离这个令他们无法容忍的现实世界的方式。这一行为"可以使人们获得他们一生都没有机会得到的力量、品质及优势"。面临令人恐惧的失败和无能感，自杀者拿出了他们最强有力的防御武器：压抑和魔力。当**选择**毁灭自己生命的时候，他相信，他就是自己生命的主宰了，尽管自杀后生命已不存在，他却坚持认为是进入了更高的存在状态。因此，他"就像一个婴儿那样，获得了一种宇宙认同感"。也就是说，他将世界与自己等同；他同圣·尤斯塔丝一样被中世纪的神

---

① 他可能借助回忆另一个少年时代心目中的日耳曼传说中的英雄，加强了这一印象。那位英雄尽管被打败了，但他以另外一种方式战胜了敌人。当敌人将他的心脏活生生地挖出时，他带着强烈的蔑视嘲笑他们。见Edith Hamilton, *Mythology* (New York, 1942), 444。

秘主义者的话蛊惑："意识之外没有实物，万物生灵只存在于我的意识中，并且仅仅在我的意识中才是真实的。"这种人在毁灭自己的时候，并不仅仅杀害了一个人，而是许多人："他不仅仅是自杀，而且是杀父、杀母……甚至是种族屠杀。"[229]因为他最终感到，没有哪一个人、哪一个民族——"像我一样重要。让他们去死吧"。

于是，这种想法伴随着希特勒。尽管他的敌人和嘲笑者包围在他身边，怀疑他的力量，叫嚷着要毁灭他，他还是要让他们知道，他仍然是无可置疑的、最强有力的。人们并不知道他可以超越时空，跨越生死。

他可以证明，他对他们的统治奇迹般地跃进到了一个全新的权域。这个德意志帝国的缔造者将会毁灭世界，从而获得不朽。就让黑暗降临吧。在一种彻底的遗忘行为中，这个心理扭曲的"上帝"即将宣布，他就是力量，他就是光辉四射的永恒。

附　录

关于虚假资料的记录

我们对希特勒在维也纳生活的了解来自他孩提时代的好友：奥古斯特·库比切克极有价值的真实回忆录；也来自法庭、警察以及党派活动的记录，还有在梅德曼大街的曼纳海姆公寓同住过的人写的回忆录和书面陈述。这些人中间包括一个名叫莱因霍德·汉尼契（Reinhold Hanisch）的神秘人，化名弗里兹·瓦尔特，此人是一个卑劣的小偷、伪造者，一度卖过希特勒的画。在被判决另一项偷盗罪之前，汉尼契曾经在纳粹党的档案里留下一份书面声明，并且公开写过几篇文章，其中一篇发表在《新共和国》杂志上，声称"我和希特勒是好朋友"。还有一个叫作卡尔·霍尼契（Karl Honisch）的人给纳粹档案提供了一份同样直言不讳、有参考价值的书面陈述，在希特勒呆在维也纳的后几年，他认识了希特勒，十分崇拜他。他完全否定了汉尼契的说法："请不要把我和那个不诚实的汉尼契混为一谈。"（纳粹党领导档案，17a号文件夹，I卷）

许多作者还引用一个叫作约瑟夫·格雷纳（Josef Greiner）的人写的回忆录《希特勒神话的终结》（苏黎世，1947年）。许多史学家在不同程度上已经接受了格雷纳的观点，包括布洛克、费斯特（Fest）、丹姆（Daim）、峤利齐（Gorlitz）、露西（Luthy）、马泽尔、布莱弗德·史密斯（Bradford Smith）、托兰、特莱佛-罗珀尔，还有韦特。格雷纳声称自己在1907年至1908年期间是希特勒在维也纳的好友，并且1913年在慕尼黑二人又有交往。然而事实上，格雷纳不可能与希特勒有私人交往。

不论是在他写的书中还是在私下谈话中，格雷纳都坚持说他从1907年到

1908 年间在曼纳海姆公寓与希特勒私交甚好。但有人指出，希特勒当时和库比切克一起住在施通伯大街，格雷纳一定是搞错了，也很可能他是在 1909 年到 1913 年较晚的年代里碰到希特勒的。然而，格雷纳仍然坚持己见，他认定，他认识希特勒的时间确定无疑是在 1907 年到 1908 年之间，因为他自己 1909 年之后就去柏林攻读工程学位，不在维也纳了，所以不可能是 1909 年之后才认识希特勒。

在他的回忆录里，格雷纳把从 1907 年到 1908 年的希特勒形容成一个"货真价实的穷鬼"，既肮脏又潦倒，破烂的内裤上全是虱子，简直没法穿。（第 13 页）事实上，在这段时间里，希特勒生活得相当舒适，他有父亲的遗产，也领着他的孤儿津贴，而且他的衣着整洁得体，几乎每晚都去歌剧院。

格雷纳说，希特勒"喜欢的妹妹"那时也住在维也纳，而且自从 1907 年的秋天开始，阿道夫大部分的时间一直和她住在一起，只有很少的间断。格雷纳还说，他记得希特勒是如何在他妹妹家厨房的炉子上烘烤他自己的油画以使它们看起来像年代久远的样子。可是实际情况是，希特勒的妹妹保拉当时只有 11 岁，和自己的母亲住在林茨，而且他根本就不喜欢她。关于道听途说的炉中烤画的故事并非由格雷纳编造，正如许多在他的回忆录里提到的事实一样，基本上都是从别人那里听来的，然后自己再添油加醋补充一点。烤画的故事来源于早期一个德国记者写的一本失实传记，这位记者显然是从汉尼契那里得知这些的。

格雷纳说，他有一次陪希特勒在饭店里卖明信片，希特勒在布劳瑙时的一个老熟人走上来向他打招呼："天啊！看在上帝的份上，原来是你啊，希特勒！"弄得希特勒很是尴尬，不由倒退几步（第 19 页）。然而，阿道夫 3 岁就离开了布劳瑙，一个十七八年没有见过面的人不可能认出他来。

格雷纳还谈到了阿道夫对吉莉·劳巴尔的深爱。据格雷纳的说法，她是个大美人。在他那本书的第 32 页，"吉莉·劳巴尔"那个名字上面，是一张看起来很像斯拉夫人的脸。这显然并非吉莉的照片，并且这个被认为是希特勒无比钟情的年轻女子当时仅仅是个 1 岁的婴儿。她是 1907 年的圣诞节后出生的，不是在格雷纳说的维也纳，而是在林茨，在那里她读完了高中。

同康拉德·海登在写希特勒传记时所犯的错误一样，格雷纳关于年表的叙述也是混乱的。于是，当希特勒的父亲阿洛伊斯改名时，他名义上的祖父约翰·乔治·希德勒在书中被说成已是84岁的高龄，而事实上他祖父在65岁的时候就已经去世了。

显然为了努力创造一种轰动效应，格雷纳把各种各样的异性或同性恋的行为都揽到希特勒身上（第59，60页），这与我们所知的希特勒的性生活是完全不一致的。据格雷纳所说，希特勒把一大部分的时间用在琢磨他的卜筮图上（第91页），而了解希特勒的人都知道，他对占星术压根就没有兴趣。

在格雷纳这本书的一份早期手稿中，他写道，1913年7月，希特勒邀请他到希特勒在慕尼黑的房间，在那里希特勒与一个"非常可亲的老妇人，一个十分模范的学生母亲"同住。在作者笔下，希特勒肯定是靠干各种家务活来换取免费早餐。当他没有钱用的时候，他就向那位"老妈妈"借一点（格雷纳引自耶钦格尔的手稿，第22页）。事实上，在从1913年5月26日到1914年8月的整段时间里，正如慕尼黑的警察局记录所写，希特勒一直住在施莱斯海摩尔大街32号，就在约瑟夫·波普开的裁缝店上面。

谈及希特勒从曼纳海姆公寓消失时，格雷纳说，因为不需要任何登记或离开证明，希特勒想走就可以走（第127页）。而事实恰好相反，与维也纳任何一家旅馆或收容所一样，曼纳海姆公寓的每一个成员都被要求详细地填写一份登记证明。而且希特勒的登记以及离开的记录卡片还依然保存着（HAP folder 1741，reel 86）。

格雷纳断言，他在曼纳海姆公寓的时候曾经收到过一封来自克拉拉·希特勒的可怜的信件。信中充满一种颤抖的、垂死挣扎的口吻，极力要求他对她亲爱的儿子仁慈一些。他把她的死因归结为一种"肺病"（第134，135页）。既然正如他的母亲非常清楚地了解的那样，当时阿道夫住在施通伯大街——曼纳海姆公寓的另一边，那么值得怀疑的是，这封信是否被投错了信箱。据回忆，克拉拉最后死于癌症。

格雷纳说："1922年的时候，我和希特勒正在一同回忆那场战争并交换意见，希特勒告诉我，因为生病，他在战争开始的头两年里并没有上前线。"格雷纳所说并非实情。希特勒所在兵团记录和其他战友的回忆都能证实他在结束了莱希菲尔德（Lechfeld）的基本训练之后，就立即于1914年10月21日与他所在的兵团开赴前线。他在伊普莱斯参加了严酷而惨烈的第一次战役。早在1914年12月，他就获得了二等铁十字勋章。希特勒不可能向格雷纳撒谎，那是对他不利的。他完全有理由为自己的战争记录而感到自豪。

在他书中最后戏剧性的一章里面，格雷纳使我们相信希特勒从柏林地堡中逃了出来。"一个与他熟识多年的人"确凿地告诉他，1945年4月30日，就在"四点一刻"，他在柏林坦姆霍福机场（the Templehof airfield）看到一架装备特殊的332型号的新式麦氏涡轮喷气机正在准备起飞，而且"毫无疑问，那就是战争的最高统帅：阿道夫·希特勒"！他在"落日的余晖中"显得分外突出（第340—342页）。可以想象，即便格雷纳再有本领，也不能让柏林城4月的太阳在下午四点就下山吧！

格雷纳讲述的这个世界强人信赖他并征求他的建议的故事表现了他极为丰富的想象力。希特勒当权以后，格雷纳说自己立即就被委任了政府的一个高级职位。在他的回忆录里，他并没有透露这一职务的详情，但是他私下里告诉耶钦格尔，说他已经被列到帝国财政部候选人名单里去了。（见1960年4月12日耶钦格尔与怀特的谈话。）格雷纳说，鉴于墨索里尼很看重他有关政治和宗教事务的观点，他还被特别邀请去接受这位意大利独裁者的会见（第261，264页）。书中提到，莱因哈德·海德里希（Reinhard Heydrich）向格雷纳讲述了武力对付苏联的纳粹计划（第272页）；而且在亲密交谈中，希姆莱还向他透露了根除犹太人的打算（第282页），而乌德特将军则向他询问有关怎样与波兰作战的问题（第324页）。一名抵抗阵线的领导人乌里希·冯·哈塞尔（Ulrich von Hassel）对他的信任更是无以复加，告诉了他反抗希特勒的全部阴谋计划，还给了他一份名单，上面列着所有即将在新的德国政府中任职的官员名单（第324，325页）。德国海军邀请格雷纳去给他们担任"技术发展特别顾问"（第331页）；空军领导人还请他设计一种特殊的指南针，可以引导飞机飞越北极到达日本，从而使得纳粹领导人能够逃离（第334页）。在战争的最后时刻，希姆莱请求格雷纳运用他的发明天赋来制造一种特殊的死亡射线，可以在战场上瓦解敌军（第335页）。

在这一切之前，据格雷纳说，纳粹宣传部长戈培尔博士曾派特使到他那里怂恿他写希特勒的传记，要求把希特勒描述成为"派到德国人民中的上帝化身"，但是戈培尔对格雷纳的要求太高，也就是说，要他歪曲事实。戈培尔要求他把克拉拉·希特勒的死亡日期提前，给别人的印象就是希特勒在很小的时候就成为了孤儿，早于事实上他开始孤儿生活的年代（第267—270页）。格雷纳的确在1938年写了一部传记，但没有被获准出版，他说，因为他拒绝戈培尔所要求的那样极尽吹捧之能事，也不想使自己背上捏造事实的罪名。这本传记是在一位D教授的帮助下准备的。

在这个故事里也有那么一点真实成分，格雷纳的确在一位D教授的帮助下，完成了一份手稿，这位不愿透露姓名的教授给了我们一个与众不同但是更加可信的原因，来说明为什么纳粹党人不愿意出版这一书稿。在一封私人信件里，这位教授写道，格雷纳的书稿实在离谱，显然不可信。而且，该书把希特勒"神化到了一个非凡的境地，以至于从宣传资料来讲，它毫无用处，因为它使希特勒显得滑稽可笑"。（给耶钦格尔的信，引自耶钦格尔女士，第35页）抛开这些不说，很难相信戈培尔会要他篡改克拉拉的死亡时间，因为谁都可以从里昂丁的大理石墓碑上镌刻的日期得到正确答案，还有1937年出版的所谓《元首的家族谱系》（*Ahnentafel des Führers*）一书中也有记载。

在这本书中，格雷纳把他自己描写成一个无私的爱国者、一个无畏的反希特勒分子："1938年年底，当我认识到希特勒给德国和奥地利带来的危害，我便投身于爱国者的阵线，我们认为唯一的解决办法就是除掉希特勒。"（第7页）。然后他极力渲染了他在暗杀希特勒的计划中所起的作用。事实上，在纳粹统治阶段，格雷纳曾试图加入纳粹党，但是被拒绝了。然后他就想为希特勒写一本部传记吹捧他，讨好他，从而捞取好处。但是这本书实在是太烂了，连纳粹党人都看不上。尝试出版这本书失败以后，他在希特勒垮台之后发现了另外一个机会。于是利用人们对死去的独裁者的普遍厌恶，格雷纳写了关于希特勒与他的生活的一个完全不同的版本，以伪造的证据大肆诬蔑和诽谤他。

可以得出结论，格雷纳于1907年到1908年之间在曼纳海姆公寓是不可能认识希特勒的，因为希特勒当时根本不住在那里；他们也不可能在 1910 年到 1913 年期间认识，因为根据格雷纳自己的证言，他那时并不在那儿，他的叙述中的这些事实的错误既多又严重，所以他的书根本就不值一读。

历史学家们愿意相信格雷纳的一个原因，是因为莱因霍德·汉尼契曾在自己的著述中提到过他，而且曾经为他担保——正如格雷纳为汉尼契担保过一样。但是接受这种相互认可无异于承认希普（Uriah Heep）和俾克史涅夫（Seth Pecksniff）①彼此之间的人格证明，一点也不可靠。值得一提的是，一个名叫卡尔·霍内兹的人毫无疑问曾经在 1910 年以后的一段时间里住在曼纳海姆公寓。他认识希特勒和汉尼契，却没有提到有关格雷纳的任何情况。

如果格雷纳的书纯系胡编乱造，为什么还有那么多人相信呢？可能是因为格雷纳这个名字确实曾被早期研究希特勒的杰出的权威作者康拉德·海登提到过。海登声称，希特勒在维也纳认识的人有"汉尼契、纽曼，还有一个姓格雷纳的人"［参见海登，《阿道夫·希特勒：时代责任感》，《一部传记》，第二册（苏黎世，1936—1937 年）I：38］。由于这段话里面没有给出"格雷纳"的名字，这位约瑟夫·格雷纳显然发现了有利于自己的机会。他利用了从海登和奥尔登处得到的信息（与错误信息）。他采用了汉尼契早期的一篇并不准确的文章，然后加上道听途说的东西，拼凑成自己的一部所谓的关于希特勒的"回忆录"。当时这样夸张的描写是十分安全的，因为有关希特勒这一时期的生活人们所知甚少。格雷纳一定没想到有人能够拆穿他编造的故事。他万万想不到库比切克和霍尼契会在后来真实地记下有关维也纳生活的记录，而精力旺盛的耶钦格尔会核对他书中的内容，最要命的是纳粹档案后来被发现而且可以供研究者查阅。

另一失实的回忆录使人们对希特勒一生的认识更加偏离了实情。约翰·托

---

① 希普、俾克史涅夫，分别是英国小说家狄更斯小说《马丁·朱述尔维特》和《大卫·科波菲尔》中的人物。这两个重要的文学人物都是狄更斯笔下的反面人物，以阴险、卑鄙、虚伪而著称。——译者注

兰在写他的传记《阿道夫·希特勒》（1975年纽约版）一书时在第365页、917页、964页用到了这一不准确的材料，罗伯特·佩恩也根据这一材料完成了名为"英格兰之行"的一章书稿，在这一章里，他写到阿道夫于1912年离开维也纳到利物浦的亲戚那里待了几个月。据佩恩的说法，希特勒在这次旅行中非常尊敬英国人民，而且对英国海军心生敬畏——因此他日后在"二战"中的敦克尔刻战役中放了英军一把，希望与英国互不侵犯。这些内容在罗伯特·佩恩写的《希特勒的生平》（1973年纽约版）一书中十分常见。

这一故事只有一个来源：一本打字机打出来的没有注明日期的250页厚的小册子（现藏于纽约公共图书馆的手稿部），标题是"我的小叔子希特勒"，1940年前后由布里吉·道林·希特勒（Brigid Dowling Hitler）写成。她是阿道夫兄长的爱尔兰妻子，这位兄长名叫阿洛伊斯，当过跑堂，也做过剃须刀片推销员。他们的儿子，威廉·帕特里克·希特勒曾经在30年代图谋敲诈他那名声在外的叔叔。

布里吉·希特勒很可能与约瑟夫·格雷纳一样，也注意到一些关于希特勒的早期传记里提及的希特勒在维也纳期间好象失踪一般没有任何音讯的一年。因此当布里吉在书中杜撰希特勒在1912年11月到1913年4月的整个时期里在她家作客，一点也不觉得会在时间上有问题。然而，好几个原因可以说明，像布里吉回忆录中大多情节一样，这趟旅行已完全是她自己编造的。

（1）维也纳警方的记录表明，布里吉以及罗伯特·佩恩写希特勒在英国的那段时间，刚好是他事实上在维也纳住在梅德曼大街的曼纳海姆公寓的那段时间。这一时期官方的记录是依据一个叫作卡尔·霍尼契的人提供的可靠证词，这个人正好在这几个月里住在曼纳海姆公寓，他认识希特勒。（HAP, folder 17a, roll I）

（2）无论如何，说亲德的希特勒离开奥地利之后不是去德国，而是到一个语言不通的外国去看望他一向鄙视的同父异母的兄长，这绝对是不可能的。

（3）布里吉（以及佩恩）有关到达利物浦车站的那一幕描写有非常明显的错误，如下一描写："他看起来好像饥饿的难民一样……穿得破破烂烂，显然好几个星期没有换衬衣了。"（见罗伯特·佩思：《阿道夫·希特勒的生与死》，第 95 页）希特勒当时肯定是整洁利落的：1912 年他正在享用他姨妈留下的一笔财产，在维也纳过着非常舒适的生活。

（4）布里吉的想象与她的小叔子暴烈的性情不吻合。她写道："我不能想象还有比他更加无趣和先入为主的客人了……我发现他软弱而且懒散。"希特勒年轻的时候有很多脾性，但绝没有平和、无趣以及软弱的特点。

（5）布里吉坚持认为她的客人对音乐一无所知。当他听到利物浦人高唱《上帝拯救国王》这首歌时，他甚至以为是"德国至上"（第 17 页）。作为一名狂热的爱国者和音乐迷，希特勒绝不可能犯那样的错误。

（6）在写其他人和事的时候，布里吉的想象如同呈献给我们的事实一样的失败。她知道的克拉拉·希特勒的死亡年代是错误的，她认为，在克拉拉的葬礼之后，阿道夫和保拉一起搬到维也纳和他们同父异母的姐姐安吉拉住在一起（第 21 页）。而不论是保拉还是安吉拉，那个时候都不在维也纳。希特勒从来没有单独和他的哪个姊妹住在一起。她搞错了吉莉·劳巴尔头发的颜色，也没弄清楚希特勒在摄政王广场住所的房东的名字。

（7）布里吉把保拉描述为"唯一能够对阿道夫施加影响的人"（第 129 页）。阿道夫对他善良而有智障的妹妹甚至缺乏起码的尊重；她无法对他施加任何显著的影响。

（8）布里吉错误地认为，希特勒曾经以他死去的兄弟埃德蒙的名字登记住进了"维也纳市立租赁房屋"。警察局的文件表明，希特勒从来都是以他的真实名字来登记的，她说的那个住处压根儿不存在。

（9）布里吉设法从德意志第三帝国盖世太保的铁爪下救出自己亲爱的儿子的冒险经历读起来就像一部极为差劲的间谍电视剧，其中逐字逐句记录的她所记得的与鲁道夫·赫斯、巴杜尔·冯·施拉赫、海因里希·希姆莱以及其他纳粹党领导人的谈话纯属编造。

（10）在希特勒的任何一次演讲、任何一本书或者冗长的"餐桌谈话"中，都没有这次英格兰之行的踪影，在任何一本由熟知希特勒的人写的真实的回忆录里，也没有提到。为希特勒服务达十年之久的侍从海因兹·林格坦率地说，事实上，希特勒除了到意大利、巴黎做过短途旅行之外，"没有到过其他国家"(见《世界新闻》,1955 年 11 月 13 日)。

(11)英国内政部公布,在仔细查阅了 1912 年 11 月到 1913 年 4 月的入境机构记录后,没有发现希特勒曾经到过英格兰。(H. G. 皮尔森,英国内政部出入境管理处官员。见他写于 1975 年 5 月 30 日的信。经洛杉矶的加利福尼亚大学的彼得·莱温伯格教授同意引用。)

1941 年纽约出版一本名为《深入希特勒的内心世界》的书,作者自称是"希特勒的心理医生科特·克鲁格(Kurt Krueger)"。这本书得到厄普顿·辛克莱(Upton Sinclair)和一位美国医学会官员的认可,他们分别为此书写了序,并给予高度评价。一个声名卓著的美国出版公司在 1973 年考虑再版此书;有几篇研究希特勒的精神病理的文章都对此书给予重视,并且一本颇受欢迎的传记也引证了其中的内容。①

"克鲁格医生"宣称他从 1919 年 8 月到 1934 年 8 月间对希特勒做了精神分析。但是作者显然没有受过心理学的训练,不可能理解希特勒。他误用了精神分析的术语;当他的病人还活着的时候,他公开了病人大多私人的秘密;他也承认没有记录他同希特勒的任何一次谈话,但是他说"现在又都记起来了",并逐字逐页地重印自己杜撰的谈话内容。这位"心理医生"一次又一次地显示出对他所谓的病人的无知。几个例子足以说明:

(1)**希特勒在目睹一个村里杂货商蹂躏他母亲之后,10 岁时就变成了一个反犹分子**。在里昂丁没有杂货商;他声称的事件在村里没有任何人提到,在希特勒童年的任何一份档案和回忆录里也没有提到。希特勒直到多年以后才成为反犹分子。

(2)**直到 10 岁,小阿道夫都同父母睡在一张大床上**。任何一位认识阿洛伊斯·希特勒的人都对这种认为他同阿道夫共睡他们夫妻之床的观点表示

---

① 例如,见 Wolfram Kurth, "Hitler," in *Genie, Irrsinn und Rhum: Eine Pathographie des Genies*, ed. Wilhelm Lange-Eichbaum (Munich, 1956);与 W. H. D Vernon "Hitler, the Man——Notes for a Case History," *Journal of Abnormal Social Psychology* 37 (July 1942),295 – 308。那本流行的传记见 Glenn B. Infield, *Eva and Adolf* (New York, 1974),350, 356。

可笑。

（3）附近的孩子们都称希特勒是犹太人，并拒绝和他玩耍。而事实上有普遍而可靠的证言表明阿道夫是男孩战争游戏中备受欢迎的领导者。

（4）当"克鲁格"认识他时，阿道夫留着一副山羊胡子并说他的名字是阿道夫·施克尔格鲁伯。希特勒从来没有留过山羊胡子，也从来没有用过那个名字，那根本不是他的名字。

（5）希特勒住在"慕尼黑某个无名之所的那段日子……一个肮脏的房间里的所有东西都被涂成了绿色"。希特勒实际上住在慕尼黑著名的施瓦本区的舒适而整洁的房间里，后来又搬到繁华的博根豪森区。

（6）所有纳粹党领导人都知道克鲁格是希特勒的精神病医生，并且许多人都想让他给他们看病。在任何一本回忆录和纳粹党统治集团的证明文件里都没有提到"克鲁格博士"。希特勒鄙视精神病学，视之为"犹太人的机器"。也没有可靠的证据表明他是一位精神病医生的病人。

（7）马克斯·韦伯（Max Weber）（原文如此）是权威的纳粹演说家；海因里希·格林（Heinrich Goerring）（原文如此）上尉组织了啤酒馆政变。

另一个声称是爱娃·布劳恩的私人日记的伪造文献，是由一个叫保尔·塔波里（Paul Tabori）的人编辑的，并于1949年在伦敦出版。发行人写道，他们收到"一位知名的奥地利作家、电影导演和影星"路易斯·特伦克（Luis Trenker）的手稿。据说特伦克认识爱娃·布劳恩，并且于1944年至1945年冬临近战争结束时在奥地利滑雪胜地基茨布尔同她又见了一次面。他说，在那里她递给他一个密封的包裹，让他替她保存。包裹上标着"E. B."。得知她自杀后，他就把包裹拿到了一个公证人那里。他们打开它，发现了许多页打印文稿。我们确信发行的那一版本收录了整个日记的译本，只是由于无法复制猥亵的言语而略去了一些段落。然而，毫无疑问，我们对这本书的评价是：它是一部毫无价值的伪书。作者可能既不认识希特勒也不认识布劳恩小姐，实际上这在每一页都表现得很明显。这里可以举几个例子：

（1）阿道夫在**17**岁生日逛妓院时染上了梅毒。没有可靠的证据表明希特勒曾经得过梅毒。在1906年4月20日他生日那天,阿道夫和他母亲待在林茨洪堡大街31号一套舒适的公寓里。

(2) **希特勒是一个不爱干净的人,很少洗澡,除非是全身都穿衣服时才洗脚。**实际上,他是一个有洁癖的人,至少隔一天就彻底洗一次澡。

(3) **希特勒在12岁时同他的妹妹发生了第一次性关系。**希特勒的妹妹保拉比他小7岁,因此,他12岁时,她才5岁;每当她试图拥抱他时,他都变得异常愤怒。

(4) 作者文章中写到的希特勒做过的事,有证据表明他事实上并没有做过,例如请教占星家、参加性组织或者驾驶汽车等。

这些伪造的爱娃·布劳恩的"日记"不应该同布劳恩家的一个心腹朋友写的书中重印的那些真实的日记和信件相混淆;见尼伦·E. 古恩:《爱娃·布劳恩与希特勒:人生与命运》(纽约和布鲁赫萨尔/巴登,1968年)。另见她从1935年2月6日到5月28日早期那一段日子的真实日记,德语手稿与英语打字译文现收藏在华盛顿国家档案馆(档案组号242)。

注 释

序 言

［1］Helm Stierlin, *Adolf Hitler：Familienperspektiven*（Frankfurt am Main, 1975）, 11.

［2］Alan Bullock 为 Franz Jetzinger 的 *Hitler's Youth*（London, 1958）的英文版本写的前言，10。

［3］William E. Gladstone's characterization of the government of the Two Sicilies under the notorious King Bomba. *Cleanings of the Past Years*, 7 vols（New York, 1879）, IV, 7.

［4］Carl L. Becker, "Mr. Wells and the New History," in *Everyman His Own Historian：Essays on History and Politics*（New York, 1935）, 169.

［5］关于不加区别地使用"同样的俄狄浦斯解答"的警告，见 Cushing Strout, *History and Theory* 13（1974）, 169。

［6］Erik Erikson, *Young Man Luther*（New York, 1958）, 35 – 36；黑体部分是我做的标记。

［7］A. J. P. Taylor, *The Origins of the Second World War*（New York, 1961）；personal communication, 19 March 1973. 关于泰勒（Taylor）对希特勒的看法，相关评论文集见 Wm. Roger Louis, ed. *The Origins of the Second World War：A. J. P. Taylor and His Critics*（New York, 1972）；黑体部分是我做的标记。

［8］Barbara Tuchman, Comment in symposium, "The Indendence of Psychohistory," *History of Childhood Quarterly：The Journal of Psychohistory*, 3（Fall 1975）, 184. 这里要感谢舒曼（Frederick L. Schuman）提供这个参考书目。

［9］*New York Review of Books*, 18 April 1974.

［10］关于希特勒的"神经质人格"和"没落人物"（Unperson），见 Joachim Fest,

Hitler: Eine Biographie (Frankfurt am Main, 1973); 费斯特 (Fest) 在 1975 年 10 月 17 日哈佛大学的学术研讨会上表达了类似的观点。关于希特勒的"疯狂"特质, 见 Robert Payne, *The Life and Death of Adolf Hitler* (New York, 1973)。汉斯·加茨克 (Hans Gatzke) 引用了这些段落, 表示了明显的赞同, 并认为无须诊断, 希特勒就是个"精神病人 (疯子)"; 见他的书评, *American Historical Review*, 79 (February 1974), 179。关于希特勒的"严重的夸大狂"症状, 见 A. L. Rowse, *Appeasement* (New York, 1963); 关于这个"病态的自我主义者"和夸大狂, 见 Norman Rich, *Hitler's War Aims* (New York, 1973); 关于这个"疯狂的神经病人", 见 A. J. P. Taylor, *Times Literary Supplement*, 23 (March 1973); 约翰·托兰 (John Toland) 认可了关于希特勒是"具有歇斯底里症状的精神病患者"的诊断, 并加以引用。但是他并没有作进一步的探询。(*Adolf Hitler*, New York, 1976, xix, 925)

[11] Edward Crankshaw, *Gestapo: Instrument of Tyranny* (London, 1956), 21.

[12] George M. Trevelyan, *Clio, A Must and Other Essay Literary and Pedestrian* (London, 1913), 9.

[13] 这一出自圣·保罗 (St. Paul) 的引语, 引自他写给科林斯人的第一封信, 见《新约圣经》。

[14] 引自 Leon Edel, "The Biographer and Psychoanalysis," *International Journal of Psycho-Analysisi*, 42 (July-October 1961), 458–466。

第一章

[1] William L. Shirer, *Berlin Diary: The Journal of a Foreign Correspondent, 1934–1941* (New York, 1941), 16–18.

[2] Lloyd George's article in Daily Express (London), 17 November 1930, 引自 Joachim Remak, ed., *The Nazi Years: A Documentary History* (Englewood Cliffe, N. J., 1969), 82.

[3] Winston S. Churchill, *Great Contemporaries* (New York, 1937), 226.

[4] Helmut Heiber, *Adolf Hitler: Eine Biographie* (Berlin, 1960), 116.

[5] Frederick Oechsner, *This is the Enemy* (New York, 1942), 77. 关于对希特勒的形体描述, 除了公开发表的回忆录, 另见 "Hitler as Seen by His Doctors," Military Intelligence, Consolidated Interrogation Report, 20 May 1945, National Archives (后面引作 "Hitler's Doctors," MIR)。

[6] René Juvet, *Ich war dabei: 20 Jahre National sozialismus, 1923–1943: Ein*

Tatsachenbericht (Zurich, 1944), 13; Robert Coulondre, *Von Moskau nach Berlin, 1936 – 1939: Erinnerungen des französischen Botschafters* (Bonn, 1950), 307; Hermann Rauschning, *The Voice of Destruction* (New York, 1940), 258; Martha Dodd in "Hitler Source Book," edited by Walter C. Langer from documents collected by the OSS in 1942 – 1943, National Archives, 58 (后面引作 OSS Source Book)。

[7] Ernst Hanfstaengl, Personal Interview, Munich, April 1967; Stefan Lorant, "The Hitler I Knew," *Saturday Review* (May 2, 1970): 21; Friedlinde Wagner, *The Royal Family of Bayreuth* (London, 1948), 30; Albert Speer, *Inside the Third Reich; Memoirs*, trans. Richard and Clara Winston (New York, 1970), 100.

[8] August Kubizek, *The Young Hitler I Knew*, trans. E. V. Anderson (Boston, 1955), 17 – 18.

[9] 引自 Werner Maser in *Der Spiegel* (7 May 1973), 134; Gerhard Boldt, *Hitler: The Last Ten Days: An Eyewitness Account* (New York, 1973), 15。

[10] Testimony of Christa Schroeder, one of Hitler's secretaries, in Albert Zoller, ed., *Hitler Privat: Ernst Hanfstaengl, The Missing Years* (London, 1957), 238; Baldur von Schirach, *Ich Glaubte an Hitler* (Hamburg, 1967), 268.

[11] OSS Source Book, 935; Heinz Linge, "Kronzeuge Linge," *Revue* (Munich), 26 December 1955; Ernst Hanfstaengl, *The Missing Years* (London, 1957), 238; Baldur von Schirach, *Ich glaubte an Hitler* (Hamburg, 1967), 268.

[12] Richard M. Hunt, "Joseph Goebbels: A Study of the Formation of His National-Socialist Consciousness (1897 – 1929)," Ph. D. dissertation, Harvard Universtiy (1960).

[13] Hanfstaengl interview; Weidemann Papers (微缩胶片), Beilin Document Center, group 7, reel 32。

[14] Zoller, *Privat*, 23; Willie Schneider, "Aus nächster Nähe," *Die 7 Tage: Wochenschrift aus dem Zeitgeschehen* (Baden-Baden), 17 October 1952 (后面引作 7 Tage), 32; Linge, Revue, 3 March 1956。

[15] Speer, *Inside*, 97; Zoller, *Privat*, 23.

[16] Heinrich Hoffmann, *Hitler Was My Friend*, trans. R. H. Stevens (London, 1955), 83 – 84, 102; Schneider, 7 Tage.

[17] Sir Ivone Kirkpatrick, *The Inner Circle* (London, 1959), 96; Karl Wahl "…es ist das deutsche Herz": *Erlebnisse und Erkenntnisse eines ehemaligen Gauleiters* (Augsburg, 1954), 204,

340; Gerhard Herrgesell, interviewed in Time, 21 May 1945.

[18] Birger Dahlerus, *Der letze Versuch : London-Berlin*, Sommer 1939 (Munich, 1948), 65-67.

[19] Douglas M. Kelley, M. D., *22 Cells in Nuremberg* (New York, 1947), 227.

[20] Richard Hanser, *Putsch ! How Hitler Made Revolution* (New York, 1970), 17-18; *Hitler's Secret Conversations, 1941-1944*, trans. Normar Cameron and R. H. Stevens (New York, 1953), 257 (后面引作 *Conversations*); Linge, *Revue* (December 1955); Oechsner, *Enemy*, 97。

[21] OSS Source Book, 791.

[22] Oechsner, *Enemy*, 92.

[23] Nerin E. Gun, *Eva Braun-Hitler : Leben und Schicksal* (Brucksal/Baden), 14.

[24] 引自 Kirkpatrick, *Circle*, 97。

[25] Kubizek, *Young Hitler*, 26; Ernst von Weizsäcker, *Erinnerungen* (Munich, 1950), 200; Zoller, *Privat*, 84; Schneider in *7 Tage*; Speer, *Inside*, 123; Hoffmann, *Hitler*, 198. *Hitlers Tischgespräche im Führerhauptquartier*, ed., Percy Ernst Schramm, 2nd ed. (Stuttgart, 1965), 216.(后面引作 Domarus, *Reden*)

[26] 1936 年 9 月 16 日的演讲, 以 *Hitler : Reden und Proklamationen, 1933-1945* 为名重印, ed., Max Domarus (Munich, 1965), 646 (后面引作 Domarus, *Reden*)。

[27] Adolf Hitler, *Mein Kampf* (New York, Reynl and Hitchcock, 1939), 30, 84, 161-162 (除非另有提及, 这里将引用这一版本); *Conversations*, 211; 黑体 (原文为斜体, 后同) 是我做的标记。

[28] Kubizek, *Young Hitler*, 35; Hans Karl von Hasselbach, M. D., "Hitler's Doctors," MIR; Carl J. Burckhardt, *Meine Danziger Mission, 1937-1939* (Munich, 1960), 108; Speer 引自 George L. Mosse, *The Nationalization of the Masses* (New York, 1975), 190。

[29] Percy Ernst Schramm, "Erläuterung" to *Tischgespräche*, 31; Nathan Eck, "Were Hitler's Political Actions Planned or Merely Improvised?" *Yad Vashem* 5 (1963): 368-369; Norman H. Baynes, ed., *The Speeches of Adolf Hitler, 1922-1939*, 2 vols. (London and New York, 1942), 1-17 (后面引作 *Speeches*)。

[30] Werner Maser, *Hitler Mein Kampf : Entstehung, Aufbau, Stil, Aenderungen, Quellen, Quellenwert* (Munich, 1966), 94; Herman Hammer, "Die deutschen Ausgaben von Hitlers Mein Kampf," *Vieteljahrshefte für Zeitgeschichte* 4 (1956): 178 and passim (后面引作 *VfZ*)。

［31］Otto Dietrich, Hitler, trans, *Richard and Clara Winston*（Chicago, 1955）, 216. 另见 Weidemann, Krause, Kubizek, Linge, Schroeder 的回忆录以及 Bundesarchiv, Bestand 中收录的 Dr. Hans Karl Hasselbach 的书面陈述, 441 – 3b。

［32］Gordon W. Prange, ed., *Hitler's Words*（Washington, D. C., 1944）, 87, 90; Domarus, *Reden*, 2076, 2186; 黑体是我做的标记。

［33］Walter C. Langer, *The Mind of Adolf Hitler: The Secret Wartime Report*（New York, 1972）, 190; 黑体是我做的标记。Tischgespräche 收录了 *The schlechtes Gewissen of dogs*, 165。

［34］Hitler, *Mein Kampf*, 40, 700, 992; 黑体是我做的标记。

［35］Ibid., 309。黑体是我做的标记。

［36］Domarus, *Reden*, 2186; 另见 336, 670, 804; 黑体是我做的标记。

［37］Zoller, *Privat*, 21.

［38］*Hitlers Lagebesprechungen: Die Protokollfragmente seiner Militärkonferenzen, 1942 – 45*, ed. Helmut Heiber（Stuttgart, 1962）, 18; Karl Wilhelm Krause, *Zehn Jahre Kammerdiener bei Hitler*（Hamburg, n. d.）, 41; Zoller, Privat, 44, 74.

［39］Domarus, *Reden*, 2291; Zoller, *Privat*, 73; Linge, *Revue*, 3 March 1956.

［40］*Testament politique de Hitler*, 引自 Joachim Fest, *Hitler: Eine Biographie*（Frankfurt am Main, 1973）, 1012。

［41］Ibid., 541, 1842; *Conversations*, 553.

［42］S. Lane Faison, Jr., "Linz: Hitler's Museum and Library," Consolidated Interrogation Report no. 40（15 December 1945）, War Department, Art Looting Investigation Unit（后面引作 Faison Report）; Zoller, *Privat*, 52; Rauschning, *Voice*, 252; Friedrich Heer, *Der Glaube des Adolf Hitler: Anatomie einer politischen Religiosität*（Munich, 1968）, 293; 黑体是我做的标记。

［43］Erich Czech-Jochberg, *Hitler: Reichskanzler*（Oldenburg, n. d.）, 160.

［44］Günter Peis, "Die unbekannte Geliebte," *Stern* no. 24（1959）; Speer memoirs, 引于 *Life magzine*, April 24, 1970。

［45］Domarus, *Reden*, 2194; Hanfstaengl, *Missing Years*, 137; Schirach, *Ich glaubete*, 114; Tischgespräche, 216, 222.

［46］见 Fest, *Hitler*, 704 – 706。

［47］Dietrich Orlow, *The History of the Nazi Party*, 2 vols.（Pittsburgh, 1969 – 1973）, 1: 272; *OSS Source Book*, 936; Rauschning, *Voice*, 203; Hans Frank, *Im Angesicht des Galgens:*

Deutung Hitlers und seiner Zeit auf Grund eigener Erlebnisse und Erenntnisse (Munich, 1953).

[48] *Documents in German Foreign Policy* Series D., (Washington D. C., 1956), vol. 7, 201 - 202; Baldur von Schirach, 引自 *Stern*, 3 September 1967。

[49] Reginald Phelps, "Dokumentation: Hitler als Parteirener im Jahre 1920," *VfZ* 11 (1963): 309; Rauschning, *Voice*, 252.

[50] OSS Source Book, 410; ghigie ethiginthgi ai can riealy to do the ajhrarh 1993, "Hitler's Doctors," MIR.

[51] Kubizek, *Young Hitler*, 64; Werner Maser, *Die Frühgeschichte der NSDAP: Hitler Weg bis 1924* (Frankfurt am Main, 1965), 446, 448; Hans Otto Meissner, 引自 *Wiener Bulletin* 12 (1958); Zoller, *Privat*, 108; OSS Source Book, 630。

[52] Walter Warlimont, *Inside Hitler's Headquarters*, trans. R. H. Barry (New York, 1964), 305 - 306; Hitler Staff Conference, National Archives folder 2; Zoller, Privat, 95, 98.

[53] Linge, *Revue*, 26 November 1955.

[54] Joseph Goebbels, *The Early Goebbels Diaries, 1925 - 1926*, ed. Helmut Heiber, trans. Oliver Watson (New York, 1962), 100.

[55] 这一记录的影印本可以参见 Library Congress, Prints and Photographs Division, fold, 4589。

[56] Hanfstaengl, *Missing Years*, 141.

[57] Hanfstaengl, *Unbeard Witness*, 69; "Adolf Hitler," General Servies Administration, National Archives and Records Services, December 1942。这份报告主要是根据"Dr. Sedgewick"实际上就是汉夫施丹格尔的证词写成的,在一次私人访谈中他告诉了我。这份报告内容可参见 Franlin D. Roosevelt Library (后面引作"AH" in FDR)。

[58] 来自 Jan Stepan 的私人信件, Harvard Law School Library, 4 December 1974; Albert Speer 于 1971 年 6 月接受了《花花公子》(*Play boy*) 杂志的采访, 179。

[59] 采访汉夫施丹洛尔, 慕尼黑, 1967 年 6 月。桌子的照片可以参见 *Die Kunst in Dritten Reich* 3 (1939): 413; 另见 Frank, *Galgens*, 179。

[60] Sigmund Freud, "Medusa's Head," *International Journal of Psychoanalysis* (London) 21 (1941); Coulondre, *Erinnerungen*, 422; Burckhardt, *Danziger Mission*, 345; 黑体是我做的标记。

[61] Ernst Nolte, *Three Faces of Fascism*, trans. Leila Vennewitz (New York, 1965), 420;

Hitler, *Mein Kampf*, 251; 黑体是我做的标记。

61a. Zoller, *Privat*, 232.

[62] "Hitler über Justiz," *VfZ*, 11 (1964): 95; Nolte, *Three Faces*, 416.

[63] Kubizek 的信,见 *Oberösterreichisches Landesarchiv* (Linz), folder no. 64 (后面引作 *OLA*)。

[64] Adolf Hitler, *Hitler's Secret Book*, trans, Salvator Attanasio (New York, 1961), 186.

[65] Hitler, *Mein Kampf*, 38, 39, 43-44, 65, 75, 116-118, 416; 黑体是我做的标记。

[66] Kubizek, *Young Hitler*, 160-161; Schramm affidavit in Bundesarchiv, Bestand 441-b; "AH" in FDR; Dr. Karl Brandt testimony, "Hitler's Doctors," MIR.

[67] Dr. Hugo Blaschke, "Hitler's Doctors," MIR.

[68] Schrach, *Ich glaubte*, 115, 130; Dr. Erwin Giesing, "Hitler's Doctors," MIR; Zoller, *Privat*, 91; Tischgespräche, 451; Rauschning, *Voice*, 229.

[69] Hanfstaegl Interview, Munich, June 1967; *Der Hitler Prozess vor dem Volksgericht in München* (Munich, 1924), 26.

[70] Hitler, *Mein Kampf*, 748; Memoir of Linge, Reiter, Hoffmann, Schirach, and Fräulein Schroeder; "wolf has been born" 引自 Reginald H. Phelps, "Hitler and the Deusche Arbeiterpartei," *American Historical Review*, 68 (July 1963): 983; 关于 information about Wolfhardt from Professor Lane Faison; 对沃尔夫小姐的访谈引自 Kempner, *Im Kreuzverhör*, 33, 43; Nicholas Sombart, "Zum dokumentation über Winefred Wagner," *Merkur* (Munich) 33 (December 1975)。

[71] "AH" in FDR; Georg Schott, *Das Volksbuch vom Hitler* (Munich, 1924), 74; Rudolf Augstein, in *Der Spiegel*, no. 38 (17 September 1973), 68; Domarus, *Reden*, 208, 214, 1421.

[72] OSS Source Book, 901; Domarus, *Reden*, 13, 1421, 446, 214, 421; 黑体是我做的标记。

[73] Interrogation of Baron Steengracht van Moyland, De Witt Poole Mission, National Archives, microfilm, roll 3.

[74] Domarus, *Reden*, 541, 1842, Prange, *Hitler's Words*, 93.

[75] Heinz Assman, "Some Personal Recollections of Adolf Hitler," *United State Naval Institute Proceedings* 79 (July 1953): 1290; Linge, *Revue*, 24 March 1956; Robert M. W. Kempner, *Das dritte Reich im Kreuzverhör* (Munich, 1969), 198.

［76］Hans Müller, "Der pseudoreligiöse Charakter der nationalsozialistischen Weltanschauung," *Geschichte in Wissenschaft und Unterricht*, Heft 6 (1961): 339, 349; Heer, *Glaube*, 449.

［77］*Mein Kampf*, 7; Albert Krebs, *Tendenzen und Gestalten der NSDAP: Ern nerungen an die Frühzeit der Partei* (Stuttgart, 1959), 123; *Conversations*, 167.

［78］Heer, *Glaube*, 118; Müller, "Weltanschauung," 344–346.

［79］*New York Times*, 7 April 1969.

［80］Heer, *Glaube*, 302；私人通信来自原先的党卫队官员。

［81］引自 J. S. Conway, *The Nazi Persecution of the Churches, 1933–45* (New York, 1968), 146–147。

［82］Heer, *Glaube*, 316.

［83］Müller, "Weltanschauung," 345.

［84］Müller, "Weltanschauung," 341.

［85］Hans-Jochen Gamm, *Der braune Kult* (Hamburg, 1962), 213–214.

［86］Conway, *Persecution*, 155.

［87］Heer, *Glaube*, 266, 262; "AH" in FDR.

［88］Nazi film, *Der triumph des Willens*; Domarus, ed., *Reden*, 61.

［89］Schott, *Volksbuch*; Prange, *Hitler's Words*, 11; Bracher, *Dictatorship*, 151.

［90］André François-Poncet, *The Fateful Years: Memoirs of a French Ambassador in Berlin, 1931–1938*, trans. Jacques LeClercq (New York, 1949), 286.

［91］Burckhardt, *Denziger*, 344; *Tischgespräche*, 168.

［92］Thomas P. O'Donell, "The Devil's Architect," *New York Times Magazine*, 26, October 1969, 48.

［93］Frank, *Angesicht*, 312; Bracher, *Dictatorship*, 347.

［94］Zoller, *Privat*, 174; Speer, *Inside*, 403 and passim.

［95］"Winnie und der Gute Wolf," *Der Spiegel*, no. 10 (1 May 1976), 146; *Conversations*, 257; Hoffmann, *Hitler*, 189; Speer, *Inside*, 227, 284.

［96］Domarus, *Reden*, 226, 1423；另见 DeWitt Poole Mission 的采访, microfilm, roll 3。

［97］Dahlerus, *Letzer Versuch*, 71.

［98］见下列演讲的原文：路德维希港（Ludwigshaven），1934 年 3 月 25 日；纽伦堡，

1935 年 9 月 16 日；柯尼斯堡（Koenigsberg），1936 年 3 月 18 日；柏林，1936 年 3 月 7 日；布莱斯劳（Breslau），1936 年 3 月 22 日；柏林，1935 年 5 月 21 日；柏林，1938 年 9 月 26 日。

[99] Domarus, *Reden*, 2035；黑体是我做的标记。

[100] Zoller, *Privat*, 48；"AH" in FDR.

[101] *Conversations*, 292.

[102] Domarus, *Reden*, 214；*Documents on British Foreign Policy*, Third Series, 2：499.

[103] H. D. Röhrs, *Hitler：Die Zerstörung einer Persönlichkeit*（Neckargemünd, 1965），106 – 111.

[104] Hitler, *Mein Kampf*, 514.

[105] Reginald Phelps, *American Historical Review*（July 1963）：974 – 986.

[106] Schramm affidavit in Bundesarchiv, Bestand 441.

[107] *Kriegstagebuch des Oberkommandos der Wehrmacht*, 1940 – 1945, 4（2）；1703；Karl Koller, *Der letzte Monat：die Tagebuchaufzeichnungen des ehemaligen Chefs des Generalstabes der deutschen Luftwaffe vom 14 April bis 27 Mai 1945*（Mannheim, 1949），25；Joseph Goebbels, *The Goebbels Diaries*, 1942 – 1943, trans. Louis P. Lochner（New York, 1948），383.

[108] Nolte, *Three Faces*, 401 – 405, 420.

[109] "Hitler's Doctors," MIR.

[110] Schneider, 7 Tage, 另一方面，霍夫曼指出希特勒并不反对妇女使用口红。

[111] Kelley, 22 *Celle*, 213.

[112] Speer, 引自 *New York Times Magazine*, October 26, 1969；Oran J. Hale, "Adolf Hitler：Taxpayer," *American Historical Review*, 60（July 1955）：830 – 842。

[113] Rauschning, *Voice*, 80；希特勒的"餐桌谈话"，收录于 *Tischgspräche and Secret Conversation*。

[114] Hans Bauer, *Hitler's Pilot*, trans. Edward Gerald（London, 1958），78；Maser, *Hitlers Mein Kampf*, 112；Kubizek, *Young Hitler*, 24；Schirach, *Glaube*, 122；OSS Report, 31；Franz von Halder, *Tagebuch*（打字稿的影印本），Institue für Zeitgeschichte, Archives, Munich；Lutz Graf Schwerin von Krosigk 的证词，见"Hitler：A Composite Picture," Military Intelligence, Special Report no. 36, National Achives（后面引作"Hitler：Composite," MIR）；Fritz Weidemann, *Der Mann der Feldherr Werden wollte：Erlebnisse und Erfahrungen des Vorgesetzten Hitler im*

1. *Weltkrieg*…（Haan, 1964），92；与汉夫施丹格尔的谈话，慕尼黑，1967年6月。

［115］Kubizek to Franz Jetzinger, 6 May 1949, in OLA Folder no. 64; *Reichsgesetzblatt* nos. 39（21 April 1933）and 132（25 November 1933）; *Deutsches Tieschutzrecht*, 179 – 181；关于希特勒对乌鸦的喜爱，见 Schramm 关于希特勒的书面陈述，收录于 Bundesarchiv, Bestand 441。

［116］Hermann Rauschning, *Gespäche mit Hitler*（Zurich, 1940），81.

［117］Schirach in *Stern*, 11 June 1967; Speer, *Inside*, 127, 94, 165.

［118］Joachim C. Fest, *The Face of the Third Reich: Portrait of the Nazi Leadership*, trans. Michael Bullock（New York, 1970），35.

［119］"AH" FDR; Hoffmann, *Hitler*, 88, 197.

［120］Zoller, *Privat*, 69, 73; Peter Hoffmann, *Widerstand, Staatsstreich, Attentat: Der Kampf der Opposition gegen Hitler*（Munich, 1969），476.

［121］*Conversations*, 260.

［122］Speer, *Inside*, 99 – 100.

［123］Krebs, *Tendenzen*, 137.

［124］Max Planck, radio script for RIAS, Berlin, 24 November 1966; Friedrich Hossbach, *Zwischen Wehrmacht und Hitler: 1934 – 1938*（Wolfenbüttel, 1949），23.

［125］Domarud, *Reden*, 1629；黑体是我做的标记。

［126］Zoller, *Privat*, 56; Dietrich, *Hitler*, 16; Paul Schmidt, *Hitler's Interpreter: The Secret History of German Diplomacy, 1935 – 1949*（London, 1951），266.

［127］Kubizek, *Young Hitler*, 176.

［128］Koller, *Letzter Monat*, 31; Domarus, *Reden*, 2186.

［129］Wiedemann, *Feldherr*, 220 – 221.

［130］Brandt affidavit in Bundesarchiv, Bestand 422 and interrogation, "Hitler's Doctors," MIR; interview with Hanfstaengl; memoirs of Mimi Reiter, Linge, Ludecke, Speer; interviews in DeWitt Poole Mission, microfilm; OSS Source Book; "Hitler: Composite," MIR.

［131］Dr. Forster, former Chargé d'Affairves, German Embassy in Paris, Letter to the editor, *Wiener Bulletin*, 10, nos. 5 – 6（1956），46.

［132］引自 Schneider, *7 Tage*。

［133］Linge, *Revue*, 3 March 1956 and 28 January 1956; Kurt von Schuschnigg, *Austrian*

Requiem, trans. Franz von Hildebrand (New York, 1946), 15; Miscellaneous OSS File, National Archives; 关于希特勒的"Monumental History,"见第二章, 第 56 页。

[134] Domarus, *Reden*, 1424, 1842.

[135] Ibid., 1842; Gun, *Eva Braun-Hitler*, 202; *Conversations*, 278.

[136] Hitler, *Mein Kampf*, 65, 511; Rauschning, 引自 Fest, *Face*, 51; Speer, *Inside*, 101; 黑体是我做的标记。

[137] Wilhelm Treue, "Dokumentation: Rede Hitlers vor der deutschen Presse, 10 November 1938," VfZ 6 (1958): 175ff; 黑体是我做的标记。

[138] Domarus, *Reden*, 1312ff.

[139] Goebbels, *Diary*, 193.

[140] Hanfstaengl interview, Munich, June 1967; 另见 Hanfstaengl, *Missing Years*, 52; Richard Grunberger, *The Twelve-Year Reich: A Social History of Nazi Germany, 1933–1945* (New York, 1971), 369; Martha Dodd and Princess Olga as quoted in OSS Source Book, 58–60.

[141] OSS Source Book, 627.

[142] 1966 年 10 月 10 日来自 Karl Menninger 的私人信件。

[143] 这里要感谢埃里克·埃里克森,是他使我注意到了希特勒对待女性神明的矛盾态度,并提供了几个例子。另见 Hitler, *Mein Kampf*, 3, 28, 29, 32, 54, 76, 136, 205, 212, 213, 514, 753。1914 年的信重印于 Franz Jetzinger, *Hitler's Jugend: Phantasien, Lügen und die Wahrheit* (Vienna, 1956), 262–264; Munich speech in Phelps, *VfZ*, 68; Berlin speech in Prange, *Hitler's Words*, 19–20。

[144] Grunberger, *Reich*, 236.

[145] Kubizek, *Young Hitler*, 233; *Conversations*, 385.

[146] Heer, *Glaube*, 273; Grunberger, *Reich*, 260.

[147] 引自 *Quick* (Munich), 3 May 1964, 104。

[148] Kelley, 22 *Cells*, 211.

[149] Hoffmann, *Hitler*, 145; Paula Hitler, interview *New York Times* 5 March 1959.

[150] *Conversations*, 37.

[151] Wagner, *Royal Family*, 91.

[152] Goebbels, *Diary*, 367.

[153] *Tischgespräche*, 188; Speer, *Inside*, 92; *Conversations*, 206; "AH" in FDR.

[154] *Das Neue Tagebuch*, 28 September 1935, 921–922.

[155] Hitler, *Mein Kampf*, 56.

[156] *Conversations*, 391; OSS Source Book, 902–903.

[157] "AH" in FDR.

[158] Hitler, *Mein Kampf*, 137; German ed., 116–117; 黑体是我做的标记。

[159] Eva G. Reichmann, *Hostages of Civilization: The Social Source of National Socialist Anti-Semitism* (London, 1950), 264; 黑体是我做的标记。

[160] "AH" in FDR; Schirach, *Ich glaubte*, 67.

第二章

[1] 在众多的回忆录中，特别参见：Albert Zoller, ed., *Hitler Privat: Erlebnisbericht seiner Geheimsekretärin* (Düsseldorf, 1949); Otto Dietrich, *12 Jahre mit Hitler* (Munich, 1955); Heinrich Hoffmann, *Hitler Was My Friend* (London, 1955); Albert Speer, *Inside the Third Reich: Memoirs*, trans. Richard and Clara Winston (New York, 1970); 1967年4月、5月、6月间在慕尼黑同汉夫施丹格尔的谈话。收录于 Percy Schramm, Karl Brandt, and Hans Karl Hasselbach 的证词, Bundesarchiv (Coblenz), Bestand 441; 军事情报局审讯报告（国家档案馆）："Hitler as Seen by His Doctors"（后面引作"Hitler's Doctor", MIR 与"Hitler: Composite," MIR）; 与1942—1943年间提供给 OSS 官员的证词和 Walter C. Langer, ed. "Hitler Source Book," National Archives（后面引作 OSS Source Book）。

[2] Heinz Assmann, "Some Personal Recollections of Adolf Hitler," *United States Naval Institute Proceedings* 79 (July 1953): 1293.

[3] Hasselbach in Bundesarchiv; Brandt in "Hitler's Doctors," MIR.

[4] Erich von Manstein, *Verlorene Siege* (Frankfurt am Main, 1963), 305, 315, and passim.

[5] Percy Ernst Schramm, ed., introduction to *Hitlers Tischgespräche im Führerhauptquartier, 1941–1942* (Stuttgart, 1965), 70, 73（后面引作 *Tischgespräche*）。

[6] Bundesarchiv, Coblenz, nos 26–49. 关于这些记录的重印本，见 Werner Maser, *Hitlers Briefe und Notizen: Sein Weltbild in handschriftlichen Dokumenten* (Vienna, 1973), 290–353。

[7] Hajo Holborn, "Origins and Political Character of Nazi Ideology," *Germany and*

Europe: Historical Essays (New York, 1971), 214.

[8] Hans Kaltenborn, "An Interview with Hitler: August 17, 1932," *Wisconsin Magazine of History* (Summer 1967): 287.

[9] John Kenneth Galbraith in *New York Times Book Review*, 22 April 1973; John Heyl, "Hitler's Economic Thoughta: A Reappraisal," *Central European History* 6 (March 1973): 85.

[10] Dorothy Thompson, *New York Post*, 3 January 1944.

[11] *Tischgespräche*: Adolf Hitler, *Hitler's Secret Conversation, 1941 – 1944*, trans. Norman Cameron and R. H. Stevens (New York, 1953) (后面引作 *Conversations*); *The Testament of Adolf Hitler*, trans. R. H. Stevens (London, 1961); Library of Congress, Manuscript Division, "Hitler Papers"。

[12] Zoller, *Privat*, 50.

[13] August Kubizek, *The Young Hitler I Knew*, trans. E. V. Anderson (Boston, 1955), 184.

[14] Willie Schneider, "Aus nächster Nähe," *Die 7 Tage: Illustrierte Wochenschrift aus dem Zeitgeschehen* (Baden-Baden), October 1952 (后面引作 *7 Tage*); Karl Wilhelm Krause, *7 Tage*; Heinz Linge, "Kronzeuge Linge," *Revue* (Munich), November-December 1955。

[15] Hans Frank memorandum qooted, in G. M. Gilbert, *The Psychology of Dictatorship: Based on An Examination of the Leaders of Nazi Germany* (New York, 1950), 48。

[16] *Oberösterreichisches Landesarchiv: Politische Akten #64* (后面引作 *OLA*)。

[17] Hans Frank, 引自 Gilbert, *Dictatorship*, 47 – 48。

[18] Institut für Zeitgeschichte Archiv, 789.

[19] Hoffmann, *Hitler*, xiv.

[20] Reginald H. Phelps, "Die Hitler-Bibliothek," *Deutsche Rundschau* 80 (1954): 929。对图书馆的调查使我得出了同样的结论。另见国会图书馆资料管理员 Arnold Jacobus, "The Book Hitler Owned"。(未公开的手稿)

[21] Alfred Rosenberg, *Letze Aufzeichnungen* (Göttingen, 1955), 320, 342.

[22] Karl Menninger, *Man against Himself* (New York, 1961), 386.

[23] Kubizek, *Young Hitler*, 191 – 192.

[24] Ibid., 250; Friedrich Heer, *Der Glaube des Adolf Hitler: Anatomie einer politischen Religiosität* (Munich, 1968), 37; "Adolf Hitler," Franklin D. Roosevelt Library Hyde Park,

N. Y. , 1942（后面引作"AH" in FDR）。

［25］Kubizek, *Young Hitler*, 191.

［26］*Tischgespräche*, 323.

［27］*OLA*, Hitler Akten, folder no. 56; Baldur von Schirach, "Ich Glaubte an Hitler," *Stern*, 23 July 1967; Library of Congress Ms Division, A. Hitler Collection, folder 472 F.

［28］Speer, *Inside*, 74, 532; "Playboy Interview: Albert Speer," *Playboy*（June 1971）, 80.

［29］Armand Dehlinger, "Architektur der Superlativ: Eine kritische Betrachtung der N. S. Bauprogramme von München und Nürnberg," Institut für Zeitgeschichte, Munich.

［30］Frederick Oechsner, *This is the Enemy*（New York, 1942）, 84; 珀西·施拉姆（Percy E. Schramm）的证词，见 Bundersarchiv, Bestand 441。

［31］Werner Maser, in *Der Spiegel*, 28 May 1973, 123; Speer, *Inside*, 150; 黑体部分是我做的标记。

［32］S. Lane Faison, Jr. , "Linz: Hitler's Museum and Library," *Consolidated Interrogation Report* no. 4, 15 December 1945, Office of Strategic Service War Department（后面引作 Faison Report）。

［33］Ibid. , 36, 73, and passim.

［34］Kurt von Schuschnigg, *Austrian Requiem*, trans. Franz von Hildebrand（New York, 1946）, 20; Hitler, *Conversations*, 559.

［35］Speer, *Inside*, 44; Zoller, *Private*, 52.

［36］Hanfstaengl, *Conversation*, April 1967.

［37］1970 年 7 月 27 日来自雷克（Reke Wankmuller）博士的私人信件，与 1970 年 7 月巴伐利亚美术馆馆长鲁梅尔（Ruhmer）博士的私人信件; Hoffmann, *Hitler*, 175。

［38］关于这一传说，见 R. Lowe Thompson, *The History of the Devil*（London, 1929）, 129 – 133。

［39］Kubizek, *Young Hitler*, 154.

［40］见信件，重印于 Franz Jetzinger, *Hitler's Youth*, trans. Lawrence Wilson（London, 1958）, 与 Maser, *Briefe und Notizen*。

［41］Franz Jetzinger, *Hitlers Jugend, Phantasien, Luegen-Und Die Wahrheit*（Vienna, 1956）, 201, 204, 262; 有相应的英文译本, *Hitler's Youth*, 125, 128, 153。

[42] Hermann Hammer, "Die deutschen Augaben von Hitlers Mein Kampf," *Vierteljahrshefte für Zeitgeschichte*, 4. Jahrgang (1956): 163; *Wiener Bulletin*, 6, nos. 5, 6 (1952).

[43] Adolf Hitler, *Mein Kampf* (New York, 1939), 501。除了参照德语原文，这里我采用美国的英译本，将 völkisch 翻译为"人民的"（fölkish）；见 Leuchtwanger, 引自 Richard Grunberger, *The Twelve-Year-Reich: A Social History of Nazi Germany, 1933 – 1945* (New York, 1971), 361。

[44] Rudolf Olden, *Hitler*, trans. Walter Ettinghausen (New York, 1936), 144 – 146.

[45] *Conversations*, 205.

[46] *Mein Kampf*, 704.

[47] Eberhard Jäckel, *Hitler's Weltanschauung: A Blueprint for Power*, trans. Herbert Arnorld (Middletown, Conn., 1972), 43.

[48] Alan Bullock, "The Political Ideas of Adolf Hitler," in *Maurice Baumont*, John H. E. Fried, et al., eds., *The Third Reich* (New York, 1955), 351.

[49] Karl Dietrich Bracher, *The German Dictatorship: The Origins, Structure and Effects of National Socialism*, trans. Jean Steinberg (New York, 1966), 23.

[50] Otto Klineberg, "Racialism in Nazi Germany," in *The Third Reich*, 859; Ernst Nolte, *Three Faces of Fascism*, tran. Leila Vennewitz (New York, 1966), 23.

[51] Svend Ranulf, *Hitlers Kampf gegen die Objektivität* (Copenhagen, 1946), 24.

[52] *Tischgespräche*, 218, 425; Hitler, *Conversations*, 147, 422, 299.

[53] Solomon F. Bloom, "The Peasant Caesar: Hitler's Union of German Imperialism and Eastern Reaction," *Commentary* 23 (May 1957): 406 – 418.

[54] Gordon W. Prange, ed., *Hitler's Words* (Washington, D.C., 1944), 8.

[55] Hitler, *Mein Kampf*, 397, 601.

[56] Max Domarus, ed., *Hitler: Reden und Proklamationen, 1932 – 1945* (Munich, 1965), 1423 (后面引作 Domarus, *Reden*)。演讲稿可参见 *The Speeches of Adolf Hitler, 1922 – 1939*, ed., Norman H. Baynes, 2 vols. (London, 1942) (后面引作 Baynes, *Speeches*)，与 *Hitler's Words*, ed. Prange; 另见 Nolte, *Three Faces*, 240, 409 – 410, 420。

[57] Alfred Rosenberg, 引自 Bracher, *Dictatorship*, 252。

[58] Domarus, *Reden*, 1423.

[59] Hitler, *Mein Kampf*, 947, 950 – 951；黑体是原文。

[60] 演讲摘自《人民观察家报》(*Völkischer Beobachter*),选自 Prange, *Hitler's Words*;另见 Adolf Hitler, *Hitler's Secret Book*, trans. Salvatore Attanasio (New York, 1961) 50, 74。

[61] 尤其见 1941 年 7 月 5 日、6 日的谈话;8 月 8 日到 9 日的谈话;10 月 13 日到 17 日的谈话,1942 年 4 月 11 日的谈话,收录于 *Tischgespräche* 与 *Conversations*。

[62] Helmut Heiber,引自 Jäckel, *Weltanschauung*, 19。

[63] 1936 年 3 月 7 日和 1938 年 11 月的演讲,引自 Fritz Nova, *The National Socialist Fuehrerprinzip and Its Background in German Thought* (Philadelphia, 1943), 4; *Conversations*, 143。

[64] Hans Buchheim, "The SS: Instrument of Domination," in *Anatomy of the SS State*, ed. Helmut Krausnick (New York, 1968), 133.

[65] Norman H. Baynes and Dr. Hans Frank, as quoted in Bullock, *Third Reich*, 368.

[66] Gregor Zieger, *Education for Death* (New York, 1941), 48, 59, 121.

[67] William L. Shirer, *The Rise and Fall of the Third Reich* (New York, 1959), 240, 227.

[68] Speech, at Nuremberg Party rally, September 1935; in Prange, *Hitler's Words*, 126 – 127.

[69] 见 Joseph Nyomarky's 颇有价值的专论, *Charisma and Factionalism in the Nazi Party* (Minneapolis, 1967)。

[70] Dietrich Orlow, *The History of the Nazi Party: 1919 – 1933* (Pittsburgh, 1969), I: 9 – 10.

[71] Grunberger, *12-Year Reich*, 350 – 351.

[72] 《人民观察家报》的周年纪念特辑,引自 Gertrud M. Kurth, "The Image of the Fuehrer: A Contribution to the Role of Imagery in Hero-Worship," (New School for Social Research Library), 53, 68 – 69, 74, 97, 100。

[73] Hitler, *Mein Kampf*, 470, 406, 594.

[74] Otto Strasser, *Aufbau des deutschen Sozialismus — Als Anlage das historische Gespräch mit Dr. Strasser* (Prague, 1936), 124, 118.

[75] Baynes, *Speeches*, I, 662 – 664; Domarus, *Reden*, 449.

[76] Hitler, *Mein Kampf*, 397 – 398; Prange, *Hitler's Words*, 5.

[77] Ernst Deuerlein, "Dokumentation: Hitlers Eintritt in die Politik und die Reichswehr," in *Vierteljahrshefte für Zeitgeschichte*, Jahrgang 7 (1959).

[78] Domarus, *Reden*, 2239.

[79] Hitler, *Mein Kampf*, 413 - 414, 416 - 418, 421.

[80] Dietrich Eckart, *Der Bolschewismus von Moses bis Lenin：Zwiegesprächzwischen Adolf Hitler und Mir*（Munich, 1924）；49；关于对小册子权威性的探讨，见下文，117；Dr. Hans Frank, *Im Angesicht des Galgens：Deutung Hitlers und seiner Zeit auf Grunde eigener Erlebnisse und Erkenntnisse*（Munich, 1953），403。Fritz Wiedemann, *Der Mann der Feldherr werden wollte：seines späteren persönlichen Adjutaten*（Haan, 1964），205。

[81] 一篇有关恐怖的极具洞察力的文章，见 Alex Inkeles in Carl J. Friedrich, ed., *Totaliarianism：A Symposium by the Leading Historians，Psychologists，Social Psychologists*（Cambridge, Mass., 1954）。

[82] 1936 年 9 月 15 日的《人民观察家报》，引自 Aryeh L. Unger, *The Totalitarian Party：Party and People in Nazi Germany and Soviet Russia*（Cambridge, 1974），34；Franz Neuman, *Behemoth：The Structure and Practice of National Socialism*（New York, 1944），436。

[83] Hitler, *Mein Kampf*, 313.

[84] Ziemer, *Education for Death*, 80 - 81.

[85] *New York Herald Tribune*, 15 Junly 1940.

[86] Shirer, *Rise and Fall*, 90.

[87] Hitler, *Mein Kampf*, 71, 125 - 129；William A. Jenks, *Vienna and the Young Hitler*（New York, 1960），95 - 97；H. G. Adler, *Die Juden in Deutschland*（Munich, 1960），128.

[88] *Deutsches Volksblatt*, issues of May and Junde 1908.

[89] Hitler, *Mein Kampf*, 73.

[90] 见 nos. 32, 37，与他的小册子 *Ostara*, 40。

[91] 见他的小册子，*Die Ostara und das Reich des Blonden*。

[92] Daim, *Der Mann*, 20 - 22.

[93] *Schädelform*（Ostara pamphlet）.

[94] Rauschning, *Voice* 229 - 230；Herbert Luthy,"Der Führer persönlich,"*Der Monat* 6 Jahrgang（October 1953）：157。黑体是我做的标记。

[95] Guido von List, *Die Armanenschaft der Ario-Germanen*, pt. 2（Vienna, 1911），24 - 26, 108.

[96] Lanz von Liebenfels，引自 List, *Armanenschasft*, 2：54。

[97] Ibid., 2: 67, 86-87, 97-98.

[98] Preface to Guido von List, *Die Rita der Ario-Germanen* (Vienna, 1920).

[99] Reginald Phelps, "Theodor Fritsch und der Antisemitismus," *Deutsche Rundschau* 87 (1961): 443。另见 Peter G. J. Pulzer, *The Rise of Political Anti-Semitism in Germany and Austria* (London, 1964), 53。

[100] Phelps, "Frisch," 442.

[101] Theodor Fritsch, *Handbuch Der Judenfrage: die wichtigsten tatsachen zur Beurteilung des Jüdischen Volkes*, 36th ed. (Leipzig, 1934)。这里引用的是这一版本。

[102] Fritsch, *Handbuch*, 416. 关于犹太人"同盟者",见 229, 245, 265-269。

[103] Ibid., 31off., 295, 85, 400-402, and passim.

[104] Phelps in *Rundschau*, 440.

[105] Peter Viereck, *Metapolitics: From the Romantics to Hitler* (New York, 1941), 132.

[106] Hitler, *Mein Kampf*, 23; Kubizek, *Young Hitler*, 188, 192.

[107] Oechsner, *The Enemy*, 87.

[108] 尤其见 Bryan Magee's brilliant study, *Aspects of Wager* (New York, 1969)。

[109] Kubizek, *Young Hitler*, 188; "AH" in FDR.

[110] Hoffman, *Hitler*, 171.

[111] Kubizek, *Young Hitler*, 193-202.

[112] *Conversations*, 205.

[113] 见 Kubizek, *Young Hitler*, 193-202。

[114] Magee, *Aspects*, 100, 93-97.

[115] Hermann Rauschning, *The Voice of Destruction* (New York, 1940), 230.

[116] William Ashton Ellis, ed., *Richard Wager's Prose Works*, 8 vols (London, 1900-1909), vol. 6, 283.

[117] Deems Taylor, *Of Men and Music* (New York, 1937), 3-4.

[118] Robert W. Gutman, *Richard Wagner: The Man, His Mind, and His Music* (New York, 1968), 242; 另见 *Works*, vol. 4, 160。

[119] Wilhelm Altmann, ed., *Letters of Richard Wagner*, trans. M. N. Bozman (New York, 1927) 2: 35, 243, and passim.

[120] Louis L. Snyder, *German Nationalism: The Tragedy of a People* (Harrisburg, 1952),

156-157.

[121] Wagner, *Letters* 2：230.

[122] Thomas Lask, *New York Times Book Review*, 2 July 1968; Wagner, *Letters*, vol. 2, 406; Gutman, *Wagner*, 262.

[123] Viereck, *Metapolitics*, 107; Richard Wagner, *Gesammelte Schriften und Dichtungen* (Leipzig), 6：202-203.

[124] 引自 Magee, *Aspects*, 72-73。

[125] Wagner, *Schriften*, 10：242.

[126] Gutman, *Wagner*, 332, 400 and passim.

[127] 1835年7月25日瓦格纳写给母亲Karlsbad的信，见 *Letters*, 1：28。

[128] Richard Wagner, *My life*, 2 vols.（New York, 1911）, I, preface and 3.

[129] 见 Ernst Newman, *The Life of Richard Wagner*（New York, 1941）, 3：558-559。

[130] Gutman, *Wagner*, 332, 400 and passim.

[131] Wagner, *Letters*, 1：205; 另见 *Letters*, 1：23, 279-280; 2：35 各处。

[132] Wagner, *Schriften*, 5：67-69; *Works*, 3：80-83。除非专门指出，所有引语均出自德语版本。

[133] Magee, *Aspects*, 41-42.

[134] Wagner, "Erkenne dich selbst," reprinted in *Schriften* 10.

[135] Wagner, "Religion und Kunst," in *Schriften* 10：139, 232.

[136] Wagner, *Works* 3：86-87; *Schriften* 10：271; *Works* 4：158.

[137] Wagner, *Schriften* 10：274; *Works* 3：82, 121.

[138] Wagner, *Schriften* 5：85; 黑体是我翻译的原文。关于Ellis的修订本，见 *Works* 3：100。

[139] Wagner, "German Art and German Policy," in *Works* 4：40.

[140] Wagner, *Schriften* 10：284.

[141] Gutman, *Wagner*, 432.

[142] George G. Windell, "Hitler, National Socialism and Richard Wagner," *Journal of Central European Affairs* 22（January 1963）：46.

[143] 另见 Gutman, *Wagner*, 428。

[144] Wagner, *Works* 6：309.

[145] Rauschning, *Voice*, 230.

[146] Wagner, *Works*, 4: 166 – 167.

[147] Wagner, *Schriften* 10: 130.

[148] 引自 Konrad Heiden, *Der Fuehrer: Hitler's Rise to Power*, trans. Ralph Manheim (Boston, 1944), 227。

[149] Wagner, *Works* 4: 13n.

[150] Ibid., 4: 16.

[151] Fritz Fischer, *War of Illusions*, trans. Marian Jackson (New York, 1975), 29 – 30; Heiden, *Der Fueher*, 233, 297.

[152] Joseph O. Baylen and Ralph F. Munster, "Adolf Hitler as seen by Houston Stewart Chamberlain: A Forgotten Letter," *Duquesue Review* (Fall 1967): 83; Heiden, *Der Fuehrer*, 245 – 246; memoirs of Friedelind Wagner, *The Royal Family of Bayreuth* (London, 1948).

[153] Hitler, *Mein Kampf*, 30.

[154] Ibid., 296.

[155] Joachim Besser, "New Light on the Pre-History of National Socialism," *Die Pforte*, nos. 21 – 22 (November 1950): 779.

[156] Bracher, *Dictatorship*, 81.

[157] Georg Franz, "Entstehungs- und Frühgeschichte der Nationalsozialistischen Deutschen Arbeiterpartei Münchens, 1919 – 1923," Instut für Zeitgeschichte (Munich), 78.

[158] Ibid., 81 – 82.

[159] Zoller, *Privat*, 119; *Conversation*, 178.

[160] 由《我的奋斗》的美国版本的编者翻译，993。

[161] Hitler and Eckart, *Bolschewismus*, 28 and passim.

[162] Ibid., 49.

[163] Norman Cohn, *Warrant for Genocide: The Myths of the Jewish World Conspiracy and the Protocols of the Elders of Zion* (London, 1967), 181; Hitler, *Mein Kampf*, 423 – 424.

[164] Rauschning, *Voice*, 238 – 241.

[165] John Gwyer, *Portrait of Mean Men: A Short History of the Protocols of the Elders of Zion* (London, 1938), 96.

[166] Cohn, *Warrant*, 153ff.

[167] Ibid., 159.

[168] Walter Laqueur, *Russia and Germany: A Century of Conflict* (London, 1965), 68.

169. Ibid., 69.

[170] Heer, *Glaube*, 39-41.

[171] Gustave Le Bon, *The Crowd: A Study of the Popular Mind* (London, 1913), passim.

[172] Robert G. L. Waite, *Vanguard of Nazism: The Free Corps Movement in Postwar Germany*, 1911-1923 (Cambridge, Mass.), 140-141.

[173] Nolte, *Three Faces*, 256-258, 262-266, and passim.

第三章

[1] 雷德尔（Ledl）神父的信收藏于 Oberösterreichisches Landesarchiv（Linz）[（林茨）上奥地利地方档案馆，后面引作 OLA] folder 2。对希特勒家庭最真实可靠的叙述见 Bradley Smith, *Adolf Hitler: His Family, Childhood and Youth*（Palo Alto, Calif., 1967）。

[2] 原始档案标着"Geheime Reichssache"，现存于 the Print and Photographs Division, Library of Congress（美国国会图书馆影印区）；另见盖世太保文件复本，现存于 Institue für Zeitgeschichte Archiv, Munich（慕尼黑编年史档案馆，后面引作 IfZ）。

[3] OLA folder 3 中的信。

[4] Dr. Hans Frank, *Im Angescht des Galgens: Deutung Hitlers und seiner Zeit auf Grund eigener Erlebnisse und Erkenntnisse*（Munich, 1953），320-321。

[5] 一位传记作者相信希特勒的祖父肯定是犹太人；另一位则坚持他不可能是犹太人；还有一位得出令人惊异的结论，无论如何希特勒都不在意（关心）。德国权威杂志《明镜》（*Der Spiegel*）刊登了两篇文章详尽地解释了这个问题。布拉德利·史密斯（Bradley Smith）在他写的关于希特勒早年经历的书中，加了一个特殊的附录，坚持认为希特勒的祖父并不是犹太人。见 Franz Jetzinger, *Hitlers Jungend: Phantasien, Lügen und die Wahrheit*（Vienna, 1956），translated into English as *Hitler's Youth*（London, 1958）；Hans Bernd Gisevius, *Adolf Hitler: Versuch einer Deutung*（Munich, 1963）；Werner Maser, *Adolf Hitler: Legende, Mythos, Wirklichkeit*（Munich, 1971）。

[6] Walter C. Langer, "Psychological Analysis of Adolph [sis] Hitler: His Life and Legend," Office of Strategic Services Report, National Archives（1943），226。后面引作 OSS Report。这份文件的正式印刷版本收录于 *The Mind of Adolf Hitler*（New York, 1940, forward by

William L. Langer, afterword by Robert G. L. Waite); Hilter, *Mein Kampf*, 610; Herman Rauschning, *The Voice of Destruction* (New York, 1940), 230; Hans Frank as quoted in Friedrich Heer, *Der Glaube des Adolf Hitler: Anatomie einer Politschen Religiousitat* (Munich, 1968), 250; Nerin E. Gun, *Eva Braun-Hitler: Leben und Schicksal* (New York and Bruchsal / Baden, 1968), 169。

[7] Bernhard Lösener, "Das Reichsministerium des Innern und die Judengesetzgebung," *Vieteljahrshefte für Zeitgeschichte* 9 (1961): 273（后面引作 *VfZ*）。在第三帝国期间，Lösener 是"种族法律"专家。法律的全文登在 1935 年 9 月 16 日的《人民观察家报》上。

[8] Gerhart L. Weinberg, ed., *Hitlers Zweites Buch* (Stuttgart, 1961), 104；黑体是我做的标记。

[9] Otto Dietrich, *Hitler*, trans. Richard and Clara Winston (Chicago, 1955), 156.

[10] Adolf Hitler, *Hitler's Secret Conversations, 1941–1944* (New York, 1953), 269（后面引作 *Conversations*）。

[11] Albert Speer, *Inside the Third Reich: Memoirs*, trans. Richard and Clara Winston (New York, 1970), 98.

[12] Knittersched 将军在 OLA161 号档案中的陈述。

[13] Joachim Fest, *Hitler: Eine Biographie* (Frankfurt am Main, 1973), 30–31.

[14] OSS Source Book, 73. Gordon W. Prange, ed., *Hitler's Words* (Washington, D. C., 1944), 79；黑体是我做的标记。

[15] *The Testamony of Adolf Hitler*, trans. R. H. Stevens (London, 1961), 56；黑体是我做的标记。

[16] Rosalia Hörl, née Schichtl 夫人曾经在布劳瑙的阿洛伊斯家做过厨子兼女仆，她提供的证词，见 Hauptarchiv der Partei (Micro-film, Naitonal Archives Washington, D. C.), folder 17A, reel 1（后面引作 HAP）。

[17] *Linzer Tageblatt*, 8 January 1903, 引自 Jetzinger, *Hitler's Youth*, 53。

[18] HAP folder 17A reel I.

[19] August Kubizek, *The Young Hitler I Knew*, trans E. V. Anderson (Boston, 1955), 37；1949 年 6 月 21 日，盖世太保对布劳瑙原税务局秘书海本施特莱特（Hebenstreit）先生的问询内容，见 HAP, folder 17A, reel 1。

[20] 耶钦格尔（Jetzinger）对梅尔霍弗尔（Mayrhofer）的采访收录在 OLA folder 159。

［21］Erikson's Godkin Lecture, "Sphere of Play and Vison," quoted in *Harvard Today*, May 1972, 13.

［22］采访见 OSS Source Book, 924; Ernst Müller-Meinigen, *Die Parteigenossen*（Munich, 1948），32。

［23］Kubizek, *Young Hitler*, 38; Hitler, *Mein Kampf*, 6.

［24］比较下面两者的翻译：Conversation with Lothar Gruchman 与 "Dokumentation: Hitler über Justiz," *VfZ*, 12（1964）: 86–101; HAP folder 17A。

［25］Hitler, *Mein Kampf*, 7, 10–14.

［26］1942年1月18日的谈话，Library of Congress, Ms. Division, "Adolf Hitler," Baldur von Schirach, as quoted in *Stern*, no. 31, July 30, 1967。

［27］Frank, *Galgens*, 322.

［28］Albert Zoller, ed., *Hitler Privat: Erlebnisbericht seiner Geheimsekretärin*（Düsseldorf, 1949），46.

［29］引自 Thomas A. Harris, M. D., *I'm O. K.—You're O. K.*（New York, 1973），73。

［30］Erik H. Erikson, *Young Man Luther: A Study in Psychoanalysis and History*（New York, 1962），64; Theodor Reik, *Masochism in Sex and Society*, trans. Margaret H. Beigel and Bertrud M. Kurth（New York, 1962），22–23.

［31］Smith, *Hitler's Childhood*, 33.

［32］1952年9月27日《慕尼黑评论》（*Münchener Revue*）杂志对约瑟夫·梅尔霍弗尔的采访。

［33］Dr. Eduard Bloch, "My Patient, Hitler," *Collier's Magazine*, 15 March 1941, 36.

［33a］Helm Stierlin, "Hitler as his mother's Delegate," *History of Childhoold Quarterly*, 3:（Spring 1976），484.

［34］Bloch, "My Patient," 36.

［35］对弗里德琳得·瓦格纳（Friedlinde Wagner）的采访, OSS Source Book, 940; Karl Wilhelm Krause, *Zehn Jahre Kammerdiener bei Hitler*（Hamburg, early 1950s），52; 1967年5月在慕尼黑同汉夫施丹格尔的谈话。

［36］Hitler, *Mein Kampf*, 267.

［37］邮政局女局长和布洛赫（Bloch）医生的证词，见 HAP, folder 17A, reel 1。

［38］Karl and Jeanetta Lyle Menninger, *Lover against Hate*（New York, 1942），57; 黑体是

原文。

[39] 1968年4月与埃里克·埃里克森的谈话；Menninger, *Love Against Hate*, 118 – 119。

[40] Jetzinger, *Hitler's Youth*, 78 – 93; Smith, *Hitler's Childhood*, 90 – 94.

[41] Walter Langer, *OSS Report*, 150; conversation with Erik Erikson, Norbert Bromberg, and Lawrence Climo.

[42] Ernst Deuerlein, "Adolf Hitler," *Politiker des 20. Jahrhunderts*, ed. Rolf K. Holcevar et al. (Munich, 1970), 181 – 182; Maser, *Hitler*, 53.

[43] Erik Erikson, "The Problem of Ego Identity," *Journal of the American Psychoanalytical Association* 4 (1956): 121（后面引作 *Journal of APA*）。

[44] Phyllis Greenacre, M. D., "Influence of Infantile Trauma," in *Psychic Trauma*, ed. Sidney S. Furst (New York, 1967), 108 – 153.

[45] 格特鲁德·库特（Gertrud Kurth）对鲁道夫·比尼恩（Rudolf Binion）的评论，见"Hitler's Concept of Lebensraum: The Psychological Basis," *History of Childhood Quarterly* (Fall 1973): 237。比尼恩认为阿道夫比克拉拉其他的孩子受看护的时间长。

[46] HAP folder 17A, reel 1.

[47] Kubizek, *Young Hitler*, 13 – 14, 18 – 19; Dietrich, *Hitler* (German ed.), 224 – 225.

[48] 引自 Reginald H. Phelps, "Dokumentation: Hitler als Parteiredner im Jahre 1920," *VfZ* II (1963): 311; 黑体是我做的标记。

[49] Karl Abraham, *Selected Papers of Karl Abraham* (New York, 1968), 401.

[50] Melanie Klein, *The Psychoanalysis of Children* (London, 1959), 343.

[51] Erik Erikson, *Childhood and Society* (New York, 1963), 251 – 254.

[52] Otto Fenichel, M. D., *The Psychoanalytic Theory of Neurosis* (New York, 1945), 278.

[53] 他的词是 Scheisskerl。见 *Hitler's Tischgespräche im Fhrerhauptquartier*, ed. Percy Schramm, 2nd ed. (Stuttgart, 1965), 171（后面引作 *Tischgespräche*）; 另见 Albert Speer, *The Secret Diaries* (New York, 1976), 346。

[54] Bormann Papers, "Hitler Privat Gespräche," Berlin Document Center, microfilm group 3, reel 2; *Conversation*, 160; Smith, *Hitler's Childhood*, 99.

[55] "Hitler as Seen by His Doctors," *Military Intelligence Report* (mimeographed), National Achives（后面引作 "Hitler's Doctors," MIR）.

[56] 引自 Fenichel, *Psychoanalytic Theory*, 282。

[57] 见马瑟（Maser）于1971年12月21日、1972年2月29日写给德国《时代周报》（*Die Zeit*）编辑的信；Maser, *Hitler*, 346-350; Trevor-Roper, *Sunday Times* (London), 1971, 29 February 1973。

[58] 细节讨论、证据的图片、证词、写给编辑的信件、驳论以及反面的证据都相继于1971年12月4日、12月21日，1972年2月29日刊登在德国《时代周报》上。

[59] Ellsworth K. Kelly, D. D. S., in *Journal of California Dental Association* 41 (1965): 424-425.

[60] Reidar F. Sognnaes and Ferdinand Ström, "The Odontological Identification of Adolf Hitler: Definitive Documentation by X rays, interrogations and Autopsy Findings," *Acta Odontologica Scandinavica* 31 (1973): 43-69.

[61] 尤其见 Werner Maser, 437-438, passim; 另见 John Toland, *Adolf Hitler* (New York, 1976), 827。

[62] 莫勒尔（Morell）于1945年10月29日的证词，"Hitler's Doctors," MIR。

[63] 见他于1945年10月15日的证词，"Hitler's Doctors," MIR。

[64] Maser, *Hitler*, 346; Toland, *Adolf Hitler*, 827.

[65] 1971年12月21日写给德国《时代周报》的信。

[66] Peter Blos, "Comments on the Psychological Consequences of Cryptorchism," *Psychoanalytic Study of the Child* 15 (1960): 408-420.

[67] Ibid.

[68] Anita I. Bell, "The Significance of Scrotal Sac and Testicles for the Prepuberty Male," *Psychoanalytic Quarterly* 34 (1966): 192.

[69] Anita I. Bell, "Observations on the Role of the Scrotal Sac and Testes," *Journal of APA* 9 (1966): 261-286.

[70] Frederic V. Grunfeld, "Sunday Afternoon with the Monster," *Saturday Review of the Arts*, March 1973, 46.

[71] Jetzinger, *Hitler's Youth*, 59-60; 另见 Maser, *Hitler*, 6。

[72] Jetzinger, *Hitler's Youth*, 74-75.

[73] HAP folder 14, reel 1.

[74] 引自 G. M. Gilbert, *The Psychology of Dictatorship: Based on an Examination of the Leaders of Nazi Germany* (New York, 1950), 18。

[75] Kubizek, *Young Hitler*, 15 – 16.

[76] 报告出现在 Jetzinger, *Hitler's Youth*, 67。

[77] Hugo Rabitsch, *Aus Hitlers Jugendzeit: Erinnerungen eines zeitgenössichen Linzer Realschulers* (Munich, 1938), 引自 Jetzinger, *Hitler's Youth*, 69; Rudolf Olden, *Hitler*, trans. Walter Ettinghauen (New York, 1936), 19。

[78] Werner Maser, *Hitler's Briefe und Notizen: Sein Weltbild in handschriftlichen Dokumenten* (Vienna, 1973), 38.

[79] William G. Niederland, "Narcissistic Ego Impairment in Patient with Early Physical Malformations," *Psychoanalytic Study of the Child* 20 (1965): 525.

[80.] Kubizek, *Young Hitler*, 83 – 92 and passim; 黑体是我做的标记。

[81] HAP folder 36, reel 2; 黑体是我做的标记。

[82] 1971 年 6 月《花花公子》杂志对施佩尔的采访，第 86 页。

[83] Fritz Percy Reck-Malleczwen, *Diary of a Man in Despair*, trans. Paul Rubens (New York, 1970), 176; 另见第二章。

[84] Douglas M. Kelley, *22 Cells in Nuremberg* (New York, 1947), 22, 215.

[85] Pictures in the *Neue Reichskanzlei*, 31; Frederick C. Oechsner, *This is the Enemy* (Boston, 1942), 82, 96.

[86] "Hitler's Doctors," MIR; 另见 Speer, *Inside*, 105。

[87] 库比（Erich Kuby）对林格（Heinz Linge）的采访，见 Kuby, *Die Russen in Berlin*, 1945 (Vienna, 1965), 204。

[88] *Testament*, 64; 黑体是我做的标记。

[89] Hitler, *Mein Kampf*, English ed. 42 – 44; German ed., 32 – 34; Langer, *Mind of Adolf Hitler*, 142 – 145.

[90] Hitler, *Mein Kampf*, English ed., 38; German ed., 28; 黑体是我做的标记。

[91] Peter Loewenberg, review article, *Central European History* (September 1974): 265.

[92] Sigmund Freud, "Medusa's Head," in *Works*, Standard ed., 18: 273 – 274.

[93] 见 1919 年 9 月 7 日写给 Gemlich 的信，引自 Joachim C. Fest, *The Face of the Third Reich: Portrait of the Nazi Leadership*, trans. Michael Bullock (New York, 1970), 16。

[94] *Mein Kampf*, German ed., 135.

[95] 1945 年 2 月 13 日的会议，见 *Testamment*, 51; OSS Source Book; Ernest Jones, *On*

the Nightmare（New York，1951），44；黑体是原作者做的标记。

［96］1973 年 7 月与医生诺伯特·布洛姆贝格（Norbert Bromberg, M. D.）的谈话。

［97］Günter Peis, "Die unbekannte Geliebte," *Stern* Nov. 24 (1959)：59.

［98］Freud, "From the History of an Infantile Neurosis," in *Works*, Standard ed., 17：78 - 79，82ff.

［99］与医生诺伯特·布洛姆贝格的谈话。

［100］见 Phyllis Greenacre, *Trauma Growth and Personality*（New York，1952），132 - 148，204 - 223，224 - 238，293 - 302；另见 Greenacre, "Infantile Trauma," 108 - 153。

［101］Hitler, *Mein Kampf*, 73；黑体是我做的标记。

［102］Loewenberg, in *Central European History*, 267 - 268.

［103］与医生诺伯特·布洛姆贝格的谈话。

［104］Zoller, *Privat*, 46.

［105］Freud, "A Child Is Being Beaten," in *Collected Papers* 2：334.

［106. Hitler, *Mein Kampf*, 44；黑体是我做的标记。

［107］关于采访里昂丁的村民，见 Thomas Orr, "Das war Hitler, das Ende eines Mythos," *Revue*（Munich），4 October 1952.

［108］Menninger, *Love Against Hate*, 35.

［109］Ibid., 57.

［110］Otto Kernberg, "Borderline Personality Organization," *Journal of APA* 15（July 1967）：641 - 683.

［111］关于 1952 年 7 月 26 日的爱德华·克里奇鲍姆（Edward Kriechbaum）博士的叙述，见 OLA folder, 143。

［112］Rudolf Olden, *Hitler*, trans. Walter Ettinghausen（New York，1936），15；OSS Report.

［113］Robert Jay Lifton, *History and Human Survival：Essays on the Young and Old，Survivors and the Dead，Peace and War，and on Contemporary Psycho-History*（New York，1970），169 - 171；另见 "On Death and Death Symbolism" and "The Hiroshima Bomb," reprinted in *History and Human Survival*.

［114］Ibid., 172.

［115］Albert C. Cain, Irene Fast, and Mary E. Erickson, "Children's Disturbed Reactions to the Death of a Sibling," *American Journal of Orthopsychiatry* 34 (Summer 1974), 741 – 751.

［116］H. R. Trevor-Roper, *The Last Days of Hitler* (New York, 1947), 72.

［117］1949 年 6 月 28 日库比切克的信, OLA folder 64。

［118］Erik Erikson, "The Problem of Ego Identity," *Psychological Issues* 1 (1959): 132 – 133; Lawrence Climo, letter of 12 April 1974.

［119］Hitler, *Mein Kampf*, 14, 24.

［120］OLA folder 64; Gertrud M. Kurth, "The Jew and Adolf Hitler," *The Psychoanalytic Quarterly* 16 (1947): 25; *Collier's*, March 15, 1941.

［121］HAP folder 17A, reel I.

［122］Jetzinger, *Hitler's Youth*, 90; Smith, *Hitler's Childhood*, 96 – 98.

［123］Kubizek, *Young Hitler*, 83 – 86, 88, 92, and passim.

［124］Ibid., 9 – 10.

［125］"Meine Erinnerungen an meinen Klavierschüler Adolf Hitler," HAP folder 65, reel 13a; Jetzinger, *Hitler's Youth*, 95; Konrad Heiden, *Der Fuehrer: Hitler's Rise to Power*, trans. Ralph Manheim (Boston, 1944), 51.

［126］Jetzinger, *Hitler's Youth*, 90 – 93; Kubizek reprints the cards, *Young Hitler*, 104 – 106.

［127］Jetzinger, *Hitler Jugend*, 169.

［128］Kubizek, *Young Hitler*, 96.

［129］Ibid., 74 – 75.

［130］Ibid., 90 – 101.

［131］Ibid., 62 – 63.

［132］Ibid., 63 – 64; 59 – 60.

［133］Jetzinger, *Hitler's Youth*, 106 – 107; Orr, in *Revue*, 25 October 1953.

［134］Kubizek, *Young Hitler*, 68.

［135］Hospital records, HAP folder 65, reel 13a.

［136］Hitler, *Mein Kampf*, 25.

［137］克拉拉·希特勒的医疗账单, 见 HAP folder 65, reel 13a; 另见 Jetzinger, *Hitler's Youth*, 100。

［138］对布洛赫的采访, OSS Source Book, 22。

［139］1949 年 6 月 28 日库比切克的信, OLA folder 64。

［140］ Kubizek, *Young Hitler*, 124 and passim.

［141］ Jetzinger, *Hitler's Youth*, 103-104; *Hitler's Jungend*, 176.

［142］ Hitler, *Mein Kampf*, 26; 黑体是我做的标记。

［143］ "Erinnerungen an den Führer und dessen verewigte Mutter!" typescript affidavit, HAP folder 17a, reel 1。这一声明的手写版本和一封给党的档案管理员布雷伊布特罗伊（Bleibtreu）的日期是1938年11月16日的信，见 HAP folder 65 reel 13a。

［144］ 见他刊登于1945年3月15日《柯里尔》（*Collier's*）杂志上的文章，以及1943年3月5日对美国战略情报局官员的采访记录，见 OSS Source Book。

［145］ HAP folder, reel 1; 黑体是我做的标记。

［146］ 1945年5月26日在贝希特斯加登对保拉的质询，见 Berlin Document Center（microfilm），group 7, reel 1。

［147］ Maser, *Hitler*, 79.

［148］ 在战后的一次采访中，布劳恩夫人记起她曾问过她的女儿，为什么从来不与希特勒共度圣诞节。爱娃说，因为他年轻时度过了一个痛苦的圣诞节，所以"他再也不想过圣诞节了。圣诞节的时候，他一定是一个人待着"（对布劳恩先生和夫人的采访，Ropoldingen, 4 September 1948, Musmanno Archives）。

［149］ Karl-Heinz Janssen, "Volkweihenacht," *Die Zeit*, 26 December 1975.

［150］ HAP folder 17a, reel 1.

［151］ *Der Spiegel*, 24 July 1967. 马瑟（Maser）对这个说法表示质疑，他说希特勒又到墓地去过两次; 见 *Hitler*, 24。

［152］ Erikson, "The Problem of Ego Identity," *Psychological Issues* 1 (1959): 113-116.

［153］ Erikson, Daedelus Leadership Conference, 20 October 1967.

［154］ Erikson, "Ego Identity," *Psychological Issues*, 131.

［155］ Erikson, *Luther*, 100.

［156］ Ibid., 42, 103.

［157］ Erikson, "Ego Identity," *Journal of APA* (1956): 158.

［158］ Heiden, *Der Fuehrer*, 52; Ludwig Wagner, *Hitler, Man of Strife* (New York, 1942), 43.

［159］ Hitler, *Mein Kampf*, 83.

［160］ HAP folder 17a; 在1938年9月15日在贝格霍夫同张伯伦的谈话，见 *Documents*

of German Foreign Policy, Series D, 2: 787。

[161] Werner Maser, *Die Frhgeschichte der NSDAP: Hitlers Weg bis* 1924 (Boon, 1965), 96–99.

[162] George L. Mosse, *The Crisis of German Ideology: Intellectual Origin of the Third Reich* (New York, 1964), 295–297。关于一个改变了的立场，见他关于 Rudolph Binion, 'Hitler's Concept of Lebensraum: The Psychological Base," *History of Childhood Quarterly* 1 (Fall 1973), 233。

[163] Hitler, *Mein Kampf*, 296.

[164] August Kubizek, "Erinnerungen an die mit dem Führer gemeinsam verlebten Jnglingsjahre 1904–1908 in Linz und Wien," OLA folder 63.

[165] 1973年7月与诺伯特·布洛姆贝格的谈话。

[166] Hitler, *Mein Kampf*, 80–82; 黑体是我做的标记。

[167] Kubizek, quoted in Bromberg, "Hitler's Character and Its Development: Observations," *American Image* 28 (Winter, 1971): 297–298.

[168] Michael A. Musmanno, *Ten Days to Die* (New York, 1950), 100.

[169] 见 *Whitaker's Almanac* (London, 1972)，该书确认了布洛姆贝格的说法，见 Bromberg, "Hitler's Character," 299。

[170] Hitler, *Mein Kampf*, 84.

[171] Hitler, *Mein Kampf*，引自 Robert Payne, *Life and Death of Adolf Hitler* (New York, 1973), 78; 黑体是我做的标记。

[172] Kubizek, *Young Hitler*, 107.

[173] Hitler, *Mein Kampf*, 28, 25.

[174] HAP folder 17a, reel 1.

[175] Jetzinger, *Hitler's Youth*, 123–124; Smith, *Hitler's Childhood*, 123; Maser, *Hitler*, 81.

[176] 未公开的毕比切克的信，引自 Jetzinger, *Hitler's Youth*, 119。

[177] "Adolf Hitler," General Services Administration, National Archives and Records Service, December 1942, in Franklin D. Roosevelt Library (后面引作 "AH" in FDR)。

[178] Jetzinger, *Hitler's Youth*, 123–124; Smith, *Hitler's Childhood*, 123; Maser, *Hitler*, 81.

[179] Kubizek, *Young Hitler*, 207, 211 – 213.

[180] 库比切克于1949年4月25日写给耶钦格尔的信, 见 OLA folder 63。

[181] Kubizek, Young Hitler, 252.

[182] William A. Jenks, *Vienna and the Young Hitler*（New York, 1960）, 31 – 33.

[183] HAP folder 1741, reel 86.

[184] HAP folder19, reel 1。档案19到43包括了希特勒的信件和有关它们的照片。

[185] Jacob Altenberg 的生命, 见 HAP folder 1741, reel 86。另见 folder 64, reel 3; folder 19, reel 2; folder 22, reel 2; 与 Maser, *Hitler*, 88。

[186] 关于孤儿抚恤金和放弃它的条件, 见 Jetzinger, *Hitler's Youth*, 138ff; *Hitler's Jungend*, 226 – 228; 与 Smith, *Hitler's Childhood*, 111 – 112。Maser 提出一个并不令人信服的相异观点, 见 Maser, *Frühgeschichte*, 482 – 483。

[187] Hitler, *Mein Kampf*, German ed., 135 – 136; English ed., 161.

[188] HAP folder 17a.

[189] Jetzinger, *Hitler's Youth*, 138ff.

[190] Hitler, *Mein Kampf*, German ed., 138.

[191] HAP folder 26, 引自 Maser, *Frühgeschichte*, 116。

[192] 关于对波普（Popps）的采访消息, 见 Maser, *Hitler*, 122 and passim。

[193] 采访记录见 *Münchener Revue*, no. 46, 15 November, 1952。

[194] HAP folder 30, reel 2; folder 31, reel 2.

[195] Baedeker, *Southern Germany*, 1914 ed.; 波普先生的女婿的说法, 见 H. P. Pfensing, "Mit Adolf Hitler unter einem Dach," *Arbeitertum*, 1 May 1935, in Rehse Archiv, Library of Congress, Manuscript Division, box 791。

[196] Hitler, *Mein Kampf*, German ed., 177 – 178.

[197] Gilbert, *Psychology of Dictatorship*, 35.

[198] B. Brandmayer, *Mit Hitler Meldegänger, 1914 – 1918*（Uberlingen, 1940）, 52.

[199]《慕尼黑评论》1952年11月22日的采访。然而, 马泽尔（Maser）表示, 希特勒收到比他承认的更多的邮件; 见 *Briefe und Notizen* and *Der Spiegel*, 9 April 1973。

[200] 波普众多的信中有一封是德文书写的, 收于 HAP, 并发表于 Maser, *Hitler*。

[201] 见 George Schaltenbrand, "War Hitler geisteskrank?" Institut für Zeitgeschichte, 333; Heiden, *Der Fuerer*, 84。

[202] Maser, *Briefe und Notizen*, passim.

[203] Hans Mend, *Adolf Hitler im Felde*, *1914—1918* (Diessen, 1931), 55, 60, 123–125, 172。另见 Richard Hanser, *Putsch! How Hitler Made Revolution* (New York, 1970), 89–91; Walter Görlitz and Herbert A. Quint, *Adolf Hitler: Eine Biographie* (Stuttgart, 1952), 84–86.

[204] Mend, *Im Felde*, 134, 156; Brandmayer, *Meldgänger*, 52.

[205] 那张明信片收藏在 the Berlin Document Center, Hitler Personal folder。

[206] HAP folder 17a; the Berlin Document Center (microfilm), group 7, reel 2.

[207] Alan Bullock, *Hitler: A Study in Tyranny*, rev. ed. (New York, 1962), 52。

[208] HAP folder 12, reel 1a。另见 Ernst Deuerlein, "Dlkumentation: Hitler's Eintritt in die Politik und die Reichswehr," *VfZ* 7 (1959): 192.

[209] Fritz Wiedemann, *Der Mann der Feldherr werden wollte: Erlebnisse und Erfahrungen des Vorgesetzten Hitlers im erste Weltkrieg und seines späteren persönlichen Adjutaten* (Haan, 1964), 25–26.

[210] 关于他伤残记录的影印本收藏在 Central Information Office for War Casualties, HAP folder 12, reel 1a。另见 Deuerlein, in *VfZ* 7 (1959)。

[211] Hitler, *Mein Kampf*, German ed., 225.

[212] Hanser, *Putsch!*, 141.

[213] Hitler, *Mein Kampf*, German ed., 225。关于啤酒馆政变后在对他审判的初步质询中制造的"各种意见（言论）"，见 Olden, *Hitler*, 69。反犹主义的中心立场见 Eberhard Jäckel, *Hitler's Weltanschauung: A Blueprint for Power*, trans. Herbert Arnold (Middleton, Conn., 1972), 53。

[214] 接下来的报告摘自 Robert G. L. Waite, *Vanguard of Nazism: The Free Corps Movement in Postwar Germany, 1918–1923* (Cambridge, Mass., 1952), 79–93。文件证据可参见脚注 60—102。经哈佛大学校长和有关同人准予使用。

[215] 关于这一时期的最清晰简洁的讨论见 Hanser, *Putsch!* 另见 Maser, *Frühgeschicht*, and Deuerlein, in *VfZ* 7 (1959)。最详尽的讨论见 Harold J. Gorden, Jr., *Hitler and the Beer Hall Putsch* (Princeton, 1972)。

[216] 引自 Hanser, *Putsch!*, 194。

[217] Hitler, *Mein Kampf*, German ed., 235.

[218] Maser, *Hitler*, 173.

[219] Hanser, *Putsch！*, 195-200.

[220] Heiden, *Der Fuehrer*, 377.

[221] Otto Strasser, *Hitler and I*, trans. Gwenda David and Eric Mosbacher (Boston, 1940), 64-65.

[222] 这一讨论根据的是《慕尼黑邮报》(*Münchener Post*) 上刊载的那本小册子；1921年7月和8月的几期《人民观察家报》；以及格奥尔格·弗兰茨（Georg Franz）的一份未公开的手稿，"Entstehngs und Frhgeschichte der Nationalsozialistischen Deutschen Arbeiterpartei Münchens, 1919-1923," Institut für Zeitgeschichte (Munich)。

[223] 见迪特里希·埃卡特与鲁道夫·赫斯分别于1921年8月4日、8月11日刊载于《人民观察家报》上的文章。

[224] Franz, "Entstehungs," 178.

[225] 引自 Konrad Heiden, *Geschichte des Natonalsozialismus：Die Karriere einer Idee* (Berlin, 1932), 143; Gordon, *Beer Hall Putsh*, 243。

[226] Heiden, *Der Fuehrer*, 155.

[227] Armes, *Kellnerlein！*, 引自 Kurt G. W. Ludecke, *I Knew Hitler：The Story of Nazi Who Escaped the Blood Purge* (New York, 1938), 185。

[228] 海登（Heiden）对缪勒（Müller）的采访，见 Heiden, *Der Fuhrer*, 190；另见 Müller, *Im Wander einer Welt：Erinnerungen* (Munich, 1966), 162-164。

[229] Müller, *Im Wander*, 163.

[230] Heiden, *Der Fuehrer*, 198.

[231] Johann von Leers, *Reichskanzler Adolf Hitler* (Leipzig, 1932), 53.

[232] OSS Source Book, 19-20.

[233] 1967年7月在慕尼黑对恩斯特·汉夫施丹格尔的采访。

[234] Trumen Smith, "Hitler and the National Socialists," 打字稿现藏于 Yale University Library, Manuscript Division。

[235] *Der Hitler-Prozess vor dem Volkgericht in München* (Munich, 1924), 224 and passim.

[236] Ibid.; Hanser, *Putsch！*, 393; Grlitz-Quint, *Hitler*, 225.

[237] Maser, in *Der Spiegel*, 23 April 1973; H. Klassenbuch, *Mit Adolf Hitler auf Festung Landsberg* (Munich, 1933), 113-114.

[238] Ernst Hanfstaengl, *Unheard Witness* (New York, 1957), 119 – 120; Otto Lurker, *Hitler hinter Festungsmauern* (Berlin, 1933), 52 – 56.

[239] 1967年6月与汉夫施丹格尔的谈话。

[240] *Auf gut Deutsch*, 5 March 1920; Ibid., 31.

[241] Hitler, *Mein Kampf*, 993.

[242] Zoller, *Privat*, 119.

[243] 引自 Harold C. Deutsch, *The Conspiracy Against Hitler in the Twilight War* (Minneapolis, 1968), 32; 黑体是我做的标记。

[244] Joseph Nyomarky, *Charisma and Factionalism in the Nazi Party* (Minneapolis, 1967), 80 – 81.

[245] Ibid., 145 – 150. Dietrich Orlow, *The History of the Nazi Party*: 1919 – 1933 (Pittsburgh, 1969), 290 – 293 and passim.

[246] Hitler's Secret Conversations, 16 – 17 January 1942, 引自 Bullock, *Hitler*, 134.

[247] Görlitz-Quint, *Hitler*, 293 – 294.

[248] Maser, *Frühgeschichte*, 408 – 409; Fest, *Hitler*, 199; 以及对汉夫施丹格尔的采访。

[249] 见 Oron James Hale, "Adolf Hitler: Taxpayer," *American Historical Review* 60 (July 1955): 308 – 402.

[250] Dietrich, *Hitler*, 146 – 147; 另见克劳斯与林格的回忆录。

[251] Baldur von Schirach, *Ich glaube an Hitler* (Hamburg, 1967), 53 – 54.

[252] 斯宾格勒 (Spengler) 引自 Oswald Bunke, *Erinnerungen und Betrachtungen: der Weg eines deutschen Psychiaters* (Munich, 1952), 170。

[253] Oron James Hale, "Gottfried Feder Calls Hitler to Order: An Unpublished Letter on Nazi Party Affairs," *Journal of Modern History* 30 (December 1958): 308 – 402.

[254] Speer, *Inside*, 123 – 131.

[255] 关于赖特 (Maria Reiter) 的说明选自一位德国记者根特·佩斯 (Günther Peis) 对她进行的录音采访。这一事情后来发表在《玥星》(*Stern*) 1959年第24期。一位德国作家尤根·柯冈 (Eugen Kogon) 核实了名字、时间、地点和阿道夫·希特勒亲自写给她的信。另见 Max Domarus ed., *Hitler: Reden und Proklamationen, 1932 – 1945* (Munich, 1965), 2220; *Time*, 29 January 1959。

［256］Schirach, *Glaubte*, 105; Heirietta von Schirach, *Price of Glory*, trans. Willi Frischauer (London, 1960), 178; Heinrich Hoffman, *Hitler Was My Friend*, trans, Lt. Col. R. H. Stevens (London, 1955), 149.

［257］Hanfstaengl, *Witness*, 169; 1967 年 7 月的私人谈话。

［258］Zoller, *Privat*, 87; 另见 Nerin E. Gun, *Eva Braun-Hitler: Leben und Schickasl* (New York and Bruchsal/Baden), 23。

［259］Schirach, Glaubte, 192; Otto Strasser, *The Gangster Around Hitle*r (London, 1942［?］), 4.

［260］弗兰茨（Franz）在自己的回忆录中记述了她的死，见编辑对此的注释，见 *Galgens*。

［261］剪辑可见 Rehse Collection, HAP folder 13, reel 1。

［262］Hanfstaengl, *Witness*, 175 - 176; 1967 年 4 月汉夫施丹格尔再次给我讲述了这个故事。另见 Ludecke, *I Knew Hitler*, 477。

［263］Unpublished Greiner ms., quoted in Jetzinger typescript (see Appendix)。关于希姆莱的故事和对它的驳斥，见 Gisevius, *Hitler*, 125。

［264］Hoffmann, *Hitler*, 157 - 159.

［265］Ibid., 155; Albertstein, "Hitler Composite" in *MIR*; 对施佩尔的采访见 Fest, *Hitler*, 445 - 446; 对汉夫施丹格尔的采访; Willie Schneider, "Ausnächster Nähe," in *Die 7 Tage: Illustriete Wochenschrift aus dem Zeitgescheheu* (Baden-Baden), 17 October 1952 (后面引作 *7 Tage*); Domarus, *Reden*, 2220; Carl Haensel, *Das Gericht vertagt sich* (Hamburg, 1950), 63。

［266］Hoffmann, *Hitler*, 163; Hasselbach interrogation, "Hitler Composite," *MIR.*

［267］《明镜》，1967 年 11 月 27 日。

［268］詹姆斯·P. 奥唐纳（James P. O'Donnell）对施佩尔的采访，见 *New York Times*, 26 October, 1969, 100 - 102。

［269］1948 年 2 月 7 日在慕尼黑对荣格（Traudl Junge）夫人的采访, Musmanno Archives, quoted in Glenn B. Infield, *Eva and Adolf* (New York, 1974), 315。

［270］Gun, *Braun-Hitler*, 68, 164 - 165; Hoffmann, *Hitler*, 163 - 164。

［271］OSS Source Book, 921 - 922.

［272］Count Galeazzo Ciano, *The Ciano Diaries, 1939 - 1943* (New York, 1945), 85.

[273] Albertstein, "Hitler Composite," *MIR*.

[274] Hanfstaengl, *Witness*, 143; 在私人谈话中得到证实。

[275] Domarus, *Reden*, 2221; 关于米勒（Mueller）小姐的经历，见下面注释。

[276] Albert Krebs, *Tendenzen und Gestalten der NSDA：Erinnerungen an die Frühzeit der Partei* (Stuttgart, 1959), 128.

[277] Sir Neville Henderson, *Failure of a Mission：Berlin，1937-1939* (New York, 1940), 41.

[278] 霍夫曼做出了最好的说明；见 *Hitler*, 164-165。

[279] Theodor Reik, *Masochism in Sex and Society*, trans. Margaret Biegel and Gertrud M. Kurth (New York, 1962), 298.

[280] 汉夫施丹格尔，引自"AH" in FDR, 以及私人谈话。

[281] OSS Source Book, 793, 921-922.

[282] Domarus, *Reden*, 2240.

[283] Harold Nicolson, *Diaries and Letters. Vol. 2：The War Years, 1939-1945* (New York, 1967), 39.

[284] "AH" in FDR; William L. Shirer, *Berlin Diary* (New York, 1941), 137; Maser, *Hitler*, 309.

[285] Kubizek in OLA folder 63（原始的打字稿）。

[286] Kubizek, *Young Hitler*, 237.

[287] Hanfstaengl, OSS Source Book, 894.

[288] Schneider, 7 *Tage*, 38 November 1952; Krause, *10 Jahre*, 47.

[289] Wolfgang Harthauser, *Die Verfolgung der Homosexualen im Dritten Reich*, quoted in Richard Grunberger, *The Twelve-Year Reich：A Social History of Nazi Germany，1933-1945* (New York, 1971), 121.

[290] 见 Hans Buchheim, "The SS, Instrument of Tyranny," in *Anatomy of the SS State*, ed. Helmut Krausnick (New York, 1968); Karl Dietrich Bracher, *The German Dictatorship：The Origins，Structure and Effects of National Socialism*, trans. Jean Steinberg (New York, 1970), 353。

[291] Domarud, *Reden*, 1843.

[292] Peter Loewenberg, "The Unsuccessful Adolescence of Heinrich Himmler," (type-

script, University of California at Los Angeles), 26.

[293] Sigmund Freud, *A General Introduction to Psychoanalysis* (New York, 1952), 317; 还有一个详尽的讨论: "Psycho-Analytic Notes on an Autobiographical Account of a Cace of Paranoia," (1911), *Collected Papers*, standard ed., Vol. 12, 3 (London, 1974), 1-80。

[294] Robert Knight, "The Relationship of Laten Homosexuality to the Mechanism of Paranoid Delusions," *Menninger Clinic: Bulletin*, 4 (1940): 149.

[295] Ibid., 149.

[296] Robert G. L. Waite, "Adolf Hitler's Anti-Semitism: A Study in History and Psychoanalysis," in *The Psychoanalytic Interpretation of History*, ed. Benjamin B. Wolman (New York, 1971), 225.

[297] Walter G. Langer, *Mind*, 134.

[298] H. R. Trevor-Roper, in *Book World*, 10 September 1972.

[299] OSS Source Book, 919.

[300] Langer, *Mind*, 134.

[301] 参见 Heiden, *Der Fuehrer*, 385-389。

[302] 参见 *Sexual Variants*, ed. Georg W. Henry (New York, 1948); George W. Henry, L. S. London, and F. S. Caprio, *Sexual Deviations* (Washington, D. C., 1950); Harold Greenweld, *The Elegant Prostitute: A Social and Psychoanalytic Study* (New York, 1973); Richard von Kraft-Ebing, *Psychopathia Sexualis*, trans. F. J. Rebinan, rev. ed. (New York, 1937); Havelock Ellis, *Studies in the Psychology of Sex*, 3 vols (New York, 1936); and testimony of Raymond de Saussure, OSS Source Book, 932。

[303] Phyllis Greenacre, "Perversions: General Considerations Regarding Their Genetic and Dynamic Background," *Psychoanalytic Study of the Child* 23 (1968): 58; 黑体是我做的标记。

[304] 库比切克的话, 转引自 Bromberg, "Hitler's Character," 297。

[305] Langer, OSS Report, 222; 黑体是我做的标记。

[306] 1968年4月与医学博士玛格丽特·布伦曼 (Margaret Brenman) 在马萨诸塞州斯托克布里奇的里格斯医疗中心的谈话。

[307] H. L. P. Resnik and Robert E. Litman, "Eroticized Repetitive Hangings: A Form of Self-Destructive of Behavior," unpublished paper.

[308] Henrietta von Schirach, *Price of Glory*, 73.

[309] "AH" in FDR.

[310] Hans Baur, *Hitler's Pilot*, trans. Edward Gerald (London, 1958), 64; Heinz Linge, " The Private Life of Adolf Hitler, " *News of the World*, 20 November 1955.

[311] Testimony of the cinema director A. Zeissler, in OSS Source Book, 22.

[312] Loewenberg, in *Central European History*, 271.

[313] Fenichel, *Psychoanalytic Theory*, 68.

[314] Zoller, *Privat*, 231.

[315] 1949年5月6日库比切克写给耶钦格尔的信,来自OLA folder 64。

[316] Hitler, *Mein Kampf*, trans. Manheim, 58;黑体是我做的标记。

[317] *Conversations*, 409.

[318] Freud, *General Introduction*, 320.

[319] Greenacre, "Perversions," 57–58.

[320] Fenichel, *Psychoanalytic Theory*, 332.

[321] Ibid., 326;黑体是我做的标记。

[322] 参见 Bromberg, "Hitler's Childhood," *International Review of Psycho-Analysis* I (1974), 2。

第四章

[1] Willian L. Shirer, *The Rise and Fall of the Third: A History of Nazi Germany* (New York, 1960), 90.

[2] Geoffrey Barraclough, in *New York Review of Books* 19 (November 2, 1972).

[3] W. C. Sellar and R. J. Yeatman, *1066 and All That: A Memorable History of England Comprising All the Parts You Can Remember, Including One Hundred and Three Good Things, Five Bad Kings, and Two Genuine Dates* (London and New York, 1931), vii;黑体是原作者做的标记。

[4] Jean F. Neurohr, Der Mythos vom dritten Reich: zur Geistesgeschichte des Nationalsozialismus (Stuttgart, 1957), 20–22.

[5] Daniel, *Lehrbuch für Geographie*, cited in Jonathan F. Scott, *Patriots in the Making: What America Can Learn from France and Germany* (New York, 1916), 177–179.

[6] Heinrich Heine, *Smtliche Werke* (Leizig, n. D.), 4: 190.

［7］Martin Luther, "Treatise on Good Works," in *Luther's Works*, 54 vols. , ed. Jaraslav Pelikas（St. Louis, 1955 – 1975）, 44, 92, 96, 105, 113.

［8］Luther, " On the Jews and Their Lies," in *Works*, 47: 135, 285, 266 – 267, 269 – 292. 另见 Walter Kaufmann, *Nietzsche: Philosopher, Psychologist, Antichrist*（Princeton, 1950）, 139。

［9］Birger Forell, "National Socialism and the Protestant Churches," in *The Third Reich*, ed. Maurice Baumont et al.（New York, 1955）, 825.

［10］Wilhelm Röpke, *The Solution to the German Problem*, trans. E. W. Dickes（New York, 1946）, 117.

［11］Hans Jakob Christoffel von Grimmelshausen, *Der Abenteurliche Simplicissimus*（Zurich, 1967）, I: 196 – 199. English Version: *Simplicius Simplicissimus*, trans. from the original German Edition of 1669 by Weissenborn and Lesley MacDonald（London, 1961）, 178 – 183.

［12］Kenneth C. Haynes, *Grimmelshausen*（London, 1932）, 152.

［13］Marc Raeff, " The Well-Ordered Police State," *America Historical Review* 80（December 1975）: 1226 – 1229（后面这本期刊引作 *AHR*）。

［14］Walter L. Dorn, "The Prussian Bureaucracy in the Eighteenth Century," *Political Scientist Quarterly* 46（1931）: 408; 47（1932）, 75 – 94; 另见 Carl Heinrichs, *Friedrich Wilhelm I. König in Preussen: Eine Biographie*（Daarmstadt, 1968）; R. A. Dorwart, *The Prussian Welfare State Before* 1740（Cambridge, Mass. , 1970）.

［15］Otto Hintze, *Die Hohenzollern und Ihr Werk: Fünfhundert Jahre vaterländeischer Geschichte*（Berlin, 1915）, 319 – 320; Oswald Spengler, "Preussentum und Sozialismus," in *Politische Schriften*（Munich , 1933, first published 1919）, 31; Robert Ergang, *The Potsdam Führer: Frederick William I, Father of Prussian Militarism*（New York, 1941）8 – 10.

［16］George P. Gooch, *Frederick the Great: The Rule , the Writer , the Man*（New York, 1947）, 343; Neubauer's Lehrbuch , quoted in Scott, *Patriots*, 169.

［17］Frederick the Great, in *Oeuvres*, 17: 83 – 84, as quoted in Erang, *Potsdam Führer*, 251.

［18］Heinz Linge, "Kronzeuge Linge," *Revue*（Munich）, 26 December, 1955.

［19］引言出自 *Hitler's Tischgespräche im Führerhauptquartier*, 2nd ed. , Percy Schraamm（Stuttgart, 1965）, 335, 186, 195, 148, 171（后面引作 *Tischgespräche*）。

[20] Gooth, *Frederick the Great*, 45.

[21] Gordon A. Craig, "Johannes von Müller: The Historian in Search of a Hero," *AHR* 75 (June 1969): 1498 – 1509.

[22] Treitschke's *History of Germany in the Nineteenth Century*, 7 vols. trans. Eden and Cedar Paul (London, 1915), I, 508 – 511, 566.

[23] Hans Kohn, "Arndt and the Character of German Nationalism," *AHR* 54 (1949): 790, 796, 800 – 803.

[24] Lesebuch, as quoted by Scott, *Patriots*, 186 – 187.

[25] Rohan D. O. Butler, *The Roots of National Socialism, 1783 – 1933* (London, 1941): 790, 796, 800 – 803.

[26] Peter Gay, *Weimar Culture: The Outsider as Insider* (New York: 1968), 61.

[27] 引自 Peter Viereck, *Metapolitics: From the Romantics to Hitler* (New York, 1941), 30。

[28] Johaann Gottleb Fichte, *Addresses to the German Nation*, trans. R. F. Jones and G. H. Turnbull (Chicago and London, 1922), 208 and passim; Viereck, *Metapolitics*, 6 – 7, 192 – 194, 45; Neurohr, *Mythos*, 142 – 143.

[29] Joseph Campobell, "Folkloristic Community," in *The Complete Grimm's Fairy Tales* (New York, 1944); 另见 Louis L. Snyder, *German Nationalism: The Tragedy of a People* (Harrisburg, Pa., 1952)。

[30] *Grimm's Fairy Tales*, 534 – 535.

[31] Ibid, 全文各处。

[32] 引自 Viereck, *Metapolitics*, 73。

[33] Carl Schurz, *Reminiscences* 3 vols. (New York, 1907), 1: 112 – 114, 116 – 117.

[34] Velt Valentin, *Geschichte der deutsche Revolution von 1848 – 49*, 2 vols. (Berlin, 1930 – 1931), 序言; 另见他的演讲集, *1848: Chapters of German History*, trans. Ethel Talbot Scheffauer (London, 1940), 426 – 470; 447 – 452 and passim。

[35] Geoffrey Bruun, *Nineteenth Century European Civilization* (New York, 1960), 35.

[36] 转引自 Louis L. Snyder, *Journal of Modern History* 26 (December 1954): 393。

[37] 引自 Roy Pascal, *The Growth of Modern Germany* (London, 1946), 42。

[38] Henry A. Kissinger, "The White Revolutionary: Reflections on Bismark," *Daedalus*:

Journal of the American Academy of Arts and Science 97 (1969): 906, 907.

[39] 除了俾斯麦的回忆录和信件以及普通的传记，另参见 Otto Pflanze, "Towards a Psychoanalytic Interpretation of Bismarck," *AHR* 77 (April 1972): 419–444。

[40] Adolf Hitler, *Mein Kampf* (New York, 1939), 147, 191, 223–224, 317–318; *Tischgespräche*, 346.

[41] Hans Delbrück, *Regierung und Volkswille: Eine akademische Vorlesung* (Berlin, 1914), 186.

[42] Max Weber, *Politische Schriften* (Munich, 1921), and Marianne Weber, *Max Weber: Ein Lebensbild*, 引自 H. H. Gerth and C. Wright Mills, *From Max Weber Essays in Sociology* (New York, 1958), 33; Mommsen, 引自 Fritz Stern, *The Failure of Illiberalism: Essays on the Political Culture of Modern Germany* (New York, 1972), 198。

[43] 引语出自 Karl Dietrich Bracher, *The German Dictatorship: The Origins, Structure and Effects of National Socialism*, trans. Jeans Steinberg (New York, 1967), 4。关于德国历史延续和变迁问题的精彩讨论，见 Stern, *Illiberalism*。

[44] Hans Kohn, *The Mind of Germany: The Education of a Nation* (New York, 1960), 63–64.

[45] Snyder, *Nationalism*, 132.

[46] Dahrendorf, *Society*, 199–201.

[47] G. W. F. Hegel, "Philosophy of Right and Law," in *The Philosophy of Hegel*, ed. Carl Friedrich (New York, 1963), 283, 293, 309, 323–324; 黑体是原作者做的标记。

[48] Hegel, "Philosophy of Right," 318.

[49] Heinrich von Treitschke, *Politics*, 2 vols. (London, 1916), 1: 34, 35, 63; 2: 389, 399。另见 Andreas Dorpalen, *Heirich von Treischke* (New Haven, Conn., 1957), 227.

[50] Treischke, *Politics*, 2: 123; Dorpalen, *Treischke*, 229; Fritz Nova, *The National Socialist Fuehrerprinzip and Its Background in German Thought* (Philadelphia, 1943), 19–23, 46–47.

[51] Friedrich List, *National System of Political Economy* (1855; reprint ed., New York, 1966), 177, 191, 414.

[52] List 的话，引自 Snyder, *Nationalism*, 75。

[53] H. Gollwitzer, "Der Cäsarismus Napoleons III. im Widerhall der öffentlichen Meinung

Deutschlands,' *Hitorische Zeitschrift* 173 (1952): 58.

[54] Hajo Holborn, *A History of Modern Germany, 1840 – 1945*, 3 vol. (New York, 1969), 2: 281; Helmut. Krausrick, "The Persecution of the Jews," in *Anatomy of the SS State*, trans. Richard Barry, Marian Jackson, and Dorothy Long (New York, 1968), 7; Bracher, *Dictatorship*, 38 – 39; Peter G J. Pulzer, *The Rise of Political Anti-Semintism in Germany and Austria* (London and New York, 1964), 50 – 51; Massing, *Rehearsal*, 7 – 8.

[55] Paul de Lagarde, *Deutsche Schriften*, 5th ed. (Gttingen, 1920), 23, 33, 38 – 39, 349, 348。另见 Fritz Stern, *The Politics of Cultural Despair: A Study in the Rise of Germanic Ideology* (Berkeley and Los Angeles, 1961), 35, 49, 58, 72, 87; Jean-Jacques Anstett, "Paul de Lagarde," in *The Third Reich*, ed. Baumont et al., 161。

[56] Julius Langbehn, *Rembrandt als Erzieher* (Leizig, 1890), 219 – 223, 258 – 259, 309。另见 Stern, *Despair*, 117, 137 – 138, 153 – 173; George L. Mosse, *Germans and Jews: The Right, The Left and the Search for a "Third Force" in Pre-Nazi Germany* (New York, 1970), 121 – 122。

[57] 除非另有提及，来自尼采的引语摘自下面的作品：（1）*Gesammelte Werke*, 23 vols. (Musarion Verlag, Munich, 1923), 后面引作 MusA；（2）现在正发行的新版本；*Kritische Gesamtausgabe*, ed. Giogio Colli and Mazzino Montnari (Berlin and New York, 1972), 这里引作 KGW；与（3）Walter Kaufmann, ed. *Portable Nietzsche* (New York, 1968), 引作 PN。

[58] Albert Camus, *The Rebel*, trans. Anthony Bower (New York, 1954), 75.

[59] 见 *The Antichrist*, conveniently available in PN; 还有 Kaufmann, ed., *Will to Power* (New York, 1967), 117。

[60] Nietzsche, *Twilight of the Idols*, PN, 541 – 542。

[61] 例如，见 MusA, 16: 369, 370, and passim; and Fritz Nova, *The National Socialist Fuehrerprinzip and its Background in German Thought* (Philadelphia, 1943), 22。

[62] Georg Lukács, *Die Zerstörung der Vernunft* (Berlin-Spandau, 1962), 312 – 313; Nietzsche, MusA, 13: 268.

[63] Nietzsche, MusA, 15: 149; MusA, 16: 366; 另见 KGA 8 (3): 459.

[64] Nietzsche, MusA, 15: 132.

[65] Nietzsche, MusA, 16: 374; KGA, 8 (3): 386.

[66] Nietzsche, PN, 457.

[67] Nietzsche, KGA, 7（3）: 215, 458.

[68] Karl Jaspers, *Nietzsche: An Introduction to the Understanding of his Philosophic Activity*, trans. Charles F. Wallraff and Frederick J. Schmitz（Tucson, 1965）, 458.

[69] Nietzsche, *Also sprach Zarathustra*（Kriegsausgabe, Leipzig, [1941]）, 67, 359, 420, 476.

[70] Nietzsche, MusA, 19: 374; 黑体是原作者做的标记。

[71] Nietzsche, PN, 326; 黑体是原作者做的标记。

[72] Arthur C. Danto, *Nietzsce as Philosopher*（New York, 1965）, 158 – 159, 177.

[73] Nietzsche, KGA, 8（3）: 452; 黑体是原作者做的标记。

[74] Alfred Rosenberg, "Friedrich Nietzsche: Commemorative Speech of 15 October 1944 on the 100th Anniversary of Nietzsche's Birth,"（Zentral Verlag, NSDAAP, Munich, 1944）, p. 14.

[75] Thomas Mann, "Nietzsche's Philosophy in the Light of Recent History," in *Last Essays*, trans. by Richard and Claraa Winston（New York, 1959）, 175.

[76] 引自 Neurohr, *Mythos*, 272。

[77] Thomas Mann, *Betrachtungen eines Unpolitischen*（Berlin, 1919）。另见 Ernst Keller, *Der Unjpolitische Deusche: Eine Studie zu den "Betrachtungen eines Unpolitischen" von Thomas Mann*（Munich, 19650）, 46 – 49; 引言出自 Bracher, *Dictatorship*, 498。

[78] S. D. Stirk, *German Universities: Through English Eyes*（London, 1946）, 42.

[79] J. Thomas Leamon, sermon, First Congregational Church, Williamstown, Mass., 12 November 1972.

[80] Paul W. Massing, *Rehearsal for Destruction: A Study of Political Anti-Semitim in Imperial Germany*（New York, 1949）, xvi.

[81] Ibid., 306。关于弗里奇对希特勒的影响，参见第二章，第97—98页。

[82] 关于朗贝恩（Langbehn）和拉加德（Lagarde）的声望，见 Holborn, *Germany*, 3: 411。

[83] Eugen Dühring, *Die Judenfrage als Frage des Rassencharakters und seiner Schädlichkeiten für Existenz und Kultur der Völker*, 6th ed.（Leipzig, 1930）, 281; Massing, *Rehearsal*, 7 – 9。Pulzer, *Anti-Semitsm*, 62, 82, 84.

[84] Stern, *Despair*, 60 – 63. Pulzer, *Anti-Semitism*, 62, 82, 84.

[85] Ibid., 242; Stern, *Despair*, 138, 141, 168.

［86］Gustav Freytag, *Soll und Haben*, 70th ed.（Leipzig, 1908）, passim; Mosse, *Germans and Jews*, 70.

［87］Treitschke, *Politics*, 1: 299 – 302; Dorpalen, *Treitschke*, 243 – 245.

［88］Fritz Fischer, *War of Illusions: German Policies from 1911 – 1914*, trans. Marian Jackson（New York, 1975）, 283 – 284.

［89］Pulzer, *Anti-Semitism*, 255 – 256.

［90］Ibid., 273 – 274.

［91］Walter Rathenau, *Biefe*, 引自 Martin Kitchen, *The German Officer Corps*, 1890 – 1914（London, 1968）, 43。

［92］Bracher, *Dictatorship*, 24 – 25.

［93］引自 Richard M. Brickner, *Is Germany Incurable?*（New York, 1943）, 169。

［94］Lagard, *Deutsche Schriften*, 33 – 37; Stern, *Despair*, 56, 69.

［95］引自 Kohn, *Mind of Germany*, 283。

［96］Bracher, *Dictatorship*, 29.

［97］Neurchr, *Mythos*, 93; Artur Moeller van den Bruck, *Das dritte Reich*, 3rd ed.（Hamburg, 1931）; S. D. Stirk, "Myths, Types and Propaganda," in *The German Mind and Outlook*, G. P. Gooch et al., eds.（London, 1945）, 131.

［98］Hegel, "Philosophy of Right and Law," 322.

［99］参见 H. W. C. Davis, *The Political Thought of Heinrich von Treitschke*（New York, 1915）, 150 – 153; Treischke, *Politics*, 1: 29 – 50, 57 – 68; 2: 599, 390。

［100］Spengler, "Preussentum und Sozialismus," quoted in Ergang, *Postsdam Führer*, 5.

［101］引自 Gerhard Ritter, *Staatskunst und Kriegshandwerk: Das Problem des "Militarismus" in Deutschland*, 4 vols.（Munich, 1965）, 1: 246, 271。

［102］Friedrich von Bernhardi, *Germany and the Next War*（New York, 1912）, 31.

［103］关于1900年对德国士兵的指示，引自 Ludwig Reiner, *The Lamps Went out in Europe*, trans. Richard and Clara Winston（New York, 1955）, 30; 与德意志帝国总理冯·比洛（von Bülow）的谈话，引自 Fritz Fischer, *World Power or Deline: The Controversy Over Germany's Aims in the First World War*, trans. Lancelot L. Farrar, Robert Kimber, and Rita Kimber（New York, 1974）, 8.

［104］Fischer, *Illusions*, 92.

[105] Alfred Kruck, *Geschichte des Alldeutschen Verbandes*, *1890 – 1939* (Wiesbaden, 1954), 13 – 17.

[106] Ibid., 63 – 64, 183; Fritz Fischer, *Germany's Aims in the First World War* (New York, 1967), 156 – 172.

[107] Stern, *Illiberalism*, 154 – 156.

[108] Ritter, *Staatskunst*, 2: 159; Ergang, *Potsdam Führer*, 2.

[109] Carl Schorske, *German Social Democracy*, *1905 – 1919*: *The Development of the Great Schism* (Cambridge, Mass., 1955), 168.

[110] Kitchen, *Officers Corps*, 132, 142.

[111] W. F. Bruce, *Social and Economic History of Germany from William II to Hitler*: *1888 – 1938* (London, 1938), 39; Kitchen, *Officers Corps*, 125.

[112] 引自 Gordon Craig, *The Politics of the Prussian Army*, 1640 – 1945 (Oxford, 1955), 237。

[113] Karl Demeter, *The German Officer Corps in Society and State*, *1650 – 1945*, trans. Angus Malcolm (New York, 1965), 247.

[114] Craig, *Prussian Army*, 298.

[115] Hans W. Gatzke, book review in *Central European History* 5 (September 1972): 279.

[116] Bertram H. Schaffner, *Fatherland*: *A Study of Authoritarianism in the German Family* (New York, 1949), 13. 这里的报告得益于沙夫纳（Schaffner）的重要研究。

[117] Rudolf Hoess, *Commandant of Auschwitz* (New York, 1959), introduction and 31 – 32.

[118] Schaffner, *Fatherland*, 51.

[119] Ibid., 76.

[120] 引自 Stern, *Illiberalism*, xix。

[121] Holborn, *History*, 3: 813.

[122] Scott, *Patriots*, 135 – 140.

[123] Schenk-Koch's *Lehrbuch*, 出处同上, 183。

[124] Robert G. L. Waite, *Vanguard of Nazism*: *The Free Corps Movement in Postwar Germany*, *1918 – 1923* (Cambridge, Mass., 1952), 17 – 21。

[125] Mario Damandi, "The German Youth Movement," Ph. D. thesis, Columbia University

(1960), 365 – 366.

[126] Mosse, *Jews*, 127 – 130; Pulzer, *Anti-Semitism*, 309.

[127] Domandi, "Youth Movement," 288.

[128] Friedrich Wilhelm Foerster, *Jugendseele, Jugendbewegung, Jugendziel* (Munich and Leizig), quoted in Waite, *Vanguard of Nazism*, 21.

[129] Hermann Rauschning, *Revolution of Nihilism: Warning to the West*, trans. E. W. Dickes (New York, 1939), 63 – 64。这里非常感谢弗里茨·斯特恩（Fritz Stern）提供参考书目。

[130] Friedrich Meinecke, *Die deutsche Katastrophe* (Wiesbaden, 1949), Preface i.

[131] Jack J. Roth, ed., *World War I: A Turning Point in Modern History* (New York, 1967), 109.

[132] Hitler, *Mein Kampf*, 227.

[133] 参见 Aryeh L. Unger, *The Totalitarian Party: Party and People in Nazi Germany and Soviet Russia* (Cambridge, England, 1974), 263 – 264。

[134] Koppel S. Pinson, *Modern Germany: Its History and Civilization* (New York, 1954), 322 – 323; Gustav Stolper, Karl Häuser, and Knut Borchardt, *The German Economy: 1870 to the Present*, trans. Toni Stolper (New York, 1967), 110.

[135] Neurohr, *Mythos*, 79, 121.

[136] Ibid., 246.

[137] 对他们的人生素描，见 the "who's who" of the Party, *Das deutsche Führer-Lexikon* (Berlin, 1934)。

[138] Professor Doktor Witkop, ed., *Kriegsbriefe gefallener Studenten* (Munich, 1928), 7 – 8.

[139] Ernst Toller, *Eine Jungend in Deutschland* (Amsterdam, 1936), 53.

[140] Ernst Jünger, *In Stahlgewittern: ein Kriegstagebuch*, 16th, ed. (Berlin, 1926), 152, 257.

[141] 见 Neurohr, *Mythos*, 76 – 77.

[142] Waite, *Vanguard*, 31.

[143] Pinson, *Modern Germany*, 335; Fischer, *German War Aims*, 247ff.

[144] Henry Cord Meyer, ed., *The Long Generation* (New York, 1973), 105ff.

[145] 这一讨论的基础是 Richard M. Hunt, "Myths, Guilt and Shame in Pre-Nazi Germa-

ny," *Virginia Quarterly Review* 34 (Summer 1958): 355 – 371。

［146］引自 Ludwig F. Gengler, *Kampfflieger Berthold* (Berlin, 1934), 123 – 125。

［147］Friedrich Wilhelm Heinz, *Sprengstoff* (Berlin, 1930), 26, 29；黑体是原作者做的标记。

［148］与巴登（Baden）的麦克斯（Max）王子的谈话，收录于 Prince Max's memoirs, *Erinnerungen und Dokumente* (Stuttgart, 1927), 592, 600。另见 Herzogin Vitoria Louise, *Im Strom der Zeit* (Göttingen, 1974), 93。

［149］Heinz, *Sprengstoff*, 7.

［150］Waite, *Vanguard*, 51.

［151］Ernst von Salomon, *Die Geächteten* (Berlin, 1930), 72 – 73, 294, 307; *Nahe Geschichte: Ein Ueberblick* (Berlin, 1936), 30; "Der Verlorene Haufe," in *Krieg und Krieger*, ed. Ernst Jünger (Berlin, 1930), 116。

［152］Ernst H. Posse, *Die politischen, Kampfbünde Deutschlands*, 2nd ed. (Berlin, 1931), 46 – 47。

［153］引自 Waite, *Vanguard*, 267。

［154］Hans Gerth, "The Nazi Party: Its Leadership and Composition," *American Journal of Sociology* 55 (January 1940): 530 – 531。

［155］这首诗歌 1919 年最初发表于 George Grosz and Karl Einstein, eds, *Der blutige Ernst*, 引自 Richard Hanser, *Putsch! How Hitler Made Revolution* (New York, 1970), 238 – 239。

［156］Peter Bor, *Gespräche mit Halder* (Wiesbaden, 1950), 101.

［157］Theodore Abel, *Why Hitler Came into Power: An Answer Based on the Original Life Stories of Six Hundred of His Followers* (New York, 1938), 69 – 70; Joachim Rmak, ed., *The Nazi Years: A Documentary History* (Englewood Cliffs, N. J., 1969), 26, 引用的资料出自 the Abel Collection, of the Hoover Institution, Standord, California。

［158］Waite, *Vanguard*, 140 – 141; Holborn, *History*, 3: 589.

［159］Paul Seabury, *The Wilhelmstrasse: A Study of German Diplomats Under the Nazi Regime* (Berkeley, 1954).

［160］Gerhard F. Kramer, "The Influence of National Socialism on the Courts of Justice and Police," in *The Third Reich*, 599。

［161］参见 Robert M. W. Kempner, "Blueprint of the Nazi Underground — Past and Future Subversive Activities," *Research Studies of the State College of Washington* 13 (June 1945): 130 – 133。

［162］Stern, *Illiberalism*, 203.

［163］David Rodnick, *Postwar German: An Anthropologist's Account* (New Haven, 1948), 189.

［164］Ibid., 189; 另见 Guenther Lewy, *Catholic Church and Nazi Germany* (New York, 1964), 12 – 16。

［165］Erich Eyck, *A History of the Weimer Republic*, 2 vols., trans. by Harlan P. Hanson and Robert G. L. Waite (Cambridge, Mass., 1963), 2: 219, 476.

［166］参见 Edouard Calic, ed., *Secret Conversations with Hitler: The Newly Discovered 1931 Interviews*, trans. Richard Barry, foreword by Galo Mann (New York, 1971)。

［167］参见 "Erzieherschaft und Partei," *Berliner Tageblatt*, no. 210 (May 1937); 另见 *Der Schulungsbrief*, nos. 8 and 9 (1938), quoted in Gerth, *Journal of Sociology* (January 1940) 55: 525。

［168］Fritz K. Ringer, *The Decline of the German Mandarins: The German Academic Community, 1890 – 1933* (Cambridge, Mass., 1969), 216.

［169］卡尔·弗里德里希 (Carl J. Friedrich) 的评论, "Weimar Germany 1919 – 1932: Intellectuals, Culture and Politics," New School for Social Research, New York, 29 – 30 October 1971 (后面引作 New School Conference, 1971), 根据我的笔记。

［170］Gay, *Weimar Culture*, 10, 23.

［171］New School Conference, 1971, 根据我的笔记。

［172］Kurt Sontheimer, "Anti-Democratic Thought in the Weimar Republic," in *The Path to Dictatorship: Ten Essay*, trans. John Conway, introduction by Fritz Stern (New York, 1966), 36 – 39; Klemens von Klemperer, *Germany's New Conservatism: its History and Dilemma in the Twentieth Century* (Princeton, 1957).

［173. Paul Sethe, quoted in Gordon Craig, "Engagement and Neutrality in Weimar Germany," *Journal of Contemporary History* (1967): 59。关于图霍尔斯基, 特别参见 Harold Poor, *Kurt Tucholsky and the Ordeal of Germany* (New York, 1968)。关于对《世界舞台》的同情观点, 见 Istvan Deak, *Weimar Germany's Left-Wing Intellectuals: A Political History of the*

Weltbühne and Its Circle (Berkeley, 1968)。

[174] New Schook Conference, 1971, 根据我的笔记。

[175] Gay, *Weimar Culture*, 62–63.

[176] Neurohr, *Mythos*, 25, 243–246.

[177] Stern, *Despair*, 293.

[178] Sontheimer, "Anti-Democratic Thought," 47.

[179] 引自 Kohn, *Mind of Germany*, 321。

[180] Stirk, *German Universities*, 138; Stern, *Despair*, 265–266.

[181] Ibid., 263–265.

[182] Holborn, *History*, 3, 657。黑体是我做的标记。

[183] Oswald Spengler, *The Decline of the West: Form and Actuality*, 2 vols, trans. Charles Francis Atkinson (New York, 1926), 2: 507; 黑体是原作者做的标记。另见 Stirk, "Myths," in *German Mind and Outlook*, 138。

[184] Domandi, "Youth Movement," 285; 另见 Holborn, *History*, 3: 658。

[185] Spengler, *Preussentum und Sozialismus*, 104–105.

[186] Franz Schauwecker, quoted in Lukács, *Zerstörung*, 297.

[187] The phrase is Carl Schorske's; 见 "The Weimar Intellectuals," *New York Review of Books* 14 (21 May 1970): 20–25。

[188] Martin Heidegger, *Die Selbstbehauptung der deutschen Universität* (Breslau, 1933); *Das deutsche Führer-Lexikon* (Berlin, 1934).

[189] Gordon Craig, "Engagement and Neutrality in Weimar Germany," *Journal of Contemporary History* 2 (1967): 49–63; Harry Pross, "On Thomas Mann's Political Career," Ibid., 75.

[190] 参见 Kritz K. Ringer, ed., *The German Inflation of* 1923 (Oxford, 1969); Hanser, *Putsch!*, 305–307。

[191] Pearl S. Buck, *How it Happens: Talk About the German People, 1914–1933* (New York, 1947), 124.

[192] Peter Loewenberg, "Psychohistorical Origins of the Nazi Youth Cohort," *AHR* 76 (December 1971): 1468, 1472.

[193] Dieter Petzina, "Germany and the Great Depression," *Journal of Contemporary Histo-*

ry 4 (October 1969): 67-68.

[194] Michael Steinberg, *Sabres and Brown Shirts: The German Students' Path to National Socialism, 1918-1935* (in press).

[195] Else Frenkel-Brunswick, "The Role of Psychology in the Study of Totalitarianism," in *Totalitarianism*, ed. Carl J. Friedrich (Cambridge, Mass., 1954), 173.

[196] 民众恐惧与希特勒吸引力之间的关系首受到注意，始于弗兰茨·纽曼（Franz Neuman）1954 年的文章 "Angst und Politik," 转引自 Stern, *Illiberalism*, 96, xxviii。约阿西姆·费斯特（Joachim C. Fest）在 *Hitler: Eine Biographie*（Vienna, 1973）一书中讨论了 "大众愤怒"（die Grosse Angst）。并在 1975 年 10 月 17 日哈佛大学的一个研讨会讨论了这个问题。

[197] 与哈罗德·尼科尔森（Harold Nicolson）的谈话，见 *Diaries and Letters: The War Years, 1939-1945* 3 vols. (New York, 1967), 2: 39; Hitler, *Mein Kampf*, 468, 920. Joseph Goebbels, *The Early Goebbels Diaries: 1925-1926*, ed., Helmut Heiber, trans. Oliver Watson (New York 1963), 91; 黑体是我做的标记。

[198] Eva G. Reichmann, *Hostages of Civilization: The Social Source of National Socialist Anti-Semitism* (London, 1950), 193; Theodore Abel, *Why Hitler Came into Power: An Answer Basted on the Original Life Stories of 600 of His Followers* (New York, 1938), 149-150.

[199] 见 John Snell, ed., *Nazi Revolution: German's Guilt or Germany's Fate?* (Boston, 1959), introduction, xiii

[200] Hermann Glaser, "Adolf Hitlers Mein Kampf als Spiesserspiegel," *Aus Politik und Zeigeschichte* 9 Jahrgang (24, July 1963), 130-22; Hans Kohn, "The Mass-Man: Hitler," *Atlantic Monthly* 173 (April 1944), 100-104.

[201] Konrad Heizen, *Der Fuehrer: Hitler's Rise to Power*, trans. Ralph Manheim (Boston, 1944), 377-378.

[202] Doroghy Thompson, *I Saw Hitler!* (New York, 1932); 汤普森小姐拼错了他名字的第一个字。

[203] 这一比喻来自 Ernst Nolte, *Three Faces of Fascism*, trans. by Leila Venewitz (New York, 1966), 373。

[204] Gordon W. Prange, ed., *Hitler's Words* (Washington, D. C., 1944), 105, 109.

[205] William L. Langer, "The Next Assignment," *AHR* 63 (January 1958): 302.

[206] Frenkel-Brunswick, "Role of Psychology" 178-184.

[207] Henry Dicks, "Personality Traits and National Socialist Ideology: A Wartime Study of German Prisoners of War," *Human Relations* 3 (1950): 111 – 153.

[208] Powell Kecskemeti and Nathan Leites, "Some Psychological Hypotheses on Nazi Germany," *Journal of Social Psychology* 26 – 28 (1947 – 1948).

[209] Gerth, "Nazi Party," 528 – 530; Richard Grunberger, *The Twelve-Year Reich: A Social History of Nazi Germany, 1933 – 1945* (New York, 1971), 234, 306; Fest, *Hitler*, 386; Moose, *Germans and Jews*, 23; Baldur von Schirach, *Ich glaubte an Hitler* (Hamburg, 1967), 160; Steinberg, *Sabres and Brown Shirts*.

[210] Peter Merkl, unpublished paper quoted in Loewenberg, "Nazi Youth Cohort," 1473; 黑体是我做的标记。

[211] 详见勒温伯格（Loewenberg）的重要文章，出处同上。我也大大得益于同勒温伯格的谈话。

[212] Buck, *How It Happens*, 51, 66.

[213] 引自 Loewenberg, "Nazi Youth Cohort," 1477。

[214] William L. Langer, comment at American Psychoanalytic Association Colloquium, Washington, D. C., May 1971（后面引作 APA Colloquium, 1971）。

[215] Loewenberg, "Nazi Youth Cohort," 1484.

[216] Hans Peter Bleuel and Ernst Klinnert, *Deutsche Studenten auf dem Weg ins dritte Reich: Ideologien, Programme, Aktionen, 1918 – 1935* (Gtersloh, 1967), 119 – 120；黑体部分是我做的标记。

[217] Loewenberg, "Nazi Youth Cohort," 1499.

[218] Martin Wangh, M. D., in APA Colloquium, 1971.

[219] Loewenberg in APA Colloquium, 1971.

[220] Andreas Dorpalen, "Commentary," *Childhood* (Fall 1973): 241.

[221] Bleuel and Klinnert, *Deutsche Studenten*, 145.

[222] Martin Wangh, "National Socialism and the Genocide of the Jews: A Psycho-Analytic Study of an Historical Event," *International Journal of Psycho-Analysis* 45 (1964): 386 – 395；另见 Loewenberg, "Nazi Youth Cohort"。

[223] 这一短语出自 Reichmann, *Hostages*, 201。

[224] 见 Fritz Stern, *Illiberalism*, 23。

[225] H. R. Trevor-Roper, in *The Listener* (25 January 1973): 103.

[226] Abel, *Why Hitler Came*, 128 – 129, 146, 218, 261.

[227] Ernst Hanfstaengl, *Unheard Witness* (New York, 1957), 283 – 284.

[228] Norman H. Baynes, *The Speeches of Adolf Hitler, 1922 – 1939*, 2vols. (London and New York, 1942), 1∶261 – 263; Prange, *Hitler's Words*, 106, 108; *Hitler: Reden und Proklamationen, 1923 – 1945*, ed. Max Domarus (Munich, 1965), 1767.

[229] Georges Sorel, *Reflections on Violence* (New York, 1961), 17; Rollo May, in *New York Times*, 25, November 1968.

[230] Fyodor Dostoyevsky, *The Brothers Karamazov*, tran. Constance Garnett (London, 1912), 305; 黑体是原作者做的标记。

[231] A. J. P. Taylor, "The Seizure of Power," in *The Third Reich*, 523ff.

[232] Oswald Spengler, *Jahre der Entscheidung* (Munich, 1933), viii..

[233] Alan Bullock, "The German Communists and the Rise of Hitler," in *Third Reich*, 515.

[234] 引自 Erich Matthias, "The Social Democratic Party and Government Power," in *Path to Dictatorship*, 51.

[235] Erich Matthias, "The Downfall of the Old Social Democratic Party in 1933," in *Republic to Reich: The Making of the Nazi Revolution*, ed. Hajo Holborn, trans. Ralph Manheim (New York, 1972), 72 – 73, 96.

[236] Heinrich Brüning, *Memoiren: 1918 – 1934* (Stuttgart, 1970); 另见 E. W. Bennett s review in *Central European History*, 4: (June 1971), 180 – 187; 与 Holborn, *History* 3∶673。

237. Nolte *Three Faces*, 323.

第五章

[1] Harold D. Lasswell, *Psychopathology and Politics*, rev. ed. (New York, 1960), 261, 263.

[2] 私人信件来自弗里德里希·潘斯夫人 1967 年写的信,利特尔·冯·拜尔(Ritter von Baeyer)1967 年 3 月 3 日写的信和韦瑟(G. Weiser)1967 年 5 月 12 日写的信。

[3] "Guftachten über den Geisteszustand des Untersuchungsgefangenen Adolf Hitler," signed by Obermedizinalrat Dr. Bensteiner, Landsberg a. L., 8 Januar 1924, reprinted in OSS Source

Book, 19 – 20; Otto Lurker, *Hitler Hinter Festungsmauren* (Berlin, 1933), p. 35.

[4]"Hitler as Seen by His Doctors," Military Intelligence, Consolidated Interrogation, 29 May 1945, National Archives (后面引作"Hitler's Doctors," MIR)。

[5] Walter C. Langer, "Psycological Analysisi of Adolph [sis] Hitler: His Life and Legend," Office of Strategic Services Report, National Archives (1943), 247 (后面引作 OSS Report). 这份报告出版后名为 *The Mind of Adolf Hitler* (New York, 1972), foreword by William L. Langer, afterword by Robert G. L., 212。

[6] Douglas M. Lesley, *Twenty-Two Cells in Nuremberg: A Psychiatrist Examines the Nazi Criminals* (New York, 1947), 235 – 236.

[7] Heinz Guderian, *Erinnerungen eines Soldaten* (Heidelberg, 1957), 402 – 403; Dietrich von Choltitz, *Soldat unter Soldaten* (Zurich, 1951), 222; Percy Ernst Shramm, *Hitler: The Man and the Military Leader*, trans. Donald S. Detwiler (Chicago, 1971) 119; Gerhard Boldt, *Hitler: The Last Ten Days: An Eyewitness Account* (New York, 1973), 15, 63 – 64. Karl Wahl, "…es ist das deutsche Herz," in *Erlebnisse und Erkentnisse eines ehemaligen Gauleiters* (Augsburg, 1954), 391; Military Intelligence Service Center, U. S. Army, O. I. Special Report 36 (April 1947) "Adolf Hitler: A Composite Picture," Natinal Archives (后面引作"Hitler Composite," MIR)。

[8] 见 Israel Wechsler, *A Textbook of Clinical Neurology* (London, 1943), 597 – 600.

[9] Heinz Guderian, *Panzer Leader*, trans. Constantine Fitzgibbon, foreword by B. H. Liddell Hart (London, 1952), 443; Willi Frischhauer, *Himmler: The Evil Genius of the Third Reich* (London, 1953), 242 – 243.

[10] 1968 年 11 月 21 日,《纽约时报》采访了汉斯·贝格尔-普林茨 (Hans Berger-Prinz) 博士。

[11] Anton Braunmühl, "War Hitler Krank?" *Stimmen der Zeit* 79 (May 1954): 98 – 99.

[12] Johann Recktenwald, *Woran hat Adolf Hitler gelitten? Eine neurospsychiatrische Deutung* (Munich, 1963), 24, 42 – 64, and passim.

[13] John H. Walters, "Hitler's Encephalitis: A Footnote to History," *Journal of Operational Psychiatry* 6 (1975): 99 – 111.

[14] Wechsler, *Textbook*, 600.

[15] Dr. H. D. Röhrs, *Hitler: Die Zeistörung einer Persönlichkeit* (Neckargemönder,

1965), 49 – 51, 71 – 72, 113, and passim. 莫勒尔开的处方, 参见 "Hitler's Doctors," MIR.; Röhrs, *Zerstörung*, 93 – 96; *Der Spiegel*, no. 13 (1969); Weiner Maser, *Adolf Hitler : Legende Mythos Wirklichkeit* (Munich, 1971), 326 – 328.

［16］马泽尔（Maser）的观点, 参见 Robert G. L. Waite, in *Gentral European History* 2 (March 1074): 92 – 93。Geoffery Barraclough 倾向于赞同马泽尔的观点; 见 *New York Review of Books*, 3 April 1975, 16。

［17］EKG 的结论最初是由 Bad Nauheim Heart Institute 的主任卡尔·韦伯做出解释的。1968 年 11 月 28 日, 一位美国心脏专家, 科里尔·赖特医生（Collier Wright, M. D.）进一步证实了这一诊断结论。

［18］Wechsler, *Textbook*, 264 – 365.

［19］Felix Kersten, *The Kersten Memoirs, 1940 – 1945*, trans. Constantine Fitzgibbon and James Oliver (New York, 1957), 165 – 166.

［20］Wechsler, *Textbook*, 445 – 447.

［21］来自耶拿大学（Jena Universtiy）医学院主席迪特尔·弗里克（Dieter Fricke）博士于 1969 年 11 月 10 日写的信; Military Intelligence Annex 13; 1975 年 4 月 28 日同罗伯特·戴维斯医生（Robert K. Davis, M. D.）的谈话。

［22］戴维·加林医生（David Galin, M. D.）1974 年 10 月 9 日在美国马萨诸塞州斯托克布里奇的奥斯滕·里格斯中心（Austen Riggs Center）参加了研讨会, 他没有公开发表的文章为, "左右脑机能的精神病学含义: 对潜意识过程的神经病理学分析"（Implications for Psychiatry of Left and Right Cerebral Specialization: A Neorophysiological Context for Unconscious Processes）。

［23］Colin Martindale, Nancy Hasenfus, and Dwight Hines, "Hitler: A Neurohistorical Formulation," unpublished paper, University of Maine.

［24］见 Otto Kernberg, "Borderline Personality Organization," *Journal of the American Psychoanalytic Association* 15 (July 1967): 641 – 685.

［25］Ibid.; "Structural Derivatives of Object Relationships," *International Journal of Psycho-Analysis* 47 (1966): 236 – 253; Robert P. Knight, "Borderline States," and "Management and Psychotherapy of the Borderline Schizophrenic," in *Psychoanalytic Psychiatry and Psychology* (New York, 1954): 97 – 109; and Eric Pfeiffer, "Borderline States," *Diseases of the Nervous System* (May 1974): 216.

[26] Kernberg, "Borderline Personality Organization," 652, 671–674.

[27] Ibid., 649.

[28] Albert Speer, *Spandau*: *The Secret Diaries*, 引自 *New York Times Book Review*, 22 February 1976。关于希特勒个性冲突和矛盾的例子，见第一章，第 33—43 页。

[29] Kernberg, "Structural Derivatives," 238.

[30] 1974 年 10 月 9 日与戴维·加林医生的谈话，奥斯滕·里格斯中心；1974 年 9 月 5 日与劳伦斯·克莱默医生（Lawrence Climo, M. D.）的通信。

[31] Hitler, *Mein Kampf*, passim；希特勒的演讲引自 Richard A. Koenigsberg, *Hitler's Ideology*: *A Study in Psychoanalytic Sociology*, Table 1。

[32] Hitler, *Mein Kampf*, passim；希特勒的演讲引自 Koenigsberg, *Hitler's Ideology*: *A Study in Psychoanalytic Sociology*, Table 6。Norman H. Baynes, ed., *The Speeches of Adolf Hitler*, *1922–1939*, 2 vols. (London and New York, 1942), 1: 240, 322；黑体是我做的标记。

[33] 演讲引自 Koeigsberg, *Hitler's Ideology*: *A Study in Psychoanalytic Sociology*, Table 8；以及 *Hitler*: *Reden und Proklamationen*, *1932–1945*, ed. Max. Domarus (Munich, 1965), 1603, 1608；黑体是我做的标记。

[34] OSS Report, 169; Koenigsberg, *Hitler's Ideology*, Table 9, 10, 11.

[35] Hitler, *Mein Kampf*, passim；希特勒的演讲引自 Koenigsberg, *Hitler's Ideology*: *A Study in Psychoanalytic Sociology*, Table 9。

[36] Library of Congress, Manuscripts Division, Hitler file.

[37] OSS Source Book, quoting Ernst Hanfstaengl, 903.

[38] Theodor Heuss, *Hitlers Weg*: *Eine historisch-politische Studie über den Nationalsozialismus* (Berlin, 1932), 31.

[39] 1920 年 8 月 13 日的演讲引自 Reginald H. Phelps, "Hitler's 'Grundlegend' Rede über den Antisemitismus," *Vieteljahrshefte für Zeitgeschichte*, 4 (1968): 417（后面引作 *VfZ*）。

[40] Joseph Hall 的证词, Institue für Zeitgeschichte, document ZS 640, Folio 6 as quoted in Toland, *Adolf Hitler*, 116。

[41] Feriderick Oechsner, *This is the Enemy* (New York, 1942), 128.

[42] 1920 年的演讲引自 Margarete Plewnia, *Auf dem Weg zu Hitler*: *Der "völkische" Publizist Dietrich Eckart* (Bremen, 1970), 96；与 Hermann Rauschning 的谈话, *Gespräche mit Hitler* (Zurich and New York, 1940), 223；黑体是我做的标记。

[43] 见 Nathan W. Ackerman and Maarie Johanma, *Anti-Semitism and Emotional Disorder : A Psychoanalytic Interpretation* (New York, 1950); Martin Wangh, "National Socialism and the Genocide of the Jews; A Psychoanalytic Study of a Historical Event," *International Journal of Psycho-Analysis* 45 (1964): 386 – 395; and the essays in Ernst Simmel, ed. *Anti-Semitism : A Social Disease* (New York, 1946).

[44] Jean-Paul Sartre, *Anti-Semite and Jew*, trans. by George J. Becker (New York, 1948), 26 – 27, 54 – 55.

[45] Harry Slochower, "Hitler's 'Elevation' of the Jew: Ego-splitting and Ego-function," *American Image* 28 (Winter 1971): 305 – 309.

[46] Gordon W. Allport, *The Nature of Prejudice* (Boston, 1954), 389.

[47] Gertrud M. Kurth, "The Jew and Adolf Hitler," *Psychoanalytic Quarterly* 76 (1947): 11 – 32.

[48] Hans Bernd Gisevius, *Adolf Hitler : Versuch einer Deutung* (Munich, 1963), 383.

[49] Gordon W. Prange, ed., *Hitler's Words* (Washington, D. C., 1944), 74; Harold D. Lasswell, "The Psychology of Hitlerism", *Political Quarterly* 4 (1933): 378.

[50] Ernst Nolte, *Three Faces of Fascism*, trans. Leila Vennewitz (New York, 1965), 377 – 379; Gregor Ziemer, *Education for Death : The Making of the Nazi* (New York, 1941), 28.

[51] Hitler as quoted in Langer, *The Mind of Hitler*, 190.

[52] Robert Jay Lifton, *Death in Life : Survivors of Hiroshima* (New York, 1967), 521, 532 – 533.

[53] Reginald H. Phelps, "Hitler als Parteiredner im Jahre 1920," *VfZ* 7 (1963), Reden; 黑体是我做的标记。

[54] 1942 年 1 月 30 日、9 月 30 日和 11 月 8 日的演讲见 Domarus, *Reden*; 黑体是我做的标记。

[55] Hitler, *Mein Kampf*, 引自 Karl Dietrich Bracher, *The German Dictatorship : The Origins, Structure and Effects of National Socialism* (New York, 1970), 424 – 425。

[56] Percy Ernst Schramm, introduction to *Hitler's Tischgespräche im Führer-hauptquartier*, 2nd ed. (Stuttgart, 1965), 35 – 37 (后面引作 *Tischgespräche*)。

[57] OSS Report, 248.

[58] Albert Speer, *Inside the Third Reich : Memoirs*, trans. Richard and Clara Winston (New

York, 1970), 228; Raul Hilberg, *The Destruction of the European Jews* (Chicago, 1961), 645 – 646.

[59] Peter Kleist, *Die Europäische Tragödie*, quoted in Schramm, *Hitler*, 30 – 31.

[60] Kernberg, "Borderlline Personality Organization," 677.

[61] Heinrich Hoffmann, *Hitler Was My Friend*, trans. R. H. Stevens (London, 1955), 41 – 42.

[62] Konrad C. Heiden, *Der Fuehrer : Hitler's Rise to Power*, trans. Ralph Manheim (Boston, 1944), 360.

[63] Harold C. Deutsch, *The Conspiracy against Hitler in the Twilight War* (Minneapolis, 1968), 229.

[64] Lutz Graf Schwerin von Krosigk, *Es geschah in Deutschland : Menschenbilder unseres Jahrhunderts* (Stuttgart, 1951), 220.

[65] Ernst von Weizsäcker, *Erinerungen* (Munich, 1950), 252.

[66] Staff Conferences, Folder 16; Adolf Hitler, *Hitler's Lagebesprechungen : Die Protokollfragmente seiner militrischen Konferenzen, 1942 – 1945* (Stuttgart, 1962), 24.

[67] André Francois-Poncet, *The Fateful Years : Memiors of a French Ambassador in Berlin, 1931 – 1938*, trans. Jacques LeClercq (New York, 1949), 286; Douglas Hamilton, *Motive for a Mission : The Story Behind Hess's Flight to Britain* (London, 1971), 63; Hermann Rauschning, *The Voice of Destruction* (New York, 1949), 258 – 259; *Wiener Bulletin* 10 (1956); Joachim C. Fest, *Hitler : Eine Biographie* (Vienna, 1973), 609.

[68] Joachim C. Fest, *The Face of the Third Reich : Portraits of the Nazi Leadership*, trans. Michael Bullock (New York, 1970), 75, 76, 81.

[69] 纽伦堡文件引自 Alan Bullock, *Hitler : A Study in Tyranny*, rev. ed. (New York, 1962).

[70] Joseph Goebbels, *The Early Goebbels Diaries, 1925 – 1926*, ed. Helmut Heiber, trans. Oliver Watson (New York, 1962).

[71] Speer, *Inside*, 16, 60.

[72] 引自 Bullock, *Hitler*, 731。

[73] Speer, *Inside*, 431, 455, 488, 487.

[74] 见奥唐纳（O'Donnell）1969 年 10 月 载于《纽约时报》的一篇思想敏锐的文章。

[75] Schramm, *Hitler*, 35.

[76] Kernberg, "Borderline Personality Organization," 671–674.

[77] Speer, *Inside*, 358;黑体是我做的标记。

[78] Staff Conference, folder 4;黑体是我做的标记。

[79] Helmuth Greiner, *Die Oberste Wehrmachtführung, 1939–1943* (Wiesbaden, 1951), 26.

[80] *Der Hitler-Prozess: Auszüge aus den Verhandlungsberichten* (Munich, 1924), 20, 114;黑体是我做的标记。

[81] Domarus, *Reden*, 1603;黑体是原作者做的标记;*Hitler's Tischgespräche im Fhrerhauptquartier*, ed. Percy Ernst Schramm, 2nd ed. (Stuttgart, 1965), 494ff;黑体是我做的标记。

[82] Rauschning, *Gespräche* 81;黑体是我做的标记。

[83] Hitler, *Mein Kampf*, 570;黑体是我做的标记。

[84] Hans Buchheim, "The SS: Instrument of Domination," in *Anatomy of the SS State*, ed. Helmut Krausnick et al. (New York, 1968), 340–341.

[85] Lev Bezymenski, *The Death of Adolf Hitler: Unkown Documents from Soviet Archives* (New York, 1968), 26.

[86] Franz von Halder, *Tagebuch* (photocopy of typescript), Institute für Zeitgeschichte Archives Munich, 24.

[87] Rollo May, as quoted in *New York Times Book Review*, 10 December 1972.

[88] Christine Olden, "The Psychology of Obstinacy," *Psychoanalytic Quarterly* 12 (1943): 240, 250.

[89] Hans Buchheim, "Hitler als Soldat," in *Führer ins Nichts: Eine Diagnose Adolf Hitlers*, ed. Gert Buchheit (Cologne, 1960), 63.

[90] Adolf Hitler, *Hitler's Secret Book*, trans. Salvatore Attanasio (New York, 1961), 43.

[91] De Witt G. Poole Mission, National Archives, microfilm roll no. 2.

[92] Domarus, *Reden*, 1695;黑体是我做的标记。

[93] Heinz Linge, "Kronzeuge Linge," *Revue* (Munich), 3 March 1956.

[94] Berenice A Carroll, *Design for Total War: Arms and Economics in the Third Reich* (The Hague, 1968), 232, 249.

[95] Vojtech Mastnvy, *The Czechs Under Nazi Rule: The Failure of National Resistance*,

1939 – 1942 (New York, 1971), 128.

［96］Franz Neumann, quoted in Carroll, *Design*, 180.

［97］Edward N. Peterson, *The Limits of Hitler's Power* (Princeton, 1969), 15, 432; 黑体是我做的标记。

［98］Speer, *Inside*, 222.

［99］见第一章，第56—57页。另见 Alan S. Milward, *The German Economy at War* (London, 1965), 106.

［100］Halder, *Tagebuch*, 11; 黑体是我做的标记。

［101］*The Testament of Adolf Hitler*, trans. by R. H. Steven (London, 1961), 64 – 65.

［102］见 Peter Loewenberg, "Arno Mayers' 'Internal Causes and Purposes of the War in Europe, 1870 – 1956' —An Inadequate Model of Human Behavior, National Conflict and Historical Change," *Journal of Modern History* 42: (December 1970) 628 – 636.

［103］Kernberg, "Borderline Personality Organization," 671.

［104］Krosigk, *Es geschah*, quoted in Fest, *Face of Third Reich*, 321; 黑体是我做的标记。

［105］Domarus, *Reden*, 1603; 黑体是原作者做的标记。

［106］施佩尔与奥唐纳的谈话。

［107］Hitlers *Zweites Buch: Ein Dokument aus dem Jahr* 1928, ed. Gerhard L. Weinberg (Stuttgart, 1961), 77.

［108］Ribbentrop, quoted in Fest, *Hitler*, 949; Otto Dietrich, *Zwölf Jahre mit Hitler* (Munich, 1955), 156.

［109］Klaus Dörner, "Nationalsozialismus und Lebensvernichtung," *VfZ* 15 (1967): 149.

［110］Hans Buchheim, "Hitler als Politiker," in *Führer ins Nichts*, 17; Speer, *Inside*, 31, 106.

［111］Hitler, *Mein Kampf*, German ed. (Munich, 1941), 13.

［112］Ibid., 14.

［113］Ibid., 135.

［114］1943年9月威廉·帕特里克·希特勒的采访实录，收录于 OSS Source Book, 928。

［115］Jakob Steil, "Die Krankheit Hitlers," typescript, Institut für Zeitgeschichte, Munich, 45; Rauschning, *Voice*, 87; 黑体是我做的标记。

[116] Hitler, *Mein Kampf*, German ed., 136; Kurt von Schuschnigg, *Austrian Requiem*, trans. Franz von Hildebrand (New York, 1946), 13.

[117] Hitler, *Mein Kampf*, German ed., 14.

[118] Rauschning, *Voice*, 87–88.

[119] Hitler, *Mein Kampf*, German ed., 1.

[120] Dörner, "Lebensvernichtung," 148–151；黑体是我做的标记。

[121] 见 Robert G. L. Waite, "Adolf Hitler's Guilt Feelings," *Journal of Interdisciplinary History* 1 (Winter 1971): 231–232。

[122] James H. McRandle, *Track of the Wolf: Essay on National Socialism and Its Leader, Adolf Hitler* (Evanston, Ill., 1965). 这一研究使我最先注意到希特勒个性的这一方面。

[123] 引自 Andreas Dorpalen, "Hitler — Twelve Years After," *Review of Politics* 19 (1957): 501；黑体是我做的标记。

[124] Bradley F. Smith, *Adolf Hitler: His Family, Childhood and Youth* (Stanford, Calif., 1967), 113–114; Fest Hitler, 51; Maser, *Adolf Hitler*, 82.

[125] Maser, *Hitler*, 84.

[126] 见第三章, 第192—194页; Smith, *Hitler*, 122; August Kubizek, *The Young Hitler I Knew*, trans. E. V. Anderson (Boston, 1955), 143–225.

[127] Harold J. Gordon, Jr., *Hitler and the Beer Hall Putsch* (Princeton, 1972).

[128] Ibid., 255–257, 286.

[129] Ibid., 278.

[130] Peter Heydebreck, *Wehrwölfe*, 引自 Gordon, *Putsch*, 385–386；另见 Albert Kreb, *Tendenzen und Gestalten der NSDAP: Erinnerungen* (Stuttgart, 1959), 124。

[131] Richard Hanser, *Putsch! How Hitler Made Revolution* (New York, 1970), 327, 342, 359, 365; Ernst Hanfstaengl, *Unheard Witness* (New York, 1957), 98, 108.

[132] Gordon, *Putsch*, 401, 332；黑体是我做的标记。

[133] International Military Tribunal (Nuremberg, 1949), 12: 313.

[134] Gordon *Putsch*, 332.

[135] McRandle, *Track*, 178; Bracher, *Dictatorship*, 116; Gordon, *Putsch*, 270ff; Helmut Krausnick, ed., "*Es Spricht der Führer*": *7 Exemplaarische Hitler Reden* (Gtersloh, 1960), 224. 马泽尔（Werner Maser）认为希特勒的行为问题并不重要，并令人惊异地评论道，寻

求希特勒为什么在政治生涯的重要关头失败,是"没有价值"的;见 Maser, *Die Frhgeschichte der NSDAP: Hitler Weg bis 1924* (Bonn, 1965), 453。

[136] Hanser, *Putsch!*, 379; 另见 Gordon, *Putsch*, 352。

[137] McRandle, *Track*, 200.

[138] Peter Bor, *Gespräche mit Halder* (Wiesbaden, 1950), 23.

[139] Halder, *Tagebuch*, 引自 Deutsch, *Conspiracy*, 190。

[140] Milward, *Economy*, 43–44, 88–89; Speer, *Inside*, 213; Carroll, *Design*, 232, 239, 249; Hajo Holborn, *A History of Modern Germany*, 3 vols. (New York, 1969), 3: 756.

[141] Manfred Kehrig, *Stalingrad* (Stuttgart, 1976), as reported in *Der Spiegel*, 9 February 1976; Sir Basil Liddell-Hart, "Hitler as War Lord," *Encounter*, 30–31 (1968); 70.

[142] Sir Basil Liddell-Hart, *History of the Second World War*, 2 vols. (New York, 1972), I: 65, 74–75.

[143] Robert Payne, *The Life and Death of Adolf Hitler* (New York, 1973), 384.

[144] *The Testament of Hitler*, 96; Halder, *Tagebuch*, 302; Walter Warlimont, *Inside Hitler's Headquarters, 1939–1945*, trans. R. H. Barry (New York, 1964), 97–99; Bor, *Gespräche*, 170; Guderian, *Erinnerungen*, 105–106; Guenther Blumentritt, *Von Rundstedt: The Soldier and the Man* (London, 1952), 77; Hans-Adolf Jacobsen, *Dunkirchen: Ein Beitrag zur Geschichte des Westfeldzuges* 1940 (Neckargemünd, 1958), 96–98; and Hans Meier-Welcker, "Der Entschluss zum Anhalten der deutschen Panzer-Truppen in Flandern, 1940," *VfZ* 2 (1954): 274–290.

[145] William L. Langer and S. Everett Gleason, *The Undeclared War, 1940–1941: The World Crisis and American Foreign Policy* (New York), 494.

[146] Andreas Dorpalen, "Hitler the Party and the Wehrmacht," in *Total War and Cold War*, ed. Harry L. Coles (Columbia, Ohio, 1962), 73; 另见 DeWitt C. Poole, "Light on Nazi Foreign Policy," *Foreign Affairs* 25 (October 1946): 131–132.

[147] Telford Taylor, *The March of Conquest: The German Victories in Western Europe*, 1940 (New York, 1958), 368.

[148] Alan Bullock, "Hitler and the Origins of the Second World War," *Proceedings of the British Academy* 53 (1967); reprinted in Wm. Roger Louis, *The Origin of the Second World War: A. J. P. Tayor and His Critics* (New York, 1972), 142.

[149] 至于希特勒决定入侵苏联和他出席拜罗伊特节之间存在的联系,见 Walter Ansel, *Hitler Confronts England* (Druham, N. C., 1960), 178, 与施佩尔与费斯特的会面,见 *Hitler*, 712。

[150] Gerhard L. Weinberg, *Germany and the Soviet Union* (Leiden, 1954), 162-163; Norman Rich, *Hitler's War Aims. Vol. I: Ideology, the Nazi State and the Course of Expansion* (New York, 1973), 207; Albert Seaton, *The Russuo-German War, 1941-1945* (New York, 1971), 215; Wilhelm Meier-Dörnberg, *Die Oelversorgung der Kriegsmarine 1935 bis 1945* (Freiburg, 1973).

[151] *Hitler's Secret Conversations, 1941-1944*, trans. Norman Cameron and R. H. Stevens (New York, 1953), 276 (后面引作 *Conversations*)。

[152] Documents on German Foreign Policy, D., 12: 220 (后面引作 DGFP); 黑体是原作者做的标记。

[153] Johanna Menzel Meskill, *Hitler and Japan: The Hollow Alliance* (New York, 1966), 30-31.

[154] Rich, *Hitler's War Aims*, 1: 228-229.

[155] Buchheit, "Hitler als Soldat," in *Führer ins Nichts*, 53-55; Milward, *German Economy*, 43.

[156] Otto Dietrich, *Hitler*, trans. Richard and Clara Winston (Chicago, 1956), 67; Albert Zoler, ed. *Hitler Privat: Erlebnisbericht seiner Geheimsekretärin* (Düsseldorf, 1949), 160; Andreas Hillgruber, *Hitlers Strategie: Politik und Kriegsführung, 1940-1941* (Frankfurt am Main, 1965), 511; Bor, *Gespräche*, 203.

[157] Barton Whaley, *Codeword Barbarossa* (Cambridge, Mass., 1973), 18.

[158] Document 7 s89, Institut für Zeigeschichte, Munich.

[159] Nuremberg documents, 827-PS, *Trial of Major War Criminals*, 26: 296; 黑体是我做的标记。

[160] Louis L. Snyder, *The War: A Concise History* (New York, 1960), 218-226; Friedrich Paulus, *Ich stehe hier auf Befehl*, cited in Fest, *Hitler*, 891.

[161] Holborn, *Modern Germany*, 3: 804.

[162] Schramm, in *Tischgespräche*, 105.

[163] Poole, "Nazi Foreign Policy," 147. 对德国官员的访问记录,见 microfilm in the

Department of State, General Records of the Department of State, Record Group 59, Special Interrogation Mission to Germany, 1945–1956。

[164] James B. Compton, *The Swastika and the Eagle: Hitler, the United States, and the Origins of World War II* (Boston, 1967), xiii, 236.

[165] Seaton, *Russo-German War*, 214.

[166] 引自 Compton, *Swastika and Eagle*, 31, 60, 17。

[167] 1967 年 6 月在慕尼黑对汉夫施丹格尔的采访。

[168] "Fhrer Conference on Matters Dealing with the German Navy," 2 vols. (Washington, D. C., 1947); 特别见 1941 年 11 月 13 日的会议; Compton, *Swastika and Eagle*, 169, 172–173; Langer and Gleason, *Undeclared War*, 749, 760; Paul Friedländer, *Prelude to Downfall: Hitler and the United States, 1939–1941*, trans. Alice and Alexander Werth (New York, 1967), 294–295。

[169] 1939 年 9 月 18 日新闻发布会; Instruction A 1068, Bundesarchiv Coblenz, quoted in Friedländer, *Prelude*, 50。

[170] Meskill, *Hitler and Japan*, 30–31, 51; 另见 Paul Schroeder, *The Axis Alliance and Japanese-American Relations*, 1941 (Ithaca, N. Y., 1958); Hans Trefouse, "Germany and Pearl Harbor," *Far Eastern Quarterly* 2 (1951); 50。

[171] DGFP, Series D, 13: 958–959.

[172] Rich, *Hitler's War Aimes*, 1: 230–235, 237.

[173] 纽伦堡证词, 见 Nuremberg, IMT, 10: 297–298; *Nazi Conspiracy and Aggression*, Supplement B, 1199–1201。

[174] *Testament of Adolf Hitler*, 76.

[175] Domarus, *Reden*, 1790–1791; Gerhard Engel, *Heersadjutant bei Hitler, 1938–1943* (Stuttgart, 1974), 116–118.

[176] Warlimont, *Inside Headquarters*, 203.

[177] Ibid., 208. 另见 Hillgruber, *Strategie*, 553。

[178] 1945 年 10 月 24 日对格林的访问记录（缩微胶片）。

[179] IMT, 15: 398.

[180] James MacGregor Burns, *Roosevelt: The Soldier of Freedom, 1940–1945* (New York, 1970), 171.

[181] Langer and Gleason, *Undeclared War*, 738, 941；另见 Burns, *Soldier of Freedom*, 175.

[182] Trefouse, "Germany and Pearl Harbor," 50; *Testament of Hitler*, 87.

[183] Poole, "Nazi Foreign Policy," 147；类似的解释参见 Langer and Gleason, *Undeclared War*, 940; Friedländer, *Prelude*, 308–309; Rich, *Hitler's War Aims*, 1：245–246。

[184] 劳伦斯·克莱默（Lawrence H. Climo）1973年12月23日和30日在奥斯滕·里格斯中心的谈话。

[185] Jodl Papers，引自 Maser, in *Der Spiegel*, 4 June 1973; *Kriegstagebuch des Oberkommandos der Wehrmacht*, 1940–1945，引自 Schramm, *Hitler*, 36; Hillgruber, *Strategie*, 551–556.

[186] 莫勒尔的证词，见"Hitler's Composite," MIR。

[187] 1967年6月汉夫施丹格尔的谈话。

[188] Karl Koller, *Der letzte Monat: die Tagebuchaufzeichnungen des ehemaligen Chefs des Generalstabes der deutschen Luftwaffe vom 14 April bis 27 Mai* 1945 (Mannheim, 1949), 21；对马泽尔的采访，见1973年10月29日《纽约时报》。

[189] 1945年2月18日的这一声明有好几个版本；见 Schramm, *Hitler*, 176。The Nacht and Nebel decree（夜雨和烟雾法令）是希特勒在朱可夫（Zhukov）开始反攻后，即12月7日亲自起草的；1941年12月12日在希特勒命令下，凯特尔（Keitel）颁布该法令。Domarus, *Reden*, 1790.

[190] Wahl, *Erkenntnisse eines Gauleiters*, 390–391.

[191] Zoller, *Privat*, 231；1945年4月23日、25日、27日的最后简报于1966年1月10日首次公布在《明镜》杂志上。

[192] Zoller, *Privat*, 150–151.

[193] Gerhard Boldt, *Die letzten Tage der Reichskanzlei* (Hamburg, 1947), 66.

[194] 1947年12月30日同劳伦斯·克莱默的谈话。

[195] *Der Spiegel*, 10 January 1966.

[196] *Der Spiegel*, 17 September 1973.

[197] J. S. Conway, *The Nazi Persecution of the Churches*, 1933–45 (New York, 1968), 267–168.

[198] 1973年9月17日奥格斯滕（Augstein）在《明镜》周刊中提出这个问题。

[199] Hitler Staff Conferences, folders 14–19；另见 Der Spiegel, 17 September, 1973.

[200] Werner Maser, *Hitler Brief und Notizen：Sein Weltbild in handschriftlichen Dokumenten* (Vienna, 1973), 205.

[201] 这些文件的影印本收藏在 the Library of Congress, Manuscript Division, box 791, AC 10 076。

[202] H. R. Trevor-Roper, *The Last Days of Hitler* (New York, 1947), 201–205.

[203] Erich Kempka, *Ich habe Adolf Hitler verbrannt* (Munnich, 1950), 116–118, 赫斯特旗下的《时尚》杂志 (*Hearst's Cosmopolitan*) 1946 年 8 月采访了他。他在纽伦堡给出了相矛盾的证词；见 NCA, 6：575, 584。

[204] Herman Kanau, 引自 Michael A. Musmanno, *Ten Days to Die* (New York, 1950), 241；一个朋友引用了根舍的话，引自 Maser, *Hitler*, 432。

[205] 1971 年 6 月对肯普卡（Kempka）的访问；Maser, *Hitler*, 433；Hans Baur, *Hitler's Pilot*, trans. Edward Gerald (London, 1958), 191。

[206] 访问，见 Nerin E. Gun, *Eva Braun-Hitler：Leben und Schicksal* (New York and Bruchsal/Baden, 1968), 205–206。

[207] 埃里希·库比（Erich Kuby）对林格的访问，见 Erich Kuby, "Die Russen in Berlin, 1945"（五篇系列文章）in *Der Spiegel*, 12 May–2 June 1965；Linge in *Revue*, 26 November 1955, and in *News of the World*, 1 January 1956。关于林格证词的细小的出入，参见 Kuby, *Die Russen in Berlin*, 1945 (Vienna, 1965), 188–193。

[208] Linge, quoted in *Der Spiegel*, 26 May 1965.

[209] Elena Rzhevskaia, "Berlinskie Stransitsy" in *Znamia*, Moscow, 1967, no. 5 (May 1965), 154–198. 这里非常感激我的同事罗慕尔德·米斯乌那斯（Romuald Misiunasd）的翻译。

[210] Bezymenski, *Death*, 74–75.

[211] *Sunday Times* (London), 18 February, 1973.

[212] Maser, *Hitler*, 436–438.

[213] 影印的信件收录于 Gun, *Braun*。

[214] *Der Spiegel*, 26 May, 1965.

[215] 1974 年 9 月 24 日对医学博士鲁塞尔·费舍尔（Russell Fisher），马里兰州医学主考官的访问记录。

[216] Ibid.

[217] 1965 年 5 月 26 日库比（Kuby）首先在《明镜》周刊上提出是爱娃·布劳恩－希特勒开的枪。

[218] Hendin, "Suicide," 227–282.

[219] Friedlander, "'Longing to Die,'" 416.

[220] Menninger, "Psychoanalytic Aspects," 377.

[221] Theodor Reik, *Masochism in Sex and Society*, trans. Margaret H. Beigel and Gertrud M. Kurthe (New York, 1962), 429; 黑体是原作者做的标记。

[222] Siegel and Friedman, "Thrat of Suicide," 38.

[223] 1945 年 10 月 8 日对汉娜·莱契（Hanna Reitsch）的审问笔录，见 Nuremberg Document, 3734–PS, NCA, 6: 545–555。

[224] Menninger, *Man Against Himself*, 63.

[225] Gregory Zilboorg, "Suicide among Civilized and Primitive Races," *American Journal of Psychiatry* 92 (1936): 1638.

[226] Hilda Roderick Davidson, *Gods and Mythos of Northern Europe* (Baltimore, 1964), 31, 37, 205; Wolfgang Golther, *Handbuch der Germanischen Mythologie* (Leipzig, 1895), 284, 303, 313, 327.

[227] Kubuzek, *Young Hitler*, 55.

[228] Wahl, "Suicide as Magical Art," reprinted in *Clues to Suicide*, 23; 黑体是我做的标记。

[229] Ibid., 30.

索　引

（本部分页码为英文原书页码，即本书边码）

A

Arabham, Karl　亚伯拉罕，卡尔
　　anal character　肛门（期）性格，149
　　oral aggression　口唇攻击（口欲期攻击），147
Actor, role playing　表演者（演员），角色扮演，xii，II，35，215，373 – 4
Ahasuerus　亚哈随鲁，109，119
Amann, Max　阿曼，马克斯，9，45，72
Anal stage and Anality　肛门期与肛恋，148 – 9，236，241 – 2
　　Constipation　便秘，236
　　Enemas　灌肠剂，149，241
　　flatulence　胃肠胀气，26，39，149，254，353
　　perversion　性变态（性欲倒错），237ff
　　"shithead"　白痴，混蛋，149，257
　　urine　尿，39，54，241 – 2
Animals (see also separate listings: dogs, horse, lobsters, ravens, snakes, wolves)　动物，另见（单独列表：狗、马、龙虾、螃蟹、蛇、狼）42 – 3
Anti-Semitism　反犹主义，85，90，187 – 191，362 – 7
　　in Luther　路德的 ~，249，277 – 8
　　in the Second Reich　第二帝国的 ~，283 – 6

consequence of 反犹主义的后果, 367-73

"Anti-Semitic personality" "反犹主义人格" 363-5

Anxiety (see fears) 焦虑 (见恐惧)

Architecture (see also Art) 建筑 (另见艺术), 22, 33-4, 65-7, 78, 158-9

Arco-Valley, Count Anton 阿尔科-凡雷, 安东伯爵, 205

Arendt, Hannah 阿伦特, 汉娜, 319, 382

Arndt, Ernst Moritz 阿恩特, 恩斯特·莫里茨, 259, 299

Armanen 阿尔曼侬, 90, 92, 96-97

Art (see also Architecture), 艺术 (另见建筑) 63-73, 84, 157-61

    Hitler's collection of 希特勒的~收藏, 66

    Hitler's creative ability 希特勒的创造力, 3, 62-5, 182, 187

    Hitler's taste in 希特勒的~品味, 42, 66-8

Arteriosclerosis 动脉硬化, 353

Aryan 雅利安人, 84-6, 93-4, 110, 113, 114, 122, 130, 284, 290, 367-9

Astrology 占星术, 435

Auden, W. H., frontispiece 奥登, W. H., 标题页 103, 124, 244

Austria 奥地利, 35, 37, 47

    Annexation of 吞并~, 10-11, 389-90

    Father identified with 与~认同的父亲, 389

Autopsy report 验尸报告, 150, 417-8, 422-3

B

Barbarossa (see also Frederick I) 巴巴罗萨 (另见弗里德里希一世)

    Holy Roman Emperor 神圣罗马帝国, 113, 248, 251-2, 305, 313

    Legend 传说, 248-52, 275, 288, 331, 343

    "Operation Barbarossa" (invasion of Russia) "巴巴罗萨行动" (入侵苏联), 248, 399-403, 405

Baur, Hans 鲍尔, 汉斯, 416

Bayreuth (see Wagner) 拜罗伊特 (见瓦格纳), 114

Bayreuther Blätter (see also Wagner) 《拜罗伊特》(见瓦格纳), 110, 112

Beating（see whipping） 打（见鞭打）

Becker, Carl L. 贝克尔，卡尔·L.，xiii

Bechstein, Hélène 贝希施泰因，海伦，48，52，72，220

Beer Hall Putsch 啤酒馆政变，16，19，20，296，210－4，393ff

Bell, Anita 贝尔，安妮塔，153

Benn, Gottfried 本，戈特弗里德，326

Berchtesgaden 贝希特斯加登，15，61，220，223，240，248

Berghof（see Obersalzberg） 贝格霍夫（见上萨尔斯堡）

Bernhardi, Gen. Friedrich von 伯恩哈德，弗里德里希·冯将军，320

Bezymenski, Lev 别济缅斯基，列夫，150，466

Binion, Rudolph 比尼恩，鲁道夫，187，189，350

Bismark, Otto von 俾斯麦，奥托·冯，8，45，112，266－9，295，318，325，390

Blaschke, Hugo Johannes 布拉施克，胡戈·约翰内斯，150－1，418

Bloch, Eduard 布洛赫，爱德华 174，180－2，188－9

Blondi 布隆迪，26，412－3

Blood 血，23－4，30，89，128－30，359

    Bath （血腥）清洗，23

    Cement 粘合剂，23

    Flag ～旗，23，30，39，253－4

    Jewish 犹太人的～，127－8，367

    Leaches 过滤，24，128

    Poisoning 中毒，126－31，388

Blood Purge（1934） 血腥清洗（1934年），35，218－9，239，400，414

Blos, peter 布洛斯，彼德，152－3，156

Bomb Plot（June 1944） 炸弹阴谋，152，359

"Borderline Personality" "临界人格"，xiii，356－9，409ff

Bormann, Martin 鲍曼，马丁，45，129－30，384，401，415

Bracher, Karl Dietrich 布拉赫，卡尔·迪特里希，75，269，287

Braun, Eva 布劳恩，爱娃，13，21，43，52，154，228－231，239，412，416，420－1，434－5

Braunau 布劳瑙，130，139－49，144，428

Breast 胸, 153
    Cancer 癌症, 189
    Fed 喂食, 146
Brest-litovsk, Treaty of 布列斯特—利托夫斯克协约, 308
Brinsteiner, Dr. 布林施泰纳博士, 213, 350
Brockdorff-Rantzau, Count 布罗克多夫－兰曹伯爵, 309
Bromberg, Norbert 布洛姆贝格, 诺伯特, xix, 139, 356
Brown Shirts (see Sturm-Abteilung) 褐衫军（见冲锋队）
Bruck, Werner 布鲁克, 维尔纳, 291
Bruckmann Elsa 布鲁克曼, 伊尔莎, 48, 220
Brücker, Wilhelm 布吕克尔, 威廉, 64
Brüning, Heinrich 布吕宁, 海因里希, 345-6
Brutality (see also whipping) 残忍（另见鞭打）, 163-4, 379-83
Buck, Pearl 赛珍珠, 327, 336
Building-Rebuilding (see also architecture) 建筑—重建, 12, 33, 37, 65-6, 159, 175
Bullock, Sir Alan 布洛克, 艾伦爵士, xii, xv, xvi, 74, 80
Bulls 公牛, 69, 160, 165
Bunker-Berlin 柏林地堡, 255, 257, 411ff.
Burkhardt, Carl 布克哈特, 卡尔 14, 33
Burns, James MacGregor 伯恩斯, 詹姆斯·麦格雷戈, xix, 407

C

Cancer 癌症, 19, 94, 140, 153, 180-3, 360
Candy (see also orality) 糖（另见口唇阶段）
    craving for 渴望~, 8, 147, 202, 412-3
Capitulation 投降, 47, 258, 383
Castration fears 畏惧投降, 22, 94, 153, 160, 165, 242
Catholic Church 天主教会, 22, 29, 39, 97, 169, 247, 251, 340
Chamberlain, Houston S. 张伯伦, 休斯顿·S., 113-4, 220
Chamberlain, Neville 张伯伦, 尼维尔, 36

Charisma　克里斯玛，4，123，218－9，283，342－3

Children　儿童，10，31，40－1，50

Childishness　幼稚，8－14，339，357，399，424－5

Churchill, Winston S.　丘吉尔，温斯顿·S.，xv，38，75－6，398

Cinema　电影

  Death scenes　死亡场面，22

  Favorite films　喜欢的影片，9，15，27

  Pornography　色情影片（文学），233

Cleanliness（see also dirt）　清洁（另见污秽）15，25，199，236，241，296－7，389，432

  Mother's obsession with　母亲对～的着迷，149

Communism（see also Soviet Union）　共产主义（另见苏维埃联盟）

  German Communist Party　德国共产党，344，367－8

Concentration Camps　集中营，23，381

Continuity（see rigidity）　连续性（见刚强）

Contrasts and Dualities　对比与（双重）二元性，4，12，33－48，74，88

Cripps, Sir Stafford　克里普斯，斯坦福（斯塔福德）爵士，76，86

Cyanide　氰化物，410，416，418ff

D

Daim, Wilfried　戴姆，维尔弗里德，91－2

Death　死亡，18－9，20，53，68，202，370

  Decapitation motifs　斩首动机，18，68

  Edmund's　埃德蒙的～，169

  Fear of　对～的恐惧，240

  Immortality　不朽，212，360－1

  Suicide　自杀，20－1，225－9，239，411ff

Decapitation（see also heads）　斩首（另见头），18，21，68，165，359

Delusions（see fantasies）　错觉（见幻想）

Demonology　鬼神学，xvii，410

Depression（1930－33）　萧条（1930—1933年），86，239，246，326－7，331，336－8，368

Personal psychological (see also sadomasochism) 个人心理的（沮丧）~（另见施虐受虐狂），20

Deserter, from Austrian Army 奥地利军队的逃兵，196-8，212，245

Destruction (see also suicide) 毁灭（另见自杀），12-3

    Mania for 对~的狂热，409-11

Destiny (see also suicide) 命运（另见自杀），16，114，171，206，208，210，239，374，377-379

Diet (see also oral stage) 饮食（另见口唇阶段）

    drink 饮水，26

    food 食物，19

    vegetarian 素食者，19，26，43，106

Dietrich, Otto 迪特里希，奥托，223

Dirt-Filth-Odors 污秽—肮脏—臭气，25-6，131，148-9，241，297

Dodd, Martha 多德，玛撒，6，48

Dolchstoss Legende (stab-in-the-back) "背后一箭"说（匕首刺背），97，304，310

Döllerscheim 杜勒斯海姆，125，130-1

Dogs 狗，26，43，134，166-7，214，412-13，421

Dönitz, Admiral Karl 海军上将邓尼茨，卡尔，376

Drang nach Osten 向东推进，78，273，285-7，320

Drexler, Anton 德莱克斯勒，安东，114-6，207，209

Dühring, Eugen 杜林，欧根，283-4

Dunkirk 敦刻尔克，297-8，432

E

Ebert, Friedrich 艾伯特，弗里德里希，312，318

Eckart, Dietrich 埃卡特，迪特里希，45，86，116-8，121，216-7，240

Echtmann, Fritz 埃希特曼，弗里茨，418

Eden, Anthony 艾登，安东尼，375

Education and Family life 教育与家庭生活，60

    Empire 帝国的~，293，295-9

Republic 共和国的~, 317-8

Ego splitting (see also borderline personality and contrasts) 自我分裂（另见临界人与，356ff

Ehrhardt Brigade 埃尔哈特旅, 311, 315

Eichmann, Adolf 艾希曼，阿道夫 372

Einstein, Albert 爱因斯坦，阿尔伯特, 75, 108, 369

Eisner, Kurt 艾斯纳，库特, 205

England 英国, xii, 21, 43, 114, 235, 251-2

 Hitler's alleged visit to 希特勒所谓的~之行, 398, 432-3

Erikson, Erik 埃里克森，埃里克, xiv, 49, 124, 134, 138, 143, 145, 254, 349, 410

 Anal stage 肛门期, 148

 "charisma hungry" "克里斯玛饥渴", 333

 "identity crisis" "同一性危机", 46-7, 184-5, 408-9

 "identity diffusion," "同一性混乱", 357, 364, 373-4, 408

 "moratorium" "心理合法延缓期", 186

 "negative identity" "消极同一性", 136, 173

 "trust and mistrust" "信任与不信任", 483-4

Erzberger, Matthias 埃尔兹伯格，马修斯, 129, 368

Euthanasia 安乐死, 388, 414

Extermination (see under Jews) 灭绝（见犹太人）

Eyes 眼睛, 5, 6, 7, 56, 82, 94, 191, 114, 153, 157, 189, 297, 224, 228, 231, 235, 256, 266, 346, 475

F

Failure (see self-destruction) 失败（见自我毁灭）

Fallada, Hans 法拉达，汉斯, 329

Fantasies 幻想, 36-8, 133-4, 157, 162, 175-6, 183, 297, 359, 366, 378, 425

Fears and Obsessions 恐惧与迷恋, 13, 38-9, 45-8, 73, 87, 134, 330

 cancer 癌症, 19

 dark 黑暗, 13

 death 死亡, 19-20, 172

germs 细菌, 38

failure 失败, 47-8, 173

father 父亲, 137

horses 马, 38-9

Jewish blood 犹太血统, 127-8

moon 月亮, 18-9, 38

ridicule 嘲笑, 14, 371

snow 雪, 38

suffocation 窒息, 73, 149, 402

time 时间, 17-8

water 水, 19, 399, 402

Feder, Gottfried 费德尔, 戈特弗里德, 222

Femininity 女性化（特质）
    Hitler and 希特勒与~, 122, 380
    Wagner and 瓦格纳与~, 105

Fenichel, Otto 费尼切尔, 奥托
    on anal character ~ 肛门性格, 149
    on perversion ~ 性变态, 241-2

Fest, Joachim C. 费斯特, 约阿希姆·C., xi

Fichte, Johann Gottlieb 费希特, 约翰·戈特里布, 62, 261

Fire 火, 26, 34-5, 37, 53, 250

Fischer, F. T. 费舍尔, F. T., 265

Fischer, J. G. 费舍尔, J. G., 266

"Flame of Life" "生命的火焰", 50-51

Flatulence (see also anality) 肠胃胀气（另见肛恋）, 26, 39, 149, 254, 353

Fronterlebnisse 战争经历（特指参加第一次世界大战的经历）, 336

Forced feeding 强迫喂食, 141, 146-7

Ford, Henry 福特, 亨利, 120

Forster, Edmund 福斯特, 埃德蒙, 350

François-Poncet, André 弗朗索瓦-庞赛, 安德烈, 3, 33

Frank, Hans 弗兰克，汉斯，126

Frankenberger (Frankenheimer, Frankenreiter) 弗兰肯贝格尔（弗兰肯海摩尔，弗兰肯赖特）126-7

Frederick I Holy Roman Emperor (see Barbarossa) 神圣罗马帝国皇帝弗里德里希·威廉一世（见巴巴罗萨）

Frederick William I 弗里德里希·威廉一世，22，62，253，324

Frederick II (The Great) 弗里德里希（大帝）二世，6，8，22，79，83，95，97，149，256，169，279，292，322，325-6，492，412，417

Freemasons 共济会会员，31，44，86，97，117，394

Free Corps (Freikorps) 自由军团，206，219，216，218，307，312-4，336-8

Frenkel-Brunswick, Else 弗伦克尔-不伦瑞克，埃莉萨

    "authoritarian personality" "权威人格"，153，233-4

Freytag, Gustav 弗赖塔格，古斯塔夫，285

Freud, Sigmund 弗洛伊德，西格蒙德，xiii，22，75，108，171，236，259，336，365，369，423

    anal stage 肛门期，148

    castration anxiety 阉割焦虑，22

    fantasy 幻想，162

    Oedipal conflict 俄狄浦斯冲突，135

    "Wolf-man" "狼—人"，166-7

Fritsch, Theodor 弗里奇，特奥多尔，97-8，119，249，284

Froebel, Julius 弗勒贝尔，尤利乌斯 265

Fromm, Erich 弗罗姆，埃里希，328，333

Führer mystique and *Führerprinzip* 元首的神秘性与领袖原则，79-83，85-7，113，219，251-3，269，275，301，313，325，339

G

Games 游戏，9-10，12，21，229

    "beaver game" "海狸游戏"，9，21，44

    guessing 猜测，11

necktie 领带, 21, 402,

staring 盯视, 7-8, 157

sudden trips 突然旅行, 11

undressing 穿衣服, 9

war 战争, 154

Gas-Gassing 毒气—毒气攻击, 23, 314, 371

Geli (see Raubal) 吉莉 (见劳巴尔)

Geneology (family background) (家庭背景), 124-30

"Germania" "日耳曼帝国", 30, 47, 65, 253, 388

German Workers' Party 德国工人党, 37, 116, 207-9, 217

Gestapo Reports 盖世太保报告, xvii, 129, 133, 182, 187, 349, 354

Geyer, Ludwig 盖尔, 路德维希, 106-7

Giesing, Erwin 吉辛, 埃尔温, 151-2

Gissinger, Theodor 吉辛格, 西奥多, 156-7

God (see also Providence) 上帝 (另见神的眷顾)

Godnesses 神, 143

 Destiny 命运, 200

 Fate 运气, 49, 52, 114, 169, 206-7

 History 历史, 17, 50, 214

 Mercy 仁慈, 49

 Misery 悲惨, 49-50

 Poverty 贫穷, 73, 144

 Sorrow 悲哀, 49-50, 191

 Spring (Ostara) 春天 (奥斯塔拉), 93

Goebbels, Joseph 戈培尔, 约瑟夫, 3, 20, 45, 48, 150, 218, 322, 328, 339, 344, 376-7, 384, 415, 439

Göring, Hermann 格林, 赫尔曼, 34, 45, 47, 52, 74, 159, 219, 228, 375, 379, 384, 399, 406

Goethe, J. W. Von 歌德, J. W. 冯, 258, 263, 266-7, 280, 325, 348

Götterdämmerung (see also Opera) 《众神的黄昏》(另见歌剧), 400, 414, 425

Greenacre, Phyllis　格里纳克，菲莉斯
　　on infancy　婴儿期，146，239，242
　　on "primal scene trauma"　"初境创伤"，167
Greiner, Josef　格里纳，约瑟夫，xii，227，427，427，430ff
Grimm Brothers (Jacob and Wilhelm)　格林兄弟（雅可布与威廉），221，262
Grimmelshausen, Hans Jacob von　格里美豪森，汉斯·雅可布·冯，252-3
Guderian, General Heinz　古德里安，海因兹将军，397-8
Guilt feelings (unworthiness-conscience)　罪恶感（无价值—良心），16-7，71，128，138，167，160-70，173，175，183，200，240，366，392
　　German peoples',　德国人民的～，17，310-11
　　Klara's guilt　克拉拉的罪恶，139-41
　　Survival guilt　生存罪恶，171，336，370
　　"war guilt question"　"战争罪行问题"，310
Gun, Nerin E.　甘，内文·E.，435
Günsche, Otto　根舍，奥托，415，421

H

Halder, General Franz　哈尔德，弗兰茨将军，xi，217，396，398，404
Hanfstaengl, Ernst ("Putzi")　汉夫施丹格尔，恩斯特（普茨）xix，7，22，67，72，162，208，213，215，220，222，226-7，231，404，409
Hanfstaengl, Hélène　汉夫施丹格尔，海伦，48，213，231
Hanisch, Reinhold (alias Fritz, Walter)　汉尼契，莱因霍德（别名是弗里茨，瓦尔特）427，431
Hardness (see also brutality)　坚强（另见残忍），16，49，186，236，280，387
　　"ice cold"　"冰冷"，379-80，412
Harpf, Adolf ("Adolf Hagen")　哈普，阿道夫（"阿道夫·哈根"），121-2
Hatred (see also rage)　憎恨（另见愤怒），137-9，330，331，339，340，387
Hauptmann, Gerhard　豪普特曼，格哈德，6，326，329
heads (see also decapitation)　头（另见斩首），7，65，93，187，414
　　coins 硬币，21

desk 书桌, 22, 222

severe 严重, 21

Head measurements 头部测量, 7, 93, 128, 256

Hegel, Georg Wilhelm Friedrich 黑格尔, 格奥尔格·威廉·弗里德里希, 83, 258, 270-2, 298

Heidegger, Martha 海德格尔, 玛撒, 321, 325

Heiden, Konrad 洪登, 康拉德, 55, 208, 295, 378, 428, 431

Heilmann, Franz 海尔曼, 弗兰茨, 199, 201

Heine, Heinrich 海涅, 海因里希, 248, 261, 280

Henderson, Sir Neville 亨德森, 尼维尔阁下, 375

Hepp, Ernst 黑普, 恩斯特, 201-2

Hess, Rudolf 赫斯, 鲁道夫, 18, 41, 45, 47, 72, 218, 225, 235, 374, 377

Heusermann, Käthe 霍伊泽尔曼·克特尔, 418

Heuss, Theodor 豪斯, 西奥多, 362

Hiedler, Johann Nepomuk 希德勒, 约翰·奈波穆克 125-6, 428-9

Himmler, Heinrich, xvii 希姆莱, 海因里希, 45, 51, 62-3, 129, 150, 218, 227, 236, 318, 384, 416, 420-1, 430

Hindenburg, Paul von 兴登堡, 保罗·冯, 126, 219, 295, 344-5

Hitler, Alois (Schikelgruber) 希特勒, 阿洛伊斯 (席克尔格鲁伯), 130-8, 144, 162, 168-9, 172-3, 184, 365, 389, 434

Hitler, Alois Jr. 希特勒, 阿洛伊斯·Jr. (希特勒同父异母的兄长), 139, 155, 432

Hitler, Angela 希特勒, 安吉拉 (希特勒同父异母的姐姐), 132, 139, 145, 170, 225, 433

Hitler, Bridget Dowling 希特勒, 布里吉·道林 (希特勒的嫂子), xii, 134, 432-3

Hitler, Edmund 希特勒, 埃德蒙 (希特勒的兄弟), 169, 183, 352, 433

Hitler, Johanna 希特勒, 约翰娜 (希特勒的姨妈), 71, 171, 181, 352, 433

Hitler, Johanna Georg 希特勒, 约翰·格奥尔格 (希德勒), 125-6,

Hitler, Klara Pölzl 希特勒, 克拉拉·珀茨尔, 7, 101, 132, 138-46, 148, 161, 169, 188, 204, 223, 242, 290, 295, 360, 366, 411, 429, 434,

  children of, ~的孩子 139

illness, ~的疾病 180-3

death of, ~之死 359, 365, 430

Hitler, William Patrick (Hitler's nephew), 希特勒，威廉·帕特里克（希特勒的侄子），127, 132, 389, 432-3

Hitler, Paula (Hitler's sister) 希特勒，保拉（希特勒的妹妹），26, 181, 183, 195, 428, 432-3

Hitler, Rudolf Franz 希特勒，鲁道夫·弗兰茨，296

Hoffmann, Calora 霍夫曼，卡罗拉，48

Hoffmann, Heinrich 霍夫曼，海因里希，45, 66, 154, 159, 228

Holborn, Hajo 霍尔本，哈乔，258

Holy Grail 圣杯，15, 94, 101, 111-2

Home for men (Vienna) 男子公寓（维也纳），195, 197, 427, 431

Homosexuality 同性恋，94, 148, 234-7

Honisch, Karl 霍尼契，卡尔，427, 431,

Hörl, Rosalia 赫尔，罗莎莉亚，133

Horses 马，38-9

Hugenberg, Alfred 胡根贝格，阿尔弗雷德，290, 317

Humor 幽默（感）

Schadenfreude 幸灾乐祸，13-4, 31, 59, 70, 201-2, 374

Wagner's 瓦格纳的~，105

Hunger 渴望

Hitler's concern with 希特勒对~的关注，25, 71

German national 德国民族的~，335-3

Husserl, Edmund 胡塞尔，埃德蒙，325

Hypochondria 抑郁症

Bismark's 俾斯麦的~，267

Hitler's 希特勒的~，45

I

Identity (see Erikson) 同一性（见埃里克森）

Ideology 思想意识, 21, 72, 74-9, 120, 387, 359-60, 363-6

Immortality 不朽（永生）, 409, 426

Incest 乱伦

    Hitler's fantasies 希特勒的幻想, 165-6, 425-6

    In Wagner 瓦格纳的～, 99, 366, 389

Income 收入, 39, 71, 144-5, 192

    tax payments 税款, 221-2

Infantilism 幼稚症（见幼稚）

Inferiority, feelings of 劣等的感觉

Inflexibility 顽固（见刚强）

Inflation (1923's) 通货膨胀（1923年的～）, 86, 326-8

Iodoform 碘仿（三碘甲烷）, 188-9, 360

Iron Cross 铁十字勋章, 38, 203-4, 42

J

Jahn, Friedrich Ludwig 雅恩，弗里德里希·路德维希, 263

Japan 日本, 75-6, 401, 404, 407

Jesus 耶稣（另见弥赛亚）, 27, 31-2, 109, 111, 119, 240, 279

    blood of ～的血统, 128

Jetzinger, Franz 耶钦格尔，弗兰茨, xix, 174, 181, 193, 197, 428, 430-1

Jews, xvi 犹太人, 14, 20, 39, 44, 84, 85, 88, 97-8, 107, 118, 131, 165, 167, 263, 290, 331, 335, 358, 361-3, 365-7

    extermination of, ～的灭绝, 40, 75, 110, 207-8, 369-73

"Jews Peril" "犹太人危机", 85, 89, 126, 186-90, 250, 256, 263

    plot (see also Protocols) 阴谋（另见协议）, 119

    poison 中毒（毒药）, 362, 367

    "Problem" "问题", 25, 61, 119, 284

Jödl, General Alfred 约德尔，阿尔弗雷德将军, xi, 373, 406, 409

Jones, Ernst 琼斯，恩斯特, 306-7

Jünger, Ernst 荣格尔，恩斯特, 306-7

Junge, Traudl　荣格，特劳德尔，46，416

K

Kahr, Gustav von,　卡尔，古斯塔夫·冯，206，210-12，394

Kaltenborn, H. V.　卡尔滕伯恩，57

Kant, Immanuel,　康德，伊曼纽尔，58，252，263

Kapp-Putsch　卡普暴动（1920年），315

Kaufmann, Walter　考夫曼，瓦尔特，277

Kehlstein（see also Obersalzberg）　克尔斯滕（另见上萨尔斯堡）

Keitel, Field Marshal Wilhelm　陆军元帅凯特尔，威廉，405

Kelley, Douglas　凯莱，道格拉斯，351

Kempka, Erich　肯普卡，埃里希，415-6，422

Kernberg, Otto　凯恩伯格，奥托，356-7，387-8
　　borderline personality　临界人格，357，373，391
　　　"primitive idealization"　"原始实现"，170
　　　"splitting of ego　自我分裂，357-8

Kersten, Felix　克尔斯滕，费利克斯，353-4

King Kong,　金刚，9，239-40

Klein, Melanie　克莱因，梅勒妮
　　oral sadism　口唇阶段，148

Kleist, Heinrich Wilhelm von　克莱斯特，海因里希·威廉·冯，261，299，320，

Klimenko, Ivan　克利缅科，伊万，417

Knight, Robert P　耐特，罗伯特·P.，236，356

Kohler, Pauline　科勒，保莉妮，48

Kohn, Hans　科恩，汉斯，259，322

Krause, Karl Wilhelm　克劳斯，卡尔·威廉，221，235

Kristallnacht，水晶之夜，47，250

Krohn, Friedrich　克龙，弗里德里希，61

Kroner, Karl　克罗纳，卡尔，350

"Krueger, Dr. Kurt"　"克鲁格·科特博士"，433-4

Kubizek, August ("Gustl") 库比切克, 奥古斯特 ("古斯特尔"), xi, 14, 41, 50, 60, 64, 159, 174, 176, 178, 180-1, 185, 190, 192, 194, 212, 234-5, 241, 427, 432

Kurth, Gertrud 库尔特, 格特鲁德, 146, 188

L

Lagarde, Paul de 拉加德, 保罗·德, 274-5, 285, 300

Landsberg am Lech 兰德斯堡, 18, 23, 60, 72, 213-4, 235, 349, 388

Langbehn, Julius 朗贝恩, 尤利乌斯, 18, 23, 60, 72, 213-4, 235, 349, 388

C. Langer, Walter C. 兰格, 瓦尔特·C., 237, 351, 372

Lasswell, Harold 拉斯维尔, 哈罗德, 348

Laqueur, Walter 拉克, 瓦尔特, 121

Leaches (see also blood) 吸 (另见血), 24, 128

Lebensraum (see also *Drang nach Osten*) 《生存空间》(另见《向东推进》), 78-9, 287-8, 400

Le Bon, Gustave 勒庞, 古斯塔夫, 122

Lenin, Vladimir I. 列宁, 弗拉基米尔·I., 215-6, 245

Leonding 里昂丁, 8-9, 132, 144-5, 184

Ley, Inge 莱伊, 英格, 231

Ley, Robert 莱伊, 罗伯特, 45

Library-personal 私人图书馆, 7, 60, 61, 63, 102, 233

Liebenfels, Georg Lanz von 利本菲尔斯, 格奥尔格·兰茨·冯 62, 92-5, 110, 216

Lies, Lying (see also self deception) 撒谎 (另见自我欺骗), xiii, 35-8, 88, 127, 131, 136, 196, 211, 250

Life-style and habit 生活方式和习惯

    as adult 成年的 ~, 198-200, 219-22

    as youth 青年时代的 ~, 173ff.

Lifton, Robert J. 利夫顿, 罗伯特·J.

    survival guilt 生存罪恶, 171, 336, 370

Linge, Heinz 林格, 海因兹, 14, 21, 46, 221, 415-7, 421-2, 433

Linz 林茨

youth in 青年时代在~，130, 154-5, 173, 176-8, 182, 433-5

proposed art center 提议创建~的艺术中心，18, 26, 64, 67, 174

List, Friedrich 里斯特，弗里德里希，273-4

List, Guido von 里斯特，古多·冯，90-1, 95-6, 110, 249

List Society 里斯特团，95, 97, 115

Literature 文学

literary creation 文学创作，69-73, 141-2, 165

literary taste 文学品位，11-12, 36, 60, 137

Lloyd George, David 劳合·乔治，戴维，4

Lobsters (crabs-crayfish) 龙虾（蟹—小龙虾）

Loewenberg, Peter 莱温伯格，彼德，xx, 336, 433

Lossow, General Otto von 洛索夫，奥托·冯，221-2, 394

Love affairs (see also women and sex) 性爱事件（另见女人与性），223-32

Ludendorff, General Erich 鲁登道夫，埃里希将军，63, 212, 283, 295, 301, 393-5

Ludwig Ⅱ of Bavaria 巴伐利亚的路德维希二世，105

Lueger, Karl 卢埃格，卡尔，90ss-1

Lukács, Georg 卢卡斯，格奥尔格，277

Luther, Martin 路德，马丁，97, 117-8, 246, 248-51, 254, 301, 316, 333

~ and Jews ~和犹太人，248-51

Lutheran, Church 路德教派，250-1

M

McRandle, James 麦克兰德尔，詹姆斯，391, 423

Magee, Byran 马吉，拜伦，99, 103, 108

Makart, Hans 马卡尔特，汉斯，18, 67, 199

Mann, Thomas 曼，托马斯，274, 381-2, 319-20

Marr, Wilhelm 马·威廉，284

Maser, Werner 马泽尔，维尔纳，91, 150-2, 233, 420

Masses 群众，53-4, 117, 122, 330-2, 385

Marx, Karl 马克思，卡尔，108, 268, 324, 363, 369

Marxism (see also Communism) 马克思主义（另见共产主义），61，
    Hitler's study of 希特勒对~的研究，324
Masochism (see also Sadomasochism) 受虐狂（另见施虐受虐狂）
Masturbation 手淫，157，240
Matzelsberger, Franziska ("Fanni") 马茨尔斯伯格·弗兰西斯卡（"范妮"），132，139
May, Karl 迈伊，卡尔，11，36，60，137
May, Rollo 梅，罗洛，342，382
Mayrhofer, Josef 梅尔霍弗尔，约瑟夫，134，169，191
Medusa (see also castration) 美杜莎（另见阉割），5，22，68，94，157，165
Meinecke, Friedrich 梅内克，弗里德里希，253，303，319
Mehring, Walter 梅林，瓦尔特，314
Mein Kampf 《我的奋斗》
    as holy scripure 作为圣书的~，31
    hatred as axiomatic 不言自明的仇恨，330
    images of childhood 童年的形象，145，162-3，187
    income from 来自~的收入，39
    literary style of ~的文学体裁，72-3
    no major changes in 在~中没有重大的变化，15-6
    promises of *Anschluss*, with Austria 与奥地利联合的许诺，390
    propaganda techniques 宣传技巧（和其他附注），87
Memory 记忆，35，55-6，414
Mendelssohn, Moses 门德尔松，摩西，284
Menninger, Karl 门宁格，卡尔，50，64，143，170
    on suicide ~关于自杀，423-4
Meissner, Otto 迈斯纳，奥托，383
Messiah (Jesus, Religious leader) 弥赛亚（又见耶稣，宗教领袖），xii，4，27-8，93，116，165，178，205，234，343，371-2，378，419，424，461，474，478
Middle Class 中产阶级，328-9，330，332-3
Militarism-Army 军国主义—军队，286-7，291-5
Mistrust 不信任，383-6

Mitford, Unity WalKyrie　米特福德，尤尼蒂·瓦尔基里，21，95，231-2

Mitteleuropa（see also *Drang nach Osten*）《中欧》（另见《向东推进》）

Mobile Reichs Orchestra　帝国流动乐队，193

Moeller van den Bruck, Artur　默勒·范·登·布鲁克，阿图尔，321-2

Moltke, Helmuth von　莫尔特克，赫尔莫特·冯，289

Mommsen, Theodor　蒙森，特奥多尔，269

Monorchism（cryptorchism）　单睾丸（隐睾病），xiii，152，155，157，165，168，242，358，420

"Monumental History of Humanity"　"人类不朽的历史"，46，56，71，247

Morell, Theodor　莫勒尔，特奥多尔，24，128，151-2，352-3，356

Motherland　祖国，50，82，86，102，141，189，197，200，204，346，359-62，365-6，378，387-90，411

Müller, Adam　米勒，亚当，270，287，

Müller, Karl Alexander　缪勒，卡尔·亚历山大，207，212

Mueller, Renaté　米勒，蕾娜特，231，241

Munich　慕尼黑，49，66，192，196-200，205-19

Music（see also Opera）　音乐（另见歌剧），43，55，63-4，86，102-3，107，112

Mussolini, Benito　墨索里尼，本尼托，13，42，80，123，421

Myth（*Mythos*）　神话，82，240，258ff.，288，310，321-3，342-3，425

Mythology and Germanic Gods　神话与德国的神，11，60，102，261，288，425

N

Napoleon Bonaparte　拿破仑·波拿巴，8，45，258-9，402

National Socialism（Nazism，NSDAP）　国家社会主义（缩写：纳粹主义），xiii，30-1，51，81-2，306，327　（和其他的附注）

Navy　海军，399，404，430

Nazi Party Archives　纳粹党档案，129，238，
　　on Bloch　关于布洛克的～，182
　　on Hitler　关于希特勒的～，193

"Nazi Youth Cohort"　"纳粹青年团"，335ff.

Nazi-Soviet Pact　《苏德互不侵犯条约》，10，403

"New Men"　"新人"，306–11

"New Order" (see also *Volkgemeinschaft*)　"新秩序"（另见民族共同体），83，93，195，253，275，277，281，285，290，301，305–6，321–2，324–5，331，335，338–9，341，343，346，400，414

Nicolson, Sir Harold　尼科尔森，哈罗德阁下，234

Niekisch, Ernst　尼基施，恩斯特，320，322

Nietzsche, Friedrich　尼采，弗里德里希，54，62，246，248，275ff.，298，300，305，325，388

Nightmare　噩梦，73，166

Nilus, Serge Alexandrovich　尼卢斯，谢尔格·亚历山德罗维奇，119

Nixon, Richard M.　尼克松，理查德·M.，397

"November Criminals" (see also Revolution of 1918)　"十一月罪人"（另见1918年革命），306–8

Nuremberg Party Rallies　纽伦堡的纳粹党集会，18，60

Nuremberg Racial Laws　纽伦堡种族法律，24，128

O

Obersalzberg　上萨尔斯堡，6，9，21，34，104，159，161，220

Obrigkeit　省党部头目，257

Oedipal complex-feelings-fantasies　俄狄浦斯情结—情感—幻想，xvi，99，106，143，162，165，340，357

Officer Corps　军官团，292，

Olden, Rudolph　奥尔登，鲁道夫，428，431

Olympus, Mt.　奥林匹斯圣山，46，171，424

Opera (see also Wagner)　歌剧（另见瓦格纳），64，99–112，173，175，393

　　Götterdämmerung　《众神的黄昏》，44

　　Lohengrin　《罗恩格林》，55，101，220、

　　Meistersinger　《名歌手》，4，55

　　Persifal　《派西法尔》，100–1，110–1，113

Rheingold 《莱茵的黄金》，102，

Rienzi 《黎恩济》，177，191，200

 Siegfried 《齐格弗里德》，37，99-100，113，288，307，425

 Tristan und Isolde 《特里斯坦与伊索尔德》，215

Oral Stage and Orality 口唇阶段，8，53，146-7

Oratory 讲演术

 Effectiveness 成效，4，53，157，207-8，212-4，224，350，387，393-4，412

 sexual substitute 性替代物，53-4

Orlow, Dietrich, 欧洛，迪特里希，82

O. S. S. (U. S. Office of Strategic Services) 美国战略服务处，163，171，231，350-1，353

Ostara 《奥斯塔拉》，92-3，195

Osteria-Bavaria "奥斯泰里亚-巴伐利亚"，95，216，222，232

P

Pamphlets 小册子，61，92-3

Pan-German League 泛德意志联盟，386-7，290-1，317

Papen, Franz von 巴本，弗兰茨·冯，345

Paranoid tendencies (see also borderline personalities) 妄想狂倾向（另见临界人格）

Parkinson's disease (*paralysis agitans*) 帕金森症（震颤性麻痹），352

Passau 帕绍，144

Pasewalk 帕泽瓦耳克，202-4，350，378

Paternalism (authoritariansim) 家长式作风（独裁主义），269，296-8

Payne, Robert 佩恩，罗伯特，398，418，432

Personal life-style—habits 个人的生活方式—习惯，8，15，26，44，219-33

Perversion (see also anality) 性变态（另见肛恋），54，237ff.

Physical characteristics 生理特征，5-8

 clutched genitals 被紧握住的睾丸，153，420

 eyes 眼睛，5-7

 hands 手，5

 moustache 胡须，5

nostrils 鼻孔，5，131
　　shape of skull 颅骨形状，5
　　teeth 牙齿，5
　　appearance，1945 1945年的外貌，351-4
Pfeiffer, Eric 普法伊费尔，埃里克，356
Pistols 手枪，20，251，416，421-2
Plank, Max 普朗克，马克斯，43
Pogroms (see also Kristallnacht and Jews) （沙俄时期对犹太人的）大屠杀，4，207-8，250
Poland 波兰，11，33，43，127，273，382，386，397，399
Portraits 肖像
　　Geli's 吉莉的～，228
　　Hitler's 希特勒的～（另见插图），(see also illustration)
　　Mother's 母亲的～，141，182，366
　　Teacher 老师，157
　　Frederick the Great 弗里德里希大帝，417
Political acumen, insight 政治的敏锐力，洞察力，xvi，75-6，114，123
Political theory (see also ideology) 政治理论（另见意识形态），3，4
Popp, Josef 波普，约瑟夫，40，199，201-2，429
Pornography 色情文学，42，233
Power 权力
　　craving for 渴求～，83，86-7，136，258，344，377
Preradovic, Nikolaus 普雷拉多维克，尼古劳斯，127
Prezemeyer, Frau 普雷泽迈尔夫人，181-3
Primal Scene Trauma 初境创伤，138-9，153-5，168，242-3，357，461-2，465
Propaganda 宣传
　　methods 方法，95，122
　　results 结果，88-9
Prostitution 堕落，53，86，367
Protestants 新教徒，79，247，250-1

Protocols of the Elders of Zion 《锡安长老议定书》，30，117–23

Providence（see also God and Destiny） 神的眷顾（另见上帝与命运），17，27–30，46，50，171，230，376，386

"prussian virtues" "普鲁士人的优点"，254，262

Psychohistory 历史心理学，xiii，xv，407

"Psychopathic God" "心理变态的上帝"，347，426

R

"Racial outrage" —Rassenschande "种族暴行"，94

Racial theory（see also Volksgemeinschaft） 种族理论（另见民族共同体），56–61，83–6，114–5，274–5

Rage-Temper-Aggression 愤怒—动怒—进攻，10–11，33，129–30，137，139，147，155，159–60，176，190，374，386–7，390

 Erikson on 埃里克森论~，134

 Father's 父亲的~，133–4，145

 Nazi Youth Cohort 纳粹青年团，338–9

Rape 掠夺，138，361

Rathenau, Walter 拉特瑙，瓦尔特，287

Raubal, Angela（"Geli"） 劳巴尔，安吉拉（"吉莉"），26，225–8，237，428，433

Ravens 大乌鸦，41，105，359，425

Reading（see also library） 阅读（另见图书馆）

Realpolitik（see also Bismarck） 权力政治（另见俾斯麦），266，272，

Red Army 红军，416ff.

Rehse, J. F. M. 雷斯，J. F. M.，238

Reich 帝国，79–80，343

 First（Holy Roman Empire, 800–1806） 第一~（神圣罗马帝国，800–1806年），247–57

 Second（German Empire, 1871–1918） 第二~（德意志帝国，1871–1918年），247–50，266–9，283–7，299–300

 Third（1933–1945） 第三~（1933–1945年），xiii 13，77–8，90，246–7，253，

288，302-11，314，322，384

    Myth of　　～的神话（见其他附注），342-3

Reichmann, Eva G.　赖希曼，爱娃·G.，331

Reik, Theodor　赖克，特奥多尔，232-3，424

Reiter, Mimi　赖特尔，米密（玛丽亚的昵称），19，166，223-25

Religious leader（see also Jesus and Messiah）　宗教领袖（另见耶稣和弥赛亚），4，27，33，46，234

Remarque, Erich Maria　雷马克，埃里希·玛利亚，307

Republic（Weimar Public）　共和国（魏玛共和国），210-1，214，245-6，282，298，311，318，326-8，347，369

    church in　～的教堂，317

    culture in　～的文明，353

    fear in　～的恐惧，330

    youth in　～的青年，335-42

Reserve Officer Corps　预备军官团，294

Revolution　革命

    of 1848　1848年的～，353-5

    of 1918　1918年的～，311-2

Rhineland, occupation of　占领莱茵地区，5，45

Ribbentrop, Joachim von　里宾特洛甫，约阿希姆·冯，45，388，401，

Rich, Norman　旦奇，诺曼，xvi，401，405

Richter, Klaus 1887-1948（Hitler portrait — frontispiece）　里希特，克劳斯 1837—1948（卷首希特勒的肖像画）

Riefenstahl, Leni　里芬施塔尔，莱尼，231

Rigidity　刚强 13，16，222-3，356

Ritter, Gerhard　里特尔，格哈德，291

Röhm, Ernst　罗姆，恩斯特，42，210，216，235，395

Romanticism　浪漫主义，83，259ff.

Roosevelt, Eleanor　罗斯福，埃莱诺，76，404

Roosevelt, Franklin D.　罗斯福，富兰克林·D.，xv，38，57，59，76，86，256，386，

405, 407-8

Rosenberg, Alfred 罗森贝格，阿尔弗雷德，120, 281

Russia（USSR） 俄国（苏联），78-9, 122, 399ff., 403-4

Rzhevskaia, Elena 勒热夫斯卡娅，叶连娜 417-8, 420

S

Sadomasochism 施虐受虐狂，138, 149, 168-9, 223, 236-7, 239, 241, 329, 377, 387, 391, 2, 423-4,

Sartre, Jean Paul 萨特，让·保罗，362, 364

Sauer, Wolfgang 绍尔，沃尔夫冈，295, 298

Sauerbruch, Ferdinand 沙尔布鲁赫，费尔迪南德，8

Scapegoat 替罪羊，365, 367-9

Schacht, Hjalmar Horace Greeley 沙赫特，贾马尔·赫瑞斯·格里莱，332-3, 375

Schaub, Julius 绍布，尤利乌斯，13

Scheidemann, Philipp 谢德曼，菲利普，328

Schickelgruber, Alois （see Hitler, Alois）施克尔格鲁伯，阿洛伊斯（见希特勒，阿洛伊斯）

Schickelgruber, Maria Anna（Hitler's grandmother） 施克尔格鲁伯，玛丽亚·安娜（希特勒的祖母），124, 126-7

Schiller, Johann 席勒，约翰，262-3

Schirach, Baldur von 施拉赫，巴杜尔·冯，65, 219

Schlageter, Albert Leo 施拉格特，阿尔伯特·利奥，74

Schneider, Willie 施奈德，维利，235

Schopenhauer, Arthur 叔本华，阿图尔，58, 60

Schramm, Percy 施拉姆，珀西，317, 378

Schroeder, Christa 施罗德，克里斯塔，11, 13, 59

Schurz, Carl 舒尔茨，卡尔，264

Schutzstaffel（SS, Blackshirts） 党卫队（黑衫军），23, 26, 30, 44, 94, 236, 315, 346, 381, 384, 421

Seeckt, General Hans von 席克特，汉斯·冯将军，292-3, 394

Seisser, Colonel Hans Ritter von　赛塞尔，汉斯·里特尔·冯上校，394-5

Self-deception（see also Lies）　自欺（另见谎言），349, 358

Self-destruction（see also Suicide）　自毁（另见自杀），210, 357, 391-3, 397, 410

Seven Year War　七年战争，255

Sex（see also Homosexuality, Perversion and Women）　性（另见同性恋，性变态与女人），48-54, 94, 164, 167, 223-8, 232-4, 243, 359

Shirer, William L.　舍勒，威廉·L，4, 234, 246

Slochower, Harry　斯洛科沃，哈里，365

Snakes　蛇，22, 68, 73, 263

Split-brain research　裂脑研究，354-5, 358

Social Democrats（SPD）　社会民主党人，344-5

Speer, Albert　施佩尔，阿尔倍特，3, 7, 13-4, 30, 33, 37, 42, 44, 65-6, 130, 159, 177, 223, 229, 330, 357, 372-3, 376-7, 379, 384, 388, 397

Spengler, Oswald　斯宾格勒，奥斯瓦尔德，222, 254-5, 289, 321, 323, 343

Stalin, Joseph　斯大林，约瑟夫，42, 76, 81, 117, 209, 344, 386, 400

Stefanie　斯蒂芬妮，36, 179-80, 183, 185, 190-1, 223, 226, 239

Stempfle, Father Bernard　施丹佛尔，伯恩哈德神父，72, 238

Stern, Fritz　施特恩，弗里茨，247, 269-70, 275, 321

Stöcker, Adolf　施托克，阿道夫，286

Strangulation-Suffocation　勒杀—窒息，22, 73, 140, 165, 240, 402

Strasser, Gregor　施特拉塞，格雷戈尔，218

Strasser, Otto　施特拉瑟，奥托，208, 238, 322

Streicher, Julius　施特莱彻，尤利乌斯，45, 318, 395

Stuck, Franz von　施图克，弗兰茨，7, 22, 67-9, 221, 233, 425

Sturm-Abteilung（SA, Brown Shirts）　冲锋队（褐衫军），28, 32, 123, 339, 394-5

Styr　斯蒂尔，145, 156

Suffocation（see Strangulation）　窒息（见勒杀）

Suicide　自杀

　　Hitler and ~　希特勒与~，20, 64, 213, 411-26

　　Women and ~　女人与~，21, 226-7, 229, 239

Swastika, 卐（万字符）4, 15, 29, 60, 62, 65, 92, 96, 116, 122, 214, 232, 315, 331, 394

Sword 剑, 21, 37, 68, 69, 77, 82

Syphilis 梅毒, 24, 95, 234, 353, 435

T

Tabori, Paul 塔波里, 保罗, 434

Taylor, A. J. P. 泰勒, A. J. P., xiv, xvi, 75, 244, 344, 387, 396

Templars, Brotherhood of 圣殿骑士的兄弟情谊, 94

Terror 恐怖, 23, 87–89

Testicles (see also Castration, Monorchism) 睾丸（另见阉割，单睾丸）

    Autopsy and 验尸与~, 150

    Hitler's concern about 希特勒对~的关注, 150–162, 420

Thirty Years War 三十年战争, 251ff.

Thompson, Dorothy 汤普森, 桃乐茜, 332

Thule Society 图勒协会, 115, 205

Time, as an enemy 作为敌人的时间, 17–19, 133, 143, 149, 161, 185

Tobacco — smoking 烟草—吸烟, 133

Todt, Fritz 托特, 弗里茨, 37

Toilet training 排便训练, 153, 242

Toland, John 托兰, 约翰, xi, 122, 152, 233, 350, 432

Toynbee, Arnold J. 汤因比, 阿诺德·J., 375

Trauma 创伤

    Freud on childhood 弗洛伊德关于童年, 336

    Klara's death 克拉拉之死, 180ff.

    Pasewalk 帕泽瓦耳克, 204

    primal scene 初境~, 162ff.

Treischke, Heinrich von 特赖施克, 海因里希·冯, 62, 258–262, 264, 272, 277, 283, 289, 292

Trenker, Luis 特伦克, 路易斯, 434–5

H. Trevor-Roper, Hugh　特莱佛-罗珀尔，胡戈，251，341，415-6
Tripartite Pact　三国协定，401，404-5
Troost, Ludwig　特鲁斯特，路德维希，4
Trevelyan, George M.　特里维廉，乔治·M.，xviii
Tuchman, Barbara　塔奇曼，芭芭拉，xv
Tucholsky, Kurt　图霍尔斯基，库尔特，320

U

United States　美国，xv，12，44，58，270，385，403-11

V

Vetarianism（see diet）　素食者（见饮食）
　　Wagner and ~　瓦格纳与~，106
Vienna　维也纳，14，15，25，48，65，70，90-8，101-3，165，175，181，202，432
　　Father in　父亲在~，125-6，135
　　Hitler in　希特勒在~，191ff.，429，432
Viennese Academy of Art　维也纳艺术学院，44，64，187，190，194-5，393
Versails, Treaty of　凡尔赛条约，5，129，204，308
Volk　民众，84，388-9，300，322，325
Volksgemeinschaft（see also "New Order"）　民族共同体（另见"新秩序"），83-6，271，295，331-2，335，341，362-3
Volksgeist　民族灵魂，80，260-1，263，274-5，321ff.

W

Wagner, Cosima　瓦格纳，科西马，114
Wagner, Friedlind　瓦格纳，弗雷德林，8，55
Wagner, Richard（see also Opera）瓦格纳，理查德（另见歌剧），26，64，67，85，97，99-113，177，186，192-7，214-7，221，259，274，277，393，400，425
　　anti-semitism　反犹主义，107-10

political ideas 政治观念，112-3，249

Wagner, Winifred 瓦格纳，温尼弗雷德，26，177，220，400

Wangh, Martin 王格，马丁，339，340

Wannsee Conference (1942) 汪西会议（1942），24，372，

Warlimont, General Walter 瓦利蒙特，瓦尔特将军，398，406

Warsaw 华沙，34-5

Water 水

    Hitler's fear of 希特勒对～的恐惧，19，399，402

    "Operation Sea Lion" and ～ "海狮行动"与～，401

Weber, Max 韦伯，马克斯，218，269，282-3，288

Weimar (see Republic) 魏玛（见共和国）

Weimar Intellectuals 魏玛知识分子，318-25

Weltanschauung (see Ideology) 世界观（见思想意识）

Whipping 鞭打，134，144，166

    child beating 打孩子，137-8，144，153

    own mother? 自己的母亲？，169，

    whips 鞭子，54，240

Wiesenthal, Simon 威森塔尔，西蒙，127

Wilde Jagd ("Wild Chase") 狩猎，68，425，

    dust jacket 书皮

William Ⅱ 威廉二世，114，254，289，392

Wolf—Wolves 狼—狼群，26-7，68，100，104，166-7，224，359，374，413，425

Wolf, Johanna 沃尔夫，约翰娜，27

Women (see also Sex) 女人（另见性），48-54，52-3，94，101，143，220-56

World War Ⅰ 第一次世界大战，5，14，40，86，115，303

World War Ⅱ 第二次世界大战，11，14

    Economy 经济，385-6，395

    Hitler's stategic mistakes 希特勒的策略错误，397-411

    War production 战时生产，396，400-1

Wotan 沃坦，5，68，99，288，424-6，dust jacket

Y

Youth 青年, 31, 299-300, 302
    in Empire 帝国的~, 300-2
    in Republic, "Nazi Youth Cohort" 共和国的~, 纳粹青年团, 335-42
Hitlerjugend 希特勒青年团, 88-9, 413

Z

Zakreys, Maria, 扎克雷, 玛丽亚, 193-5
Zerrissenheit, conflicting values 内心矛盾, 冲突价值, 298
Zhukov, Marshal Georgi 朱可夫, 格奥尔基元帅, 413
Zuckmayer Carl 楚克迈耶, 卡尔, 294

译者后记

很久以前,希特勒在我的世界里意味着一个滑稽的人物。我总是懵懵懂懂分不清卓别林和希特勒,总是觉得希特勒不像个真实人物。如果不是翻译希特勒,我想我大概是不会看希特勒的传记,也不会接触心理学。翻译这部书让我开始接触心理史学。

从开始翻译到现在,十几年过去了,中间的曲折就不赘述了,主要原因还是我的怠惰。但是翻译所经过的漫长岁月,并不能抹杀这部作品可能给读者带来的震撼。在这部著作中,作者兼顾了希特勒的内心世界,以及对于希特勒的时代和世界的书写。但是作者并不想提供一部讲述希特勒一生的传记,毋宁说他只想弥补以往传记的缺憾,尝试从心理机制去理解一个人,而不去做出一个简单的整体判断。作者将这本书确定为"心理史学"的著作,是因为他相信阿道夫·希特勒的经历呈现了一些无法单纯用心理学或历史学本身解释的问题。正像作者自己所说:"但是我所受过的历史学训练使我意识到尽管他的人格对于第三帝国至关重要——纳粹独裁统治没有他是无法想象的——但它并不是整个故事。如果不了解广阔的历史背景,我们将无法理解他的一生。但是如果我们不了解更多关于他个人的东西,也是无法理解它的。"而作者更为强调的是希特勒个人生活和社会经历中那些可以通过心理学方法更充分地加以理解的特异之处,这些方面往往是为传记作者所忽略的。

关于这本书的书名应该怎么翻译,经过很长时间的思想斗争。书名 *The Psychopathic God* 本身的表达就存在一种冲突,容易让人产生疑惑,但这恰恰是作者观点的最集中体现。在作者看来,无论是忽略希特勒出色的政治和外交能力而去关注他的反常行为,还是把他降格为教科书中心理变态的典型,即以性变态或俄狄浦斯情结的观点去解释他的政治生涯,都是对希特勒和历史的嘲讽。在作者看来,真实的情况是,希特勒既有病态的一面,也有着非凡的一面。最后,我尝试给这本书起了一个中性的名字《希特勒的世界》。这个世界不止是内心的,也是外在,不寻常,但也不异常。正如作者所说:"心理学能够帮助历史学家,我们对它的要求不应更多,也不必更少。"翻译完了这部书,这样一种意识更加强烈。但愿这本书能不止带给你对于希特勒这个人的认识,还有对时代和世界的新认识。

十几年前我的研究生导师萧延中教授把这部稿件的翻译任务交给我时,对我来说,是个不小的挑战,因为我不懂心理学也不懂德国历史,德语也只懂一点。但是,从那时开始,我便与翻译、编辑有了不解之缘。尽管2001年研究生毕业时已经翻译完了初稿,但是仍想再好好校对几遍。记得自己当年为了翻译好这本书,在国家图书馆查找各类关于希特勒的书籍,关于德国历史的资料,把自己可以检索到的所有关于希特勒的书籍翻了个遍。自以为只要把图书馆所有的书都读过了,就可以胸有成竹了。没想到这些年国外又发现了不少新的资料,国内也出版了多部译著,我又买了很多开始看,从《库比茨克回忆希特勒》到《希特勒的私人图书馆》。

毕业后自己做了图书编辑,开始联系版权、联系译者、审校译稿,这一做就是十几年。在这十几年的编辑工作中,我庆幸的是学会了用编辑的视角来审视书稿,懂得如何判断一部译稿的优劣,也才有动力回头去审视这部译作。很难想象当年如果草率交了稿,这本书会变成什么样。近些年,利用工作间隙,我从头校对了译稿,又通过国外网站查到更多的资料,更正了不少当初翻译的错误,也得以了解更多的译名及其代表的丰富涵义。

感谢我的研究生导师萧延中,也是"心理传记学译丛"主编,是他的信任给了我坚持的动力,也让我在这么多年的编辑工作中始终怀抱一颗赤子之心。感谢本书的主编罗凤礼老师对译稿一丝不苟的审阅、修改。两位主编的专业精神让我深受鼓舞和感动。

感谢为这本书辛苦奉献的责任编辑王琳,她做了超出编辑职责之外的很多事情，帮我发现译稿存在的不少问题，作为并肩作战的同事，我为她的责任心感动。感谢本书的终审谭洁老师，作为我的前辈、我的同事，她的专业审读为译稿质量的提升贡献不少。感谢中央编译局徐洋老师为书中个别生僻德文译名的翻译提供的帮助。

最后特别要感谢我的父母和哥哥贾宇峰，他们一直关心译稿的进展。特别是我的哥哥，在他的鼓励帮助下，我在紧张的工作之余考取了心理咨询师的证书，又进一步完善了译稿。还要感谢他推荐了常红星、屠海晶参与本书第五章初稿翻译，他们作为专业的医学工作者给了我莫大帮助。感谢所有为本书翻译和出版付出辛勤劳动的朋友们。

翻译的过程是艰辛，也是幸运的，能够在自己供职的出版社出版自己翻译的书，作为自己职业生涯的一个记录，对我来说是一种莫大的鼓舞。至于本书涉及的人物、典故，从古至今，约有上百个，给译者带来很大困难。鉴于译者有限的英语德语水平，书稿难免存在疏漏，还望读者批评指正。

2017 年 6 月